BOUQUINS

Collection fondée par Guy Schoeller
et dirigée par Jean-Luc Barré

À DÉCOUVRIR AUSSI DANS LA MÊME COLLECTION

Raymond Aron, *Mémoires (édition intégrale)*, préfaces de Nicolas Baverez et de Tzvetan Todorov

Jacques Attali, *Les Penseurs du monde : Pascal, Marx, Gândhî*

Élisabeth Badinter, *Les Passions intellectuelles*

Jean-Pierre Chevènement, *Passion de la France*

Georgette Elgey, *Histoire de la IVe République*, 2 vol.

Élisabeth de Fontenay, *L'Identité humaine*

Marc Fumaroli, *La Grandeur de la Grâce*

François Furet, *Penser le XXe siècle*, préface de Pierre Hassner

Ernesto Guevara, *Combats d'un révolutionnaire*, préface de Jacobo Machover

Jacques Julliard, *L'Esprit du peuple • Carnets inédits 1987-2020. Histoire, politique et littérature*

François Mauriac, *Journal • Mémoires politiques*, édition établie et présentée par Jean-Luc Barré – *Correspondance intime*, réunie et présentée par Caroline Mauriac

Edgar Morin, *L'Unité d'un homme*, édition établie et présentée par Pascal Ory

Erik Orsenna, *Dernières Nouvelles du monde*

Jean-Marie Pelt, *L'Homme renaturé*

Michelle Perrot, *Le Chemin des femmes*, avant-propos de Josyane Savigneau

Victor Serge, *Mémoires d'un révolutionnaire et autres écrits politiques*, édition établie par Jean Rière et Jil Silberstein

Benjamin Stora, *Une mémoire algérienne*

Sylvain Tesson, *L'Énergie vagabonde*

Henriette Walter, *Langues d'ici et d'ailleurs*, préface de Pascal Ory

Michel Winock, *La France républicaine*

HUBERT VÉDRINE

UNE VISION DU MONDE

BOUQUINS
la collection

ISBN : 978-2-38292-131-9
Dépôt légal : février 2022 – N° d'édition : 64118/03

Ce volume contient :

PRÉFACE

Un réaliste à contre-courant

En 2019, Jean-Luc Barré me fait une proposition qui ne se refuse pas : celle d'entrer dans la prestigieuse collection « Bouquins », devenue en 2020 une maison d'édition à part entière. J'accepte, bien sûr, et me replonge dans des centaines de textes, livres, articles, préfaces, interviews, qui s'échelonnent du milieu des années 1990 à aujourd'hui. J'essaie de les replacer dans leur contexte, et en perspective. Cela m'amène à me demander, sous l'effet des échanges avec mon éditeur, quelles étaient mes conceptions des relations internationales en 1981, quand François Mitterrand m'a appelé auprès de lui, à l'âge de trente-quatre ans, pour suivre ces questions, et comment elles ont évolué par la suite. Exercice introspectif incertain mais stimulant !

Mes idées me venaient d'abord de mon père, Jean Védrine, personnalité rayonnante, et de mon milieu familial, très ouvert, convivial et accueillant. Plusieurs amis, marocains, mais aussi américains, libanais, malgaches, sénégalais, syriens, et plus tard louisianais, etc., faisaient partie de notre groupe de Bois-Colombes, comme d'autres amis, cousins, familiers, journalistes, écrivains, diplomates, militaires, hauts fonctionnaires, artistes, prêtres, voyageurs ou originaux aux professions indéterminées. C'était un milieu cultivé, aussi bien du côté de mon père (la politique, l'Histoire, la Seconde Guerre mondiale, les grandes personnalités) que du côté de ma mère, Suzanne, fille d'un maître verrier, Francis Chigot (la peinture, les dessins, la musique, les romans), qu'animait la curiosité envers les autres et le goût des rencontres. Une sorte de matrice, de cocon enchanté, scandé par des fêtes, les feux de la Saint-Jean, Noël, les barbecues des dimanches, des rites. Plusieurs de mes amis intimes de l'époque s'en souviennent encore.

Très structurant, mon père avait transmis à mes camarades de lycée et moi la conviction qu'il n'y avait pas de plafond social. La guerre n'avait-elle pas rebattu toutes les cartes ? Mais l'ambition devait servir l'intérêt général. Il avait été élevé chez les maristes à Saint-Chamond et le scoutisme n'était pas loin ! Esprit exceptionnel, Maurice Pinot, l'ancien commissaire aux prisonniers du début de la guerre, devenu patron des parfums Carven et créateur, avec mon père et Bertrand Schneider, d'une sorte de *think tank*, le Centre d'études, m'avait appris très tôt à distinguer l'essentiel dans le fatras des événements, et les stratégies politiques à l'œuvre dans des décisions indéchiffrables. En m'expliquant les années 1930, 1940 et l'après-guerre comme l'actualité, lui et mon père – et mon oncle Pierre Chigot par son ironie – m'avaient vacciné contre le manichéisme, *a fortiori* contre tout dogmatisme. Je m'en suis rendu compte plus tard, avant même que je connaisse le sens de ce mot, et je leur en saurai toujours gré. Mon père nous captivait avec ses souvenirs de prisonnier de guerre, au Stalag VIII C, du Commissariat aux prisonniers, puis de la Résistance (le MNPGD), de collaborateur de François Mitterrand, après la guerre, notamment au ministère de « la France d'outre-mer », en 1950. En seconde, ma prof histoire-géo m'avait donné l'envie de tenter Sciences Po, dont j'ignorais jusqu'alors l'existence. Mon éveil précoce aux questions internationales provenait donc plutôt du milieu familial, des dîners avec des journalistes, des diplomates ou des militaires, et des activités du Club Unesco, que mon père avait créé, de nos voyages dans ce cadre en Hollande, au Maroc et à Berlin, coupée en deux par le Mur depuis 1961 (nous passions à chaque voyage une journée à Berlin-Est) où je me suis fait des amis allemands au lycée français. Dans un petit opuscule publié sur ce déplacement, mon père parlait d'une belle rencontre entre les « héritiers liquidateurs du nazisme et les héritiers réanimateurs de la démocratie ». De quoi entamer une réflexion précoce sur l'Europe et la démocratie. Nous baignions surtout dans une ambiance décolonisation et tiers-monde, très « deuxième gauche », si je peux risquer cet anachronisme. Nous ne résidions pas au Maroc, mais mon père avait joué un rôle clef dans l'accession pacifique du pays à l'indépendance, et Mohamed V (et plus tard Hassan II) lui avait rendu hommage. Le Maroc a fait dès lors, à partir de mon premier voyage en 1957, et pour toujours, partie de ma vie. D'ailleurs, c'est en hommage à Lyautey que mon père m'a appelé « Hubert ». Un jour, j'écrirai *Une passion marocaine*.

Je lisais ce qu'on lisait à mon âge et à mon époque. Beaucoup de récits de voyage ou d'aventures et des romans : de Paul-Émile Victor, de Joseph Kessel (*Les Cavaliers*), de Roger Frison-Roche (*La Piste oubliée*), du révérend père Huc au Tibet, et la magistrale étude de René Grousset, *L'Empire des steppes*. Et des atlas, des cartes, des guides consultés fiévreusement pour préparer de futurs voyages. Pas de « géopolitique », sauf si l'on y inclut des romans d'espionnage (Ian Flemming, Jean Bruce, précurseur de Gérard de Villiers), des BD (*Le Lotus bleu*, *Le Secret de l'Espadon*). Pas encore Raymond Aron ! Mais Alexandre Dumas, Balzac, Jules Verne, Camus (très tôt, une passion), Mauriac, Malraux, de l'Histoire, de grandes biographies.

Le contexte. On était en pleine guerre froide. Étant né en 1947, j'avais quatorze ans quand le Mur a été édifié (et quarante-deux quand il a « chuté »), quinze pendant la crise de Cuba, seize quand Kennedy a été assassiné (je me souviens du « Salut les copains » interrompu par un flash d'information sur Dallas). Chaque élection américaine m'excitait, du côté démocrate. En 1964, j'étais indigné que les Républicains aient choisi Goldwater !

Je n'ai pas tellement appris à Sciences Po en matière de relations internationales (je ne parle même pas de géopolitique). Ce sont plutôt les cours de Raymond Barre, Georges Vedel, René Rémond, ou de Jean-Marie Mayeur qui m'ont marqué. Néanmoins, le cours (en option) de Jean Lacouture sur le Maghreb – en fait un soliloque, il parlait d'or – a excité ma curiosité pour les mouvements indépendantistes dans le tiers-monde, la décolonisation, les pays arabes (pas tellement sur l'islam, c'était un impensé) – l'Indochine, l'Afrique, le Maghreb – et, plus largement, pour les « grands hommes ». Telle était déjà ma tendance, pas tellement dans l'air du temps. C'était l'époque des premières grandes biographies, notamment celle d'André Malraux (l'expédition aérienne de ce dernier avec Corniglion-Molinier à Marib, au Yémen, à la recherche de la capitale de la reine de Saba !). Plus tard, j'ai adoré les *Antimémoires*, ses fulgurances, ses tête-à-queue historiques. On y entend galoper les cavaliers dans la steppe.

Je voulais être journaliste. J'ai fait des stages au *Monde* où j'ai connu Claude Julien, André Fontaine, Maurice Niedergang,

Philippe Decraene, Michel Tatu et Robert Guillain. Jean Wetz, leur spécialiste du sous-continent indien, m'avait donné une lettre d'introduction auprès du grand chambellan du roi Zaher Shah, rédigée en *dari*, qui m'a bien rendu service, l'été 1969, pour amadouer des villageois afghans, aux environs de Kandahar.

À l'ENA, j'ai surtout appris la maîtrise des mécanismes de l'État et noué des amitiés pour la vie. Au début des années 1970, et bien que les événements de Mai 68 n'aient eu lieu que deux ans auparavant, nous formions une promotion gaie et ironique, assez à gauche, mais pas trop engagée politiquement. Nos figures tutélaires étaient les grands hauts fonctionnaires ou les grands ministres de la Ve République, tels que Delouvrier, Guichard, Couve de Murville ou notre directeur, Pierre Racine.

Donc, au total, dans mon milieu d'origine, une vision du monde confiante, encore typiquement « Trente-Glorieuses », optimiste, adaptable, soucieuse d'aide au tiers-monde et au développement, et d'alphabétisation des immigrés, même si nous n'avions aucune compétence pédagogique. L'intimité avec le Maroc des premières années de l'indépendance, dont j'ai parlé, m'a permis d'innombrables conversations, qui ont marqué mon adolescence, avec de grandes personnalités, Abderahim Bouabid, le leader de la gauche, en premier lieu, mais aussi Mahjoubi Aherdane, le leader berbère, et Mohamed Boucetta, l'un des dirigeants de l'Istiqlal, d'autres encore. Cela m'a énormément aidé, bien plus tard, à ne pas ressentir les événements marquants seulement comme un Occidental et un Européen. Je lisais aussi *Le Monde*, celui de Beuve-Méry, de Jacques Fauvet ou d'André Fontaine, et, depuis mon bac, dans *Le Nouvel Observateur*, les éditoriaux de Jean Daniel, devenu plus tard un véritable ami dont la pensée courageuse a été, jusqu'à la fin de sa vie, une inspiration.

Mais déjà, à Sciences Po, pendant les événements de Mai 68, j'avais été choqué par les pratiques des gauchistes tireurs de ficelle des AG nocturnes, et le délire militant (du type « CRS = SS » ou « j'ai vu les chars au Luxembourg ») et je m'étais découvert réfractaire à la logomachie révolutionnaire (refaire 1793 ou Lénine !), même si je ne distinguais pas entre gauchistes, trotskistes, maoïstes et anarchistes, utopistes rêveurs et Rastignac masqués, et ne me préoccupais pas de « l'ébranlement du socle épistémologique ». Peut-être aussi parce que j'avais dîné chez mes parents, pendant les événements, avec le grand préfet de police Maurice Grimaud ?

D'où une distance à la Fabrice, que j'ai gardée, une ironie qui enveloppait mes convictions et qui m'a protégé et aidé par la suite au cœur du pouvoir. À ce moment-là d'ailleurs, j'aurais pu devenir gaulliste. Mais mon père était un ami intime de François Mitterrand depuis la guerre. Leurs billets de l'époque se terminaient par : « Que Dieu te garde ». Il était prévisible que celui-ci, dont l'aura étaient évidente, aurait un destin, romanesque, politique et national, et de Gaulle s'était retiré en 1969. Je n'avais pas le goût de l'engagement partisan, ni du militantisme politique, mais une alternance me paraissait saine et souhaitable pour le pays. En 1970, j'entrais à l'ENA. En 1975, un long voyage en URSS pour le ministère de la Culture, un autre en 1980 au Yémen pour le ministère des Affaires étrangères (que j'avais rejoint pour y faire ma « mobilité » d'énarque) ajoutèrent une touche à ma culture internationale.

C'est donc avec ce faible bagage, bardé de bonnes intentions, de bons sentiments et de curiosité, combinés à un goût très vif pour l'histoire de France, mais curieusement, vu l'époque, sans imprégnation marxiste (je sais ce qu'a représenté pour tant de gens dans le monde l'espérance communiste, mais je n'ai jamais été assez profondément chrétien pour être tenté par la conversion à cette religion de substitution que sont le marxisme et ses dérivés, en dépit de l'immensité de Marx, et n'ai donc pas eu ensuite à m'en détacher douloureusement !), ni tendance à l'utopie, que je me trouvais précipité en mai 1981, à l'âge de trente-quatre ans, par une série d'enchaînements liés aux hasards de la vie et par décision du *deus ex machina* François Mitterrand, à l'Élysée, dans le grand bain des relations internationales. Ce à quoi rien ne me préparait.

En me nommant « conseiller technique pour les relations extérieures » (c'est-à-dire conseiller diplomatique), moi qui n'étais que le fils de son ami intime Jean – d'où sa confiance –, mais quand même énarque, et dont la principale expérience internationale consistait en un inoubliable long voyage de routard jusqu'en Afghanistan pendant tout l'été 1969 (sur la route de Nicolas Bouvier et de Joseph Kessel), en une collaboration épisodique à la revue *Maghreb* de Louis Fougère, en diverses petites expériences que j'ai citées, et deux années en mobilité au Quai d'Orsay, le président Mitterrand faisait à l'évidence un pari risqué… Il l'aurait corrigé d'une façon ou d'une autre si cela n'avait pas marché.

J'ai donc été happé par le tourbillon international non depuis les gradins, mais dans le cockpit. Du jour au lendemain, il fallait préparer une rencontre avec Ronald Reagan – si souvent bêtement dénigré –, avec Helmut Schmidt, avec le roi d'Arabie, ou un Conseil européen, etc. Comment faire ? Que dire d'utile, et de juste ? Comment éviter les idioties ? Et si jamais le Président prenait au sérieux ma proposition ? Glaçant ! Et oralement ? Tourner sept fois sa langue… Le sentiment d'une grave responsabilité m'est tombé dessus. Je me suis formé sur le tas, et, heureusement, j'ai pu vivre ces quatorze années en symbiose (comme conseiller diplomatique, puis comme conseiller pour les affaires stratégiques et porte-parole, puis encore comme secrétaire général à partir de 1991) avec un Quai d'Orsay, fleuron d'une extraordinaire haute fonction publique, toujours amical, dans une intensité et un plaisir de tous les instants, avant d'en prendre la tête en 1997, après Claude Cheysson, Roland Dumas, Jean-Bernard Raimond, Alain Juppé et d'illustres prédécesseurs. C'est là, au cœur du réacteur et des mécanismes de pouvoir, d'influence, de rapports de force et de négociations dans le monde réel des années 1980 et 1990, sous l'effet des événements, de l'urgence, guidé par la personnalité surplombante et exigeante de François Mitterrand (ministre de la IVe, leader de l'Union de la gauche, devenu quatrième chef d'État de la Ve République) – il nous tirait vers le haut et nous forçait à inscrire nos idées dans la longue durée (« l'Histoire est là ») –, que mes idées se sont cristallisées et que ma compréhension du monde s'est affinée. Précipité chimique. Je n'ai pas eu à abandonner une conception antérieure des relations internationales, car, ayant échappé, comme je l'ai dit, à l'imprégnation marxiste – donc à la lourde transposition de la lutte des classes dans le champ international – comme aux théories trop rigides et aux écoles des relations internationales, ainsi qu'à l'enfermement dans les expertises ou à la foi européiste, j'avais une approche pragmatique, ni utopique ni chimérique, encore moins idéologique.

J'ai eu à prendre et à conseiller des décisions sans avoir étudié les théories de la décision.

C'est plus tard que j'ai découvert l'immense bouillonnement intellectuel de la géopolitique mondiale, notamment américaine – Kissinger, Brzezinski, avant Fukuyama, Huntington et Nye –, mais aussi asiatique – Kishore Mahbubani –, russe et un peu européenne, que j'ai dévoré les œuvres des penseurs, plus encore des décideurs, les Mémoires des dirigeants et, par un effet rétrospectif, le grand livre de Tocqueville, *De la démocratie en Amérique*, lumineux. J'ai commencé alors à échanger, dans un dialogue ininterrompu, avec tous les passionnés de géopolitique, en France et partout dans le monde.

Ce sont donc, d'une part, le choc combiné des événements considérables survenus durant les quatorze années des deux septennats de François Mitterrand et de sa réaction, de ses ambitions pour notre pays, des résultats contrastés de nos propositions et de nos initiatives ; et, d'autre part, l'alchimie internationale de ces années 1980 et 1990, qui ont forgé mon jugement, ma grille de lecture et de compréhension des relations internationales, ma vision du monde. Que l'on songe à l'affaiblissement de l'URSS, qui a permis la réunification allemande, puis à sa disparition et ainsi à la fin de la division Est/Ouest et à la réapparition d'une Russie ; que l'on songe à ce mélange indissociable d'illusions, d'espérances et d'*hubris* que cela a fait resurgir chez les Occidentaux au début du monde « global » dans les années 1990, quand ils ont cru avoir définitivement gagné la bataille de l'Histoire ; mais que l'on songe aussi à ce crépitement sans relâche d'événements, importants ou dramatiques, en Russie, en Yougoslavie, au Proche et au Moyen-Orient, en Afrique, au Tchad, au Rwanda et au Congo, en Afrique du Sud, partout en fait.

Pendant toute cette période, quand j'étais conseiller à l'Élysée, comme quand j'ai été « chef de la diplomatie » pendant cinq ans, de 1997 à 2002, à chaque crise aiguë à gérer, à chaque décision à prendre, j'ai ressenti une pression croissante de l'opinion médiatique dans le jeu et les débats franco-français pour que les droits de l'homme (donc le prosélytisme missionnaire) deviennent prioritaires, voire exclusifs, alors que, paradoxe, c'est l'époque où l'Occident commençait à perdre le monopole du pouvoir et de l'influence.

Quelles devaient être les parts respectives de la défense de nos intérêts (donc de la *realpolitik* classique : sécurité, économie) et de la promotion, chez les autres, des « valeurs » de démocratie, que nous jugeons à juste titre universelles – même si elles ne sont pas universellement jugées comme telles –, c'est-à-dire le droits-de-l'hommisme ? Cette interrogation est légitime, mais les actes doivent s'inscrire dans le monde réel. Or, l'accusation de ne pas en faire assez a été systématiquement brandie, des événements en Pologne en 1981 à ceux d'Afghanistan en 2001-2002 (sans parler de 2021). À l'automne 1981, un courant d'opinion s'était insurgé en France contre l'état de guerre décrété en Pologne par le général Jaruzelski et exigeait que la France agisse et intervienne. Mais comment ? Honnêtement, et maladroitement, Claude Cheysson, le ministre des Affaires extérieures, avait déclaré : « Naturellement nous ne ferons rien ! » Tollé ! Mais aurait-il fallu déclarer la guerre à l'URSS ? Certains dirigeants de Solidarność ont reconnu, vingt ans après, que l'« état de guerre » les avait sans doute protégés d'une intervention soviétique.

Ce courant de pensée a resurgi, de plus en plus véhément, à chaque occasion. L'opinion dominante, ou en tout cas celle exprimée et militante – en général très éloignée de l'opinion majoritaire des électeurs –, a milité largement pour l'interventionnisme, pour ce que l'on a appelé en France le droit, voire même le devoir, d'ingérence. Ce courant était fort aussi aux États-Unis, chez les Démocrates, et plus tard chez les néoconservateurs américains, un peu aussi en Grande-Bretagne, mais moins qu'en France. Comme si les Occidentaux étaient encore maîtres du monde ou, en tous les cas, son avant-garde morale, toujours chargés de le civiliser, à l'instar d'Urbain II qui avait appelé à la première croisade, plus tard de Jules Ferry, ailleurs de Rudyard Kipling, etc. On peut comprendre l'émotion suscitée par les horreurs et les souffrances, si nombreuses. Mais j'ai vécu ces années du côté du pouvoir, donc des *responsables*. Tout gouvernement démocratique doit, bien sûr, tenir compte de ces émotions, de ces détresses et de ces attentes, et agir au mieux, mais aucun ne peut fonder sa politique étrangère sur les seuls droits de l'homme. Un pays n'est pas une ONG spécialisée, ni une Église. Et, il faut raisonner au cas par cas. Tout cela a renforcé chez moi l'« éthique de responsabilité », au sens de Max Weber, plus que l'« éthique de conviction » par nature irresponsable, trop mobilisable par des emportements qui aveuglent de plus en plus notre compréhension du monde.

Dans les années de la relance européenne, de 1984 à Fontainebleau jusqu'à Maastricht en 1992, l'optimisme et le dynamisme se sont accompagnés d'une interrogation permanente. Le scepticisme, si ce n'est l'hostilité, d'une partie de l'opinion, s'est manifesté au référendum de 2005 et n'a pas disparu après la relance macronienne de 2017 : jusqu'où faut-il poursuivre la « construction » européenne ? Faut-il transférer au niveau européen d'autres compétences nationales ? Les États-nations européens sont-ils dépassés ? Sont-ils voués à se fondre à terme dans un ensemble fédéral ? Faut-il encore élargir ? Débats sans fin, que le slogan « L'union fait la force » ne permet pas de trancher. Là aussi, ma pensée sur ces sujets s'est fixée au fil des événements. Par exemple, le résultat du référendum sur le traité de Maastricht en 1992 (un seul point d'écart entre le *oui* et le *non* !), qui a montré qu'on avait perdu les peuples en route, a influencé ma réflexion ultérieure sur l'Europe. L'échec, peu surprenant, des référendums sur le « traité constitutionnel » en 2005 m'a conforté dans cette analyse. L'objectif « d'union sans cesse plus étroite entre les peuples européens » – un mantra – reste une ligne d'horizon. Avant tout, il faut convaincre et ré-entraîner les peuples.

Dans ma conception d'origine de l'Histoire, les hommes, et donc les grands hommes (hommes ou femmes, évidemment), jouent un rôle déterminant et peuvent changer le cours des événements. On ne peut rien comprendre si on nie ce fait. Je ne méconnais pas l'apport de l'École des Annales et ne néglige pas les éléments profonds, la longue durée, les structures, le prix du blé, etc., néanmoins, les biographies nous font réfléchir : sur Jules César, Richelieu, Mazarin, Talleyrand, Metternich, Bismarck, Clemenceau ou Wilson, Hitler, Roosevelt, Truman, Staline, Churchill, de Gaulle et tant d'autres, comme les études sur le congrès de Vienne, les congrès européens au XIXe siècle, Yalta, ou encore la guerre froide. En ce qui me concerne, j'ai vu Gorbatchev, Jean-Paul II, Bush père, Major, Kohl, Mitterrand et d'autres, gérer remarquablement la fin de la division Est/Ouest, la réunification allemande ou la guerre du Golfe. Mais ne pas réussir à empêcher, pas plus que le pape ou l'ONU, la désintégration sanglante de la Yougoslavie par les Yougoslaves. Plus tard, j'ai travaillé avec Chirac et Jospin, Clinton et Albright, Schröder et Fischer, Blair et Cook, Solana, Ivanov et Dini, sur le Kosovo. Oui, les leaders comptent (quand ils ne se limitent pas à être des *followers*) et cela peut, à un moment donné, changer la donne. Que se serait-il passé si Alaric II n'avait pas été tué par Clovis ? Si Yitzhak Rabin n'avait pas été assassiné ? Ou, plus terrifiant, si Hitler avait gagné ?

Et aujourd'hui ? Si Gorbatchev avait été résolu à employer la force pour faire perdurer à tout prix l'emprise de l'URSS sur l'Europe de l'Est ; si Deng Xiaoping n'avait pas pu museler, en

1979, la bande des quatre, et ainsi de suite… Oui, la suite de l'Histoire aurait été bien différente. L'uchronie est tentante, parfois vertigineuse… Mais, globalement, dans la très longue durée, l'impact des décisions personnelles, même les plus décisives, est relatif.

C'est dans ce contexte qu'il faut situer le débat sur le gaullisme et, plus précisément en ce qui me concerne, l'emploi, au milieu des années 1980, du terme « gaullo-mitterrandisme ». Oxymore ou formule choquante pour certains des deux bords politiques, je soutenais par là que François Mitterrand reprenait et assumait les concepts fondamentaux du général de Gaulle en matière de dissuasion, qu'il avait à l'origine rejetés, et que la gauche, plus longtemps que lui, avait combattu, alors qu'il les avait déjà imposés au PS avec l'aide de Charles Hernu, bon soldat. Le gaullisme est devenu dans la France d'aujourd'hui une référence presque générale, le signe du refus d'un risque de déclin très ressenti, quoi qu'en disent les antidéclinistes, favorisé par l'éloignement du personnage réel, ou des comparaisons. Il faut distinguer l'homme de 1940-1944, extraordinaire, unique ; le Président – 1958-1969 – ; et le mythe posthume, un demi-siècle plus tard. Que ferait le Général aujourd'hui, au vu du monde, et de la France, en 2022 ? Personne ne peut le dire. Sans doute, accablé, regagnerait-il aussitôt Colombey. La même remarque vaut pour François Mitterrand. Mais la force actuelle de ce mythe dit bien quelque chose d'une inquiétude : la vieille « volonté de vouloir » des légistes capétiens, l'attachement à une personnalité nationale collective qui franchit les époques à travers les échanges, les mutations et les épreuves n'ont pas disparu. Mais quelle indépendance, quelle maîtrise de notre destin (quelle « souveraineté » ?), à l'ère de l'interdépendance généralisée et de la désoccidentalisation relative du monde ? Jusqu'à quel point « l'Europe », ce projet d'après-guerre, ce concept-valise, est-il une réponse ?

Après ce temps élyséen pendant lequel ma compréhension du monde s'est organisée, j'ai été fréquemment confronté en matière diplomatique, quand j'ai commencé à m'exprimer publiquement, en 1996 (avec la parution des *Mondes de François Mitterrand*), puis comme ministre des Affaires étrangères à partir de 1997, à un puissant mouvement d'opinion, exigeant le respect des droits de l'homme par les autres pays. C'est ce que l'on a appelé le « droits-de-l'hommisme », frère jumeau du droit d'ingérence. Ce phénomène a dominé le débat public en Europe et en France en particulier. Je l'ai appelé l'*irrealpolitik*. On connaît le schéma : indignation en réaction à des images bouleversantes, mobilisation, pression sur les décideurs, injonctions, intervention sans connaissance sérieuse des contextes, déboires, désillusions (sauf dans un ou deux cas).

Mes textes ponctuent ces étapes : vingt-deux ans auprès de François Mitterrand (de 1973 à 1995), dont quatorze années à l'Élysée, puis cinq ans au Quai d'Orsay, après que Jacques Chirac, sur proposition du Premier ministre, m'a nommé à la tête du ministère des Affaires étrangères, dans un gouvernement formidable, la *dream team* de Lionel Jospin, gouvernement socialiste, en fait social-démocrate idéal. Cette fonction m'a amené à parler au Président quasiment chaque jour.

Depuis, il y a eu encore le fiasco américain et occidental, et le crève-cœur de Kaboul en août 2021, tombeau d'illusions chimériques et de promesses mensongères car intenables, dont le président Biden a pris acte, avec une franchise brutale, immédiatement après une évacuation épouvantable. Fin des croisades.

J'ai régulièrement mis en garde contre ces emportements. Mais je voudrais souligner ici que, si je me suis souvent trouvé à contre-courant, quand j'ai douté par exemple que le monde formât déjà une « communauté internationale », ou que les Nations soit « unies » ; quand j'ai dit que les Occidentaux avaient perdu le *monopole* du pouvoir, sinon l'influence ; quand j'ai estimé que Fukuyama était trop, ou prématurément, optimiste sur la fin de l'Histoire et que Huntington, malheureusement, n'avait pas tort dans ses alertes sur un possible « choc des civilisations » ; que l'attachement des peuples européens à leur identité n'était ni réactionnaire ni dangereux, juste normal, et qu'une conception moins idéologique, normalisatrice et intrusive de l'Europe rassemblerait une majorité ; que l'ingérence n'était assumable que quand l'on pouvait répondre de façon convaincante aux questions : *qui s'ingère, chez qui, pour faire quoi, dans quel but, jusqu'à quand ?* et qu'il ne fallait plus faire à des peuples malheureux de promesses que l'on ne pourrait respecter ; que le réalisme n'est pas cynique, mais honnête ; quand j'ai déclaré qu'il n'y avait pas de politique étrangère possible dans les démocraties qui ignorent les droits de l'homme, mais qu'une politique étrangère ne pouvait pas se limiter à cette question ; que les ONG n'avaient pas toujours raison ni les gouvernements toujours tort ; qu'il ne fallait pas se laisser impressionner par les accusations inhibitrices et fabriquées d'« islamophobie », mais rechercher une alliance des démocrates et des musulmans contre l'islamisme ; quand j'ai contesté le « devoir de mémoire » et préféré le travail historique ; quand j'ai demandé que l'on ne confonde pas asile et immigration, etc. Je ne l'ai jamais fait pour désespérer ou agresser qui que ce soit, mais pour partager mes réflexions et mon expérience, en restant toujours disponible pour un débat contradictoire et respectueux. Et je n'ai jamais fait éclater les vessies que l'on prenait pour des lanternes sans proposer une autre approche plus solide, plus réaliste, et des solutions pour servir les ambitions de la France en Europe, ou ailleurs. L'interventionnisme manichéen, moralisateur et outrancier, voué à l'échec, fermé à toute forme de réalisme ou de pragmatisme, nostalgique sans l'avouer des deux ou trois siècles passés, de domination antérieure, niant la désoccidentalisation partielle du monde, n'a pas disparu, et il est paradoxalement alimenté et électrisé par la vague de haine de soi en Occident. Il est même devenu véhément et venimeux. Certains groupes manichéens et activistes m'en ont parfois voulu de porter atteinte à leur raison d'être et à la mission de leur vie. Eh bien ! qu'ils réfutent en argumentant !

Une autre caractéristique étonnante des accusations en France contre la politique étrangère française par des « droits-de-l'hommistes », différents des simples défenseurs des droits de l'homme, c'est qu'elle postule toujours (de la Bosnie au Sahel, en passant par le Rwanda) que la France est seule. Seule responsable, et *a priori* seule coupable ! La politique des nombreux autres acteurs – locaux ou internationaux, le jeu complexe des interactions – est négligée, ou ignorée. C'est une sorte d'inversion masochiste de l'arrogance française : la France triomphe, ou alors tout est sa faute.

Il faudrait que notre pays se stabilise enfin et retrouve confiance en lui sans pérorer, ni battre sa coulpe.

Au cours des quinze ou vingt dernières années, un autre phénomène, plus vaste, est apparu. Un mouvement profond, resurgi de ce que la civilisation occidentale – issue de la chrétienté – a inconsciemment intériorisé des notions de péché originel, de faute et donc d'expiation (avec le pardon dans sa version catholique). Cela a commencé aux États-Unis et devient une lame de fond. Dans quel contexte ? La démocratie *représentative* est contestée et affaiblie par la revendication d'une démocratie directe et immédiate, exagérée par la surexploitation des émotions ressenties et attisée. Les dangers de la surpopulation mondiale (1 milliard en 1880, 7 milliards en 2020, 10 milliards peut-être en 2100) sont enfin perçus malgré la dénonciation, vieux cliché progressiste, du « malthusianisme » (comme si c'était le sujet) et inquiètent. La gravité mortelle des dérèglements écologiques qui en découlent largement n'est plus niable. Une pandémie respiratoire mondiale, prévisible, a causé plus de 5 millions de morts, bouleversé les modes de vie et de travail d'un monde à flux tendus, et accéléré, pour le meilleur et pour le pire, la transformation numérique des sociétés. La désoccidentalisation du monde fait l'objet d'une évaluation modérée – la perte du *monopole* occidental de la puissance –, mais aussi d'une autre, asiatique, plus radicale – la fin de la *parenthèse* occidentale ! La Chine n'admet plus de limites à son ambition ! Etc.

Eh bien ! – conjonction dramatique –, c'est au moment où les Occidentaux, les Européens, les Français, auraient besoin de bâtir un consensus pour relever les défis géopolitiques sans précédent auxquels ils sont confrontés, qu'ils sont fragilisés de l'intérieur. D'abord par le mouvement dit *woke* (« éveillé »), qui appelle à la vigilance contre toutes les discriminations, mais qui trop souvent tourne à la délation aveugle, voire à la haine systématique. Et, plus encore, par la *cancel culture* (« effacement », « annulation »), qui prétend interdire de parole, voire même d'existence sociale, tous ceux qui « offensent » tel ou tel groupe ou individu. Mais alors, il faudrait ne pas naître ! Cela fait irrésistiblement penser à l'excommunication, aux proscriptions, ou à G.K. Chesterton : « Le monde est plein d'anciennes vertus chrétiennes devenues folles […] isolées les unes des autres, elles vagabondent toutes seules. » C'était en 1908. Il ne faut pas céder à ces névroses venues des campus américains, ces nouvelles formes de dictature qui se répandent dans la sphère américano-globalisée et auxquelles les entreprises, les universités, les médias et les réseaux sociaux se soumettent trop, quand ils ne l'amplifient pas.

Quel lien avec la géopolitique ? dira-t-on. Il est simple. Pour négocier avec les émergents, et notamment avec la Chine, puisque le bras de fer entre elle et les Occidentaux va dominer les prochaines décennies, jusqu'à ce que soit redécouverte la nécessité d'une coexistence pacifique ; et, plus largement, pour négocier, avec tous les pays qui veulent prendre leur revanche ou se venger de l'histoire des quatre derniers siècles, un consensus sur les règles futures de la globalisation, de la coopération internationale, de cette coexistence pacifique et de l'écologisation, devra être substitué à l'organisation occidentale du monde des années 1944-1950, puis 1990, ou la compléter, en prenant le plus possible en compte nos intérêts vitaux et nos idées. Nous avons besoin, je le répète, de retrouver en Occident, donc en Europe et donc en France, un minimum de cohérence à usage interne et externe, sur notre situation, les défis, les réponses. Il faut nous mettre d'accord. Pas nous diviser, nous déchirer encore plus, ni nous autodétruire. Résister aux ouragans émotionnels, aux vagues diffamatoires, ne pas accepter que le « ressenti » régente tout, séparer les demandes folles des autres, réaffirmer la rationalité, relégitimer les sciences et l'esprit scientifique (« 2 et 2 font 4 » devrait être un cri de ralliement), canaliser les demandes de démocratie directe ponctuellement justifiées (cf. les Suisses) sans achever la démocratie représentative, la revigorer, écarter les manœuvres dilatoires, agir à chaque niveau. Tout un programme. À une époque où tout se négocie, tout le temps – ce qui nécessite des professionnels –, on ne peut plus isoler les relations internationales de ces phénomènes incandescents internes.

J'ai vécu ces années comme conseiller, décideur, ministre, puis comme expert, auteur, enseignant ou consultant, sans perdre jamais ma mentalité de responsable. C'est un avantage et un inconvénient. Je raconte ici, et me suis efforcé de transmettre dans ces textes, ma conviction que nos ambitions et nos politiques doivent s'appuyer sur une compréhension lucide et une vision réaliste du monde. Cela veut dire ne pas projeter aveuglément sur le monde nos idées, si bien intentionnées soient-elles, moins pérorer, ne pas nous en tenir aux sensations générées par un flux ininterrompu d'images, mais identifier les forces qui sont à l'œuvre, même quand elles remettent en cause ce que nous sommes, ce que nous avons fait, non pas pour endosser n'importe quelle accusation biaisée, mais pour comprendre le monde tel qu'il va, les motivations de tous les acteurs, et surtout comment agir, au niveau de la France et de l'Europe, dans ce monde-là. Faute de quoi tout serait vain.

Hubert Védrine
31 août 2021

I

PENSER LA GÉOPOLITIQUE ET LES RELATIONS INTERNATIONALES DANS UN MONDE CHAOTIQUE

INTRODUCTION

Les textes qui suivent s'échelonnent sur près de trente ans, des années 1980 aux années 2020, dans un contexte géopolitique très particulier. Celui où l'affaiblissement puis la disparition de l'Union soviétique fin 1991 font croire aux Occidentaux que « l'Histoire est finie », en tout cas l'histoire conflictuelle, compte tenu d'un ralliement présumé quasi universel à la démocratie et au marché. C'est la thèse de Francis Fukuyama, qui reprend des croyances chrétiennes ou les thèses hégéliennes antérieures et croit leur heure venue.

C'est au contraire dans ce monde globalisé qu'une partie de l'ancien tiers-monde va enfin émerger en défiant les puissances installées, et que le décollage de la fusée chinoise va tout changer. Tandis que la Russie est de nouveau là.

Au moment des premiers textes recueillis dans cette partie, l'Occident est sûr de lui, pour ne pas dire arrogant, en tout cas en ce qui concerne les États-Unis. C'est le temps de l'*hubris* de l'hyperpuissance. Et puis... cela n'a pas tourné comme prévu. Dans mes textes les plus récents, je décris un Occident en désarroi qui ne sait plus trop quelle attitude adopter par rapport aux autres (*the rest*), sans même parler des maux internes qui le rongent, avec cependant des différences frappantes entre Américains et Européens.

Appliquées à une matière aussi complexe, mouvante et aux contours incertains que la géopolitique, les préfaces sont un bon moyen, à intervalles irréguliers, de clarifier sa pensée. Je l'ai fait une première fois en 1996 en introduction à mon livre sur la politique étrangère du président Mitterrand (*Les Mondes de François Mitterrand*). Et je l'ai fait régulièrement depuis, chaque fois qu'il m'a été proposé, tous les trois ou quatre ans, de regrouper et de publier mes textes. Leurs titres expriment ce qui me paraît alors l'essentiel : en 2003, nous sommes confrontés à l'*hyperpuissance* américaine ; en 2008, nous sommes entrés dans un *Temps des chimères,* surtout nous, les Européens ; par la suite, il se confirme que le monde ne forme pas une *communauté* internationale, mais une *mêlée,* pour ne pas dire une foire d'empoigne ; et, à partir de 2018, j'introduis dans *Comptes à rebours* toutes les autres dimensions qui révolutionnent la géopolitique proprement dite, à commencer par l'écologie. J'ai repris ces diverses thématiques sur un mode beaucoup plus personnel en 2020 en préface au *Dictionnaire amoureux de la géopolitique*.

GÉOPOLITIQUE ET HISTOIRE[1]

Dictionnaire « amoureux » de la géopolitique ? Vraiment ? Comment être amoureux de la géopolitique ? Mais c'est un titre établi, d'une collection réputée. Il signifie qu'un auteur traite d'un sujet librement et subjectivement. Dictionnaire personnel et *passionné* serait plus juste. Très jeune, j'ai adoré l'histoire, les « grands hommes », la géographie, le mouvement des civilisations, Élie Faure, René Grousset. J'ai dévoré les récits des explorateurs, rêvé sur les atlas, les vieux guides. C'est en lisant Kessel que j'ai préparé mon voyage en voiture en Afghanistan en 1969, sur la route de Nicolas Bouvier. Et aussi Malraux, Rimbaud, Frison-Roche, Paul-Émile Victor, Haroun Tazieff, Tibor Mende, Alexandra David-Néel et tant d'autres… Mais aussi Robert Guillain, ou Marcel Niedergang. J'étais imperméable aux idéologies, j'avais vécu 68 comme une fumisterie pittoresque. Je pensais aventures, grand large, « ailleurs ». Du genre à adorer *L'homme qui voulut être roi*, la nouvelle de Rudyard Kipling. C'était une époque, celle de ma jeunesse, les années 1950 et 1960. Chez moi, ambiance catho de gauche, décolonisation, tiers-monde version *light*, etc. Je voulais devenir journaliste, grand reporter, comme Jean Lacouture. Et puis… la décision de tenter l'ENA, les hasards heureux, les péripéties et les rebondissements de la vie m'ont conduit à passer dix-neuf ans au cœur du pouvoir. Quatorze années d'épopée à l'Élysée auprès de François Mitterrand, et cinq années à la tête du Quai d'Orsay, « chef de la diplomatie », pendant la troisième cohabitation, Chirac-Jospin. C'est donc dans un cockpit que j'ai vécu la fin de la guerre froide, l'effondrement de l'URSS, non pas la « fin de l'Histoire », mais, au contraire, sa remise en branle, les émergents contestant les puissances installées, dont les Européens ! Cela m'a évité bien des illusions d'optique. Les titres de mes recueils périodiques de textes traduisent l'évolution de ma réflexion au cours des vingt dernières années : nous avons d'abord été confrontés à *L'Hyperpuissance* (les années Clinton) ; puis nous, les Européens, sommes entrés dans un *Temps des chimères*, dont

1. Dans Hubert Védrine, *Dictionnaire amoureux de la géopolitique*, © Éditions Plon, un département de Place des Éditeurs, et librairie Arthème Fayard, 2021, Préface, p. 7-9.

nous ne sommes pas tout à fait sortis, anémiés en plus par la repentance expiatoire ; et, en lieu et place d'une « communauté internationale », ou d'un ordre multipolaire encore à venir, nous nous débattons maintenant dans une *Mêlée mondiale*, alors que se fait entendre dans le semi-chaos géopolitique le tic-tac des inquiétants *Comptes à rebours*, écologique, démographique, numérique et technologique.

Mais alors, qu'est-ce que l'Histoire a à nous dire ? Cet immense legs bouillonnant, brassé et réinterprété sans fin ? Exaltant et horrible. Qui peut nous éclairer comme nous enfermer. Quel sens pour nous ? On pourrait penser qu'elle n'a plus rien à nous dire dans le monde décloisonné, homogénéisé, instantané, « plat », globalo-américanisé et fébrilement connecté. Dans l'ère des foules et des masses passées au mixeur mondialisateur. Aurait-elle « du passé fait table rase » ? Et pourtant, tout indique que, sous la toile pelliculaire que forment les milliards d'internautes, le bain du « globish », le mouvement brownien des peuples, le magma mondialisé et les appels au lynchage en Occident de tout ce qui n'est pas encore normalisé, facilité par les réseaux sociaux qui libèrent la haine, l'Histoire se poursuit. L'Histoire, avec ses forces souterraines et telluriques, l'économie et ses ouragans financiers bien sûr, mais toujours les nations, les identités, fussent-elles évolutives, les peuples, les idées, les peurs, les obsessions, les ambitions, les mémoires différentes (pas celles des catéchismes des devoirs de mémoire), avec tout ce qu'elles charrient. Le pire et le meilleur. Ma conviction est qu'on ne peut pas décrypter notre monde, et se préparer à celui qui vient, enrayer ses menaces, renforcer ses potentiels, si on n'embrasse pas en permanence ces deux niveaux : les forces globalisantes et uniformatrices, et les forces qui y résistent, les perspectives nouvelles, les menaces anciennes ou récentes. C'est à partir de là que j'ai choisi ces 249 entrées pour tenter d'appréhender cette matière en fusion.

LES MONDES DE FRANÇOIS MITTERRAND[1]

J'ai écrit ce livre sur la politique étrangère de François Mitterrand en 1995 et 1996. Je regretterai toujours qu'il n'ait pas pu en prendre connaissance avant sa disparition, le 8 janvier 1996. Les longues années passées auprès de lui, dont les quatorze années de sa présidence, imprègnent ma vie et nourrissent toujours mes pensées. Je suis heureux que les éditions Fayard republient *Les Mondes de François Mitterrand* à l'occasion de son centenaire (il est né le 26 octobre 1916).

Il me semble que raconter ce que le président Mitterrand a pensé, voulu faire, et fait durant les quatorze années – très intenses, parfois historiques – de sa présidence, analyser ses réussites comme ses échecs en politique étrangère demeure valable et peut permettre de comprendre cette période charnière qui va de la fin de la guerre froide aux débuts du monde « global ».

Le regard de l'opinion a-t-il évolué depuis ? Avec le recul, la stature de François Mitterrand paraît constamment renforcée, en particulier dans le domaine international. Il fut sans conteste un « grand » président. Mais qu'ont apporté de nouveau ou de différent à la bonne compréhension de ces événements, au cours de ces dix dernières années, les très nombreux travaux des historiens ? Bien sûr, des discussions se poursuivent en France, aux États-Unis, en Allemagne, en Russie et ailleurs sur l'action des responsables des principales puissances confrontées à la fin et à la dislocation de l'URSS. Il en ressort qu'elle fut, tout compte

1. Dans Hubert Védrine, *Les Mondes de François Mitterrand*, © Librairie Arthème Fayard, 1996, 2016, Avant-propos, p. 7-10.

fait, collectivement gérée au mieux, alors que l'issue de la guerre froide était redoutée depuis des décennies. En revanche, il est incontestable que la désintégration de la Yougoslavie échappa à tout contrôle, à commencer par celui des Yougoslaves, mais aussi celui de toutes les puissances ou institutions qui comptaient. Dans un autre registre, la vaste coalition organisée pour déloger l'Irak du Koweït illustra, en 1991, la mise en œuvre inaugurale du « nouvel ordre international », qu'on peut comparer à d'autres interventions menées ultérieurement, moins réussies ou moins convaincantes.

Ces controverses ont pris avec le temps un caractère de moins en moins polémique, voire de plus en plus sérieux, historique et intéressant. Néanmoins, renaissent sporadiquement en France des débats résiduels et un peu mécaniques quant à la position de François Mitterrand sur la réunification allemande, la Yougoslavie, le putsch de Moscou, le Rwanda, le Proche-Orient, etc. La plupart ne tiennent pas compte des travaux des historiens qui ont méthodiquement replacé sa politique dans son contexte et ramené les accusations de l'époque à leurs justes proportions. La motivation, souvent partisane, de ces attaques apparaît mieux. Et je note que, évitant l'anachronisme, les jeunes historiens, non influencés par les médias d'alors, comprennent souvent mieux la politique de François Mitterrand dans ces années décisives que certains témoins de l'époque.

Toutefois, plusieurs évolutions intervenues depuis lors éclairent ces questions d'un jour nouveau. D'abord, on a beaucoup cru, dans ces années 1980-1990, à la « communauté internationale », avant de prendre douloureusement conscience qu'elle restait encore à construire. Parallèlement, l'idéologie de l'intervention, puis de l'ingérence à la française s'est développée dans cette période, avant de s'imposer, *via* les médias, et d'atteindre son acmé au tout début du XXIe siècle. Depuis, elle semble s'être largement épuisée dans l'ensemble du monde occidental – trop d'interventions ayant déçu ou s'étant mal terminées, soulignant que les Occidentaux n'ont plus le monopole de la puissance et de l'influence, mais que, de surcroît, ils sont divisés sur la façon de réagir à ce bouleversement.

De fait, les « émergents » – terme qui ne s'est répandu que plus tard, même si François Mitterrand s'était déjà intéressé à ces pays, comme l'attestent ses voyages – se sont de plus en plus affirmés avant d'entrer dans une phase de turbulences (Brésil,

Afrique du Sud) ou de maturation (Chine). Cependant, ils sont plusieurs dizaines. Quant à l'approche française de l'Afrique, elle a fini par s'extirper de la problématique antérieure et des débats sans fin, plus ou moins fondés, sur la Françafrique. Avec le recul, on mesure mieux l'importance décisive du discours de François Mitterrand lors du sommet franco-africain de La Baule, en 1990.

En réalité, c'est surtout au sujet de la relance de la construction européenne sous François Mitterrand – à laquelle je consacre quatre chapitres –, à son contenu, son bilan et ses résultats que de nouvelles interrogations sont apparues ces dernières années. Non que l'action de François Mitterrand, d'Helmut Kohl ou celle de Jacques Delors soit réellement contestée, au contraire, ce trio est devenu mythique. Mais, aujourd'hui, le désarroi est si grand dans une Union européenne minée de l'intérieur par la distanciation grandissante des peuples – illustrée de façon spectaculaire par le vote britannique du 23 juin 2016 – et confrontée simultanément à de redoutables défis externes, qu'aucune remise en cause n'est désormais exclue. La France, tourmentée par son décrochage avec l'Allemagne, ses questionnements historiques et ses écartèlements identitaires sans fin, est au cœur de ce vacillement.

Des doutes longtemps restés marginaux ou périphériques se sont accrus : pour éviter d'être sans influence dans une zone mark, était-on *de facto* obligé de répondre à la réunification allemande par la monnaie unique ? Si oui, celle-ci aurait-elle pu être conçue, négociée et gérée autrement ? La mission de la Banque centrale aurait-elle pu être définie plus largement et englober, parmi ses missions, la croissance durable et pas seulement la stabilité des prix ? Qu'est-ce qui n'a pas marché, par la suite, avec les peuples d'Europe ? Est-ce une question d'identité, de souveraineté, de croissance ? de promesses faites à l'excès qui ont engendré d'inévitables frustrations ? L'intrusion normalisatrice démesurée, souvent souhaitée par les États eux-mêmes, France en tête, et qui a rendu allergiques tant d'Européens était-elle évitable ? Pour harmoniser le Marché unique, doit-on tout réglementer dans le détail, « à outrance », comme le déplore Jean-Claude Juncker ? Kohl et Mitterrand pouvaient-ils alors anticiper ces dérives ? A-t-on raison de regretter le manque d'un grand leader dans l'Europe d'aujourd'hui, ou est-ce confondre l'effet et la cause ? Ces questions renforcent l'intérêt, j'en suis convaincu, de se replonger dans le « septennat européen » de François Mitterrand, en l'occurrence cette période qui s'étend de 1984 à 1992.

D'autres questions se sont imposées depuis, qui ne se posaient pas de la même façon à l'époque. Par exemple, à propos de la Russie après le départ de Gorbatchev et l'effondrement de l'URSS. Les Occidentaux – Américains et Européens – ont-ils mené envers elle, depuis 1992, une politique intelligente ? C'est très discutable. Poutine est-il, ou non, dangereux ? A-t-il un plan d'ensemble menaçant ? Comment traiter avec lui ?

Autre question, que le rappel des péripéties des relations entre François Mitterrand et Ronald Reagan puis George H. Bush et Bill Clinton peut éclairer : après leurs embardées, de Clinton à G.W. Bush, et de celui-ci à Obama, puis à son successeur, de l'interventionnisme libéral ou néoconservateur à l'isolationnisme ou au réalisme, qu'arrive-t-il aux États-Unis ? Où vont-ils ? La vieille formule de la diplomatie française « Amis, alliés, mais pas alignés » fonctionne-t-elle toujours, surtout en ce qui concerne le troisième terme ?

En revanche, au sein de l'islam dans le monde, mais en particulier dans le monde arabe, le paysage n'a plus rien à voir avec les problématiques de l'époque Mitterrand : combien de temps faudra-t-il aux musulmans sunnites pour s'organiser et contenir le fondamentalisme, et pour juguler cette infime minorité extrémiste et le terrorisme ? Combien de temps aux sunnites et aux chiites, à l'Arabie saoudite et à l'Iran pour se résigner à cohabiter ? Plus largement, dans le monde des années 2010, le vrai « passé qui ne passe pas », ce ne sont pas les années 1940, mais la longue période de la colonisation qui revient parfois en premier plan et semble imposer de nouveau au XXIe siècle débutant et souvent amnésique ses interrogations instrumentalisées, replaçant les anciens colonisateurs, dont la France, devant leur passé. François Mitterrand en avait conscience, par exemple dans ses relations avec l'Algérie. Néanmoins, ce courant d'opinion n'avait pas encore pris cette forme obsessionnelle.

Enfin, le compte à rebours écologique est bien réel, et son tic-tac, de plus en plus assourdissant, ne peut plus être ignoré. François Mitterrand, déjà, l'avait pressenti, à Rio, en 1994.

Vingt ans après son décès, la question s'impose : qu'est devenue la politique étrangère française ? Jacques Chirac a peu ou prou poursuivi la politique de la Ve République. C'est ce que nous avons fait aussi, Lionel Jospin et moi, pendant la troisième cohabitation, de 1997 à 2002. Puis Jacques Chirac et Dominique de Villepin ont pris vis-à-vis de l'Irak, en 2003, une position juste et courageuse, mais qui n'a pas suffi à dissuader les États-Unis d'intervenir. En revanche, à partir de la fin de ce mandat, dès 2005, et plus encore après 2007, le fil du « gaullo-mitterrandisme » – entendu comme la reprise par François Mitterrand des fondamentaux de la politique étrangère de la Ve République – semble s'être perdu. Cette formule oxymorique pouvait être débattue, prêter à confusion, mais elle offrait une lecture dans laquelle la plupart des Français se reconnaissaient. Il y eut visiblement, à partir de 2005-2006, puis entre 2007 et 2012, et encore depuis, une inflexion de notre politique étrangère vers moins de singularité, celle-ci fut plus « occidentaliste » qu'« atlantiste ». Non qu'elle n'ait subi que des échecs (Géorgie, G20, pour Nicolas Sarkozy ; Mali, RCA, bonnes relations bilatérales avec les émergents, processus de Minsk, pour François Hollande). Mais l'ensemble semble incertain, sans qu'un nouveau dessein adapté à la réalité du monde apparaisse encore clairement et alors que la société française est traversée par des interrogations lancinantes (à propos de son rang, son rôle, sa mission, son histoire, etc.).

Par sa personnalité complexe et syncrétiste, François Mitterrand nous préservait de toute approche schématique et binaire. Il incarnait le lien entre le présent et notre histoire. À lui seul, il était devenu une part de notre identité. Quand il avait eu besoin de promettre, face à Philippe Séguin, qu'« une Europe forte nous protégerait mieux », il rendait crédible cette fonction rassurante, même si ce n'est pas exactement ce qui s'est passé ensuite.

En reparcourant ces quatorze années avec François Mitterrand, on découvrira l'intensité historique – parfois vertigineuse – des derniers moments du monde bipolaire avant la chute de l'URSS, mais aussi combien l'entrée dans le monde « global », le nôtre – dans les années 1992-1995 –, annonce souvent les interrogations d'aujourd'hui et peut ainsi nous aider à y répondre.

DE LA « FIN DE L'HISTOIRE » AU DÉSENCHANTEMENT DU MONDE RÉEL[1]

I

Les textes, articles ou entretiens que mon éditeur, Claude Durand, et moi avons rassemblés dans cet ouvrage traitent de l'actuelle métamorphose du monde : est-il, comme depuis toujours, un terrain d'affrontements ou devient-il une communauté internationale ? Qu'est-ce que les États-Unis vont faire de leur « hyperpuissance », et que pouvons-nous faire, nous, face à cette situation inédite ? L'espérance toujours déçue, toujours renaissante au Proche-Orient débouchera-t-elle un jour sur la paix ? Devons-nous exporter, ou imposer partout, la démocratie ? L'Occident et l'islam parviendront-ils à un accord sur des valeurs universelles ? Que peut, que doit faire la France face à ces questions, soit par elle-même, soit *via* l'Europe ? Et quel est aujourd'hui le rôle de la relation franco-allemande ? Ces problèmes sont les nôtres. Ils n'ont cessé de gagner en intensité dans la période couverte par ces textes : 1995-2003. Trois textes portent par ailleurs sur les rapports médias-opinion-gouvernement, et sur l'avenir de la gauche après les élections de mai 2002.

Ces textes enjambant les bouleversements mondiaux des années 2000-2001, le lecteur doit se remémorer la vague d'optimisme provoquée auparavant dans les pays occidentaux par la chute du mur de Berlin en novembre 1989 et la dissolution de l'Union soviétique

1. Dans Hubert Védrine, *Face à l'hyperpuissance*, © Librairie Arthème Fayard, 2003, Préface, p. 7-22.

à la fin 1991. Après les déceptions des deux après-guerres mondiales, un nouvel ordre international allait enfin s'instaurer autour des valeurs, désormais universellement reconnues, de la démocratie occidentale et de l'économie de marché. Ce large consensus allait même entraîner, selon certains, « la fin de l'Histoire », du moins sous sa forme tragique, faute de vrais désaccords et de motifs de conflits. Sortis de la paralysie, l'ONU et son Conseil de sécurité allaient pouvoir jouer pleinement le rôle que leur avait conféré la Charte. Le lancement du processus d'Oslo permettait d'espérer une solution équitable au Proche-Orient. De nouveaux intervenants, de plus en plus actifs sur la scène mondiale – médias, ONG, juges –, réduisaient d'autant, au bénéfice de la « société civile », l'emprise des États-nations jugés par la pensée dominante archaïques, égoïstes, crispés sur leurs prérogatives. Les tribunaux spéciaux créés par l'ONU, puis la Cour pénale internationale allaient faire disparaître l'impunité et prévenir de nouveaux crimes. Il ne resterait plus à la « communauté internationale » qu'à remettre dans le droit chemin quelques régimes totalitaires ou États « voyous » apparemment menaçants mais, en fait, marginaux et condamnés. Et à trouver, grâce aux grands sommets internationaux, aux miracles de la « nouvelle économie » et aux technologies de l'information, des solutions aux problèmes « globaux » tels que la correction des effets prédateurs du développement et la sauvegarde de l'environnement menacé, la réduction des écarts croissants de richesse, à fournir aux plus démunis un accès aux médicaments, à alléger le poids de la dette, à lutter contre la criminalité transnationale, à réduire le cumul des handicaps de l'Afrique. En septembre 2000, le sommet dit « du millénaire » proclamait la réduction par deux de la pauvreté d'ici à 2015. Une « gouvernance » et une régulation mondiales allaient être mises en œuvre et, dans leur propre intérêt, les grandes entreprises s'autoréguleraient vertueusement. Dans le même temps, l'Union européenne réussirait à la fois à s'élargir à vingt-cinq ou vingt-sept et à se métamorphoser en une Europe vraiment politique…

Ces aspirations sont sympathiques. Comment ne pas les partager ? Pourtant, je n'ai jamais beaucoup cru à ce conte de fées avec lequel notre monde réel offre un contraste cruel. Moi aussi je voudrais un monde plus juste. Mais dès 1995-1997, dans divers articles ou interventions que l'on trouvera ci-après, mais surtout de juin 1997 à mai 2002 comme ministre des Affaires étrangères, puis après juin 2002, j'ai jugé plus honnête de ne pas souscrire aveuglément à ces espérances fragiles et trompeuses. Si j'ai dû parfois prendre le contre-pied de nouvelles croyances ou m'affranchir de tabous nouveaux, c'est parce que je recherchais l'efficacité de l'action à travers le réalisme de l'analyse. Je pense que c'est une des tâches d'un ministre des Affaires étrangères que d'aider l'opinion à mieux comprendre les mécanismes et les vrais ressorts du monde. Sinon, comment agir sur lui ? Ma franchise, mon refus des langues de bois, qu'elles soient politiques, diplomatiques ou moralistes, comme de la méthode Coué si usitée, m'ont valu quelquefois l'accusation de cynisme, car c'est un trait curieux de l'angélisme contemporain que de confondre lucidité et cynisme, deux formes de pensée bien distinctes. C'est plutôt l'illusion qui conduit à la désillusion et, par là, au cynisme au sens moderne du terme[1]. Je m'en explique dans plusieurs des interventions reproduites ci-après.

Mais déjà au cours de ces années 1992-2000, si confiantes, alors qu'on croyait marcher d'un pas allègre vers la « communauté internationale », bien des signes avant-coureurs annonçaient les orages qui ont finalement éclaté. D'abord, il n'y a quasiment pas eu, au cours de cette presque décennie, de réunion mondiale, onusienne ou autre, qui n'ait vu resurgir, sous un consensus de surface, les clivages anciens, par exemple entre le Nord et le Sud, mais aussi tous ceux que la fin de la guerre froide avait libérés : clivages entre riches et pauvres, dominants et dominés, régimes autoritaires et démocratiques, et, plus gravement encore, entre les Occidentaux et les autres, en particulier entre l'islam et l'Occident. Cela a été spectaculaire à Durban lors de la conférence de l'ONU contre le racisme. Cette réalité dérangeante est souvent niée, car l'idée du « choc des civilisations » fait peur. Mais l'antagonisme est bien là, alimenté de part et d'autre par le calcul de petits groupes sur fond de préjugés mutuels. Dans le monde arabo-musulman, un fanatisme nourri de l'interprétation la plus étroite et la plus obscurantiste de l'islam, la plus haineuse envers tout ce qui est moderne et tout ce qui n'est pas conforme à la tradition sunnite, la plus belliqueuse aussi, tissait sa toile. Exploitant l'humiliation historique, la rancœur envers l'Occident et le désespoir social, elle recrutait de nombreux candidats au suicide et constituait une moderne et tentaculaire secte

1. Je veux parler là du cynisme tel que la vulgate médiatique le stigmatise, pas du cynisme de Diogène…

de *hashishin* qui allait bientôt stupéfier le monde. En face, dans le monde occidental, Amérique du Nord et Europe confondues, *ubris* et néo-colonialisme continuent de marquer, avec la peur ou l'agressivité, beaucoup d'attitudes envers l'islam.

Dans le même temps, la mondialisation libérale commençait à être contestée par une fraction croissante de l'opinion dans les pays riches, y compris au sein des élites politiques, dans ses effets, ses institutions, ses représentants, ses symboles. Seattle et Gênes auront marqué les esprits ; Porto Alegre et la recherche d'une (peut-être chimérique) « autre » mondialisation rencontraient d'autant plus d'échos que d'immenses forces de « dérégulation » poursuivaient imperturbablement leur œuvre, insensibles aux discours des hommes politiques sur la « régulation ».

Pendant ce temps-là, les États-Unis devenaient, par KO de l'URSS et par leur phénoménale réussite, cette « hyperpuissance » que j'ai décrite en 1998 au cours d'un entretien dans *Jeune Afrique*. Ils disposaient dès lors sur le monde de pouvoirs sans précédent ni équivalent, et, débarrassés de tout contrepoids, s'apprêtaient à rejeter ce sur-moi multilatéraliste qui les avait encore retenus, avec les présidents George Herbert Bush et Bill Clinton, d'aller au bout de leur puissance nouvelle. Bientôt, l'« hyperpuissance », plus que jamais messianique et missionnaire, se sentirait débridée ; un souverainisme radical et un unilatéralisme résolu submergeraient toutes les digues. Pour reprendre la belle expression de Stanley Hoffmann, « désempêtré », Gulliver se déchaînerait. Pendant ce temps-là, l'Europe évanescente, bavarde et bien intentionnée, absorbée par sa mue problématique en Europe politique, restait sourde et aveugle à ces orages qui couvaient, persuadée de vivre dans un monde post-tragique régi par le droit.

C'est dans ce contexte que se sont produits les événements bouleversants des années 2000-2003.

D'abord l'échec, *in fine*, fin janvier 2001, des négociations de paix israélo-palestino-américaines de Taba, les plus audacieuses, les plus courageuses jamais menées. Sans doute ont été dessinés là les contours de l'accord de paix tel qu'il finira par être imposé un jour aux protagonistes. Il faut du moins l'espérer. Pour que cela aboutisse alors, il aurait fallu que le président Clinton, dont on ne peut sous-estimer, bien au contraire, les remarquables mérites dans cette tentative, se saisisse de ce dossier dès le lendemain de sa réélection ou, en tout cas, dès l'élection d'Ehud Barak sur un programme de paix, et non pas six mois avant la fin de son mandat. Mais il aurait aussi fallu que le Premier ministre israélien ne perde pas de longs mois à rechercher un illusoire accord avec la Syrie – le *statu quo* n'était pas si insupportable que Damas eût été pressé de conclure – dans l'espoir de « curiacer » le camp arabe ; qu'il ne laisse pas péricliter la relation édifiée par Itzhak Rabin avec Yasser Arafat, ce que Leah Rabin lui reprocha ; qu'il n'accepte pas trop tard une vraie négociation avec les Palestiniens. À Camp David encore, en août 2000, même si cette réunion arrachée à Clinton par Barak, soudain impatient, fut improvisée et mal préparée, tout restait possible. Mais Ehud Barak, inquiet de la popularité déjà menaçante d'Ariel Sharon, lança de Camp David, avant même l'échec de cette rencontre, l'accusation que Yasser Arafat bloquait seul toute avancée en refusant ses propositions « généreuses ». Peu importe que cette présentation biaisée, qui avait pour objet de sauver les travaillistes de la défaite électorale annoncée, ait été depuis lors corrigée par des témoignages et des enquêtes sérieuses. Elle pèsera lourdement sur la suite, les droites israélienne et américaine (et française) usant et abusant pendant au moins deux ans et demi de cette argumentation servie sur un plateau par un Premier ministre travailliste…

Du côté palestinien et arabe, il aurait fallu que Yasser Arafat cesse de tergiverser et de louvoyer, et réalise que la conjonction Clinton-Barak offrait une chance unique. Au lieu de quoi, j'ai entendu jusqu'à la fin 2000 des responsables palestiniens affirmer que Barak ne tenait de toute façon jamais ses promesses, que les démocrates américains soutenaient toujours les Israéliens – Gore plus encore que Clinton ! –, et que cela ne pourrait qu'aller mieux avec une administration républicaine. Aveuglement tragique ! Il aurait fallu également que les divers dirigeants palestiniens n'enfourchent pas la énième réaction de fureur de la population palestinienne désespérée à la énième provocation israélienne – dans le cas d'espèce, celle, habilement ajustée, d'Ariel Sharon sur l'esplanade des Mosquées en septembre 2001 –, jusqu'à en faire une seconde Intifada en l'endossant et en l'amplifiant…

Si, en sus, les Saoudiens avaient eu, dès l'automne 2000, le courage d'annoncer, sur le règlement du conflit et la normalisation avec Israël, ce que le prince héritier Abdallah a finalement dit en 2002, nul doute que cela aurait aidé – ou obligé – Yasser

Arafat, ainsi soutenu ou poussé, à répondre « oui mais » plutôt que « non ».

Tout cela fait beaucoup de « si ». En tout cas, fin 2000-début 2001, c'est, avec le processus de paix d'Oslo, une composante essentielle de l'optimisme des années 1990 qui s'évanouit.

Compte tenu de ce qu'elle signifie et de ce qu'elle amplifie – car ce mouvement était entamé auparavant –, de ce qu'elle annonce et de ce qu'elle entraîne, l'élection de George Walker Bush à l'automne 2000 est l'événement majeur de la période. Certains s'en rendront compte dès les premiers mois de 2001, d'autres beaucoup plus tard : l'administration Bush II n'est au départ pas néoconservatrice, comme ses inspirateurs aiment à se définir eux-mêmes, mais réactionnaire et contre-révolutionnaire. Elle ne veut pas *conserver*, mais prétend renverser les règles du vieux jeu internationaliste hérité de Wilson, de Roosevelt et de la Charte de l'ONU, « refermer la parenthèse du multilatéralisme », au dire de ses membres les plus radicaux, même si ces règles ont été à l'origine d'inspiration américaine. Cette conception nouvelle contredit à un tel point toutes les croyances et les espérances placées dans le droit international et la fameuse « communauté internationale » – qui postulent une certaine égalité des droits entre les États et le refus du recours unilatéral à la force – que beaucoup d'Européens devront la voir (la guerre) pour y croire (l'unilatéralisme) et commencer à en mesurer pleinement les conséquences.

Certains analystes datent du 11 septembre 2001 le moment où tout bascule. Ce n'est pas mon cas. Je ne sous-estime pas le choc terrible pour les Américains qui se croyaient – et que les autres croyaient – invulnérables, même s'ils avaient bien dû accepter de vivre, depuis la fin des années 1950, sous la menace constante des missiles nucléaires intercontinentaux soviétiques dans le cadre de la dissuasion mutuelle. Souffrance, terreur de cette fragilité révélée, déchirure de l'idée qu'ils se faisaient d'eux-mêmes, humiliation politique pour la première puissance mondiale, ainsi frappée par un adversaire sans visage. Il est probable que les autres peuples du monde – soit qu'ils soient trop exaspérés par l'hégémonie américaine pour passer de la compassion à l'égard des victimes à la compréhension de la politique américaine, soit qu'ils soient eux-mêmes relativement blasés face au terrorisme pour l'avoir subi et en avoir triomphé antérieurement – aient sous-estimé ce traumatisme qui a répandu aux États-Unis une psychologie de guerre et révélé George W. Bush à lui-même. Mais tous les éléments de cette révolution conservatrice et unilatéraliste étaient déjà présents *avant* le 11-Septembre : sans remonter aux signes annonciateurs de la fin des années 1990, il suffit de se rappeler les premiers mois de 2001, les refus américains de Kyoto et de la Cour pénale internationale, la sortie du traité ABM, l'abandon de plusieurs négociations multilatérales de désarmement, les décisions de réarmement, les prémices de la nouvelle doctrine de guerre préventive du Pentagone. Le 11-Septembre aura été un détonateur déplaçant au sein de l'administration Bush les équilibres au profit du groupe Rumsfeld-Wolfowitz-Perle[1], fournissant à la réalisation de leurs projets de longue date – unilatéralisme assumé, contournement de l'ONU, « wilsonisme botté[2] », renversement de Saddam Hussein – à la fois un prétexte et une légitimation.

En même temps, la révélation, le 11 septembre 2001, de la capacité d'une nébuleuse islamiste mondiale à frapper au moyen de terroristes kamikazes toute cible sans exception alimente une peur permanente, intensifiée par la « cocotte-minute » médiatique universelle. La recherche de la sécurité passe avant, voire efface toute autre considération. Les États-Unis estiment être en droit de décider seuls, sans aucune limitation extérieure d'aucune sorte, de ce qui doit être fait pour leur sécurité, y compris, préventivement, rechercher la supériorité militaire sur l'ensemble des autres, et même empêcher tout rival d'émerger. Ils s'estiment chargés de propager activement de par le monde les valeurs américaines de la démocratie et du marché. Ils assument tout cela sans aucune gêne, et même, avec Kristoll, Kagan et quelques autres, le théorisent non sans provocation. On a vu qu'ayant décidé l'éviction de Saddam Hussein George W. Bush avait « généreusement » offert au Conseil de sécurité de l'ONU l'occasion de montrer qu'il n'était pas *irrelevant* en ratifiant les décisions déjà prises par lui ! Mais que, la majorité des voix requise n'ayant pu être rassemblée, notamment du fait de la France, le président américain, qui avait prévenu qu'il irait avec ou sans l'ONU, a fait ce qu'il avait annoncé. Plusieurs mois plus tard, le monde abasourdi

---

1. Donald Rumsfeld, Paul Wolfowitz et Richard Perle sont les tenants du néoconservatisme, qui ont piloté la politique irakienne de Bush fils.
2. Selon l'expression de Pierre Hassner.

en est encore à mesurer pleinement ce que signifie cette affirmation de la caducité de l'idée multilatérale par le pays qui avait le plus fait pour l'installer dans les faits et les esprits.

II

Dans cette situation inédite, que faire ? Cette interrogation n'est pas seulement la nôtre. Elle est d'abord celle de certains Américains qui se demandent, cinquante ans après que Raymond Aron a parlé de « République impériale », quoi faire de leur « hyperpuissance » désormais avouée. Quelle stratégie, quel projet pour leur supériorité militaire ? Pourront-ils vraiment s'en tenir à une ligne aussi dominatrice, sans concession aucune, cantonner l'ONU dans un rôle marginal, affirmer leur droit à la guerre préventive, vouer aux gémonies la philosophie multilatéraliste, combattre l'émergence de tout autre pôle, fût-il allié ? Certes, les Américains donnent carte blanche à leur président pour garantir ou rétablir tous azimuts leur sécurité, sans souci des règles ou des conventions internationales de toutes sortes, ni de l'opinion extérieure. Mais cela ne veut pas dire qu'ils soutiendront durablement une politique extrême à la Rumsfeld ou à la Wolfowitz. Les Américains pensent assurément que leur régime politique et leur mode de vie sont les meilleurs du monde. Ils peuvent être messianiques et manichéens. Cela ne les rend pas pour autant colonialistes ou impérialistes au sens où le furent les Britanniques ou les Français. S'ils se découvrent piégés en Irak dans une situation coloniale catastrophique sans issue prévisible, haïs et combattus comme occupants là où ils croyaient être des libérateurs adulés, harcelés par une guérilla sans soutien du reste du monde, ils peuvent se décourager. Que fera alors le président Bush qui, une fois engagé en Irak, n'a guère d'autres issues que persévérer, en tout cas jusqu'à l'automne 2004, sauf à perdre toutes chances d'être réélu ? Le fait d'avoir instauré à la mi-juillet un Conseil de gouvernement irakien intérimaire est un premier pas politique, tardif, mais un vrai gouvernement irakien est une nécessité urgente. Quant à la démocratisation promise, elle suppose, dans un Irak unitaire, d'accepter par avance le verdict de la majorité chiite, tout en agissant politiquement pour que cela ne se traduise pas automatiquement par une république islamique d'Irak. Et fédéraliser l'Irak pour éviter ce risque majoritaire peut le conduire à l'éclatement, inacceptable par la Turquie en raison de la question kurde. Il y a bel et bien un casse-tête irakien. Mais rien n'est joué.

La vitesse à laquelle les États-Unis devront admettre que même une hyperpuissance peut avoir besoin de plus petits que soi dépend beaucoup de ce qui va se passer en Mésopotamie. Mais chercher des supplétifs ou des renforts pour l'Irak, accepter de redonner un rôle aux Nations unies, *via* une résolution consensuelle au Conseil de sécurité pour obtenir une légitimité rétroactive et encadrer l'avenir de l'Irak – ce qui d'ailleurs ne réglerait pas par miracle la question *politique* irakienne –, ne signifie pas jouer sincèrement le jeu multilatéral dans les rapports avec *the rest*, comme disent les Américains, c'est-à-dire le reste du monde, avec ce que cela comporte d'aléas… Les prochaines années ne seront pas du tout les mêmes selon que les Américains s'en tiendront, dans leurs rapports avec le monde extérieur, à leur souverainisme, à leur exceptionnalisme et à leur militarisme, ou qu'ils reviendront à l'idée que, le monde étant vaste et compliqué, ils ont quand même besoin d'une politique étrangère, comme Henry Kissinger le leur rappelle régulièrement. Cela impliquerait une certaine aptitude à prendre en considération le point de vue des autres, à mieux tenir compte des situations locales, des sensibilités multilatérales et des aspirations multipolaires, et donc, dans certains cas, à renoncer au passage en force et à accepter un compromis. Felix Rohatyn, quant à lui, est clair : « La domination globale a un coût insupportable. » Le sens dans lequel les Américains trancheront ce débat aura d'importantes conséquences pour nous.

Si nous étions assurés que les difficultés, voire une Berezina, en Irak ou l'élection d'un démocrate aux élections présidentielles de novembre 2004 entraîneront un complet changement de cap dans la politique américaine, la France pourrait se borner, ayant pris date, à attendre tout en capitalisant autant que possible la sympathie que lui a value, dans de nombreux pays, son opposition à la guerre en Irak. Seulement, rien n'est moins sûr. Cette sympathie peut être contrebalancée par d'autres sentiments ou d'autres intérêts, et l'unilatéralisme des États-Unis risque d'être durable, et ce pour plusieurs raisons. Il traduit un rapport de forces qui ne se corrigera pas de sitôt. Il résulte d'une profonde révolution conservatrice des mentalités à l'œuvre depuis longtemps, que la personnalité du président Clinton a masquée pendant huit ans mais dont les signes s'accumulaient. Enfin, le 11-Septembre l'a légitimée pour tout ce qui touche à la sécurité des États-Unis au sens le plus large du terme. Que les États-Unis aient intérêt à un meilleur *burden sharing* (partage du fardeau) est évident. Qu'ils soient prêts au *decision sharing* (partage de la décision), rien ne le laisse prévoir. Même échaudés par l'Irak et moins aveuglés par leur puissance militaire, ils ne seraient pas pour autant ramenés à un vrai multilatéralisme.

Si le phénomène est durable, quelles options nous sont alors ouvertes ? Nous pourrions estimer indispensable de nous y opposer systématiquement, même sans espérer un renversement rapide, en considérant que la négation par cette administration américaine de l'idée même de communauté internationale et de règles multilatérales est proprement inacceptable. Dans cette hypothèse, il est plusieurs façons de s'opposer, depuis la simple désapprobation de principe jusqu'à la mobilisation générale des opposants, en passant par la guérilla diplomatique. Si l'on choisit ces dernières options, il faut être capable de tenir bon aussi longtemps que nécessaire, y compris dans une certaine solitude, de ne pas être surpris par le prix à payer sur divers plans, et de rester soutenu par son opinion.

Une autre voie consisterait au contraire à chercher à influencer les États-Unis. C'est ce que Tony Blair, après d'autres Premiers ministres britanniques, a essayé de faire. Mais cela exige non seulement de coopérer avec les États-Unis – ce qui se justifie souvent –, mais d'approuver presque totalement la politique américaine, quelle qu'elle soit, en tout cas en public, sans être jamais sûr d'être entendu. Pendant la Seconde Guerre mondiale, même l'immense Churchill n'a pas eu d'influence réelle sur les grandes décisions stratégiques et militaires de Roosevelt. Aujourd'hui, peut-être Tony Blair pense-t-il que l'engagement louable du président Bush pour la création d'un État palestinien en 2005 est le résultat de son insistance, et qu'il a contribué à le convaincre qu'une solution honnête et viable au Proche-Orient serait indispensable non seulement dans la lutte contre le terrorisme, mais aussi pour réussir en Irak ? Les Européens, s'ils étaient d'accord entre eux, auraient-ils une réelle influence sur les États-Unis ? Les exemples du protocole de Kyoto ou de la Cour pénale – où les États-Unis n'ont tenu aucun compte des positions unanimes des Européens – ne plaident pas dans ce sens, mais la démarche mérite d'être prise en considération.

Mais si influencer les États-Unis se révèle presque impossible dans les conditions actuelles, il faut alors, dans l'intérêt de l'équilibre du monde et peut-être même dans leur propre intérêt, modifier les rapports de forces et bâtir un contrepoids au niveau international comme au niveau européen. Un contrepoids n'est pas forcément hostile – voir l'euro –, mais il change la donne en posant des bornes.

Y a-t-il un contrepoids possible, non conflictuel, à la puissance américaine ?

Le système multilatéral actuel des Nations unies ne constitue pas en tant que tel un contrepoids. Trop de disproportions entre l'« hyper » et les « hypo »-puissances, les puissances et les pseudo-États, trop de failles et de travers flagrants aux Nations unies, qui, du coup, ne peuvent pas être un cadre contraignant. Dans l'affaire irakienne, les États-Unis auraient apprécié l'approbation du Conseil de sécurité. Mais s'affranchir de l'ONU n'entraînait pas pour eux de conséquences graves, d'autant que le reste du monde leur sera reconnaissant au premier signe de courtoisie qu'ils montreront envers l'organisation. Il est insuffisant d'opposer les grands principes multilatéraux au fait accompli washingtonien, tant est aisée la réplique sur l'impuissance des Nations unies. Pourtant, il n'y a pas de solution de rechange à un système multilatéral crédible. C'est pourquoi tous ceux qui ne se résignent pas au cours actuel des relations internationales auraient plus d'influence en ne s'enfermant pas dans la défense du *statu quo* et en se mettant d'accord sur une réforme de l'ONU qui comprendrait : un élargissement du Conseil de sécurité à l'Inde, à l'Allemagne, au Japon et à trois autres grands pays (arabe, africain et latino-américain) ; une confirmation du droit de veto assorti de l'engagement de ne pas l'employer en cas d'intervention au titre du chapitre VII[1] qu'il faudrait rendre possible au bénéfice de populations en danger, ce qui reviendrait à un élargissement encadré du droit d'ingérence ; une actualisation de la procédure de gestion internationale des États faillis, laquelle se développe *de facto*. Ces idées pour une

1. Le chapitre VII de la Charte des Nations unies traite de l'action à mener en cas de « menace contre la paix, de rupture de la paix ou d'acte d'agression », par le recours à des mesures militaires ou non militaires.

Charte de l'ONU réformée seraient dans un premier temps rejetées par les États-Unis et par d'autres, mais elles auraient un grand retentissement dans le monde et progresseraient. Le compromis entre l'Empire et le reste du monde s'imposera. Préparons-le.

Il faudrait en profiter pour dissiper une ambiguïté. On commence à entendre dire que l'ONU n'est pas crédible parce qu'y voisinent des démocraties et des dictatures, et qu'il est par exemple absurde, voire scandaleux que la Commission des droits de l'homme soit en ce moment présidée par la Libye. Mais alors, cela signifie-t-il que les États non démocratiques ne devraient pas faire partie de l'ONU ? On voit que deux conceptions s'affrontent : celle d'une organisation des *États* du monde et celle d'un regroupement des *démocraties*. Les Occidentaux ne s'étaient pas sentis assez forts auparavant, pendant la guerre froide, pour oser cette exigence. Pour ma part, j'estime qu'une organisation regroupant *tous* les États du monde *sans exception* est une nécessité, et que la paix et la sécurité internationales perdraient beaucoup à ce que cette enceinte n'existe pas. Mais il est absurde qu'il n'y ait pas de critères démocratiques pour faire partie de la Commission des droits de l'homme de l'ONU quand il y en a tant – les critères de Copenhague – pour entrer dans l'Union européenne, et quand il est tant de préalables économiques et commerciaux à remplir avant de pouvoir adhérer à l'OMC. Or l'entrée dans l'ONU ne garantit pas le respect de sa Charte ! L'incitation à la démocratie devrait inspirer l'action de tous les organes des Nations unies ; d'ici là, il faudrait établir des critères pour être éligible au sein de cette Commission des droits de l'homme, et, si cela se révèle impossible, la supprimer, ce qui serait moins hypocrite. En tout cas, l'encouragement à la démocratisation ne doit pas se faire au détriment de l'existence d'une enceinte universelle.

La question du monde multipolaire est différente. Cette expression, « monde multipolaire », plaît aux Français, car ils y voient la promesse d'un rééquilibrage du monde unipolaire américain. C'est pour la raison inverse qu'après y avoir été longtemps indifférents les États-Unis, par la voix de Condoleezza Rice, critiquent maintenant cette idée. Le président Chirac déclare le monde multipolaire inéluctable – il dit parfois qu'il existe déjà – et souhaitable, et affirme que l'Europe devrait en être l'un des pôles. Tony Blair ne l'estime ni inéluctable ni souhaitable, et pense en tout cas qu'il serait dangereux que le monde occidental se divise en deux pôles distincts, États-Unis et Europe. Sans doute craint-il que les pôles non occidentaux se liguent contre l'Occident ? On voit que le débat sur le monde multipolaire soulève d'autres problèmes que celui des règles qui sont censées régir, au sein des Nations « unies », les relations entre les deux cents États membres. Ce débat sur la multipolarité peut paraître artificiel. Il peut sembler vain de prétendre organiser et enfermer dans des formules l'évolution en réalité incontrôlable de si grandes forces géopolitiques. Ceux qui aspirent à recoller d'urgence et à n'importe quel prix les morceaux entre les deux rives de l'Atlantique appréhendent cette controverse potentiellement conflictuelle sur *le* ou *les* pôles occidentaux. Pourtant, ce n'est pas la même chose de travailler à ce qu'il n'y ait qu'un seul pôle occidental, donc évidemment sous l'autorité des États-Unis, ou à ce qu'il y ait un pôle américain *et* un pôle européen, partenaires mais autonomes. Par ailleurs, rien ne prouve qu'un monde multipolaire serait automatiquement stable et équilibré. Si les dirigeants des pôles ne pratiquent pas une sage *realpolitik* d'équilibre et de coopération, il peut se révéler instable et conflictuel, et certains pôles pourraient se liguer contre d'autres. Et quelle serait l'articulation de l'ONU avec le système multipolaire réformé ? Elle n'est pas évidente, sauf si, bien sûr, ces « pôles » de demain coïncidaient avec les membres du Conseil de sécurité élargi de l'ONU.

Ces spéculations sur le monde multipolaire ne devraient pas occulter ce qui me semble être une des plus graves hypothèques à peser sur la constitution d'une vraie communauté internationale : l'antagonisme séculaire, toujours vivace, entre l'islam et l'Occident. Antagonisme nié par ceux qui ont peur de l'attiser en le nommant. Je fais au contraire partie de ceux qui pensent qu'on ne surmontera pas cet antagonisme et qu'on n'empêchera pas qu'il dégénère en *clash* en le niant. Il doit être reconnu, et ses causes profondes traitées politiquement, culturellement et économiquement, jusqu'à ce qu'il soit résorbé. Les réformes de l'ONU, les schémas multipolaires n'y parviendront pas à eux seuls. Il y faudra un compromis, car les Occidentaux ne parviendront pas à imposer purement et simplement leur loi au monde entier. À un moment ou à un autre, ils devront se montrer fraternels.

J'en viens à l'Europe. Veut-elle, peut-elle devenir un des pôles du monde multipolaire, un des éléments clefs du système multilatéral rénové ? La nouvelle politique américaine a fait tomber les masques et confirmé ou révélé, à la surprise de beaucoup de Français, que les Européens ne rêvaient pas tous à une Europe-puissance. Par atlantisme : ne pas concurrencer stérilement la puissance américaine. Par pacifisme et refus de la notion même de puissance, supposée avoir été abjurée par les Européens depuis 1945. Par crainte d'un condominium Paris-Berlin, ou Paris-Londres-Berlin. Les manifestants européens du printemps 2003 criaient leur phobie de la force, et de la force américaine, plus qu'ils ne réclamaient une Europe puissance. De surcroît, les pays européens qui acceptent l'idée d'une Europe puissance divergent quant à ses relations avec les États-Unis. Ces divergences n'avaient pas empêché de réaliser le Marché commun, puis le Grand Marché, et, après Maastricht, on les avait crues surmontées par les mécanismes de la Politique étrangère et de sécurité commune, la PESC. Il n'en était rien.

Comment dépasser ces divergences et réaliser une synthèse ambitieuse ? Beaucoup d'Européens militants affirment depuis des années avec une impatience grandissante que, pour dépasser les « égoïsmes nationaux », il faut passer au vote à la majorité dans tous les domaines, y compris celui de la PESC. Curieusement, certains Français en attendent même l'affirmation d'une Europe puissance !... Mais on n'impose pas à la majorité des idées minoritaires ! Dans l'Europe à vingt-cinq – c'était presque déjà le cas à quinze –, ce sont des positions très différentes des nôtres qui l'emporteraient. Et la crise serait assurée : dans ces domaines très sensibles – la participation à une guerre, par exemple –, les minoritaires ne pourraient pas respecter les décisions majoritaires. Les différences de conception restent profondes et durables, et chaque nouvel élargissement impose de recommencer le travail d'harmonisation. C'est pourquoi il est sage que le projet de traité constitutionnel transmis par la Convention présidée par Valéry Giscard d'Estaing au Conseil européen et à la Conférence intergouvernementale ne propose pas pour le moment d'instaurer le vote à la majorité pour la politique étrangère et la défense. Valéry Giscard d'Estaing a obtenu l'accord des conventionnels sur le maximum d'améliorations constitutionnelles acceptables et ratifiables par les Vingt-Cinq. Mais elles portent logiquement sur le *fonctionnement* des pouvoirs européens et leurs rapports entre eux. Le *contenu* de la politique étrangère ne découlera automatiquement ni du traité constitutionnel, ni de la création d'un poste de ministre européen des Affaires étrangères. Certains partisans de l'Europe politique espèrent qu'une harmonie des positions et des politiques finira par naître, par unification progressive, des petits pas, des réunions, des communiqués, de l'accord sur les principes généraux tels que la démocratie, les droits de l'homme, la prévention des conflits et l'aide au développement. Ils sont occupés à rafistoler l'Europe après la guerre en Irak et préfèrent la méthode Coué – encore elle ! – au grand déballage.

Je ne crois pas que cela suffira. Nous avons été au bout de ces méthodes. Pour surmonter nos divergences persistantes, il ne faut pas les nier. Il faut au contraire qu'il y ait une véritable explication entre Européens, et en premier lieu entre Français, Britanniques et Allemands, sur ce que doit être l'Europe dans le monde, et sur ce qu'elle doit faire. Notre conception de l'Europe puissance est contestée ? Discutons-en. Montrons aux atlantistes qu'elle pourrait assainir notre relation avec les États-Unis ; aux pacifistes, que le refus de la puissance, c'est le risque de l'impuissance et de la dépendance, et que la puissance peut être mise au service du droit international. Prenons le temps nécessaire, mais bâtissons, grâce aux leviers d'influence que nous avons conservés, une audacieuse synthèse historique, séduisante pour tous les Européens. C'est possible.

Si j'ai voulu, au cours de ces années, en dépit de l'optimisme de commande qui prédominait et d'un moralisme qui ne s'attaque pas aux causes, avertir, éveiller, mettre en garde contre les faux-semblants, c'est pour aiguiser nos analyses et affermir notre action. Je pense depuis longtemps que la France – la France qui n'aime vraiment ni ce que le monde devient, ni ce qu'elle y devient, et qui, de ce fait, a tendance soit à rêver éveillée, soit à maugréer, soit à se décourager – doit s'adapter tout en restant elle-même. C'est en regardant en face les réalités du monde et les siennes qu'elle retrouvera son influence. Je dis bien : influence, et pas seulement estime ou popularité. Elle doit se désenivrer d'elle-même sans tomber – *pour* ne pas tomber – dans la mélancolie, l'autodépréciation, voire le rejet de soi, comme c'est le cas de quelques européistes ou mondialistes. Quoi qu'il advienne de l'Amérique, que nous espérons sage plus que folle, de l'Europe, que nous voulons ouverte, exemplaire et rayonnante, du monde – rendons-le et gardons-le vivable pour l'humanité d'aujourd'hui et de demain –, la France devra réapprendre à s'aimer. L'exercice de cette clairvoyance requiert de trouver le ton juste et le point d'équilibre. C'est ce que j'ai tenté de faire dans les interventions, discours ou articles des années 1995-2003 qui composent ce volume. Au lecteur d'apprécier dans quelle mesure j'y suis parvenu.

DISSIPER LES CHIMÈRES[1]

L'illusion d'optique

Commençons par ce qui s'est passé dans le monde […] depuis la « chute » – en fait l'ouverture – du Mur, en novembre 1989, par un régime exsangue, et la dissolution de l'URSS, en décembre 1991 ! et qui fait la matière d'une partie des textes rassemblés dans ce volume. Pour en tirer des leçons, retraçons l'illusion d'optique, suivie d'une régression simpliste, qui a alors saisi les Occidentaux, jusqu'au brutal double choc géopolitique et économique des années 2008-2010.

Pendant près de deux décennies, les Occidentaux ont vraiment cru à leur triomphe, et, avec Fukuyama, à une fin hégélienne de l'Histoire, faute de combattants, ainsi qu'à l'occidentalisation du monde. Pareillement, à la croissance sans fin de l'économie de marché globale, financiarisée et dérégulée (déréglementation + endettement + effets de levier) grâce au sorcier Greenspan[2], et enfin à la propagation de la démocratie et des droits de l'homme, à la « démocratie de marché », disait-on sous Clinton.

Ils se trompaient, avec cependant quelques nuances entre les deux rives atlantiques.

Chez les Européens, c'est une version très idéalisée de la mondialisation (forcément heureuse), de la « communauté » internationale, du règne du droit international, de la société civile et de la justice internationale qui a longtemps prévalu, du moins parmi les

---

1. Dans Hubert Védrine, *Le Temps des chimères*, © Librairie Arthème Fayard, 2009, Préface, p. 7-31.

2. Alan Greenspan, économiste américain, président de la Réserve fédérale (Banque centrale des États-Unis) de 1987 à 2006.

élites et dans les médias. Et cela d'autant plus que, depuis 1945, et encore plus depuis la chute du Mur, les Européens voulaient croire à un nouveau monde, *post-tragique* et *post-historique*. Cet optimisme européen a été alimenté par la perspective de l'euro, puis par sa mise en œuvre, et ensuite par l'élargissement à douze candidats impatients d'adhérer, donnant naissance à l'Union à 27. Et, s'agissant du Proche-Orient, par l'espérance d'une paix véritable, du moins jusqu'à l'assassinat de Rabin par l'extrême droite israélienne.

Les Américains, eux, n'ont jamais vu les choses aussi en rose. George H.W. Bush parlait certes d'un « nouvel ordre *international* », mais il précisait bien « sous *leadership* américain ». Clinton était brillant, séduisant, ouvert et sans arrogance, mais également réaliste. Tout en insistant sur le dialogue et la concertation, ces deux présidents ont poursuivi un important effort de défense. Rien de tel avec George W. Bush et son administration, qui ont prôné, dès avant le 11-Septembre, et jusqu'à la caricature, dans une sorte de « spasme occidentaliste », le manichéisme, le messianisme, l'esprit de croisade, l'incompréhension du monde extérieur, la croyance absolue en la légitimité de leurs interventions militaires, et justifié leur unilatéralisme. Ces attitudes ont existé peu ou prou à toutes les époques dans la politique étrangère américaine, mais elles avaient en général été contenues et maîtrisées. Comme si les Occidentaux, pourtant triomphants, étaient seuls contre tous ! À partir de 2001 et pour encore sept ans, le simplisme régnant a fait de la « guerre contre le terrorisme » l'alpha et l'oméga de toute cette politique. Bien sûr, le couple possible terrorisme/arme de destruction massive est et reste très dangereux, mais c'est l'un des très graves problèmes du monde, pas le seul, et il ne saurait être résorbé de façon schématique.

Aucune de ces réactions – *hubris* et simplisme américains, ingénuité européenne – n'avait préparé les Occidentaux aux chocs qui allaient suivre.

Nation la plus puissante de l'Histoire, l'Amérique est ainsi devenue, après le 11-Septembre et avec le combat schématique du Bien contre l'axe du Mal, à la fois la plus terrorisée, et s'est trouvée, par ailleurs, décriée comme elle ne l'avait encore jamais été. C'est aussi pour sortir de cette impasse qu'elle a voté pour Obama en 2008.

De son côté, après avoir mis en place l'euro et s'être élargie en 2004 puis en 2006, l'Union est entrée dans une phase d'aboulie.

Privés d'ennemi fédérateur depuis la fin de l'URSS, comme de parrainage américain, de grands leaders et de projets, les Européens se sont mis à errer. Même si des routines, des procédures et des mythes rhétoriques (Europe sociale, Europe de la Défense, Europe puissance) les aident à fonctionner ou à espérer, ils ne sont d'accord entre eux ni sur le degré ultime d'intégration politique souhaitable, ni sur la géographie (faut-il mettre un terme à l'élargissement, et où ?), ni sur le projet stratégique : grande Suisse de 500 millions d'habitants, ou puissance ? Et cela alors que le monde extérieur, *the rest*, se révèle être très différent de ce que les Occidentaux croyaient, ce qui les rend déboussolés, agressifs ou inquiets…

En effet, quand, en 2003, les analystes de la banque Goldman Sachs ont mis en évidence la croissance des BRIC (Brésil, Russie, Inde, Chine), et, ensuite, de vingt à trente autres « émergents », seule l'opportunité économique que représentait la montée de classes moyennes chinoise, indienne, brésilienne et autres, dotées d'un pouvoir d'achat en forte augmentation, a suscité l'appétit des Occidentaux. Ils pensaient encore que seules leurs entreprises pourraient être globales, et en bénéficieraient. En principe, on ne pouvait que se réjouir que des pays pauvres ou en développement, dont le sort émouvait, se développassent enfin. Mais on ne s'attendait pas à ce que, d'objet d'aide et de compassion, ils se transforment si vite en « dragons » économiques menaçants, frustrant les Occidentaux du bonheur d'aider et les plaçant d'un même mouvement sur la défensive.

On peut comprendre qu'il soit très difficile, pour les Occidentaux qui ont conduit le monde depuis le XVIe siècle, d'admettre qu'ils ont perdu le *monopole* de la puissance, avec tout ce qui en découle, et qu'ils ne sont qu'un gros milliard sur six milliards et demi. Ce décrochage est aussi pénible à vivre pour des nationalistes américains que pour des droits-de-l'hommistes européens, tout aussi « occidentalocentrés » les uns que les autres. Ils ont réagi les uns et les autres en niant ces bouleversements, par des attitudes de déni, par le rejet des mises en garde de Huntington[1], seulement présentées comme une « théorie » condamnable, non comme un risque réel à conjurer.

Mais tout cela n'arrête pas la marche de l'Histoire.

---

1. Samuel Huntington, *Le Choc des civilisations* (1996), trad. française Odile Jacob, 1997.

Ce qui a échoué ou a été brutalement remis en cause en l'espace de quelques années, c'est donc à la fois l'assurance universaliste de l'Occident, le monopole du *leadership* occidental, la vision simpliste du prosélytisme démocratique, le manichéisme (le Bien contre le Mal) comme mode de réaction à l'inquiétude et de contrôle du monde, la politique néoconservatrice américaine confondue avec celle du Likoud, les dogmes économiques de l'école de Chicago, la désinvolture irresponsable envers les règles écologiques de la vie dans la biosphère, la foi du charbonnier dans l'Europe comme pôle évident d'un monde multipolaire.

La crise qui a éclaté en 2007-2008 a hâté et rendu plus manifeste encore la caducité de ces schémas.

La dérive des plaques tectoniques

Où en sommes-nous en 2009-2010 ? Dans le temps long, non pas à l'avènement d'un « monde multipolaire » plus juste, plus harmonieux et forcément stable, mais au début d'une longue redistribution des cartes qui prendra la forme d'une *bagarre ou, en tout cas, d'une compétition multipolaire* à rebondissements multiples et à l'issue incertaine. Et, conjoncturellement, à un carrefour d'incertitudes sur les modalités, les formes et le rythme de la sortie de « crise », à supposer que nous n'ayons vécu qu'une simple « crise » et non une mutation d'une ampleur et d'une durée imprévisibles.

C'est la simultanéité et l'interrelation de ces mutations qui font la singularité du temps présent.

Une structure générale du monde se met-elle en place ?

En dépit des sommets fréquents et de l'ONU, le monde « global » n'est ni tout à fait ordonné, ni architecturé, ni gouverné. Certains ont prétendu qu'il serait autogouverné par le marché. On sait maintenant que, si c'est le cas, c'est à court terme, sans sagesse, avec une cupidité obscène et une irresponsabilité stupéfiante. Rappelons cependant, pour éclairer le présent, les précédentes configurations du monde depuis la Deuxième Guerre mondiale : pendant la guerre, Alliés occidentaux et soviétiques contre les forces de l'Axe ; pendant la guerre froide, division bipolaire des nations entre alliance américaine et bloc soviétique, rivaux dans le « tiers »-monde jusqu'en 1989-1991 ; et, depuis lors, notre monde dit « global », qui a donné naissance selon les uns à l'hyperpuissance américaine et selon d'autres a pris la forme d'une « communauté internationale » régie par le droit international et la « gouvernance mondiale ».

En fait, le train du triomphe occidental en cachait plusieurs autres : l'émergence de nouvelles puissances et de nouveaux pôles mondiaux qui s'affirment de façon spectaculaire, pas uniquement comme nouveaux marchés mais aussi comme rivaux économiques et concurrents stratégiques de l'Occident.

Cela n'est pas tout à fait une surprise, même si l'ampleur du phénomène surpasse les prévisions.

Il y a quinze ans déjà, dans *Diplomatie*[1], Henry Kissinger, frappé par l'ambition chinoise, avait annoncé un monde « multipolaire ». Mais il le voyait surplombé par une nette et durable prédominance américaine. Secrétaire d'État de 1988 à 1991, James Baker travaillait déjà dans cet esprit. Puis Samuel Huntington a alerté sur les conflits possibles entre les grandes civilisations. Le général Scowcroft et Zbigniew Brzezinski ont souligné en 2008 que c'est la première fois dans l'histoire du monde que *tous* les peuples sont politiquement actifs, et pas seulement les Occidentaux et les grands « émergents ». L'administration Bush junior n'a pas eu l'air de s'en rendre compte. Fareed Zakaria, éditeur international de *Newsweek*, s'interroge déjà sur un « monde post-américain ». Ces réflexions percutantes, ainsi que les idées qui apparaissent en Chine, en Inde, au Japon, au Brésil, en Russie ou dans le monde musulman, font apparaître, avec le recul, comme très optimistes et très sommaires les croyances occidentales des dernières années en un monde homogénéisé par le marché et la démocratie ! Encore qu'une des plus fortes remarques de F. Zakaria soit que l'empreinte occidentale sur le monde est telle, depuis un siècle, que l'occidentalisation/modernisation se poursuivra, même après la relativisation de la puissance occidentale.

Remarquons que le système conçu après guerre par F.D. Roosevelt et surtout par Harry Truman, Dean Acheson et le général Marshall a remarquablement fonctionné et a structuré le monde « libre » pendant des décennies, mais qu'il a été étendu sans

1. Fayard, 1996.

adaptation à l'ensemble du monde après 1991. Contrairement à 1918 ou à 1945, il n'y a pas eu, après la fin de l'URSS, en 1991, de « vainqueurs » qui puissent ou qui veuillent imposer une nouvelle organisation ou une conférence générale. Les États-Unis se considéraient bien comme victorieux, mais ils n'ont pas cherché à créer une nouvelle structure mondiale (mis à part les velléités de création d'une improbable « communauté des démocraties »). L'existante leur convenait : ils l'utilisaient le plus souvent et s'en affranchissaient quand elle les gênait.

Il y a donc eu, depuis vingt à trente ans, coexistence de deux systèmes :

1) Le vieux cadre multilatéral de 1945, celui de l'ONU, indispensable enceinte représentative, mais organisation impuissante, avec un Conseil de sécurité dont l'élargissement, proclamé urgent par tous, est régulièrement bloqué par tel ou tel membre permanent. Celui aussi des accords du GATT, transformés en 1995 en OMC grâce à l'ouverture d'esprit de Clinton. Et un FMI réformé à la marge.

2) Le système empirique des « G ». Au départ, excellente initiative de Valéry Giscard d'Estaing et d'Helmut Schmidt, acceptée par Gerald Ford, le G7 visait à éviter des réactions contradictoires des « grandes économies industrialisées » (et non des « démocraties ») au premier choc pétrolier. En 1991, à l'initiative de François Mitterrand et d'Helmut Kohl, il fut élargi, pour une partie de ses travaux, à l'URSS pour aider Gorbatchev, et devint alors le G8. Ne reposant pas sur un traité, cette pratique des « G » est plus facile à adapter aux circonstances. De nombreuses suggestions de format élargi ont été faites : il y a plus de quinze ans déjà, Jacques Delors avait ainsi suggéré un G23. Il a fallu attendre 2008 pour que, à la faveur de la crise, de sa présidence européenne et de l'affaiblissement d'un Bush junior en fin de course, Nicolas Sarkozy obtienne ce que François Mitterrand avait esquissé en 1989, et Jacques Chirac tenté en 2003 : la constitution d'un G20, élévation au niveau des chefs de l'exécutif du groupe des vingt ministres des Finances qui avait été créé en 1999 à l'initiative du ministre canadien Paul Martin.

Le G20 est l'aveu que les Occidentaux ne peuvent plus gérer le monde sans les grands « émergents ». Mais ce G20 annonce-t-il pour autant une meilleure « gouvernance mondiale », ce nouveau

« mantra » ? Tous les protagonistes ne la concevant pas de la même façon, c'est loin d'être sûr.

Comment les choses vont-elles tourner ? À part le rétablissement d'une complète suprématie occidentale, toutes les hypothèses sont envisageables, allant d'une gouvernance relativement organisée par les principaux pôles à une situation quasi chaotique, en passant par les combinaisons les plus variées et les plus fugaces.

Pour y voir plus clair, essayons d'anticiper la compétition multipolaire entre les pôles principaux, sans oublier la toile de fond multilatérale (les 192 membres de l'ONU, les 150 de l'OMC), tout comme le dynamisme à l'œuvre des vingt ou trente autres « émergents », en sus des principaux.

La dynamique qui se développera au sein de ce système multipolaire en formation instable découlera de la stratégie de chaque puissance ou pôle.

Les États-Unis vont se concentrer en priorité sur leur relation avec la Chine, peut-être jusqu'à l'obsession. On a même parlé – abusivement – de « Chinamérique ». Hillary Clinton y a fait son premier voyage important de secrétaire d'État et Barack Obama a déclaré en juillet 2009 que cette relation bilatérale allait « façonner le XXIe siècle ». Cette annonce a dû ravir les Chinois, mais aussi préoccuper les Japonais, les Russes et les Indiens. L'importance de la relation Pékin-Washington sur fond d'interdépendance monétaire (en 2009, la Chine dispose de 2 000 milliards de dollars de réserves, elle est le premier créancier du monde) et commerciale, donc stratégique, et la tenue de sommets réguliers donneront peut-être l'impression d'un G2, nouveau condominium.

Mais, les États-Unis essaieront de ne pas se laisser enfermer dans un G2. Ils feront tout pour garder les mains libres et préserver leur *leadership*, fût-il relatif. Ils tireront le plus grand parti possible de leur position dans le G7 et le G8, tant que ceux-ci continueront d'être réunis ; dans le G20, auquel s'était résigné un Bush junior, affaibli et désabusé, à l'extrême fin de son mandat ; mais aussi dans un éventuel G14, qui reste la préférence – d'ailleurs logique – de la France, soit le G8 plus le G5 autoproclamé (Chine, Inde, Brésil, Mexique, Afrique du Sud), plus l'Égypte. Indépendamment de ces « G » à géométrie variable, ils ne se priveront d'aucun élément de leur *hard*, de leur *soft* et de leur *smart power*, de tout ce qui fait leur « hyperpuissance », y compris d'ailleurs de leur influence retrouvée dans le système des Nations unies ou de leur poids dans l'OMC, au FMI ou à la Banque mondiale, comme dans toutes les autres enceintes et sur tous les plans. Ils maintiendront sur le Japon leur protectorat au double sens du terme – domination et protection –, du moins tant que la Chine ne sera pas assez forte pour les sommer de choisir. Ils approfondiront leur nouvelle alliance avec l'Inde. Et travailleront à établir leur nouvelle relation stratégique avec la Russie, en dépit des nostalgiques de l'ère Bush comme Lech Walesa et Vaclav Havel. Une rapide reprise économique et des réussites de politique étrangère (Russie, Proche et Moyen-Orient, AFPAK) aideraient bien sûr l'administration Obama à relever le défi chinois. Mais canaliser l'ascension chinoise exigera une tout autre stratégie à long terme que celle qui avait été mise en œuvre pour « endiguer » une Russie soviétique qui n'était menaçante que militairement, et dont les États-Unis ne dépendaient sur aucun plan. La relation avec l'Europe sera préservée comme un héritage et presque comme une routine, mais pas comme un enjeu d'avenir, même si, ponctuellement, tel ou tel leader européen pourra être un appui précieux pour une des innombrables négociations avec tel ou tel grand « émergent ». Cela dépendra bien sûr aussi de l'attitude des Européens eux-mêmes, laquelle est incertaine.

De son côté, la Chine fera tout pour devenir la deuxième puissance majeure du monde, voire, un jour, *le* pôle dominant, nouvelle hyperpuissance. Sa masse, multipliée par son énergie, libérée par Deng Xiaoping, façonne *déjà* le monde, pour paraphraser Obama, en tout cas sur le plan économique et énergétique. La Chine est membre permanent du Conseil de sécurité, membre du G20 comme des éventuels G2 et G14. Mais, si elle impressionne, elle n'attire pas, contrairement aux États-Unis. Elle n'a pas de *soft power*, sauf peut être si on y inclut ses diasporas. Sa capacité à regrouper d'autres « émergents » (ou émergés), par exemple pour contester le rôle du dollar, reste pour le moment limitée. Le président Jiang Zemin, qui s'inquiétait des réactions du monde devant l'émergence chinoise, avait lancé le slogan rassurant d'« émergence pacifique ». L'équipe actuelle affirme sa puissance nouvelle mais prudemment, en tâtant du pied chaque pierre avant de traverser la rivière géopolitique, pour se référer à un proverbe familier à Deng Xiaoping. Mais elle y arrivera. La Chine n'a que deux handicaps sérieux, même s'ils ne sont pas immédiats : la question des minorités, qui occupent un tiers stratégique de son territoire, et celle de la modernisation politique et de la transition démocratique à venir un jour, question qui ne se pose pas pour l'Inde. La question sociale, elle, pourrait ne plus être contenue si la croissance baissait par trop. Ce qui n'est pas le cas actuellement vu la vitesse à laquelle la Chine rebondit grâce à son plan de relance, six fois supérieur à celui des États-Unis.

L'Inde n'a évidemment pas intérêt à voir surgir une Chine trop forte, dominatrice en Asie et potentiellement menaçante. La chimère « Chindia » est une absurdité. Le resserrement de la nouvelle alliance (nucléaire et autre) de l'Inde avec les États-Unis est inscrite dans la nouvelle géopolitique, mais elle évitera certainement de s'y enfermer, notamment grâce au G20 (ou au G14), en poursuivant son émergence progressive.

Pour le Japon, encore très riche, mais en crise durable et en déclin démographique, les perspectives chinoises sont inquiétantes. Il n'a guère le choix qu'entre espérer dans l'intangibilité de la protection américaine et se résigner au *leadership* chinois sur l'Asie de l'Est en en négociant, sans trop tarder, les conditions. Redevenir nationaliste pour faire face à la Chine, en s'affranchissant des États-Unis, semble impensable. Tant qu'il ne sera pas au Conseil de sécurité, le Japon préférera le maintien du G7 en vertu de la règle selon laquelle tout pays a tendance à privilégier l'enceinte la plus restreinte à laquelle il est sûr d'appartenir.

Le président brésilien Lula parle haut (sur le dollar, contre le G8, pour le G20 et en faveur de « nouveaux forums multipolaires »), avec talent et conviction. Il profite d'un certain éloignement du Brésil par rapport au sac de nœuds eurasiatique et à la névrose transatlantique, d'une insularité latino-américaine relativement protectrice et de son énorme poids régional. Il y aura pour le Brésil, célèbre « pays d'avenir », encore un certain délai d'apprentissage du jeu multipolaire, même s'il pèse déjà lourd au sein de l'OMC.

Il n'y a pas de doute sur la volonté de la Russie – version Poutine comme version Medvedev – d'être prise au sérieux, voire crainte à nouveau. Evgueni Primakov a eu raison de dénoncer la prétention de l'administration Bush à gérer le monde « sans la Russie[1] ». Mais, même si la Russie est le seul pôle du monde multipolaire à disposer d'énormes réserves de pétrole et de gaz, elle conserve des handicaps énormes : hémorragie démographique,

---

1. Voir, dans le présent volume, la préface d'Hubert Védrine au livre d'Evgueni Primakov, *Le Monde sans la Russie ?*, ci-dessous, p. 750.

alcoolisme (les deux étant liés), absence persistante d'économie moderne, aucun *soft power*, pouvoir de nuisance résiduel limité à l'utilisation périphérique de quelques minorités russes ou proches. C'est maintenant qu'elle aurait besoin d'une *perestroïka* réussie ! Moscou combattra l'hypothèse d'un G2 Washington/Pékin, acceptera les autres configurations, plaidera pour le maintien d'un G8, se prêtera à divers regroupements sans les Américains. Compte tenu de tous ces éléments, si ses offres sont bien conçues, Barack Obama réussira en deux ou trois ans à établir une nouvelle relation, stratégique et mutuellement vigilante, avec Moscou.

Mais quid *de l'Europe ?*

Les Européens ont été si accaparés, depuis plus de vingt ans, par leurs problèmes nombrilistes d'identité, d'organisation et d'élargissement, si imprégnés des croyances postulant l'obsolescence des rapports de puissance, qu'il n'est pas sûr qu'ils soient capables de constituer une puissance, en dépit des apparences statistiques flatteuses.

La raison en est que trois incertitudes ou désaccords les minent toujours : sur les institutions, sur la géographie de l'Europe, et sur son projet. Peuvent-ils les surmonter ?

Pendant la longue période d'avancée de la construction européenne, du déblocage de Fontainebleau en 1984 au « non » français et néerlandais de 2005, soit vingt et un ans, les européistes les plus fervents se sont repris à croire que le rêve fédéraliste d'« États-Unis d'Europe » pouvait redevenir finalement un objectif politique. De fait, de grandes choses ont été accomplies durant ces deux décennies. Mais l'erreur historique des intégrationnistes européistes est d'avoir passé plus de temps à stigmatiser l'attachement persistant et normal des peuples d'Europe à leurs pays (cf. la condamnation rituelle et sermonneuse des « égoïsmes nationaux », comme celle de la prétendue « frilosité » des gouvernements ou des opinions, etc.), à prétendre que *l'on ne ferait l'Europe que contre les nations et à leur place*, qu'à préciser comment « l'Europe » allait défendre les intérêts des Européens dans la mondialisation. Ni les rituels slogans nunuches (l'Europe c'est la paix, la jeunesse, l'avenir, etc.), ni les objectifs leurres (Europe politique, Europe sociale, Europe puissance), ni la démagogie inutile (les lamentations sur le prétendu déficit démocratique) ne comportaient de réponse aux nouvelles questions des peuples face au nouveau jeu mondial. Et c'était déresponsabilisant pour ceux-ci, d'entendre que, désormais, « l'Europe » allait agir à leur place. En d'autres termes, il aurait mieux valu, après Nice en 2000, ne pas se lancer dans la fuite en avant institutionnelle, ne pas se laisser aveugler par le miroir aux alouettes de la « Constitution », ce qui aurait évité aux gouvernements européens d'avoir à organiser, quelques années plus tard, des référendums aux résultats incertains, et, depuis les insurrections électorales que l'on sait, d'être saisis par la terreur du populisme, donc du peuple, voire des électeurs ! Et, donc, d'être amenés à faire ratifier par les seuls parlements les dispositions refusées par référendum, ou même de faire revoter des corps électoraux mal votants (comme l'irlandais) ! Durant cette décennie, l'Europe donneuse de leçons a tellement pris ses aises avec sa propre rhétorique démocratique que cela laissera des traces négatives dans l'esprit des citoyens. Même si l'on peut dire que le traité de Lisbonne facilitera certains mécanismes de décision (tout en actant, ce qui est une faute lourde de conséquences, la fin, au sein du Conseil, de la parité entre l'Allemagne et la France, la Grande-Bretagne et l'Italie), cette énergie aurait pu être mieux dépensée, depuis neuf ans (depuis l'après-Nice), à faire avancer des projets nouveaux, ceux-là mêmes dont on reparle depuis les dernières présidences allemande et française. Le dogme européiste était devenu un handicap. Les maximalistes ont plus nui à l'Europe que les « eurosceptiques ».

Quoi qu'il en soit, la question institutionnelle va se régler d'elle-même, si elle ne l'est pas déjà : les États membres ne prendront plus le risque gratuit d'une nouvelle négociation laborieuse pour un nouveau traité allant plus loin dans l'intégration, traité à la ratification plus qu'incertaine. La répartition des compétences niveau européen/niveau national restera donc à peu près ce qu'elle est, aujourd'hui, tout comme celle entre le Conseil, la Commission et le Parlement. De toute façon, c'est l'Allemagne elle-même qui s'opposera maintenant à tout nouveau grignotage par la Commission ou par la Cour de justice, et à tout nouveau transfert de souveraineté. C'est le sens de l'arrêt fondamental de la Cour constitutionnelle allemande de Karlsruhe du 30 juin 2009.

L'avenir passera donc par des politiques nouvelles à 27 qui peuvent être considérables, ou au moins par des projets nouveaux et variés, par l'indispensable renforcement de la cohésion de la zone euro. Mais, à part cette dernière, pas par un introuvable

« noyau dur », plutôt par l'impulsion des grands pays agissant en coordination/rivalité avec les cinq grands responsables de l'Union – président durable du Conseil (dans le cas de la ratification du traité de Lisbonne), président de la Commission, présidence tournante, haut représentant pour la politique extérieure et de sécurité commune, président du Parlement.

Institutionnellement, l'Union restera ainsi une confédération de vingt-sept États-nations ou plus, et une fédération d'États-nations – selon le terme delorien – pour la zone euro. Cette stabilisation devrait rendre sans objet la vieille controverse européisme/souverainisme, et vaine toute spéculation sur un éventuel nouveau traité, et c'est tant mieux. Cela aura l'immense avantage de permettre aux Européens de consacrer leur énergie à surmonter leurs profondes contradictions restantes sur la géographie, et donc sur leur identité et sur le projet de l'Europe qui restent autant de handicaps.

Les controverses sur la Turquie ne sont qu'un vif révélateur des difficultés rémanentes des Européens à se mettre d'accord sur ce qu'est l'Europe. Sur l'adhésion d'Ankara, il existe des arguments recevables, pour et contre. Deux remarques, cependant : ceux qui craignent que l'adhésion de la Turquie ne compromette la cohésion de l'Union sont-ils sûrs que celle-ci serait moins forte avec la Turquie qu'elle ne l'est aujourd'hui à vingt-sept (ou qu'à plus de trente, car il est sûr que les pays des Balkans occidentaux, à tout le moins, y entreront un jour ou l'autre) ? Et surtout : la question de la recevabilité de la candidature turque s'est posée en 1999 ; il y a été répondu positivement à Helsinki par les chefs d'État et de gouvernement des Quinze. Quelles que soient les difficultés de la négociation, les aléas de la ratification du futur traité d'adhésion et les arrière-pensées de tous, l'Union ne peut plus, dans la phase actuelle, que négocier loyalement avec la Turquie.

Il n'en reste pas moins que – Turquie ou pas – l'Union mourra d'obésité ou de liquéfaction si elle n'est pas capable de se fixer quelque part des limites géographiques. Bien sûr, ceux qui voient l'Union comme une entité commerciale n'en perçoivent pas la nécessité, au contraire ! Ceux pour qui elle est, au prix d'une sérieuse réécriture de la genèse de sa construction, une idée philosophique – les Lumières et Kant – s'y opposent. Ceux qui ont comme moi une vision historique, politique et réaliste de l'Europe, le réclament. L'Union devrait annoncer qu'un jour elle sera constituée, et énoncer à l'avance la liste des pays ayant encore vocation à y entrer.

Tout cela explique pourquoi les Européens eux-mêmes hésitent à voir l'Europe dans le monde comme une puissance, et ne savent même pas s'ils le veulent. D'où l'incertitude sur la concrétisation d'un pôle européen dans le monde multipolaire. Pour les atlantistes, depuis Jean Monnet, ce n'est pas du tout l'objectif. Pour les idéalistes post-historiques, c'est superflu, voire dangereux. Beaucoup d'Européens se contenteraient d'une Europe superpuissance morale, pacifique, normative et philanthropique. Or cela ne suffit pas ! Cela ne marche pas ! Et ce n'est pas une affaire de traité, de procédures, de « ministre » européen des Affaires étrangères, mais de mentalités collectives, de lucidité historique, de conscience des enjeux mondiaux et de l'état du reste du monde. Des négociations à vingt-sept ou plus, et les efforts méritoires du président durable, quel qu'il soit, ou du successeur de Javier Solana comme haut représentant pour la PESC (Politique étrangère de sécurité commune), donneront toujours des résultats de compromis insuffisants. Les élites européennes doivent réveiller les Européens, indépendamment du traité du moment dont il faut cesser d'attendre des miracles : l'Europe ne doit plus se mettre les peuples européens à dos, mais rassembler leur énergie politique et économique, et leurs espérances.

Dans cette perspective multipolaire, la question des intentions profondes des « émergents » se pose

Que veulent-ils ? Seulement se développer ? Ou prendre leur revanche, et s'arroger le pouvoir économique mondial ? Voire se venger politiquement de la colonisation ? Et s'ils le veulent, le pourront-ils ? Essaieront-ils de se coaliser contre les Occidentaux ? contre la seule Amérique ? Pour le moment, mis à part l'affirmation rhétorique, qui leur est commune, que « c'est leur tour », les différences entre eux l'emportent largement : différences de superficie, même s'ils sont très vastes, de population, de démographie (ascendante ou déclinante), de richesse, de réserves énergétiques (paradoxalement, si on considère tous les pôles probables du monde multipolaire, aucun d'entre eux sauf la Russie n'est une grande puissance énergétique, ce qui prouve que ceci ne détermine pas cela), de statut (Conseil de sécurité ou non, G7, G8 ou non, G14, G20 ou non), de puissance militaire (forces armées importantes ou non ; dissuasion nucléaire ou non) et donc de stratégie et de politique. Différences qui peuvent aller jusqu'à des antagonismes.

Chacun a son propre agenda. Jusqu'ici, ni les réunions de l'Organisation de Shanghai, ni le G5, ni le premier sommet des BRIC en juin 2009 à Iekaterinbourg n'ont permis à ces pays d'unifier sur le plan énergétique, monétaire ou stratégique leur politique envers les États-Unis. Pas d'alliance anti-occidentale, donc, pour le moment… Mais les Occidentaux auraient tort de se rassurer à bon compte. Le processus de redistribution des cartes est lancé. Il sera long mais irréversible. Ce n'est pas seulement un basculement vers l'Asie qui a commencé, mais une relativisation du pouvoir occidental en général. *L'Occident est contournable, et ce mouvement va s'accélérer*. Il suffit, pour s'en convaincre, de noter la rapidité du développement des accords commerciaux, énergétiques, industriels entre la Chine, l'Inde, le Brésil, l'ASEAN (Association des nations du Sud-Est asiatique) et bien d'autres pôles ou pays non occidentaux du monde, certains libellés dans les monnaies nationales de ces pays (Brésil, Chine), la décision de création d'une sorte de FMI asiatique, etc.

Face à ce glissement de plaques tectoniques à une vitesse qui n'a rien de géologique, ce qui va se passer dans les prochaines décennies dépendra pour une large part de l'intelligence stratégique, ou non, des politiques occidentales. Si elles analysent bien les intentions de chaque émergent, si elles sont harmonisées sur l'essentiel, elles pourront mettre à profit les méfiances et les rivalités entre ces pays, mais aussi leur désir de reconnaissance et d'intégration, et il devrait ainsi être possible de garantir durablement la paix par un nouvel équilibre global des puissances.

La fin de la récession signifie-t-elle la fin de la crise et un retour à la situation antérieure ?

Si la crise qui a éclaté en 2007-2008 n'a été qu'une crise comme les autres, simplement plus violente et plus globale, on peut penser que, la récession s'achevant, nous sommes déjà en train d'en sortir, notamment grâce à l'Asie, ce qui est nouveau, même si l'accroissement du chômage va se poursuivre un temps, par inertie ! Mais, plus probablement, c'est une mutation plus large que nous vivons et la simple « reprise » économique ne l'interrompra pas. Nous ne reviendrons pas à l'identique aux trente années de dérégulation occidentale triomphante et de taux de croissance faramineux, et ce pour plusieurs raisons :

1) Certes, les forces financières et autres de dérégulation, notamment britanniques (City) et américaines (Wall Street), auront tout

fait, entre le G20 de Londres en mars 2009 et celui de Pittsburgh en septembre 2009, pour qu'il y ait le moins de régulation possible et ont déjà prévu la manière de contourner les modestes nouvelles règles de prudence et de contrôle, au point d'indigner Obama et plusieurs gouvernements européens. La bataille de la régulation contre l'économie-casino est donc loin d'être gagnée, comme l'a montré le scandale des bonus. Malgré tout, il y aura quelques règles en plus et il sera quand même un peu moins facile, maintenant, de financer n'importe quoi, et d'endetter n'importe qui, n'importe comment, sans limites.

2) Jusqu'à un certain point, une évolution des mentalités en Occident, y compris aux États-Unis, se traduira, dans le grand public et donc chez les politiciens, par une moindre tolérance à la cupidité, à l'opacité, aux rémunérations extravagantes, à la rapacité. Il se peut même que les consommateurs redécouvrent petit à petit la notion de « superflu » et privilégient les besoins fondamentaux sur la consommation compulsive, en les mettant cependant à jour : moins de pesticides, plus de produits « bio » mais plus d'Internet.

3) Les travaux de Stiglitz, et d'autres, sur le mode de calcul de la richesse économique et de la croissance (PNB et autres indicateurs) auront des conséquences considérables : dès lors que l'on introduit dans l'économie de marché d'autres calculs de valeur que ceux des flux financiers et de marchandises, par exemple la valeur du patrimoine naturel – et le coût des atteintes qui lui sont portées –, elle donnera des résultats moins aveuglément prédateurs et des orientations novatrices. Exemple : les libre-échangistes, si sûrs d'eux, devront intégrer les vrais coûts des transports, y compris le coût écologique. Ce nouveau mode de calcul guidera l'écologisation progressive de toute l'économie sociale, la transformation des modes de production industrielle et agricole, des modes de transport, l'habitat, les modes de vie. Ce sera l'*eurêka* de l'écologie. La croissance « verte », qui représente au départ moins de 1 % pour 99 % de croissance prédatrice, fera un jour 90 % et plus. Pourtant, certains écologistes fondamentalistes partent en guerre contre ce concept de croissance verte, prétendant qu'il sera aussi trompeur que celui de « développement durable », slogan plaqué sur trop de comportements inchangés. Ils ont tort. Il peut être substantiel et révolutionnaire. Ils feraient mieux d'aiguillonner ce changement. Cela prendra peut-être vingt à trente ans, mais c'est

vital, faisable, et déjà engagé. Cela ne se fera pas contre la science, ni sans elle. L'écologie aura dépassé sa phase initiale défensive et obscurantiste (sur le nucléaire, les OGM, l'esprit de secte). C'est à travers cette synthèse à venir science/écologie/économie/social que les opinions recommenceront à croire au progrès. Il faudra être systématiquement plus prudent qu'on ne l'a été depuis le début de la révolution industrielle et chimique, mais placer le principe de précaution dans la Constitution risque de nous figer à un stade qu'il faut au contraire dépasser. Cette mutation nécessitera un management politique fin et tenace et un accompagnement social, ce qui passera dans tous les pays par de nombreuses controverses politiques et fiscales. Au niveau international, cette mutation se traduira par un grand nombre de négociations difficiles, où se manifesteront de plus en plus les nouveaux rapports de forces occidentaux/émergents, et pas seulement sur le climat. Certains émergents dépasseront vite, sur ce terrain, certains Occidentaux.

Les futures hiérarchies de puissance dépendront aussi de l'aptitude des différents États à assumer et à conduire cette métamorphose qui dégagera, à terme, de nouvelles valeurs universelles, moins controversées que ne le sont aujourd'hui les valeurs occidentales proprement dites.

La France ?

Qui va redéfinir le mode d'emploi de cette mondialisation un peu re-régulée, ainsi que les modalités économiques et sociales de la mutation écologique, c'est-à-dire, selon une formule jusqu'ici trop creuse, la « gouvernance mondiale » ? Les États-Unis, bien sûr ; la Chine aussi. Les Européens également, dans la mesure où ils parviendront à s'unir sur ces questions. Les autres pôles, de façon très inégale. Sans oublier que tous les autres, les cent soixante-douze États membres des Nations unies non membres du G20, forment la trame multilatérale de ce grand tableau, et que tous, « émergents » ou non, à un moment ou à un autre, peuvent peser par leurs votes, leurs actes, ou autrement.

Quel rôle va y jouer la France, directement ou *via* l'Europe ? Quel Français ne souhaite pas que son pays soit fort et influent dans une Europe puissante, ouverte, régulatrice et intelligemment protectrice ? Qu'il maîtrise les nouvelles règles du jeu ? Qu'il défende au mieux ses intérêts et ses valeurs ? Indépendamment des variations en politique étrangère, cette recherche du mode d'emploi de la mondialisation est le fil conducteur obligé qui court du deuxième mandat de François Mitterrand (fin de l'URSS) à Nicolas Sarkozy, en passant par Jacques Chirac.

Mais, face à ces grands phénomènes mondiaux, et au lieu de les prendre à bras-le-corps, que de temps et d'énergie perdus, ces dernières années, dans notre pays, dans des débats hors sujet !

D'abord trop d'intellectuels et de commentateurs s'étaient laissé séduire, quoi qu'ils prétendent, par la formidable régression occidentaliste qu'a été le bushisme et par le confort du manichéisme. Certains ont même rêvé, *remake* absurde des années 1930, de reconstituer l'alliance antifasciste face à l'« islamo-fascisme » ! Pourtant, il n'y a aucune analogie entre l'époque actuelle et l'entre-deux-guerres. Il y a un immense et durable affrontement, au sein de l'islam, entre les musulmans modernistes et les islamistes radicaux pour le contrôle de la masse centrale, modérée, et, du coup, entre les plus radicaux et nous. C'est tout à fait différent. Et ce n'est pas le seul problème du monde ! De toute façon, les terroristes ne peuvent pas gagner et la modernité l'emportera.

Que d'énergie perdue aussi dans nos convulsions mémorielles ! Bien sûr, il faut lutter contre l'acculturation et l'amnésie – à ne pas confondre avec l'amnistie –, mieux connaître et enseigner notre passé sans rien en occulter, ses moments sombres comme ses heures lumineuses. Il faut enseigner, en particulier la colonisation, car beaucoup d'« émergents » sont d'anciens colonisés pour qui, contrairement à ce qui se passe chez nous, ces époques sont loin d'être oubliées, et notamment leurs atrocités. Leur attitude, leur vision de l'avenir ne sont pas compréhensibles sans – pour eux – cette actualité de l'histoire. Exemple parmi tant d'autres : la référence repoussoir aux traités inégaux pour la Chine. Mais ce fut une erreur, à partir de là, de vouloir imposer des mécanismes légaux d'expiation, assortis d'implications pénales. Il n'y a pas, dans notre droit moderne, de responsabilité collective ni transmissible. Il n'appartenait pas aux parlements de dire par des lois la vérité historique officielle. Le coup d'arrêt, dans ce domaine, a été justement donné par Sarkozy comme par Obama. Place à l'Histoire.

Le moment est aussi venu de faire le bilan du droits-de-l'hommisme comme politique, sans confondre respect des droits de l'homme et prosélytisme droits-de-l'hommiste. Qui ne rêverait, par un coup de baguette magique, d'imposer les droits de l'homme partout dans le monde ? Mais cela ne marche pas comme cela ! Jusqu'aux doutes récents, le prosélytisme occidental en matière de démocratie et de droits de l'homme était en effet devenu, en France, où pourtant la Ve République a alimenté une pensée stratégique, la *doxa*, en tout cas dans les milieux médiatiques, politiques et des ONG. Cependant, il est autant remis en cause par la nouvelle donne du monde que par les politiques occidentales classiques de domination, car il découle de la même vision séculaire selon laquelle tout s'organise à partir de l'Occident. Certains font remonter ce désir de conversion aux Lumières et à la Révolution, voire à saint Paul (« Allez évangéliser toutes les nations »). Ces dernières années, le droits-de-l'hommisme a envahi en Europe – mais pas aux États-Unis – le vide laissé par le fréquent renoncement, depuis 1945, à toute pensée stratégique, et par le déni des politiques de puissance. Il n'a pas prétendu enrichir et compléter les politiques étrangères, réalistes par nécessité, ce qui est en soi souhaitable, mais s'y *substituer*, ce qui ne pouvait qu'entraîner, après des promesses illusoires, de cruelles déconvenues, maintenant évidentes. Ses promoteurs se sont longtemps indignés de toute interrogation sur la légitimité de cette politique (pourquoi les Occidentaux prétendent-ils toujours agir au nom de la communauté internationale ?). Ils se sont dérobés à tout bilan, à toute évaluation de son efficacité : comment se fait-il, surtout, qu'après plusieurs siècles de domination occidentale et plusieurs décennies de droits-de-l'hommisme européen (et, par éclipses, américain) les droits de l'homme ne soient pas encore universellement considérés comme universels et strictement respectés partout ? que la communauté internationale – en fait les Occidentaux – obtienne si peu de résultats en Birmanie, en Afghanistan, en Corée du Nord, au Zimbabwe, au Soudan, en Iran et ailleurs ? que la Russie, la Chine, l'Afrique, le monde arabe ne soient pas encore entièrement démocratiques ?

Ces interrogations, longtemps récusées à grands cris, s'imposent malgré tout, y compris au sein des ONG les plus lucides, du fait de la relativisation évidente du pouvoir des Occidentaux, et de l'impuissance décevante du droits-de-l'hommisme médiatisé.

Le réalisme nouveau qui découle de ce fiasco débouchera sur une politique plus réaliste, plus modeste, mais aussi plus intelligente, plus « sur mesure » donc plus efficace, d'encouragement aux forces internes de démocratisation, à l'œuvre dans toutes les sociétés. Mais qui ne sera pas toute la politique étrangère.

Le ton de Barack Obama, au Caire comme à Accra, a été un signe spectaculaire de ce nouveau cours. C'est sous la pression d'une dynamique difficilement étouffable de démocratisation interne à chaque société que les progrès se feront.

Nos politiques sur ces points doivent être entièrement repensées pour que nous sortions de la marginalisation intellectuelle sur les grands enjeux mondiaux dans laquelle nous nous sommes enferrés.

Certaines controverses sur l'exception française sont plus justifiées. La supériorité de la citoyenneté républicaine à la française sur les communautarismes anglo-saxon, musulman et autres, est évidente… si elle est réelle et non fictive. Ce qui renvoie à l'éducation, à l'intégration, à l'emploi, etc. Mais pourquoi tant d'excès, d'outrance, de panique, de généralisations ! Quelques *burkas*, et la République serait en danger ? Pourquoi un tel manque de confiance en soi ?

Cela nous ramène à l'attitude politique à l'égard de la mondialisation, cœur de toutes les problématiques actuelles : je suis convaincu que c'est sur sa maîtrise raisonnée, avec tout ce que cela suppose, que se joueront les échéances politiques à venir, françaises et européennes, que se formera ou non un *leadership* européen, et que se nouera ou non une confiance nouvelle gouvernants/gouvernés. Dans mon rapport de 2001[1], j'ai proposé de combiner ouverture, réformes, adaptation, solidarités, protections et régulation. Chacun de ces volets de la politique d'ensemble variera en fonction de la droite et de la gauche. Le principe de l'*ouverture* ne sera pas remis en cause. L'ampleur de l'*adaptation*, c'est-à-dire de la *formation* et des *réformes*, fera pendant encore longtemps l'objet de discussions quotidiennes passionnées. La nécessité de *solidarités*, avant et pendant les adaptations, sera moins débattue qu'avant la crise. La notion de *protections* transitoires et adaptées – à ne pas confondre avec le protectionnisme – pourra peut-être sérieusement être envisagée. Enfin, la nécessité d'une *régulation* aux niveaux appropriés ramène à la pertinence du levier européen.

Le fait est que la France continue à avoir du mal à s'adapter à cette nouvelle donne, du moins le croit-elle. Il faudrait qu'à la fois elle prenne acte de la réalité de la mondialisation, qu'elle retrouve confiance en elle-même (elle le peut : que de mutations

---

1. *Rapport pour le président de la République sur la France et la mondialisation*, Fayard, 2007. — Voir dans le présent volume, ci-dessous, p. 329.

n'a-t-elle pas réussies depuis 1945 !), qu'elle réapprenne à s'aimer, à se projeter dans l'avenir, à parler à l'Europe. Je dis bien *à* l'Europe ; pas *de* l'Europe, encore moins à sa place. Qu'au-delà d'une présidence semestrielle énergique et utile elle propose aux dirigeants européens de parler vrai aux peuples européens, de leur dire, pour les réveiller et les alarmer, sans les paniquer, que nous ne sommes pas encore dans une « communauté » internationale, qu'un sursaut est nécessaire parce que la bagarre multipolaire va être rude et longue. Mais, pour parler vrai, encore faut-il penser vrai et s'être débarrassé des oripeaux chimériques. Après, il sera possible d'indiquer concrètement aux Européens en quoi ils seraient plus forts ensemble, pour mieux défendre leurs intérêts dans la mondialisation.

On a abusé du syllogisme : « Tout est global, donc la réponse doit être globale. » Mais alors, à qui d'agir, puisqu'il n'y a pas de président global du peuple global ? Sauf l'évanescente « gouvernance globale » *infra*, post ou pseudo-démocratique, en fait synarchique… Réponse globale, impuissance proclamée des nations ? Disons plutôt : à problèmes globaux, réponse collective ! Appliquée à l'Europe, la réponse n'est pas ce que « l'Europe » va faire à la place des Européens, mais ce qu'ils vont faire, eux, tous ensemble. Il faut donc proclamer que la stabilisation institutionnelle, avec Lisbonne, est une bonne chose. Que la stabilisation géographique est une nécessité. Que l'acceptation du concept d'Europe puissance, ou d'Europe pôle du monde multipolaire, est une condition *sine qua non* de notre influence mondiale.

Après quoi, il faut que la France, l'Allemagne et la Grande-Bretagne adoptent enfin sur les points essentiels, au sein du G20, du G14, ou ailleurs, des stratégies communes. On ne va pas éternellement attendre les élections suivantes dans l'un ou l'autre pays, ni se borner à constater que la France et la Grande-Bretagne ne s'entendent bien que lorsque la relation franco-allemande est médiocre (Pompidou/Heath, Sarkozy/Brown, au début peut-être Sarkozy/Cameron). Exemple, donc : sur la Russie, et sur le binôme écologie/énergie, la France et l'Allemagne doivent convenir d'une stratégie claire, et mettre la Grande-Bretagne en demeure sur des projets précis, tout en tenant compte des intérêts des vingt-quatre autres. La France et l'Allemagne doivent imposer le même exercice à la zone euro, en en faisant un des pôles régulateurs de la mondialisation.

Au total, soit l'Europe continue à s'en remettre au *leadership* américain, inspiré ou calamiteux, selon les présidents en place à Washington. Soit elle se borne à attendre des miracles du traité de Lisbonne. Ou bien elle s'en remet de façon aléatoire aux deux ou trois leaders européens du moment. Ou bien encore elle se réveille, et, sans inventer un « gaullisme européen », ce dont elle n'est malheureusement pas capable, elle s'impose à Washington comme un partenaire solide, responsable et utile, tout en développant sa propre stratégie.

Conclusion

Au moment où j'écris ces lignes, il n'y a rien de plus important que de savoir si Barack Obama va réussir, ou non. Qu'on le veuille ou pas, la politique des États-Unis surdétermine, pour le meilleur et pour le pire, la politique occidentale dans le monde et, en retour, l'image que les autres, *the rest*, à commencer par les musulmans et les Chinois, soit près de la moitié de l'humanité, ont de l'Occident.

Obama aura-t-il réussi en premier lieu à faire repartir dès 2010 l'économie américaine ? Aura-t-il réussi, avec l'aide ou sous la pression de quelques alliés dans le G20 – France, Allemagne –, à faire admettre au Sénat, à la Chambre des représentants et surtout au monde financier – Wall Street, City, lobbies –, des règles plus saines qui protègent l'économie mondiale convalescente, et nous avec, d'une prochaine « bulle » et d'une nouvelle crise ?

Réussira-t-il, malgré les oppositions, en un ou deux mandats, à doter enfin d'une assurance maladie les quarante-huit millions d'Américains qui en sont dépourvus, ce qui serait un exploit politique et un important investissement antidéclin ? à moderniser les infrastructures américaines délabrées, et le système scolaire ? à maîtriser l'hyperconsommation énergivore, à faire évoluer les mentalités ? à empêcher le criminel, mais jusqu'ici irremplaçable, surendettement des ménages ? Ce serait changer l'Amérique ! Peut-être y parviendra-t-il, même si, au bout d'à peine six mois, les forces d'obstruction ont commencé à se déployer contre lui.

Ce qui nous importe par priorité, à nous Européens, ce sont trois choses :

1) qu'il réussisse *avec l'Europe*, potentiel autre pôle régulateur de la mondialisation, à imposer des règles raisonnables au système financier ;

2) qu'il soit énergique et entraînant dans la mise en œuvre de la « croissance verte » ;

3) qu'il enraye l'engrenage du *clash* islam/Occident, menace niée par les autruches, quoique bien réelle, sottement ou cyniquement alimentée, de part et d'autre, au cours de ces dernières années. Tout ce qu'il a entrepris au Proche-Orient, en Irak, vis-à-vis de l'Iran, en Afghanistan et au Pakistan, comme à l'égard du monde musulman en général, va dans ce sens et est donc combattu par tous ceux qui se nourrissaient de la politique manichéenne de Bush. Les Européens – y compris la France – devraient tout faire, c'est-à-dire beaucoup plus, pour l'aider à réussir sur tous ces plans. Ce serait un comble qu'après ne pas nous être assez démarqués de Bush, sous prétexte de ne pas être anti-américains – sauf Schröder et Chirac – nous ne soutenions pas assez Obama, que l'opinion pourtant adule, simplement pour nous en différencier !

Le nouveau rapport de forces multipolaire va être déterminé pour longtemps par ce qui va se passer de 2009 à 2012 – date de la fin du premier mandat Obama –, au sein du G20 ou du G14, comme au sein de l'OMC (cycle de Doha), à Copenhague et dans toutes les autres négociations écologiques, dans les relations entre les quatre grandes monnaies et sur le terrain des réalités économique et financière. L'issue de ces négociations révélera, au fil des années à venir, les nouveaux rapports de puissance : Washington/Pékin, Washington/Moscou, Washington/Tokyo, Washington/Delhi, Washington/Brasília, Pékin/Tokyo, Pékin/Delhi, etc. Mais aussi les relations évolutives entre Paris/Berlin/Londres/Bruxelles, et chacun des autres pôles.

Les Européens vont-ils assister en spectateurs à ce qui se prépare alors que les enjeux sont gigantesques et que cela pourrait confirmer leur effacement ? Qu'on cesse alors de parler d'Europe politique, d'Europe puissance ou autre ! Mais tout reste possible. La volonté des dirigeants européens peut s'enhardir et se conjuguer, celle des peuples être réveillée. C'est une nécessité absolue.

15 août 2009.

LES ENJEUX D'UN MONDE MULTIPOLAIRE[1]

Que d'illusions, que de déconvenues, pour les Occidentaux, depuis la fin de l'URSS en 1991 ! Ce monde qui devait voir l'avènement d'une « communauté » internationale fondée sur l'universalisation de nos valeurs et un consensus sur la démocratie et l'économie de marché, « les démocraties de marché », ce qui entraînerait *de facto* la « fin de l'Histoire », est devenu le lieu d'une vaste et permanente compétition, d'une mêlée plus ou moins confuse entre pôles[2], pays, gouvernements, entreprises, banques, fonds financiers, agences de notation, producteurs, consommateurs, individus, médias, acteurs illégaux, mafias et autres, si ce n'est entre « civilisations » (la question islam/Occident, choc d'incultures plus que de cultures, fausse symétrie, objet de fantasmes et d'instrumentalisations croisées, est encore loin d'être réglée). Même au sein des lieux censés « réguler » cette foire d'empoigne, OMC, G20 et autres, c'est cette compétition qui continue…

Que d'inquiétudes, par contrecoup, du point de vue occidental, européen, français ! Cette gigantesque redistribution des cartes géopolitiques – la montée de dizaines de pays émergents, c'est-à-dire la fin du monopole des Occidentaux dans la conduite des affaires du monde –, qui va s'amplifier au cours des prochaines décennies dans tous les domaines, est déjà spectaculaire en soi. Elle se produit avec, en toile de fond, l'augmentation de la population mondiale – jusqu'à neuf ou dix milliards d'habitants – qui suscite

1. Dans Hubert Védrine, *Dans la mêlée mondiale*, © Librairie Arthème Fayard, 2012, Préface, p. 7-17.

2. Même si Joschka Fischer fait malicieusement remarquer qu'en bonne physique il ne saurait y avoir que deux pôles…

bien des angoisses, notamment alimentaires (et des anticipations perturbatrices, telle la recolonisation des terres cultivables), écologiques ou sécuritaires ; le compte à rebours des dérèglements écologiques qui ne se limitent pas, loin de là, aux changements climatiques, l'effondrement rapide de la biodiversité et les conséquences sanitaires de l'usage massif de pesticides ou de produits chimiques inquiétant davantage encore de nombreux scientifiques ; l'écroulement, à compter de 2007, à partir de l'épicentre américain, de la croissance à crédit toxique – pourtant à l'époque notée AAA ! –, spéculation immatérielle alimentée de façon imaginative et sans garantie, sauf pour les spéculateurs ; les convulsions consécutives d'une zone euro déjà surendettée ; les dysfonctionnements de la démocratie en Europe et aux États-Unis, dont extrémismes et dérives populistes sont les symptômes les plus criants…

Les esprits universalistes, en particulier en Europe, ont œuvré sans retenue à l'ouverture des échanges, qui était censée être à sens unique : celui de la projection sur le reste du monde de leurs valeurs de liberté et de progrès, ainsi que de leur économie. Mais, à la stupéfaction des Occidentaux, c'est maintenant le monde extérieur qui se projette sur eux, d'où un grand désarroi. De même que les peuples colonisés avaient retourné contre les colonisateurs les concepts politiques de liberté, les pays *mondialisés* utilisent à leur profit, contre les *mondialisateurs* (durant les dernières décennies : l'Amérique), les mécanismes et l'énergie brute de l'économie globale de marché dérégulée. Dans les années 1990 et 2000, les Occidentaux n'ont d'abord vu dans les « émergents » que des *marchés* émergents, opportunités pour leurs entreprises. Obnubilés ensuite par la « guerre contre le terrorisme islamique » (mais comment « faire la guerre » à une technique ?), il leur a fallu plus de quinze ans – que de temps perdu ! – pour réaliser qu'il s'agissait en fait, pour les principaux « émergents », de *puissances* (parfois réémergentes) déterminées à prendre leur revanche, voire à se venger et, en tout cas, à suivre leur propre agenda et à jouer à leur tour les premiers rôles.

Une partie des élites occidentales se réfugie dans l'autisme et la fuite en avant : toujours plus d'ouverture, de globalisme, d'Europe, etc. Tandis que la conjonction de ces bouleversements engendre, parmi les populations occidentales, un sentiment de vertige, voire de panique. Tout ce qui se passe dans le monde – flux commerciaux, financiers, humains, culturels – leur paraît échapper à tout contrôle, à toute régulation, en tout cas de la part des Occidentaux et des organismes internationaux qui relayaient jusque-là leurs volontés. Les errements du Parti républicain aux États-Unis, qui se cabre devant l'inacceptable fin d'un monde à la John Wayne et voudrait à la fois s'isoler et juguler la menace ou la concurrence « *of the rest* », en Europe la montée des votes utopistes ou protestataires, les quasi-mutineries électorales, la généralisation du « Sortez les sortants ! », à moins que ce ne soit, à l'inverse, l'abstention, la défiance massive, sont bien sûr liés à la crise économique, voire à la récession, mais aussi à ce sentiment délétère d'impuissance qui mine toute confiance démocratique ou civique. D'où la demande de protection.

Reparler aujourd'hui de mondialisation heureuse et *win-win* sonnerait comme une provocation, en tout cas en Europe. Ce sont les Européens, en effet, qui sont le plus pris à contre-pied, eux qui avaient tant espéré vivre tranquillement dans un monde post-tragique *parce que* post-historique et post-identitaire – c'était leur « temps des chimères ». Après bien des contorsions sur l'intensité de la rigueur qui peut être exigée des gouvernements de la zone euro en échange de la solidarité financière envers les pays auxquels les marchés ne veulent plus prêter, les Dix-Sept de la zone euro et sept autres États membres de l'Union se sont accordés, le 30 janvier 2012, sur un traité contraignant, d'inspiration germano-judiciaro-technocratique, comportant un système quasi automatique, presque post-démocratique, de sanctions et qui reste encore à ratifier… Le vif débat sur « qui gouverne la zone euro ? quelle politique économique y mène-t-on ? » semble se conclure pour le moment sous la férule et sur la ligne pénitentielle merkéliennes. Mais l'indispensable débat complémentaire sur la croissance et sur la combinaison de l'efficacité et de la démocratie en Europe ne fait que commencer.

*

Le phénomène de l'« émergence » de certains pays, dits autrefois « du tiers-monde », ou, par euphémisme bien intentionné, « en voie de développement », même quand ils ne l'étaient pas, est maintenant une évidence pour tout un chacun.

Il y a bien sûr la Chine, avec son milliard 300 millions d'habitants et ses performances sidérantes, l'Asie tout entière, ou encore les BRICS ou autres acronymes variés. Certains observateurs vont jusqu'à recenser une centaine d'« émergents » ! Il y a donc maintenant les anciens pays développés (occidentaux et Japon) du G7 ; les pays émergents/réémergents/émergés, dont les principaux se trouvent au sein du G20 aux côtés des précédents ; les pays de l'ancien Sud pas encore émergents, essentiellement des pays africains. La Russie constitue un cas à part, jusqu'ici plus « surnageant » qu'émergente. Un feu d'artifice quotidien de chiffres illustre ce nouvel état du monde, et, mis à part quelques entreprises occidentales globales qui y trouvent leur intérêt à court terme en y jouant peut-être les apprentis sorciers (transferts de technologies), l'Occident en reste stupéfait, sans comprendre encore tout à fait ce que cela signifie et quelles gigantesques adaptations cela va lui imposer : la perte de son monopole de la puissance ne concerne pas que l'économie, mais la monnaie (la Chine et le Japon ont décidé de commercer en yuan et en yen) ; le savoir-faire (la Chine et l'Inde forment des centaines de milliers d'ingénieurs chaque année) ; la capacité industrielle, favorisée par les transferts de technologies par l'Occident (la Chine fait des TGV et prépare un avion moyen-courrier, le Brésil construit déjà des avions) ; la culture (le président Hu Jintao déclare que la Chine n'a pas encore le rayonnement culturel – *soft power* – auquel elle a droit ; elle ouvre des instituts Confucius et crée des chaînes de télévision chinoises en français et en espagnol ; l'Inde résiste au déferlement *mainstream* de l'industrie culturelle américaine) ; et encore : l'agriculture (Brésil), la puissance militaire (budgets militaires chinois, indien, brésilien), la géopolitique : fin 2011, au Conseil de sécurité, l'Inde et le Brésil font bloc avec la Russie et la Chine pour freiner les Occidentaux à propos de la Syrie. Zaki Laïdi a pu parler, à ce propos, de « cartel d'ambitions souverainistes ». Les relations Sud/Sud se développent par ailleurs sur tous les plans.

En fait, il n'y a *aucun* aspect de la suprématie occidentale que les « émergents » ne s'apprêtent à remettre en cause, en pratique ou en théorie, aujourd'hui, demain ou après-demain, de la définition du pouvoir des uns et des autres au sein des institutions internationales à celle des valeurs. Le « monde multipolaire » sera ultracompétitif. Brzezinski et Scowcroft ont eu raison d'écrire en 2008 que « c'est la première fois dans l'histoire du monde que tous les peuples sont politiquement actifs ». Retournement sans précédent de l'Histoire, à ce rythme !

*

Mais, justement, l'effet produit par cette décennie triomphale des « émergents » est si aveuglant qu'il risque de nous conduire à oublier que ceux-ci ont eux-mêmes des faiblesses et des handicaps.

Des aléas politiques d'abord, comme l'avenir incertain des régimes chinois et russe, et de nombreux autres, une contestation encore limitée mais qui se développe (sur le terrain ou sur Internet), hypothèquent leur développement à terme. Les inégalités sociales croissent à tel point qu'elles deviennent explosives (d'où une pression en Chine pour la hausse des salaires dans les régions côtières, et pour un rattrapage du monde rural). Le taux de croissance baisse un peu (de 10 à 8, voire 7 %), et l'inflation impose des plans de refroidissement (Brésil). Les problèmes environnementaux de pollution, de surexploitation et de pénurie y sont de plus en plus criants. Le revenu par tête est encore, et pour longtemps, très faible. La démographie est loin de n'y être qu'un atout : surpopulation en Inde, vieillissement en Chine. La Russie a du gaz et du pétrole, mais peine à créer une économie moderne.

Dans le même temps, on surestime l'unité et l'homogénéité des « émergents ». Ils se regroupent pour contester l'Occident et revendiquer, mais les rivalités entre eux restent fortes. Par exemple entre la Chine et l'Inde, entre la Chine et la Russie, entre le Brésil et l'Argentine, entre le Nigeria et l'Afrique du Sud, etc.

Enfin on oublie, surtout en Europe, que les Occidentaux conservent des atouts considérables : leurs positions acquises et héritées de l'Histoire dans toutes les institutions internationales ; leur colossale richesse et leur force économique : ils représentent encore avec le Japon 58 % du PIB mondial et 40 % du commerce international ; la capacité américaine d'invention et de création (i-économie, prix Nobel) reste incomparable, et sa puissance de diffusion inégalée ; le niveau de formation reste encore et pour un temps le plus élevé et d'ailleurs attire le monde entier.

La puissance militaire des États-Unis continue à représenter pas loin de la moitié des dépenses militaires mondiales. La capacité militaire de la Grande-Bretagne et de la France demeure réelle. Un éventuel désengagement américain inquiéterait certains voisins des nouveaux grands « émergents », ce qui donne des cartes aux États-Unis, par exemple en Asie, où cela a permis au président Obama de proposer une immense zone de libre-échange Asie-Pacifique, sans la Chine ! Enfin, dans certaines circonstances, l'Occident, dans lequel il faut déjà inclure Canadiens, Australiens et Néo-Zélandais, peut compter (jusqu'à maintenant) sur le Japon, voire, en regardant loin et sur certains sujets, sur la Russie – et même sur la Turquie, en s'y prenant mieux. La force du *mainstream* « culturel » américain n'est plus à démontrer ; s'y ajoute la vitalité de la francophonie (même si les Français s'en désintéressent) et de l'*hispanidad*. Cette liste-là n'est pas exhaustive…

Bien sûr, les handicaps occidentaux sont évidents : poids excessif des dépenses publiques, anémie économique, chômage de masse, surendettement, financiarisation excessive, difficulté à prendre des décisions lourdes et, en Europe en particulier, fatigue historique, pessimisme, peur de l'avenir et du progrès.

Il n'empêche…

*

Sachant que l'Histoire continue de plus belle et qu'une véritable « communauté » internationale reste un objectif, quels sont les scénarios possibles ?

Les Occidentaux ne retrouveront pas la position unique qui a été la leur depuis la mondialisation ibérique au XVIe siècle[1], ni, en particulier les États-Unis, leur situation de 1945 ou des années 1990, décennie de l'« hyperpuissance ».

De son côté, il est très improbable que la Chine, à supposer même qu'elle le veuille, « domine » le monde comme l'Amérique l'a fait par son *hard* et son *soft power*. Ni même l'Asie dans son ensemble, et encore moins les nombreux « émergents » aux intérêts trop divergents, on l'a vu, pour se regrouper durablement. Le plus vraisemblable est que les États-Unis conservent longtemps encore un *leadership* stratégique – mais *relatif*, contesté et concurrencé – même après que la Chine les aura statistiquement dépassés en PNB, soit vers 2020 (mais, en revenu par tête, elle restera encore très loin derrière). Il est cependant probable que, dans le même temps, les Chinois élargiront régulièrement leur emprise sur leur voisinage et leur influence sur les pays dont l'économie dépendra de leurs importations ou de leurs financements.

1. Serge Gruzinski a remarquablement traité du sujet sous ce titre : *L'Aigle et le Dragon. Démesure européenne et mondialisation au XVIe siècle*, Fayard, 2012.

Au total, le rapport de force entre les principaux pôles du monde ne cessera d'osciller, suivant en cela la prévision de Pierre Hassner qui s'attend à un long chaos, ou en tout cas à un désordre stratégique entre une Amérique et une Chine déterminées ; une Russie rétrécie, mais qui garde un grand potentiel ; un Japon anémié, mais encore résilient ; une Inde et un Brésil ambitieux, mais jusqu'où ? ; les autres « émergents » d'Asie, d'Afrique et d'Amérique latine ; une Europe en proie aux doutes ; sans oublier tous les autres acteurs des relations internationales, étatiques ou non, interdépendants jusqu'à l'enchevêtrement. La coordination internationale progressera, mais restera très en deçà de la « gouvernance mondiale », que certains appellent de leurs vœux.

S'ajoute à cela le fait que l'impatience pour la démocratie est de plus en plus forte partout où elle n'existe pas encore, et que, là où elle est installée de longue date, elle se détraque (abstentionnisme, rôle de l'argent, poids des lobbies) et est contestée de façon de plus en plus populiste. Personne, dans les pays développés ou démocratiques, n'est tenté par le « modèle » chinois strict (contrôle politique et croissance), mais il peut séduire ailleurs. Pour le moment, il est incontestable que les dirigeants chinois tirent économiquement parti de leur capacité à planifier, décider, organiser à long terme, alors que le système économique et politique occidentalo-global est rongé par un « court-termisme » dont seuls des États redevenus stratèges pourraient se libérer.

Après les précédents libanais et iranien, avortés dans des contextes très différents, l'onde du changement qui parcourt le monde arabe (et au-delà) depuis la chute de Ben Ali en janvier 2010 a engendré des processus, très contrastés d'un pays à l'autre (début de démocratisation, guerre civile ou consolidation du *statu quo*), qui voient les islamistes arriver au pouvoir partout où il y a des élections libres, et dont l'avenir est à la fois prometteur et incertain. En tout état de cause, même dans la meilleure des hypothèses, cette transformation sans les Occidentaux – qui changera les islamistes eux-mêmes – ne fait que commencer et ne fera pas avant longtemps du monde arabe nouveau et moins occidentalisé qui s'annonce un pôle du monde multipolaire, car il restera encore longtemps fragmenté. Même remarque sur l'Afrique. Quant à l'Iran, c'est un « émergent » potentiel qui, après la désagrégation du régime en place, apparaîtra un jour comme plus moderne que ses voisins.

*

L'inquiétude qui prévaut en Europe au vu du monde qui vient (sauf, conjoncturellement, en Allemagne) a redonné de l'audience à un courant catastrophiste, nourri d'extrapolations apocalyptiques et à la recherche de panacées utopiques – gouvernement mondial, fédéralisme européen, société civile internationale, justice internationale – qui succèdent au paradis des concepts, à la confiance dans le tout-marché et à la vénération de la « communauté » internationale et du multilatéralisme. Cet état d'esprit forme un contraste saisissant avec celui des peuples non européens, éclatants d'optimisme, qui voient l'avenir avec réalisme, confiance et appétit.

Nulle part cette détresse psychologique n'est plus aiguë qu'en France. Des sondages mondiaux ont trouvé les Français plus inquiets pour l'avenir que… les Irakiens ou les Afghans ! Voilà qui n'a littéralement pas de sens ! D'où cela vient-il ? D'une nostalgie inguérissable et décalée pour la « grandeur » de la France ? Du sentiment d'avoir beaucoup à perdre ? De la vexation de ne plus être l'émetteur principal des valeurs universelles (alors que même les États-Unis n'ont plus ce monopole) ? D'un malaise face à un système mondial tellement peu « à la française » et à une Europe finalement trop « à l'allemande » ? Tout cela à la fois, sans doute, à quoi il faut ajouter un discours politique qui n'éclaire rien depuis longtemps, ne convainc plus, n'inspire pas confiance, et un langage médiatique qui entretient l'angoisse et l'indignation plus qu'il ne porte à la réflexion et à la compréhension. Ajoutons-y la méfiance nouvelle envers la science et le progrès et ce désenchantement envers l'idée européenne – mais là, les Français ne diffèrent guère des autres Européens…

*

Face à ces défis, quelle politique est concevable pour les Occidentaux ? Un sursaut est-il possible pour l'Europe et pour la France ? Sachons-le : aucune des évolutions en cours de par le monde ne leur est spontanément favorable, mais ils gardent beaucoup d'atouts, surtout s'ils savent comprendre, réfléchir, réagir, anticiper, agir.

Il faudrait d'abord que les Occidentaux retrouvent la lucidité indispensable pour élaborer une stratégie, et la persévérance nécessaire pour la suivre assez longtemps afin de gérer au mieux de leurs intérêts la redistribution en cours des cartes de la puissance. Cela signifie : accepter les adaptations nécessaires dans les institutions internationales, trouver avec les « émergents » des accords et des calendriers raisonnables sur les règles et les normes, être réalistes, jamais fatalistes. Cela suppose que les Européens retrouvent les chemins délaissés de la pensée historique et stratégique, qu'ils s'assument comme puissance, qu'ils mettent un terme à leurs décourageantes controverses institutionnelles et se concentrent sur de grands projets, qu'ils s'harmonisent entre eux (au moins les principaux d'entre eux) pour faire de l'Europe le pôle re-régulateur de la mondialisation sauvage. Les peuples européens n'attendent que cela.

Cela nécessite qu'ils s'accordent ensuite, le plus souvent possible, avec les États-Unis. Et que les Occidentaux réussissent à se mettre d'accord, sujet par sujet, avec un ou plusieurs « émergents ».

L'urgence, pour l'Occident, et d'abord pour l'Europe, est aussi de renouer avec la croissance, mais pas n'importe laquelle : une croissance durable, moteur d'une *écologisation* stimulée par des indicateurs économiques plus intelligents que le vieux et fruste PNB, fondée sur une économie de marché de nouveau encadrée par des règles et des garde-fous raisonnables, où la sphère financière, ramenée à de plus justes proportions, aura été découragée de ne rechercher que des gains financiers artificiels et des spéculations illimitées, sans aucun lien avec l'économie réelle[1] de l'emploi.

Cela suppose encore que les systèmes démocratiques soient relégitimés, peut-être en canalisant l'énergie produite par la contestation ou par la démocratie « directe », tout en se prémunissant des errements des régimes et des diplomaties d'opinion, et en redevenant efficaces.

En ce début d'année 2012, le contraste est saisissant entre la situation prédominante et le potentiel – qui demeure immense – de

1. Chiffres : en 2005, sur 2 069 teradollars de transactions interbancaires, 44 seulement étaient liés à l'économie réelle, 2 024 à la sphère financière (produits dérivés, marchés des changes, marchés boursiers) !

l'Occident, à long et moyen termes, et l'atmosphère d'inquiétude qui y règne. Pour l'Europe, on peut même parler de pessimisme et, pour la France, de mélancolie. Pourtant, si l'Europe se réforme, si elle assainit ses finances publiques tout en relançant une croissance suffisante, créatrice d'emplois d'avenir, si elle devient plus efficace sans dériver en un système « post-démocratique » trop judiciaire ou exclusivement technocratique, son avenir est enviable. Quant aux États-Unis, ils croient toujours en leur rôle et en leurs capacités de rebond. Ensemble, ils n'ont pas fini de marquer le monde de leur empreinte, même si cela doit s'inscrire dans une polyphonie avec tous les peuples du monde.

Le premier handicap de l'Europe, dans la mêlée multipolaire qui a débuté, c'est le pessimisme. Pour paraphraser Franklin D. Roosevelt, l'Europe ne devrait craindre que ses propres peurs !

LES TIC-TAC D'UN MONDE CHAOTIQUE[1]

Se défaire des chimères

Il devrait être évident pour tous, en 2018, que les Occidentaux se sont fait des illusions après l'implosion de l'URSS à la fin de l'année 1991, il y a déjà vingt-six ans. L'Histoire n'est pas achevée ; au contraire, elle s'est remise en marche et il n'y a toujours pas de « communauté internationale », en tout cas entre les peuples.

Samuel Huntington n'avait pas entièrement tort en alertant sur un possible « choc des civilisations ». Le concept même de civilisation et le fait de chercher à les classer pouvaient être contestés, et les conflits actuels traversent autant les civilisations qu'ils les opposent les unes aux autres. Il n'empêche qu'on a perdu trop de temps à dénoncer la prétendue « théorie » du choc comme choquante, et qu'il eût mieux valu en combattre le risque. Quand Jacques Chirac me disait lorsque j'étais ministre : « Ce n'est pas un choc de cultures, mais d'incultures », je lui répondais : « C'est vrai, et c'est bien pire ! »

Nul ne conteste aujourd'hui que les Occidentaux, à commencer par les États-Unis, se sont lourdement trompés quand ils ont cru, au cours des années 1990, avec Francis Fukuyama, que la démocratie libérale – la démocratie de marché, disait Bill Clinton – avait gagné, grâce à eux et avec eux, la bataille de l'Histoire. Le très raisonnable président George H. Bush avait même cru pouvoir annoncer l'avènement d'un « nouvel ordre international

1. Dans Hubert Védrine, *Comptes à rebours*, © Librairie Arthème Fayard, 2018, Ouverture, p. 7-40.

sous la conduite éclairée des États-Unis ». Ces derniers s'apprêtaient à devenir les shérifs du monde, mais à leur corps défendant, les *reluctant sheriffs* selon le diplomate Charles Haas. Et c'est en 1997 que j'ai qualifié les États-Unis d'« hyperpuissance ». Or, on voit bien maintenant que c'est dans ce moment de myopie triomphaliste que les États-Unis ont commencé à perdre le quasi-monopole de la puissance et de l'influence qu'ils avaient exercées au XXe siècle, après trois siècles de domination du monde par les Européens.

Dans ces années 1990, ces mêmes Européens ont vraiment cru, avec ferveur, entrer dans un monde post-tragique, ce qui s'est révélé une illusoire espérance de Bisounours dans un monde plus proche de *Jurassic Park*.

*

Les Occidentaux ont été si perturbés par cette évolution du monde contraire à leurs croyances, à leurs convictions et à leurs attentes, que les élites mondialisatrices et européistes l'ont longtemps niée. Elles ont préféré la fuite en avant et l'imposition d'un fait accompli économique global, consumériste, technologique, post-identitaire. Elles sont allées jusqu'à affirmer, en tout cas au sein de l'Union européenne, que les élections ne pourraient plus remettre en cause le cap fixé, celui de la démocratie libérale et de l'ouverture des marchés, faisant le pari de la dissolution des résistances populaires dans la croissance. En Occident cependant, les peuples l'entendent de moins en moins de cette oreille : au fur et à mesure que poussent les années 1990, 2000, 2010, ils ne considèrent pas, ou plus, que la mondialisation dérégulée et financiarisée soit automatiquement bonne pour eux. Et même l'annonce, en 2018, de la relance de la croissance globale ne corrige pas le sentiment général de perturbation. Les classes populaires, et même moyennes, ont plus ou moins décroché, menaçant les « élites » de devenir des locomotives sans wagons. C'est alors, quand les peuples ne votent plus comme les élites le voudraient, que, des référendums ratés de 2005 avant les élections à l'est en passant par Donald Trump et le Brexit, celles-ci rebrandissent l'épouvantail du populisme. Mais, ce faisant, elles se dénoncent elles-mêmes : cette fièvre populiste est le symptôme de leur propre échec à convaincre, et elle a de beaux jours devant elle. En témoigne la succession d'insurrections électorales. N'obtenant pas de réponses à leurs demandes – en fait banales – de préservation d'une certaine identité, d'une certaine souveraineté et d'une meilleure sécurité dans un monde de plus en plus riche, mais en même temps inégal et aussi – l'économie n'est pas tout – angoissant et culturellement insécurisant, les électeurs votent de façon de plus en plus protestataire : à l'extrême droite, à l'extrême gauche ou ailleurs, laminant les partis de gouvernement, de droite comme de gauche. La condamnation de leurs votes par des élites détestées ne fait que conforter ces électeurs dans leur rejet.

Pour comprendre notre monde, il faut se défaire de nos chimères, rejeter nos œillères et l'analyser avec un œil réaliste, non idéologique, ni occidentalo-centré, ni occidentalo-expiateur, saisir les tendances de fond, les déplacements des « plaques tectoniques », sans tomber non plus dans une futurologie fantaisiste dissertant sur le monde de 2070 ou de 2100.

Trois comptes à rebours

Sous l'angle de la géopolitique classique, récapitulons quelques données. Il n'y a donc pas encore de « communauté internationale », malgré la concertation globale et permanente entre dirigeants. Les États-Unis ne retrouveront pas l'hégémonie qu'ils ont exercée, après 1945, sur la moitié du monde, ni celle qu'ils ont cru détenir, globalement, dans les années 1990. Il est peu probable que Donald Trump interrompe leur déclin relatif et tendanciel. Même ensemble, les Occidentaux ne contrôleront pas à nouveau le monde. […] Pour autant, les nations dites émergentes ne sont pas unies. Le monde « multipolaire » n'est pas une certitude établie ni une panacée : quelle serait la liste de ces pôles ? Quels rapports entretiendraient-ils entre eux ? Les Européens veulent-ils vraiment en constituer un ? La Russie est revenue dans le jeu, depuis le troisième mandat de Vladimir Poutine, mais son pouvoir reste limité, faute de puissance économique et démographique. L'islam est déchiré. Le monde est instable, semi-chaotique, voire chaotique, *dixit* António Guterres, le secrétaire général des Nations unies, en raison de la décomposition ou de la remise en cause de l'ordre mondial de 1945 ou des années 1990 par des puissances révisionnistes. Certes, les puissances de toute nature s'organisent ou coopèrent dans des *enceintes* variées, mais en même temps elles s'affrontent sur le terrain physique – le contrôle des mers, des îlots, des missiles –, sur les marchés ou dans le monde numérique. C'est un système baroque.

Comment chacune de ces puissances va-t-elle réagir à ces remises en cause ou exploiter ces bouleversements ? Que donnera globalement la poursuite par chacune d'elles de ses propres objectifs ? Avant de chercher des réponses à cette question géopolitique, il faut avoir en tête un certain nombre de paramètres, ou de crises, qui surgissent en même temps, s'entrechoquent et se télescopent en interagissant, comme dans des réactions chimiques plus ou moins incontrôlées et dont la solution demeure aléatoire.

L'urgence écologique

Prenons un instant de recul par rapport à la fournaise géopolitique, et considérons d'abord le compte à rebours *écologique*. Il commande tout le reste, même si ce sujet ennuie au plus haut point tous ceux qui ne vivent que de, et pour, « la politique ». Les décideurs politiques, journalistes et *think tanks* géopolitiques feignent de juger cela important (en France, on multiplie ainsi les références obligées à la COP21, à l'action mobilisatrice de Laurent Fabius ou au *leadership* climatique du président Macron), puis s'en désintéressent aussitôt. Heureusement, l'économie et la finance ont commencé à changer sans les attendre. Redisons-le : la vie sur la Terre – car il ne s'agit pas de « Sauver la planète », mais bien de sauver *la vie* sur la planète – serait réellement compromise par la généralisation à dix milliards d'habitants du mode de vie occidental actuel, prédateur et destructeur. Cela ne concerne pas uniquement ce qui cause ou aggrave le changement climatique et fait s'effondrer la biodiversité, mais les effets néfastes de toutes les activités humaines polluantes et perturbatrices conjuguées, renforcés par la croissance démographique, sur l'air, l'eau, les océans, les forêts, les zones non construites, les zones humides, les sous-sols, les pôles, etc. À moins qu'une *écologisation* de toutes les activités productives et des modes de vie jusqu'à ce qu'ils deviennent tous durables et recyclables ne soit menée de façon urgente et systématique et ne l'emporte sur d'immenses résistances et une colossale force d'inertie. C'est la fameuse *transition*. Cette question surplombe, ou plutôt devrait surplomber, toutes les autres et orienter tous les choix.

L'explosion démographique

En matière *démographique*, les données sont connues : selon les prévisions actuelles, en 2050, l'Afrique compterait 1,3 milliard d'habitants en plus (dont 130 millions pour l'Afrique du Nord et 240 millions au Sahel). L'Inde, 400 millions de plus, mais la Chine, le Japon et la Russie perdraient chacun, respectivement, 38, 20 et 15 millions d'habitants. Les Africains seraient donc 2,4 milliards en 2050 et représenteraient ainsi un quart de l'humanité, alors que les Européens, leurs voisins au nord, seraient restés environ 500 millions, dans un monde de 10 milliards d'hommes. D'où le spectre du « suicide démographique européen[1] » et celui d'un débordement brutal des zones de haute pression démographique des pays en expansion, voire en explosion, démographique, l'ancien « Sud », sur les zones de basse pression, d'une sorte d'invasion moderne, lente mais inéluctable, impossible à endiguer comme une montée des eaux.

Jacques Chirac m'avait rapporté cette observation de Deng Xiaoping en 1975 : « La Sibérie est vide… » Certes, il se trouve encore certains démographes européens pour qui, par anti-malthusianisme, cette évolution inéluctable n'est pas un problème ou, à l'inverse, des nationalistes ou des idéologues religieux de l'ancien Sud pour se réjouir de l'accroissement de la population, comme s'il fallait préparer d'immenses revanches militaires à coups d'infanteries ou fournir des armées de fidèles pour remporter la guerre des civilisations ! Tout cela fait craindre une succession d'affrontements.

Le choc numérique

Comme si cela ne suffisait pas, s'ajoute à ces deux comptes à rebours angoissants, écologique et démographique, le choc numérique. Tout le monde proclame : « Cela va tout changer. » Tout, mais quoi exactement ? Avec quelles conséquences ? On prend conscience des possibilités technologiques presque illimitées

1. « Europe 2050 : suicide démographique », rapport publié par la Fondation Schuman, 12 février 2018.

pour perfectionner la vie quotidienne, les transports, l'éducation, la santé, etc. En revanche, les controverses sont vives sur les conséquences de cette mutation technologique sur l'emploi : ces nouvelles technologies numériques vont-elles faire disparaître des centaines de millions d'emplois non qualifiés ou susciter la création d'autant de nouveaux jobs, nécessitant juste une meilleure formation ? Le débat est plus aigu encore sur l'« intelligence artificielle », l'IA, entre les techno-optimistes (Mark Zuckerberg pour Facebook ou Roy Kurzweil, futurologue américain qui fixe à 2045 le moment où l'intelligence des machines deviendra supérieure à celle des hommes, ce qu'il juge positif) et les alarmistes, notamment Elon Musk (créateur de SpaceX et de Tesla), le physicien et théoricien britannique Stephen Hawking, qui réclamait une régulation beaucoup plus stricte de l'IA, mais aussi Laurent Alexandre et d'autres sceptiques ou opposants moins radicaux, tel Luc Ferry, pour qui le transhumanisme recèle les germes du pire comme du meilleur[1]. Dans un essai récent[2], Thierry de Montbrial combine une analyse réaliste du monde à une évaluation fine des effets des révolutions numérique et quantique. Que cela doive bouleverser toute la vie sociale et économique, le travail, l'entreprise, la vie administrative, la vie quotidienne, semble acquis. En France, la CNIL réclame la transparence et l'intelligibilité des algorithmes pour que le contrôle et la protection de nos libertés demeurent possibles. Ces possibilités numériques illimitées vont-elles rendre irrépressible la demande de démocratie directe instantanée et achever la démocratie représentative – plus besoin de « représentants » pour décider –, ou permettre à celle-ci de se régénérer par un recours accru à des consultations et à la démocratie participative ? La question reste pendante.

Sur le plan des relations internationales, la question est : que restera-t-il du pouvoir des États ou même des organisations internationales dans le monde numérisé ? Qu'en sera-t-il du multilatéralisme souhaitable dans un monde horizontal de plus en plus individualiste, connecté, numérisé, court-termiste, réactif et viral – même si l'excès d'impuissance publique peut à la longue recréer çà et là un désir de verticalité, comme on l'a vu en France en 2017 avec l'élection d'Emmanuel Macron ? Quelles entités seront demain chargées des choix publics ou les feront *de facto* ? Qui

1. Luc Ferry, *La Révolution transhumaniste*, Plon, 2016.
2. Thierry de Montbrial, *Vivre au temps des troubles*, Albin Michel, 2017.

prendra en charge ce que l'on appelait naguère l'intérêt général ou, dans le jargon de l'OMC, les « préférences collectives » ? Les réseaux sociaux ? Les GAFAM[1] californiennes maintenant bien connues ? Les NATU[2], acronyme créé pour désigner les sociétés symboliques du phénomène d'« ubérisation » ? Leurs équivalents chinois, les BATX[3], qui combinent la force du capitalisme, de la technologie et du despotisme modernisateur ? Ou toujours les gouvernements ? La Commission européenne, dans l'esprit de ce que fait Margrethe Vestager, commissaire à la Concurrence depuis 2014, qui entend faire rembourser par Apple 13 millions d'euros d'aides abusivement consenties par l'Irlande ? C'est une bataille dont l'issue est incertaine[4].

Pèserons-nous ?

Le décor écologique, démographique et numérique – comptes à rebours et chocs assurés – étant campé, revenons aux questions géopolitiques classiques.

D'abord, la Chine. Depuis 2012 et l'arrivée au pouvoir du président Xi Jinping, elle a abandonné le profil bas prescrit par Deng Xiaoping depuis 1979 et respecté pendant une trentaine d'années. Elle est déjà numéro 1*bis* (mais 40e si on prend en compte le revenu par tête). Jusqu'où ira-t-elle ? Au-delà de son affirmation classique de puissance grandissante – à ses yeux un rétablissement de sa situation antérieure de première puissance mondiale au Moyen Âge, mais ce qui n'avait pas du tout le même sens dans un monde non globalisé –, voudra-t-elle inventer et propager des « valeurs chinoises universelles » ? Rien dans son histoire ni dans sa vision du monde ne la porte à un prosélytisme missionnaire comparable à celui des chrétiens occidentaux ou des musulmans. Mais sa puissance est déjà considérable, et ses nouvelles « routes de la soie », *One Belt, One Road* (OBOR), gigantesque projet d'infrastructures lancé par Xi Jinping en 2014, vont concerner, si l'on y ajoute sa politique sur les pôles et en Afrique, au moins soixante-dix pays. Sa capacité d'impressionner, d'entraîner, de

1. Google, Amazon, Facebook, Apple, Microsoft.
2. Netflix, Airbnb, Tesla, Uber.
3. Baidu, Alibaba, Tencent, Xiani.
4. En juillet 2020, la Cour de justice de l'Union européenne a annulé le redressement fiscal.

subjuguer, voire d'inhiber, comme au jeu de go, des dizaines de pays n'équivaut-elle pas déjà à une hégémonie classique en formation ? Va-t-elle continuer à pouvoir empêcher que se constitue une coalition des pays inquiets ou menacés par cette puissance ascendante : Japon, Inde, ASEAN – en tout cas Vietnam et Australie –, Russie, peut-être Europe et États-Unis ? Et les États-Unis réussiront-ils mieux à l'endiguer en invoquant, comme Donald Trump pour la contourner, le concept de zone « indopacifique » (en fait Inde-Japon) qu'avec le *pivot* vers l'Asie d'Obama, soit le regroupement des États-Unis et des pays d'Asie inquiets de la montée en puissance de la Chine ? La réponse à ces questions ne sera pas que chinoise, mais résultera de l'interaction entre la Chine et l'extérieur, et donc de la cohésion de « l'extérieur ». Pour le moment, ce que fait Donald Trump – l'abandon du grand accord commercial en Asie-Pacifique – profite à la Chine et on voit qu'il hésite à affronter trop directement le mastodonte chinois. Et nous, pèserons-nous ? Lors de son premier voyage à Pékin en janvier 2018, Emmanuel Macron a réintroduit la notion de réciprocité dans nos échanges. Il a raison. Mais, pour y parvenir, il faudrait que les Européens s'accordent fermement sur cette ligne, ce qui est loin d'être acquis.

*

Venons-en à l'affrontement au sein de l'islam. Combien de temps faudra-t-il aux musulmans « normaux » (selon l'expression de Rached Ghannouchi, le leader islamiste tunisien lui-même, pour les opposer aux extrémistes), soit l'immense majorité, pour venir à bout de la puissante vague islamiste radicale sunnite, wahhabite, salafiste, djihadiste et, pour une infime minorité, finalement terroriste, qui vise d'abord les musulmans « impies », presque tous, avant de s'en prendre aux hérétiques (les chiites, les yazidis, etc.), et aux « croisés » (les coptes, nous) de façon collatérale ? Certainement encore longtemps. Car il faudra d'abord qu'ils se protègent contre la violence sanguinaire des terroristes et extrémistes, qu'ils corrigent une interprétation violente des enseignements du Coran, qu'ils enseignent au plus grand nombre un islam modéré et tolérant, et qu'ils traitent en profondeur les frustrations sociales et autres dont se nourrit l'islamisme. Vaste programme.

*

Quant à la Russie, où va-t-elle ? Pouvons-nous l'influencer ? Traitée de façon inintelligente depuis la fin de l'URSS par les Occidentaux, qui lui reprochent en quelque sorte d'être restée… russe et de ne pas être devenue une gentille démocratie de type social-démocrate scandinave, la Russie sous Poutine III, à partir de 2012, a agi en Ukraine, en Géorgie, en Syrie, ou en Europe de façon détestable et, face à l'OTAN dont elle n'a jamais admis l'extension, provocatrice. Ce qui n'aurait pas dû nous surprendre et va se poursuivre sous Poutine IV, après sa réélection en mars 2018. La Russie a ainsi suscité des réactions occidentalistes vengeresses, notamment américaines (quelle aubaine pour beaucoup d'Américains du puissant parti anti-russe de retrouver un ennemi mobilisateur et de pouvoir rejouer à la guerre froide), que les Européens ont suivies et dont la France, sous les quinquennats de Nicolas Sarkozy et de François Hollande, n'a pas su assez se dégager. En tout cas, sans être redevenue une grande puissance, la Russie a redémontré son pouvoir de nuisance dans son voisinage. Elle a réagi à l'ostracisme et aux sanctions occidentales par une réaffirmation nationaliste/slavophile et un resserrement de ses liens avec la Chine, ce qu'elle fait en traînant les pieds et qui devrait nous faire réfléchir sur notre politique russe à long terme. Tout cela est à courte vue. L'Europe, et d'abord la France, devrait, tout en restant vigilante, exigeante et dissuasive, proposer à la Russie, sous une forme ou une autre, un partenariat culturel, économique, énergétique et de sécurité avec l'Europe. Cela suppose de s'affranchir des États-Unis, réengagés dans une escalade avec la Russie.

*

L'Afrique. Ne parlons plus de « l'Afrique » au singulier. Il y a *des* Afriques, cinquante-trois pays très différents, une dizaine d'organisations régionales (les « sous-régions ») et au moins huit entités : Afrique du Nord, Égypte, Sahel, Afrique de l'Ouest, Afrique centrale, Afrique de l'Est, Sud de l'Afrique, Angola, Mozambique, Madagascar. Toutes les puissances, anciennes et nouvelles, y compris africaines, s'intéressent à « l'Afrique » pour diverses raisons. Elles n'ont pas pour autant (comme Emmanuel Macron l'a dit à Ouagadougou pour la France) une politique africaine *globale* concernant tout le continent, trop vaste, trop divers, mais plutôt une politique *en Afrique*, régionale ou sectorielle, qui s'adapte constamment. Les pays africains, dans leur diversité, comportent autant de potentialités et d'atouts que de handicaps et de risques.

Notre rôle et notre intérêt sont d'être leur partenaire dans les deux cas, aussi bien pour tirer parti de ces potentialités que pour réduire ces risques quand les Africains le souhaitent, ce qui est le plus fréquent. Pour gérer avec eux la sécurité (le Sahel), le développement économique et urbain, la transition écologique, la vitale modernisation de l'agriculture pour que les agriculteurs africains puissent vivre décemment de leur travail, etc. La cogestion des flux migratoires devrait être une priorité !

Un *leadership* américain relatif

Mais revenons aux convulsions et contradictions occidentales et à ce que peuvent faire les Américains, les Européens, les Français.

Comme je l'ai rappelé, les Américains sont humiliés, mais surtout inquiets de ne plus contrôler totalement le monde et donc de ne plus pouvoir s'en protéger. Pourtant, succédant au siècle d'Hollywood, deux formes d'influence américaine sont encore à leur paroxysme, sans toutefois apaiser cette angoisse, peut-être parce qu'elles n'émanent pas de l'Amérique de Donald Trump, de cet électorat populaire des classes moyennes blanches : d'abord, l'influence des GAFAM (et autres), qui a déjà refaçonné le mode de vie de la presque totalité des habitants de la planète en les connectant en permanence, en créant et en satisfaisant des besoins nouveaux toujours attisés. Et d'autre part, le retour vers l'Europe, notamment à l'envoyeur français, depuis les universités américaines, des thèses inspirées de la « French Theory » des déconstructeurs français (Foucault, Lacan, Derrida, etc.) et portées à l'extrême contre toutes les formes supposées de la domination blanche, masculine, hétérosexuelle des derniers siècles sur les femmes, sur les minorités diverses et sur les peuples opprimés. Cette influence du politiquement correct américain sur une partie de l'opinion « progressiste » en Europe et au Canada est frappante, et pas seulement chez les gauchistes et les activistes dans ces divers groupes. Curieusement, l'Amérique ne s'en vante pas ! Quoi qu'il en soit, les Américains, angoissés par ce monde, se livrent à de véritables embardées électorales en votant à chaque élection pour le contraire exact du président sortant : George W. Bush après Bill Clinton, Barack Obama après Bush Jr., Donald Trump après Barack Obama ! Leur désarroi est patent. Comment se résigner à un *leadership* seulement « relatif » ? En se repliant sur une base nationale solidement défendue ? En essayant de garder, ou de retrouver, le contrôle de *the rest*, comme disent les Américains de tout ce qui n'est pas nord-américain, européen ou australien ? Mais comment ? George W. Bush n'y était pas parvenu. En proclamant que l'Amérique est *great again* ? En pariant, comme l'Europe sur son nuage, sur le rayonnement des valeurs occidentales/européennes/universelles et la force des normes qu'on imposerait à tout le monde ? Mais c'est déjà ce que l'on a fait pendant des siècles. Croit-on vraiment que cela va continuer ou recommencer ? Comment ignorer les bouleversements du monde ?

Il se peut que les « valeurs » démocratiques finissent par triompher, un jour, partout, malgré l'étiolement actuel de la démocratie libérale et l'affirmation décomplexée des régimes autoritaires, mais cela n'arrivera pas forcément sous l'effet de nos pressions et sanctions, et cela ne nous renforcera pas forcément : l'Inde est démocratique, mais pas soumise à l'Occident.

Les soubresauts et batailles de lignes au sein des diplomaties américaine et française, au cours des vingt dernières années, sont la traduction de ce conflit. Doit-on traiter avec le monde extérieur ? le convertir ? le soumettre ? En France, par exemple, l'idée que notre pays ait (par nature ? par héritage ? par ambition ? par prédestination ? par mégalomanie ?) une vocation spéciale, *universelle*, qu'il ait pour mission de « droits-de-l'hommiser » après avoir eu celle d'évangéliser (le contenu est différent, mais la démarche prosélyte est la même), reste prégnante dans le monde médiatique, une partie de la classe politique, une partie de la diplomatie, les écoles de journalisme, de nombreuses ONG. L'opposition entre « gaullo-mitterrandistes », oxymore syncrétique qui a eu un sens et une utilité, et « néoconservateurs », ou plutôt occidentalistes, qui ont eu pendant dix ans le vent en poupe sans vouloir le reconnaître et qui voudraient garder leur influence, est certes trop schématique, mais, en tout cas, il n'y a plus consensus[1]. Même plus sur le fait d'affirmer qu'il y a consensus, ce qui était commode. Sauf si Emmanuel Macron réussit à en reconstruire un, réaliste

1. Voir le numéro de la revue *Esprit* « Démocratiser l'Europe », mars 2018.

et ambitieux, ce qui n'est pas impossible. Pour l'Occident, à qui le prosélytisme missionnaire est consubstantiel depuis saint Paul (« Allez évangéliser toutes les nations »), c'est presque impossible d'admettre de ne plus être le phare de l'humanité, son pédagogue, son mentor, son pygmalion.

Les élites à l'épreuve des attentes populaires

Au total, les États-Unis se retrouvent face à deux tentations : se replier complètement sur eux-mêmes ou tenter de recontrôler le monde extérieur. On se tromperait en considérant l'ubuesque épisode Trump comme une simple parenthèse. Ce président nous choque, mais il révèle et s'appuie sur une Amérique oubliée, négligée, méprisée, caricaturale certes, mais bien réelle, galvanisée par ses provocations. Le mouvement de balancier électoral portera-t-il au pouvoir un futur président revenant au centre, à l'optimisme wilsonien, mâtiné de réalisme, et au *mainstream* ? à une hégémonie supportable ? à la solidarité transatlantique de l'époque de la guerre froide ? Un président qui renoncerait à demander aux pays protégés depuis l'après-guerre (une quarantaine en Europe et en Asie) de mieux partager ce fardeau, comme l'ont fait tous ses prédécesseurs ? Rien n'est moins sûr, même si ce futur successeur ne joue pas à nouveau les éléphants dans le magasin mondial de porcelaines, déjà bien brisées. Le plus probable est que les deux rives de l'Atlantique, que ne soude plus l'une à l'autre une menace réelle, massive et *spécifique*, comme du temps de Staline, divergeront doucement, tout en conservant un lien civilisationnel global, comme des cousins issus de germains. Quant à l'idéalisme wilsonien, le démenti brutal et périodique de la réalité ne le fera pas disparaître complètement tant il est enraciné dans la psyché américaine dont il anoblit la volonté de puissance.

Si la puissance publique américaine ne s'affaisse pas tout à fait, les États-Unis resteront malgré tout le numéro 1, ou 1 *bis* ou 1 *ex aequo* du monde (mais sans G2 coopératif avec la Chine), et la Californie, la base de rattachement, la domiciliation, des GAFAM. À moins que celles-ci n'arrachent une complète autonomie (si du moins le régulateur anti-trust américain ne s'est pas réveillé entre-temps) ou ne s'établissent sur une île artificielle en haute mer, et partagent avec leurs homologues/concurrentes chinoises le façonnage du monde, la surveillance des troupeaux humains numérisés, et le contrôle du *big data*. Mais c'est une autre histoire…

*

L'équation est encore plus difficile à résoudre pour les Européens, confrontés en plus au dilemme Trump. Les fameux « pères fondateurs » avaient bâti le projet européen et prométhéen de dépassement des identités nationales en Europe, à l'abri des fusées nucléaires américaines. Ils ne songeaient pas du tout à une « Europe puissance ». Les populations européennes ont voulu croire à ce monde post-tragique idéal. Mais les identités ont résisté et ne disparaîtront pas ; et le monde réel est si loin de former une « communauté internationale » que les élites (ceux qui ont accès à la parole publique) sont tentées de nier cette pénible réalité et de se réfugier dans les songes déjà évoqués, en comptant sur les effets euphorisants de la croissance qui revient. Cependant, les pro-européens classiques, et même les européistes, sont devenus un peu plus réalistes. Les peuples européens se sentent menacés par les mouvements migratoires, par le terrorisme islamiste, par les provocations menaçantes de Vladimir Poutine, par le « Janus américain, ami/ennemi » (Christophe Chabert), par les mafias et les trafiquants, par les concurrents émergents. Sans parler des fractures et exaspérations internes. Les pro-européens espèrent que la synthèse macronienne (profession de foi européenne, Europe qui protège, projets nombreux à géométrie variable, consultations démocratiques, ambition, autorité) va réveiller et « relancer l'Europe ». Mais cette expression peut avoir des significations très diverses : incantatoire, utopique, magique ou opérationnelle. Si les leaders européens réussissent à convaincre les peuples européens récalcitrants que l'Europe doit devenir une « puissance » pour ne pas devenir… impuissante, et dépendante de toutes les autres plus encore qu'elle ne l'est déjà et que son rayonnement normatif, auquel elle croit tant, même s'il n'est pas négligeable, ne suffira pas à corriger cette tendance, alors tout peut changer. Surtout si ces mêmes élites parviennent enfin à répondre aux attentes populaires élémentaires déjà évoquées. Faute de quoi, le projet européen sera en permanence contesté, et finalement dépérira.

*

Quels scénarios pouvons-nous envisager pour l'Europe ?

1) En 2018, le scénario de l'éclatement ou de la désintégration de l'Union, redouté par certains, espéré par d'autres, après le vote du Brexit, paraît écarté. Le départ de la Grande-Bretagne, s'il a vraiment lieu, ne sera une bonne chose ni pour elle, ni pour l'Europe. En tout cas, il ne sera pas contagieux. La fragmentation régionale (Catalogne, Écosse, Corse, etc.) affaiblirait plus gravement l'Europe. Mais elle n'est pas inéluctable. Et aucun pays de la zone euro ne veut la quitter.

2) Le « saut fédéral », réclamé encore par les militants très minoritaires de l'Union sans cesse plus étroite et de l'intégration sans cesse renforcée, est très peu crédible. De toute façon, un traité sur cette base ne serait pas ratifié par l'ensemble des États membres ni même par la seule zone euro ou un introuvable noyau dur.

3) En revanche, des avancées importantes mais pragmatiques et à la carte, sur la base d'une partie des propositions d'Emmanuel Macron, en synergie avec le nouveau gouvernement allemand, pour perfectionner la zone euro et la capacité protectrice de l'Europe (Schengen) sont tout à fait possibles en 2018-2019.

Ce scénario réduirait à la marge, grâce aussi au retour de croissance, le pourcentage des déçus ou des allergiques à l'Europe, mais ne suffira pas à faire complètement disparaître l'euro-scepticisme ni l'euro-hostilité, tout ce que l'on englobe dans le terme de « populisme ». Il faudrait pour cela surmonter une contradiction fatale à l'Europe : on trouve qu'elle se mêle de tout et de rien, abusivement. En même temps, on attend tout d'elle, on promet en son nom, on finit par tout lui reprocher. Il faut clarifier. Cela s'appelle la subsidiarité, principe selon lequel on ne décide au niveau européen ou national que ce que l'on ne peut pas décider aussi bien, ou mieux, en dessous.

Les tourments de l'Occident

D'autres caractéristiques de l'Occident actuel (j'emploie ce terme par commodité en en connaissant les ambiguïtés) le fragilisent, spécifiquement.

D'abord, en Occident, vaste espace démocratique prosélyte et fier de ses « valeurs », le fossé élites/populations est très profond, comme plusieurs votes des dernières années l'ont montré. C'est dans les plus vieilles démocraties représentatives que l'usure est la plus sensible. Que la république était belle sous l'Empire ! Dès lors que les populations informées en continu, connectées, fébriles et impatientes ne se reconnaissent plus dans les représentants qu'elles ont choisis, une revendication vindicative de démocratie directe permanente s'exprime chaque jour dans cette époque d'« individualisme de masse ». Cette utopie devient technologiquement possible : tout le monde pourrait être consulté chaque matin sur son portable (voulez-vous rétablir la peine de mort : oui ? non ?) et alors une sorte de dictature sans dictateur, de tous sur chacun, pourrait s'établir.

Seuls remèdes : d'une part, une réhabilitation de la démocratie représentative, à condition que son utilité et son efficacité soient redémontrées à chaque pas, ce à quoi l'acharnement moralisateur et la transformation des élus en nouvelles vestales ne suffiront pas et, d'autre part, le recours régulier à la démocratie participative, à condition que des règles précises l'encadrent (qui vote, sur quoi ?), qu'elle soit déconnectée des enjeux nationaux, et que ses résultats soient respectés. Cela reste à démontrer.

Les pays émergents autoritaires et les démocraties débutantes ne sont pas encore confrontés à ces problèmes, et les démocraties « illibérales », les « démocratures » – mots inventés pour désigner des régimes à élections mais autoritaires (Russie, Turquie) – pensent pouvoir les neutraliser et y échapper. On verra…

*

Un autre élément est à prendre en compte dans le fonctionnement actuel et futur des démocraties. Elles sont devenues depuis longtemps des régimes d'opinion, au sens où Tocqueville prédisait, et déplorait, que les démocraties traiteraient des questions extérieures sur la base de considérations intérieures. Et au sein de ces opinions puissantes, des groupes d'origines diverses interviennent de façon de plus en plus active, aux États-Unis, en Europe, en France, défendent leurs propres intérêts sur le plan international et se réclament même parfois d'une double allégeance, ce qui n'est pas le cas en revanche des mouvements féministes américanisés, ni des minorités sexuelles. Ces groupes qui en Amérique s'assument comme des lobbies ethniques ou nationaux pèsent de plus en plus, voire intimident, menacent ou exigent. Leur influence est très visible s'agissant de la politique américaine ou française au Proche-Orient, de la politique du Premier ministre canadien Justin Trudeau sur presque tous les sujets, de la politique française au Maghreb ou en Afrique, de la politique allemande envers la Turquie, de la politique des Européens face à l'islamisme, etc. Cela ne se limite pas à la politique étrangère, comme on l'a vu avec les débats sur les lois mémorielles ou les programmes scolaires. Dans beaucoup d'universités prestigieuses américaines ou canadiennes prises en otages, il devient de plus en plus difficile d'enseigner les « humanités », ou d'inviter des conférenciers qui déplaisent, par exemple aux sponsors étrangers, chinois, ce qui va jeter à la longue une ombre sur leur prestige international. Il est devenu impossible de comprendre les mécanismes de la décision publique dans le monde actuel sans étudier, au carrefour des politiques étrangères et intérieures, le jeu des diasporas et les lobbies. Nulle part ailleurs qu'en Occident cette imbrication n'est poussée aussi loin, avec les dépendances que cela accroît.

*

D'autant que la repentance y est la plus forte, et y trouve peut-être même son terrain privilégié. L'Occident a dominé le monde, c'est un fait. Le temps n'est sans doute pas venu où l'on pourra essayer de comprendre sereinement et objectivement comment quelques pays d'Europe, en compétition entre eux, ont été capables, durant deux ou trois siècles, de coloniser tant de pays ou futurs pays d'Afrique, d'Amérique, du monde arabe et d'Asie. Est-ce grâce à une force des armes et des techniques supérieure, à la violence, à la ruse ? Et encore moins pourquoi tant de pays ont été colonisables : par infériorité technique ? Par divisions internes ? Du fait de croyances paralysantes ? Par manque d'État ? À court terme, l'intérêt de l'instrumentalisation de la victimisation dans les démocraties d'opinion occidentales est trop fort pour tolérer de telles interrogations. Et les pays autrefois colonisés hésitent à se priver des leviers de ces réquisitoires et de ces créances historiques. En attendant ce temps, l'Occident d'aujourd'hui devrait expier, devant une sorte de tribunal de l'Histoire autoproclamé, comme s'il y avait, au mépris des principes modernes et libérateurs de l'État de droit, une responsabilité *collective* et *transmissible*… ? Cette aberration conceptuelle et juridique est entretenue et attisée dans nos démocraties par la lâcheté ordinaire des dirigeants face à la force électorale de nombreux groupes déjà évoqués et qui ont intérêt à cette mise en accusation. Il est frappant de constater combien d'Occidentaux, d'Européens, et particulièrement de Français, en tout cas d'organisations, confondent, à propos de leur passé, Histoire et mémoire (pis encore, mémoire collective reconstruite[1]), lucidité et culpabilité, honnêteté et repentance, analyse et déconstruction, et se complaisent dans ce passé réécrit. Sans profit pour personne. Or ce phénomène ne s'observe qu'au sein du seul monde occidental. Quand Darwin a fait paraître en 1859 *De l'origine des espèces*, beaucoup d'Anglais se sont indignés en déclarant impossible d'admettre qu'ils « descendaient du singe » (en fait d'un ancêtre commun, mais peu importe). Aujourd'hui, beaucoup d'Occidentaux voudraient ne pas descendre des… Occidentaux. Il ne suffit plus de faire du passé table rase, il faut le nier ! Ou alors expions-le, en nous flagellant. Serait-ce une rémanence du concept de péché originel qui aurait survécu et cheminé souterrainement malgré les Lumières, la laïcité, la modernité, dans les profondeurs mentales de ce monde occidental issu de la chrétienté ?

Cet Occident, en tout cas l'Europe, travaillé par une rhétorique sermonneuse et moralisatrice, fondée sur le remords instrumentalisé de la colonisation, sur « l'Autre » à ne pas rejeter, est conduit à la compassion, à l'autoaccusation ou à l'aide, pas à l'échange partenarial sur un pied d'égalité. Cet Occident tourmenté croit-il pouvoir continuer à régner par d'autres moyens, la combinaison de ses valeurs, de la volonté d'expiation et de ses technologies ? Mais est-ce encore « l'Occident » ? Et cela rassurera-t-il les peuples occidentaux, de plus en plus minoritaires dans le monde de demain, et parmi ces peuples, les décrocheurs, sur leur place future ? En tout cas, face aux autres ensembles, cette attitude peut faire notre fierté, mais elle fonde aussi notre vulnérabilité et notre handicap. Les forces « progressistes » en Occident n'ont pas résolu, on le voit aux États-Unis avec les Démocrates, cette tension croissante opposant une majorité délaissée et les minorités maximalistes.

1. David Rieff, *Éloge de l'oubli*, Premier Parallèle, 2018.

Les défis de l'*écologisation*

Ni les Occidentaux en général, ni même les Européens, n'abordent clairement, de manière concentrée et homogène, l'imbrication et l'interconnexion potentiellement explosives de ces crises qui se télescopent. Et c'est un handicap. Il faut essayer d'en prévoir les conséquences pour nous et réfléchir à comment réagir.

L'inquiétude croissante sur le compte à rebours écologique va faire monter la pression pour l'*écologisation* sur tous les pays, sur les entreprises et les organismes qui continuent encore de surexploiter la planète ou simplement d'être indifférents à ces risques par addiction à la croissance, quel que soit son contenu, et qui compromettent ainsi la vie de nos descendants. Cela entraînera au sein de chaque pays des conflits permanents entre les plus conscients, alarmés, alarmistes, impatients, et les autres, qui vivent de pratiques vouées à disparaître ou à reculer, mais chercheront à différer les échéances. Et cette transition fera éclater les contradictions. Par exemple : peut-on sortir du nucléaire et en même temps réduire les émissions de CO_2 ? Évidemment non. Les Occidentaux, et même les Européens, ne parlent pas du tout d'une voix à ce sujet. Mais il aura fallu l'exemple allemand, preuve par l'absurde, pour démontrer que non. Nicolas Hulot a su admettre ce fait, courageusement. Pour préparer la sortie du charbon, pour parvenir dès que ce sera possible à réduire progressivement la part du nucléaire, il faut que les énergies renouvelables deviennent rentables sans subventions publiques. Impossible sans des percées scientifiques majeures sur le stockage de l'électricité produite de façon intermittente (solaire, éolien). Sans un prix du carbone élevé (de l'ordre de 20 à 30 $ la tonne de CO_2), cela prendra trop de temps. Le président Macron a été très clair[1].

Autre exemple d'urgence sanitaire et écologique : amener l'humanité à consommer moins de protéines animales, compte tenu des conséquences catastrophiques en chaîne provoquées par cette surconsommation. Là aussi, que de combats, que d'étapes à prévoir pour réussir cette reconversion ! Chaque Américain mange plus de 108 kg de viande par an, et ce chiffre augmente. Les pratiques multiples qui font s'effondrer la biodiversité auxquelles il faudra

---

1. Entretien accordé au *Monde* le 13 décembre 2017 : « Emmanuel Macron : "Il faut un choc dans nos modes de production." »

mettre fin sont connues. En peu d'années, prise de conscience et inquiétude aidant, une inéluctable mutation va bouleverser la définition des pays forts ou faibles, celle des pays matures ou en retard, comme les hiérarchies de l'attractivité et de la compétitivité, ou la définition des pays « voyous », qui seront de plus en plus les pays *écologiquement* voyous, catégorie appelée à gagner en importance. Les pays « écologiquement voyous » sont ceux qui ne respecteront pas les accords de Paris, qui n'accepteront pas un prix du carbone suffisamment élevé, ceux qui ne fermeront pas ou pas assez vite (voire pire, qui rouvriront !) les mines et les centrales de charbon ou de lignite, qui continueront à admettre l'importation, légale ou non, de trophées de chasse d'espèces menacées en Afrique, à fermer les yeux sur les trafics d'animaux sauvages, qui continueront à détruire les forêts des trois grands massifs équatoriaux qui jouent un rôle vital d'absorption du CO_2 et de préservation de la biodiversité quand elles ne sont pas perturbées, les pays dont les flottes de pêche continueront à dévaster les grands fonds ou à pratiquer la pêche électrique, etc. L'opinion internationale de plus en plus inquiète, même chez les émergents, ne supportera plus ces égoïsmes à court terme. Que de reconversions, de calendriers contraignants à prévoir, d'inventions à faire, de flux financiers à réorienter !

Rattraper des décennies d'insouciance

Crise après crise, cette évolution va définir une nouvelle hiérarchie internationale patrimoniale (par exemple, par la dévalorisation progressive des gisements d'énergies renouvelables – pétrole et gaz encore non extraits du sol), de nouvelles alliances, encadrées par un nouveau droit (le projet de « pacte mondial pour l'environnement » proposé par Laurent Fabius en 2017). Dans le domaine industriel, des critères de compétitivité écologique seront exigés. Cette *écologisation* s'imposera à l'agro-industrie, à la chimie, à la construction, aux transports, etc. Mais l'époque du dialogue de sourds entre pays développés et la plupart des émergents est déjà révolue. Tout cela va aller très vite. Les Européens peuvent encore se placer en tête de ce mouvement. Une chambre des « générations futures » composée de scientifiques incontestables, idée lancée depuis longtemps, nous y aiderait.

*

En matière de flux migratoires massifs, l'Europe dispose avec Schengen de tous les éléments de réponse et d'un cadre pour les gérer, mais elle n'a pas encore rattrapé des décennies d'insouciance et le résultat – la maîtrise des flux – n'est pas encore visible pour les opinions.

Il est évident que ces mouvements de populations, que le développement ne réduira pas, sont gérables et peuvent même être bénéfiques, s'ils sont de faible ampleur, étalés dans le temps, et que les populations arrivantes ont des modes de vie pas trop différents des populations des pays d'arrivée et, encore mieux, si celles-là veulent s'assimiler et s'intégrer. Une situation inverse de celle que connaît l'Europe aujourd'hui. Or aucun peuple au monde, pas plus en Europe qu'ailleurs, n'accepte volontiers l'immigration de « masse » (différente de celle des élites artistiques, intellectuelles ou économiques, ou encore de l'arrivée des réfugiés)[1].

À cela s'ajoute le mouvement de re-islamisation des populations arabes ou turques installées en Europe, quel que soit leur statut juridique, effet de l'immense affrontement interne à l'islam, dont les Européens ne maîtrisent pas l'issue, et de plusieurs décennies de prosélytisme wahhabite et, de fil en aiguille, salafiste. Le Pew Research Center prévoit qu'il y aura en Europe entre 7,4 % et 14 % de musulmans en 2050, contre 4,9 % en 2016, soit en moyenne 25,8 millions. La seule solution serait non pas une illusoire gestion mondiale par une filiale des Nations unies telle que l'OIM, l'Organisation internationale pour les migrations créée en 1951, mais une cogestion régionalisée des flux migratoires, dans un esprit de partenariat au sein d'ensembles géographiquement liés et économiquement interdépendants : un partenariat qui réunirait en priorité un espace Schengen réformé, unifié à l'intérieur et enfin efficace à ses frontières extérieures, les pays de départ (Afrique de l'Ouest) et de transit (Maghreb). Les tentatives de discussions entre pays du Nord et du Sud faites depuis 2016 vont dans le bon sens, mais ne suffisent pas : il faut aller plus loin. Le gigantesque et urgent travail d'harmonisation des législations et des procédures sur l'immigration et l'asile nécessitera beaucoup de courage politique. La gestion coordonnée des frontières extérieures de Schengen devrait être

1. Sauf là où il a fallu repeupler après avoir exterminé les premiers occupants (Amériques, Australie), ce qui a façonné une mémoire collective différente.

opérationnelle avant la fin de la prochaine décennie. Cogérer, cela veut dire aussi avoir le courage de *fixer ensemble* chaque année un quota d'immigrants légaux, par métiers. Bien sûr, cela suppose que les entités concernées aient de part et d'autre la volonté et les moyens de mettre en œuvre une telle politique et de ne pas se soustraire à leurs responsabilités. La question des réfugiés n'est pas du même ordre : il faut traiter avec plus d'humanité aussi bien ceux à qui l'on accorde l'asile que ceux à qui on le refuse et qui deviendront des candidats à l'immigration légale. Il faudra aussi arrêter une politique envers les étrangers présents en France entrés régulièrement, mais restés au-delà des limites imparties et devenus irréguliers, reliquat de l'incurie des décennies passées, qui seraient aujourd'hui environ 200 000. Régularisation ? Retour dans leur pays d'origine ? dans des pays tiers sûrs ? Dans quelles proportions ? En tout cas, ces mesures de rigueur, de contrôle, d'accueil, d'humanité, d'intégration ne doivent pas être présentées isolément, mais être intégrées dans un plan d'ensemble, car, point par point, elles seront toujours critiquées. Cela s'applique à toutes les autres zones concernées dans le monde, y compris au sein de l'Afrique, et plus particulièrement l'Afrique de l'Ouest, la Côte d'Ivoire, l'Afrique du Sud. En absence d'une cogestion rigoureuse et visible des flux, les réactions de panique et de rejet s'aggraveront. Elle s'imposera donc.

Sortir du déni

Face à l'islamisme radical et *a fortiori* au terrorisme islamiste, que faire ? Pour les Européens, comme pour les autres, se protéger mieux encore, aussi longtemps qu'il le faudra, par une coopération policière renforcée ; par la prévention, l'information, le renseignement ; si nécessaire, par la neutralisation des bases arrière par des actions militaires, parfois indispensables, mais toujours insuffisantes, comme au Mali, en Irak, en Syrie, au Sahel ; bien sûr aussi par des actions politiques et sociales résolues pour combattre les injustices, les inégalités, les discriminations et les frustrations variées, dans tous les pays concernés, tout en se rappelant que l'islamisme leur préexiste, mais qu'il s'en nourrit. Mais rien de tout cela ne suffira si une action théologique et religieuse vigoureuse n'est pas menée *de l'intérieur du monde musulman* pour délégitimer et proscrire l'instrumentalisation du Coran par les islamistes et donc, chaque fois qu'il le faut, l'expliquer, le conceptualiser, l'interpréter contre les fondamentalistes, proscrire bien sûr le terrorisme, mais lutter même contre la *salafisation* des esprits. Le roi du Maroc, commandeur des croyants, le président égyptien et même maintenant le prince héritier saoudien, Mohammed Ben Salman, pour l'Arabie, ont ce courage, mais aussi de très nombreux musulmans modernistes et courageux, politiques, ministres de l'Éducation, écrivains, intellectuels, romanciers (algériens entre autres), avocats, imams, associations de femmes (en Tunisie, par exemple). Nous ne les soutenons pas assez, tant nous avons du mal, surtout les Européens de l'Ouest, Belges, Espagnols, Italiens, Français, etc., à nous éveiller d'un déni très profond, qui est une des manifestations de la léthargie stratégique de l'Europe. Quelles sont les raisons de ce long aveuglement sur l'islamisme en France ? En premier lieu, pour beaucoup de laïcs ou marxistes français, la question religieuse était devenue si secondaire qu'elle ne pouvait que masquer d'autres réalités, sociales ou économiques, et ne constituait plus en soi une source spécifique de menace. Pour la partie de la gauche venue à la politique par la guerre d'Algérie, ensuite, la France n'aurait pas le droit, de toute façon, de critiquer des Français musulmans d'origine maghrébine, un peu comme certains, emboîtant le pas aux nationalistes israéliens, qui assimilent toute critique de la politique israélienne à de l'antisémitisme. Ensuite, dans certains milieux « cathos de gauche », on estime que, la France ayant colonisé et pratiqué l'esclavage (ils semblent oublier que son originalité n'est pas de l'avoir pratiqué comme les Romains, les autres Européens, les Africains et les musulmans eux-mêmes depuis des siècles, mais de l'avoir aboli), elle est disqualifiée pour critiquer l'islam, et même l'islamisme. Des intellectuels de gauche restent si révoltés par l'américanisation du monde qu'ils ne peuvent pas admettre que l'islamisation soit un danger pour les non-musulmans. À la repentance paralysante s'ajoute le calcul cynique de certains gauchistes, qui espèrent trouver dans les immigrés, forcément exploités et donc révoltés, un prolétariat de remplacement puisque le prolétariat ouvrier vote Front national ou s'abstient. Ceux-là dénoncent de façon intéressée la prétendue « islamophobie », en l'assimilant à un « racisme », ce qui n'a rien à voir.

Et pour finir, il faut ajouter la crainte des responsables politiques, depuis plus de dix ans, de mettre le feu aux poudres dans les banlieues en appelant les choses par leur nom : le terrorisme *islamiste*, et en s'opposant frontalement à l'islamisation et à la *salafisation* par le bas (les provocations à l'école, à l'hôpital, au travail, dans les lieux publics, etc.) comme cela devrait être fait.

Cet ensemble de dénis, qui nous ont fait abandonner lâchement les musulmans réformateurs modernistes et démocrates se battant en première ligne, a dû reculer sous l'effet du terrorisme islamiste[1]. Il n'a pas entièrement disparu des esprits, mais il devrait permettre de mieux travailler, ici en Europe, à l'alliance des musulmans modérés et des démocrates contre l'extrémisme islamiste si les musulmans en Europe prennent leurs responsabilités. Mais dans le monde musulman au sens large, sur au moins trois continents, la partie est loin d'être gagnée.

La gouvernance mondiale

Reste le serpent de mer de la « gouvernance mondiale », qui existe déjà sans exister. Il y a une « gouvernance », les institutions fondées par les vainqueurs à la sortie de la Seconde Guerre mondiale et celles des années 1990, des sommets incessants, des dizaines d'organisations, et pourtant cette gouvernance ne semble pas fonctionner ou alors de façon entropique. Cela fait maintenant longtemps qu'un discours optimiste sur la mondialisation, à la fois wilsonien, technocratique et managérial, celui que tenaient, par exemple, Barack Obama ou Bill Gates, domine le monde des médias, de la technologie, de la communication, avec son jargon en « globish », les tics de la novlangue des sommets où tout se doit d'être *durable* et *inclusif*, et où les démons du « protectionnisme » et du repli sur soi sont condamnés à chaque paragraphe. Le monde que chacun observe sur ses écrans, celui de l'économie globale dérégulée et financiarisée, continue d'être une foire d'empoigne où la compétition entre les intérêts, les idéologies et les égoïsmes est féroce.

L'américano-globalisation des dernières décennies a longtemps été contestée par l'*anti*-mondialisation, puis par son avatar, l'*alter*-mondialisme. Les mécanismes de l'économie globale de marché dérégulée, illégaux ou simplement choquants, sont volontairement

1. Lire par exemple « Libérer l'Islam de l'islamisme » de Mohamed Louizi, Fondation pour l'innovation politique, janvier 2018.

dénoncés par des consortiums de journalistes d'investigation[1]. Il n'empêche que la mondialisation se poursuit et se poursuivra, plus ou moins régulée, sous l'effet des forces mondialisatrices, de la numérisation et de l'interconnexion. *Quid* alors de la gouvernance mondiale ?

Le commerce redeviendra en partie régional plutôt que mondial du fait de la prise en compte inéluctable des coûts écologiques et du prix du carbone. Au-delà, les enceintes de négociation et de coopération, telles que l'ONU et ses très nombreuses organisations ou agences (OMS, FAO par exemple), le FMI, la Banque mondiale, l'OMC, le G20, le G7, sont des *cadres*, précieux et utiles, pas des pouvoirs, ou alors limités et spécialisés, et devraient tous être réformés. À cet égard, le plaidoyer français pour le multilatéralisme est en partie irénique, car l'égoïsme brutal de Donald Trump et son unilatéralisme à courte vue ne font pas du multilatéralisme une panacée. La France est cependant bien placée pour s'exprimer et proposer, car, au-delà même de sa qualité de membre permanent du Conseil de sécurité, elle a joué, de 1945 à aujourd'hui, un rôle actif et inventif dans le système multilatéral. Toutefois aucune puissance ne peut agir de façon uniquement multilatérale. C'est une approche à privilégier, mais elle ne peut être exclusive. Même Emmanuel Macron prend beaucoup d'initiatives au nom de la France sans attendre l'accord de tous ses partenaires, et c'est heureux.

*

La gouvernance mondiale est aussi réalisée *de facto* par d'innombrables autorégulations techniques et professionnelles dans les secteurs des transports aériens (l'ATA), maritimes, des télécommunications, de l'énergie, de l'Internet, etc. Des milliers d'accords spécialisés sont négociés et signés pour former un maillage dense mais non homogène, encore largement façonné au cours des dernières décennies par la puissance mondialisatrice incomparable des États-Unis.

En même temps, ces efforts sont contredits par ces mêmes États-Unis. Depuis des décennies, ils donnent unilatéralement et abusivement une portée extraterritoriale à leurs lois, par exemple contre la Russie ou l'Iran. Ils s'arrogent ainsi un pouvoir de sanction et

1. Panama Papers en 2016 ; mise en scène en 2017 des accusations par 400 journalistes à l'encontre de 65 pays à partir de 13 millions de documents.

de chantage sur une grande partie du monde, jusqu'ici enduré sans réaction. D'autres pays occidentaux avaient cru pouvoir décréter que leur justice avait une compétence universelle ; la France a été tentée et dans les années 1990 la Belgique a voulu la mettre en place.

Pire : après avoir imposé la libéralisation systématique des échanges tant qu'elle leur profitait, les États-Unis semblent prêts, en 2018, à relancer la guerre commerciale !

Tout cela ne fait pas une « gouvernance » globale, encore moins un gouvernement. Ne le regrettons d'ailleurs pas : où fuirions-nous s'il était mauvais ?

Pour le moment, la façon dont le monde fonctionne est donc le résultat aléatoire de décisions publiques plus ou moins coordonnées, du jeu de rapports de force classiques politiques et militaires, d'influences et d'opérations entrecroisées d'intimidation ou de paralysie de l'action de forces économiques, des poussées technologiques et numériques, des marchés, des désirs des individus aiguisés par la démocratie de l'immédiat et le marché, de la jungle des réglementations concurrentes, et de l'économie illégale[1].

Nous n'avons pas le choix : c'est dans ce maquis qu'il nous faut agir, préserver notre souveraineté, reconstruire notre autonomie de décision en réduisant nos dépendances excessives, affirmer nos valeurs, nos idées. Nous, la France, l'Europe ? Le choix du meilleur niveau d'action n'est pas à faire, de façon binaire, une fois pour toutes. Il faut agir aux deux niveaux, à chaque instant. Tout cela dans un monde où l'Occident et les démocraties sont spécifiquement vulnérabilisés, resoulignons-le, par la revendication de démocratie directe et la pression de l'opinion, et donc par la fragilisation de nos vieux mécanismes démocratiques, sommés en plus par certains de se livrer à une repentance masochiste qui les place sur la défensive. Aucun mouvement en cours n'est automatiquement favorable à l'Europe, ou à la France. Le désordre mondial impose des initiatives à la hauteur des enjeux.

Il faut nous ressaisir pour être en mesure d'affronter et de renégocier au mieux de nos idées et de nos intérêts les termes de

1. Le chiffre d'affaires du crime organisé transnational approcherait 10 % du PNB mondial : production et trafic de stupéfiants ; vols à main armée ; cambriolages ; fraudes financières aux paris sportifs et jeux en ligne ; trafic d'êtres humains, d'armes légères, de munitions, de tabac, d'espèces naturelles protégées animales et végétales, contrefaçon, extorsion et chantage, corruption.

la coexistence mondiale entre puissances anciennes et nouvelles, entités publiques et acteurs d'un nouveau type. Sans attendre un improbable nouveau Bretton Woods, il faudrait prendre les devants et faire des propositions aux puissances nouvelles qui aillent au-delà d'un replâtrage. On devrait améliorer et réformer le système des Nations unies, celui de Bretton Woods, de l'OMC et les « G » (G7, G8, G20). Les propositions sont nombreuses. Mais il faut bâtir des consensus, et c'est très laborieux. Pendant ce temps-là, la Chine et quelques autres poussent leurs pions[1]. Ne croyons pas que l'organisation du monde est acquise !

L'éveil de la puissance européenne

Il faut à la fois mettre en place une meilleure gouvernance, accélérer l'*écologisation*, inclure dans une croissance écologisée l'ensemble du monde, y compris les 900 millions d'habitants des bidonvilles (l'urbanisation massive ne créant pas des « villes »), utiliser au mieux le numérique et les nouvelles technologies en contrôlant leur pouvoir asservissant, entendre, canaliser et apaiser les demandes d'identité, redonner un sens et une légitimité à la démocratie, par l'efficacité, préserver la diversité linguistique et donc le français chez nous et à l'extérieur.

Mais comment croire que « l'Occident » – les Européens *et* Trump, est-ce cohérent ? – parvienne à relever ces défis sur une base harmonieuse ? Ou même seulement les Européens, si divisés entre Nord, Sud, Est et Ouest, et entre élites et populations, quoique attachés aux commodités de la zone euro ? Des solutions aux problèmes du monde seront peut-être trouvées, mais elles risquent de l'être sans nous, par-dessus nos têtes, et l'Histoire peut se poursuivre sans les Européens. Or c'est la pérennité et l'avenir du mode de vie européen qui sont en jeu. Sans réveil, ou éveil, de l'idée de puissance dans l'esprit des Européens, une puissance pacifique, mais respectée, prête à défendre ses intérêts et ses valeurs et pas uniquement dans le domaine commercial, ces risques ne seront pas conjurés.

Or, ce n'est pas une intégration plus poussée qui y conduira automatiquement. Cela nécessite plutôt de briser un envoûtement

1. Pour une vision chinoise de l'ordre du monde, lire *Tianxia, tous sous un même ciel*, du philosophe Zhao Tingyang, Cerf, 2018.

et d'accepter la nécessité d'une pensée stratégique européenne pour affronter les enjeux de l'avenir. La France est en position de le proposer, peut-être avec l'Allemagne. Mais ce n'est pas l'ADN de l'Union européenne, qui n'a pas été conçue pour cela. Cela ne se fera donc pas sans une crise entre Européens. Une crise clarificatrice et salvatrice pour placer chaque pays d'Europe devant ses responsabilités.

C'est peut-être la dernière occasion.

Deux phénomènes majeurs, et en grande partie nouveaux, dominent les relations internationales dans la période actuelle. En premier lieu, les Occidentaux ont perdu le *monopole* de la puissance, même s'ils sont restés puissants, influents et riches ; les grands pays « en développement » ont émergé et l'américano-globalisation n'empêche pas la désoccidentalisation progressive du monde.

Cela désoriente et inquiète. Les Occidentaux n'y réagissent pas de façon homogène, ni durable. D'autant que beaucoup d'*acteurs* interviennent dans les relations internationales en plus des États (entreprises, ONG, médias, organisations multilatérales, mafias), ce qui a conduit beaucoup d'analystes, en Europe, à considérer, à tort, que les États étaient devenus marginaux alors qu'ils demeurent essentiels, même au sein de l'Union européenne, même s'ils doivent agir et interagir dans un contexte de plus en plus inédit, multiple, divers et chaotique. Les fondamentaux de la *realpolitik* n'ont pas disparu, quoi qu'en pensent les tenants de l'*irrealpolitik*.

SUR L'HISTOIRE DES RELATIONS INTERNATIONALES[1]

Fallait-il, en 2010, rééditer une nouvelle fois la célèbre *Introduction à l'histoire des relations internationales* des deux principaux maîtres français de cette discipline au XXe siècle, Pierre Renouvin (1893-1971) et Jean-Baptiste Duroselle (1917-1994), texte publié en 1964 et déjà réédité en 1991, alors même que nous sommes au XXIe siècle et que tout est censé avoir changé avec la mondialisation ? La réponse est oui. Et il faut même savoir gré à l'éditeur, en ces temps de désarroi conceptuel et stratégique, du moins en Europe, de rendre à nouveau facilement accessibles ces textes fondamentaux.

Certes, il serait aisé de prétendre qu'une grande partie d'entre eux est dépassée, qu'ils se réfèrent à un autre âge des relations internationales et que par conséquent les observations des deux auteurs, si remarquables soient-ils, ne s'appliquent en rien à notre époque. En quoi serions-nous encore concernés, par exemple, par l'analyse des nationalismes en Europe avant la Première Guerre mondiale, comme entre les deux guerres, de leurs ressorts, de leurs affrontements ? par les luttes pour l'indépendance des anciennes colonies et les réactions diverses des métropoles ? par les relations entre États dans la deuxième moitié du XIXe siècle et la première du XXe, principales époques de référence, sous l'empire d'un système westphalien de relations diplomatiques exclusives entre États seuls, réputé obsolète ?

1. Préface d'Hubert Védrine à Pierre Renouvin et Jean-Baptiste Duroselle, *Introduction à l'histoire des relations internationales* (1991), réédition, 2007, © Pocket, un département d'Univers Poche, pour la présente édition. Reproduit avec l'aimable autorisation de l'éditeur.

Quant aux considérations sur les « hommes d'État » et leurs décisions, que valent-elles, alors que les hommes politiques contemporains sont sommés d'être « proches des gens », que des sondages incessants les tourneboulent et que les États, eux-mêmes, sont minés depuis des décennies dans leur légitimité au nom de l'Europe, de la société civile, de l'individu et surtout du marché ?

Il y a aussi tout ce qui paraît manquer dans ce texte d'il y a quarante-cinq ans. Quasiment tout notre monde actuel, en tout cas au niveau des apparences, de la *doxa* et des mots-valises ; la communauté internationale, la mondialisation, la globalisation, la communication, les nouveaux acteurs, les ONG, la société civile, les émergents, la multipolarité, le G7, le G20, les sommets, la transparence, la Cour pénale, le marché, etc. Tout ce qui est censé avoir bouleversé la nature même des relations internationales.

Et pourtant, les analyses des deux vieux maîtres restent étonnamment pertinentes et utiles. D'abord, elles sont écrites dans une langue dense, claire, précise et argumentée, aux antipodes du pathos, de l'émotivité et de l'à-peu-près actuels. Ensuite, et surtout, les « fondamentaux » – au sens de Renouvin – le restent. Les technologies de l'information et de la communication, la virtualité, la prétendue homogénéisation du monde par l'Internet ne les ont pas abolis. Les conflits, que ce soit dans l'« arc de crise » qui s'étend du Proche-Orient à l'Asie centrale, en Afrique, ou ailleurs, la crainte des pénuries énergétiques, l'écologie, obligent à redécouvrir la géographie, l'importance des climats, des reliefs, de l'hydrographie, des sols, des voies de passage. La démographie – et les anticipations spectaculaires qu'elle alimente – est encore plus déterminante que quand Renouvin écrivait – la Terre ne comptait alors « que » 4 milliards d'habitants. L'étude des politiques migratoires entre l'Europe et les États-Unis à l'époque de la quasiment libre circulation, entre 1880 et 1914, est du plus grand intérêt. Ce qu'il dit des « doctrinaires du libre-échange » comme du protectionnisme du XIXe siècle peut avoir une résonance très actuelle. *A fortiori* ses chapitres sur les forces économiques ou financières, surtout après les trente années écoulées, et quand on voit se dérouler sous nos yeux, depuis le premier G20, à l'automne 2008, cette gigantesque et incertaine « bataille de la régulation » qui oppose entre elles de puissantes forces occidentales. Ses développements sur le sentiment national sont plus étroitement marqués par une époque bien précise – le premier XXe siècle –, mais qui dirait qu'ils ont perdu toute signification dans le monde actuel ébranlé par la crise, même dans l'Union européenne à vingt-sept ?

En réintroduisant la longue durée, la méthode de Renouvin et Duroselle est de plus un antidote au court-termisme ambiant, qui aveugle et fait des ravages. Leur Introduction, qui fait l'impasse – même celle de Duroselle – sur la guerre froide, ce qui aurait été considéré comme rédhibitoire il y a encore vingt ans, retrouve une extraordinaire actualité au moment où même les plus ingénus doivent convenir que la « communauté internationale », prématurément proclamée et le plus souvent vainement invoquée, prend pour le moment la forme d'une compétition multipolaire qui aboutira peut-être à des coopérations internationales sans précédent, sur l'écologie par exemple, mais peut aussi tourner à une bagarre multipolaire, qui place pour le moment les Européens sur la défensive.

Toutes les analyses que les deux auteurs avaient consacrées aux relations entre puissances européennes – les seules à cette période – ou aux États-Unis, aux seuls Occidentaux donc, et qui auraient pu de ce fait ne conserver qu'un intérêt historique, s'appliquent possiblement aux rapports Chine/États-Unis, Inde/Chine, Europe/Russie, Chine/Japon, etc. dans les décennies à venir et retrouvent ainsi une actualité brûlante. Nous avons un besoin urgent de nous réapproprier leur immense savoir historique, d'autant qu'ils ont été les pionniers de l'élargissement de l'histoire diplomatique à toutes les « forces sous-jacentes » qui sont à l'œuvre.

La deuxième partie, due à Jean-Baptiste Duroselle et consacrée à l'« homme d'État », n'est pas moins éclairante, et passionnante. Même si les typologies, psychologiques ou caractérologiques, de l'homme d'État par Duroselle sont un peu schématiques (encore que…), l'étude de la personnalité et des attitudes historiques des décideurs reste d'un immense intérêt. Que l'on songe d'ailleurs à ce qui a pu être écrit, dans la même veine, sur les décisions de Roosevelt, Churchill, Staline, Truman, de Gaulle, Mao, Kennedy, Khrouchtchev et d'autres, et aussi, plus près de nous, sur les décisions ou prises de position de Jean-Paul II, Reagan, Mitterrand, Kohl, Gorbatchev, Deng Xiaoping, et même de dirigeants plus récents. D'innombrables travaux ont continué, surtout aux États-Unis, à mettre en évidence les processus de prise de décision (par exemple sur la guerre en Irak). Il est frappant de constater, en relisant ce que Duroselle écrit sur l'« homme d'État » et l'« intérêt national » à partir du demi-siècle qui précède, à quel point son analyse garde de l'intérêt. C'est un autre monde, certes, mais la prise de décision reste la prise de décision avec sa composante logique et ses aspects mystérieux ou subjectifs, et les exemples analysés par Duroselle restent passionnants. Le marchandage envisagé en 1911 par la France avec l'Allemagne, sur le Maroc, ne s'appliquerait plus aujourd'hui à des conquêtes coloniales, mais, par exemple, à des dispositions économiques et financières au sein des Vingt-Sept – aux conditions de l'aide financière à un pays de la zone euro en difficulté, à un compromis à l'OMC. La décision de Wilson de rompre, à contrecœur, avec l'Allemagne en 1916 – lumineusement reconstituée – renvoie à bien des analyses du pour et du contre par les Occidentaux avant de recourir à la force dans les affaires de Yougoslavie, du Koweït, du Kosovo, d'Irak. Les calculs de Mussolini pour prendre des gages en 1940 évoquent les arrière-pensées des divers pays africains qui se sont engagés dans la guerre des Grands Lacs déclenchée au départ par le Rwanda et l'Ouganda contre la République démocratique du Congo et qui amena l'Angola, la Tanzanie, le Congo Brazzaville, le Tchad à s'engager pour l'avenir.

Les exemples de décision analysés peuvent remonter à cinquante ans, à un siècle, voire plus. Ils restent très éclairants dans leur mécanisme. Il est fascinant de lire comment Wilson fit, sans succès, le tour des États indécis des États-Unis avant le vote au Congrès américain sur la Société des Nations, comme pour des primaires, et comme aussi Barack Obama dut le faire en mars 2010 avant le vote de la Chambre des représentants sur l'assurance maladie.

Les rappels historiques de Renouvin et Duroselle montrent que le lien, souvent pernicieux, entre politique intérieure et politique internationale ne date pas d'aujourd'hui et des errements récents. Il est amèrement savoureux de lire, sous la plume de Duroselle, que « la démocratie, quelle que soit la définition que l'on en donne », est fondée sur l'idée de la « volonté du peuple ». Mais que la volonté du peuple n'est pas l'opinion publique. Et il ajoute ces considérations, plus valables que jamais : « George Gallup, principal inventeur de la technique des sondages d'opinion, a entièrement confondu les deux notions. Il évoque un monde futur où les élections périodiques seraient remplacées par des sondages d'opinion incessants. Ainsi l'homme d'État se verrait dicter ses décisions au jour le jour par l'opinion. » À méditer…

Quant à ce que Renouvin et lui appellent l'action des « forces profondes » (en augmentation vertigineuse) sur l'homme d'État et inversement, l'action, plus incertaine, de l'homme d'État sur ces forces profondes, qu'elles soient économiques, sociales ou psychologiques, on ne peut que suivre la rigueur de la démonstration et l'intérêt des analyses de cas, et souhaiter la prolonger, par de nombreux exemples puisés dans l'actualité plus récente (le débat au sein des pays occidentaux sur l'« ingérence » et le prosélytisme démocratique ; le débat sur la prolifération nucléaire ; la controverse perpétuelle entre idéalisme et réalisme). Presque tous iraient dans le sens d'une perméabilité croissante, et assumée, du dirigeant politique contemporain à l'« ambiance » et à la « pression sociale », sans même qu'il y ait besoin de pression, directe ou indirecte sur lui ! Encore qu'il y ait quelques exemples inverses récents : Frederik de Klerk transmettant le pouvoir, contre sa base politique, à la majorité noire et à Mandela ; le chancelier allemand Gerhard Schröder réduisant, contre ses électeurs, le coût de la protection sociale allemande et redonnant à l'Allemagne une compétitivité nouvelle ; Tony Blair, José María Aznar, Silvio Berlusconi et José Manuel Barroso s'engageant, contre leurs opinions, dans la guerre en Irak ; Barack Obama tendant la main au monde arabo-musulman en dépit des méfiances symétriquement majoritaires ; Mme Merkel ne cédant pas aux appels européens à la solidarité financière[1].

Au total, par sa méthode d'analyse inaltérée, les réflexions qu'elle suscite et les comparaisons fécondes qu'elle entraîne, cette Introduction nous aide à mieux comprendre le temps… présent, qui n'est plus structuré par le binôme stratégique et prévisible de la guerre froide, mais qui n'est pas non plus la communauté internationale post-historique espérée ou rêvée après la fin de l'URSS avec sa gouvernance globale, sa prévention des conflits, sa justice internationale, sa société civile internationale et son libre commerce pacificateur. Tous ces éléments existent, fût-ce à l'état embryonnaire ou de promesses et parfois plus. Et l'interdépendance des États, l'obligation de la coopération multilatérale, les engagements internationaux, l'Union européenne, les opinions publiques sont des réalités. Il n'empêche que l'attente des Occidentaux, dans les

1. En 2020 cependant, face à l'ampleur inédite de la crise sanitaire mondiale, Mme Merkel accepte et convainc les pays membres hésitants de contracter un emprunt européen commun.

années 1990, d'un monde post-historique dominé et géré par eux avec bienveillance sous le pseudonyme de « communauté » internationale était chimérique. Ils s'en rendent compte aujourd'hui. Au final, il est probable que notre monde multipolaire instable, au sein duquel l'Occident n'a plus le monopole de la puissance, même s'il reste puissant et riche, et où les émergents se sont levés, va ressembler d'une certaine façon au XIXe siècle européen, et le G20, par certains côtés, à ce « concert européen » qui a gouverné tant bien que mal le XIXe siècle à travers ambassadeurs, ministres, et parfois chefs d'État. Comparaison n'est pas raison, mais, si les Européens veulent que l'Europe soit un pôle du monde multipolaire, ce qui n'est pas acquis, ils doivent y réfléchir sérieusement.

C'est pourquoi il faut relire Renouvin et Duroselle.

RELATIONS INTERNATIONALES : REPENSER LES CONCEPTS ET RÉINVENTER LES MÉTHODES[1]

Hubert Védrine répond en 2001 à Pascal Boniface, directeur de l'Institut des relations internationales et stratégiques (IRIS), sur les bouleversements du monde, à l'aube du XXIe siècle, sur la place qu'y tient le ministre des Affaires étrangères d'un pays comme la France (Hubert Védrine occupe ce poste de 1997 à 2002), sur le rôle des États et l'importance de l'intérêt national, sur l'émergence de nouveaux acteurs internationaux, sur la pression des lobbies et sur ce qui définit, désormais, la « puissance ».

Quels sont, à vos yeux, les plus grands bouleversements internationaux survenus depuis dix ans ?

À l'évidence, la fin de l'URSS, qui a entraîné mécaniquement la fin du monde bipolaire, la « décompartimentation » du monde et l'accélération de la diffusion mondiale de la globalisation à l'américaine, d'autant qu'elle a coïncidé avec une explosion sans précédent des technologies de communication.

Que signifie pour vous la realpolitik *?*

Personnellement, je considère que c'est le contraire de l'*irrealpolitik*, chimérique et dangereuse, c'est-à-dire, en fait, une politique lucide qui prend en compte la réalité sous tous ses aspects : des plus classiques – les intérêts nationaux légitimes – aux plus modernes (exemple : le rôle des ONG, Organisations non gouvernementales). La condamnation réflexe de la *realpolitik* (cynique, amorale, etc.) est une facilité qui traduit surtout l'inculture historique moderne et

---

1. Entretien paru dans *Revue internationale et stratégique*, n° 41, printemps 2001, p. 23-28.

un désordre conceptuel et sémantique. Par exemple, ce n'est pas la *realpolitik* qui a conduit à la Première Guerre mondiale mais plutôt son abandon par les dirigeants européens aveugles des années 1890-1914. Il y aurait beaucoup à dire sur les ravages du diplomatiquement correct sur la réflexion stratégique et diplomatique.

Depuis dix ans, qu'est-ce qui a changé dans la façon de faire de la politique étrangère, et dans la façon dont se fait la politique étrangère ? En quoi la fonction d'un ministre des Affaires étrangères a évolué ?

D'abord, le monde ayant changé, il faut réinventer le cadre et les concepts pour comprendre, ainsi que les méthodes pour agir. Une partie du travail est intellectuelle. Il faut travailler plus, plus vite, sur plus de questions (par exemple l'environnement, le crime organisé) ; avec beaucoup plus d'interlocuteurs, plus de voyages et de sommets, surtout multilatéraux (30 % de plus qu'à l'époque de Claude Cheysson) ; sous plus de pression, médiatique ou autre. Il importe également d'expliquer sans cesse, car si la politique étrangère a changé à toute vitesse, les *a priori* mentaux, les analyses, les commentaires, les polémiques ne se sont pas modernisés au même rythme !

Peut-on dire que la politique étrangère d'un pays est largement dictée par des impératifs de politique intérieure ?

Elle s'y enracine. C'est l'expression même de la démocratie. Mais les politiques intérieures ne peuvent plus tout à fait faire abstraction du contexte international et des réalités extérieures. On ne pourrait pas non plus mener très longtemps une politique étrangère qui contredirait complètement les données de la politique intérieure. En sens inverse, une politique étrangère qui se bornerait à répercuter mécaniquement la politique intérieure pourrait obtenir des succès isolés, mais n'aurait aucun pouvoir d'entraînement extérieur et perdrait vite toute crédibilité. Or aujourd'hui, pour défendre ses intérêts et promouvoir ses idées, un pays doit être sans cesse capable de proposer et de former de nouvelles alliances sur les sujets les plus divers.

Le rôle des médias, des opinions publiques vous paraît-il disproportionné ?

En démocratie, par définition, le rôle des opinions n'est jamais trop grand, mais il y a trop de ventriloques dans les médias, les ONG ou ailleurs qui prétendent parler en leur nom ! N'oublions pas que la seule mesure légitime et incontestable de l'opinion, c'est l'élection. Le rôle des médias est extraordinaire quand ils nous permettent de savoir ou de connaître en temps réel, abusif quand ils veulent nous imposer leur ligne du moment, qui n'est pas aléatoire ni innocente – il y a une vision médiatique du monde –, ou propager une culture de la suspicion. Beaucoup de médias sont en fait des militants d'une cause, et parfois d'intérêts. C'est leur droit, mais il faut en être conscient.

Que pensez-vous de l'émergence des nouveaux acteurs internationaux (ONG, etc.) ?

C'est un fait dont je tiens le plus grand compte. Le ministère des Affaires étrangères travaille avec eux dans un esprit constructif sur de nombreux sujets généraux ou particuliers, sans les idéaliser, ni les diaboliser. Il y a, dans le monde des ONG, le meilleur – le dévouement, la pérennité –, mais aussi le moins transparent – les lobbies, les sectes. Il faut être coopératif et vigilant. En tout cas, ce n'est pas vrai que la société civile internationale soit la panacée. Elle joue un rôle original, nouveau, qui est souvent utile. Mais les États doivent conserver leurs responsabilités « propres », qui demeurent irremplaçables, tout en modernisant leurs méthodes. Ce qu'ils font.

Peut-on parler, en France, d'un rôle des lobbies pour ce qui concerne la définition de la politique extérieure ?

Il y a dans tous les pays, y compris la France bien sûr, des lobbies et même de nombreux lobbies qui aspirent en effet à jouer un rôle ou à exercer une influence. On peut décider de tenir compte, jusqu'à un certain point, des intérêts ou des idées qu'ils expriment, mais ce n'est pas à eux de « définir » la politique extérieure. Il est quand même moins difficile de les contenir en France qu'aux États-Unis où, en réalité, les financements politiques ne sont pas plafonnés.

Un débat agite les théoriciens des relations internationales sur le rôle de l'État. Certains estiment que, s'il n'est plus l'acteur unique, il demeure central. D'autres estiment que l'ordre westphalien est dépassé et que les réseaux, les flux et le transnational sont désormais prédominants.

Distinguons deux niveaux : les faits et ce qui est souhaitable.

Au niveau des faits, il n'est pas niable que les États sont de plus en plus sur la défensive, affaiblis par la globalisation, l'autonomisation de l'économie et de la société, l'individualisme, le succès (ou la séduction) de l'ultralibéralisme qui leur est hostile, la montée en puissance des acteurs non étatiques. On dit, pour se rassurer, qu'ils se recentrent sur leurs vraies tâches. Or, paradoxalement, ils sont encore amoindris dans leurs capacités d'action par tout ce qu'ils font pour réagir à cette situation : Europe, décentralisation, abandon de leurs prérogatives à des autorités « indépendantes », épuisante concertation internationale avec de plus en plus d'États de moins en moins puissants. Certains libertaires, ou libéraux extrêmes, dont le but est la disparition *de facto* des États, s'en réjouissent sans réserve. Ce n'est pas mon cas. Je ne conteste pas les progrès, évidents dans les relations internationales, mais simplement l'idée que ce soit une société parfaite qui se développe comme par miracle sur le terrain abandonné par les États. C'est plutôt, selon les cas, le gouvernement des juges, le pouvoir croissant des méga-entreprises – le chiffre d'affaires des cinq plus grosses entreprises mondiales équivaut au PNB (Produit national brut) combiné de 132 pays membres des Nations unies –, des médias, voire, dans les sociétés les moins structurées, celui des mafias – le chiffre d'affaires du crime organisé dans le monde équivaudrait au PNB d'un grand pays européen ! Cela dépend de l'état d'avancement des sociétés. Je suis convaincu que les États, bien sûr modernisés et réformés, devraient continuer à jouer le rôle central, à prendre les décisions à long terme dans l'intérêt général. Nous devons y travailler sans relâche.

Qui dirige le monde ?

Dans l'ordre :

1. Personne (ou le hasard, ou la théorie du chaos).
2. Les Américains : épargnants-retraités, *via* les fonds de pension, chefs d'entreprises, financiers, agences de *rating*, journalistes, cinéastes, chercheurs, lobbies, croyances américaines, le Président.

3. Cinq ou six autres puissances politico-économico-culturelles d'influence mondiale, dont la France et quelques autres, y compris l'Europe en formation.
4. Les dirigeants de tous les autres États et les secrétaires généraux d'organisations internationales.
5. Le crime organisé.
6. À la marge : tout ce qui peut introduire des grains de sable dans les mécanismes : peuples, passions, individus, *bugs*.

C'est là une énumération réaliste, factuelle, sans jugement de valeur.

L'intérêt national a-t-il encore un sens aujourd'hui ? Les grands enjeux (protection, environnement, réduction des inégalités économiques, etc.) ne viennent-ils pas reléguer cette notion au second plan ? L'intérêt national ne devrait-il pas s'effacer face à ces défis urgents ?

S'effacer au profit de quels autres intérêts ? De l'intérêt européen en formation ? Très bien, car il intègre en principe le nôtre. D'un embryon d'intérêt mondial ? Pourquoi pas ? Dépasser les intérêts purement nationaux : c'est sympathique, mais pas au profit de n'importe quoi, ou d'une jungle moderne qui est un des visages possibles de la globalisation et dans laquelle nous aurions encore moins de chances qu'aujourd'hui de maîtriser les problèmes globaux. Cela suppose une souveraineté exercée en commun dans des conditions satisfaisantes sur le plan de l'identité, de l'efficacité et de la démocratie.

Comment définir désormais la puissance ? À quoi peut-elle encore servir ?

Elle se compose par addition des éléments classiques de la puissance (économie, monnaie, armée, territoire, population), mais aussi, de plus en plus, de toutes les formes nouvelles de l'influence, le désormais fameux *soft power*. Elle sert, comme avant, à préserver l'autonomie de nos choix, notre sécurité, notre prospérité et à défendre nos idées et nos valeurs. Il n'y a que des Européens de l'Ouest, devenus un peu ingénus, qui puissent s'interroger ainsi sur la puissance. Croyez-vous que ce soit une question que se posent les Américains, les Russes, les Chinois, les Israéliens, les pays arabes, les autres, et surtout les méga-entreprises ?

Peut-on dire que le monde progresse ?

On le dit, certains faits le laissent penser et surtout on veut le croire pour se donner du cœur à l'ouvrage !

Techniquement, le monde progresse sans aucun doute. Moralement, il faut l'espérer, quoique, placées dans des conditions extrêmes et si elles sont saisies par la peur, les sociétés humaines restent capables du pire malgré toutes les précautions prises, notamment juridiques. À l'heure actuelle, du fait de l'interdépendance et de l'évolution des esprits sur les modes de résolution des conflits, les relations internationales s'améliorent, se perfectionnent, se pacifient sans aucun doute. Nous verrons si c'est durable.

Que pensez-vous du concept de diplomatie morale ?

Cela paraît être une aspiration sympathique, ou un programme. C'est surtout un slogan fondé sur le postulat facile que la diplomatie est par nature immorale. Or, je ne le crois pas. La diplomatie a *toujours* eu pour objectif de prévenir ou de régler les conflits ou d'arranger les problèmes insolubles. Elle a donc toujours eu un objectif « moral ». De toute façon, on n'est jamais placé face à un choix binaire idéal : l'un moral, l'autre immoral. Ce serait trop facile !

L'unipolarité démocratique, sous domination américaine, n'est-elle pas préférable, après tout, à une multipolarité qui donnerait plus d'importance à des puissances qui ne partagent pas les valeurs occidentales ?

Pourquoi réduire ainsi le monde et les options d'avenir ? La Russie, la Chine, d'autres puissances non occidentales existent. Ne vaut-il pas mieux qu'elles soient mieux intégrées dans un ordre mondial mieux accepté parce que mieux équilibré ? Sans parler des avantages et des opportunités pour l'Europe puissance, un des pôles du monde multipolaire de demain. Mais il faudra alors que la multipolarité soit coopérative et non conflictuelle. Nous devons approfondir la réflexion sur ce point.

Que pèse la France aujourd'hui sur la scène mondiale ? Son influence a-t-elle augmenté ou diminué au cours de la décennie ?

Il y a dans ce domaine deux pathologies françaises : la prétention et l'autodépréciation. À mon avis, depuis dix ans, son influence est restée à peu près la même parce qu'elle a bien pris le tournant du monde bipolaire au monde global. Aujourd'hui, je dirais plutôt qu'elle progresse en raison de son dynamisme économique et de ses réussites récentes, et au fur et à mesure qu'elle change de ton : moins donneuse de leçons, plus soucieuse d'être utile, plus coopérative[1]. Grâce aussi à l'influence qu'elle exerce dans l'Union européenne. Union que nous souhaitons à la fois forte, respectueuse des identités nationales, plus efficace, y compris après les futures adhésions, utile aux Européens comme au reste du monde.

Que répondez-vous à ceux qui accusent la France de s'être opposée à la réunification allemande en 1990-1991 ?

C'est le prototype de l'accusation péremptoire de propagande qui ne résiste pas à l'examen détaillé des dates, des événements, des déclarations, des politiques. Encore faut-il examiner ! J'aimerais bien qu'on analyse sérieusement qui a lancé cette présentation fausse en tous points, quand et pourquoi. On serait édifié. François Mitterrand a fait en 1990 et 1991 ce qu'il devait : oui à la réunification si elle est démocratique, pacifique et qu'elle n'affaiblisse pas l'Europe. Helmut Kohl aussi a fait ce qu'il devait comme chancelier allemand ; de même pour George Bush, comme président américain. Sur le fond, j'ai montré, point par point, dans mon livre[2], que la réunification allemande, qui aurait pu être déstabilisatrice, avait été gérée remarquablement par tous les leaders de l'époque, à part Mme Thatcher, avec une véritable « intelligence collective ».

Pensez-vous que le droit d'inventaire, défini par le Premier ministre, peut s'appliquer à la politique étrangère de François Mitterrand ?

Bien sûr, comme à toute autre politique étrangère, y compris l'actuelle. Mais les ratages que j'ai, pour ma part, relevés dans la politique étrangère de François Mitterrand, notamment un déficit d'explication sur sa politique allemande, russe ou africaine ou encore ceux que lui-même concédait comme l'échec de la confédération européenne, ne sont pas ceux du réquisitoire qui traîne partout (prétendue opposition à la réunification allemande, prétendu lâchage de Gorbatchev, prétendue « coopération avec un régime qui préparait un génocide au Rwanda », et quelques autres chefs

1. À cet égard, la polémique d'après-Nice est tout à fait infondée.
2. *Les Mondes de François Mitterrand*, Fayard, 1996.

d'accusation de la même encre). Tout cela serait plus intéressant s'il y avait, dans ce pays, plus de débats sérieux et argumentés sur la politique étrangère, dans votre revue ou ailleurs.

Le Quai d'Orsay est-il adapté au XXIe siècle ?

J'espère qu'il l'est chaque jour un peu mieux, grâce à la modernisation de ses méthodes – management et culture d'évaluation –, de son style, de sa stratégie ! En tout cas, c'est mon objectif pour le ministère et j'y suis pleinement engagé ! Cela dit, ces histoires de changement de siècle ne signifient rien (s'il y a eu une césure, c'est en 1989-1990), *a fortiori* ces célébrations risibles de changement de millénaire : je ne résiste pas au plaisir de vous rappeler que le XXIe siècle ne commencera que le 1er janvier 2001 (il n'y a pas eu d'année zéro). Toute prévision est, de toute façon, problématique : que pourrions-nous dire, qui ne soit insensé, des problèmes des années 2099-2100, et plus surréaliste encore des années 2999-3000 ? Avec ces thèmes, la société de consommation et de communication a atteint le vide absolu.

*Vous avez déclaré (*Libération *du 29 juin 2000) : « Il n'y a pas de politique étrangère de gauche. » Sont-ce des propos de cohabitation ou un constat durable ? Concevez-vous alors votre poste comme celui d'un technicien ou celui d'un politique ?*

Le poste de ministre des Affaires étrangères est naturellement politique, plus encore en période de cohabitation. Sur la politique étrangère « de gauche », j'ai voulu dire que, comme *toute* la politique internationale s'articule aujourd'hui autour de thèmes de gauche (droits de l'homme, paix, développement, prévention des conflits, régulation de l'économie internationale, traitement des défis globaux), la distinction schématique droite/gauche est donc devenue presque impossible, par KO technique des idées traditionnelles de la droite. Mais rassurez-vous, il y a toujours, et il y aura toujours, des bonnes ou des mauvaises politiques étrangères.

Quel a été le moment le plus difficile depuis que vous êtes ministre ?

Quand il a fallu se résoudre à constater que nous n'avions plus au Kosovo d'autre choix que le recours à la force.

Quelle est votre plus grande satisfaction ?

Jusqu'ici, les déclarations du président Koštunica disant explicitement que l'action de la présidence française, et mes promesses de levée des sanctions, faites au début du mois de septembre 2000, ont eu un effet très important sur l'opinion serbe et ont contribué à lui redonner confiance dans l'Europe, à leur donner le courage de battre Milošević et d'ouvrir un nouveau chapitre de l'histoire yougoslave.

MORALE ET RELATIONS INTERNATIONALES[1]

Dans son intervention au colloque de l'Institut des relations internationales et stratégiques en mai 2000, sur le thème de « Morale et relations internationales », Hubert Védrine, alors ministre des Affaires étrangères, soutient qu'on ne peut pas évaluer les relations internationales en termes de morale, ou pas exclusivement, ainsi que l'atteste l'Histoire. Il propose en revanche quelques principes qui pourraient servir de points de repère pour le siècle qui s'ouvre.

[...]

« Les relations internationales peuvent-elles être morales ? » S'interroger de cette façon n'est-ce pas admettre comme une évidence que les relations internationales sont intrinsèquement immorales ou amorales ; que les États, acteurs des relations internationales, ne peuvent agir que comme les princes de Machiavel, par la ruse et la mauvaise foi ; qu'un impératif moral simple et facile à énoncer devrait dicter toujours l'action à mener, mais que les États s'y dérobent ; n'est-ce pas reprendre à son compte cette vision selon laquelle les États, immoraux, seront contraints sous la pression des opinions, des médias, des ONG, des juges, de la fameuse société civile, de mener enfin une politique morale jusques et y compris dans leurs relations internationales ? Eh bien, il n'y a pas un seul de ces présupposés qui ne soit contestable et discutable même si chacun comporte aussi une petite part de vrai.

1. Intervention d'Hubert Védrine au colloque de l'Institut de relations internationales et stratégiques à Paris, le 16 mai 2000, sur le thème : « Morale et relations internationales ».

Entendons-nous : comme tout un chacun, j'exècre les tyrannies, j'aspire à un monde juste et pacifique ; mais par quels moyens y parvenir ? À cet égard, dans mes fonctions de ministre, je sais que proclamations moralistes et résultats moraux ne se confondent pas toujours, pas plus que droits-de-l'hommisme et meilleur respect des droits de l'homme.

Pourquoi disais-je que ces postulats sont contestables ? Non seulement parce que les États ont profondément changé mais parce qu'il est rarissime que les dirigeants d'aujourd'hui aient à choisir entre une solution morale et une solution immorale. À quelques situations historiques près, comme le combat contre Hitler, le manichéisme est dans les esprits, rarement dans les faits. Dans la quasi-totalité des cas, les diverses solutions envisageables ont des implications multiples et contrastées sur tous les plans : éthiques, stratégiques, économiques, etc. Elles sont presque toujours ambivalentes du point de vue moral comme des autres perspectives. Quelques exemples, quelques réflexions tirées de l'histoire contemporaine.

Il est clair, avec le recul, qu'il aurait fallu arrêter Hitler dès le début. Mais n'eût-il pas été encore mieux de concevoir le traité de Versailles autrement, de ne pas saigner l'Allemagne à blanc avec les réparations et de ne pas prétendre juger Guillaume II comme seul fauteur de guerre ?

Harry Truman devait-il ou non utiliser la bombe A pour hâter la fin de la guerre en Asie, ou fallait-il au contraire proscrire absolument tout recours au nucléaire ? Le débat se poursuit. La réponse serait sans doute plus facile à donner si Roosevelt l'avait eu deux ou trois ans plutôt et s'il avait pu ainsi gagner tout de suite la guerre en Europe et stopper la solution finale.

Au vu des effets que cela a eu, Eisenhower a sans doute eu tort de retarder la progression des armées américaines jusqu'à ce que les armées soviétiques soient prêtes à entrer en même temps qu'elles dans Berlin. Cependant il n'a pas agi ainsi par immoralisme ni par désintérêt pour l'avenir de l'Europe de l'Est, mais parce que les États-Unis à ce moment-là voulaient préserver l'alliance avec les Soviétiques jusqu'à la fin de la guerre dans le Pacifique.

Était-ce immoral de signer Yalta ? Que ne l'a-t-on dit. Mais Yalta prévoyait des élections libres partout. Donc était-ce immoral ou simplement crédule ?

Fallait-il boycotter radicalement l'Union soviétique dès ses débuts, ou négocier âprement et constamment avec elle, l'amollir par les armes de la paix, du commerce, tout en la contenant et en la dissuadant ?

En lâchant le shah d'Iran, Jimmy Carter n'avait pas pour objectif d'installer au pouvoir pour longtemps la révolution islamique.

La décision américaine de bombarder le Cambodge pour hâter la fin de la guerre au Vietnam a précipité de proche en proche le Cambodge en enfer.

Tous les moyens paraissaient bons, quelques années plus tard, pour chasser l'Union soviétique d'Afghanistan. Mais que penser du formidable encouragement et soutien qui a été ainsi apporté aveuglément à l'extrémisme islamique et au terrorisme international et, au bout du compte, aux talibans, ce dont on mesure encore les effets ?

L'ONU devait-elle proclamer en Bosnie des zones de sécurité pour les musulmans ? Décision alors saluée comme enfin courageuse, enfin morale, alors que l'ONU n'avait pas les moyens de les faire respecter et qu'elle a mis en danger de mort ceux qui ont cru à ses promesses.

Je pourrais évoquer bien d'autres exemples où qui voulait faire l'ange a fait la bête.

Toutes ces questions sont extraordinairement compliquées. Le désir de donner une base morale aux relations internationales est louable et compréhensible. Mais elle ne fournit pas, par la seule noblesse de ses intentions, la clé, le passe-partout pour trancher rétroactivement dans tous les cas de façon sûre ces dilemmes passés, pour définir aujourd'hui une politique meilleure face à la guerre en Tchétchénie à la Russie, à l'Iran, à l'Afrique des Grands Lacs, à la Chine, aux Balkans, à l'Afghanistan, etc.

Je trouve que, contrairement à ce qui se passe aux États-Unis, l'on ne réfléchit plus assez dans notre pays sur ces sujets géopolitiques, sur l'Histoire, sur la géographie, la stratégie, l'enchaînement des causes et des conséquences. Ce colloque fait heureusement exception. On se contente trop souvent de prendre des positions. Ce n'est pas la même chose. On parle chaque jour du mal absolu des années 1930 et 1940. Il doit être évidemment condamné. Le devoir de mémoire est indispensable. Mais il faut aussi analyser. Or on se cantonne parfois à des rituels expiatoires, en croyant qu'ils suffisent à notre salut démocratique. Si l'on veut éviter la répétition des drames, il ne suffit pas d'en condamner les résultats atroces. Il faut faire plus, remonter aux causes lointaines, démonter les engrenages, mettre en lumière les enchaînements. La marche vers la Seconde Guerre mondiale ne peut être comprise aujourd'hui que si on fait remonter le travail de mémoire aux conséquences de la guerre de 14-18, aux erreurs de Versailles, à l'hémorragie démographique, au pacifisme viscéral qui en a découlé, à l'humiliation, au désir de revanche, à la peur de l'Union soviétique et du bolchevisme, au retrait américain, à l'aboulie des démocraties, et bien sûr à la crise, à l'hyperinflation, et la déstructuration sociale en l'absence de tout filet de secours, bref à tout ce cocktail explosif de l'époque, qui la distingue si radicalement de l'Europe d'aujourd'hui qu'on a du mal rétrospectivement à le concevoir. Stigmatiser l'horreur est un devoir ; se rappeler ce qui peut y conduire est un devoir non moins impérieux. Il faut le faire sans amalgame, ni anachronisme si l'on veut étouffer dans l'œuf ces phénomènes dans le monde réel d'aujourd'hui.

Nous sommes bien là au cœur de votre sujet. J'ajoute qu'un autre facteur peut faire préférer le rituel des condamnations à l'analyse qui conduit parfois à des interrogations embarrassantes : c'est celui de l'*hubris* occidentale, cette forme d'orgueil. Elle marque en effet le contexte – celui des années 1990 et d'après la chute du Mur – dans lequel resurgit comme un impératif catégorique immédiat la moralisation des relations internationales. Je dis « resurgit », car cette attente a parcouru le siècle. D'abord, il y a quatre-vingts ans, les ambitions du président Wilson en 1918 – « nous allons à présent rendre les hommes libres » –, espérances déçues dans les conditions que l'on sait ; celles, il y a soixante ans, de Roosevelt, dans la Charte de l'Atlantique avec Churchill ; en 1945, celles des rédacteurs de la Charte des Nations enfin unies, qui se brisèrent pendant plus de quarante ans, c'est à ce moment-là que certains élaborent la théorie de la « fin de l'Histoire » sur la guerre froide ; celles enfin, il y a dix ans, de George Bush, plus triomphantes encore, voyant en mars 1991 « un nouveau monde venir sous nos yeux ». Nous en sommes là. L'impatience actuelle de ce nouveau wilsonisme s'explique par cette longue période d'attentes déçues ou trompées et le « plus jamais cela » se nourrit de cette exaspération, comme si nous ne sortions qu'aujourd'hui de la Seconde Guerre mondiale. L'Occident pense avoir gagné la troisième guerre mondiale, je veux dire la guerre froide, n'aperçoit plus aucune limite à son ascendant et, porté par sa supériorité technologique, ne voit plus de raison de ne pas imposer partout ses conceptions.

Ce qui ne laisse pas, au-delà de la légitimité de cette conception, de poser quelques questions. J'en retiendrai deux :

1) la première : qu'est-ce que se comporter de façon morale ? Quelles en sont les implications et les limites sur les ventes d'armes, sur l'aide au développement, sur nos relations avec les régimes non démocratiques, sur la justice internationale ? Y a-t-il un critère moral en soi qui l'emporte sur tous les autres ? Y a-t-il une façon morale de concevoir et de négocier la paix au Proche-Orient ? Doit-on alors, pour des raisons morales, renoncer comme certains le pensent à la dissuasion nucléaire, ou à toutes relations avec les peuples qui vivent sous des régimes dictatoriaux ? Peut-on se borner à parler, juger, condamner, et abandonner en fait la politique étrangère à d'autres puissances ou entités ? En un mot, la morale se juge-t-elle aux intentions ou aux résultats ?

2) Et la seconde : comment obliger les autres à respecter la morale, sous-entendu : ceux qui n'en ont pas la même conception ? Ce qui nous amène à la même question qu'à propos de l'ingérence : qui s'ingère chez qui, au nom de quoi, pour faire quoi ? On peut ajouter : qui prétend démocratiser qui ? Qui prétend moraliser qui ? Dans les faits, la réponse est simple : c'est nous, les Occidentaux, même si nous réussissons parfois à faire en sorte que ce soit le Conseil de sécurité qui décide, et si nous pensons toujours incarner la « communauté internationale ». La Chine veut peut-être lutter contre une certaine hypocrisie occidentale ou résister à ses injonctions, mais elle ne prétend pas modeler l'Occident à son image.

Se poser ces questions, c'est simplement faire écho à des interrogations entendues dans des dizaines de pays où de plus en plus nombreux sont ceux qui acceptent, et même qui revendiquent, l'idée qu'il y a des valeurs démocratiques réellement universelles à commencer par les droits vitaux, fondamentaux de l'homme, mais n'acceptent pas pour autant de se voir imposer par nous comme un bloc les conceptions et les productions sociales, économiques, politiques et juridiques de l'Occident. Or mon expérience est que l'Occident, habité comme à la grande époque coloniale par l'évidence de sa mission civilisatrice (pour parler comme Jules Ferry), ne fait pas toujours ce qu'il faut pour se faire entendre.

Je suis convaincu que si l'on continue de refuser de prendre en compte ce problème, au nom de la condamnation de toute forme de relativisme sur les valeurs et donc d'ambiguïté, alors qu'il s'agit de tout autre chose ; si l'on continue de raisonner à propos de la démocratie – comme d'ailleurs de l'économie de marché – comme s'il s'agissait d'y convertir les infidèles – un big bang de la foi – et non d'y arriver par un processus de maturation économique, sociale et politique qu'il faut hâter ; si l'on s'en tient à un schéma de progrès linéaire uniforme et universel, censé devoir s'appliquer partout quelles que soient les circonstances ; si nous considérons que l'indignation de l'opinion occidentale, et de nos médias est une source de légitimité suffisante pour toute intervention ; si nous considérons que toute défense de la souveraineté nationale revient à couvrir les crimes que parfois on a commis ou laissé commettre en son nom, nous allons au-devant de graves déconvenues, et nous ne manquerons pas d'occasions de nous lamenter de voir nos espérances constamment déçues. Nos excommunications risquent alors de renforcer les résistances à nos objectifs, et nous aurons ainsi contribué à façonner un monde encore plus rétif aux conceptions qui nous sont chères et que nous voudrions voir triompher.

C'est pourquoi, après ces quelques remarques peut-être décapantes, pour des raisons où la morale a toute sa place et au nom de l'éthique de responsabilité qui m'inspire dans mes fonctions, j'estime que la seule voie constructive est de travailler à une synthèse des aspirations éthiques et des exigences de la réalité, de réfléchir aux unes et aux autres en tenant compte non seulement de nos convictions, mais aussi des messages et des avis venus du monde entier. La réponse tient en quelques principes :

1) Préserver le principe de la **souveraineté nationale**, car elle reste le fondement d'un monde stable, lieu d'expression d'une volonté politique démocratique, et le support de la définition de règles librement négociées et respectées.

2) Mais en faire évoluer la pratique en l'exerçant de plus en plus en commun, en s'inspirant de l'exemple européen, et en proscrivant et en rendant impossibles les abus, voire les crimes commis en son nom ou sous sa protection. Cela suppose une **réforme du Conseil de sécurité** pour qu'il redevienne pleinement représentatif et donc légitime et plus efficace ; cela implique surtout une responsabilisation de l'usage du veto pour qu'il ne soit plus détourné de sa fonction en étant utilisé pour empêcher des interventions humanitaires urgentes. Or il faut que les éventuelles décisions d'ingérence émanent de la communauté internationale tout entière, ce qui ne sera pas le cas si le recours au Conseil reste bloqué.

Celui-ci sera alors contourné. Et ce n'est pas souhaitable, car ce serait ouvrir la boîte de Pandore. Chacun agissant au nom de ses propres convictions dissimulant mal ses propres intérêts.

3) Au-delà du Conseil de sécurité, **réformer les autres institutions multilatérales** – leur composition, leur rôle, leurs méthodes : institutions financières internationales, Organisation mondiale du commerce, organisations spécialisées du système des Nations unies, institutions financières internationales, pour qu'elles soient plus représentatives, mieux gérées et plus efficaces. Ne pas entretenir une indignation bruyante et vaine sur le thème du fiasco ou de la perte de crédibilité de l'ONU chaque fois que les Nations, mêmes unies, n'arrivent pas à faire des miracles, comme en Sierra Leone. Mais faire le maximum et être persévérant.

4) Définir, après une concertation mondiale, et pas seulement occidentale, des **règles économiques** qui permettent de valoriser les meilleurs aspects de la globalisation et de prévenir ou de contenir ses aspects négatifs. C'est un thème cher au Président et au gouvernement. Le Premier ministre a fait des propositions précises à ce sujet devant l'Assemblée générale de l'ONU en septembre 1999. Vous allez débattre de ces questions cet après-midi et demain.

5) Organiser la **multipolarité** : nous devons approfondir cette orientation stratégique de notre diplomatie et surmonter les contradictions qu'elle peut receler. Cela suppose d'être un peu plus précis sur ce que l'on entend par « pôles » et de consolider la relative sérénité que nous avons atteinte dans notre relation avec les États-Unis, pôle majeur quoi qu'il arrive, et continuer de leur dire oui ou non selon nos intérêts et nos analyses. Ensuite de préciser quel genre de Russie, quel genre de Chine nous voulons voir émerger comme pôles ; et la réponse est : plus modernes, plus démocratiques, pacifiques et stables. Comment encourager ces évolutions au mieux doit être l'un de nos soucis et requiert des réflexions plus poussées. Sur l'Inde, la question est de savoir comment favoriser l'élargissement des intérêts et du champ d'action de ce pays. On évoque parfois le Mercosur, bien que cela ne soit qu'un marché commun en formation. Si nous voulons l'encourager à aller plus loin, il nous faudra donner une perspective concrète à la négociation commerciale entre l'Union européenne et le Mercosur qui vient de s'ouvrir, même s'il est normal d'exiger que les concessions soient équilibrées. Enfin, pour l'Europe, notre

volonté qu'elle soit une puissance et non pas seulement un espace est connue depuis longtemps. Mais aujourd'hui cela passe par une réponse à la question : comment faire fonctionner une Europe à trente ? Je me réjouis qu'à cette question que je pose depuis 1997 des réponses diverses commencent à apparaître allant des plus pragmatiques (il faudra plus de souplesse) aux plus fédéralistes (il faut un noyau dur).

Les dernières propositions en date dans l'esprit « fédéraliste » sont celles de Jacques Delors et de Joschka Fischer. Le débat s'engage et s'intensifie. J'ai fait à ce sujet deux remarques. La première : nous serons président pendant les six mois où les Quinze espèrent conclure, et ils comptent d'abord sur nous, pour la CIG. À ce titre, notre rôle n'est pas de diviser ; nous devons aider à faire émerger la solution la plus ambitieuse possible, mais une solution consensuelle. Deuxième remarque : si les coopérations renforcées sont vraiment assouplies, elles pourront être utilisées à des fins très diverses, des plus pragmatiques aux plus audacieuses.

6) Préserver la **diversité culturelle et juridique** du monde, ce qui va bien au-delà du nécessaire combat pour la langue et le cinéma français et doit être mené de façon à entraîner tous ceux qui dans le monde refusent le nivellement. C'est un des aspects de la sauvegarde des souverainetés.

7) Renforcer la **lutte contre l'impunité** – hâter par exemple la ratification de la CPI – mais ne pas alimenter de nouvelles illusions sur la judiciarisation des relations internationales et la sortie des tragédies. Les politiques doivent respecter les rôles des juges, mais ne pas se défausser sur eux de leur propre responsabilité. Il ne faut pas attendre de la justice plus que son rôle.

8) Reconnaître et tirer profit de l'action et des propositions des **nouveaux acteurs** de la vie internationale – ONG, médias, institutions diverses –, mais leur demander la même transparence que celle qu'ils exigent des gouvernements et qui est de plus en plus honorée ; dialoguer avec eux sur le thème de la responsabilité, qui ne peut être l'apanage des seuls États.

VERS UNE GOUVERNANCE MONDIALE[1] ?

Dans cet échange lors du colloque consacré, en 2010, à Teilhard de Chardin, Hubert Védrine est interrogé sur le rapport que, selon son expérience, la *planétisation* annoncée par le théologien philosophe peut entretenir avec la mondialisation des échanges. Il y faut des mots justes et non creux, soutient l'ancien ministre des Affaires étrangères, qui souligne aussi la différence existant entre l'humanité comme concept philosophique, biologique, et le monde au sens géopolitique : la mondialisation n'a pas fait disparaître les nations et les identités, au contraire.

ÉVELYNE MAURICE : *En place des termes « mondialisation » ou « globalisation » qui se sont imposés aujourd'hui, Teilhard parlait de* planétisation *de l'humanité et de la nécessité de penser les problèmes à l'échelle mondiale, l'humanité formant de plus en plus pour lui une unité organique majeure close sur elle-même. Merci, monsieur le Ministre, d'avoir pris sur votre temps précieux pour venir nous parler des problèmes de gouvernance mondiale posés à notre génération par cette planétisation. Vous disposerez pour cela d'un temps d'exposé introductif, puis vous serez questionné par la philosophe Marie-Jeanne Coutagne, qui est notre « fil rouge » tout au long de ce colloque, et par un groupe d'étudiants de Sciences politiques[2] et de Normale supérieure[3]. Le père Henri Madelin sj, présent sur ce plateau,*

1. Entretien au colloque Teilhard de Chardin, à l'université des Jésuites de Paris, le 20 novembre 2010.
2. Pierre-Marie Baudry, Pierre Jovanovic, Vincent Ploquin, Raphaëlle Hours, Bruno Kerhuel.
3. Romain André-Lovichi, Antoine Bricard, Clélia de Mulatier.

se réserve également le droit d'intervenir au moment qui lui semblera judicieux.

J'ouvre ce débat avec une certaine inquiétude, car si Teilhard a toujours porté sa pensée vers les hauts dans une forme d'idéalisme, moi je me situe clairement du côté du réalisme et de la lucidité ; mais l'un n'empêche pas l'autre… Je cherche à être intellectuellement honnête et à dire des choses vraies, particulièrement en matière de relations internationales, ce sur quoi on m'interroge.

Mes nombreux voyages, mes rencontres, mes expériences ont nourri ma réflexion personnelle. En quatorze années à l'Élysée et cinq au Quai d'Orsay, j'ai pris part à des centaines de réunions internationales, à près de vingt G7 ou G8, à des forums, des symposiums, des conférences. Aujourd'hui, j'ai à cœur de communiquer l'expérience acquise pour éclairer les gens dans leur réflexion.

La première chose à laquelle je suis particulièrement attaché, c'est d'affiner le vocabulaire, de bannir les mots creux, les mots-« valises », qu'on entend partout. Considérez l'expression « communauté internationale ». Certes, c'est un objectif souhaitable, mais ce n'est pas une réalité d'aujourd'hui. C'est une expression qu'il est prématuré d'employer.

Et « Europe », qu'est-ce que ce mot désigne ? Les vingt-trois pays ? L'opinion publique de ces pays ? La Commission ? Le Parlement ? Il faut préciser de quoi on parle. Un langage approximatif, et les débats sont incohérents.

Dans les affaires internationales, il faudrait mettre plus de rationalité, s'assurer que les interlocuteurs comprennent précisément de quoi on parle.

Par ailleurs, il faut être ambitieux, mais, pour nourrir une ambition, il faut être lucide, réaliste, clair. Beaucoup de gens pensent que, si l'on décrit la réalité telle qu'elle se présente, les interlocuteurs vont se décourager et baisser les bras et que, pour être ambitieux, il faut être vague et exalté. Je suis persuadé du contraire.

Prenons un autre exemple : le mot « gouvernance ». Depuis quelques années, pour comprendre l'état du monde, le mot clef, c'est « gouvernance ». Mais « gouvernance » est un mot creux. De quoi et de qui s'agit-il ? Pourquoi ne pas dire « gouvernement » plutôt que « gouvernance » ?

À partir de 1991, date de l'effondrement du régime soviétique, les Occidentaux n'ont plus d'adversaires. Il n'y a plus de champ de bataille, donc plus besoin de politiques, donc plus besoin de gouvernement. Mais seulement d'organisation dans la « communauté internationale » unanime. Et l'organisation, c'est le domaine de la simple gouvernance.

Chimères ! les Occidentaux n'ont pas vu arriver sur la scène mondiale les pays émergents. Maintenant, les Occidentaux en général, les Français en particulier, sont soucieux. Tout les inquiète : leur avenir immédiat, le devenir de l'Occident, de la planète, de l'humanité.

Mais l'humanité ne leur demande pas grand-chose. Les non-Occidentaux, eux, ne sont pas pessimistes. Les pays émergents sont même très optimistes : pour eux tout va mieux qu'avant. Et tout ira encore beaucoup mieux demain. Ils ne veulent pas du tout de notre charité, de notre « aide ». Pour nous, c'est vexant, c'est angoissant.

MARIE-JEANNE COUTAGNE : *Voici une première question. La philosophie est une réflexion sur le réel, une école de lucidité. Car, sans lucidité, il n'y a ni liberté ni responsabilité. Et les mots, pour le philosophe, veulent dire quelque chose ! Comment donc envisager de donner un contenu à ce thème de gouvernance mondiale ? Faut-il passer de gouvernance à gouvernement, ou définir un contenu politique précis du concept de gouvernance ?*

Le monde n'a jamais été globalement « gouverné ». Il a connu des empires successifs. Aucun n'a duré. L'empire napoléonien, par exemple, a dominé l'Europe, mais seulement le temps d'un soupir. Avant l'essor de l'Europe, aucune tentative de gouvernance n'a existé. Lorsque les pays européens ont décollé, c'est quand ils se trouvaient en concurrence entre eux. C'est leur rivalité qui a été le moteur de la domination de l'Europe sur le monde.

En 1815, le congrès de Vienne s'attelle à la gestion de l'Europe postnapoléonienne. Les vainqueurs de l'Empereur mettent en place un système réaliste qui va fonctionner pendant un siècle, presque sans guerre, en particulier grâce aux fréquentes rencontres entre les rois et les ministres.

L'abandon de ce système va entraîner la guerre de 1914-1918.

Après ce conflit, le même processus se reproduit. Ce n'est pas la « communauté internationale », le « concert européen », mais les seuls vainqueurs qui gèrent les affaires du monde : Lloyd George, Clemenceau, Wilson. Ils créent la Société des Nations, dont le fonctionnement ne donne pas satisfaction. Il eût été plus juste de la nommer « Jungle des Nations » !

Après la guerre de 1939-1945, les États-Unis et l'URSS prennent le relais, et gèrent les territoires placés sous leur responsabilité. La gouvernance du monde est alors bipolaire : 50 % russe, 50 % américaine. En résumé, notre histoire n'a jamais connu de gouvernance mondiale, sauf par les vainqueurs d'un conflit.

L'arrivée de nouveaux pays a compliqué la donne. Aucun pays ne peut plus imposer sa loi aux autres. Il n'y a pas de président mondial du peuple mondial ! Personnellement, je pense que c'est mieux ainsi, car si le président était mauvais, où irions-nous ?

Pour continuer à avancer, une seule solution : il faut qu'il y ait coopération entre les grands. Le G20 est fait pour ça, mais avec un G193, on peut être assuré d'une totale paralysie.

En résumé, il faut remplacer le mot trop vague de « gouvernance » par un mot plus précis et, surtout, spécifique pour chaque problématique abordée : monnaie, finance, commerce…

UN ÉTUDIANT : *La crise favorise-t-elle le développement d'une gouvernance mondiale ? L'ONU, le G20 sont-ils des institutions d'avenir ?*

L'ONU est certes une institution, mais elle n'a pas de pouvoir en soi. C'est une salle, un lieu. Pas une puissance. Et le *U* de ONU est de trop, car les participants ne sont pas unis. L'ONU n'a pas de pouvoir contraignant. Les grandes puissances n'y sont présentes que parce qu'elles peuvent y être protégées par leur droit de veto, qui leur permet de s'opposer à une décision du Conseil de sécurité ou de l'Assemblée générale.

Il faudrait certes réformer l'ONU, mais c'est très complexe.

Pour le G20, c'est plus simple, car il n'y a pas de traité à la base. Le G20 n'est pas un gouvernement du monde. C'est une enceinte de concertation. Ce n'est pas une entité qui se situe au-dessus des pays participants pour gérer le monde ; et je pense que c'est mieux ainsi, car la frontière est mince entre utopie et dictature. Au sein du G20, les membres sont en compétition entre eux mais ils peuvent aussi coopérer. Ainsi les réunions du G20, toujours très laborieuses, jamais miraculeuses, peuvent faire progresser les choses, mais requièrent de nombreuses négociations préalables. Mon pronostic : le G20 va perdurer.

Dans le fond, l'« humanité » est un concept philosophique, biologique, mais pas vraiment géopolitique. Depuis 1945, les États-Unis ont dirigé le monde. Après la dernière guerre, l'Europe *n'a pas fait la paix*. Ce sont les États-Unis et l'URSS qui l'ont faite en Europe. Le plan Marshall a été l'une des initiatives américaines les plus performantes pour prévenir tout risque d'un nouveau conflit en Europe.

Ce qui est vraiment nouveau, comme je l'ai déjà évoqué, c'est que les Occidentaux ont perdu le monopole de la puissance. Ils ne peuvent plus prétendre gouverner le monde seuls. La Chine nous dit en substance : droits de l'homme, écologie, d'accord, mais vous, vous les avez négligés quand il s'agissait de votre propre développement. En nous opposant ces sujets, vous cherchez à nous interdire de nous développer, par peur de nous voir acquérir un niveau comparable au vôtre. Mais nous ne tenons pas compte de vos critiques. C'est nous qui décidons comment nous voulons évoluer, et vous n'avez aucun droit de regard dans nos affaires.

HENRI MADELIN : *Permettez-moi d'injecter un peu de Teilhard dans votre analyse. Même s'il ne l'a pas toujours comprise, Teilhard a bien connu la Chine, puis il a vécu aux États-Unis et, lors de ses séjours en France, il a fréquenté l'Unesco. C'est ainsi qu'il entend, cinq années après la fin de la Seconde Guerre mondiale, le souhait de Robert Schuman de partager la souveraineté en Europe, plutôt que d'imposer la loi des vainqueurs. Teilhard voit que les mentalités bougent, que l'homme avance, qu'il convient moins de s'intéresser à son passé qu'à la façon dont il s'y prend pour construire la Terre. Et puis le père a la vision de la* noosphère, *de la communication planétaire. Un seul cerveau pour toute la Terre, travaillé par les problèmes qui surgissent de partout sur la planète, concerné par l'ensemble des humains. Il nous fait voir qu'on s'approche du point final de l'évolution avec un surcroît de conscience, et que le monde s'organise en régions. La gouvernance passe par ces grandes régions, comme l'Europe. En se dotant d'un gouvernement, d'un Parlement, l'Europe a franchi un pas essentiel pour l'avenir de l'humanité.*

À l'évidence, la noosphère est un concept riche. Je le perçois comme un véhicule de communication, pas comme un réducteur de différences. Le fait que, désormais, tout le monde sait tout sur tout est à la fois unifiant et anxiogène. L'homme se trouve bombardé de problèmes, et aucun n'a de solution simple. Que fait-il de ce savoir ? Force est de constater qu'en Europe il n'y a pas eu dépassement des nations. Il y a des nations ensemble, heureuses de coopérer. Mais elles ne sont pas « intégrées » pour autant. Nous sommes tous européens de façon pratique, positive, et utilitaire, et ne souhaitons pas de dépassement de notre statut. Pas de fusion, pas d'États-Unis comme en Amérique où il n'y avait pas de peuples différents. L'Europe est originale, mais reste une confédération, dans la zone euro, une fédération d'États nations. Ils échangent. Ils coopèrent. Mais ils demeurent des Suédois et des Portugais.

HENRI MADELIN : *Nos peuples refusent un État central européen, une bureaucratie, un contrôle, et c'est une bonne chose.*

L'Union européenne a été dotée d'une Commission chargée de la proposition et de la mise en œuvre des initiatives, et d'un Parlement. Mais, celui-ci ne se substituera pas aux parlements des pays membres.

On a donc affaire à une combinaison étrange, sans précédent dans l'Histoire, que les dirigeants font avancer. Les initiatives sont presque toujours nationales. Quand elles sont adoptées, elles s'insèrent dans le système. Nous ressemblons à une confédération d'États nations qui fonctionne. La solidarité s'impose. La crise grecque en a fourni une bonne illustration.

UN ÉTUDIANT : *Quelles sont les sanctions possibles contre un pays qui contreviendrait à une décision communautaire ?*

La première question à se poser, c'est : les sanctions ont-elles une quelconque utilité ? À mon avis, presque aucune, sauf quand on est en guerre. Les sanctions contre l'URSS n'ont servi à rien, par exemple. Le régime s'est effondré tout seul, sous son propre poids. L'Iran est sous sanction depuis 1979. Et rien ne s'est produit. Les sanctions peuvent être légitimes, et inefficaces. On cite souvent le cas de l'Afrique du Sud, contre laquelle des sanctions internationales ont été votées. Mais le pays n'a vraiment bougé qu'à la suite de la conjonction de trois facteurs : le désinvestissement massif américain, la présence miraculeuse de Nelson Mandela, plus celle de De Klerk, son partenaire intelligent et fin. Les sanctions font partie de la panoplie des armes possibles, mais pas en Europe !

La seconde question, c'est : qui les décide ? Le Conseil de sécurité des Nations unies ne peut voter une sanction que si tous ses membres sont d'accord, à l'unanimité. En réalité, elles sont prises le plus souvent à l'initiative d'un seul pays, et en général des États-Unis. Il y a dix ans, si les décisions du Sénat américain avaient été suivies, les deux tiers de la population mondiale auraient été sous sanction !

Ces sanctions unilatérales traduisent une démarche arrogante et prétentieuse. En Europe, procéder *par sanctions* ne peut que tuer ce qui reste d'esprit européen !

UN ÉTUDIANT : *Une éventuelle gouvernance mondiale devrait-elle prendre position vis-à-vis des religions ?*

Malgré les apparences, beaucoup de conflits qui bouleversent le monde ne sont pas religieux. Au Proche-Orient, par exemple, deux peuples se battent pour la même terre, c'est national, pas religieux, jusqu'à ce que surviennent les extrémistes. En Afrique, l'islam et le christianisme sont en compétition. La mondialisation, qui est une compétition générale, se joue aussi sur le terrain des religions.

Le pape a longtemps régné sur l'Europe, et de nombreuses monarchies, comme celle de la France, se sont bâties contre le pouvoir supranational du pape. Aujourd'hui, le concept de laïcité à la française doit être défendu, et étendu au monde.

Si on ajoute à la gouvernance actuelle, déjà très fragile, les questions religieuses, je crains qu'on ne s'en sorte pas.

HENRI MADELIN : *Permettez-moi de signaler une réflexion pertinente d'Olivier Roy, qui explique que la mondialisation conduit chaque religion à s'adapter au pays dans lequel elle opère. Ainsi, un pasteur évangéliste ne tient pas le même discours à Pantin et à Yaoundé. Cette adaptation facilite l'expansion de ces religions, alors que l'Église catholique, qui se veut universelle, souhaite tenir l'essentiel de son discours dans tous les pays du monde. Heureusement, le pape a su s'adapter. Son royaume ne dépasse pas désormais 44 hectares et sa parole a changé. Pour preuve, le magnifique discours de Paul VI à l'ONU, où il se présente comme un simple témoin de deux mille ans d'Histoire, désireux de parler avec les hommes rassemblés dans l'enceinte de l'ONU.*

UN ÉTUDIANT : *Comment concilier valeurs morales et intérêts particuliers ?*

Une bonne façon d'aborder cette question, c'est d'analyser comment s'est déroulée la conférence de Copenhague sur le climat.

Les Européens sont très inquiets, convaincus que le climat est « la » vraie menace pour la planète, et que le reste du monde en est conscient. Ils commettent alors une faute : ils dramatisent la situation à l'extrême, alors que le reste de la planète est plutôt indifférent à cette problématique. La Chine, en particulier, poursuit un seul objectif : produire pour se développer. Elle ne veut surtout pas que des pays en déclin économique relatif viennent lui dicter sa conduite. Pour concilier valeurs et intérêts, il faut donc d'abord que les Européens sortent de leur bulle. Sinon, ils vont devenir « les idiots du village mondial ». Il faut qu'ils deviennent plus réalistes. En Chine, chaque année, deux cent mille incidents liés à la pollution sont officiellement recensés, et les Chinois vont s'attaquer tout seuls à ce problème, qu'ils vont régler sans notre intervention.

Pour nous, il faut continuer à tirer parti du fonctionnement de l'Europe. Il est original, parce qu'il est une négociation permanente entre l'Europe et les intérêts propres à chaque État. C'est long, c'est laborieux, mais ça fabrique de la synthèse. Il faut conserver à chaque citoyen son droit de vote, et éviter d'aller au-delà dans les transferts de souveraineté.

UN ÉTUDIANT : *Des acteurs transnationaux peuvent-ils jouer un rôle dans une gouvernance mondiale ?*

Entreprises mondiales, surtout américaines et chinoises, institutions financières, ordres religieux, ONG : les acteurs transnationaux sont déjà nombreux et présents sur la scène mondiale. Ils cherchent à influencer les décideurs, mais rarement à se substituer à eux.

Certaines ONG sont inspirées, visionnaires. D'autres sont en fait des acteurs politiques.

Pour apporter une réponse générale aux questions sur la gouvernance mondiale, je voudrais dire que, en matière de coopération internationale, il y a énormément de choses à faire, énormément de problèmes auxquels il faut apporter une réponse collective. Collective, mais pas globale.

La seule entité supranationale globale qui fonctionne, soyons lucide, c'est le marché financier. Un gouvernement mondial, siégeant sur l'Olympe, est une utopie dangereuse, et décourageante. Il faut l'éviter et multiplier les coopérations internationales dans des domaines précis, la monnaie par exemple. L'époque s'y prête, car les États-Unis n'arrivent plus tout seuls à imposer leurs vues, et la Chine pense que c'est trop d'efforts, compte tenu de ses priorités propres.

La vraie solution repose sur le fait que l'interdépendance des États peut générer des réponses organisées.

ÉVELYNE MAURICE : *Merci, monsieur le Ministre, d'avoir mis en lumière la grande complexité de la situation mondiale. S'il vous avait écouté, Teilhard aurait sans doute ajouté un seul commentaire : une telle complexité requiert des acteurs mondiaux disposant d'une très grande conscience et responsabilité !*

LES NOUVEAUX PARADIGMES DANS LES RELATIONS INTERNATIONALES[1]

En septembre 2010, Hubert Védrine répond à Pascal Boniface, directeur de l'Institut des relations internationales et stratégiques (IRIS), sur l'état du monde et l'attitude à adopter de la part de l'Occident et de l'Europe en particulier. Il invite à retrouver une pensée lucide et inscrite dans la longue durée. Il estime possible une évolution plus réaliste, moins chimérique, des Européens, qui deviendraient plus conscients que la redistribution de la puissance devrait les conduire à traiter plus intelligemment avec le reste du monde.

Pour le vingtième anniversaire de l'IRIS, l'idée de ce numéro est de réaliser un exercice prospectif sur les vingt ans à venir. Est-il encore possible de faire des prévisions dans un monde où toutes les évolutions techniques ou géopolitiques ne font qu'accélérer ?

Je pourrais m'abriter derrière la formule bien connue selon laquelle la prévision est un art difficile surtout quand elle porte sur l'avenir, mais cela sonnerait le glas de notre entretien ! À cet égard, il serait intéressant de faire l'histoire des prévisions et de leurs auteurs : il y a ceux qui ont vu juste et ceux qui se sont trompés. Mais on observe tous les jours que certains qui se sont lourdement trompés gardent plus d'influence que les autres... mais passons et revenons à la question initiale : en 2010, que peut-on envisager pour les vingt ans à venir ? L'augmentation de la vitesse de l'information, la fébrilité ambiante, rendent l'exercice périlleux. C'est la même chose dans la spéculation financière : les efforts

1. Entretien paru dans *Revue internationale et stratégique*, n° 80, hiver 2010, p. 21-28.

laborieux de re-régulation se heurtent au fait que 80 % des ordres sont maintenant donnés automatiquement par des ordinateurs surpuissants que personne ne semble contrôler, et qui provoquent des effets de variation – en positif ou en négatif – sur les valeurs. C'est autre chose que la figure politique du méchant spéculateur sans scrupules, ce sont des phénomènes nouveaux de vitesse technologique à l'instantanéité et à la capacité de gestion de données presque illimitées. Tout cela embrouille l'analyse.

Que peut donner ce monde-là couplé à l'actuel désordre stratégique ? Si on renonce à prévoir, ce serait avouer que les analystes eux aussi sont écrasés par le court-termisme, tout comme les financiers ou les politiques qui vivent sous le joug terrorisant du sondage quotidien. Mais les historiens et les analystes de la géopolitique doivent absolument refuser cet écueil, et lutter pour maintenir une pensée et une méthode braudéliennes, inscrites dans la longue durée. Tout ne change pas tout le temps. Il y a des éléments stables, structurants, qui ne sont pas forcément ceux qui impressionnent l'opinion. Il faut donc réintroduire une distinction entre ce qui a pu bouleverser les citoyens, et les vraies césures...

Comme le 11-Septembre et la chute du mur de Berlin ?

Tout à fait. Pour ma part, je pense que le 11-Septembre est une tragédie, bouleversante et humiliante, mais que ce n'est pas un moment majeur des relations internationales. Après cet événement, la relativisation de la domination occidentale sur le reste du monde se poursuit. La Chine continue d'émerger. Bien sûr le 11-Septembre a eu des conséquences importantes aux États-Unis, en cristallisant la politique de l'administration Bush-Cheney, qui elle-même a eu une influence sur le reste du monde, avec sa « guerre contre le terrorisme ». De même, concernant l'affrontement Est/Ouest, la date charnière n'est pas celle de la « chute » du Mur, mais plutôt celles du début de la guerre froide, de la fin de l'URSS (fin 1991), ou encore de l'arrivée de Gorbatchev en 1985. Si l'on prend l'Allemagne, il s'agirait plutôt de la signature du traité de réunification de l'Allemagne en 1990.

Il n'en reste pas moins que nous vivons dans le village global, un village de téléspectateurs émotifs que les images impressionnent. Le monde entier vit dans le monde global depuis la disparition de l'URSS. Il y était déjà en grande partie économiquement depuis que Deng Xiaoping avait fait entrer la Chine au début des années 1980 dans le capitalisme version Far West. Ce fameux monde global, dont nous avons essayé de dresser une typologie dans nos atlas[1], beaucoup ont eu du mal à le caractériser : « communauté internationale », ou foire d'empoigne ?

Cette globalisation du monde est un tournant, puisque, à partir de là, les opinions publiques occidentales, naïves ou prétentieuses, s'aperçoivent que, contrairement à ce qu'elles croyaient, leurs nations n'ont plus la maîtrise du système, qu'elles ne sont plus sur l'Olympe, qu'elles n'ont plus le monopole de la puissance, de l'influence, de la vertu, de la morale et du droit. On entre progressivement dans un monde – révélé par la crise de 2008, mais qui était déjà en gestation depuis un certain temps – où les émergents émergent pour de vrai ! Pas seulement la Chine, je parle de dizaines d'émergents. Un monde où les Occidentaux n'ont plus le monopole de la puissance qu'ils ont eu durant quatre ou cinq siècles. C'est *la* donnée fondamentale.

Les gouvernements et les opinions publiques européens n'ont compris cela qu'avec retard. C'est fort dommageable. Dans les années 1990, au lieu de se montrer si confiants sur notre « droits-de-l'hommisme » ou de pérorer sur l'ingérence en créant d'illusoires espérances, nous aurions mieux fait de proposer, sans attendre un G20, de réformer le Fonds monétaire international et le Conseil de sécurité de l'ONU, de réorganiser le monde. À ce moment-là, cela aurait pu se faire sur des bases moins difficiles que celles que nous allons devoir affronter aujourd'hui. Dans l'ébriété de la puissance et de la victoire nous n'avons pas su mettre à profit ce moment particulier.

Une fois cette compétition installée, entre les Occidentaux qui n'ont plus le monopole et qui sont dorénavant sur la défensive – ce qui risque d'entraîner notamment aux États-Unis de nouveaux spasmes occidentalistes, par panique – et les autres qui émergent, le cadre général ne devrait pas changer fondamentalement d'ici 2030. Bien sûr, il peut se passer mille choses importantes en géopolitique, sans parler d'économie, d'écologie, de migrations ou autre. Mais cette problématique de la compétition dans laquelle nous sommes, dans des conditions qui ne sont pas faciles pour nous les Occidentaux, nous Européens, sera toujours d'actualité dans vingt ans. Mais le rapport des forces aura changé.

1. Hubert Védrine et Pascal Boniface, *Atlas du monde global*, Armand Colin-Fayard, 2010 et *Atlas des crises et des conflits*, Armand Colin-Fayard, 2009.

Comment réagir face à cette tendance structurelle lourde que représentent la diminution de l'influence occidentale et la montée en puissance des pays émergents ?

Est-ce que le monde occidental saura s'adapter intelligemment au cours des dix, vingt, trente, quarante années qui viennent ou pas ? Sans trop de heurts ou, au contraire, en provoquant des réactions en chaîne ? Saura-t-il gérer son passage de la puissance monopolistique à la puissance relative ? Sur cette toile de fond, de nombreuses questions se posent sur ce que fera chacune des puissances installées ou émergentes, ainsi que sur les relations qu'elles entretiendront les unes avec les autres. Par exemple : jusqu'à quand les États-Unis resteront-ils la première puissance sur à peu près tous les plans ? Sans doute le seront-ils encore en 2030. Cela dit, et ne serait-ce que pour des raisons statistiques, les Chinois étant 1 milliard 300 millions, ils passeront un jour devant en termes de PNB (pas par tête, ils en sont loin). Cela ne signifie pas qu'ils deviendront automatiquement les leaders du monde. Ils auront une influence déterminante sur une sorte de bloc sino-asiatique. De là, exerceront-ils une séduction globale ? Ce n'est pas sûr. C'est autre chose, ça ne se construit pas du jour au lendemain et cela ne se décrète pas. Quelle va être l'évolution de la relation entre ces deux puissances ? Comment sera-t-elle gérée ? Dans le cadre bilatéral ou à l'abri du G20 ? Ces questions sur les rapports Chine et États-Unis dans le long terme ne sont évidemment pas isolables de celles concernant les relations entre Chine et Japon, Chine et Inde, États-Unis et Japon, États-Unis et Inde, Chine et Russie, Europe et chacun d'eux, etc.

La redistribution de la puissance est en marche. Cette compétition peut éventuellement conduire à des confrontations, voire à des guerres. On ne peut pas écarter cette hypothèse, d'autant que cette réorganisation de la puissance se fait sur fond de pénuries réelles – dues à l'augmentation de la population, de la consommation, des besoins en énergie, en matières premières, etc. – ou anticipées : même lorsqu'elles n'ont finalement pas lieu, elles influent sur les comportements. Mais elles peuvent aussi conduire à des coopérations d'une ampleur inédite.

Est-il plus difficile aujourd'hui d'analyser les rapports de forces dans lesquels la France se meut, que cela ne l'était il y a une petite dizaine d'années lorsque vous étiez ministre, ou même antérieurement lorsque vous travailliez auprès de François Mitterrand ?

Je pense que le pic de l'irréalisme, de l'*ir-realpolitik* occidentale est désormais derrière nous. Il y a vingt ans, l'URSS s'était effondrée, nous avions gagné, l'Histoire était finie et nous allions imposer notre conception de la démocratie et des droits de l'homme, et s'il y avait quelques récalcitrants, on avait le droit, mieux, le devoir de nous ingérer pour mieux leur imposer nos conceptions. Cette vision, sympathique et bien intentionnée mais illusoire a atteint son paroxysme dans la décennie 1990. Elle a ensuite été mise à mal au début des années 2000, sur la base d'un malentendu analytique sur le 11-Septembre, considéré à tort comme la date-rupture, puis une deuxième fois en 2008, avec la perception spectaculaire, grossie par la crise, de l'irruption des émergents. Cette vision de la mission civilisatrice de l'Occident survit toutefois partiellement.

La guerre d'Irak en est la preuve...

Oui, en 2003 avec Bush. Et il se trouve encore des gens aujourd'hui, même en France (y compris l'ambassadeur de France en Irak), pour reprendre l'argumentation de l'administration Bush. Cela reste pour quelques-uns une idéologie implicite, notamment dans le monde des médias, mais elle est tout de même fragilisée. Il me semble qu'il y a aujourd'hui, en tout cas en France, une opinion qui, parce qu'elle est moins irréaliste, est plus inquiète, et est en attente de réponses.

Est-ce le cas de l'ensemble de l'opinion européenne ? Je ne crois pas. L'Europe comme système collectif, en tous cas ses représentants, reste tout de même, comme je l'avais méchamment appelée un jour, l'« idiot du village global » sur les plans économique et stratégique. Il lui faudra d'autres déconvenues de type Copenhague, où il était pourtant évident à l'avance qu'elle n'arriverait pas à imposer ses conceptions aux autres. Qu'elle ait fait de ce sommet une étape stratégique était une erreur terrible et n'a rendu le fiasco européen que plus spectaculaire.

Je fais le pari d'une évolution plus réaliste des Européens, qui en arriveraient à dire : « On a compris le nouvel état du monde, alors que fait-on pour être un pôle dans la mondialisation qui défende nos intérêts vitaux, nationaux et européens, ainsi que nos valeurs ? » Nous n'y sommes pas encore, car manque une volonté politique claire et une pédagogie éveillante. Manquent des médias qui aideraient l'opinion à recomprendre le monde, qui renoueraient avec la tradition du grand journalisme, c'est-à-dire comprendre sans juger, puisque le lecteur est assez grand pour juger tout seul, et non pas juger sans comprendre ! La capacité de compréhension et d'analyse du monde extérieur par les Européens, même éduqués, éclairés, s'est affaissée. Par exemple, il a fallu au moins dix ans pour que l'on passe de l'idée de *marchés* émergents – vus simplement comme une aubaine pour les grandes entreprises globales, forcément occidentales – à l'idée de *puissances* émergentes, qui ont généré elles aussi des entreprises globales, chinoises, indiennes, brésiliennes, mexicaines, turques ou autres très offensives. Cette opinion plus réaliste sera aussi plus exigeante envers ses dirigeants politiques.

Donc une plus grande facilité ou une plus grande difficulté pour eux d'agir ?

Cela sera plus difficile de s'en sortir avec des phrases creuses : « Nous allons saisir le Conseil de sécurité... » ; « Jamais l'Europe n'acceptera que… » ; « La communauté internationale ne supportera pas que… » et même « Jamais la France, patrie des droits de l'homme, ne tolérera que… », etc. Ces formules automatiques sont de moins en moins utilisables. Je pense que l'opinion est de plus en plus exaspérée par ce type de langage qu'elle prend pour de la désinvolture, presque du mépris envers sa capacité de compréhension, et qu'elle va demander autre chose. La situation sera alors moins confortable pour les hommes politiques.

Par contre, c'est le moment de dire aux citoyens des vérités sur l'état du monde. Par exemple, que nous, Européens, devons nous préparer à dire à certains pays émergents que nous nous réjouissons de leur développement, mais que, sur certains points, nous ne sommes pas d'accord. Ce désaccord pourra être marqué soit de façon bilatérale, soit, mieux, au niveau européen, et au sein d'institutions multilatérales. Quitte à ce qu'il y ait des réactions vives. Il faut le faire dans les dix ans parce que, après, le rapport de forces ne le permettra plus. Précisément, il faut que les Européens réadmettent l'idée que, quelque part, il y a encore des rapports de forces. Ils ont trop souvent une vision, comme disent certains, un peu « Bisounours » du monde. Hélas, ce n'est pas ainsi que cela se passe.

Mais justement, vous qui pendant très longtemps avez mis en garde contre le fait de suivre les mouvements de l'opinion publique, à présent, vous pensez qu'elle est suffisamment mûre pour exiger, pour ne pas être prise au piège de la bêtise, des déclarations creuses et qu'elle peut être le levier sur lequel s'appuyer pour avoir des politiques plus réalistes ? L'opinion serait moins sensible aujourd'hui aux charmes de la démagogie ?

Je n'en fais pas une théorie générale. Je continue à penser que ce qui différencie un homme d'État d'un homme politique, c'est sa capacité à aller si nécessaire contre son opinion publique. Sans en faire un automatisme ! On ne peut pas avoir comme boussole d'aller sans arrêt contre son opinion, au risque d'être rejeté, incompris, de ne pas être élu ou réélu. Mais je rejette la thèse selon laquelle la seule fonction de l'homme politique est d'aller dans le sens de l'opinion à chaud, de l'interpréter. Cela n'est pas possible. L'opinion est réactive. Elle n'est pas construite pour trancher entre plusieurs options construites. Elle ne prévoit pas. Il arrive aux politiciens qui s'alignent sur l'opinion ce qui arrive au caméléon sur la couverture écossaise, il meurt d'épuisement ou de vacuité.

Donc oui, je crois que l'opinion publique européenne est en 2010 moins chimérique, plus réceptive à des politiques qui tireraient les conséquences de cette compétition multipolaire qui s'impose à nous. Je ne me contredis pas. Je ne me mets pas à vénérer l'« opinion ». Il y a l'opinion publique en général, et il y a l'opinion à un moment donné dans un pays donné. Je n'aurais pas dit la même chose de l'opinion publique européenne des années 1990 et du début des années 2000, qui avait une vision tellement abstraite et béate des choses que cela en était un handicap. Ce n'est plus le cas aujourd'hui. Cela dit, ce qui est délicat dans le traitement de l'opinion, c'est que, pour faire prendre la mesure de la compétition qui nous attend, *il faut réveiller et alarmer sans paniquer*, et, cela, on ne peut y arriver que si l'on explique clairement que la situation n'est pas commode, qu'elle est sérieuse, mais que l'on va agir dans tel ou tel sens. Et pour cela il faut être crédible. Cette exigence est plus forte qu'auparavant. Le déclaratoire ne peut plus suffire.

Étant donné les moyens d'information désormais accessibles aux responsables, peut-on dire que la prise de décision a changé ? Y a-t-il changement ou permanence ?

Les deux, forcément. Il y a une permanence, c'est d'ailleurs pour cela qu'il est toujours utile de voir comment fonctionnaient et décidaient les dirigeants à d'autres époques. Mais dans le court terme il y a un changement, pour moi, une dégradation constante, parce que le temps de préparation des décisions est de plus en plus réduit, pulvérisé. C'est très difficile aujourd'hui pour un responsable politique de trouver le temps de réfléchir, de se renseigner, de former son idée, de la tester, s'il ne l'a pas fait avant. Un des aspects pervers de ce qu'on appelle aujourd'hui la « transparence » est que, les avant-projets de décision se sachant instantanément, les gens réagissent à l'avance, les groupes de pression, les lobbies s'organisent pour peser sur les décisions et étouffer ce qui les gêne. Cette démocratie globale, publique, participative, que certains idéalisent, reste une foire d'empoigne. Elle n'a pas trouvé son mode d'emploi. Mais supposons que le processus de réflexion ait fonctionné, que la décision soit prise et qu'on ait adopté une politique, un programme ou un plan. Reste à faire entendre la parole politique, ce qui n'est pas évident. On se heurte d'abord à une opinion publique méfiante, arc-boutée *a priori* : « Ce sont des menteurs, ça ne nous intéresse pas. » Puis, techniquement, sous quelle forme, par quel médium transmettre cette parole politique ? Il faut passer par une multitude de canaux. Pour réussir dans ces affaires de communication politique, il y a l'émetteur, le médium, le message, le récepteur. Et puis il y a le moment, le contexte.

Mon sentiment, c'est que ce processus est encore plus aléatoire qu'il ne l'était il y a dix ans, et encore plus qu'il y a vingt ans. Il faudrait rendre sa dignité, sa crédibilité à la parole politique, en ne l'utilisant pas à tort et à travers, mais en parlant vrai, simple et sur le fond, tout le temps.

Dans la préface[1] *de la réédition du livre de Renouvin et Duroselle* (Introduction à l'histoire des relations internationales, *dont la première édition date de 1964), vous mettez en avant la permanence d'une partie de leurs analyses alors que ce livre a été écrit dans*

1. Dans le présent volume, voir ci-dessus, p. 90.

un monde qui n'est plus du tout celui dans lequel nous vivons aujourd'hui, qu'il s'agisse du monde bipolaire ou de l'exigence médiatique. Pourquoi avoir voulu donner une nouvelle vie à une œuvre magistrale dans un monde qui a complètement changé par rapport au premier temps de l'écriture ?

J'ai accepté la demande qui m'a été faite de préfacer cet ouvrage, car, dans les travaux de Renouvin et Duroselle, fondés sur une connaissance exceptionnelle des relations internationales des siècles antérieurs, particulièrement du XIXe et du début du XXe, on retrouve une pertinence qu'ils n'avaient plus durant la guerre froide. Ils étaient alors peu lus, par des spécialistes, des historiens, des étudiants. Ils n'auraient aucune actualité non plus si une véritable « communauté » internationale s'était constituée, où les enjeux auraient été gérés par des discussions paisibles au sein de l'ONU, sous la surveillance de la Cour pénale internationale, le grand marché généralisé résolvant tous les problèmes de l'humanité. Étant donné que nous sommes au contraire à l'aube d'une longue et intense période de compétition multipolaire, multilatérale, de redistribution des cartes, il est capital de se réintéresser à la stratégie propre de chacun des acteurs, grands ou petits, de ce jeu (et pas seulement à celle de la Chine). Ce que ces deux auteurs ont écrit sur l'Europe du XIXe siècle retrouve donc un véritable intérêt et une actualité.

Il n'y a aucun sous-entendu tragique dans la comparaison que je fais. L'organisation de l'Europe au XIXe siècle, fondée sur l'équilibre des forces et déjà sur la coopération (dès 1815, accords sur le Danube, congrès de Vienne), ne conduisait pas automatiquement à la guerre de 1914. Le XIXe siècle a été beaucoup moins guerrier que le XXe. Je suis entièrement d'accord avec Kissinger quand, dans sa grande thèse *Diplomatie*, il démontre que, ce qui a conduit à la guerre de 1914-1918, ce n'est pas la *realpolitik*, c'est son abandon. Il faut vraiment relever le niveau d'analyse et de compréhension des professeurs, des étudiants, des journalistes, des politiques et de l'opinion sur toutes ces questions. Réétudier ce qui s'est passé autrefois est une démarche très utile compte tenu des questions que nous devons nous poser sur la Chine, le Japon, l'Inde, le Brésil, la Russie, les États-Unis et tous les autres.

SINE QUA NON POUR DES ÉTATS STRATÈGES[1]

Une nouvelle doctrine est à bâtir pour l'État de demain, autour de notions constitutives de ce que doit être l'*État stratège*. Cela sera impossible sans surmonter l'antagonisme de fond entre la nécessité d'une stratégie à long terme et les modes de fonctionnement à très court terme d'un monde à flux tendus submergé par des vagues d'émotions manichéennes.

Nous avons tous à l'esprit la longue période pendant laquelle les États avaient le monopole des relations internationales, c'est ce qu'on appelle le système « westphalien ». Nous avons également à l'esprit que les États étaient devenus prédominants dans les politiques économiques à partir de Roosevelt et du keynésianisme. Nous avons aussi en tête la longue période qui a suivi pendant laquelle les États sont de plus en plus contestés et challengés, par les autres acteurs des relations internationales, que ce soient les entreprises, les marchés, les médias, les ONG, la société civile, sans oublier les économies illégales, la mafia, etc. Mais, en plus, les États se sont méthodiquement désarmés pendant trente ans, à partir d'une interprétation excessive et certainement abusive du libéralisme. Désarmés au profit des marchés, et affaiblis dans certaines zones, par exemple l'Europe par une certaine confusion entre l'exercice en commun de la souveraineté – qui est un progrès, avec des transferts de souveraineté qui se justifient – et l'abandon pur et simple de ces souverainetés, qui apparaît avec le recul comme ayant été fait finalement au profit de marchés, ayant eux-mêmes

1. Intervention d'Hubert Védrine devant le Cercle des économistes réuni à Aix-en-Provence en juillet 2011.

échappé à tout contrôle, ce qui a aggravé le désarroi démocratique. Nous avons en tête ces diverses séquences historiques.

Même si, à partir de 2008, les États ont été rappelés comme pompiers, comme sauveurs, d'un système occidental financier dérégulé et endetté, en faillite – système dont il a été dit qu'il était devenu un « danger public » –, à mon avis on a parlé trop vite d'un « retour de l'État ». En fait, il ne s'agissait que d'une partie des activités économiques et cela n'a pas entraîné un retour – auquel on aurait pu s'attendre – aux idées keynésiennes en général. Sinon, il n'y aurait pas ces controverses actuelles dans la zone euro sur qui décide quoi. La question « qui décide ? » est un sujet en soi, mais la question « que décide-t-on ? » n'aurait pas pris la tournure que l'on connaît.

Même réhabilités comme pompiers, ces États sont toujours dans un grand désarroi et leur légitimité reste contestée. D'abord, toujours et encore, par les marchés, qui auront été un peu re-régulés, ce qui aura un certain effet, mais pas tout de suite. D'autre part, par l'ensemble du mouvement : société civile, démocratie directe, mouvements internautes, par une certaine conception libertaire, voire anarchiste, par le populisme impatient. Bref, l'ensemble des forces à l'œuvre dans la démocratie dite directe – c'est lui faire un bel éloge que de l'appeler comme cela – contre la démocratie représentative. Sans parler de l'idéologie supranationale, qui continue à inspirer certains à propos de l'Europe, et qui pousse une partie des solutions mises en avant aujourd'hui. Ces États revenus comme pompiers n'en sont pas forcément relégitimés aux yeux de tous et ils continuent d'être attaqués de toutes parts. Encore faudrait-il distinguer les États du monde occidental, ceux des pays émergents à système autoritaire, ceux des pays qui n'émergent même pas.

Ce qui veut dire que l'État de demain doit être doté d'une nouvelle doctrine, qu'il n'a pas. Le fameux État pompier redécouvert, ressuscité, reste extraordinairement vulnérable par rapport à toutes ces autres forces. L'État de demain ne doit pas être simplement un pompier, pas simplement employeur ou social ou emprunteur, propriétaire, gestionnaire, et souvent mauvais gestionnaire. Il doit bien sûr être un État prévoyant, un État protecteur, ce qui ne veut pas dire protectionniste, un État régulateur, un État actionnaire cohérent et constant. État planificateur – oui, j'emploie le mot –, État négociateur. C'est bien autour de ces notions que se construit la notion d'État stratège. Nous pensons et nous fonctionnons en mode court-termiste, que ce soit en matière de marché, ou en matière politique, qu'il s'agisse des temps électoraux ou du temps des sondages. Il y a donc un antagonisme de fond constant entre la notion de stratégie à long terme et nos modes de fonctionnement à court terme. Les États aujourd'hui ont été réhabilités comme pompiers, ils sont décorés, ils ont une médaille de pompiers, ce qui n'empêche pas les marchés de les traiter impitoyablement, comme le scorpion traite la grenouille, parce qu'ils se sont surendettés pour aider ! Il y a quelque chose à inventer, quelque chose de plus fort pour que les États (sans oublier leurs différences) soient en mesure de répondre à cette attente nouvelle et de se constituer en stratèges. La route sera longue.

S'ils n'y arrivent pas, les marchés auront le dernier mot, et les marchés ne seront pas davantage capables de préparer l'avenir, par exemple le long et indispensable processus d'écologisation sur vingt, trente ou quarante ans. Surtout si on n'introduit pas dans le système économique les valeurs qui permettraient de prendre en compte d'autres éléments patrimoniaux que les flux mesurés par les PNB. Les États auront raté ce moment historique, qui peut-être ne repassera pas.

Enfin, pour que les États réussissent à saisir cette occasion de se transformer et de devenir des États stratèges, encore faudrait-il qu'à très court terme la démocratie directe, qui traduit une impatience phénoménale que l'on peut comprendre, mais dont les résultats n'apparaissent pas clairement, encore faudrait-il que cette démocratie directe n'ait pas détruit ce qui nous reste de démocratie représentative. À cet égard, il faut avoir une réflexion sérieuse pour voir ceux qui, parmi les remèdes préconisés à propos de l'Europe, nous font progresser, et ceux qui nous amènent au-delà d'une ligne jaune où commencerait l'Europe postdémocratique…

NÉGOCIER AVEC FERMETÉ ET VIGILANCE[1]

C'est par rapport à l'analyse géopolitique développée par Jean-Michel Quatrepoint que je vais réagir. Si, globalement, je ne suis pas en désaccord avec lui, j'analyse un peu différemment la question des grandes négociations commerciales. Je vais vous indiquer les conséquences que j'en tire sur la façon dont nous devrions nous comporter par rapport à cet enjeu.

Un mot sur le contexte géopolitique. D'abord je pense que l'on ne peut plus parler d'« hyperpuissance ». J'ai employé ce mot dans la décennie 1990 pour caractériser un moment où il me semblait que les États-Unis, devenus sur tous les plans la plus grande puissance de tous les temps, n'étaient comparables à rien d'autre, ni historiquement ni géographiquement. Cela a duré quelques années.

Mais ce n'est plus le cas aujourd'hui. Les Occidentaux perdent le *monopole* de la conduite du monde. Et la politique erronée de W. Bush fils a ensuite fourvoyé l'« hyperpuissance » américaine.

Aujourd'hui, les États-Unis restent la première puissance mais sont plutôt en lutte pour le maintien d'un *leadership* relatif. Je pense qu'ils le garderont, mais à un degré de puissance, et donc d'aisance de comportement, qui n'est pas comparable à ce qu'ils ont connu il y a peu. Je ne les vois pas en train de reconquérir une position équivalente à celle qu'ils avaient dans plus de la moitié du monde en 1945 ni à celle qu'ils ont pu avoir dans la décennie 1990. Au contraire. Les immenses choses qui se passent

1. Article paru dans *Le Débat*, n° 178, Gallimard, janvier-février 2014, p. 9-15.

en Asie, que Jean-Michel Quatrepoint a évoquées, expliquent en creux pourquoi les Américains se soucient peu d'avoir laissé l'Irak dans le chaos, pourquoi Barack Obama se dégage de l'Afghanistan sans que la suite soit assurée, pourquoi il a tellement freiné dans l'affaire syrienne, même s'il a pensé à un moment donné, avant de se raviser, que ne rien faire était la pire des solutions. Sa ligne stratégique est celle du désengagement américain du monde arabo-musulman. Les États-Unis, qui se voient déjà comme indépendants énergétiquement, ne se sentent plus engagés par l'accord signé sur le *Quincy* en 1945 (par Roosevelt et le roi d'Arabie)[1], même s'ils resteront très exigeants sur l'Iran et, évidemment, sur la sécurité d'Israël. Cela explique encore mieux l'évolution actuelle de leur politique et l'importance, pour eux, des enjeux asiatiques.

Dans les démocraties modernes, les dirigeants sont si proches des gens (grâce aux sondages par exemple) qu'ils ont moins de *leadership*. Ils sont donc devenus ultrasensibles aux pulsations de l'opinion. Or l'opinion américaine voit la Chine autant comme un partenaire que comme un rival ou une menace. Ces sentiments partagés compliquent la décision politique, or il y a d'immenses enjeux asiatiques. Prenons l'exemple du Japon. Si nous étions japonais, penserions-nous que notre sécurité ultime pourra être toujours assurée par les États-Unis ? Même si les États-Unis veulent à tout prix continuer à contrôler la haute mer avec une marine incomparable (laissée intacte par les réductions limitées du gigantesque budget américain), les Japonais peuvent-ils écarter l'hypothèse qu'un jour les États-Unis ne contrôleront plus le Pacifique ? Que feront-ils alors ? Peuvent-ils envisager de se résigner à une sorte de *leadership* chinois, de composer un jour avec les Chinois sur les plans commercial, stratégique et autres ? Il se pourrait qu'un jour les Japonais aient à faire ce choix angoissant.

Ils pourraient alors, conscients de ne pouvoir compter à perpétuité sur les Américains, et refusant de se mettre dans la main des Chinois, envisager de réarmer pour se protéger. C'est alors *la question de l'arme nucléaire japonaise* qui se poserait, bien que

1. Par le pacte signé le 14 février 1945 à bord du croiseur américain *Quincy*, par Roosevelt et le roi Ibn Saoud, les États-Unis garantissaient la protection du régime saoudien à la fois contre l'Égypte, la Jordanie, l'Iran…, moyennant un approvisionnement en pétrole à prix modérés. Cet accord mettait un terme à la domination européenne sur place.

l'opinion soit très contre. Jean-Michel Quatrepoint a fait remarquer que déjà Shinzō Abe parle d'une « armée » japonaise.

À côté des enjeux de défense, il y a aussi une gigantesque bataille commerciale par projets d'accords interposés entre Chine, Japon, ASEAN, États-Unis…, bataille dont l'issue reste incertaine.

Dans les années écoulées, les États-Unis ne sont toujours pas arrivés à leurs fins dans ce domaine. En Amérique latine, par exemple, ils n'ont pas réussi à conclure tous les accords commerciaux qu'ils voulaient mettre en œuvre. Toute initiative américaine n'est pas forcément vouée au succès.

Pour les États-Unis, les enjeux primordiaux sont en Asie. Cela se traduit, entre autres, par la volonté d'empêcher le basculement de la Birmanie dans le camp chinois.

Beaucoup de pays d'Asie du Sud-Est redoutent les Chinois. Ils n'ont pas envie de rester en tête à tête avec eux dans la région et souhaitent donc le maintien des États-Unis (le Vietnam lui-même, malgré le déversement d'« agent orange » qu'il a subi pendant des années, négocie des accords de sécurité avec les États-Unis).

L'Australie est partagée, balançant à chaque élection entre un Premier ministre sinophile et un Premier ministre sinophobe, mais tenant compte du poids économique de la Chine (mines). N'oublions pas la relation stratégique entre les États-Unis et l'Inde (malgré le programme nucléaire militaire indien !) pour équilibrer la Chine.

Il est donc exact qu'il y a d'énormes enjeux en Asie, pour très longtemps.

En revanche, je trouve d'un marxisme trop schématique l'interprétation des mécanismes qui ont amené les États-Unis à proposer, depuis longtemps, le grand marché transatlantique. Elle ne tient pas compte des compétitions multiples à l'intérieur du « monde des multinationales », multinationales bientôt presque aussi nombreuses dans les pays de ce qu'on appelait autrefois « le Sud » qu'aux États-Unis, avec des croisements très compliqués, avec des « chaînes de valeur qui nous unissent[1] », comme le dit Pascal Lamy,

1. Titre de l'allocution prononcée lors du séminaire sur les chaînes de valeur mondiales (organisé par l'OMC, le ministère chinois du Commerce, l'OCDE et la CNUCED le 19 septembre 2012 à Beijing) par le directeur général Pascal Lamy. Selon lui, « le coefficient d'importation élevé de la production destinée à l'exportation a entraîné un niveau sans précédent d'interdépendance entre les pays associés aux chaînes d'approvisionnement. Il ne s'agit plus seulement des

IBM avait inventé le concept de « multinationales » pour déguiser le fait qu'elle était, et quelles étaient, alors toutes américaines. Ce terme désignait alors les méga-entreprises américaines et deux ou trois entreprises japonaises. Ce n'est plus le cas aujourd'hui. Les choses sont devenues plus complexes. Nous prenons part à une gigantesque « foire d'empoigne ».

La possibilité pour les multinationales d'instrumentaliser le pouvoir américain *via* le *lobbying* se heurte ainsi au fait qu'elles ont entre elles des intérêts contradictoires. Si certaines « multinationales » ont besoin d'une politique d'*appeasement* avec la Chine, d'autres ont plutôt intérêt à l'affrontement avec elle. L'ensemble du système militaro-industriel américain n'a pas intérêt à un partenariat trop étroit avec la Chine selon un schéma « G2 », d'ailleurs illusoire. Si leurs intérêts croisés obligent la Chine et les États-Unis à gérer ensemble cette situation de partenariat/rivalité, ils ne seraient pas pour autant capables de s'entendre pour gérer les problèmes du reste du monde.

Sans la puissance structurante américaine – qu'on l'aime ou non – nous sommes dans un monde « sans maître ». Les Chinois sont incapables de jouer ce rôle et je ne crois pas qu'ils en aient l'intention, sauf sur une base régionale élargie.

Il n'y a pas encore de « communauté internationale ». L'ONU n'est qu'un cadre. Le G20, le G7, au sein desquels des luttes d'influence se poursuivent, sont non pas des pouvoirs, mais des enceintes. Et il n'y aura évidemment pas de gouvernement mondial.

C'est pourquoi, même si je ne trouve pas cela tellement réjouissant, je suis plutôt sur la ligne d'un Pierre Hassner, qui parle de « chaos stratégique », ou d'un Richard Haas, qui parle d'un « monde apolaire ». Alors qu'en France on a beaucoup annoncé un « monde multipolaire ».

Si le but était d'énerver les Américains, c'était réussi : chaque fois que Jacques Chirac prononçait les mots « monde multipolaire », Condoleezza Rice les contestait par une déclaration précisant que les États-Unis surplombaient ce monde multipolaire.

Ce système multipolaire serait d'ailleurs instable. Quelles relations changeantes entre États-Unis, Chine, Japon, Europe et aussi, peut-être, Brésil, Inde, voire Afrique du Sud, Nigeria, Indonésie, Mexique, etc. ?

---

exportations. Les importations sont essentielles pour les exportations. Il ne s'agit plus seulement d'"eux". Il s'agit de "nous". »

Ces jours-ci, dans le cas particulier de la Syrie, Poutine a trouvé une occasion de transformer son « pouvoir de nuisance résiduel périphérique » en un atout qui a refait de lui un partenaire obligé. Il a pu le faire à partir de l'influence qu'on prête à la Russie sur la Syrie. Mais ce pouvoir est faible sur la plupart des autres terrains. Peut-on reparler d'un pôle russe ? La Russie est un pays qui garde un immense avenir… Espérons pour elle qu'elle n'incarnera pas ce que Clemenceau disait du Brésil (« Le Brésil est un pays d'avenir, et le restera longtemps ») !

Le Japon est en proie à ses hésitations.

Les Européens n'en finissent pas de ne pas savoir ce qu'ils veulent. C'est pourquoi je ne dis jamais « l'Europe » mais « les Européens ».

Il n'est donc pas simple de prévoir des alliances durables dans le système multipolaire. L'idée naïve selon laquelle nous pourrions nous mettre d'accord avec les émergents démocratiques (l'Inde, le Brésil) ne fonctionne pas. Nous avons avec eux presque autant de sujets de désaccord qu'avec la Chine (avec laquelle nous avons aussi des sujets d'accord…). C'est compliqué.

Je suis plutôt frappé par l'état d'instabilité et d'imprévisibilité du monde.

Si les États-Unis sont incapables de reconstituer une situation d'hyperpuissance, ils peuvent, ne serait-ce que par défaut, se maintenir longtemps comme le leader relatif, sorte de *hub* du système.

Les États-Unis sont dans une phase longue où, pour des raisons intérieures d'ordre à la fois psychologique et politique, il leur devient de plus en plus difficile de projeter leur puissance.

Il y a des interventionnistes à droite – les néoconservateurs, comme à gauche – les *liberal hawks* (les uns et les autres ont des émules à Paris). L'origine des néoconservateurs remonte à l'époque où des conservateurs très agressifs considéraient que Kissinger, sorte de Chamberlain à leurs yeux, était trop conciliant à l'égard de l'URSS. Selon eux, les États-Unis ne pouvaient que « se faire avoir » dans des négociations avec l'Union soviétique à l'égard de laquelle il fallait adopter une attitude beaucoup plus dure et, contrairement à Truman, qui avait eu tort de se limiter à une politique d'*endiguement*, faire du refoulement, de la reconquête, du *roll back*. Ce sont souvent, à l'origine, des intellectuels d'extrême gauche qui, au terme de leur migration, sont parvenus jusqu'à la droite du Parti républicain pour former les « nouveaux (néo)conservateurs ».

Il y a aussi des non-interventionnistes dans les deux camps aux États-Unis, comme ici. Les uns arguënt que l'on ne peut pas intervenir si l'on n'a pas réuni toutes les conditions de la légalité internationale. Les autres se réfugient dans l'isolationnisme, se désintéressant du reste du monde. C'est la position du Tea Party. Cela devient la position allemande et celle de la majorité des Européens.

Dans une situation d'une telle complexité, je ne crois pas les États-Unis capables de la stratégie machiavélique et calculée que décrit Jean-Michel Quatrepoint. Je suis convaincu que certaines multinationales américaines nourrissent des craintes à propos des négociations sur le grand marché atlantique. Mais que d'autres sont favorables à ce projet et quelques-unes sont partagées, hésitantes. Il ne faut donc pas surestimer la rationalité des acteurs. Il y a aussi les aléas, le désordre, les erreurs de calcul !

Cela m'amène à mon point essentiel : je pense qu'il ne faut pas avoir peur *a priori* de ces négociations.

Nous n'en sommes plus à nous demander ce qui va être décidé lors du prochain Conseil européen. La décision est déjà prise. L'accord a été donné par tous les Européens. Il a d'ailleurs été précédé, Jean-Michel Quatrepoint l'a rappelé, de beaucoup de signaux en ce sens, y compris du Parlement européen. Personne n'a protesté. Je rappelle qu'à la fin des années 1990 l'ambassadeur du président Clinton à Paris, Felix Rohatyn, répétait que l'intérêt des Européens résidait dans un grand marché avec les États-Unis. En effet, insistait-il, le poids cumulé des États-Unis et de l'Europe dans l'économie et le commerce mondial serait tel qu'il s'imposerait aux autres. Ce discours n'est donc pas nouveau. « Ce n'est pas nouveau » peut se comprendre dans deux sens : « C'est un complot ourdi de longue date », ou bien : « C'est une possibilité envisagée depuis longtemps ».

Je n'aurais peut-être pas dit exactement la même chose avant que la décision ne fût prise. Mais puisque les Européens se sont engagés, puisque nous avons invoqué et obtenu l'exception culturelle… c'est différent. Peut-être pas de façon définitive, comme Jean-Michel Quatrepoint le rappelle à juste titre. Avons-nous eu raison de jouer tout de suite cette carte ? La conséquence est que nous ne pourrons peut-être pas bloquer la négociation sur un autre point. Or il y a peut-être d'autres points, plus vitaux, que nous n'avons pas encore identifiés.

Mais nous sommes engagés !

Je suggère de ne pas avoir peur *a priori*. Ne nous comportons pas comme le patronat français en 1957, terrorisé par un Marché commun dont il pensait qu'il allait anéantir toutes les capacités industrielles françaises. Notre manque de confiance en nous, devenu pathologique, est un des problèmes récurrents de notre pays, qui resurgit à chaque étape.

Nous devons dans cette négociation savoir ce que nous voulons, et ne pas nous limiter à une vision purement négative ou défensive. Nous ne pouvons pas nous contenter de voir protégée l'exception culturelle française, c'est trop court. Nous avons aussi des intérêts offensifs, comme le commissaire européen au Commerce, Karel De Gucht, n'a pas tort de le dire.

Nous, Français, avons des intérêts français, et non abstraitement « européens ». Jean-Michel Quatrepoint a montré tout à l'heure que les Allemands ont, quant à eux, des intérêts spécifiques.

Sachons nous aussi ce que nous voulons.

La question des normes est très importante. Il est vrai que rien ne se jouera sur des droits de douane qui sont déjà autour de 3 %. Mais l'enjeu normatif est énorme.

À l'exception des rares voix – françaises – qui parlent d'Europe puissance, la plupart des Européens croient surtout dans la capacité normative de l'Europe. Il serait naïf de croire que nous réussirons à équilibrer les puissances réelles du monde de demain uniquement en leur imposant nos normes. Mais c'est quand même un élément sérieux dans la négociation.

Avons-nous les capacités, nous, Européens, d'imposer nos normes au reste du monde ? Non, pas telles quelles. L'expérience de la conférence sur le climat peut nous en faire douter. Mais en cas d'accord entre États-Unis et Europe, l'ensemble pèserait 40 % du commerce international ! La puissance normative de cet ensemble s'imposerait alors largement aux autres.

Encore faudrait-il que nous ne capitulions pas en route ! Mais pourquoi le ferions-nous ? Nous n'en sommes qu'au début de cette négociation. Or, je le rappelle, les négociations lancées par les Américains n'ont pas toutes abouti. Ils se sont heurtés, ici ou là, au désaccord de leurs partenaires (Brésil ou autres). Ne préjugeons donc pas que la négociation se soldera forcément pour les Européens par un abandon total de leurs positions (après que les Français auront eux-mêmes été abandonnés par les Européens…)

et qu'en dépit de la position des Allemands, favorables à ce grand marché, nous aboutirons à une capitulation !

Les autres Européens ont aussi des intérêts offensifs dans cette affaire. Ne craignons donc pas d'avancer en déterminant, en matière de normes, ce que nous, Européens, sommes capables de gérer seuls.

Avec qui d'autre, d'ailleurs, pourrions-nous conclure des accords normatifs qui influenceront le reste du monde ?

Un accord Union européenne-Chine n'est pas possible. Les désaccords sont trop nombreux. S'il peut arriver que les Américains nous irritent, ils sont quand même moins loin de nous que la Chine, l'Inde ou l'Afrique du Sud.

Beaucoup de choses se décident en la matière entre États-Unis et Europe. Si nous n'utilisons pas cet atout maintenant, je ne sais pas trop quand nous pourrons relancer le jeu normatif, compte tenu de l'énorme bataille de géo-économie mondiale.

C'est maintenant que cela se passe.

Loin de nous satisfaire d'avoir préservé (ou cru préserver) l'exception culturelle, nous devons organiser un système de vigilance dans le suivi de la négociation.

Certes, de par le traité de Rome, c'est le commissaire compétent qui négocie. Mais celui-ci n'est pas un inconnu qui va disparaître dans la nature. Il devra parler aux autres commissaires, au Parlement européen, à l'opinion, et rendre compte.

Je pense donc qu'il faut utiliser dans le traité tout ce qui permet de suivre de très près le mécanisme de la négociation et obtenir que le négociateur rende des comptes à chaque étape pour mettre en évidence les choix.

Dans toute négociation, à un moment donné, il faut un compromis, ou un échec. Selon moi, le travail de définition de nos intérêts offensifs n'est pas suffisant. Or nous aurons du mal à arbitrer, si nous n'avons en tête que nos seuls intérêts défensifs. Cela signifie que nous devons avoir des alliés. Réveillons-nous avant qu'il ne soit trop tard. Il sera alors vain de crier à la conjuration entre les Allemands et les Américains pour nous étrangler ! Il y a un travail à faire en amont qui pour moi est un des enjeux des prochains mois.

La négociation sur le marché transatlantique ne pourra pas aboutir en deux ans. Elle prendra du temps. Il faut travailler vite auprès de tous les autres Européens, auprès des milieux économiques, des entreprises, de l'ensemble des groupes d'intérêts dans les autres pays pour constituer une coalition préventive afin de ne pas se tromper d'arbitrage le moment venu.

Il faut ensuite bien intégrer le calendrier. Ce projet, lancé comme pouvant aboutir vite, n'a aucune chance d'être réglé avant la fin de la commission Barroso en 2014. Il va donc concerner aussi la commission suivante. Cela peut influer sur le choix du représentant français qui sera nommé et sur la définition du poste clef pour la France. Je pense plutôt à un poste économique qu'au poste détenu par Mme Ashton (même si on met un génie de la diplomatie à sa place, cela restera un « job » impossible). Cela se jouera plutôt sur les postes de commissaires économiques ou commerciaux.

Cela nous amène à 2015 ou 2016. Je pense qu'il y aura des contradictions aux États-Unis sur cette question. Les Européens doivent donc parler aux Américains. Nous pouvons faire évoluer les positions américaines. Il y a aussi des contradictions chez eux. Nous voyons en effet à quel point le système institutionnel américain est plus compliqué qu'avant.

Vous aurez compris ce que je veux dire quand je parle de la vigilance nécessaire pour suivre une grande négociation.

Cela suppose aussi d'être compris de l'opinion. Il doit être possible de traduire en termes simples ce qu'est un intérêt offensif, quels sont les points sur lesquels nous ne lâcherons pas, quels sont nos alliés potentiels. L'opinion doit être informée non pas par des slogans ni par de la « communication », mais par une vraie pédagogie.

Nous serions beaucoup plus forts si nous parvenions – contre toutes nos traditions – à des accords bipartisans sur ce sujet. Certes, les partis politiques, par nature, haïssent tout ce qui est bipartisan. Toutefois, sous la IVe République, et même sous la Ve, de grandes choses ont été faites, des politiques importantes pour le pays ont été menées pendant longtemps, qui, sans apparaître explicitement comme des accords de coalition, n'étaient pas remises en question par les différentes forces.

Aujourd'hui, c'est nécessaire. Peut-être ne faut-il pas trop le dire, mais alors faisons-le sans le dire. Nous devons nous poser cette question, d'autant que sur ce sujet aucune vraie contradiction de fond n'oppose les partis de gauche et les partis de droite de gouvernement.

Nous devons y réfléchir parce que nous serions évidemment beaucoup plus forts dans les moments difficiles de la négociation déjà engagée, s'il faut nous opposer à un arbitrage que voudrait faire le commissaire compétent et proposer une correction de la trajectoire des négociations.

REPENSONS L'INTERVENTIONNISME[1]

Dans cet entretien en 2014 au quotidien *Le Monde*, Hubert Védrine rappelle quelques-unes des interventions occidentales d'envergure sur la scène internationale et leurs bilans. Il note la baisse du soutien des opinions publiques occidentales, et recommande des modalités plus rigoureuses de définition des objectifs et du déroulement des interventions, afin que les actions militaires, quand elles sont nécessaires, soient pertinentes et justifiées.

Au cours des dernières décennies plusieurs pays non occidentaux sont intervenus militairement : l'Inde ; le Vietnam (au Cambodge) ; la Libye ; la Russie en Géorgie et, de façon indirecte, en Crimée ; le Rwanda (en RDC) et aussi Israël au Liban, en Irak, en Syrie ou à Gaza.

Mais, depuis la fin de l'URSS, dans les années 1989-1991, c'est surtout l'Occident qui, n'ayant plus à craindre un ennemi à sa taille, s'est beaucoup « ingéré », et est intervenu dans d'autres pays, en s'affranchissant, pour des raisons humanitaires ou de droit international, du respect de la souveraineté nationale.

Certes les Occidentaux ne sont pas intervenus militairement, dans les guerres civiles libanaise ou algérienne, ni en Yougoslavie de 1991 à 1995, ni dans la plupart des guerres civiles ou régionales en Afrique (Angola, Mozambique, Grands Lacs, Somalie, Érythrée, Liberia, Kivu, Soudan, etc.), ni plus récemment en Syrie, ou en Crimée, sans même parler de la Tchétchénie, du Sinkiang, du Tibet ou du Proche-Orient. Mais ils l'ont fait néanmoins plus d'une dizaine de fois, à l'initiative d'un seul pays, ou de plusieurs,

1. Article paru dans *Le Monde* du 6 mai 2014.

de façon unilatérale, ou légitimée par le Conseil de sécurité au titre du chapitre VII[1] : au Rwanda, face à l'Ouganda et au FPR en 1990-1993 (France, Belgique) ; au Koweït contre l'Irak en 1991 (États-Unis et une large coalition occidentale et arabe) ; en Somalie (États-Unis, *Restore Hope*), au Rwanda en juin 1994 (la France, pour des raisons humanitaires), au Kosovo en 1999 (les Occidentaux contre Milošević) ; en Sierra Leone en 2000-2002 (la Grande-Bretagne, pour mettre fin à une guerre civile) ; en Afghanistan en 2001 (les États-Unis au début, pour abattre les talibans ; une coalition et l'OTAN après, pour sécuriser et redresser le pays) ; en Irak en 2003 (les États-Unis et la Grande-Bretagne contre Saddam Hussein) ; en Libye en 2011 (la France et la Grande-Bretagne pour prévenir le massacre de Benghazi) ; au Mali en 2013 (la France pour stopper les djihadistes) ; en RCA en 2014 (la France pour prévenir une guerre civile). On peut y ajouter l'opération antipiraterie Atalante dans l'océan Indien, décidée par le Conseil européen en 2008, quelques opérations européennes ponctuelles sous couvert de l'ONU en Afrique, en particulier en RDC.

Il se trouve que ces interventions ont eu lieu pour l'essentiel dans des pays musulmans, en Afrique ou au Moyen-Orient, accessoirement dans les Balkans, et que leurs initiateurs ont été les États-Unis, la Grande-Bretagne, et/ou la France, même si d'autres pays occidentaux ont pu y participer ponctuellement. La France a été un des pays les plus interventionnistes, peut-être en raison de l'engouement, chez elle, pendant longtemps, du concept d'ingérence, et de la croyance de ses élites dans sa « mission universelle ».

Quelques-unes ont été décidées et menées de façon unilatérale, sans que l'accord du Conseil de sécurité ait été sollicité, ou sans qu'il ait été obtenu : États-Unis en Irak en 2003 et, longtemps avant, la France au Tchad en 1985-1986 (contre Kadhafi) et au Rwanda-Ouganda en mai 1990 (pour prévenir la guerre civile). Cependant, la plupart ont été décidées dans le cadre du Conseil de sécurité, ou ratifiées par lui, à commencer par l'intervention internationale contre l'Irak au Koweït, en 1991, jusqu'aux interventions franco-britanniques ou françaises en 2011, 2012, 2013 et en 2014 en Libye, au Mali et en RCA, sans oublier l'opération Turquoise en RDC-Rwanda en 1994 et celle en Afghanistan

1. Le chapitre VII de la Charte des Nations unies traite de l'action à mener en cas de « menace contre la paix, de rupture de la paix et d'acte d'agression », par le recours à des mesures militaires ou non militaires.

en 2001. Cependant, l'intervention occidentale au Kosovo en 1999 fut hybride : dix-huit mois de négociations infructueuses, une conférence de la dernière chance, deux résolutions au titre du chapitre VII condamnant l'action de Milošević (et les provocations albanaises), mais n'autorisant expressément pas que « tous les moyens » – formule sacramentelle pour l'emploi de la force – soient utilisés.

Les dirigeants occidentaux ont toujours présenté ces interventions à leurs opinions comme étant menées au nom de la « communauté internationale », ce qui n'est formellement exact que quand les cinq membres permanents sont d'accord. Pour répondre aux exigences de la partie la plus militante de ces opinions (médias, ONG, intellectuels médiatiques), et convaincre le grand public en général plus réticent, ils ne les justifient pas par des intérêts vitaux mais par des exigences martiales et éthiques : ne pas accepter l'inacceptable, ni justifier l'injustifiable, punir, sanctionner, quand il ne s'agit pas d'arrêter un « nouvel Hitler » ou de refuser un « nouveau Munich », être fidèle à nos valeurs, etc.

Bien sûr ni les Russes (Géorgie 2008, Crimée 2014), ni les Israéliens (« Plomb durci », 2008-2009, 2012) ni le Tchad chez ses voisins, ni le Rwanda et l'Ouganda (au Kivu, après 1994) n'ont eu recours à ce type de justification.

Avec le recul, peut-on considérer que ces interventions ont atteint leurs objectifs, d'ailleurs variables ?

En 1991, la coalition a expulsé l'Irak du Koweït et rétabli la souveraineté du pays et l'émir sur son trône. L'intervention au Kosovo en 1999 a mis fin aux exactions serbes mais a déclenché, au-delà de l'« autonomie substantielle », un processus controversé mais irréversible d'indépendance du Kosovo, largement du fait de l'obstination de Milošević. La Grande-Bretagne a mis heureusement fin à la guerre civile en Sierra Leone. L'intervention préventive française au Rwanda en 1990 semblait avoir atteint son but : le compromis politique, imposé par les accords d'Arusha de 1993, mais l'assassinat du président Habyarimana le 7 avril 1994 réduit à néant les efforts des quatre années précédentes, même si l'opération Turquoise lancée en juin 1994 devant la carence de la « communauté internationale » a quand même sauvé beaucoup de vies. L'intervention américaine en Afghanistan en 2001 a atteint son objectif premier : renverser le régime taliban qui avait abrité al-Qaida, mais le *nation building* de l'Afghanistan, but théorique de l'opération américaine et internationale ultérieure, était sans doute hors de portée.

En 2003 les Américains ont aisément écrasé Saddam Hussein mais n'ont pu empêcher que le long chaos qui s'est ensuivi aboutisse, en 2014, à un Irak chiite, proche de l'Iran et de la Syrie alaouite ! L'intervention en Libye en 2011 a bien empêché le massacre annoncé de Benghazi mais, du fait du jusqu'au-boutisme de Kadhafi comme de la dynamique des combats, a entraîné, au-delà des termes littéraux de la résolution du Conseil de sécurité, la chute du régime, et aggravé par là la déstabilisation du Sahel. Au Mali l'intervention militaire française pour stopper la menace djihadiste et restaurer l'intégrité territoriale a été radicale, mais la question politique touareg reste à résoudre. En RCA, l'intervention française a été courageuse, mais la situation est très périlleuse et une sortie par le haut devra être trouvée : une tutelle internationale ?

Dans l'océan Indien, l'opération Atalante contre la piraterie est efficace, et n'est pas critiquée. La marine française agit de même, utilement, dans le golfe de Guinée. Au total, donc, à part l'intervention de la coalition au Koweït en 1991, l'opération Atalante, et la première phase de celles qui ont eu lieu en Afghanistan et en Libye – mais était-ce séparable de la suite ? –, presque toutes les autres, qu'elles aient ou non entraîné un changement de régime, ont eu des effets contrastés, fragiles, ou contre-productifs.

Ces opérations ont-elles été soutenues par les opinions ?

De moins en moins. On constate deux phénomènes d'usure : le premier se traduit par la contestation croissante par des grands pays émergents comme la Chine, l'Inde, le Brésil, ou l'Afrique du Sud, et d'autres, de la légitimité des Occidentaux à déclencher et mener, même légalement, de telles opérations (même si la Chine est aussi gênée par le recours à l'autodétermination en Crimée). On peut juger leur attitude archéo-tiers-mondiste, mais elle existe. D'autre part, la capacité des « néoconservateurs », *liberal hawks*, ou partisans de l'ingérence, à chauffer à blanc les opinions occidentales, *via* des médias acquis à leur cause, et donc à contraindre les décideurs à des interventions militaires, s'érode. Même si elle affirme vouloir assumer mieux ses responsabilités internationales, l'Allemagne ne referait sans doute pas aujourd'hui ce qu'elle a fait au Kosovo, avec Gerhard Schröder et Joschka Fischer. L'Irak et l'Afghanistan sont passés par là.

Par conséquent, dans un monde où les Occidentaux n'ont plus le monopole de la puissance, même s'ils revendiquent celui de l'éthique et de l'indignation, il sera de plus en plus difficile pour eux d'intervenir. Fatigue, désenchantement, soucis économiques, isolationnisme ancien ou nouveau, pacifisme, pèsent de plus en plus aux États-Unis comme en Europe. Il sera plus difficile d'obtenir l'accord des cinq membres permanents, *a fortiori* quand le Conseil de sécurité aura été – un jour – élargi (voir les Livres blancs des grands émergents). Mais même dans ces cas-là, où, donc, par hypothèse, la légalité internationale serait respectée, leurs opinions intérieures, préoccupées par d'autres problèmes, ou désabusées par l'expérience, seront de plus en plus difficiles à convaincre (exemple des frappes avortées sur la Syrie qui n'auraient été soutenues par la majorité de l'opinion dans aucun des trois pays intervenants). Les Européens auront toujours du mal à se mettre d'accord sur des interventions extérieures autres que des sanctions, sortes de « drones » diplomatiques qui frappent à distance, et encore. *A fortiori* pour des interventions unilatérales, peut-être moralement légitimées par l'horreur de ce à quoi on voudrait mettre fin, mais dépourvues de légalité internationale, comme cela aurait été le cas en Syrie.

Le soutien des opinions ne sera acquis que pour contrer des menaces directes précises, avérées, imminentes, sur le territoire national, ou contre des intérêts vitaux. La liberté de navigation maritime (et donc Atalante, et le golfe Guinée) peut en faire partie. Quand on voit en quels termes insensés la France est encore accusée, vingt ans après, à propos du Rwanda, alors qu'elle a été le seul pays au monde qui a essayé de stopper, dès son début, la guerre civile rwandaise, d'imposer un compromis politique aux protagonistes (Arusha) et de sauver des vies, on est tenté de recommander à l'avenir le moins d'interventions possible…

Le durcissement récent d'Obama sur l'Ukraine ne doit pas faire illusion ; Poutine lui offre un prétexte pour se montrer ferme à peu de frais et démontrer au Congrès, dont il a besoin pour ce qui compte vraiment à ses yeux, la réussite du processus iranien, et à tous ceux qui doutent de lui, son *leadership*. Mais, sauf vraie escalade à la frontière russo-ukrainienne, cela n'annonce pas un nouveau cycle d'interventionnisme occidental.

Les Occidentaux, les Européens et donc nous aussi, les Français, devons nous préparer à des moments d'impuissance crucifiants (Syrie) ou, plus banalement, d'humiliation. Mais l'Occident aura du mal à se penser indépendamment de son prosélytisme et de son ambition universelle (*katholikos*) et à défendre seulement ses intérêts vitaux, de sécurité, ou économiques.

Donc, si nous voulons conserver la capacité d'intervenir encore demain, quand il le faudra absolument, nous devrions tirer, avec les autres intervenants les plus fréquents (États-Unis, Grande-Bretagne), les leçons des interventions, et des non-interventions, passées, pour se mettre d'accord de façon convaincante et consensuelle sur qui pourra intervenir légitimement à l'avenir (quels pays, quelle alliance, quelle organisation ?), dans quels cas, dans quel but, et comment (décision, mise en œuvre, contrôle).

Sinon les opinions publiques occidentales y mettront un terme par fatigue isolationniste. Pour le meilleur et pour le pire.

SUR QUELQUES BONNES INTENTIONS AYANT PERDU LEURS VERTUS

Dans les quatre textes qui suivent, diffusés sur France Culture dans la série estivale d'août 2016 intitulée « L'enfer est pavé de bonnes intentions », Hubert Védrine explore quelques-unes de ces idées généreuses *a priori*, qui finissent par être dévoyées et devenir contre-productives.

Sur le droits-de-l'hommisme

Au départ, énoncer que chaque homme, et j'emploie-là « homme » au sens générique, a des « droits » indéniables quel que soit son sexe, sa religion, sa race, son ethnie, son groupe, son origine sociale, etc., est une révolution, car, depuis l'aube de l'humanité, les êtres humains étaient déterminés au pire sens du terme par leur groupe d'appartenance et leur origine. Non pas que les hommes et les femmes aient été partout et toujours maltraités et persécutés. On peut trouver des mesures de protection, ou de justice, dans des textes ou codes très anciens, dans certaines actions charitables des Églises ou autres, mais c'était conjoncturel, fragile, réservé à une catégorie, dépendant d'un bon souverain, d'un conquérant indulgent ou d'un patron paternaliste. Ce qui a été révolutionnaire, c'est le principe général, qui est bien sûr inégalement appliqué, voire carrément violé. L'espèce humaine étant ce qu'elle est, l'histoire a été aussi une longue suite d'abominations et un océan de souffrances. Alors faire prévaloir le respect des droits de l'homme s'impose.

Où est le problème ? Il apparaît quand le respect des droits de l'homme rejoint un autre courant de pensée occidental, qui est celui du prosélytisme missionnaire : autrefois l'évangélisation, aujourd'hui le droits-de-l'hommisme, pour désigner cet activisme, ou, plus largement, l'exportation de la démocratie, le *wilsonisme*, du nom du président américain Woodrow Wilson, fils de pasteur. Ce courant a inspiré à plusieurs reprises les politiques étrangères occidentales, notamment américaine et française au cours du XXe siècle ou leur a fourni des prétextes, et plus intensément que jamais depuis la disparition de l'URSS. En 2003, l'Amérique de George W. Bush prétendait apporter la démocratie à l'Irak en l'envahissant. En France, qui se revendique de façon un peu prétentieuse comme la « patrie des droits de l'homme » (Robert Badinter corrige en « patrie de la Déclaration des droits de l'homme »), cela a été le long débat autour de l'ingérence, impératif médiatique, longtemps populaire. Mais qui avait le droit, ou même le devoir de s'ingérer, chez qui, au nom de quoi, dans quel but, en dehors des conditions prévues dans le cadre légal du chapitre VII de la Charte des Nations unies ? Après vingt-cinq années d'interventions occidentales, autorisées ou non, la question se pose plus que jamais.

En effet, alors que l'attachement aux droits de l'homme est profond – presque identitaire – dans tous les pays occidentaux, et est une espérance puissante dans les pays où la démocratie n'est pas encore instaurée, le droits-de-l'hommisme a montré son épuisement et ses limites parce qu'il s'est laissé confondre avec la domination, puis l'ingérence occidentale. C'est cet interventionnisme occidental qui est rejeté presque partout dans le monde, en dehors de l'Occident, voire en son sein, pas les droits de l'homme en tant que tels. On peut d'ailleurs penser qu'ils seront de mieux en mieux respectés en raison des exigences internes croissantes des gens, y compris en Chine, en Russie, ou dans le monde arabe, mais de moins en moins du fait de nos injonctions extérieures, souvent contre-productives. C'est peut-être vexant pour nous, mais la tendance historique n'est pas mauvaise. Il faut nous y faire !

Sur le colonialisme

Aujourd'hui dans cette série estivale des bonnes intentions dont l'enfer est pavé, j'évoquerai l'enchaînement qui a conduit certains Européens de la lutte courageuse contre le colonialisme à la haine de soi. La conquête et la colonisation par les plus forts sont des phénomènes aussi vieux que l'Histoire. Les analyses n'ont pas manqué sur les causes démographiques, économiques ou idéologiques de la colonisation. Mais aussi sur les raisons, dans la plupart des cas, de son succès. En tout cas pour les colonisations anciennes. Par exemple Jules César avait été servi par la division des Gaulois, Cortés par la haine de certains peuples pour les Aztèques, de même que Pizarro pour les Incas, les Russes par la division des peuples du Caucase, etc.

Plus récemment, que la colonisation par l'Europe de presque le monde entier, du XVIIe au XXe siècle, ait été le plus souvent violente est une évidence historique, ou devrait l'être. On a pu à notre époque, sans exagérer, établir des Livres noirs des horreurs commises par les colonisations allemande, britannique, espagnole, russe, et aussi française, pour ne parler que des Européens. Bien sûr cela ne s'est pas *toujours* passé comme cela, mais cela s'est *souvent* passé comme cela. Notons au passage que c'était plus courageux de critiquer la colonisation ou de s'y opposer pendant qu'elle se produisait (exemple : Clemenceau contre Jules Ferry) que de la condamner un siècle plus tard ! Il est arrivé que les décolonisations se passent de façon acceptable (pour la France, Afrique noire, Tunisie, Maroc, pour la Grande-Bretagne, Ghana, Nigeria). Mais elles ont aussi donné lieu à des guerres d'arrière-garde cruelles ou absurdes (Indochine, Algérie), ou à des tragédies (Inde, Proche-Orient). Sur ces événements la lucidité historique est une exigence contre l'oubli ou le déni. Notez que je ne dis pas « devoir de mémoire ». Mais lucidité signifie-t-elle culpabilité ? Nous sommes des dizaines d'années après les indépendances africaines, plus encore pour les autres. Faut-il incriminer l'Espagne pour les problèmes du Venezuela, le Portugal pour ceux du Brésil ? Obama, seul, a osé dire au Ghana, pays par ailleurs bien géré, que les dirigeants africains ne pouvaient plus invoquer l'esclavage ou la colonisation pour justifier leurs échecs ! Aucun Européen n'a osé dire cela.

En Europe, et spécialement en France, il s'est développé au contraire un courant de pensée qui exige de la France qu'elle se repentisse, ce qui est un langage religieux, voire qu'elle répare, alors qu'il n'y a pas de responsabilité collective, ni transmissible. Les demandes émanent de groupes issus de pays anciennement colonisés qui sont français et qui essaient d'en faire en France une arme politique ou électorale, à l'instar des Juifs de France ou d'Amérique, souvent érigés en modèles. Une partie de l'opinion qui a honte du passé colonial considère que ces demandes sont justifiées. Une autre juge les demandes exagérées. Une partie de la gauche de la gauche avait même commencé, depuis Michel Foucault, au moment de la révolution iranienne, à voir dans l'islamisme la force capable de régénérer la révolution épuisée et, de fil en aiguille, à faire de l'immigré musulman la nouvelle figure du prolétaire victime pêle-mêle du capitalisme, du libéralisme, du colonialisme, du racisme, de l'Occident, etc., pour remplacer le prolétaire européen qui avait fait défection. Jusqu'à ce que cet amalgame aventureux explose face au choc du terrorisme islamiste. Donc, le vrai « passé qui ne passe pas » à l'échelle mondiale, ce ne sont pas les années 1940, c'est la longue histoire de la colonisation, de la décolonisation et de ses suites, en tout cas pour ceux qui ont intérêt à entretenir ce cercle vicieux de la revendication et de l'expiation.

Notons que les pays anciennement sous-développés, eux, se fichent un peu, à quelques exceptions près, de nos contorsions mentales et politiques sur notre histoire, ne songent qu'à émerger, à obtenir des investissements étrangers et des accès à nos marchés, et que, si la France, torturée par l'interprétation masochiste de son passé, n'est plus pour eux un partenaire à la hauteur, décomplexé, efficace, compétitif, constructif et tourné vers l'avenir, ils en trouveront d'autres.

Attention, cela a déjà commencé en Afrique.

Sur le multiculturalisme

Nouvel exemple dans cette série estivale d'une idée qui finit par contredire ses bonnes intentions, et se manger elle-même : le multiculturalisme. Au départ entendu comme ouverture aux autres cultures c'est évidemment une idée sympathique. À part quelques moments de repli sur soi (d'habitude je n'emploie pas ce terme devenu trop automatique), de fermeture totale ou de méfiance paranoïaque pour diverses raisons, les cultures se sont toujours à la fois concurrencées, et nourries les unes les autres. Exemple classique : Picasso le Catalan qui vient à Paris. L'Histoire est faite de ces enrichissements mutuels, de ces emprunts féconds. Cela se voit de façon éclatante dans l'histoire des langues, sauf quand une langue domine trop, dans le parcours des créateurs, dans les influences artistiques, qui croise de façon moins antagoniste qu'on ne le croit une autre histoire, celle des racines, de la mémoire et de la transmission. Et on a vu aussi à l'inverse des cultures, trop isolées, trop autarciques, pour des raisons géographiques, religieuses ou idéologiques, finir par se dessécher, et pas qu'à l'île de Pâques ! Donc, vive l'échange fécond entre cultures vigoureuses à la fois populaires et créatrices (voyez encore un autre exemple, celui du cinéma qui a dominé le XXe siècle). Tout cela est très positif.

Le problème apparaît quand le multiculturalisme cesse d'être une richesse vécue pour devenir une sorte d'obligation réparatrice qui n'est invoquée que par des Occidentaux, plus précisément par des Européens de l'Ouest catholiques ou protestants, ou qui l'ont été, et pas par des orthodoxes russes, des Chinois, des Indiens, encore moins par les musulmans, etc. C'est à partir de là que le bât blesse. L'injonction multiculturelle européenne contemporaine ne consiste pas à se passionner pour les arts premiers ou à découvrir Amitav Ghosh, ou Harari, ou les Prix Nobel de littérature écrivant dans des langues peu connues, mais, sous le coup d'injonctions vengeresses, à privilégier la culture des autres, spécialement des peuples qui ont été colonisés, sur la sienne propre, et donc celle de l'Autre avec un grand « A », selon le catéchisme moderne. *Mais si les Européens n'assument plus leur histoire, la rejettent ou la nient, ne veulent que l'expier, qu'apportent-ils alors dans l'échange multiculturel ?* Des remords ? De l'abandon linguistique ou conceptuel ? Une gêne d'être soi-même, comme la position absurde de ceux qui nient l'évidence des *origines* chrétiennes (je dis bien : « origines ») de l'Europe, y compris de celles de la Renaissance et de la suite ? Au bout du compte, le « multiculturalisme » à l'européenne (en Europe de l'Ouest) risquerait de se réduire à proposer un espace vide, des locaux sans âme pour des débats nourris de concepts inconsistants, tels que le « vivre ensemble ». Au désespoir de tous ceux dans le monde, à commencer par les musulmans modernistes et réformateurs, pas assez soutenus, et de tous ceux qui luttent dans le monde pour une plus grande ouverture de leur société, tous ceux qui attendant de l'Occident qu'il soit ouvert, accueillant, et lucide, mais qu'il reste aussi une des sources d'invention du monde de demain, qu'il ose s'affirmer et qu'il fournisse plus qu'un système d'échange pleurnichard ou un cadre pour des réunions aseptisées. Et c'est particulièrement vrai, bien sûr, pour nous, les Européens.

Si nous voulons apporter quelque chose dans l'échange culturel de demain, nous devons retrouver confiance en nous.

Sur le « politiquement correct »

Au départ, quand il apparaît dans les universités américaines des années 1970 très influencées par les « déconstructeurs » français (Derrida, Lacan, Foucault, etc.) qui n'ont que trop bien réussi, le *politiquement correct* part d'une volonté louable d'éviter tout ce qui peut porter atteinte dans le langage courant à la dignité et à la sensibilité de certains groupes, qui sont, ou se sentent maltraités. D'où une bienséance sémantique. C'est ainsi que le balayeur deviendra un technicien de surface, le sourd, un malentendant, etc. Et, bien sûr, le puissant mouvement féministe, américain à l'origine, a développé sa propre idéologie correctrice. On connaît la longue liste de ces euphémismes ou de corrections des mots qui en découle. Mais, comme ce mouvement est surtout, aux États-Unis, le fait de minorités ethniques activistes, c'est elles qui vont obtenir que l'on ne dise plus « nègre » (sauf dans « art nègre ») mais « Noir » (« Black ») puis « Afro-Américain », en attendant l'euphémisme suivant, quand même « Afro-Américain » sera jugé péjoratif. Peut-être *human being* ?

En France, où cette influence est arrivée une quinzaine d'années plus tard, le courant équivalent voudrait par exemple abolir le mot de race (question : contre quoi serait alors dirigé l'antiracisme ?). Ce mouvement affirme que l'on peut effacer la chose en gommant le mot. Au bout du compte, en partant de bonnes intentions, on en arrive – et puisque cela vient de campus américains cela n'est pas un hasard – à un nouveau puritanisme, voire à un nouveau maccarthysme. André Comte-Sponville, le meilleur analyste en France de ce courant, l'a lumineusement montré en soulignant la confusion entre le fait d'opposer le vrai et le faux et, c'est très différent, le bien et le mal. Un peu l'équivalent des feuilles de vignes sur le sexe des statues de l'ère victorienne ou de statues voilées pour la visite de dignitaires iraniens en Italie, récemment. C'est la moderne police du langage, brigade de la vertu qui se croit chargée d'une vigilance sémantique pour traquer les dérives ou les dérapages selon ses critères. Albert Camus est peut-être trop cité, mais vous m'excuserez de le faire, car je lui voue une passion depuis l'âge de treize ans, il avait tellement raison en disant que « mal nommer les choses c'est ajouter au malheur du monde ». On y est, en plein. Donc, de bonnes intentions et, à l'arrivée, un monde orwellien.

J'ajoute que ce dont nous parlons concerne les Occidentaux et donc en premier lieu les langues anglaise et française. On ne sache pas que cela préoccupe les locuteurs des langues chinoise, arabe ou russe ! Donc, finalement, c'est devenu un des aspects de l'offensive interne multiforme contre la civilisation occidentale et son héritage. Mais, là aussi, l'équilibre a été perdu : on peut souhaiter que la civilisation à laquelle on appartient se corrige, s'améliore ou se réforme ; sans vouloir pour autant jeter le bébé avec l'eau du bain et donc se soumettre à une sorte de tyrannie y compris linguistique, de groupes activistes. On a pu dire que la seule minorité dont les droits légitimes ne seraient plus défendus était… la majorité ! D'accord donc pour ne pas blesser inutilement les uns ou les autres ; pas pour qu'on ne puisse plus mettre un nom sur les réalités et qu'une obligation de parler une langue approximative et brumeuse (*1984*) finisse par nous couper de tout, somnambules déboussolés. C'est le cas à propos de l'islam, j'en parlerai dans une autre chronique.

Il faut retrouver la raison politique et sémantique.

« COMMUNAUTÉ INTERNATIONALE[1] »

Les mythes que la plupart des peuples se sont inventés postulaient que leurs fondateurs, divins ou humains, les avaient élus comme des peuples uniques, exceptionnels et dotés de chefs héroïques chargés de préserver leur pureté et leur sécurité. Mais aussi, au-delà, quand ils étaient nombreux ou combatifs, de justifier leur suprématie, et souvent de dominer, de convertir, d'asservir, de réduire en esclavage, voire d'exterminer les peuples voisins ou une région ou le monde, voire l'univers tout entier. Peurs, instinct territorial, comportements invasifs : de beaux thèmes à explorer pour les spécialistes du cerveau humain.

Le mythe de la « communauté internationale » est très différent, c'est le contraire, même. À l'échelle de l'Histoire, l'idée d'une *communauté internationale* est assez récente. Saint Paul disait : « Allez évangéliser *toutes les nations* » (ne restons pas seulement une secte juive). C'était révolutionnaire. L'Église s'est ensuite voulue *catholicos*, c'est-à-dire universelle, et j'estime que cela a été la matrice de cet impératif de prosélytisme qui imprègne en profondeur l'Occident, jusqu'à aujourd'hui. L'idée de « communauté » suppose l'unité en droit et en fait du genre humain. C'est une aspiration philosophique que l'on peut faire remonter à Kant et aux Lumières, quand ont été sécularisées les valeurs chrétiennes. C'est devenu à notre époque un automatisme de langage : « la communauté internationale » pense ceci, ou cela, va faire ceci ou cela. Et puis… il ne se passe rien. En général, ce sont des

1. Dans Hubert Védrine, *Dictionnaire amoureux de la géopolitique*, © Éditions Plon, un département de Place des Éditeurs, et librairie Arthème Fayard, 2021.

Occidentaux qui l'invoquent, ventriloques, en pensant à eux. En réalité, les peuples du monde ne pensent pas les mêmes choses. Ils ne forment pas une « communauté ». Même s'ils veulent tous manger à leur faim, vivre en paix et en sécurité, ne pas être maltraités et protéger leurs enfants, ils n'ont ni les mêmes peurs, ni les mêmes souvenirs, ni les mêmes espérances. Il y a certes des institutions multilatérales, l'Organisation des Nations *unies* et toutes ses organisations spécialisées, l'Organisation mondiale du commerce, qui sont des cadres très précieux de coopération, des dizaines de milliers de fonctionnaires internationaux, des sommets réguliers, le G7, le G20, les COP, etc. Mais cela ne suffit pas encore à créer une homogénéité de mentalités entre les peuples. La pandémie actuelle l'a encore rappelé. On disait ces dernières années que le système multilatéral était à réformer et à perfectionner. En fait, il est à refonder. Les deux cents copropriétaires (ou États à l'ONU) n'y parviendront pas s'il n'y a pas des réformateurs déterminés. La *communauté* internationale a un objectif. Elle reste à créer. Comment ? La proclamation du caractère universel de nos valeurs ne suffit pas. Peut-être cela viendra-t-il d'une prise de conscience des interdépendances vitales et organiques accélérée par la pandémie, d'une communauté de destin mondial, non proclamée mais ressentie, et donc de la nécessité d'une écologisation généralisée qui aille plus vite que la dégradation des conditions de vie sur la planète. Course de vitesse.

RÉALISME
(*REALPOLITIK*, *IRREALPOLITIK*)[1]

Contre l'à-peu-près contemporain, essayons de retrouver le sens des mots. La réalité est par définition *réelle*. Mais le *réalisme* est une philosophie, un principe ou une éthique (de responsabilité). Dans les relations internationales, elle s'impose en Occident avec Machiavel, Richelieu (que Kissinger tient pour un des plus grands hommes d'État) et Mazarin (traités de Westphalie). Puis Talleyrand

1. *Ibid.*

ou Metternich. Le réalisme est une honnêteté intellectuelle : voir les choses comme elles sont. Il s'oppose donc à l'idéalisme (platonicien, ou wilsonien), au chimérisme, à la démagogie, au risque, par contresens – et ignorance –, de passer pour cynique à l'idéologie. Le réalisme de l'analyse n'empêche pas l'idéalisme des ambitions. En politique étrangère, le réalisme s'incarne en *realpolitik*. Attention, dans le dictionnaire moderne des idées reçues, c'est très mal vu : on est sommé de la condamner tous les jours comme nauséabonde et immorale. Certains jugent la *realpolitik* non seulement moralement condamnable, mais aussi dépassée, car fondée uniquement, à l'origine par nécessité, sur les relations entre souverains ou entre États, et non sur la société « civile », sorte de Guanyin, déesse chinoise à mille bras, parée au XXIe siècle de toutes les vertus. Mais, par définition, le réalisme se doit d'englober tous les phénomènes nouveaux qui apparaissent dans le monde, à commencer par le poids des opinions instantanées et l'influence d'acteurs innombrables non étatiques. On peut se demander si, à l'inverse, « l'*irrealpolitik* » dans laquelle a baigné l'Europe depuis 1945, et plus encore après la fin de l'URSS, soit plus de vingt-cinq ans (jusqu'au retour de la Russie, à l'affirmation de la Chine et à l'arrivée de Trump), n'a pas été plus trompeuse et plus dangereuse. J'ai proposé ce terme mais avec moins de succès que pour « hyperpuissance » !

SOUVERAINETÉ

Il faut d'abord savoir ce que l'on entend par « souveraineté ». En simplifiant beaucoup, cela désigne une situation dans laquelle aucun pouvoir, aucune force extérieure ne peut imposer au souverain, ou à la nation, quelque chose dont il ou elle ne veut pas. Pourtant, si on parle de géopolitique au XXIe siècle, on est d'abord frappé par l'interdépendance entre tous les États, les nations, les peuples, les gouvernements, les économies. Le contraire, donc, de la souveraineté ! Ensuite, il y a des différences colossales de puissance, mais même les pays les plus puissants – États-Unis, Chine – ne peuvent pas complètement se passer des autres, en tout cas les ignorer.

Alors pourquoi reparle-t-on tant de souveraineté depuis les années 2000 ? C'est une réaction. Beaucoup d'Occidentaux, et notamment d'Européens de plain-pied dans l'américano-globalisation, ont été imprégnés par la réalité de celle-ci et par l'idéologie mondialiste. Les militants de l'intégration européenne avaient fait du *dépassement* de la souveraineté un impératif catégorique : ils auraient pu se borner à prêcher la coopération internationale et à rappeler que l'union fait la force. Mais il fallait aller au-delà. *Abandonner* la souveraineté, s'autodissoudre (expier ?). L'attachement des peuples à leur souveraineté, immense progrès récent dans l'histoire de l'humanité, était taxé par ces élites de « souverainisme », un archaïsme détestable, dont il fallait absolument se départir et tout faire pour ne jamais y retomber. Mais les peuples ont renâclé à partir du début de ce siècle, et la construction européenne a été marquée par des à-coups. Les intégrationnistes européistes ont dû alors admettre que les peuples, justement, voulaient garder la petite part de souveraineté qui ne leur avait pas été encore retirée. Depuis, ils louvoient. D'où les innombrables manœuvres et valses-hésitations des dernières années.

La pandémie de la Covid-19 a jeté une lumière nouvelle sur cette question, même en Europe (le reste du monde est resté souverainiste). Les partisans les plus fervents de la globalisation, les avocats les plus éloquents de l'interdépendance, les adversaires les plus déterminés de la souveraineté nationale ou d'une autonomie stratégique française (ou même européenne ?) ont bien dû reconnaître que, quand même, être trop, voire totalement dépendant d'un ou de plusieurs pays dans des domaines vitaux et faire aveuglément confiance au marché mondial était intenable et injustifiable, voire dangereux. Cela s'est révélé à propos des masques, dans certains pays à propos des vaccins ou des composants pharmaceutiques. Mais l'évidence s'est imposée pour les terres rares, plus que cela ne l'avait jamais été à ce point pour le pétrole.

D'où la relance actuelle du débat, un peu confus mais assez riche, sur le contenu d'une souveraineté réassumée, sans ses excès les plus dangereux, et rendue concrète dans des domaines précis. Avec le corollaire : la souveraineté européenne dont il est maintenant question pourra-t-elle *s'ajouter* à ce qui demeure des souverainetés nationales et non les affaiblir encore ? Nous sommes confrontés à ces interrogations à chaque décision européenne, c'est-à-dire à peu près chaque jour.

*

On[1] parle de la défendre, ou de la reconquérir, ou de la développer (Europe). Mais que signifient la souveraineté et l'indépendance dans un monde complètement globalisé et interdépendant ? En principe ne pas (trop) dépendre des autres et pouvoir, *in fine*, décider librement…

C'est avec Jean Bodin, en 1576, que l'on est passé de la suzeraineté, le haut de la pyramide féodale, à la souveraineté de l'État-nation, notion absolue et perpétuelle qui ne connaît de limites que par sa volonté ou, plus tard, la soumission consentie à des règles internationales supérieures. Souveraineté qui s'est construite, pour la France, contre le pape (Philippe le Bel contre Boniface VIII),

1. Article « Souveraineté » dans Hubert Védrine, *Dictionnaire amoureux de la géopolitique*, © Éditions Plon, un département de Place des Éditeurs, et librairie Arthème Fayard, 2021.

contre l'empereur (l'étau des Habsbourg), avec les légistes des rois capétiens (le roi est empereur en son royaume).

Mais aujourd'hui ? Oui, en principe, les électeurs ont le dernier mot… Mais est-on souverain dans le monde dominé par les États-Unis et la Chine, leurs GAFAM et BATX, par le dollar, par les sanctions extraterritoriales américaines, etc. ? Certains sont plus souverains que d'autres… Et il y a l'Union européenne : pot au noir, ou levier ? Quelle souveraineté a gardée un État membre de l'Union européenne quand on a vanté pendant des décennies « l'abandon » de la souveraineté ou, de façon moins agressive, sa délégation, son exercice en commun ? Et qu'on est lié de surcroît par des milliers d'accords internationaux ? Quand on n'a cessé de ridiculiser le « souverainisme » ? Et que l'« état de droit » dans les démocraties tourne à coups de jurisprudences à l'« état d'empêchement » de la décision publique ? Quand le président Macron a mis en avant une souveraineté *européenne*, certains ont pris cela pour un abandon supplémentaire de ce qui restait de souveraineté nationale. D'autres, au contraire, pour la volonté de renforcer, en plus, le pouvoir et les capacités du niveau européen. C'est l'interprétation de la nouvelle Commission. Reste à lui donner un contenu en commençant par la technologie.

On en est là, la suite se joue sous nos yeux…

LE « VÉDRINISME » EXISTE-T-IL[1] ?

À relire, pour préparer cet ouvrage, mes textes des trente dernières années, il m'apparaît clairement que j'ai évolué dans un sens de plus en plus réaliste. Pas du tout par esprit de système – je me suis toujours méfié de l'esprit dogmatique et je ne cherche pas à théoriser à tout prix. Mais plutôt parce que j'ai vécu dans les années 1980-1990 avec François Mitterrand, Jacques Chirac et Lionel Jospin de grands événements, voire des bouleversements ; que j'ai réfléchi sur eux, que je me suis reporté à des précédents historiques pour les comprendre, autrement que sous la pression de l'instant et des passions ; que j'ai suivi les débats géopolitiques et les crises dans plusieurs pays du monde. C'est ainsi que je suis parvenu, sans vouloir heurter ni chagriner personne, au constat que les Occidentaux, dont les Européens, baignaient dans une sorte d'*irrealpolitik* moraliste, de plus en plus narcissique et manichéenne, toujours prosélyte, mais de plus en plus inopérante dans le monde tel qu'il est, l'aboutissement le plus tragique, quoique prévisible, en ayant été Kaboul à l'été 2021. On peut appeler ça « védrinisme » si l'on veut. Certains Américains (comme dans ce texte) avaient employé, au début des années 2000, ce terme pour m'encourager à poursuivre cette réflexion, d'autres (en France) pour me critiquer ou m'attaquer, peut-être parce que je portais atteinte à leur raison de vivre ou à leurs espérances chimériques. Mais je n'ai personnellement jamais employé ce terme, abusivement personnalisé.

La revue américaine Policy Review *évoquait, il y a deux ans, une doctrine diplomatique qui porterait votre nom, le « védrinisme ».*

---

1. Entretien avec Hubert Védrine, par Thomas Hofnung et Jean-Christophe Thiabaud, publié dans la revue *Politique internationale*, n° 95, printemps 2002.

Comment, si elle existe, définiriez-vous cette doctrine ? Autrement dit : de quelle manière, en tant que chef de la diplomatie française pendant cinq ans, avez-vous pu imprimer votre marque ?

Je n'ai jamais prétendu élaborer une doctrine et ce n'est évidemment pas moi qui ai inventé le terme de « védrinisme ». Il a été créé par un expert américain après que j'ai parlé d'hyperpuissance, ce qui a piqué sa curiosité. Disons que j'avais développé, avant même d'être ministre, une analyse de l'état du monde après la guerre froide, des rapports de force et de ce que la France peut y faire, par elle-même ou *via* l'Europe. Après être devenu ministre, j'ai tout naturellement continué à réfléchir à ce que je faisais et à évaluer les résultats de notre action. Parallèlement, je l'ai beaucoup expliqué, car la demande est très forte.

Cet effort d'explication n'aboutit-il pas à la formulation d'une doctrine ?

C'est un terme trop rigide. Ce qui est certain, c'est que j'ai constamment cherché à opérer la synthèse entre le très riche héritage historique de la diplomatie française, qu'il faut faire vivre, et l'adaptation à un contexte devenu totalement différent depuis dix ans. Le passage du monde bipolaire au monde global nous oblige à une reconstruction conceptuelle et pratique qui n'est pas achevée. Outre la fin du monde bipolaire, il faut insister sur un phénomène concomitant : le développement considérable de tous les acteurs non étatiques dans les relations internationales. Non pas que les États perdent leur rôle et leur légitimité propres, mais ils perdent leur monopole sur la scène internationale. Il est nécessaire de conduire cette double adaptation. C'est ce que je me suis efforcé de faire depuis cinq ans tout en traversant et en traitant des événements majeurs, de la guerre du Kosovo à l'Afghanistan. Et cela dans un contexte de cohabitation.

Ce contexte particulier n'a-t-il pas rendu votre tâche plus ardue ?

Choisi par Lionel Jospin, j'ai agi sous son autorité et j'ai travaillé très correctement avec le président de la République, dans le respect de ses prérogatives constitutionnelles. Parce qu'ils avaient décidé tous les deux que dans cette situation la France devait s'exprimer de façon cohérente à l'extérieur – le fameux « d'une seule voix », même si c'était à travers plusieurs bouches – et que j'en étais convaincu, nous avions mis en place un processus d'élaboration des positions de notre pays. Ce processus, contraignant mais efficace, commençait par des réunions qui se déroulaient ici, au Quai d'Orsay, avec des représentants de l'Élysée et de Matignon. Lesdites réunions se prolongeaient par la tenue de comités restreints, sous la direction du Premier ministre, et s'achevaient, sous la présidence du chef de l'État, par des conseils restreints. Même processus, à quelques nuances près, pour Alain Richard et la politique de défense. Ce système nous a donné, du moins pour tout ce qui était prévisible et préparable, une cohérence internationale presque plus forte que celle qu'on a pu observer dans des pays dirigés par des coalitions censées marcher du même pas. Bref, la cohabitation n'est pas une situation idéale pour prendre des initiatives importantes ou réagir à chaud, mais nous l'avons gérée, je crois, au mieux et dignement.

Nous sommes à la veille d'échéances électorales majeures. Indépendamment de leurs résultats, quels sont vos principaux motifs de satisfaction, mais aussi de regret ?

À vrai dire, surtout avec les événements au Proche-Orient, je suis plus porté à l'action qu'au bilan. Quelles que soient les crises que j'ai traversées ou les négociations que j'ai dû conduire, j'ai essayé de poursuivre le même effort d'adaptation, de réinvention et de reformulation d'une politique étrangère au service de nos intérêts, de nos idées, de nos valeurs, directement ou à travers une Union européenne qui se renforce et s'approfondit. Dès lors, je serai bien en peine d'isoler soit l'affaire du Kosovo, soit tel ou tel problème en Afrique (comme la crise en Côte d'Ivoire), soit le sommet de Nice… L'ensemble de cette période est plus fort que les événements particuliers qui s'inscrivent tous à l'intérieur de ce cadre global et instable. Il n'y a pas eu, au cours de ces cinq ans, un événement majeur, paroxysmique, qui fût complètement distinct des autres et qui appellerait une analyse et une réponse différentes.

Que dire, dans ce cas, du 11 septembre 2001 ?

Que c'est un révélateur stupéfiant et tragique d'une situation qui existait, d'un drame qui couvait avant le 11-Septembre. À mes yeux, la véritable césure historique reste la fin de l'URSS : le passage du monde bipolaire au monde global. Le 11-Septembre fut un choc énorme pour les États-Unis, jusque-là convaincus de leur invulnérabilité. C'est aussi un événement considérable pour l'Amérique et pour les pays qui se sentent amis ou alliés des États-Unis, ou qui estiment être exposés à des menaces du même type. Les conséquences en cascade en sont considérables, que ce soit sur l'opinion américaine qui se sent en guerre, sur la politique étrangère ou de défense américaine, au Moyen-Orient, en Asie centrale, peut-être aussi au Proche-Orient. Mais ce serait une erreur que d'oublier que les problèmes du monde étaient déjà présents et analysables avant le 11-Septembre.

Est-ce pour cette raison que vous avez stigmatisé un certain « simplisme » de la politique américaine après le 11-Septembre ?

Je faisais allusion au double danger qu'il y aurait à ramener tous les problèmes du monde à la seule lutte contre le terrorisme, et à lutter contre le terrorisme par les seuls moyens militaires, même si ceux-ci sont indispensables. N'oublions pas toute une série d'événements qui ont trait à la globalisation et à sa contestation, de Seattle à Gênes ! Ni la conférence de Durban[1] qui a également révélé un certain état du monde. On y a entendu, de la part de certaines ONG, des expressions inacceptables par rapport à Israël, mais aussi, par ailleurs, des discours qui confirment l'ampleur du fossé qui sépare toujours les Occidentaux des autres peuples. On est encore loin de cette fameuse « communauté internationale », qui reste à construire. Toutes choses qu'on pouvait savoir bien avant le 11-Septembre.

En définitive, votre analyse se situe complètement à l'opposé de celle de Francis Fukuyama annonçant, au lendemain de l'effondrement de l'Union soviétique, « la fin de l'Histoire ». Vous nous dites, vous, que le monde est beaucoup plus instable, la fin moins prévisible…

Le discours de Fukuyama est plus nuancé que le résumé qu'on en a fait. Il a d'ailleurs écrit d'autres livres, complétant ce qu'il avait dit. Fukuyama a une pensée qui évolue. Qu'affirmait-il à l'origine ? Qu'il n'y a plus de contestation sur deux points

1. La conférence de Durban contre le racisme, la discrimination raciale, la xénophobie et l'intolérance a réuni les représentants de 160 États au début de septembre 2001. La déclaration finale qualifie l'esclavage et la traite de « crimes contre l'humanité », sans appeler toutefois au versement de compensations financières. Les discussions sur le passé colonial et l'esclavage d'une part, sur la situation au Proche-Orient d'autre part, ont donné lieu à de vives polémiques, notamment entre pays occidentaux et pays islamiques.

fondamentaux : l'économie de marché et la démocratie libérale, voire occidentale. C'est vrai et faux à la fois. On assiste, certes, à une victoire par KO de ces deux modèles sur ceux qui les ont précédés ; mais il est également vrai que le monde n'en est pas plus stable pour autant et que l'Histoire n'est pas finie. Fukuyama n'a peut-être pas assez intégré dans sa réflexion les effets de l'affaiblissement des États à l'œuvre dans le monde global : sur 190 États (je prends le chiffre des États membres de l'ONU), des dizaines n'en sont pas, en réalité. Il existe même des pseudo-États qui vivent de la charité internationale, d'arrangements variés, ou sont la proie de forces économiques immenses, licites ou illicites. On a aussi de nombreux États, dignes et pauvres, qui manquent de tout. Actuellement, certains d'entre eux sont incapables, même s'ils en avaient l'intention, de participer à la moindre régulation internationale. C'est un facteur constant de déstabilisation. Il reste, en plus, de nombreux conflits régionaux très graves. Bref, je ne crois absolument pas – hélas – que les conflits soient finis.

Vous avez souvent souligné le caractère stérile ou déclamatoire de certains propos européens mal perçus aux États-Unis. En dénonçant, comme vous l'avez fait récemment, le simplisme qui marque la politique étrangère américaine, ne craignez-vous pas d'apporter de l'eau au moulin des américanophobes ?

Non, car, depuis que je suis ministre, j'ai toujours évité la contestation systématique des États-Unis, vaine et, d'ailleurs, injustifiée. Je n'ai pas plus pratiqué l'approbation systématique, infondée et intenable. Je tiens beaucoup à la formule « amis, alliés, mais pas alignés ». Lorsque nous sommes en accord avec les Américains, il faut pouvoir le dire sans gêne et coopérer avec eux sans complexes, comme nous le faisons dans de multiples endroits, dans les Balkans par exemple, ou au Proche-Orient où nous avons travaillé, pour la paix, en bonne intelligence avec l'administration Clinton – même si, malheureusement, nos efforts n'ont pas abouti. Dans ces cas où nous coopérons, j'estime que les reproches de suivisme formulés par certains dans notre pays ne sont pas justifiés. Mais, à l'inverse, quand nous avons un désaccord véritable avec les Américains, nous sommes en droit de le dire. Après tout, nous faisons partie d'une alliance. Comme l'a rappelé Joschka Fischer, cela ne fait pas de nous des satellites ! Nous devons pouvoir exprimer des positions différentes sans avoir droit automatiquement à une avalanche de griefs du côté américain où l'on a parfois l'impression que la moindre critique, même si elle reprend des remarques formulées d'abord aux États-Unis par des Américains, déclenche l'ouverture d'une sorte d'armoire mal rangée : tout vous tombe dessus et, naturellement, la France est aussitôt qualifiée par certains de collabo, vichyste, menteuse, arrogante, truqueuse, mercantile, lâche, déclinante, etc. Une série de stéréotypes francophobes vous assaille. Il n'en faut pas plus pour qu'aussitôt à Paris quelques éditorialistes spécialisés dénoncent l'anti-américanisme ! C'est consternant ! Nous avons absolument le droit, en tant qu'amis anciens et alliés sûrs, de dire ce que nous pensons. En ce qui me concerne, je n'ai jamais recherché la contradiction pour le plaisir.

Qu'en est-il du côté de l'administration américaine ?

L'idéal est, je le répète, d'arriver à coopérer avec les États-Unis et d'édifier avec eux un vrai partenariat. Certaines administrations américaines se sont montrées intéressées par cette perspective, d'autres moins. S'ils ne sont pas intéressés, alors nous devons essayer d'agir seuls, en tout cas sans eux. C'est faisable dans certains domaines – nous le montrons avec le protocole de Kyoto. Mais dans d'autres hypothèses, c'est impossible. Nous sommes aussi, parfois, obligés de marquer notre désaccord sans agressivité. Ce qui, en un an, a dû être fait à plusieurs reprises : sur Kyoto, sur la Cour pénale internationale, sur le traité ABM, sur l'accord relatif aux armes de petite taille, sur le CTBT[1], sur les mines antipersonnel, sur le protocole de vérification biologique, etc. Je le regrette.

Vous avez été de ceux qui ont réagi le plus vivement à une certaine tendance américaine à l'unilatéralisme, avant d'être suivi par votre homologue allemand Joschka Fischer et par le commissaire européen Chris Patten...

Certes, mais au terme d'une année tout au long de laquelle nous nous sommes montrés plutôt patients et compréhensifs ! Une nouvelle administration se mettait en place à Washington :

1. Le CTBT (Comprehensive Test Ban Treaty) ou traité d'interdiction complète des essais nucléaires (TICE) prohibe tout essai nucléaire et tout encouragement ou participation à la préparation d'un essai. Il a été signé, en septembre 1996, par 138 États, dont les cinq membres permanents du Conseil de sécurité de l'ONU.

il fallait d'abord voir si l'on pouvait travailler et dialoguer avec elle. Cependant, à un moment donné, et parce que j'ai senti qu'il y avait consensus chez les Européens, j'ai estimé devoir faire une déclaration en forme d'avertissement : il fallait que nos amis américains nous entendent. C'est peut-être regrettable d'avoir dû hausser le ton, mais il n'y avait pas d'autre solution. Nous n'avons jamais vu une administration américaine consulter aussi peu ses alliés, voire, pour certains de ses responsables, les traiter avec une telle désinvolture. Je vous ferai cependant observer que je n'ai pas brocardé spécifiquement l'expression « axe du Mal ».

Est-ce à dire que vous la reprenez à votre compte ?

Non. Ce n'est ni mon style, ni ma rhétorique. En revanche, cette rhétorique est assez classique aux États-Unis ; elle y fait un gros effet sur l'opinion publique, ce qui était, visiblement, l'objectif recherché… Je considère, moi, que cet « axe » n'existe pas en tant que tel. À mes yeux, ces trois dossiers (Corée du Nord, Irak et Iran) ne doivent pas être traités de la même façon. Et, d'ailleurs, les Américains eux-mêmes ne les traitent pas comme un axe. Je répète qu'il serait dangereux de ramener tous les problèmes du monde à la seule lutte contre le terrorisme, si légitime et nécessaire soit-elle, et, de plus, de ramener toute lutte contre le terrorisme à la seule action militaire, même si elle est, à certains moments, indispensable. Le simplisme, en l'occurrence, serait de ne voir qu'un seul aspect des choses.

Pensez-vous qu'il existe une sensibilité américaine particulière par rapport à la France, liée à une histoire commune et à une certaine similitude quant à la façon dont ces deux pays perçoivent leur rôle sur la scène internationale ?

Les États-Unis ont atteint un tel niveau de puissance qu'ils ne sont guère sensibles à ce qui est extérieur, sauf quand un élément leur paraît représenter une menace, aujourd'hui le terrorisme et tout ce qu'ils y assimilent. La vieille relation franco-américaine à laquelle vous faisiez allusion est bien connue. Elle consiste en une compétition conceptuelle sur une certaine façon de voir l'universalité, chacun de nos deux peuples se sentant investi d'une mission particulière. Les élites françaises ressentent une certaine souffrance, voire une certaine jalousie, parce qu'elles voient bien qu'elles n'ont plus tout à fait les moyens de leur ambition. Ce qui les déprime. Tandis que les Américains, eux, en rajoutent dans l'autre sens. Quant aux relations diplomatiques ou politiques franco-américaines, elles ont connu, depuis les désaccords célèbres entre de Gaulle et Roosevelt, des hauts et des bas. La formule que je citais précédemment – « amis, alliés, mais pas alignés » – n'a cessé de représenter, même si elle n'était pas exprimée ainsi, une sorte d'idéal français, du moins sous la Ve République. C'est un objectif difficile à atteindre. D'autant que du côté américain existe en permanence la tentation de dire : « Ceux qui ne sont pas avec nous sont contre nous. Vos finasseries ne nous intéressent pas. » Cette situation doit être gérée sans volonté d'envenimer les choses, de façon pragmatique, en s'informant mutuellement le mieux possible, régulièrement et à l'avance, des problèmes qui peuvent se poser, et en recherchant ensemble la façon de les circonscrire.

Regrettez-vous l'affaiblissement relatif du département d'État au profit du Pentagone ?

La conjoncture actuelle entraîne, mécaniquement, une augmentation de l'influence du Pentagone.

Et en dehors de ce contexte spécifique ?

La force sans précédent des États-Unis ne les dispense pas, à mon sens, d'avoir une politique étrangère s'appuyant sur de puissantes capacités d'analyse des autres pays, sur une connaissance des situations et des relais, sur une aptitude à la négociation et à l'échange. Ce qui suppose un département d'État fort et un engagement conséquent dans le système multilatéral.

Au-delà des bisbilles franco-américaines, James Woolsey, l'ancien directeur de la CIA, reproche aux Européens une certaine mollesse face à ce que George Bush, vous venez de le rappeler, a appelé l'« axe du Mal ». Il les met en garde contre ce que pourrait devenir l'attitude des États-Unis envers des alliés, Royaume-Uni excepté, qui critiqueraient trop systématiquement Washington. Que vous inspirent de tels propos ?

Tout d'abord, il ne s'agit pas de bisbilles franco-américaines, mais d'une controverse euro-américaine. Cette distinction est importante. Nous avons évoqué les déclarations de Chris Patten et de Joschka Fischer. Mais d'autres propos, tenus au même moment par les Grecs, les Suédois ou les Belges sont passés plus inaperçus. Vous voyez donc que ce débat est bien euro-américain. Ce qui, du reste, explique la réaction de nos partenaires d'outre-Atlantique.

Pour revenir à l'article de James Woolsey, je l'ai trouvé amusant, mais faux. Car il est fondé sur une série de sophismes. J'en ai lu dix à quinze dans ce genre, développant exactement la même thèse, à savoir : les Européens qui ne sont pas d'accord avec nous sont des lâches. Une telle réaction, notez-le, ne nous empêchera pas de continuer à débattre ! Si les États-Unis estiment légitime, comme on l'entend tous les jours, leur rôle majeur dans le monde, alors ils doivent accepter un minimum d'échanges sur des sujets qui nous concernent tous. Toutes les opérations américaines ne se dérouleront pas forcément comme les frappes contre al-Qaida et les talibans. Il est normal de se poser des questions. Il y a une vingtaine d'années, Jimmy Carter, au nom du respect des droits de l'homme, a voulu changer le régime en Iran, régime qui était répressif. Résultat : il a contribué à la naissance de la révolution islamique et à une déstabilisation dont nous n'avons pas fini de subir les effets. Il est un peu facile, voyez-vous, de ramener toute remarque ou toute discussion à une attitude de lâcheté. D'autant que ce débat va également se développer aux États-Unis. Avez-vous remarqué que, lorsque Tom Daschle, le leader démocrate au Sénat, a émis des réserves sur la conduite de la guerre, il s'est fait injurier dès le lendemain ? Certains l'ont accusé d'être un traître, d'aider l'ennemi. Depuis, le président Bush a indiqué que le traitement de la question irakienne ne se ferait pas sans consultation des Alliés…

Franchement, l'article de Woolsey ne vous a-t-il pas exaspéré ?

Non. Il en faudrait plus pour m'exaspérer. Mais simplement, je le répète, il est faux. Il compare les États-Unis à Gary Cooper dans *Le train sifflera trois fois* et les Européens aux villageois qui se terrent chez eux. Quelle finesse ! M. Woolsey doit accepter la discussion. Un certain nombre de pays dans le monde peuvent avoir des idées judicieuses sur la façon de traiter les problèmes. Notez bien que le président Bush, en déplacement en Asie, à Tokyo, à Séoul ou à Pékin, n'a pas vraiment repris son discours-type sur la Corée du Nord. Après avoir entendu l'opinion unanime des Coréens du Sud lui signifiant qu'il ne fallait pas aborder la question sous cet angle, qu'ils n'avaient aucune envie d'avoir à gérer, à court terme, l'implosion de la Corée du Nord, il a tenu des propos raisonnables. Des propos qui, logiquement, devraient être condamnés par James Woolsey…

Quels sont, en définitive, les reproches que vous adressez à la gestion américaine de l'après-11-Septembre ?

Je n'émets aucune critique sur ce qui a été fait en Afghanistan ou contre le réseau al-Qaida et qui était légitime ; mais, j'insiste sur ce point, il convient de ne pas oublier le reste. Nombre de problèmes qui se posent actuellement dans le monde et qui peuvent, à terme, devenir réellement menaçants s'enracinent dans l'extrême pauvreté et dans d'immenses injustices. Nous devons avoir à cœur – c'est, par surcroît, notre intérêt – de déminer ce terrain. Et ce n'est pas comme extirper une hérésie : il faut agir sur les situations économiques, sociales et politiques. À cet égard, je dis une nouvelle fois que nous serions inquiets si nos amis américains se concentraient exclusivement sur la lutte contre le terrorisme et la chasse aux réseaux – bien que ce combat soit indispensable et que nous le livrions à leurs côtés. Depuis un an, j'ai regretté le désengagement des Américains au Proche-Orient. Car c'est ce retrait qui a donné carte blanche à la politique d'Ariel Sharon. J'ai toujours pensé que cette politique allait conduire non seulement à une tragédie de plus en plus grave, mais à une impasse stratégique et politique – et cela même si elle pouvait obtenir des succès militaires.

Que pensez-vous de la volonté manifestée par les États-Unis de saisir à bras-le-corps le dossier irakien ?

Compte tenu de son passé, le régime de Saddam Hussein inspire une suspicion légitime, et d'abord pour ses voisins. Je n'ai pas de critiques à formuler envers une politique américaine qui n'a été encore ni arbitrée ni présentée. Les politiques de sanctions ont souvent des résultats contestables. Dans le cas de l'Irak, elles étaient justifiées au début. Maintenant, elles dysfonctionnent. Depuis des années, nous préconisons d'alléger le fardeau qui pèse sur les populations irakiennes, tout en renforçant les contrôles sur le régime. Il est intéressant de noter, au passage, que nos idées ne sont pas tellement appréciées par le régime irakien qui préférerait, lui, soit en rester au *statu quo* actuel, soit obtenir une suppression complète des contrôles. Nous avons défendu notre position deux ans avant que Colin Powell n'évoque, à son tour, la nécessité de changer de stratégie et d'adopter des « sanctions intelligentes » ; et nous l'avons soutenu. Pourquoi, dans ces conditions, ferais-je un procès d'intention aux Américains ? Je me borne à répéter à ce stade que Saddam Hussein sait très bien ce que l'on attend de lui : qu'il se mette en règle avec le Conseil de sécurité et accepte le retour des inspecteurs de l'ONU, qui doivent pouvoir travailler librement et sans contrainte.

Et s'il ne le fait pas ?

Dans ce cas, nous verrons, notamment au sein du Conseil de sécurité.

Est-ce à dire que la France pourrait soutenir, voire participer, à une éventuelle action militaire ?

La question n'est pas d'actualité.

Vous avez évoqué les États qui n'en sont pas vraiment. On songe, par exemple, à la Somalie, dépourvue de pouvoir central et livrée à l'anarchie. Que faire, concrètement, pour éviter que ce pays ne devienne un sanctuaire pour les terroristes ?

Il est tout de même dommage qu'il ait fallu attendre le traumatisme du terrorisme pour se saisir de cette question et comprendre qu'il faut aider les pays africains, et d'autres, à rebâtir des États ! Voilà un certain temps que nous disons, nous, Français, qu'il ne faut pas abandonner l'Afrique à elle-même. Dans les zones aux prises avec des conflits aigus, comme tout autour de la République démocratique du Congo, nous prônons la recherche de règlements politiques accompagnés d'une aide internationale. Il en va de la Somalie comme de la RDC, ou de tout autre pays. Bref, il convient de dépasser le point de vue exclusivement sécuritaire et utilitaire. Nous savons très bien qu'il est désormais impossible, dans ce monde global, de confiner les drames dans un coin. Il faut avoir une approche qui combine différents éléments – un intérêt de sécurité, un intérêt de développement, une action conforme aux idées européennes – et essayer ainsi de mettre en œuvre un processus de reconstruction, de *nation building*. Ce qui suppose, j'y reviens, des États et des administrations capables.

Vous avez récemment effectué un déplacement en Afrique avec votre collègue britannique, Jack Straw[1]*. Comment concilier cette initiative franco-britannique avec l'objectif revendiqué visant à édifier une diplomatie commune aux Quinze ?*

Cette initiative en est, précisément, la condition préalable. Si nous ne parvenons pas à définir une approche commune entre les deux ou trois pays qui ont une vraie politique par rapport à l'Afrique (la France, la Grande-Bretagne et la Belgique), nous n'aurons aucune chance d'y arriver à quinze ! Prenons l'exemple de la défense. Avant le sommet de Saint-Malo[2], les Européens demeuraient bloqués par les approches conceptuelles antagonistes des Français et des Britanniques. À partir du moment où nous sommes parvenus à un accord avec Londres, nous avons tous pu avancer. Nos partenaires ne se sont pas sentis dépossédés mais, bien au contraire, encouragés par cet accord, et nous en sommes à bâtir une force d'intervention de soixante mille hommes. Si les trois pays que je viens de citer conservaient des approches différentes, à propos de l'Afrique, il serait strictement impossible de parvenir à une action à quinze. On en resterait au stade de bons sentiments masquant les contradictions, mais il n'y aurait pas de « vraie politique ». Il fallait donc faire en sorte que les gouvernants français et britanniques (entre les Belges et nous, c'est beaucoup plus facile), les diplomates et les ministères travaillent ensemble. Depuis Saint-Malo, je me suis rendu avec Robin Cook au Ghana et en Côte d'Ivoire. Charles Josselin et Clare Short sont allés, eux, en Sierra Leone et au Liberia. Enfin, nous nous sommes rendus, Jack Straw et moi, en Ouganda, au Rwanda, au Burundi et en République démocratique du Congo. C'est ainsi qu'il faut procéder : montrer sur place, à des responsables qui sont habitués aux bisbilles franco-britanniques, et qui en jouent, que notre

---

1. Du 21 au 23 janvier 2002, Hubert Védrine et son homologue britannique, Jack Straw, ont effectué une visite conjointe au Congo-Kinshasa, au Rwanda, en Ouganda et au Burundi afin de relancer la dynamique de paix dans la région des Grands Lacs.

2. Au début de décembre 1998, lors du XXIe sommet franco-britannique de Saint-Malo, la France et le Royaume-Uni affirment la nécessité de mettre en œuvre rapidement les dispositions du traité d'Amsterdam sur la Politique étrangère et de sécurité commune (PESC). Paris et Londres estiment que « l'Union doit avoir une capacité autonome d'action, appuyée sur des forces militaires crédibles, avec les moyens de les utiliser et en étant prête à le faire afin de répondre aux crises internationales ».

approche est désormais commune. L'effet a été très positif dans la région, notamment lors de notre dernier voyage. Les dirigeants locaux n'y croyaient pas trop : ils vont devoir s'habituer. Cet état d'esprit, qui contribuait au blocage ou au verrouillage du conflit, n'est plus de mise. En résumé, ces initiatives franco-britanniques constituent une étape qui facilitera, j'en suis convaincu, l'établissement d'une véritable politique africaine à quinze.

Au sein des Quinze, certains pays ne craignent-ils pas l'émergence d'un directoire européen ?

Sur l'Afrique, ils redoutent surtout un désaccord franco-britannique qui paralyserait toute initiative. En revanche, c'est dans le débat plus général sur l'avenir de l'Europe que la question du « directoire » est posée.

À ce propos, le « moteur franco-allemand » a été, durant plusieurs décennies, à l'origine d'avancées importantes dans l'histoire de la Communauté puis de l'Union européenne. Or il semble avoir disparu. Faut-il imaginer d'autres formes de coopération, du type franco-britannique sur la défense, avec divers partenaires ?

Pour lancer la construction de l'Europe, un effort particulier de la part de la France et de l'Allemagne – dont l'affrontement avait conduit, à plusieurs reprises, l'Europe à la guerre – était un point de départ indispensable. Cette réconciliation franco-allemande, qui a été le moteur de tout ce qui a suivi, s'est incarnée dans des tandems bien connus : de Gaulle et Adenauer, Giscard et Schmidt, Mitterrand et Kohl. Tout a fonctionné remarquablement jusqu'à Maastricht. On est entré ensuite, avec l'Europe à quinze, dans une phase un peu différente ; non pas parce que le moteur était en panne, mais parce qu'il a presque trop bien réussi et qu'il avait créé les conditions de son propre dépassement. Ou, pour le dire autrement : la réussite du processus lancé par les Français et les Allemands a conduit à l'élargissement à neuf, à douze, puis à quinze, etc. L'Europe s'est développée, s'est élargie et s'est démocratisée. Elle a désormais d'autres besoins. Personne ne pense qu'on puisse se passer aujourd'hui d'une entente franco-allemande et se payer le luxe d'un désaccord qui gripperait le fonctionnement de l'Union. Mais, dans le même temps, l'entente franco-allemande n'est plus suffisante pour entraîner l'ensemble de nos partenaires. Plusieurs autres pays jouent à présent un rôle important sur la scène européenne, en particulier la Grande-Bretagne. Tony Blair fait un effort considérable pour rattraper le retard historique de son pays en Europe. Il y a aussi l'Espagne et l'Italie.

On a changé d'époque...

Absolument. Les Français et les Allemands ne peuvent plus, comme auparavant, annoncer à leurs partenaires qu'ils ont déjà fixé, à deux, la ligne à suivre. Ce qui était encore possible à l'époque de Kohl et Mitterrand – la lettre commune[1] au président du Conseil en exercice avant un Conseil européen – ne l'est plus. Une telle façon de faire serait mal vécue par les autres membres de l'Union. Pour autant, il ne faut pas considérer ce changement comme une sorte de recul ou d'échec. Nous sommes entrés dans un chapitre nouveau, voilà tout. Mais, je le répète, l'entente entre Français et Allemands reste indispensable à la bonne marche de l'UE. Ces dernières années, nous avons connu quelques problèmes liés au changement des personnalités qui incarnaient le moteur franco-allemand en 1995 ; puis à l'arrivée au pouvoir, en 1998, de Gerhard Schröder et d'une équipe qui n'était pas spontanément orientée vers le franco-allemand ni vers l'Europe. En outre, ce gouvernement a dû d'emblée assurer une présidence européenne difficile, avec le débat budgétaire. La présidence française, qui s'est achevée sur le sommet de Nice, fut comme prévu, compte tenu des sujets, plus difficile encore. Bref, cette période ne fut pas très favorable à l'établissement de nouvelles relations de confiance, malgré les liens qui se sont tissés, très rapidement, entre Joschka Fischer et moi. Après Nice, des dîners réguliers ont eu lieu, réunissant le Président, le Chancelier et le Premier ministre, et les ministres des Affaires étrangères. À mon sens, ces rencontres devraient continuer, quel que soit le résultat des élections, pour faire le point en permanence et s'assurer qu'il n'y a pas de désaccord en germe.

Selon vous, ces dîners devraient donc être institutionnalisés...

Institutionnalisés, non ; mais maintenus, oui. Naturellement, je souhaite que la France et l'Allemagne se mettent d'accord sur le plus grand nombre possible de sujets. À très court terme, nous devons mener un immense débat : celui dont est chargée

1. Telle la lettre commune Mitterrand-Kohl proposant d'ajouter à l'Union économique et monétaire, prévue par le traité de Maastricht, un volet politique comprenant une Politique étrangère et de sécurité commune.

la Convention sur l'avenir de l'Europe. Ce sera la discussion la plus difficile que les Européens aient eu à affronter depuis le début de leur histoire communautaire. Nous abordons là des terres inconnues. Pour le moment, il n'y a pas deux pays qui soient d'accord entre eux et il n'existe aucun pays au sein duquel toutes les forces politiques soient d'accord entre elles ! Ce qui explique que la France et l'Allemagne ne puissent pas être, d'emblée, sur la même ligne. Mais tel devrait être notre objectif.

Ne craignez-vous pas que les ambitions internationales de l'Union européenne soient atteintes par le prochain élargissement ?

Les Quinze ont déclaré à plusieurs reprises que cet élargissement constituait leur priorité, la majorité de nos partenaires faisant passer cette perspective avant l'approfondissement. La France est sans doute le seul pays où une partie de l'opinion n'a cessé de réfléchir à haute voix sur les avantages et les inconvénients de cet élargissement. En réalité, le débat a été tranché : nous devons nous battre, ni « pour » ni « contre », mais pour faire en sorte que le but soit atteint, c'est-à-dire que l'élargissement soit « réussi ». À Nice, nous avons obtenu des résultats non négligeables en réglant plusieurs points institutionnels restés en suspens depuis le sommet d'Amsterdam. Seuls les Européens maximalistes ont considéré que le sommet avait été un échec. En réalité, ils espéraient la naissance, comme de la cuisse de Jupiter, des États-Unis d'Europe ! Ce sont au contraire ces résultats de Nice qui nous ont permis d'aller plus loin, de voir plus haut, et de réunir aujourd'hui une convention.

Précisément, que pensez-vous des critiques émises par le président de la Convention sur l'avenir de l'Europe, Valéry Giscard d'Estaing ?

M. Giscard d'Estaing avait critiqué Nice uniquement parce qu'il estimait que la France n'aurait pas dû accepter une telle perte d'influence dans l'Union élargie (nombre de commissaires, de parlementaires, droits de vote, etc.) ; mais c'est là le résultat mécanique de l'augmentation du nombre d'États membres ! Aujourd'hui, la priorité, c'est de réussir l'élargissement. Tout le monde est favorable à l'adhésion des candidats. Ils ont besoin de bons négociateurs et de réformateurs, pas d'avocats. Il faut que le processus d'adaptation de ces États soit parachevé pour qu'ils puissent entrer dans l'Union sans avoir à subir un choc destructeur, et sans que celle-ci en pâtisse. Nous surveillons les négociations dans cet esprit ; je l'ai encore fait, il y a quelques mois, pour nous assurer que la négociation était conduite rigoureusement, sans complaisance, sur la base de la différenciation, sans *a priori*, ce que la Commission a assuré. Il ne suffit pas de se mettre d'accord sur le papier : il faut que les pays qui vont entrer dans l'Union soient capables, ensuite, de mettre en œuvre les engagements pris.

À vos yeux, ces négociations n'étaient donc pas suffisamment rigoureuses…

Dans certains cas, on peut effectivement se poser la question. Non pas sur la bonne foi des engagements pris par les pays candidats ; mais sur leur capacité à mettre en œuvre, dans la durée, des réformes dont tout le monde connaît la complexité. On leur demande d'accomplir, en quelques années, une tâche gigantesque ! Quoi qu'il en soit, nous n'avons pas le choix : il faut qu'ils soient prêts à entrer pour ne pas désarticuler les mécanismes communautaires existants. Mais venons-en à la politique étrangère de l'Europe. Je fais souvent remarquer à mes interlocuteurs qu'on ne décrète pas sa mise en place uniquement parce qu'on en a décidé ainsi à Maastricht, comme on appuierait sur un bouton. Il faut d'abord l'élaborer, la concevoir, et cette tâche est beaucoup plus compliquée que de décider une monnaie unique. On ne peut pas dire, sans faire sourire : « Le 1er juillet prochain, nous penserons tous de la même façon sur le Proche-Orient. » On ne peut pas réglementer les cerveaux. Chaque nation d'Europe vit avec ses mentalités, ses souvenirs historiques et ses mouvements d'opinion. Il faut une forge à haute température pour fusionner les mentalités, les préjugés, les sympathies et les antipathies des uns et des autres en une conception nouvelle commune. C'est un travail de titan. Nous nous y sommes attelés, par exemple dans les Balkans où le chemin parcouru en dix ans est énorme. Sur le Proche-Orient, on progresse, bien que des désaccords subsistent sur la tactique immédiate par rapport à Israël et aux États-Unis. Mais enfin, depuis 1999, tous les Européens ont repris l'idée, lancée par François Mitterrand dès 1982 devant la Knesset, d'un État palestinien.

Ce sera encore plus compliqué au lendemain de l'élargissement de l'Union européenne...

Nous devrons poursuivre le même travail et même, sur certains sujets, le recommencer avec les « nouveaux ». Dans un premier temps, la cohésion à laquelle nous sommes parvenus pourrait être remise en cause, car, en dépit de leur désir très vif d'intégrer l'Europe telle qu'elle est, les nouveaux membres de l'Union peuvent avoir des réflexes qui ne sont pas les nôtres. Ne serait-ce que parce que nous avons déjà, nous, une petite histoire commune en matière de politique étrangère européenne. Entre les ministres des Affaires étrangères, il existe une relation très forte. Nous formons une sorte de club. Nous nous disputons tout le temps mais, à force, nous nous connaissons bien ; des liens se créent ; nous parvenons à trouver des compromis dynamiques, des formules nouvelles. Nous faisons bouger les lignes au service d'une ambition commune. Il faudra faire de même avec les nouveaux arrivants, ce qui ralentira le processus en cours. Mais, encore une fois, nous n'avons pas le choix. Tous ces éléments confirment une chose : on ne peut pas établir une ambitieuse politique étrangère européenne commune en plaquant prématurément des mécanismes institutionnels du type « communautarisation » ou « fédéralisation » qui entraîneraient une harmonisation par le bas. Même si, à l'échelle de l'Histoire, tout va, en réalité, plus vite qu'on ne croit.

Nous aimerions connaître votre opinion sur l'évolution actuelle de la Russie. Êtes-vous optimiste sur la façon dont ce pays évolue, malgré les opérations militaires en Tchétchénie ?

Je continue de penser qu'il faudra apporter une solution politique à la question tchétchène en octroyant un statut particulier d'autonomie à cette République à l'intérieur de la Fédération russe. Sinon, les Russes ne s'en sortiront pas et les mêmes problèmes renaîtront. En ce qui concerne la Russie elle-même, je suis plutôt optimiste. C'est une tâche quasiment surhumaine que de bâtir un pays moderne sur les ruines de l'Union soviétique, après des siècles de despotisme, de tsarisme, et presque un siècle de communisme. Aucun pays occidental n'a jamais été confronté à un tel défi. Il faut donc faire preuve de compréhension. Nous avons évidemment besoin d'une Russie moderne. Je pense qu'ils en ont pour vingt à trente ans à la bâtir. Mais il me semble que c'est l'objectif que s'est assigné Vladimir Poutine : remettre en marche une Russie qui partait un peu à vau-l'eau à la fin des années Eltsine, et construire un grand pays. Et il progresse. Pour atteindre ce but, Vladimir Poutine bénéficie manifestement d'un très large soutien de la part des Russes. Il s'est demandé, dès son arrivée au pouvoir, quelle politique allait avoir à son égard la nouvelle administration américaine. Il a eu un temps d'hésitation à Washington mais il a remarquablement réagi, de façon rapide et intelligente, aux événements du 11-Septembre. Le président russe a eu un réflexe que je qualifierais de « stratégique » : il a utilisé le 11-Septembre pour imposer à son appareil d'État, ainsi qu'à d'autres forces réticentes en Russie, un partenariat sur le long terme avec l'Occident.

Du point de vue stratégique, précisément, l'arrivée – avec l'accord explicite de Vladimir Poutine – de troupes américaines en Asie centrale a fait l'objet de violentes critiques en Russie, tout spécialement dans les cercles militaires. Quelle est votre opinion sur cette nouvelle donne ?

Poutine, à mon sens, hiérarchise bien ses priorités. Et sa priorité absolue, c'est de faire de la Russie un pays moderne. Or il sait que cette entreprise ne peut connaître le succès sans un partenariat avec les États-Unis et avec l'Europe. Il ne renonce pas pour autant aux objectifs fondamentaux de la politique étrangère russe, notamment en ce qui concerne le voisinage immédiat de la Russie et sa sécurité. Mais, je le répète, la modernisation de son pays passe avant toute chose. D'où, par exemple, sa modération forcée sur le traité ABM, en dépit du mécontentement de l'armée russe et du ministère des Affaires étrangères. Bref, il me semble que la vision de Poutine s'accorde à nos intérêts : nous devons consolider un partenariat euro-russe qui vient compléter la relation russo-américaine. Il nous faut accompagner la Russie dans son processus de modernisation. La France peut faire beaucoup sur ce plan.

Revenons un instant sur la Tchétchénie. On a l'impression que la France a mis une sourdine à ses critiques à l'encontre de la politique répressive de Moscou : n'est-ce pas lié au fait que Paris s'est senti isolé au sein de l'Union européenne sur ce dossier ? Et n'est-ce point là un signe du travail qui reste à accomplir pour rapprocher le point de vue des Quinze sur des questions aussi cruciales ?

C'est effectivement l'illustration de ce que je disais auparavant : il n'y a guère de grand sujet sur lequel les Européens ont, d'entrée de jeu, la même position. Il est vrai que nous nous sommes retrouvés seuls dans ce que nous avons dit sur la Tchétchénie. Tout à fait seuls. Nos partenaires européens, tout comme les Américains, ont considéré que notre position était dangereuse ou contre-productive. J'ai redit à l'instant l'essentiel de ce que nous pensons. Nous n'avons pas varié : la question tchétchène ne peut pas se résoudre de manière purement répressive, surtout au détriment des populations civiles si durement touchées. La présence de réseaux et de combattants islamistes en Tchétchénie est évidente et démontrée. Mais il y a aussi un problème russo-tchétchène ancien qui ne pourra et ne devra pas être traité de façon exclusivement militaire. Il n'est pas déraisonnable de penser que la Russie de Poutine se sentira suffisamment forte, le jour venu, pour régler ce problème sur des bases politiques et qu'il faut hâter ce moment.

Dans les Balkans, après des années d'atermoiements, l'Europe est parvenue à parler d'une seule voix. On a ainsi pu conduire une politique de prévention en Macédoine, avec la signature en août 2001 des accords d'Ohrid. De la même manière, la situation s'est stabilisée en Bosnie et au Kosovo. Pour autant, tous les observateurs ont un sentiment de flou. Jusqu'à quand les Européens vont-ils rester engagés dans cette région ? Et à quelles conditions doivent-ils y demeurer ?

L'objectif fondamental, c'est d'européaniser les Balkans. Compte tenu de l'histoire de cette région, il s'agit d'une tâche de longue haleine. Nous n'y sommes pas engagés conjoncturellement ; si nous y sommes présents, c'est parce qu'il s'agit d'une partie de l'Europe. Aussi bien sur le plan de la morale politique que sur le plan de nos intérêts de sécurité, nous ne pouvions pas laisser les choses dégénérer. Il faut donc nous préparer à rester engagés dans les Balkans… aussi longtemps qu'il le faudra ! C'est un peu comme si l'on avait demandé aux Américains, dans les années 1950, combien de temps ils pensaient rester en Europe de l'Ouest. Dans les Balkans, nous ne sommes pas confrontés à une menace directe, mais à une sorte d'impérieuse obligation. Notre action ne peut pas se limiter à une opération militaire. Bien entendu, en

Bosnie ou ailleurs, des ajustements restent nécessaires. Je pense néanmoins que, globalement, les Européens ont fait du bon travail ces dernières années. Certes, aucun problème n'est tout à fait résolu au fond. Mais aucune solution n'est parfaite. Nous avons défini – nous les Européens – des approches politiques assez fines. Nous avons, collectivement, déminé le terrain. Il s'agit maintenant de développer une véritable économie moderne dans les Balkans. Progressivement, les différents groupes, au lieu d'être obsédés par le passé, la soif de revanche, les différences identitaires, la crainte de l'autre, ou d'être ravalés au rang de minorités, doivent être entraînés par un projet de développement. Nous ne sommes pas au bout de nos peines. Il faut continuer.

Le procès Milošević constitue une grande première historique. Quel jugement portez-vous sur les avancées de la justice pénale internationale et souhaitez-vous qu'elle prenne de l'ampleur dans un avenir proche ?

Il faut tout d'abord laisser le procès se dérouler et aller à son terme. Nous n'en sommes qu'au début. Il aura eu un rôle important s'il suscite un choc dans l'opinion serbe et s'il entraîne une relecture en profondeur des événements passés de la part des autres peuples de la région, ce qui n'est pas encore acquis. Pour atteindre cet objectif, il faut qu'il soit considéré comme équitable. Il faut être extrêmement rigoureux dans cette affaire de façon que le principe même de ce procès ne soit pas contesté. Il ne devra pas apparaître comme la justice des vainqueurs si l'on veut que les Serbes acquièrent une culture démocratique nouvelle. À cet égard, la façon dont il est conduit jusqu'à présent me paraît satisfaisante.

Quel regard portez-vous sur la future Cour pénale internationale ?

Il s'agit d'une avancée importante qui devrait éviter l'impunité à l'échelle internationale quand les justices nationales sont défaillantes. En même temps, il ne faut pas déresponsabiliser les justices nationales. D'autre part, je pense qu'il faut rester conscient d'une chose : on ne peut pas attendre de la justice internationale, si impartiale soit-elle, qu'elle règle tous les problèmes politiques pendants d'un bout à l'autre de la planète ! Or la tentation de cette croyance est perceptible dans certains milieux en proie à un réel désenchantement par rapport au politique, à une vraie désillusion à l'égard de la négociation et de la diplomatie. Juger les grands criminels de guerre est nécessaire. Mais croire que c'est la justice qui va permettre de trouver la solution politique dans les Balkans ou dans la région des Grands Lacs, en Afrique, serait une erreur qui préparerait d'autres désillusions. Donc les diplomates et les responsables politiques ne sont pas dispensés de rechercher des solutions politiques aux conflits.

Au Proche-Orient, la France a défini une position qui semble aujourd'hui validée par ses partenaires : celle d'un État palestinien coexistant avec Israël. La voix de la France au Proche-Orient n'a-t-elle pas été amoindrie par ce qu'on a appelé sa politique « proarabe » et par la méfiance que cette politique a suscitée dans le camp israélien ?

La France a, en effet, dit des choses justes très tôt. J'ai rappelé la position de François Mitterrand, dès 1982. La France est ensuite toujours restée mobilisée pour la paix au Proche-Orient. Lors des négociations Barak-Arafat, nous n'étions pas en première ligne mais nous étions impliqués et intégrés dans le circuit court qui reliait les Américains, les Palestiniens, les Israéliens, les Égyptiens, les Jordaniens. Les idées et les documents circulaient ; nous nous téléphonions sans cesse. Cela n'a pas marché pour des raisons qu'on ne peut, d'ailleurs, pas imputer seulement à Arafat. Mais je puis vous assurer qu'à l'époque il n'y avait aucune espèce de réticence de la part des Israéliens à l'égard de la France. Et, même aujourd'hui, notre dialogue avec les Israéliens reste intense.

Qu'en est-il de la prétendue « politique arabe » de la France ?

Cette formule a eu un sens positif et un sens négatif. Dans le second cas, elle fait référence à une politique trop exclusivement commerciale développée après de Gaulle, sous Pompidou et sous Giscard, avec des pays devenus peu fréquentables comme l'Irak ou la Libye. Cette politique a été utilisée par certains pour essayer de stigmatiser la politique globale de la France dans cette région. Mais il me semble que François Mitterrand a redistribué les cartes et relégitimé cette politique en réintroduisant une relation étroite avec Israël dans notre approche. Depuis un an, je n'ai cessé de penser que la politique purement répressive de Sharon ne paierait pas même si, militairement et à court terme, Israël tient totalement les Palestiniens à sa merci. J'ai également dit, à plusieurs reprises, que son exigence d'une période préalable de sécurité fonctionnait comme un verrou. Car rouvrir une négociation politique conduirait nécessairement à affronter le problème des colonies. Or il est clair que Sharon ne dispose pas d'une majorité à la Knesset pour régler cette question, même s'il le voulait. Il a même été élu pour empêcher toute discussion à ce sujet. Face à ces événements, les Européens sont désormais plus proches les uns des autres qu'auparavant. Je ne connais pas de responsable européen qui approuve vraiment la politique menée par Sharon depuis un an. Certains commencent à prendre conscience, en Israël comme aux États-Unis, qu'il faudrait corriger les choses. Je crois pour ma part que la seule solution consisterait à revenir à la géniale formule de Rabin que je cite souvent : « Lutter contre le terrorisme comme s'il n'y avait pas de processus de paix » et, plus courageux encore, « poursuivre le processus de paix comme s'il n'y avait pas de terrorisme ». Malheureusement, c'est l'inverse qui est fait. Et quand des signes d'évolution apparaissent, que l'on reparle en Israël ou aux États-Unis de perspective de solution politique, un attentat, pire que le précédent, réduit à néant les avancées. Arafat est traité comme le responsable du terrorisme quand bien même il serait le fait de groupes qui le combattent depuis des années et qui, eux, sont épargnés. La répression franchit une étape supplémentaire, l'armée reçoit un peu plus carte blanche, l'expression politique palestinienne est un peu plus anéantie et dans le peuple palestinien le désespoir et la haine gagnent encore du terrain. Tandis que la prétendue « communauté internationale » se tait et attend. Humainement, je comprends la peur terrible qui étreint du matin au soir les familles d'Israël et je comprends aussi que l'opinion soit prête à presque tout pour mettre un terme à ce cauchemar. Mais le rôle des hommes politiques est de voir plus loin. Or je ne crois toujours pas que la force réglera le problème de la coexistence des Israéliens et des Palestiniens dans la sécurité ; ni qu'Israël se débarrassera du problème palestinien en éliminant, d'une façon ou d'une autre, Yasser Arafat. Un jour ou l'autre, Israël devra renégocier avec les Palestiniens. J'espère que le récent réengagement américain y conduira.

Quelles seront les principales priorités du prochain ministre français des Affaires étrangères ?

La paix au Proche-Orient. En matière européenne, la réussite du grand débat sur l'avenir de l'Europe et, donc, l'entente franco-allemande. Il faudra trancher : quelles institutions européennes ? Et quelle répartition des pouvoirs entre elles et les États ? Simultanément, il faudra réussir l'élargissement, tout en continuant à donner corps au projet de défense européenne et à renforcer la PESC. Nous avons pris des engagements pour 2003 dans ce domaine. Je crois, par ailleurs, qu'il faudrait trouver l'occasion d'une vraie discussion avec les Américains.

II

ÉCOLOGISATION

INTRODUCTION

J'ai toujours été sensible à la nature. Grâce à la pratique, dans ma jeunesse, de l'alpinisme. Et à ma passion pour des auteurs comme Paul-Émile Victor, Haroun Tazieff, Gaston Rebuffat, Roger Frison-Roche et bien d'autres. Déjà à l'Élysée j'étais sensible à ces questions, même si je trouvais le terme « environnement » trop administratif et insipide. J'ai rencontré alors beaucoup de scientifiques, déjà très inquiets, mais je n'avais pas l'occasion de m'exprimer à ce sujet. J'avais été heureux que François Mitterrand accepte d'aller en 1992 au sommet de la Terre, à Rio.

Ma conviction est établie depuis longtemps : sans changement radical, dans le monde entier, de l'ensemble des modes de production agricole, énergétique et industrielle, des transports, et de construction, etc., d'une grande partie des modes de vie et, compte tenu de l'explosion démographique survenue depuis un siècle, la vie deviendra quasiment impossible sur Terre, à quelques générations de distance. Il ne s'agit pas de la « planète », mais de *la vie sur la « planète »*. Le déni n'est plus tenable et les résistances à l'urgence écologique finiront par céder. Je pense que ce changement radical est possible, qu'il est déjà largement entamé, que des millions de chercheurs, d'inventeurs et d'ingénieurs y travaillent et qu'une *écologisation* systématique et méthodique peut redonner toutes ses chances à l'humanité, à condition qu'elle soit menée rationnellement, scientifiquement, constamment expliquée, et ne soit pas contaminée ni détournée par des approches politiciennes ou dogmatiques, fantasmatiques, hystériques, des obsessions expiatoires ou punitives, inutiles et contre-productives. On retrouvera dans des textes que j'ai développés depuis la parution du *Monde au défi* en 2016, cette idée d'une course de vitesse entre la dégradation des conditions de vie sur Terre et l'écologisation.

VERS LA « COMMUNAUTÉ INTERNATIONALE » : DE LA GÉOPOLITIQUE À LA GÉO-ÉCOLOGIE[1]

Bien que prématurément proclamée à son de trompes, la véritable « communauté internationale », celle dans laquelle tous les êtres humains se reconnaîtront pour former peut-être un jour une seule et vaste « humanité » solidaire, n'est donc pas encore une réalité vécue, loin de là ! Les engagements à répétition pris par les participants lors des grands sommets internationaux, parfois sincèrement, mais trop souvent sur la base d'un consensus factice et de postures à usage interne, le rappel incantatoire de la Charte des Nations unies, l'invocation du droit international durant plusieurs décennies sont en effet loin d'avoir réduit les peurs et harmonisé les mentalités antagonistes des peuples et des nations. Les remontrances, paternalistes ou virulentes, des Occidentaux adressées à tous les « autres », leurs rappels incessants au respect des « valeurs universelles » ne seront pas non plus suffisants. En effet, cette prétention reste plombée par la façon dont les valeurs des Lumières – immense acquis s'il en est ! – ont été propagées et imposées aux trois quarts de l'humanité (lesquels ont la mémoire longue) durant les XVIIIe, XIXe siècles et au début du XXe par des Européens que motivait une volonté colonisatrice et « civilisatrice » jusqu'alors inédite. Les autres peuples aspirent sans doute aussi à vivre de façon moderne, et « à l'occidentale », mais plus sous la férule des Occidentaux. La démocratie et le respect des droits de l'homme progresseront à l'avenir moins du fait des injonctions et ingérences occidentales que de la dynamique interne à chaque société.

1. Dans Hubert Védrine, *Le Monde au défi*, © Librairie Arthème Fayard, 2016, chap. 4, p. 85-122.

À défaut peut-on néanmoins imaginer que l'interdépendance généralisée au sein de l'économie globale de marché, ouverte et dérégulée, entraîne la convergence des grands ensembles géopolitiques, Russie, Chine, monde arabe, Afrique, etc., avec l'Occident ? Ces dernières décennies, beaucoup ont cru aux vertus homogénéisatrices de cette « mondialisation heureuse », prétendument capable de dissoudre des identités présumées néfastes au sein d'une gigantesque classe moyenne mondiale au mode de vie standardisé et aux aspirations semblables. Il faut bien constater que cela ne s'est pas produit, car, outre que la financiarisation-casino a eu des conséquences économiquement dangereuses et socialement et écologiquement désastreuses, cette forme d'économie n'est plus automatiquement créatrice d'emplois. Il se peut même qu'elle en détruise (numérisation, robotisation) ! Résultat : elle a suscité autant de résistances sociales et identitaires qu'elle a permis l'ouverture de nouveaux marchés et de liens inédits entre les sept milliards de Terriens, dont une grande partie connectée, sans que cela crée, comme par enchantement, un sentiment de communauté entre eux ! Les colossales forces de mondialisation, supposées harmonisatrices, se sont révélées perturbantes, voire brutales, pour les individus qui ne sont pas uniquement des consommateurs. Elles ont réveillé une appréhension et une forte demande de protection parmi les populations qui éprouvent de plus en plus le besoin de se raccrocher à leur identité culturelle ou religieuse. Après avoir longtemps nié ces réactions, pourtant prévisibles, les élites mondialisées, notamment françaises, s'en effraient désormais. Ces formes de rejet s'observent pourtant dans le monde entier. Il suffit de voir le refus viscéral de la modernité dans une partie de l'islam, mais aussi certaines forces à l'œuvre en Inde ; de prendre la mesure de la résurgence de l'antagonisme entre l'Occident et le monde russe, au-delà de la polarisation sur la personne de Poutine ; comme de voir les tensions entre la Chine et le Japon, ou encore dans plusieurs parties de l'Afrique. Sans oublier la crispation spectaculaire d'une partie de l'électorat américain ! Ces forces universelles ont montré aujourd'hui leur ambivalence. C'est devenu encore plus visible sous les coups de boutoir de la crise de 2008, particulièrement en Europe. Et c'est encore plus vrai en 2016, quand celle-ci est confrontée à de telles pressions migratoires que l'édifice européen, déjà miné par le gouffre entre les petites élites intégrationnistes et les populations, est menacé tout entier, comme le montre la résurgence inattendue des divergences liées au modèle multiculturaliste entre l'Europe de l'Ouest et l'Europe de l'Est…

2016, année de tous les dangers pour l'Union européenne.

Homo predator

Par élimination, on en arrive donc à la conclusion que seule la nécessité, vitale à proprement parler, de garder la Terre habitable pourrait et devrait concerner tous les êtres humains, et ce quelles que soient leur situation et leurs croyances. Garder la Terre habitable n'est pas « sauver la planète », comme on le dit en langage « com ». La planète Terre, comme Mars ou Vénus, serait toujours là si la vie, apparue il y a quatre milliards et demi d'années, disparaissait. Plus dramatiquement, c'est de l'« habitabilité » de la biosphère pour tous ses habitants, en étendant ce concept à tous les êtres vivants, qu'il est question.

Or, il y a longtemps que les scientifiques, unanimes sur ce point, nous alertent : il faudrait plusieurs planètes pour permettre à dix milliards d'êtres humains de vivre « à l'occidentale », c'est-à-dire en consommant autant de ressources non renouvelables, en produisant autant de déchets et en asphyxiant les mécanismes naturels. C'est donc impossible.

Mais quel pourcentage d'êtres humains en est conscient et vraiment prêt à en tirer les conséquences ? Y compris chez nous, en France, après avoir fait adopter par la COP21 la déclaration de Paris-Le Bourget, dont le véritable objectif est de retrouver un jour l'« équilibre carbone » entre les émissions naturelles ou artificielles de gaz à effet de serre et leur absorption par les océans ou la végétation continentale ?

En fait, la croyance dans les ressources infinies du progrès technique reste si enracinée que les mises en garde les plus graves sont encore jugées alarmistes. Le lien vital entre la nature et nous, lien commun à tous les êtres vivants, n'est pas réellement admis par les êtres humains qui se croient à part, différents, même quand ils ne sont pas créationnistes ! Nous sommes bel et bien schizophrènes devant cette interdépendance organique. Et, tant que ce sera le cas, l'humanité, éternellement divisée en antagonismes insurmontables et récurrents, poursuivra sa course folle. Les géologues ont conclu, après un débat intense, que nous sommes sortis de l'ère de l'holocène et déjà entrés dans l'anthropocène[1]. Celui-ci aurait-il été mis en œuvre, inconsciemment, par un *Homo* très peu *sapiens* apparu il y a deux cent mille ans[2], voire avec l'invention du feu par ses prédécesseurs, il y a de cela cinq cent mille ans, ou bien après, avec les révolutions cognitive[3], néolithique, puis industrielle ? Les avis diffèrent, mais, quelles que soient les classifications chronologiques, l'évidence est là : sans céder au catastrophisme, si on extrapole toutes les courbes du développement délétère contemporain, croisées avec celles de la démographie, on ne peut nier que la vie sur Terre puisse un jour devenir quasi impossible.

Mais ce risque n'est pas encore admis par tous, pour de multiples raisons.

La première est qu'il n'y a pas encore très longtemps, pour la grande majorité des élites occidentales, façonnées depuis le XVIIIe siècle par la religion du progrès, la question « écologique » ne se posait pas, ou bien était considérée comme marginale, folklorique, voire comme une imposture. La défense de la nature ? Une gentille utopie. Du romantisme rousseauiste. D'autant que, depuis le XVIIIe siècle, les sciences et la culture (les humanités) ont été complètement séparées. Les scientifiques ne sont pas devenus incultes, bien au contraire, mais l'ignorance scientifique des littéraires, des juristes, des politiques et même des économistes n'a cessé d'empirer. Les édiles se sont préoccupés d'hygiène ou de santé publique, mais dans le seul cadre du « progrès ». Et jusqu'à présent, pour le plus grand nombre parmi les élites classiques politiques, littéraires ou juridiques, aujourd'hui largement technocratiques ou économiques, ces questions n'ont tout simplement pas compté et ne comptent toujours pas. L'idéologie productiviste (celle des ingénieurs, des technocrates et de la classe ouvrière d'autrefois, et, depuis 1945, de la classe politique et des électeurs) a toujours jugé dérisoire de se préoccuper de petits oiseaux, de hérissons ou d'insectes.

1. Terme forgé en 2000 par Paul Crutzen, Prix Nobel de chimie en 1995, pour caractériser l'époque de l'histoire de la Terre où les activités humaines ont un impact dominant sur l'écosystème.

2. *Sapiens* (sage) ? Non, plutôt *Homo predator*. Edgar Morin a même écrit : *Homo sapiens demens*.

3. Il y a soixante-dix mille ans, selon Yuval Noah Harari.

Mais voilà que le temps s'est accéléré. Chaque jour, des preuves incontestables et inquiétantes se sont accumulées, depuis le cri d'alarme lancé par le Club de Rome sur les limites de la croissance, il y a de cela quarante-trois ans ! Certes, celui-ci s'est trompé sur quelques rares points (par exemple, le manque de cuivre qui aurait empêché que le téléphone – fixe – équipe le monde entier), mais cela ne diminue en rien la justesse de sa mise en garde précoce sur le hiatus, à terme insupportable, entre populations et besoins croissants d'un côté, et ressources et espaces limités de l'autre. Cette mise en garde prémonitoire fut jugée malthusienne, et aussitôt oubliée. Preuve en est : le sommet de Rio, premier sommet de l'ONU consacré à ces questions, et qui fut l'un des derniers grands sommets onusiens auxquels François Mitterrand a participé, n'a eu lieu que… vingt ans plus tard, en 1992, il y a vingt-quatre ans ! Ensuite, le diagnostic sur le changement climatique (réchauffement ?) et son origine (solaire ou humain ?), son rythme (lent ou rapide), ses conséquences (gérables ou non ?), a fait l'objet de batailles homériques. Le débat a été déclaré clos en 2015 par le secrétaire général des Nations unies, après examen systématique de toutes les études et de tous les contre-arguments (rôle du soleil, cycles normaux). Verdict : le réchauffement de la planète est avéré, rapide, d'origine essentiellement humaine, et les conséquences de ce changement climatique sont croissantes et potentiellement catastrophiques. Et si un très petit nombre de scientifiques continue à débattre de ce risque ou de ses causes, tout le monde désormais peut constater ce changement et approuve les principes d'une économie plus sobre et d'un recyclage systématique. Les pays émergents ont fini par renoncer – excepté encore un peu l'Inde et quelques pays producteurs de gaz ou de pétrole – à prétexter la responsabilité initiale des premiers pays industrialisés dans l'émission de gaz à effet de serre pour se défausser de la leur[1]. Ils admettent aujourd'hui qu'ils sont dans le même bateau, eux aussi menacés, et ont enfin pris des engagements sérieux et vérifiables à l'occasion de la COP21 au Bourget.

À propos du climat, l'interdépendance généralisée et le risque sont donc aujourd'hui admis. Au Bourget, les négociations ont porté sur le rythme, les modalités et le financement des contre-mesures,

1. Depuis 1850, on estime que les États-Unis sont responsables de 27 % des émissions de CO_2, les pays de l'UE de 24 %, la Chine de 11 % (essentiellement depuis 2000), la Russie de 7,5 %.

la transition et l'adaptation, pays par pays, les processus de mise en œuvre, d'où l'importance cruciale de l'acceptation d'un rendez-vous régulier d'évaluation.

Dans les pays développés, tout un chacun, même le productiviste le plus acharné, a fini par se sentir alerté à titre personnel, professionnel ou citoyen, voire comme simple téléspectateur, touriste ou promeneur, par un aspect particulier, indéniable et menaçant du dérèglement écologique général (pas uniquement climatique). Cependant, une partie de l'électorat américain renâcle et nie encore. En France, l'OPA gauchiste-radicale sur l'écologie politique a retardé pendant un temps la prise de conscience générale tant ses excès dogmatiques, sans rapport avec le sujet, et ses incessantes querelles internes ont rebuté l'immense majorité de l'opinion. La prise de conscience s'est néanmoins imposée grâce au travail de sensibilisation de personnalités exceptionnelles comme du fait d'accidents répétés : pollutions d'envergure, événements climatiques extrêmes, scandales alimentaires ou chimiques, mise en évidence par des études convergentes des liens entre santé et environnement, constantes informations sur les atteintes croissantes et irrémédiables faites à la nature. Tout cela dans un maelström de commentaires et une confusion constante, caractéristique des sociétés très médiatisées, connectées, instantanément réactives et qui n'accordent plus de valeur particulière, au contraire, et à son détriment, à la parole et à l'argumentation des experts, des scientifiques, des « sachants ». Chacun est encouragé à dire ce qu'il « ressent », et ce ressenti est considéré comme aussi valable que les explications des « autorités » ou des études approfondies des experts. Pagaille assurée.

Finalement, une angoisse écologique s'est diffusée dans nos sociétés. Cela s'est sans doute fait au prix de quelques simplifications grossières, de relations de cause à effet imaginaires, de chiffres contestables, de phobies parfois scientifiquement absurdes, mais elle s'est imposée. L'écologie, trop souvent ramenée à la seule question climatique, est même devenue un slogan (tout doit être « durable »), une cause, voire une religion, ce qui amène comme toujours les vrais croyants à combattre les tièdes et les hérétiques. Mais ne faisons pas la fine bouche : les grands mouvements d'opinion se font rarement dans la finesse, le respect des faits et la rigueur scientifique. L'essentiel est que la prise de conscience ait lieu ; ensuite, il faudra la rendre plus rationnelle.

De ce fait ne pourrait-on penser que les résultats obtenus à Paris-Le Bourget, grâce à l'infatigable impulsion de Laurent Fabius, marquent le vrai début de la refondation de la « communauté internationale » sur ces nouvelles bases, et que le mouvement est cette fois bien lancé et irréversible ?

En fait, c'est loin d'être le cas. Pour que cela soit acquis, il faudrait que plusieurs conditions soient remplies.

D'abord que ce diagnostic sur les risques écologiques globaux, véritable épée de Damoclès, soit jugé incontestable par le monde entier, que les innombrables dénis soient réfutés et les résistances surmontées. Or, les prises de conscience entraînées par la peur des conséquences des atteintes à l'environnement restent ponctuelles et très variables selon les régions du monde et les milieux vulnérables aux contre-arguments économiques (la croissance), et donc souvent fugaces. Ainsi, même à propos du climat, la mise en œuvre des accords du Bourget nécessitera pendant des années et dans chaque pays une mobilisation de tous les instants contre des oppositions prévisibles et des défections.

La prise de conscience des risques et la détermination collective d'y remédier sont beaucoup moins avancées sur la question de l'effondrement de la biodiversité. Selon certains spécialistes, les espèces animales et végétales disparaissent à un rythme inédit depuis soixante-cinq millions d'années, d'où le terme saisissant employé par quelques scientifiques, de « sixième extinction ». Tout cela est connu de façon abstraite, en toile de fond, surtout dans les classes moyennes occidentales, rivées à leurs écrans. Or, il faudrait une volonté de fer pour inverser ce phénomène qui résulte de l'augmentation de la population mondiale, amplifiée mécaniquement par l'ensemble de notre mode de vie : artificialisation des sols (urbanisation galopante, infrastructures, déforestation) ; surconsommation de protéines animales ; hyperproductivisme de l'agro-industrie et son cortège de nuisances : pollutions massives qui s'accumulent dans les organismes vivants ; surpêche industrielle ; invasion des terres et des océans par les déchets non traités, et, finalement, réduction à une peau de chagrin des espaces vierges ou naturels : déserts, haute montagne, pôles, deltas, marécages.

À Nagoya, au Japon, en 2010, près de 190 pays, à l'exception notable des États-Unis, ont bien adopté un plan pour freiner d'ici à 2020 le rythme de la disparition des espèces. Mais ce plan, déjà insuffisant, n'est pas soutenu par une mobilisation comparable à celle que la France a su inspirer en 2015 pour le climat, même si celle-ci va dans le bon sens en ayant décidé de créer, en 2017, une Agence pour la biodiversité. Dans une grande partie du monde, l'effondrement de la biodiversité, y compris son aspect le plus visible, comme la disparition possible des ours blancs, des grands félins, des rhinocéros, des éléphants et des grands singes en liberté, est tenu pour triste et regrettable, mais pas comme un signe avant-coureur. Émotion fugace. Certains trouvent même choquant de s'inquiéter à ce point des animaux alors que tant d'hommes souffrent, comme si l'indifférence aux animaux était une garantie de compassion pour les humains ! En revanche, la réduction massive du nombre des abeilles inquiète… surtout ceux qui en comprennent les risques pour la pollinisation, dont les abeilles sont un des principaux vecteurs, et donc pour l'alimentation humaine. Déjà, en Californie, maintenir la pollinisation des vergers nécessite de transporter des abeilles sur des centaines de kilomètres ! Cependant, l'indifférence, voire l'inconscience, reste dominante. Le lien entre tous les êtres vivants n'est pas réellement admis, alors qu'enrayer l'effondrement de la biodiversité devrait bel et bien devenir une urgence, au même titre que limiter le changement climatique.

Autre exemple, les effets négatifs, maintes fois démontrés, de l'accumulation des pollutions en tous genres et de l'abus de produits chimiques sur la santé de l'homme, comme le lien plus général entre l'environnement et la santé sont encore niés par certains sous prétexte que l'espérance de vie n'a jamais autant progressé que ces deux derniers siècles. C'est un fait, mais c'est surtout grâce aux antibiotiques et aux vaccins. D'ailleurs, l'espérance de vie a commencé à décliner aussi bien chez les Américains pauvres et obèses, victimes de la *junk food*, que chez les Russes du fait de l'alcool ou de la tuberculose.

Les effets sur les organismes vivants de l'accumulation pendant des décennies de diverses pollutions à hautes ou faibles doses, de pesticides, insecticides, herbicides, fongicides et autres perturbateurs endocriniens sont encore sous-estimés, voire controversés.

Les tenants de l'agro-industrie intensive affirment que la Terre pourrait nourrir plus de dix milliards d'habitants, que le dessalement de l'eau de mer permettrait de fournir de l'eau potable de façon illimitée, que le renoncement à leurs pratiques chimiques et productivistes entraînerait les plus graves conséquences dans le monde et le retour aux famines, etc. Certes, tout n'est pas faux dans ces affirmations, et il ne s'agit pas de renoncer à tout progrès, ni de changer toutes les pratiques du jour au lendemain, mais de se fixer un cap et d'avancer.

Les résistances à ce diagnostic de gravité alarmante et au changement sont donc à la fois d'ordre idéologique (le progrès), pratique (la croissance) ou de précaution (l'emploi).

*

La croyance en un progrès matériel illimité a seulement deux siècles. Il n'est donc pas surprenant que cette religion soit encore vigoureuse et que sa mise en cause ait longtemps suscité incrédulité ou fureur. Que n'a-t-on entendu : « Les écologistes veulent nous ramener à l'âge de pierre ! » Aujourd'hui encore, la majorité des Américains refuse de renoncer à son mode de vie, pourtant le plus néfaste et le moins durable qui soit. Les résistances s'annoncent très nombreuses pour retarder la mise en œuvre des engagements pris par Obama[1], mais aussi par les Chinois, qui ont rendu possible le succès de Paris-Le Bourget. La majorité des Américains semble vouloir pour le moment continuer à exploiter son charbon, à climatiser ou à chauffer à outrance, à user de l'eau et à consommer sans limites, et donc à polluer à sa guise[2]. C'est l'*american way of life*... Qu'en sera-t-il en 2017, après le départ d'Obama ?

L'ensemble des populations européennes nie moins l'évidence, mais répugne quand même à changer ses habitudes, sauf à la marge. Les Scandinaves faisant exception. Les sympathiques bobos urbains, végétariens, partisans du retour à la nature ou de

1. La Cour suprême a, dès le 9 février 2016, suspendu le plan américain pour une énergie propre proposé par Barack Obama (America's Clean Power Plan) et qui prévoyait une réduction de 32 % d'ici à 2030 des émissions de gaz à effet de serre liées à la production d'électricité.

2. Un Américain rejette chaque année 18 tonnes de CO_2, soit 32 fois plus qu'un Somalien !

la décroissance, et autres communautés ne formeront jamais à eux seuls une majorité, même s'il y a, au-delà de ces groupes, une part croissante de la société prête à adopter un mode de vie plus sain par prudence et rationalité, non par utopie. Quant aux classes moyennes des pays émergents, elles veulent avant tout et massivement accéder à ce mode de vie régulièrement décrié chez nous !

Il faudra donc procéder par étapes. Il n'y a rien de surprenant à ce que chaque groupe humain défende avec acharnement ses habitudes et ses intérêts immédiats qui correspondent aux années qu'ils ont à vivre sur Terre. Il est probable que des dizaines de millions de gens, au bas mot, voire des centaines, seraient menacés dans leurs activités, et donc dans leurs revenus et leur subsistance, si l'on mettait brusquement fin aux pratiques modernes catastrophiques et anti-écologiques, et ils ne sont pas prêts à se laisser faire ! Quant à l'utopie d'une vie libérée du travail par un revenu universel garanti (par qui ?) elle ne représente évidemment pas une solution viable.

Prenons l'exemple, particulièrement significatif, de la consommation globale de viande, obsession millénaire de l'*Homo sapiens*, concrétisée seulement au XXe siècle et qui a pris la forme caricaturale d'une surconsommation. Si on la réduit trop vite, pour des raisons de santé publique et d'écologie, que va-t-on faire de tous ceux qui travaillent aux États-Unis, au Brésil, en Argentine, en Allemagne, en France et ailleurs comme éleveurs, vétérinaires, salariés des laboratoires, vendeurs, employés d'abattoirs, bouchers, charcutiers, restaurateurs… ? Et que va-t-on faire de tous ceux qui défrichent des terres pour y développer des cultures destinées à l'alimentation animale, pour nourrir des bêtes qui, quand elles ne sont pas maltraitées, sont bourrées d'hormones, d'antibiotiques et de tranquillisants et qui, de surcroît, dégagent du méthane ?

On peut donc s'attendre à de très fortes résistances qui ne seront surmontées que par un plan de reconversion crédible et progressif, à moyen et long terme, et par la mise en place d'autres modes de vie alimentaires que les consommateurs exigeront de plus en plus. Ce n'est qu'un exemple !

C'est là que les leaders politiques écologistes « maximalistes » ont raté le coche. Selon eux, le futur ne devait être que punition, privation, mortification, expiation, dénonciation, rétrécissement et, en prime, gauchisme sociétal ! Comment mobiliser ainsi ? Ajoutons à cette capture sectaire de l'écologie d'autres éléments peu engageants : la science-fiction vue au cinéma est le plus souvent catastrophiste[1], la science est sans conscience, la technologie plus encore. Quant au marché, il sera aveugle tant qu'il ne sera pas réorienté entre autres par un prix élevé du carbone et qu'il ne devra pas tenir compte des coûts écologiques abusivement externalisés, ni de l'amputation non comptabilisée du patrimoine naturel. Tout cela devrait venir en déduction du PIB (produit intérieur brut).

Les dirigeants autocratiques, quant à eux, sont d'abord obsédés par leur maintien au pouvoir grâce à la « croissance », quelle qu'elle soit (en Chine, les fameux 7 %, longtemps fétiches avant la récente baisse de croissance), et par l'endiguement des revendications démocratiques de leur peuple.

Les dirigeants démocratiques modernes sont maintenant écologiquement bien intentionnés ou obligés de feindre de l'être. Ils sont « écologiquement corrects », mais ils sont d'abord considérés comme comptables de la croissance et de l'emploi, et ils sont structurellement faibles, sauf pendant un bref moment, dans les quelques semaines qui suivent leur élection. Le FMI ne parle que de la « croissance mondiale », 1, 2, 3 %, de façon purement quantitative, comme si son contenu ne le concernait pas ! La crise de 2008, et ses suites, ont fait de nouveau prévaloir cette obsession de la croissance à tout prix et contribué à retarder, pour un temps, l'effort écologique.

Tout cela est aggravé par le court-termisme économique et politique, la dictature de l'urgence réactive, l'esprit de lucre du capitalisme financier contemporain, l'égoïsme (« après moi le déluge »), la paresse, mais aussi par le manque d'imagination sur le contenu possible d'une autre croissance.

*

Malgré ces freins pratiques et théoriques, une véritable prise de conscience affleure de partout, comme issue de mille sources, et ce à travers le prisme d'innombrables films, documentaires, livres, colloques et conférences, et à l'occasion de controverses, d'accidents, d'affrontements politiques, d'actions d'ONG, d'événements ponctuels.

---

1. Isaac Asimov est plus subtil et plus profond dans son œuvre romanesque : *Le Cycle de Fondation*.

Cette prise de conscience n'est plus cantonnée aux jeunes activistes des pays développés. La remarquable encyclique (*Laudato si'* – Loué sois-tu) du pape François en 2015[1] en est l'un des signes inattendus et parmi les plus spectaculaires. En effet, les trois religions révélées, dites du Livre, ont mis l'accent, depuis leur apparition dans la rudesse du Proche-Orient, non pas sur l'harmonie avec la nature, mais sur la domination de l'homme sur celle-ci. Exception notable, qui confirme la règle : saint François d'Assise qui parlait de « nos frères les oiseaux ». Néanmoins, ces religions révélées sont relativement récentes (quelques milliers d'années) au regard des dizaines de milliers d'années, voire plus, pendant lesquelles l'homme a certainement été animiste, guidé ou non par des chamans, a adoré ou craint le Soleil, la Lune, le jour, la nuit, l'eau, la pluie, le tonnerre, l'arbre, les animaux, etc., et a donc cherché pour survivre (trouver à chasser, à pêcher et à cueillir) à s'insérer au mieux dans la nature pour en connaître tous les secrets. En novembre 2014, j'ai participé, à l'université de Toronto, à une réunion d'experts stratégiques qui m'a particulièrement marqué, même si un tel préambule n'est pas inhabituel au Canada. En effet, cette réunion a commencé par une invocation du « Grand Esprit » par le chef Walter Redstone Ojibune, représentant une tribu d'Indiens, premiers habitants de l'Ontario, afin de nous rappeler, après un lent chant rituel de bienvenue, rythmé par lui-même sur son tambourin, que nous ne sommes que les hôtes de la nature, à l'instar des autres vivants. Tout cela, sans que quiconque, expert, représentant des services secrets, militaire de haut rang ou diplomate, ricane.

Qu'un pape donne à entendre ce qu'a écrit saint François, avec une telle force, est donc proprement révolutionnaire et devrait trouver une résonance positive non seulement chez les catholiques de pratique et de culture, mais plus largement dans tout l'Occident, encore marqué en profondeur par les valeurs chrétiennes, même après qu'elles eurent été sécularisées au XVIIIe siècle en valeurs occidentales-universelles. Cela devrait contribuer à dépasser l'« humanisme réducteur » et à nous rapprocher de l'« humanisme réconcilié » avec la nature et de la « Charte des droits du vivant » que préconisait déjà Claude Lévi-Strauss, un des esprits majeurs du XXe siècle, injustement mal compris par certains à la

1. Jean-Paul II avait déjà abordé ces sujets sans aller jusqu'à en faire une encyclique.

fin de sa vie quand il affirmait le droit des sociétés, européennes comme amazoniennes, à défendre leur identité menacée.

Il y a eu ainsi quelques rares grands précurseurs, comme René Dumont. Mais également des personnalités médiatiques avant la lettre, voyageurs, marins, montagnards, spéléologues, vulcanologues, amoureux des pôles ou des déserts qui ont su merveilleusement parler de la nature au grand public et ont lancé des cris d'alarme : le professeur Piccard, Jacques-Yves Cousteau, Roger Frison-Roche, Paul-Émile Victor, Alain Bombard, Haroun Tazieff, Samivel, Jean Malaurie, Théodore Morod. Plus récemment, l'explorateur Jean-Louis Étienne, ou la navigatrice Isabelle Autissier, certains paléo-anthropologues comme Yves Coppens[1] ou Henry de Lumley, des zoologues, des spécialistes des grands singes, souvent anglo-saxons, telle Jane Goodall, des protecteurs de la faune sauvage, tel Richard Leakey, des défenseurs des baleines, à l'instar de Paul Watson. Des ONG aussi, comme Wildlife Angel qui veut sauver les animaux sauvages, etc.

Plusieurs sages ont rappelé la nécessaire relation homme-nature à partir de la religion ou de la philosophie. Le dalaï-lama, bien sûr, mais aussi le moine bouddhiste Matthieu Ricard. L'académicienne Marguerite Yourcenar, qui cuisait son pain dans sa maison de Petite-Plaisance, sur l'île des Monts-Déserts, dans l'État du Maine, aux États-Unis, disait : « J'économise le bois vendu commercialement, parce qu'il faut économiser la forêt. » Michel Serres aussi s'en est soucié, depuis *Le Contrat naturel*, en 1970. Pensons aussi à ces figures actuelles qui ont un immense impact sur le grand public, tels Yann Arthus-Bertrand ou Nicolas Hulot, à des écrivains comme Sylvain Tesson, à des cinéastes comme Jacques Perrin.

Des penseurs politiques, des philosophes, des économistes sont de plus en plus nombreux, après un cheminement longtemps réfléchi, à s'être emparés du sujet. Le dernier en date, après Michel Rocard, est Daniel Cohen, dans son dernier essai : *Le monde est clos et le désir infini*. En fait, cette liste qui pourrait être beaucoup plus longue ne fait que s'allonger chaque jour. L'écologie n'est plus réservée aux écologistes politisés, aux « professionnels de l'écologie ».

---

1. Qui pense avec un certain optimisme que l'humanité, « ayant vécu trois millions d'années dans une parfaite durabilité, jusqu'au XIXe siècle », peut encore se ressaisir.

Lancer un processus irréversible

Les esprits mûrissent donc, et sont prêts à aller plus loin, mais comment s'y prendre ? Passer, en très peu de temps, de la croissance, panacée obsessionnellement recherchée, mais prédatrice, à une gestion consensuelle, écologiquement responsable, et donc durable, des ressources est, on l'a vu, tout bonnement impossible. Trop brutal. Les technologies ne sont pas prêtes. Ni les hommes. Impossible de réimplanter une culture scientifique en peu de temps, et les systèmes politiques et leurs processus sont ce qu'ils sont. Les mentalités résistent. La vraie transition écologique englobera tout. Elle ne sera pas seulement celle des technologies de la fiscalité ou des lois, mais celle d'une révolution des mentalités et des « valeurs », jusqu'à ce que l'ensemble fonctionne par lui-même, sans diktat. Cela prendra du temps. Quand on disait à Lyautey : cet arbre mettra des dizaines d'années à grandir, il répondait : « Eh bien ne perdons pas de temps. Plantons-le dès aujourd'hui. »

Ne perdons plus de temps.

*

La solution ne réside pas dans des injonctions idéologiques, des interdictions inapplicables, parce que prématurées ou non préparées, du genre « sortir du nucléaire », ni dans des révolutions radicales irréalisables, ni dans l'« arrêt de la croissance » ou la « décroissance », mais dans un processus systématique d'écologisation, d'ailleurs déjà entamé, mais trop timidement et sans que les opinions publiques en aient pris conscience. Il faut l'expliquer, l'accélérer, l'orchestrer, le renforcer, en faire un concept reconnu, une volonté, une politique. Ce processus devra être poursuivi pendant des décennies, comme cela a été le cas pour l'industrialisation. Il faudra le soutenir grâce à l'intensification des recherches scientifiques et technologiques – ce qui nécessitera une réconciliation des sociétés modernes et de la science –, grâce aussi à des incitations fiscales et des signaux donnés au marché, tel un prix élevé du carbone, déjà évoqué, et d'autres encore.

L'objectif est de parvenir, à terme, à une économie de recyclage émettant un minimum de déchets, sobre, presque complètement circulaire, non polluante, une société et une économie entièrement écologisées. Non pas une société sans croissance, mais avec une croissance au contenu très différent, mesurée autrement, par un PIB-E, « E » comme écologique, intégrant la valeur du patrimoine naturel et mesurant ce qui l'enrichit comme ce qui l'appauvrit, ce qui aurait le mérite de rendre le marché intelligent[1]. Chaque année, la « chambre des générations futures », merveilleuse idée de Jacques Attali[2], évaluerait, domaine après domaine, nos avancées, nos stagnations ou nos reculs, distinguerait les fausses avancées des vraies et ferait des recommandations publiques aux autorités, aux entreprises, aux ONG, etc.

Un jour, le phénomène se nourrira de son propre élan. Une logique aura été substituée à une autre, mais grâce à un processus, pas à un face-à-face stérile et hargneux entre ce qui est écologique et ce qui ne l'est pas, entre ce qui est durable ou pas à l'instant *t*. Un vaste mouvement enveloppant et dynamique.

*

L'écologisation n'aura pas lieu au même rythme dans tous les secteurs. L'écologisation de l'industrie est bien partie : réduction des déchets, du bruit, de l'énergie, sobriété accrue, cimenteries avec recyclage presque total, captation du CO_2 en attendant des technologies qui n'en émettent pas, etc. Celle de la chimie pose des problèmes plus complexes, mais elle va se métamorphoser aussi. Celle de la construction et de l'habitat est très prometteuse, puisqu'on est déjà capable, en Europe, de réaliser des bâtiments à énergie positive et que les professionnels vont s'y convertir et s'y former progressivement, avec d'importantes incitations financières au début. Voir, en France, le plan « Bâtiment durable », le projet de label BBC (bâtiment bas carbone), etc. En généralisant les acquis de ces premières expériences, il y aura du travail pour des entreprises formées à ce nouveau savoir-faire pendant des décennies, et partout dans le monde.

En revanche, déjà retardée par le prix très bas du kilowattheure/charbon et maintenant du baril de pétrole, l'écologisation de l'énergie, et donc celle des transports, a été perturbée dans une partie

1. Mais sans intégrer en plus la dimension sociale qui doit être évaluée autrement, et encore moins l'immensurable « bien-être »… Plusieurs commissions s'y sont épuisées.

2. Également envisagée par Robert Lion, Dominique Bourg, Nicolas Hulot et moi-même.

de l'Occident par l'obsession électoraliste de sortie du nucléaire bien avant que les énergies renouvelables soient rentables, d'où par exemple la relance du charbon en Allemagne ! Cependant, elle progresse. La loi française sur la transition est un compromis à peu près viable. Elle ne connaîtra son plein essor que lorsque le prix du kilowattheure produit à partir du charbon sera devenu prohibitif (de grands fonds d'investissement commencent à se retirer du charbon) et quand on sera capable de stocker, de façon sûre, économique et durable, l'énergie électrique. Dans le domaine automobile, les progrès vont être spectaculaires. L'écologisation de l'aéronautique sera plus compliquée, plus lente et moins complète, mais il y aura quand même des avancées.

Or, l'énergie, par tout ce que cela implique, est une des clefs de l'écologisation.

L'écologisation de l'agriculture, de l'agro-industrie et de la pêche s'annonce en revanche longue et humainement beaucoup plus difficile à faire admettre aux intéressés qui se sentiront fragiles et menacés.

Revenons à la question de la viande. Du fait de l'accroissement de la population, la consommation de protéines animales dans le monde devrait continuer de progresser mécaniquement jusqu'en 2050 ! Modifier cela suppose de changer les habitudes alimentaires et toucherait en plus directement aux intérêts et aux mentalités de toute une filière économique, dont la population, nombreuse, déjà mal comprise et sans avenir assuré, se sent agressée, sans solution visible de remplacement. Il faudra que les producteurs, intermédiaires et consommateurs évoluent. Soyons concrets : pour les raisons évoquées plus haut, il faudra convaincre les Américains (et les Européens) de manger moins de viande ; les Asiatiques de ne pas se mettre à en consommer plus ; les Japonais de manger moins de baleine (ils en consomment déjà moins) et moins de thon. Convaincre les producteurs européens de mettre un terme à l'élevage ultraproductiviste d'exportation[1] ; les pêcheurs asiatiques de cesser de racler les grands fonds marins.

Plus largement, il est urgent de prendre des mesures radicales pour sauver les abeilles, etc. Le rôle des pesticides néonicotinoïdes dans l'hécatombe des abeilles est établi. Certains ont été interdits.

---

1. Les énormes truies reproductrices immobilisées sous leur propre poids dans les fermes géantes de l'ex-Allemagne de l'Est, données en exemple aux éleveurs bretons : on croit rêver ! Ou les élevages de poissons hyperpollués…

Mais d'autres, plus récents, et encore dangereux, sont mis sur le marché, dont l'interdiction et le remplacement prendront du temps. Course de vitesse dans laquelle les procédures d'interdiction sont plus lentes. Bon exemple des difficultés à surmonter.

Au total, il faut donc réhabiliter une agriculture plus biologique, moins chimique[1], moins industrielle, de proximité et, en même temps, productive (c'est vital en Afrique), ainsi qu'une pêche raisonnée.

Ce programme de long terme peut paraître disparate, mais il forme un tout. Il implique de trouver des modes de production ou d'élevage de substitution. Au total, ce seront les consommateurs mieux informés, plus avertis, qui trancheront. En France, près de 9 % des agriculteurs passent chaque année au bio[2]. Cela représente déjà 1,3 million d'hectares, 4,9 % du territoire agricole en France.

*

Si on l'étend à la protection de la biodiversité, la liste des actions à mener s'allonge : empêcher les riches Chinois de payer à de vraies mafias de trafiquants des cornes de rhinocéros censées être aphrodisiaques, trafic qui entraîne l'extermination de cette espèce (et auquel le Viagra aurait dû mettre un terme !) ainsi que les collectionneurs d'ivoire de Hong Kong de faire massacrer les éléphants à cette fin ; convaincre les Africains de cesser de manger de la viande de brousse (singe et autres), ce qui par ailleurs contribue à la propagation d'épidémies ; neutraliser aussi les puissantes mafias de trafiquants de bois tropicaux rares ou d'animaux exotiques. Bien sûr, accroître la superficie des parcs et des réserves, espaces protégés, et les relier entre eux chaque fois que c'est possible ; préserver les régions du monde les plus riches en espèces variées de bois, l'Amazonie, le delta du Congo, l'Indonésie, la Papouasie et la Nouvelle-Guinée, de la déforestation et de l'exploitation abusive. Stabiliser l'artificialisation des sols, c'est-à-dire contenir l'urbanisation et réduire l'emprise des infrastructures.

Vaste programme !

---

1. La France est en Europe le premier utilisateur de pesticides pour l'agriculture : 5,4 kg pulvérisés par an par hectare cultivable, contre 3 kg en moyenne en Europe. L'achat de produits phytosanitaires a bondi de 9 % en 2013, et de 9,4 % en 2014…

2. Pierre Rabhi, écologiste, économiste et agriculteur, a depuis longtemps ouvert la voie.

*

Quel rapport avec la géopolitique ?

La mise en œuvre de ces diverses révolutions écologiques aura un effet très concret sur les relations internationales, dans la mesure où les États ne seront plus seulement considérés, comme c'est le cas aujourd'hui, comme des menaces ou des piliers de la sécurité internationale, ou des moteurs ou non de la croissance économique mondiale, mais comme des soutiens ou des obstacles à l'écologisation. La qualification d'États « voyous », utilisée par la Maison Blanche contre les États de l'Axe du mal au temps de la rhétorique reaganienne (Libye, Iran, Corée du Nord) pourrait resurgir, appliquée cette fois au comportement écologiquement voyou de tel ou tel État. Il en irait de même du concept de « crime contre l'humanité ». Celui-ci pourrait être redéfini autrement, plus seulement comme l'action de commettre des crimes atroces contre des personnes ou des groupes représentant symboliquement toute l'humanité, mais comme ce qui met réellement en péril l'humanité tout entière, par exemple un pays qui refuserait pendant des années de réduire ses émissions de CO_2 (lesquelles seront bientôt mesurables depuis des satellites) ou laisserait s'effondrer la biodiversité.

*

Pourtant, tout laisse à penser que, même si elles se disent désormais convaincues, à quelques petits groupes inconscients près, de l'urgence écologique, la majeure partie des élites occidentales n'est en réalité pas prête à abandonner sa posture surplombante d'une croisade pour une communauté internationale conçue à ses yeux comme l'alignement sans réserve du monde entier sur les « valeurs occidentales-universelles », abstraction faite de l'écologie. Invoquer l'écologie dans des discours est possible, jusqu'à la saturation. De là à œuvrer à la création d'une « communauté écologique internationale » et y consacrer les vingt prochaines années en abandonnant nos réflexes pavloviens d'Occidentaux, il y a un pas que peu franchissent. Il ne s'agirait pourtant que de compléter la démocratie et l'économie de marché, pas de les sacrifier au profit de la nature !

Ce changement de grande ampleur nécessite d'être pensé et mûri. Or, la plupart des intellectuels qui, depuis deux siècles, ont poursuivi en dignes héritiers du haut clergé d'autrefois des controverses quasi théologiques continuent le plus souvent à préférer les concepts, les débats théoriques et les affrontements de principe aux faits, travers que Tocqueville avait déjà relevé comme une de nos spécialités. En effet, pour mener à bien l'immense et indispensable métamorphose écologique, il faudra encore plus de technologie, d'innovation et de sciences que de « valeurs » ou de croyances. En fait, il faudra les deux, mais tout cela risque de ne pas fournir assez de clivages idéologiques pour certains ! C'est à cette synthèse entre la théorie et la pratique qu'il faudra donner un sens, d'autant que le lyrisme ne convainc plus, que la « com » verte a lassé, que le catastrophisme écolo a sidéré, terrorisé, puis a été rejeté, pour finir par n'être plus audible du fait de ses excès. Il rate son but, alors que, jour après jour, il faut bien vivre et donc faire tourner la machine économique ! Pour rendre entraînante la pédagogie de l'écologisation, il faudra des faits, du réalisme, du concret, de l'innovation, des exemples réussis, de la persévérance, des feuilles de route, des calendriers. Tout ce qui met nos élites actuelles mal à l'aise, alors que les entrepreneurs, les ingénieurs, les chercheurs, les techniciens, les artisans, les agriculteurs, si on leur donne le choix, le maîtrisent. Toutefois, ou ce processus s'imposera ou de nouvelles élites, différentes, capables de parler, de convaincre et d'agir autrement les supplanteront, et ce en une ou deux générations.

*

Tout cela ressemble à une utopie. Pourtant, ce n'en est pas une. C'est une obligation qui va s'imposer à l'humanité. Autant vivre en l'assumant et en l'ayant pensée que la subir à reculons dans le désordre des controverses stériles et la panique. Au XXe siècle, une grande partie de l'humanité s'est sauvagement entretuée au nom d'utopies idéologiques meurtrières. Au XXIe siècle, le monde pourrait découvrir son unité fondamentale et se retrouver tout entier dans cette nouvelle utopie, y compris les pays, régions et peuples aujourd'hui ravagés par la guerre, l'extrême pauvreté, la crise économique, voire en pleine régression d'extrémisme religieux et pour qui l'écologie est le cadet des soucis. Ils comprendront tôt ou tard qu'aucune partie du monde n'est à l'abri du compte à rebours écologique qui ne menace pas que les îles du

Pacifique. Bien sûr, les désaccords seront nombreux : comment conduire cette mutation ? À quel rythme ?... Mille questions se poseront. Les conflits seront légion. Mais, à mesure que le diagnostic sur la gravité de la situation sera plus largement partagé, comme il l'est à peu près s'agissant du climat qui n'est qu'un aspect du problème, certes très grave, mais qu'un aspect quand même, il sera plus facile pour les États, les élus, les associations, les ONG, les entreprises, les citoyens, les individus de s'entraîner mutuellement.

Cette incitation méthodique à l'écologisation raisonnable devrait être une des quelques vraies priorités des institutions européennes qui pourraient ainsi se reconcentrer, comme le souhaitent le président Jean-Claude Juncker et le vice-président Frans Timmermans, sur quelques actions essentielles que même les déçus de l'Europe ne pourront contester.

*

Quand ce cercle vertueux aura éveillé la conscience des éléments d'une civilisation nouvelle, que celle-ci aura été pensée et conceptualisée, qu'elle aura été traduite en une nouvelle « narration » et en d'autres politiques, l'anthropocène ne sera plus synonyme d'une course vers l'abîme issue d'un pacte faustien, mais de durabilité retrouvée. *In extremis*.

Cette gigantesque mutation de l'humanité – qui prendra des dizaines d'années et caractérisera de gré ou de force la première moitié, au moins, du XXIe siècle – ne mettra un terme ni à l'« Histoire », ni aux relations internationales, ni à la compétition entre les puissances. Pas plus qu'aux aléas de la politique et du pouvoir, aux bonheurs et malheurs de la vie humaine. Mais, peu à peu, elle reconfigurera tout, y compris les notions de puissance et d'influence, comme celles de réussite ou d'épanouissement. Même la distinction gauche/droite, apparue avec la Révolution et enracinée au XIXe siècle en réaction aux conditions abjectes dans lesquelles vivait le prolétariat aux époques de Marx, de Zola, de Dickens, distinction devenue de plus en plus artificielle, même si elle correspond encore à des « familles » politiques établies et à des traditions électorales, sera un jour supplantée par d'autres, peut-être aussi clivantes, mais sur d'autres bases.

D'ici là, l'Occident, qui peut de moins en moins imposer seul ses solutions au monde, aura été contraint à un compromis avec *the rest*, les émergents et les autres. L'économie aura dû être re-régulée, et pas seulement écologisée, et numérisée. Mais c'est la prise de conscience par les peuples eux-mêmes de l'urgence écologique, et donc leurs exigences mues par leur impatience, qui deviendront la force principale. Sinon…

Quand tous auront reconnu, fût-ce à contrecœur, que l'ensemble des êtres vivants sur cette planète forme une communauté solidaire, au destin partagé, tout sera différent. Le monde aura alors relevé le plus grand défi qu'il s'était lancé à lui-même.

ÉCOLOGISATION[1]

Ce texte fait partie du petit essai *Et après ?* paru aux éditions Fayard en mai 2020, repris et republié en octobre 2021, enrichi de réflexions nouvelles sur les événements et les évolutions survenus depuis mai 2020 jusqu'en septembre 2021.

Ce serait plus efficace que ces politiques soient impulsées par un vice-Premier ministre, ou toute autre autorité gouvernementale de premier plan, spécialement chargé de l'écologisation, une sorte de *whip* qui disposerait d'équipes légères de suivi, qui ne gérerait pas, mais qui aurait le pouvoir de faire appel à l'arbitrage du Président ou du Premier ministre. Une « chambre des générations futures[2] » évaluerait chaque année, publiquement, pour éclairer les décisions à venir, les domaines dans lesquels il y a eu avancée, stagnation ou recul, et ferait des propositions. Car le compte à rebours est enclenché. Tout cela n'est pas rendu caduc par l'aventure de la Convention citoyenne sur le climat. D'autant que la prise de conscience des conséquences effrayantes des changements climatiques, de l'emballement du réchauffement et de l'effondrement de la biodiversité découlant de la surpopulation et du développement aveugle se renforce au fil des événements climatiques extrêmes (inondations en Europe et en Chine ; phénomène de dôme de chaleur au Canada et aux États-Unis ; incendies en Sibérie). Les mesures à prendre pourront être aménagées, étalées

1. Dans Hubert Védrine, *Et après ?*, © Librairie Arthème Fayard (2020), nouvelle édition 2021, chap. 16 et 17.
2. Idée ancienne de Jacques Attali, Robert Lion, Nicolas Hulot, Dominique Bourg et moi-même.

dans le temps, suspendues pendant un temps bref pour des raisons de réalisme économique et social, mais en aucun cas abandonnées.

Que signifie « écologisation » ? Le philosophe Bruno Latour fut, dès 1995, le premier à énoncer ce terme. Je l'emploie ici dans un sens très concret, presque programmatique, car il est plus parlant que celui de « transition » (vers quoi ?) ou « écologie », trop statique, pour désigner un *processus* qui va se poursuivre pendant des décennies, comme ce fut le cas pour l'industrialisation. Prenons quelques exemples, en commençant par le plus difficile.

1. L'agriculture (24 % du CO_2 mondial) est sans doute le domaine dans lequel auront lieu les batailles les plus acharnées. Il faut distinguer le niveau mondial et le niveau plus hexagonal, ou européen. Sur le plan global, il paraît clair qu'il faudrait non seulement reboiser, par exemple poursuivre la ceinture verte qui est censée prendre l'Afrique en écharpe du Sénégal jusqu'à Djibouti, mais aussi stopper la déforestation qui présente en outre le très grand risque de déconfiner les virus. Pour le professeur Sicard [...] cette origine à présent bien établie devrait encourager des chercheurs du monde entier à davantage étudier les modes de transmission de ces virus à l'homme[1]. N'oublions pas que la déforestation sert le plus souvent à produire des aliments pour le bétail, bourrés d'hormones et d'antibiotiques, selon la logique d'une surconsommation pathogène de viande dans les pays développés. Là encore, le changement des demandes des consommateurs sera décisif. En même temps, la consommation de viande contribue aussi à entretenir les paysages et surtout à faire vivre des dizaines de millions de gens. Comment gagneront-ils leur vie demain ? Vertigineux. Le Brésil et plusieurs pays émergents auraient besoin, s'ils le décidaient (mais le Brésil s'enfonce dans la voie complètement inverse), d'au moins vingt ans pour se reconvertir. Par ailleurs, il faudrait trouver un substitut à la consommation massive de viande de brousse en Afrique, qui représente environ 5 à 6 millions de tonnes (gazelles, antilopes, pangolins, chauves-souris, chimpanzés, gorilles, etc.), source irremplaçable de protéines animales pour environ 1 milliard d'Africains très pauvres. La lutte contre le trafic d'animaux sauvages (dont les pangolins, 776 000 exportés par an à partir de pays d'Asie, et autant braconnés) relève plutôt de la protection de la biodiversité. Comment

1. Le directeur de l'Institut Pasteur au Laos, Paul Brey, avait prédit l'épidémie actuelle à la fin de 2019 par la présence de quantité de chauves-souris dans les marchés ouverts d'animaux sauvages en Chine.

s'attaquer à tout cela ? Cela paraît décourageant, et l'on cherche, tel Archimède, un point d'appui pour déplacer ces montagnes. Mais, si l'on renonce, ce n'est même plus la peine de prétendre préserver la biodiversité qui nous est vitale. Il faut imaginer un plan mondial de reconfiguration de l'agro-industrie, y compris par des boycotts, des mesures fiscales ou de protection, mais aussi d'innovation, d'aide et de soutien sur vingt ans.

Au niveau français, la demande de produits issus de l'agriculture biologique ne va pas diminuer, au contraire. Elle a augmenté de 10 % par an ces dernières années. Il faut l'encourager davantage, c'est-à-dire aider les agriculteurs à se reconvertir, jusqu'à ce que leurs exploitations soient viables. Les spécialistes de l'agriculture biologique font remarquer que rien n'a été fait depuis la Seconde Guerre mondiale pour rendre cette agriculture-là plus productive. Et que des améliorations considérables sont possibles en agroécologie. Cela favorisera l'agriculture de proximité, les circuits courts, des initiatives comme les AMAP (2 000 petites associations qui favorisent l'agriculture paysanne sans intermédiaires), bien sûr, en intégrant les DOM-TOM. Cela ne répondra pas à toute la demande, mais ces exemples d'agriculture ne cesseront de progresser. Les exploitants, les distributeurs devront s'adapter à cette demande. Et les organisations professionnelles présenter des plans et des calendriers. Un accord dans ce sens a été trouvé au niveau des Vingt-Sept en 2021 pour rendre la PAC plus écologique dans le cadre du budget 2021-2027 de l'Union européenne. L'agriculture française va devoir être plus écologique et plus compétitive. Le concept « compétitivité écologique » va s'imposer. N'oublions pas qu'à la fin de sa vie Edgard Pisani, père de la prodigieuse révolution agricole française des années soixante, en regrettait les conséquences…

2. Énergie. C'est dans ce domaine que les choses sont les plus évidentes. Si l'on est rationnel. Les priorités sont désormais reconnues : fournir l'énergie nécessaire – les besoins sont gigantesques et croissants (cf. les émergents) – tout en réduisant les émissions de CO_2. Et commencer par économiser l'énergie, ce qui est possible à travers de grands programmes (coûteux) d'isolation, et en généralisant la construction d'immeubles à énergie positive. Voilà un champ de croissance verte pour plusieurs décennies dans le monde entier !

Ensuite, il faut, dans l'ordre, réduire drastiquement le charbon. Cela ne sera possible que si la Chine, l'Inde, la Pologne et d'autres réussissent à se passer du charbon en développant toutes les autres énergies. L'Allemagne semble s'y être enfin décidée (tout en restant, ce qui est peu cohérent, hostile au nucléaire, même comme énergie de transition). Ensuite, il faudra réduire la part du pétrole, puis du gaz, beaucoup moins émetteur de CO_2. Gigantesque transition.

Tout devra être fait en même temps pour que les énergies renouvelables – plutôt le photovoltaïque que les éoliennes – deviennent le plus tôt possible économiquement viables, sans qu'il soit besoin de les subventionner. Cela nécessitera de vraies percées scientifiques. Notons que le président de Total, Patrick Pouyanné, a annoncé, dès le 5 mai 2020, que l'entreprise allait poursuivre sa diversification jusqu'à devenir une « entreprise multiénergie » qui a pour objectif en 2050 40 % d'électricité (essentiellement renouvelable), 40 % dans le gaz (dont 20 % de biogaz et d'hydrogène vert) et seulement 20 % dans le pétrole, dont un quart de biocarburant. Les autres « majors » comme BP se résignent à bouger. La coalition Climate Action 100 +[1] va dans ce sens. C'est la voie de l'avenir.

Concernant le nucléaire, il faut vraiment mettre un terme à l'irrationnelle guérilla idéologique ou politicienne, lointain héritage du combat ancien des Verts d'Allemagne de l'Ouest – soutenus par l'URSS – contre les armes nucléaires américaines en RFA, ce qui est un tout autre sujet. Le nucléaire pose des problèmes sérieux de sécurité et de stockage, mais les normes françaises sont les plus exigeantes, il existe des solutions géologiques, et il n'émet pas de CO_2. De façon stupéfiante, près de 60 % des Français croient encore l'inverse ! C'est que, depuis longtemps, le nucléaire n'a plus été ni assumé, ni expliqué. La France a eu le nucléaire honteux, parce que les majorités successives se sont laissé terroriser par des minorités écologistes qui s'étaient focalisées de façon non scientifique sur deux ou trois angoisses exploitables, dont celle-là et les OGM, en passant complètement à côté de la priorité climatique. La désastreuse expérience allemande a démontré qu'on ne pouvait pas en même temps sortir (prématurément) du nucléaire et réduire les émissions de CO_2.

Et évidemment, il faut intensifier et accélérer les recherches sur la fusion nucléaire, sur les batteries du futur, sur la climatisation du futur[2], sur l'hydrogène, la captation du CO_2, etc.

---

1. Lancée en décembre 2017, à l'occasion du One Planet Summit, cette initiative rassemble plus de 300 investisseurs décidés à peser sur la gouvernance des entreprises pour les inciter, à horizon de cinq ans, à réduire leurs émissions de CO_2.

2. Inventer une climatisation qui n'aggrave pas l'effet de serre.

3. L'écologisation de l'industrie (21 % du CO_2 mondial) recouvre des domaines très différents dont chacun appelle des solutions particulières, mais des efforts colossaux ont déjà été entrepris pour moins polluer, moins rejeter, recycler plus, dans le sens d'une économie plus circulaire, capter le CO_2 (et autres gaz à effet de serre) à la source. La même approche s'imposera à la chimie, jusqu'à créer une chimie verte, une formule moins aberrante que ce que l'on pourrait croire. Par ailleurs, tous les plastiques à usage unique devront être abandonnés, en dépit des freinages actuels. Rappelons quand même que la pharmacie, domaine dans lequel nous devons reconstituer nos capacités propres, est une branche de la chimie. Notons également, ce qui est peu connu, que l'activité numérique ne va faire que croître avec le bond en avant du télétravail, elle représentait déjà en 2019 près de 4 % des rejets de gaz à effet de serre, notamment du fait des vidéos (quatre fois la France, plus que le Japon). Des recherches ont débuté sur la façon de contenir cette augmentation. Mais Cédric O fait remarquer que les progrès numériques (ex. : le 56) peuvent réduire la consommation d'énergie.

4. En matière de transports (14 % du CO_2 mondial), l'écologisation va s'accélérer. D'abord en ville (jusqu'à rendre impossible la vie active en centre-ville, par exemple à Paris, pour des résultats statistiquement insignifiants). D'où l'importance, redisons-le, de la maîtrise de la technologie des batteries du futur, où les Chinois ont un temps d'avance. Le train est plus « écolo », encore que cela dépende, comme pour les voitures, de la façon dont on produit l'électricité. Mais en France, *grâce au nucléaire*, elle est déjà à 90 % décarbonée.

Pour le transport maritime, ce sera plus difficile, mais il a déjà commencé à adapter les modes de propulsion des porte-conteneurs. C'est pour le transport aérien que la transition écologique sera la plus ardue. Le trafic aérien civil représente aujourd'hui 2 à 3 % des rejets de CO_2 (moins que le numérique cependant !). Sur la lancée des dix dernières années, il devait atteindre 7 à 8 %, soit autant que les véhicules légers. Des progrès seront certainement apportés, mais il est difficile pour le moment d'imaginer un « avion entièrement vert »...

5. Dans le secteur du bâtiment (6 % du CO_2 mondial), il faudra systématiser la construction d'immeubles énergétiquement autonomes, voire producteurs d'énergie. En matière d'urbanisme, mais également d'infrastructures, des règles plus contraignantes devraient permettre, si les élus résistent, de limiter l'extension urbaine sans fin et l'artificialisation des sols, y compris dans des zones à risques : montagnes, bords de mer, bords de rivières.

6. Le système financier, banques, compagnies d'assurances, fonds, représente en France un chiffre d'affaires de 180 milliards d'euros et occupe 730 000 personnes. Mais ce n'est rien comparé à son extension à l'échelle internationale. L'économiste Michel Aglietta l'a démontré : il fonctionne sur lui-même, étant devenu une industrie en soi largement déconnectée de toute activité productive, une économie-casino. Je n'insisterai pas ici sur la nécessité de replacer des bornes et des garde-fous par rapport à ses dérives les plus dangereuses, comme le président Obama l'avait fait après la crise des *subprimes* en 2007-2008. En revanche, je souligne l'intérêt d'un fléchage des flux financiers vers des activités d'écologisation. Certains fonds de pension importants, dont le norvégien, ont déjà cessé tout investissement dans les énergies non renouvelables. Cette mutation ne va plus s'arrêter.

POUR UN PIB ÉCOLOGIQUE

Pour aller au-delà, pour construire un modèle rationnel écologico-économique, il faut faire entrer des références financières claires et simples, mathématiques, dans les milliards de décisions économiques quotidiennes prises par des acteurs économiques indifférents aux conséquences écologiques de leurs actes. Ils seront guidés non par militantisme ou conversion écologique, mais par leur intérêt, par rationalité écologico-économique. On ne *convertira* pas 7,5 milliards d'êtres humains à l'écologie (pas de chemin de Damas !). L'amélioration de leur situation matérielle et celle de leur famille, leurs intérêts passant toujours avant. La première étape sera d'instaurer une taxe carbone, comme celle déjà proposée par la commission Stern-Stiglitz, comportant une fourchette de prix du carbone qui croîtrait régulièrement jusqu'en 2030. Les experts en débattaient : 30 dollars la tonne ? 100 ? 250 ? On en est loin. La taxe est longtemps restée à 5 euros la tonne. Mais la pandémie et la montée de l'angoisse climatique ont tout bouleversé. Une des propositions de la Commission du 14 juillet 2021 est de mettre en place un « mécanisme d'ajustement carbone aux frontières » à partir de 2026. C'est complexe, mais indispensable. Jean Tirole préconise une taxe universelle à 100 dollars la tonne. Des sénateurs américains l'ont proposé. C'est bien l'objectif, mais les pays émergents étaient réputés ne pas s'y rallier avant longtemps. Eh bien la Chine a proposé à l'été 2021 son propre mécanisme !

Au-delà de la taxe carbone, cohérent avec un nouveau mode de calcul du PIB, incorporant les coûts écologiques jusque-là externalisés, et qu'on pourrait appeler un PIB-E, si des économistes géniaux[1] réussissaient à le mettre au point, s'imposerait comme une sorte d'aiguilleur automatique pour un investisseur chinois, aussi bien que sud-africain, ou américain. Revoilà la main invisible du marché, mieux programmée !

Ces programmes d'écologisation seront portés par des forces et des demandes nouvelles partout à l'œuvre, y compris dans des pays émergents. Mais ils passeront aussi par un ensemble de décisions fiscales ou réglementaires, contraignantes ou incitatrices. Des avancées scientifiques permettront de surmonter des contradictions aujourd'hui insurmontables. Nous devrons y prendre toute notre part. Ce n'est pas une bataille entre régimes politiques. En principe, les démocraties sont mieux placées pour convaincre et entraîner, et les régimes autoritaires pour imposer. Mais les réactions aux vagues successives font douter de ces simplifications confortables, et, au total, tout le monde est dans le même bateau. Il n'y a pas non plus à opposer stérilement le rôle des gouvernements, des régions, des chefs d'entreprise, des scientifiques, des associations, des ONG, des individus. L'écologisation n'avancera que par synergie.

1. Comme l'économiste Partha Dasgupta qui a rédigé un rapport au gouvernement britannique dans lequel il propose de prendre également en compte le « capital naturel ». Il faut alors estimer sa « valeur ».

III

LA FRANCE

INTRODUCTION

Le « vieux pays recru d'épreuves » du général de Gaulle n'en a pas fini avec les tourments. En matière géopolitique dont il est question ici, les Français, en tout cas certains de ceux qui participent bruyamment durant cette période au débat public, sont littéralement obsédés par le déclin de la France et l'interrogation lancinante : est-elle encore une grande puissance ? A-t-elle encore un rôle à jouer, etc. ? Mais les uns et les autres ne font pas débuter le déclin au même moment. Pour certains, c'est la Révolution, mais on pourrait remonter au traité de Paris (1763) ou au bilan finalement désastreux de Napoléon. Ou à la capitulation devant Bismarck en 1870. Curieusement, la date la moins souvent évoquée, alors que c'est le pire moment dans l'histoire de France, pire même que lors de la guerre de Cent Ans avec le traité de Troyes, c'est l'effondrement de juin 1940.

Nous nous fustigeons sans relâche sur les conséquences de cette désagrégation entre 1940 et 1944, et nous nous interrogeons trop peu sur ce qui y a conduit. Mais cette date noire dans l'histoire de la France contemporaine a été en permanence présente à l'esprit des grands dirigeants français ultérieurs, qu'il s'agisse du général de Gaulle, de François Mitterrand ou de quelques autres, jusqu'à ce que la transmission historique défaille.

C'est la toile de fond de tous mes textes rassemblés dans cette partie, mais ils ne sont pas mélancoliques ni dépressifs. Il s'agit au contraire, les choses étant ce qu'elles sont et l'Histoire ne pouvant pas être changée, de savoir ce que l'on *doit* faire, et de ce que l'on *peut* faire. C'est un appel à retrouver confiance en nous, en étant conscients de nos handicaps, au premier rang desquels je place notre pessimisme, mais en mobilisant tous nos atouts, qui sont nombreux. Sur tous ces sujets, je me suis toujours trouvé proche de Jean Daniel, dont les réflexions fortes et courageuses sur la France et la Nation ont été regroupées et publiées aux Éditions de l'Observatoire en novembre 2021.

DÉSAMORCER LES MOTS PIÉGÉS[1]

Je suis convaincu qu'à notre époque la politique étrangère doit en permanence être expliquée. Il est normal que le public sache quelle analyse les responsables politiques font de l'état du monde, des rapports de forces, des problèmes que rencontre notre diplomatie, qu'il connaisse les différentes options qui s'offrent au pays et les raisons pour lesquelles, au bout du compte, nous nous déterminons dans un sens plutôt que dans un autre.

Je mets en pratique ce principe général en m'exprimant très régulièrement devant le Parlement et ses commissions, en répondant aussi souvent que mon emploi du temps me le permet aux demandes d'interviews qui me sont adressées, ou en saisissant l'occasion des nombreux « points de presse » pour expliquer tel ou tel aspect particulier. Mais ces exercices nécessairement courts ne permettent pas, sauf exception, de développer l'ensemble d'un raisonnement. C'est pourquoi j'ai répondu par l'affirmative à la proposition qui m'a été faite par Claude Durand de dialoguer très librement de toutes les questions qui touchent à la politique étrangère de la France avec un expert réputé, Dominique Moïsi. Nous sommes bien sûr ici dans des rôles différents : lui comme analyste, moi comme ministre des Affaires étrangères en fonction. Il a sa sensibilité et ses tropismes, j'ai les miens, et mes responsabilités. Nous nous sommes entretenus longuement et à plusieurs reprises. Il me semble que nous n'avons éludé aucun des sujets chauds du moment et que nous avons parlé

1. Dans *Les Cartes de la France à l'heure de la mondialisation, dialogue avec Dominique Moïsi*, © Librairie Arthème Fayard, 2000, Postface d'Hubert Védrine, p. 181-190.

sans tabou, en tordant le cou à quelques idées reçues. Si le petit livre qui en est le résultat peut contribuer à cette nécessaire explicitation de notre diplomatie, j'en serai très heureux.

La première chose était de se mettre d'accord sur les mots.

Le débat public et politique sur la place et le rôle de la France dans le monde reste trop embrouillé par des réactions nostalgiques ou émotionnelles, encombré de susceptibilités mal placées, obscurci par des considérations qui traduisent trop souvent une méconnaissance du monde actuel ou un décalage par rapport à une réalité qui a changé. Tout cela se concentrant sur des querelles de mots. De mots piégés, par exemple : « grande puissance », « souveraineté », « autonomie », entre autres formules usées, répétées à satiété. D'où le temps que nous avons passé à cerner les termes les plus exacts possible pour décrire la place des États-Unis, celle de la France, la nature du monde global issu de la décompartimentation de la planète et des forces qui s'y exercent. Si tous nous sommes d'accord sur le diagnostic, et si tous nous mettons les mêmes choses sous les mêmes mots, notre pays agira mieux et se fera comprendre plus sûrement.

La conclusion de notre débat, de ma réflexion et de mon expérience de déjà trois ans est fondamentalement optimiste. La France est un grand pays. Elle ne va pas se dissoudre dans un magma mondial ni même européen. Elle a en main d'excellentes cartes, voire des atouts majeurs, si elle sait en jouer, pour préserver dans le meilleur sens du terme son identité et son influence, et apporter une contribution décisive tant à une meilleure organisation du monde qu'au renforcement de l'Europe. Ce point est fondamental. Il faut cesser d'aller et venir de façon stérile entre la nostalgie et la prétention. La France peut et doit être parfaitement à l'aise dans les années deux mille, consciente de ce qu'elle représente d'unique, mais ouverte aux autres, en contact avec tous les acteurs du jeu international : les cent quatre-vingt-huit autres États, les dizaines d'institutions internationales, les ONG, les grandes entreprises, les médias. Pays capable de rassembler des alliés pour s'opposer à ce qui est inacceptable, de constituer des majorités d'idées pour entraîner les mouvements nécessaires, exercice indispensable à une époque où il est de plus en plus rare qu'un État puisse décider seul, que ce soit pour refuser ou pour imposer, cette France-là a toutes les raisons d'être confiante et tous les moyens de se montrer audacieuse.

La question des relations avec les États-Unis a, depuis plusieurs décennies, constitué un casse-tête pour notre diplomatie. Je comprends toutes les raisons qui avaient amené le général de Gaulle, dans le contexte où il œuvrait, à prendre les positions qui ont été les siennes. Cette grande tradition a certes évolué, mais elle avait laissé subsister dans notre diplomatie à l'égard des États-Unis une agressivité routinière et vaine qui ne conduisait à rien et, au surplus, compromettait nos chances de convaincre nos autres partenaires essentiels d'entreprendre quoi que ce soit d'important avec nous. Il fallait s'y prendre autrement.

Il est vrai que c'est très difficile – pour ne pas dire plus – d'être l'ami et l'allié de l'hyperpuissance américaine sans qu'elle considère que l'on doit, pour cette seule raison, s'aligner automatiquement sur elle. Pourtant, notre position est claire. Nous estimons dans certains cas – et ce sont même les plus nombreux – qu'il faut coopérer avec les États-Unis, ou les soutenir, tout simplement parce que nous partageons les mêmes objectifs ou que nous travaillons ensemble dans les mêmes instances : le Conseil de sécurité, le G8 ou le « groupe de contact », par exemple. Mais, d'autre part, nous voulons pouvoir exprimer nos désaccords, voire notre opposition à certains de leurs projets ou de leurs comportements avec la même tranquillité, sans que cela fasse scandale ni que l'on réveille aussitôt la vieille antienne de l'antiaméricanisme.

Nous faisons et l'un, et l'autre.

Il me semble qu'un point d'équilibre a été trouvé et qu'un certain consensus s'est formé – en tout cas chez nous – autour de cette conception plus saine, plus franche, plus concrète, et en définitive plus efficace des relations franco-américaines.

Les questions diplomatiques classiques ne manquent pas dans le monde actuel, qu'il s'agisse des Balkans, de la Russie, de la Chine, du Proche et du Moyen-Orient ou de l'Afrique des Grands Lacs. J'ai indiqué point par point comment nous les abordions, ce que nous faisions. Nous en avons parlé au fil de cet entretien. Je voudrais plutôt, dans cette postface, mettre l'accent sur un problème central et des problèmes nouveaux : le problème central, c'est celui de l'Union européenne ; les problèmes nouveaux sont ceux de l'action diplomatique dans un monde global et du rapport renouvelé entre réalisme et éthique.

L'Union européenne est à la croisée des chemins. Expression rebattue, mais qui désigne précisément la situation actuelle entre deux pentes possibles : renforcement ou dilution. Le grand élargissement s'impose à l'Union. Il n'y a aucune raison légitime de refuser l'entrée dans l'Union à des pays européens libérés du communisme, qui partagent nos valeurs, sont prêts à consentir les efforts nécessaires pour s'adapter aux règles juridiques, économiques et politiques qui s'imposent dans l'Union, et sont capables de le faire. L'Histoire le veut. Mais, même bien préparé, même bien négocié et donc maîtrisé, ce grand élargissement, ce passage de quinze à vingt-sept membres – voire, un jour, à trente et plus – modifie radicalement les bases sur lesquelles la construction européenne a été conçue, lancée et menée à bien par les pères fondateurs et les dirigeants historiques que l'on sait, jusques et y compris à la ratification du traité de Maastricht et à la création de l'euro.

Il ne suffit pas aujourd'hui d'invoquer la figure de Robert Schuman, d'afficher un optimisme européen imperturbable, d'appeler chaque jour à l'audace, au courage et à la vision, pour apporter une réponse à cette question simple : « Comment faire fonctionner une Europe à trente ? » quand on voit déjà les problèmes que rencontre l'Europe à quinze. Ce débat a fini par s'ouvrir, deux types de propositions se font jour pour le court et le long terme, pragmatiques ou fédéralistes, et cette réflexion est positive.

La France va prendre la présidence de l'Union le 1er juillet 2000. Elle fera tout ce qui dépend d'elle pour que la conférence intergouvernementale sur les réformes des institutions résolve, pour le Conseil européen de Nice, en décembre 2000, les trois problèmes qui n'avaient pu l'être en 1996 et 1997 lors de la précédente conférence du même type : la *repondération des voix*, sans laquelle l'*élargissement du vote à la majorité qualifiée*, indispensable pour faciliter les décisions en Europe, serait impossible ; et la *réforme* – plafonnement, réorganisation – *de la Commission*. Nous savons qu'il faut absolument réussir ces réformes, et en même temps qu'elles ne suffiront pas, à elles seules, à assurer l'efficacité de l'ensemble à venir. D'où l'extrême importance que nous accordons à une quatrième modification : l'*assouplissement des coopérations dites « renforcées »*. Il s'agit de permettre à quelques pays, projet par projet, politique par politique, d'aller au-delà, de faire plus ou autrement que les politiques conçues pour tous. C'est la « géométrie variable », dont personne n'est exclu *a priori*, à ne surtout pas confondre avec l'« Europe à deux vitesses » où ce seraient toujours les mêmes qui seraient en première ou en deuxième catégorie, ou encore avec l'« Europe à la carte » où chacun choisirait ce qui l'intéresse dans l'Union, sans socle commun. Le même dispositif pourrait permettre aux quelques États décidés à accomplir un bond en avant dans l'intégration politique – l'avant-garde – de le faire sous cette forme. Ainsi cette disposition deviendrait-elle le point de passage obligé pour tous les développements futurs de l'Europe, du plus pragmatique au plus ambitieux.

Une révolution traverse les relations internationales. Nous en avons parlé tout au long de cet entretien. Celles-ci ne sont plus constituées par une addition de relations diplomatiques bilatérales. Il y a une différence de nature entre les rapports qu'entretenaient entre elles les huit puissances participant au congrès de Vienne en 1815, et même entre les cinquante-trois États membres fondateurs de l'ONU, lors de la conférence de San Francisco en 1945, et les cent quatre-vingt-neuf États actuels, après les décolonisations, l'éclatement de l'URSS et de la Yougoslavie, le décompartimentage général. Nous avons analysé les aspects bénéfiques, prometteurs ou néfastes de cette mutation et du rôle des nombreux acteurs nouveaux de la vie internationale. Mais, quoi qu'on en pense, la politique étrangère de la France doit en tenir compte. Ce sont des réalités nouvelles qu'il nous faut intégrer dès l'analyse des situations et jusqu'à la mise en œuvre de la politique, en passant par les décisions proprement dites. C'est là une véritable mutation dans laquelle s'est engagé le ministère des Affaires étrangères tout entier, vigie scrutant les événements du monde, tour de contrôle de nos relations internationales, orchestrateur de la défense de nos intérêts et de la promotion de nos idées.

J'ai expliqué sous quelle forme nous le faisons. Une des conséquences logiques de ces novations est que l'ensemble des institutions internationales va devoir être réformé et adapté dans les années qui viennent. Je ne reviendrai pas sur l'Union européenne. C'est vrai aussi bien de l'Organisation des Nations unies, et notamment de son Conseil de sécurité, que des institutions financières – Fonds monétaire international et Banque mondiale – et de l'Organisation mondiale du commerce, surtout pour ce qui est de ses méthodes, etc. Elles devront tout à la fois devenir plus représentatives, et donc plus légitimes, tout en restant efficaces ou en le devenant davantage. Sur tous ces points, la France fait des propositions, elle en fera d'autres, soit d'elle-même, soit par l'intermédiaire de l'Union européenne. C'est l'expression d'une volonté politique, très forte dans notre pays, de « civiliser » ou d'« humaniser » la mondialisation, en tout cas de lui fixer des règles, tant ses aspects sauvages et destructeurs sont aussi évidents que ses dimensions enrichissantes et libératrices.

Une autre grande question traverse toutes les politiques étrangères aujourd'hui, et nous y avons consacré un long chapitre : c'est celle des relations entre éthique et réalisme. Je l'ai dit en réponse aux interpellations de Dominique Moïsi, et je voudrais le redire ici avec une certaine passion : je ne crois pas qu'il y ait d'un côté des monstres froids, les États, inspirés par la *realpolitik* la plus cynique et, de l'autre, une société civile internationale en formation, porteuse de transparence ou de morale, d'éthique et de justice, à laquelle il suffirait de faire confiance pour que soient résolus les problèmes de l'humanité. Je ne me sens pas chargé de défendre le réalisme tel qu'il est caricaturé par les idéalistes. Je n'ai pas envie non plus d'ironiser sur l'idéalisme qui fait hausser les épaules des fatalistes. Cette opposition terme à terme ne m'intéresse pas. Ce qui me passionne, c'est de faire de la politique étrangère de la France en action le lieu où s'opère la synthèse de l'expérience historique, du réalisme le plus aguerri, des exigences morales les plus fortes et les plus neuves, des novations technologiques et méthodologiques, des principes et des actes, de la mémoire et de la vision.

C'est là une grande ambition. Cet objectif ne pourra être ni complètement ni constamment atteint. Mais essayer de s'en rapprocher justifie un effort de tous les instants. D'autant plus que c'est, en politique internationale, l'expression de ce qu'accomplit, dans tous les domaines, le gouvernement auquel je suis fier d'appartenir.

C'est pourquoi j'ai participé d'autant plus volontiers à cette discussion stimulante, enrichissante, surtout dans ses moments les plus complexes, animé par une éthique de responsabilité dont j'espère qu'on aura pu voir combien elle a, chez moi, la force d'une conviction.

FRANCE[1]

La France ! Quelle aventure ! Quelle épopée ! Et quelle beauté ! Mais parle-t-on de la France ou de la République française ?

Combien de fois ai-je entendu, pendant mes années au pouvoir, et encore après : « La France est-elle *encore* une grande puissance ? » 1940 est toujours là, dans nos têtes plus ou moins enfoui sous la dénonciation permanente de la collaboration, sous-produit de la défaite, elle-même assez peu analysée. Les Français ont bien du mal à trouver un point d'équilibre en tenant à distance leurs deux pathologies symétriques : aussi bien la grandiloquence vantarde, bavarde et prétentieuse que la nostalgie, l'autodénigrement, le doute, la repentance et l'expiation voire la haine de soi et le masochisme, qui dominent ces derniers temps, même dans l'autoaccusation ! Le nombrilisme même dans la déprime ! Les progrès de l'islamisme seraient dus à l'échec de la politique… des banlieues françaises. Absurde et prétentieux ! Et les Frères musulmans ? Et les talibans en Afghanistan ? Et Boko Haram au Nigeria ? Elle aurait été la seule à coloniser, à pratiquer l'esclavage, etc. Cela ne relève pas seulement de l'idiotie, de l'Histoire mal digérée ou de l'ignorance crasse, mais souvent d'une stratégie hostile. En tout cas, pour retrouver son assiette, la France doit bien sûr être réformée, repenser un État-providence qui n'asphyxie pas fiscalement l'économie, mais surtout retrouver confiance en elle, et pour cela vaincre son pessimisme, reconnaître ses handicaps, mais être aussi consciente de ses atouts qui sont immenses. Un pays important dans l'histoire du monde, une

1. Dans Hubert Védrine, *Dictionnaire amoureux de la géopolitique*, © Éditions Plon, un département de Place des Éditeurs, et librairie Arthème Fayard, 2021.

puissance moyenne d'influence mondiale. Je pense cela depuis des années. Mais, évidemment, pour réussir cette thérapie, elle ne doit pas oublier qu'elle n'est pas seule dans un vide géopolitique. Elle est, qu'elle le veuille ou non, un des pays occidentaux, et ceux-ci ont perdu le *monopole* qu'ils ont exercé durant trois ou quatre siècles, sur la conduite des affaires du monde ! Un pays européen quand ceux-ci sont souvent divergents ! Un pays de Schengen, qui doit impérativement reprendre le contrôle des flux migratoires, un pays allié des États-Unis, qui doit devenir moins dépendant de leurs oukases et de leurs diktats. Comme de plusieurs autres puissances. Un pays qui doit reconquérir point par point sa souveraineté et donner en plus un contenu à la « souveraineté européenne ». Un pays qui doit défendre ses intérêts et pas seulement des « valeurs », des idées, des théories. Cela fait beaucoup, mais tout est lié…

D'après les enquêtes mondiales de l'organisme PEW[1], les Français sont régulièrement un des peuples les plus pessimistes sur l'avenir de leur propre pays. Mais ce ne sont pas leurs handicaps qui les rendent pessimistes. C'est leur pessimisme qui les handicape, et fait échouer depuis maintenant trop longtemps presque toutes les thérapies. Mais l'Histoire n'est pas finie.

HISTOIRE DE FRANCE[2]

Longtemps culte national en France, aujourd'hui source de controverses sans fin. Compte tenu de l'extraordinaire enchaînement d'événements qui a conduit à ce que l'on appelle la France et de la volonté de la IIIe République d'en enseigner une version conforme à la légitimité du régime qui s'installait, entièrement centrée sur la césure de 1789, il n'est pas étonnant que l'histoire de France ait été et soit restée un enjeu politiquement sensible. Entre ceux pour qui la France est une idée, et ceux pour qui elle est un territoire, une histoire et un ou des peuples.

Contre l'histoire de France, telle qu'elle a été conçue et enseignée par les Lavisse, Malet-Isaac, et illustrée par un Jules Michelet, les

1. Pew Research Center.
2. Dans Hubert Védrine, *Dictionnaire amoureux de la géopolitique*, © Éditions Plon, un département de Place des Éditeurs, et librairie Arthème Fayard, 2021.

critiques se sont accumulées depuis des décennies. Critique marxiste et de l'école des Annales : ce « roman national » était étroitement nationaliste ; il ne traitait que des rois et des dirigeants, pas du peuple ni du prix du blé. À l'époque contemporaine, critique européiste ou mondialiste : l'Histoire est faite de flux, cela n'a pas de sens d'enseigner l'histoire d'un pays en particulier. Critique féministe inspirée de mouvements radicalisés sur les campus américains : cette histoire est celle d'hommes par des hommes. Critique anticolonialiste ou antiraciste de même inspiration : c'est l'histoire vue par les colonisateurs. Il s'est construit ainsi, à force d'attaques combinées à la désastreuse déconstruction de l'apprentissage chronologique, c'est-à-dire logique, un roman antinational masochiste absurde. La France aurait été la seule à avoir été en guerre, à avoir colonisé, à avoir à un moment donné pratiqué l'esclavage, etc. Grotesque.

Ce ne serait plus possible d'honorer les personnages historiques non conformes aux dogmes des minorités activistes actuelles les plus intimidantes ni à la conception contemporaine du Bien ! Faut-il alors marteler les cartouches comme sous les pharaons, ou détruire des portiques de cathédrale ? débaptiser des rues ou des places consacrées à des personnes devenues controversées ? On a vu au printemps 2020 le mouvement américain de déboulonnage de certaines statues essaimer dans quelques lieux ailleurs en Europe, dont la France.

Patrick Boucheron[1], grand historien par ailleurs, et son école contestent, contre la plupart des historiens, la spécificité même d'une histoire nationale, *a fortiori* d'un roman, alors que personne n'a jamais nié, même à l'époque du Malet et Isaac, les échanges et les influences entre nations, peuples et coutumes. Cette controverse vigoureuse n'est pas sans lien avec celle qui resurgit périodiquement sur le bien-fondé ou non de lois mémorielles.

Le grand public reste indifférent à cette casuistique, comme le démontre le succès des livres et/ou des émissions de Jean-Christian Petitfils, de Stéphane Bern ou de Franck Ferrand, ou des BD historiques, *Alix*, *Les Sept Vies de l'épervier*, etc., comme autrefois ceux d'Alain Decaux ou d'André Castelot, et la passion intacte pour les biographies. Il faut remettre du bon sens et de la mesure dans tout cela. René Rémond, reviens ! Au secours, Pierre Nora !

1. Patrick Boucheron, *Histoire mondiale de la France*, Éditions du Seuil, 2017.

CHARLES DE GAULLE[1]

Légende. Immense personnage de l'histoire de France, et même mondiale. Il y a le Charles de Gaulle historique, en deux époques. Celui de 1940, et celui du retour, de 1958 à 1969. Et le mythe qui ne cesse de grandir, au contraire de bien d'autres qui s'estompent au fur et à mesure que le temps passe.

Celui du 18 juin 1940, au moment de la désagrégation de la France, le général (de brigade, à titre temporaire !) de la désobéissance, de la prémonition de la suite de la guerre, n'est comparable à personne d'autre dans l'histoire de France, si ce n'est à Jeanne d'Arc. De Gaulle réussit à se faire accepter par Churchill malgré des désaccords homériques et des exaspérations réciproques (justement : « Il se prend pour Jeanne d'Arc »). Il résiste à l'hostilité systématique de Roosevelt (par ailleurs grand président mais qui, là, mal influencé par une partie de ses diplomates et par Jean Monnet, joua Pétain, qu'il avait connu et admiré en 1916, vu comme un bouclier, Darlan et Giraud, plutôt que de Gaulle, en qui il redoutait une sorte de putschiste). Il ne voulait pas lui confier l'administration de la France libérée (d'où l'AMGOT – Allied Military Government for Occupied Territories) ! Avec le temps, j'admire de plus en plus ce de Gaulle-là. Cependant, si je comprends pourquoi il a voulu faire croire en 1944-1945 que la France s'était libérée seule, je regrette que cela nous ait enfermés mentalement dans un piège. Dans ses *Mémoires*, de Gaulle regrette que Roosevelt n'ait pas pu le connaître président. On imagine la rencontre ! Est-ce que Roosevelt aurait dit : « Je me suis trompé à votre sujet » ?

Le de Gaulle président est le fondateur de la Ve République. Son bilan réformateur – à la fois capétien et libéral –, pendant les six mois où il a été à Matignon, en 1958, le dernier président du Conseil de la IVe République, très bien raconté par Georgette Elgey dans son dernier tome de l'*Histoire de la IVe République*, est sans équivalent. Il faut dire que presque aucune résistance – qui harcèle et paralyse les gouvernements démocratiques actuels – n'était à l'œuvre. Après, en 1958 et 1962, il a établi de nouvelles

---

1. Dans Hubert Védrine, *Dictionnaire amoureux de la géopolitique*, © Éditions Plon, un département de Place des Éditeurs, et librairie Arthème Fayard, 2021.

institutions, finalement assumées aussi – paradoxe ! – par François Mitterrand, et donc par la gauche à partir de 1981. Affaiblies depuis par trop de concessions à l'esprit du temps, mais conservées pour l'essentiel, même si un certain personnel politique aspire à revenir à la IVe sous le nom de VIe République, et si d'autres veulent la détruire au nom de la démocratie directe.

Une fois libéré de la question algérienne, de Gaulle a mené de 1962 à 1969 une politique étrangère qui peut inspirer la nostalgie. Il a refusé une Europe supranationale, mais a accepté le Marché commun pour doper la France, a proposé un plan Fouchet, rejeté mais qui était sur plusieurs points supérieur à ce qu'est devenue l'usine à gaz européenne, et a incarné avec Konrad Adenauer, à Reims et à Colombey, la réconciliation franco-allemande. Il mit en œuvre, visionnaire, une politique indépendante, autant que possible, des États-Unis (Proche-Orient, Vietnam, dissuasion nucléaire, « détente, entente, coopération » avec l'URSS) tout en étant solidaire lors des crises de Berlin et de Cuba, et en quittant finalement l'OTAN, mais pas l'Alliance.

Bien sûr, son bilan peut se discuter, comme celui de tout président, à condition d'éviter l'anachronisme et de se replacer dans le contexte des années 1958-1969.

Et, avec le temps, le mythe grandit. Une sorte de quasi-consensus nostalgique rétrospectif s'est construit autour de sa personnalité, même si la France d'aujourd'hui n'a presque plus rien à voir avec celle des années 60, ni même avec celle des années 80, et ne sait plus bien qui elle est, idolâtre l'horizontalité contre la verticalité, vénère la transparence et les minorités, est façonnée par l'instantanéité, est, malgré elle, très américano-globalisée, préserve mal sa langue et se révolterait contre un retour à cette époque. De Gaulle est comme un roc qui émerge d'un passé embrumé par l'affaiblissement de la transmission historique, salué même par d'anciens soixante-huitards qui l'avaient conspué comme fasciste !

En politique étrangère, certains regrettent le gaullisme, voire le « gaullo-mitterrandisme ». Mais c'est un autre temps, et il faudrait le repenser et le reformuler, en entraînant les Européens si c'était possible.

Et, finalement, que faire aujourd'hui de ces personnages historiques iconiques vénérés et décontextualisés, même les plus grands ?

GAULLO-MITTERRANDISME[1]

Oxymore ? Pas tant que cela. C'est dès le début du premier septennat de François Mitterrand que j'ai osé, en parlant avec des journalistes, cette formule, pour souligner cette continuité paradoxale, d'abord en matière de défense et de dissuasion. Mitterrand avait endossé sur ce sujet l'héritage gaulliste (« la décision, c'est moi », car il fallait pour dissuader un « dissuadeur » crédible). Cela heurtait quelques vrais vieux gaullistes, mais cela avait du sens. Par la suite, c'est devenu synonyme de politique étrangère française indépendante, que ses tenants, ou ses nostalgiques, ont opposé au « néoconservatisme » à la française censé avoir inspiré, depuis Nicolas Sarkozy, la « rupture » avec la ligne antérieure de la Ve République. Cette controverse a rebondi en 2018. Emmanuel Macron s'est distancié à plusieurs reprises de la ligne « néocon » et a tenté une nouvelle approche de la question russe. Les tenants de cette ligne, très influents au Quai d'Orsay depuis une quinzaine d'années, s'en prennent régulièrement à ce gaullo-mitterrandisme dont ils craignent le retour, alors qu'il faudrait l'encourager ! Quant à savoir ce que ferait aujourd'hui le général de Gaulle, ou François Mitterrand, bien malin qui peut le dire ! Reste la question : est-ce que la France peut conserver, au sein de l'entrelacs des interdépendances mondiales et européennes, une sorte d'autonomie de pensée et d'action ?

FRANÇOIS MITTERRAND[2]

Difficile pour quelqu'un qui a consacré vingt-deux ans de sa vie à travailler avec le président Mitterrand après l'avoir admiré et deviné de loin si longtemps, après avoir entendu parler toute sa jeunesse de « François » par son père, après avoir passé plus de quinze années à présider la fondation qui entretient la mémoire de sa vie et de son œuvre, quelqu'un qui a écrit deux livres sur

1. *Ibid.*
2. *Ibid.*

lui[1], difficile d'en parler objectivement ! Je n'essaierai même pas ! C'est ailleurs, et plus tard, que je reviendrai peut-être sur cette aimantation, sur ce que le temps resculpte sans arrêt, sur cette intensification de la vie à son contact. Cela s'appellera « Retour à Mitterrand ».

Disons seulement, pour parler géopolitique, que sa façon d'assumer, en le faisant évoluer, l'héritage gaulliste de la Ve République, après l'avoir combattu, a donné naissance au néologisme moins oxymoresque qu'il n'y paraît de « gaullo-mitterrandisme ». La gauche socialiste a la nostalgie du Mitterrand d'Épinay, de l'Union de la gauche en 1971 à la victoire de 1981, et encore jusqu'au « tournant », qui n'en est pas vraiment un, de 1983. Elle est moins à l'aise avec la suite, et en général elle a zappé la France unie de 1988, la large réélection (54 %) et le second septennat. La plupart des gaullistes ont toujours combattu Mitterrand, sauf quand, avec Chirac en 1981, ils ont trouvé VGE pire. Les rocardiens ne l'aimaient pas et jugeaient avant 1981 Mitterrand fini, mais c'est quand même grâce à ce dernier que Rocard a pu être un – bon – Premier ministre. Pour tous les politiques, de gauche et de droite, Mitterrand a été un sorcier du genre. Nombreux sont ceux qui m'ont dit : « Qu'aurait fait François Mitterrand dans cette situation ? » Pour tous les autres, les gens, François Mitterrand est un personnage historique. Beaucoup ont découvert l'homme Mitterrand, et le romantique avec les *Lettres à Anne* et le *Journal pour Anne* !

De nombreux chercheurs français et étrangers continuent à travailler sur lui. Et sur ce qu'il a eu à gérer – avec sang-froid – avec Mikhaïl Gorbatchev, George H. Bush et Helmut Kohl, c'est-à-dire le plus grand bouleversement mondial depuis la guerre : la fin de la guerre froide et de l'URSS, mais aussi sur sa relance de l'Europe avec Kohl, en mai 1984 à Fontainebleau, suivie d'une marche rapide jusqu'à la ratification du traité de Maastricht en 1992 (plutôt une monnaie unique qu'une zone mark *de facto*), passé, on l'oublie trop, à seulement 51,05 % des suffrages ! C'est à partir de ce moment-là que j'ai pensé qu'il y avait eu un bug dans cette construction européenne.

Des centaines, je dis bien des centaines, de livres lui ont été consacrés. À sa vie, bien sûr (1916-1996), ainsi qu'à sa politique

1. *Les Mondes de François Mitterrand*, Fayard, 1995-2019 ; *François Mitterrand, un dessein, un destin*, Gallimard, 2006.

et ses gouvernements, mais aussi à sa famille, ses proches, ses amis, sa guerre, sa carrière, ses lectures, ses livres, ses maisons, ses chiens. Livres haineux, critiques, favorables, admiratifs, dithyrambiques. On trouve de tout. Quelques-uns passionnants (Jean Lacouture, Franz-Olivier Giesbert, Jean Daniel, Philip Short, Alain Duhamel, Serge July, Éric Roussel).

Je me suis réjoui qu'en octobre 2018 un sondage *Le Figaro*-France Info, à la question : « Quel a été selon vous le meilleur président de ces quarante dernières années ? » (donc après de Gaulle), François Mitterrand ait été choisi, très en tête, avec 31 % des suffrages (puis Chirac à 26 %), même si Jacques Chirac a bondi en tête devant le général de Gaulle, sous le coup de l'émotion juste après son décès. Ne pas oublier : François Mitterrand était né en 1916 et avait connu l'effondrement de 1940. Un lien souterrain avec de Gaulle. Et une différence radicale avec les autres. C'était aussi avant le quinquennat, et les réseaux sociaux… un autre monde.

MITTERRAND STRATÈGE[1]

Le général de Gaulle a voulu que la France ait une force de dissuasion nucléaire et son corollaire : l'autonomie de décision sans laquelle elle est une illusion. Georges Pompidou et Valéry Giscard d'Estaing ont poursuivi son œuvre dans un monde stratégiquement inchangé. François Mitterrand, lui, a eu à fixer le cap et à le suivre pendant une révolution géopolitique. En tant que chef de l'État, chef des armées, en charge de la politique de défense de la France et des grands choix stratégiques, il a eu à affronter non seulement un foisonnement d'événements de 1981 à 1995, mais, surtout, un changement de monde en 1989-1991 – chute du Mur, fin de l'URSS. Il est d'autant plus frappant de voir la constance et la continuité des raisonnements qui l'ont guidé du début à la fin, la vigueur et la rigueur qu'il a réinsufflées à la notion de dissuasion nucléaire, sans cesse menacée d'une façon ou d'une autre d'être détournée de son sens ou affadie, enfin la synthèse qu'il a réussi à opérer entre celle-ci et l'aspiration au désarmement.

En cette matière, il est inexact, même si c'est rituel, de parler de « consensus français » sur les problèmes de défense. Ce consensus est superficiel, plus verbal que réel. Il est tout aussi mal fondé de parler de « dogmes » ou de « tabous » alors que l'on discute de tout. Ce sont des facilités de langage, voire des contresens délibérés comme lorsqu'on qualifie, par exemple, de « tabous » certaines positions dans le seul but de les discréditer et d'en justifier l'abandon. En fait le général de Gaulle a *imposé* en son temps

1. Dans Hubert Védrine, *Les Mondes de François Mitterrand*, © Librairie Arthème Fayard, 1996, 2016, chap. XXI.

l'arme nucléaire et la stratégie de dissuasion à une armée rétive, à des forces politiques et à une opinion hostiles, parce qu'elles lui paraissaient bonnes pour la France. Le président Pompidou a maintenu cette stratégie non pas parce que c'était un *dogme*, mais parce qu'il jugeait aussi qu'elle était justifiée. Le président Giscard d'Estaing, homme du « changement », s'est montré, sous l'influence de son chef d'état-major particulier, le général Méry, plus incertain, par exemple à propos de la « bataille de l'avant[1] », mais n'a finalement pas modifié le cap. C'est d'ailleurs sous sa présidence que l'opposition socialiste, sous l'impulsion du premier secrétaire du Parti socialiste, François Mitterrand, s'est ralliée à la stratégie de dissuasion, prenant acte de l'efficacité des sous-marins et de son caractère irréversible.

La preuve qu'il est ici abusif de parler de tabous est qu'à aucun moment cette politique de défense n'a cessé d'être activement combattue par des milieux nombreux et variés : en premier lieu les milieux atlantistes, français ou autres, qui, depuis sa sortie de l'OTAN en 1967, n'ont jamais renoncé à faire revenir la France dans l'organisation et sont repartis à l'assaut à chaque occasion ; les milieux prosoviétiques, jusqu'en 1991 ; les milieux pacifistes ; ceux qui, dans les milieux militaires ou militaro-industriels, auraient préféré une politique de défense axée sur la fabrication de matériels classiques ; ceux des chefs militaires qui n'appréciaient guère l'arme nucléaire, placée sous l'autorité directe du président de la République, qui échappe donc à leur décision et qui est destinée à *dissuader* plus qu'à être *employée*. Tout cela fait du monde ! Les journaux n'ont cessé d'accueillir dans leurs colonnes, sur les questions de défense, les opinions critiques les plus diverses. Je ne dis pas que ces opinions ne pouvaient être légitimement exprimées ; simplement, c'est une falsification de prétendre que, depuis trente-cinq ans, ces questions n'ont pu être débattues en France. Elles l'ont été constamment. Du général de Gaulle à François Mitterrand, les présidents successifs les ont arbitrées comme c'était leur rôle, et dans le même sens, comme c'était leur droit.

C'est en effet dans ce sens que François Mitterrand s'était prononcé – mais en termes encore imprécis, il est vrai – dès 1974. C'est en revanche de façon explicite qu'il l'a fait à partir de 1981, et ce d'autant plus naturellement qu'il avait amené le

1. Bataille éventuelle au Centre-Europe et sur le territoire allemand contre l'armée soviétique, envisagée par l'OTAN.

Parti socialiste à admettre en 1978 le maintien de la dissuasion « en état » (de dissuader) et non pas « en l'état » (ce qui aurait signifié son gel au niveau de 1978). Sa politique en tant que président ? Elle tient en quelques mots : faire en sorte que la France et ses intérêts vitaux demeurent protégés par une dissuasion maintenue constamment crédible ; en même temps, favoriser, chaque fois que cela se révélerait possible, un désarmement équilibré permettant de ramener les moyens de la dissuasion au plus bas niveau envisageable ; préserver l'autonomie de décision de la France par rapport à l'OTAN comme un capital précieux en hâtant le moment où il sera possible de réinvestir cet acquis dans une véritable défense européenne recherchée à partir d'initiatives franco-allemandes ; assumer tous les engagements de la France. Si l'on excepte quelques hésitations initiales dues à une inévitable phase d'adaptation et de réflexion comme avaient également souhaité en disposer ses trois prédécesseurs, il n'est pas de décision du président Mitterrand, tout au long de ces quatorze ans, qui n'ait été l'illustration de ces orientations.

Crédibilité de la dissuasion

Pendant toutes les années 1980, au cours desquelles la menace soviétique reste effective, le Président se préoccupe avant tout de maintenir la crédibilité de la force de dissuasion : lors des Conseils de défense du premier septennat, il veille personnellement au nombre total des sous-marins nucléaires lance-engins (SNLE), et de ceux qui sont constamment en patrouille (qu'il fait passer de 2 à 3), au rythme (qu'il accélère) de fabrication des sous-marins dits « de nouvelle génération » (SNLE-NG), plus silencieux et donc moins détectables ; de même il arbitre toujours de façon que ces sous-marins soient équipés de missiles très performants, avec des têtes à la fois multiples et aidées dans leur « pénétration » ; et il impose le maintien du site d'Albion où sont enfouies dix-huit fusées sol-sol dont il fait renforcer les silos pour mieux les protéger (les militaires disent : « durcir »). Durant ces années, il préserve, perfectionne et accroît avec détermination notre arsenal dissuasif[1], politique qu'il illustre par des visites aux différentes bases et

1. De l'ensemble de ces décisions résulte un *quadruplement* de la puissance nucléaire de la France.

par des déclarations frappantes (« La dissuasion, c'est le chef de l'État, c'est moi »). Il n'est guère contesté sur ce point, sauf par ceux, dans l'opposition, qui s'obstinent à présenter son ralliement à la dissuasion comme récent et opportuniste. Mais ces critiques s'essoufflent vite, d'autant plus que l'opposition enfourche alors à peu près toutes les idées anti-dissuasion à la mode et finit par perdre non seulement toute filiation avec ses ancêtres gaullistes, mais tout axe propre.

Pour autant, si résolu soit-il à renforcer notre défense, le Président n'accepte évidemment pas les yeux fermés toutes les demandes de décision de programme d'armement qui lui sont présentées par les chefs d'état-major ou réclamées, *via* les médias, par les industriels. Même quand la menace soviétique est encore censée justifier tout nouveau programme et que son premier ministre de la Défense, Charles Hernu, plaide en ce sens, le Président est hostile au surarmement. Les épisodes sont nombreux de la recherche de ce subtil équilibre. Il ne concède par exemple qu'un feu orange aux études de faisabilité de la bombe à neutrons, avant de s'y opposer tout à fait. En revanche, il donne un accord de principe au programme Hadès[1]. Mais il n'aura de cesse, par la suite, de revenir sur cette faiblesse.

Quel raisonnement le guide dans ses refus ? Un argument très simple : la France a une stratégie de *dissuasion*, dont l'objet est *stricto sensu* d'empêcher la guerre, de décourager tout agresseur de s'en prendre à la France, et non pas de le terrasser à coups d'explosifs nucléaires sur le champ de bataille, une fois la guerre déclenchée. Pour cette raison, elle s'est dotée d'armes nucléaires *à longue portée*, afin de pouvoir menacer n'importe quel agresseur potentiel et éloigné dans ses œuvres vives. En revanche, géographiquement et stratégiquement, quel sens cela aurait-il de doter la France d'armes nucléaires *à courte portée*, lesquelles ne seraient employables que dans une mêlée nucléaire sur le sol allemand ou français, qui achèveraient par conséquent de ravager le territoire qu'on serait censé défendre au cas où un agresseur se serait aventuré à attaquer l'Allemagne, donc l'Alliance atlantique en dépit de sa puissance de feu colossale ! L'absurdité de cette hypothèse saute aux yeux. C'est ce qu'il pensera de plus en plus nettement du Hadès au fil des années.

---

1. Missile nucléaire sol-sol d'une portée de 350 km, destiné à remplacer le missile Pluton, déjà existant, d'une portée de 120 km.

Mais alors, pourquoi se trouve-t-il en France des esprits éminents pour préconiser que notre pays fabrique de telles armes ? Pourquoi le général de Gaulle, puis Georges Pompidou ont-ils décidé de faire le Pluton ? Pourquoi Giscard d'Estaing a-t-il envisagé et François Mitterrand décidé de faire le Hadès ? (Mais il faut bien distinguer, s'agissant de ce dernier, les décisions initiales des réflexions ultérieures et de la clarification intervenue à mi-mandat). Pourquoi se trouvera-t-il en 1987-1988 des dirigeants français pour s'alarmer du retrait de ces armes du théâtre européen, décidé par Reagan et Gorbatchev quand ils lancent pour de bon le désarmement ? Pour des raisons fortes, mais qui ne relèvent pas de la stratégie.

La première est industrielle : les fabricants de missiles ou de matériel électronique ne peuvent qu'être favorables à la construction de missiles *supplémentaires*, et donc, *ipso facto*, à toute stratégie qui la justifie. Pourquoi des chefs militaires reprennent-ils ces demandes à leur compte ? Parce que le milieu militaire français n'a jamais tout à fait admis, lui non plus, la stratégie de dissuasion « pure » qui repose sur un petit nombre d'armes stratégiques placées sous le contrôle direct du chef de l'État ; et parce qu'elle les isole désagréablement de l'*establishment* atlantique, soumis depuis 1967 à la riposte graduée (la *flexible response*), ce dont ils souffrent, tant la pensée stratégique et militaire américaine a gardé des relais influents en France.

Tout en se montrant loyaux aux chefs de l'État successifs, les militaires français regrettent de ne plus être membres à part entière de la famille atlantique, de ne plus pouvoir « jouer » avec les mêmes *scenarii* ni commander les mêmes vastes panoplies d'armes « tactiques », ces armes nucléaires à courte portée qui, selon la stratégie en vigueur à l'OTAN, seraient utilisées dans une bataille nucléaire en Europe.

Pour François Mitterrand, ce ne sont pas des considérations de ce type qui doivent dicter la politique de la France. Quand il résiste en 1985-1986 aux pressions, exhortations et invites des États-Unis, désireux de nous voir souscrire au concept d'Initiative de défense stratégique (IDS), c'est aussi pour préserver la stratégie de dissuasion, seule recette éprouvée pour le maintien de la paix malgré une propagande irréaliste et fumeuse qui en dénonce l'immoralité et en annonce la fin.

Avant d'entrer, à la fin de son premier septennat, dans la période radicalement nouvelle du désarmement, le président Mitterrand doit trancher deux autres problèmes étroitement liés à notre stratégie de dissuasion nucléaire : le premier concerne notre attitude vis-à-vis des négociations américano-soviétiques ; le second, le concept d'« ultime avertissement ».

Le refus de la « prise en compte »

Notre attitude vis-à-vis des négociations de désarmement peut passer pour paradoxale : nous les encourageons tout en proclamant à l'avance que nous n'y participerons pas. En réalité, notre position s'explique aisément. Nous sommes partisans de la dissuasion nucléaire *au plus bas niveau possible* (avec le moins d'armes possible). Nous estimons que la France, parce qu'elle ne pouvait faire autrement, donc pour des raisons budgétaires, mais aussi bien par esprit logique, est la puissance nucléaire qui est restée la plus fidèle à ce concept et est la plus proche de ce bas niveau. Nous souhaitons simultanément que les deux grandes puissances déjà surarmées, les États-Unis et l'URSS, cessent d'accumuler des armements de plus en plus nombreux et chers. À quoi sert, sur le strict plan de la dissuasion, et en dépit des justifications alambiquées élaborées par les théoriciens, de pouvoir détruire son adversaire *plusieurs fois* ? Or, les deux Grands disposent chacun de près de vingt mille têtes nucléaires, toutes catégories confondues, quand nous n'en possédons, au début des années 1980, qu'une centaine. Chaque fois qu'il en a l'occasion, le Président les invite donc à négocier et à désarmer. Il le fait éloquemment pendant toute la durée de la partie de bras de fer contre les SS-20 soviétiques qui menacent l'Europe, comme après le déploiement des Pershing II qui les équilibrent. Et, naturellement, il félicitera Gorbatchev et Reagan quand ceux-ci se lanceront vraiment dans le désarmement à partir de 1986.

En même temps, il refuse que la France s'engage précocement dans ce mouvement. En raison d'abord de la disproportion colossale entre les arsenaux : que les deux grandes puissances commencent ; quand elles auront fait une grande partie du chemin, on verra bien. Ensuite, en raison de la structure de ces arsenaux. Les deux Grands disposent d'un très grand nombre de systèmes d'armes nucléaires variés et redondants, alors que nous ne possédons que le strict nécessaire. Un homme qui n'a *qu'une* mitraillette ne peut accepter la proposition d'un autre qui en a *cent* et qui lui dit : « Désarmons parallèlement : jetons chacun une mitraillette ! » Mais,

François Mitterrand étant sorti de la prudente réserve dans laquelle s'était tenu Valéry Giscard d'Estaing sur les SS-20, les Soviétiques se vengent en exigeant de prendre en compte les forces tierces – c'est-à-dire les forces française et britannique – dans le calcul des forces occidentales, ce qui aurait pour conséquences, si nous l'admettions : premièrement, de laisser Américains et Soviétiques discuter ensemble et sans nous de *nos* forces ; deuxièmement, de prendre le risque de les voir décider arbitrairement de les réduire.

Formulée dès 1981 en vue d'intimider le Président, cette revendication soviétique est relancée après son grand discours au Bundestag de janvier 1983. Elle est appuyée par le Parti communiste, mais aussi par les « pacifistes ». Les États-Unis opposent une fin de non-recevoir aux Soviétiques, mais, à deux ou trois reprises, pendant les « vraies-fausses » négociations des années 1982-1983, ils laissent percer un certain agacement devant les complications qu'entraîne la particularité française – y compris une fois, à Paris, dans le bureau de Charles Hernu, le vice-président Bush lui-même. Certains partis sociaux-démocrates européens accusent même Paris, par son intransigeance, de bloquer tout accord. François Mitterrand oppose un refus poli et inflexible aux revendications des uns et aux sous-entendus des autres. Naturellement, ce légitime refus n'empêche aucun accord, puisque aucun accord n'est alors sérieusement envisagé, et la question tombe d'elle-même après le déploiement des Pershing fin 1983. Elle ne resurgira d'ailleurs pas lorsque, en 1986-1987, Reagan et Gorbatchev se seront décidés à négocier, et que la France les y aura encouragés.

Ultime avertissement

Le débat sur l'ultime avertissement est bien différent. Il n'est que franco-français (et, pour une part, de 1984 à 1987, franco-allemand). La France a refusé en 1967 d'adopter la « riposte graduée », avec ses réponses trop « saucissonnées » et pas assez dissuasives à la menace. Ce fut même une des raisons de sa sortie de l'OTAN. Mais, même dans la conception française de la dissuasion du « faible au fort[1] », il est difficile de passer *ex abrupto* du rien au tout – de rien du tout à la frappe nucléaire. Les présidents

1. L'armement français est *faible*, mais il est *suffisant* pour dissuader un *fort*. *A fortiori*, il peut dissuader un *faible*. Reste la question du *fou*.

français successifs ont donc éprouvé le besoin de pouvoir adresser à l'agresseur potentiel un signal dramatique afin qu'il ne doute pas de leur résolution, un *ultime avertissement* avant d'appuyer sur le bouton. Dans la conception française des années 1960-1970, l'idée a vite prévalu que cet ultime avertissement devait être nucléaire. Mais avec quelle arme le *délivrer* ? Les responsables français ont choisi l'arme nucléaire la moins puissante parmi celles dont ils disposaient : le missile sol-sol Pluton.

Quand François Mitterrand est élu président, la stratégie française prévoit donc que le Pluton servira d'avertissement. Mais ce missile est à courte portée (120 km) et il a également été qualifié d'arme nucléaire « tactique » – concept typique de la stratégie de « riposte graduée » de l'Alliance atlantique, ce qui signifie qu'il pourrait être employé dans une bataille nucléaire. Il a été requalifié, sur proposition de Charles Hernu, de « préstratégique », concept déjà moins aberrant. Ce qui veut dire que les trois précédents présidents français ont laissé réaliser une arme dont le concept d'emploi était en contradiction flagrante avec la stratégie de la France[1].

Autre inconvénient : la portée du missile Pluton fait qu'il exploserait en France ou, « au mieux », en Allemagne, qu'il soit employé à des fins « tactiques » ou en guise d'« ultime avertissement ». Mais en quoi serait-il justifié de faire exploser un Pluton en Lorraine, dans une Europe déjà entièrement passée, dans cette hypothèse, sous contrôle de l'armée soviétique ? En quoi l'agresseur, déjà quasiment victorieux, serait-il « averti » par l'explosion d'une énième bombe nucléaire sur le théâtre centre-européen ? Bref, nous avons hérité, sur ce point, en 1981, d'une incohérence stratégique.

Le Président ne se pose pas d'emblée le problème en ces termes. La seule question qui intéresse les milieux militaro-industriels français est, on l'a vu, d'obtenir du nouvel élu le « feu vert » pour le Hadès, que son prédécesseur n'a pas eu le temps de donner. Il est manifeste que les Allemands, de leur côté, n'apprécient pas

1. L'explication la plus souvent avancée chez les experts est que le général de Gaulle puis Georges Pompidou y avaient consenti, d'une part, parce que leurs conceptions en matière de dissuasion n'étaient pas encore complètement clarifiées – ils parlaient ainsi de *force de frappe* – et, d'autre part, parce qu'il fallait réconforter l'armée de terre après le traumatisme algérien, et que la meilleure façon de le faire était de la doter d'une arme nucléaire…

plus ces quelques dizaines de fusées françaises qui ne pourraient guère éclater que sur leur sol (c'est probable pour le Pluton, c'est sûr et certain pour le Hadès) que les milliers d'armes nucléaires à courte portée dont les bases de l'OTAN en Allemagne sont truffées. Mais, jusqu'à la fin de 1983, date du déploiement des Pershing, ils ont trop besoin de leurs alliés pour les importuner avec de telles questions.

À partir de 1984, en revanche, les choses changent : les Allemands commencent à nous interroger sur ces armes, sur leur nombre, sur leur concept d'emploi, comme ils le font avec les Anglais et avec les Américains. Et quand, en 1985, les relations personnelles entre François Mitterrand et Helmut Kohl sont devenues assez confiantes, ce dernier (par l'intermédiaire de son conseiller Horst Teltschik, qu'il charge d'en parler à Jacques Attali et à moi-même) teste l'idée d'une *consultation* du chancelier allemand par le président français *avant* tout emploi éventuel de ces armes. Le Président y réfléchit et, après de nombreuses conversations avec les ministres des Affaires étrangères et de la Défense et ses collaborateurs, décide, en février 1986, d'accepter le principe de telles consultations dans des conditions restrictives : *ce sera une consultation, et non une codécision* ; *elle aura lieu si le temps disponible est suffisant*. Les Allemands voudraient aller plus loin, participer à la détermination des cibles afin d'être en mesure d'en écarter certaines. Mais, en matière nucléaire, la souveraineté ne peut se partager. Décision souveraine et crédibilité ne font qu'un.

François Mitterrand va se montrer novateur. Au fond, il comprend les Allemands : cette arme (Pluton, Hadès) est absurde. Mais il ne veut pas en *négocier* l'abandon. Et, d'autre part, la stratégie de dissuasion nucléaire ne peut se passer d'un *ultime avertissement*. Ce n'est pas ce concept qui est contestable – il marque même un progrès par rapport au concept d'*arme préstratégique*, lui-même plus logique que celui d'*arme tactique* –, c'est la confusion entre lui et l'arme à courte portée, comme si l'ultime avertissement ne pouvait provenir *que* d'une arme à courte portée. Il faut donc réintroduire une distinction entre les deux. Ce qu'il va faire en 1986-1988 en profitant du grand branle-bas stratégique, propice aux clarifications, provoqué par Gorbatchev et Reagan, et en montrant du même coup que, sous la « cohabitation », c'est lui qui continue à prendre les grandes décisions.

Il commence par résoudre le volet allemand du problème. Pendant la visite d'État qu'il fait en Allemagne en 1987, il tranche : « L'ultime avertissement ne serait pas nécessairement délivré sur le sol allemand. » Sous-entendu : il y a des façons de le faire ailleurs. Quelque temps après ce voyage, il est plus explicite dans *Le Nouvel Observateur* : « Je ne donnerai jamais l'ordre de tirer sur le sol allemand. » Il lui reste à régler le sort du Hadès, dont il ne cesse de regretter d'avoir autorisé la fabrication. Il le fera par étapes, après sa réélection, répugnant à imposer sa volonté de façon autoritaire à des ministres de la Défense (Jean-Pierre Chevènement, Pierre Joxe) et à des chefs d'état-major consternés. Le nombre des Hadès sera réduit à plusieurs reprises et, finalement, il sera décidé en 1992 que les exemplaires restants seront « conservés sous cocon[1] ». Finalement, le chef de l'État estimera que l'ultime avertissement (qui doit naturellement être unique, sauf à retomber dans les errements de la bataille nucléaire) pourra être délivré par « n'importe quelle autre arme nucléaire que le président de la République déciderait d'employer à cette fin, si par malheur c'était nécessaire ».

Le missile mobile

Autre controverse stratégique : celle qui porte sur un éventuel missile mobile (pour la presse : missile « à roulettes » !). Dès les années 1970, les milieux industriels et militaires français ont commencé à avancer l'idée que la France, à l'instar des États-Unis et de l'URSS, devrait se doter de missiles mobiles. Justification avancée : des missiles mobiles seraient moins facilement repérables, donc moins vulnérables que les missiles sol-sol fixes, face à une éventuelle première frappe. Motif réel : faire acter un nouveau programme majeur et garnir les carnets de commandes. L'affaire devient politique quand, en 1986, le ministre de la Défense de la première « cohabitation », André Giraud, s'en fait le promoteur obstiné. Le Président s'y oppose pour plusieurs motifs. En premier lieu, il tient toujours le même raisonnement : nos armes doivent dissuader avant, et non pas riposter après, en cas… d'échec de la dissuasion ! En second lieu, si une première frappe venait à

1. Jacques Chirac parachèvera cette évolution en 1996 en abandonnant définitivement le Hadès.

être dirigée contre Albion, il resterait de toute façon à la France ses sous-marins. Enfin, si des missiles mobiles sont – peut-être – acceptables sur de très vastes territoires comme ceux des États-Unis ou de l'URSS, ils ne le sont pas dans l'Hexagone. « Les imagine-t-on éparpillés sur tous nos terrains d'aviation, ou circulant sur les routes françaises en semant l'inquiétude dans tous les villages ? » ne cesse de faire remarquer le Président à Jacques Chirac, qui finit par en convenir, et à André Giraud qui, au contraire, se bute pendant deux ans. En la matière, c'est néanmoins le chef de l'État qui a le dernier mot. Ce qui n'empêchera pas les industriels, même après le veto présidentiel, de continuer à dresser en catimini des plans, et les états-majors et la DGA[1] de financer des études en vue d'un missile fixe… pouvant devenir aisément mobile !

L'horizon de la défense européenne

Le désir de préparer l'« émergence d'une véritable défense européenne » – pour parler comme on le fait dans les colloques – explique plusieurs initiatives prises par François Mitterrand dès les premières années de sa présidence. En ce domaine, il n'a pas attendu la relance de la construction européenne, en juin 1984, à Fontainebleau, pour avancer ses pions. Pour lui, c'est clair : une Europe forte, telle qu'il l'espère, devra être capable d'assumer elle-même sa défense.

La coopération franco-allemande est la seule piste empruntable, car aucun des autres Européens, en réalité, n'est très désireux de se lancer dans l'aventure de la défense européenne. Le traité d'amitié de 1963 entre Paris et Bonn fournit une base. Les dirigeants allemands sont prêts à faire quelque pas avec nous, pourvu que cela ne leur pose pas trop de problèmes avec les États-Unis et l'OTAN. Il y a donc une marge de manœuvre, restreinte mais qui existe et que l'on peut tenter d'élargir.

Le Président et le gouvernement décident d'abord de constituer, à partir des éléments les plus opérationnels des armées, une « Force d'action rapide » (FAR) qui a l'avantage de dynamiser la défense française, de la préparer à se projeter au loin avec une grande puissance de feu, aussi bien sur le théâtre européen qu'outre-mer, et de montrer à nos alliés allemands que nous nous donnons les moyens

1. Direction générale de l'armement.

de leur venir en aide, le cas échéant[1]. La FAR est officialisée par la loi de programmation que Charles Hemu fait adopter en 1983. Elle est très bien perçue outre-Rhin.

Le traité franco-allemand de 1963 prévoit une coopération militaire. Or, ses dispositions en ce domaine n'ont jamais été appliquées, les Allemands ne voulant pas contrarier l'OTAN. Helmut Schmidt, puis Helmut Kohl décident avec le Président de les mettre en œuvre. C'est dans ce cadre que sera créé en 1987 un « Conseil de défense et de sécurité franco-allemand » qui sera réuni par le Président et le Chancelier deux fois par an, lors des sommets franco-allemands, pour débattre de toutes les questions militaires et stratégiques d'intérêt commun.

Mais le Président voudrait aller plus loin et plus vite dans la défense européenne. À partir de 1984, il essaie, avec Claude Cheysson puis Roland Dumas, Charles Hernu puis Paul Quilès, de ressusciter l'UEO. L'Union de l'Europe occidentale est un organisme mort-né conçu par les États-Unis en 1955 après l'échec de la Communauté européenne de défense, la fameuse CED, mais qui a perdu à leurs yeux tout intérêt dès qu'ils ont réussi, en 1955, à faire admettre aux Européens – et d'abord aux Français – l'entrée de l'Allemagne dans l'OTAN. Cette coquille vide existe encore. François Mitterrand et Claude Cheysson pensent qu'elle pourrait être réanimée et utilisée par les Européens pour travailler ensemble. De fait, jusqu'à la fin de la présidence mitterrandienne, la France saisira toutes les occasions de redonner à l'UEO un rôle et « du grain à moudre ». Démarche volontariste s'il en est, au service d'un objectif à long terme. En se servant d'un organisme qui a le double avantage d'exister déjà et d'être composé d'Européens, nous pensons préparer le moment où ces derniers voudront vraiment prendre en charge leur propre défense – s'il vient un jour…

Moment de vérité stratégique

À partir de 1986, Reagan et Gorbatchev bousculent les relations internationales et le système stratégique. François Mitterrand y trouve une occasion remarquable de se montrer logique avec

1. La FAR est issue de la « Force d'action et d'intervention » proposée en 1976 par les experts du Parti socialiste : J.-F. Dubos, F. Cailleteaux, F. Heisbourg, les généraux de Barry et Fricaud-Chagnaud.

lui-même et d'encourager la recherche de l'équilibre des forces au niveau le plus bas. J'ai raconté dans un autre chapitre[1] comment la plupart des dirigeants occidentaux s'émeuvent, ne savent plus à quel saint se vouer quand Reagan et Gorbatchev décident de se défaire des armes de la stratégie de « riposte graduée » dont tout un chacun aurait pourtant dû se féliciter d'être débarrassé. Le Président encourage au contraire ce désarmement, ces premières vraies *réductions*, parce qu'elles portent en priorité sur les armes à moyenne et courte portée de cette stratégie qu'il juge illusoire et néfaste. Mais Margaret Thatcher et, de façon plus illogique encore, le gouvernement de Jacques Chirac appréhendent ce mouvement. Au sommet des Sept, à Venise, en juin 1987, François Mitterrand a un extraordinaire dialogue avec ses alliés lorsqu'ils échangent à dîner, au palais Grassi, les vérités stratégiques sans doute les plus crues des vingt années écoulées :

MARGARET THATCHER : Si une guerre éclatait et si les Soviétiques assiégeaient Bonn, est-ce que vous utiliseriez la bombe atomique française ?
FRANÇOIS MITTERRAND : Certainement pas.
MARGARET THATCHER : Comment pouvez-vous dès lors attendre des États-Unis qu'ils viennent un jour au secours de Paris ?
FRANÇOIS MITTERRAND : Madame, je pense que vous mélangez sciemment deux problèmes distincts. C'est un débat de stratégie et nous n'avons pas la même. De Gaulle, Pompidou, Giscard d'Estaing et moi avons toujours eu un doute sur les intentions des États-Unis. Il n'y a pas d'automatisme d'intervention de leur part, et nous pouvons nous retrouver à découvert. C'est pourquoi nous avons une force autonome de dissuasion. Mais nous ne pouvons pas nous en servir pour n'importe quoi. L'appréciation des intérêts de la France ne dépend que de moi. Or la mission de la France n'est pas de protéger la République fédérale et l'Europe occidentale. C'est la mission de l'Alliance atlantique, pas celle de la France seule. La France récuse absolument l'obligation morale sous-entendue dans votre question. [*S'adressant à Ronald Reagan.*] Monsieur le Président, les dirigeants de votre pays raisonnent comme le faisait Schuschnigg à propos de l'Anschluss. Vous dites : « Jusqu'ici et pas plus loin. » Or, si vous acceptez de ne pas agir ici, vous n'accepterez pas d'agir là. C'est l'erreur majeure de l'Alliance. Votre riposte graduée, élastique, n'est faite que pour vous permettre, à vous, Américains, de ne pas intervenir en Europe.

1. *Les Mondes de François Mitterrand*, *op. cit.*, chap. XI, page 385.

RONALD REAGAN : Je peux vous garantir que les États-Unis seront solidaires. Comme nous l'avons fait lors des deux guerres mondiales, nous interviendrons si vos nations sont menacées.
FRANÇOIS MITTERRAND : Je n'en doute pas, mais je n'ai pas de garanties.
HELMUT KOHL : La défense de l'Europe, c'est le rôle de l'Alliance.
FRANÇOIS MITTERRAND : Comprenons-nous bien. S'il y a le moindre doute chez l'adversaire sur notre détermination et notre capacité à intervenir massivement et très vite en cas d'agression, il peut y avoir la guerre. Avec la riposte massive, les Soviétiques ne prendront pas le risque d'une guerre atomique. Madame le Premier ministre britannique, vous ne devez pas imaginer que les Soviétiques soient à Bonn, car ce raisonnement signifie que vous auriez déjà perdu !

Cette conversation, la plus importante, dans sa simplicité, de tous les échanges stratégiques entre Occidentaux auxquels il aura pris part en quatorze années, le Président ne cessera de s'y référer. Il est intéressant de comparer ce *verbatim* avec la façon dont il raconte lui-même la scène, sept ans plus tard, le 5 mai 1994, aux responsables militaires convoqués à l'Élysée :

Soudain, Mrs Thatcher, dont on connaît le tempérament, un beau tempérament, m'interpelle. Pressée de se porter en bouclier de M. Reagan, ce qui était son attitude habituelle, elle me dit tout de go : « Eh bien, monsieur le Président, supposons que les Russes soient arrivés devant Bonn… » Elle regarde fixement à ce moment-là le chancelier Kohl, et elle continue : « Est-ce que vous interviendriez avec votre force atomique ? » Je lui ai répondu : « Certainement non. — Ah, vous voyez bien, vous attendez tout des Américains, mais si les Allemands, vos amis allemands – elle avait toujours un certain tremblement dans la voix pour dire cela – étaient menacés par les Russes devant Bonn, vous disposeriez d'une force terrible et vous ne bougeriez pas ? — Eh bien non, nous ne bougerions pas, parce que si les Russes sont à Bonn, c'est que la guerre est déjà perdue ! »
En effet, il m'était impossible d'admettre que, devant une attaque de l'Union soviétique – c'était l'hypothèse du moment –, ne jouât pas la politique de dissuasion, c'est-à-dire, instantanément, la menace de l'emploi, puis l'emploi de nos forces, à peine auraient été franchies les frontières du monde communiste. Et j'ai dit à Mrs Thatcher : « Si vous me garantissez que vos forces à vous, que les forces britanniques et les forces américaines s'engagent dès la première minute pour marquer aux forces soviétiques qu'elles ne peuvent pas

franchir la frontière sans que la guerre éclate, si vous me donnez cette assurance, la France participera naturellement, c'est un allié loyal. Mais votre hypothèse de départ présuppose que vous ne l'avez pas fait et que vous n'avez pas pratiqué la solidarité atlantique. Et c'est parce que vous vous êtes ralliés à la notion de *riposte graduée* qui permet, lâchant pays après pays, de livrer l'Europe à l'agresseur supposé de l'époque, laissant comme en 1917, comme en 1941, le temps aux États-Unis d'Amérique de réfléchir. Je ne peux pas accepter ce postulat : *Les Russes sont à Bonn...* » Je me tournai alors vers mon ami Helmut Kohl : « Dans ce cas-là, la France ne bougera pas. Au contraire, si l'Alliance entière s'ébranle au premier signe de menace, nous en serons[1]. »

Revenons à Venise en juin 1987. Le Président et le Chancelier poursuivent cette conversation au petit déjeuner, le lendemain matin :

FRANÇOIS MITTERRAND : Je ne crois pas à la riposte graduée. La guerre peut être évitée si on pense que le gouvernement américain interviendra. Avec la riposte graduée, on installe la guerre au centre de l'Europe [...]. Seule la menace sur l'URSS est efficace [...]. Les armes intermédiaires n'ont pas beaucoup d'intérêt [...]. Les forces nucléaires intermédiaires américaines ne servent qu'à neutraliser les SS-20. C'est fait, c'est très bien ; cela a servi et cela suffit.

Helmut Kohl et François Mitterrand vérifient alors que leur vision de l'avenir est convergente :

HELMUT KOHL : Il faut absolument renforcer la composante européenne de l'Alliance pour compenser le départ des Pershing.
FRANÇOIS MITTERRAND : Il faut, pour cela, esquisser un nouveau traité du type de celui de l'Élysée. Il faut quelque chose qui marque une direction. Je suis d'accord pour aller vers l'intégration de nos armées en des domaines précis et significatifs.
HELMUT KOHL : Il faut des divisions franco-allemandes complètement intégrées.

1. Depuis les années 1987-1988 où le Président avait entrepris de clarifier la notion d'« ultime avertissement », je lui avais suggéré de proposer aux Américains et aux Anglais d'adopter le concept d'« ultime avertissement commun » (aux trois alliés nucléaires américain, français et anglais). Il en aurait résulté une révolution stratégique, le rétablissement d'une vraie dissuasion occidentale précoce, et une synthèse par le haut des stratégies atlantique et française.

FRANÇOIS MITTERRAND : J'en parlerai au Premier ministre [Jacques Chirac]. Il n'y est pas hostile, mais son milieu politique n'y est pas favorable. Je ferai avancer les choses.

HELMUT KOHL : Nos chefs d'état-major sont enthousiasmés par cette idée et peuvent la mettre en pratique.

Cette conversation de Venise va inspirer au cours des années suivantes les initiatives franco-allemandes : création de la brigade commune, puis celle du corps d'armée franco-allemand appelé à devenir l'embryon de l'Eurocorps, celui-là même que le Président invitera à défiler sur les Champs-Élysées, le 14 juillet 1994, où il sera applaudi. Mais ces approches pragmatiques et souples empruntant aussi bien la voie bilatérale franco-allemande que celle de l'UEO vont se heurter à des réalités intangibles : celles de la sécurité en Europe depuis la Libération.

Même si nous nous montrons ingénieux et persévérants – y compris Jacques Chirac qui, lors de la première « cohabitation », fait adopter par nos partenaires une « Charte de l'UEO » –, jamais, en fait, les autres Européens ne partagent notre manière de voir et nos espoirs. Ils se trouvent fort bien de ce que les États-Unis assurent la sécurité de l'Europe et, pour des raisons à la fois politiques, psychologiques et budgétaires, n'ont aucune envie d'assumer de plus lourdes responsabilités. Mis à part leur chancelier, les Allemands voient là une lubie française et ne la soutiennent que pour maintenir le bon élan de nos relations bilatérales. Face au projet d'une défense européenne, nos autres partenaires se montreront soit indifférents, soit hostiles, et ne seront jamais convaincus par notre affirmation selon laquelle il serait plus sain, tant pour les Américains que pour nous-mêmes, de combiner une alliance modernisée et un pilier vraiment européen.

Le désarmement ne heurte ni les ambitions de défense européenne du Président, ni sa conception de la dissuasion. Il peut donc approuver chaleureusement et sans aucune arrière-pensée (sauf à rappeler, ce qui va de soi, que les accords de désarmement doivent être « vérifiables ») tous les accords des années suivantes : le traité signé à Washington par Mikhaïl Gorbatchev et Ronald Reagan le 10 décembre 1987, qui élimine les FNI (Forces nucléaires intermédiaires) ; le traité de Paris du 19 novembre 1990, qui réduit les forces conventionnelles en Europe ; le traité de Moscou du 31 juillet 1991, qui réduit les armements stratégiques (traité START I) ; puis, le 3 janvier 1993, le traité START II ; enfin, le 15 janvier suivant, le traité interdisant les armes chimiques, qui doit énormément à l'impulsion française – donc au Président et à Roland Dumas – et à l'infatigable activité de Pierre Morel[1].

Convaincre George Bush

Dans l'esprit de sa conversation de Venise avec le Chancelier, le Président essaie de mettre à profit cette révolution stratégique de la fin des années 1980 pour reprendre et faire avancer la cause de la défense européenne. L'entrée en fonctions de George Bush, en janvier 1989, l'y encourage. Bush et lui se connaissent alors depuis huit ans et entretiennent d'excellents rapports. Malgré son implantation au Texas, le nouveau président américain est un « patricien américain de la côte est », selon le cliché médiatique en vigueur. Il connaît l'Europe et les Européens. Comme directeur de la CIA, puis représentant des États-Unis en Chine, puis vice-Président, il a acquis une connaissance méthodique, sérieuse et approfondie des affaires du monde. Ce ne sera pas un Président visionnaire et impulsif, mais sérieux et professionnel. Avec lui, on va pouvoir parler.

Cependant, la première année du mandat de George Bush est trop marquée par les révolutions démocratiques en Europe de l'Est et par le début de la réunification allemande pour nous permettre d'explorer d'emblée ses éventuelles bonnes dispositions. Le sommet de l'Arche et les festivités du Bicentenaire, du 14 au 16 juillet 1989, ne s'y prêtent pas. La rencontre dans l'île franco-néerlandaise de Saint-Martin, le 16 décembre, avec un Bush affable et aphone, confirme la cordialité des relations entre les deux hommes, mais est consacrée en priorité à l'Allemagne, à Gorbatchev et au Liban.

Le débat s'engage finalement le 19 avril 1990, en Floride, à Key Largo, dans la résidence d'un ami milliardaire de George Bush, sous les moustiquaires, mais il s'engage mal et déjà trop tard, à supposer qu'il y ait eu là une vraie opportunité. Ce jour-là, en effet, Bush et son efficace et impérieux secrétaire d'État, James Baker, n'ont qu'une idée en tête : assurer la survie et le maintien de l'OTAN malgré la fin de la menace soviétique et de la division

1. Alors représentant de la France à la conférence de Genève sur le désarmement.

de l'Allemagne. François Mitterrand le sent et se replie sur des positions statiques et classiques : « Pour ce qui est de l'OTAN, il n'y aura pas de problèmes si vous acceptez notre spécificité. »

Le Président reprend l'offensive sur un autre terrain. Un schéma possible lui paraît être le suivant : bâtir un projet commun avec les Allemands ; en prévenir les Américains et, en même temps, les autres Européens ; essayer de faire acter dans un sommet de l'OTAN la légitimité et l'utilité d'une défense européenne ; éviter en revanche les sommets des Sept, qui ne sont pas compétents sur ce sujet et où le rapport de forces nous serait hostile, et n'aborder le sujet, lors des Conseils européens, qu'après y avoir préparé les esprits. C'est ce cheminement que nous essayons de suivre jusqu'au sommet de l'OTAN des 5 et 6 juillet 1990, à Londres, où nous obtenons – ce qui est mieux que rien ! – que l'« identité européenne en matière de défense et de sécurité » soit mentionnée dans le communiqué.

Le Président et le Chancelier, décidés à ne pas se contenter de ce progrès sémantique, écrivent le 6 décembre suivant à leurs partenaires européens et réussissent à faire mettre la « Politique étrangère et de sécurité commune » (la bientôt fameuse « PESC ») au programme des conférences intergouvernementales. Le Président consacre l'essentiel de ses conversations avec George Bush, à la Martinique, le 14 mars 1991, à rassurer son homologue américain sur les intentions françaises et européennes. Mais, le 28 mai, l'OTAN crée une Force de réaction rapide, ce qui montre qu'elle n'entend pas se laisser déposséder par une initiative européenne du même type. François Mitterrand et George Bush réabordent le sujet à Rambouillet le 14 juillet 1991. Le président français redit pourquoi une défense européenne ne se *substituerait* pas à l'OTAN, et pourquoi, par ailleurs, il ne participera pas à la Force de réaction rapide de l'OTAN :

> François Mitterrand : Si l'on veut empêcher qu'il y ait une vraie guerre en Europe, par exemple face à l'Union soviétique qui aurait basculé et qui serait redevenue menaçante[1], ce n'est que grâce à la menace de l'emploi de l'arme nucléaire que l'on y parviendra. Mais, s'il s'agit du reste, des petites guerres, que fera la Force de réaction rapide ? De quel côté choisirait-elle de s'engager en Yougoslavie[2] ?

1. Cinq semaines plus tard, ce sera le putsch de Moscou.
2. À cette date, ce n'est encore que la guerre serbo-croate pour les Krajinas.

> GEORGE BUSH : Il faut être très prudent ! Il n'est pas question d'utiliser une Force de réaction rapide, ou même lente, dans ce type de situation !
> FRANÇOIS MITTERRAND : Mais alors, dans quel cas de figure cette force serait-elle employée, puisque, pour faire face à la vraie menace, la menace globale, il faudrait utiliser la menace nucléaire ?
> GEORGE BUSH : Mais alors, pourquoi maintenir l'OTAN ?
> FRANÇOIS MITTERRAND : Ce n'est pas ce que j'ai voulu dire, puisque c'est une alliance générale contre une éventuelle grande menace…
> GEORGE BUSH : […] Si l'Europe avait une autre solution hors de l'OTAN, l'opinion américaine abandonnerait aussitôt tout soutien à l'OTAN et à notre maintien en Europe.

Les limites des bonnes dispositions du président américain sont vite atteintes ! Malgré ce blocage, le 14 octobre 1991, le Président et le Chancelier précisent à leurs partenaires européens leurs idées sur la sécurité commune et le rôle de l'UEO. Au sommet de l'OTAN réuni à Rome les 8 et 9 novembre 1991 – un mois avant Maastricht, ce qui tombe très bien –, nous obtenons sur la défense européenne le communiqué le moins hostile à être jamais sorti d'un sommet atlantique ! La stratégie des petits pas suivie par la France paraît alors prometteuse. En réalité, ce sommet de Rome aura marqué son point d'orgue ; malgré nos efforts, elle va ensuite s'enliser, victime de la guerre du Golfe, de la tragédie yougoslave, de l'implosion de l'URSS et des doutes des Européens eux-mêmes, beaucoup plus que des contre-offensives américaines.

Avant ces années cruciales, la France de François Mitterrand avait pu participer à diverses opérations de l'ONU pour le maintien de la paix (dans le cadre de la FINUL au Liban, ou encore au Cambodge), à des forces « multinationales » (dans le Sinaï, à Beyrouth), mener des opérations « coup de poing » au Liban (en représailles à l'attentat contre le Drakkar), faire bouger ses porte-avions en temps de crise, contenir, réduire et éliminer l'influence libyenne au Tchad (opérations Manta et Épervier) sans que cela pose d'aucune façon le problème de ses relations avec l'OTAN.

Notre participation à la guerre du Golfe, aussi bien dans sa phase initiale que pendant la bataille terrestre, réveille au contraire les polémiques. Les difficultés de notre état-major à rassembler, équiper et envoyer 15 000 professionnels ou volontaires à quelques milliers de kilomètres, sept ans après la création de la FAR, font penser que nos équipements classiques ont été trop sacrifiés au profit des armes nucléaires. « N'est-il pas temps de rééquilibrer ? »

entend-on dire. Les multiples défauts de communication et d'articulation entre nos troupes, d'une part, les Américains et les Anglais, de l'autre, parfaitement « interopérables » entre eux, frappent les esprits. Ne convient-il pas de travailler beaucoup plus étroitement avec nos alliés de l'OTAN et selon leurs procédures ? Cette idée chemine alors que personne, pas même nous, ne peut prétendre que l'UEO soit d'ores et déjà une structure de combat. Nous sommes les premiers à savoir que l'UEO n'est pour l'heure qu'un projet, un objectif utile, un cadre virtuel, tout sauf une armée. L'épreuve prématurée d'une guerre réelle lui est néfaste.

Immédiatement après, la disparition de l'URSS nous ôte une autre raison de bâtir la défense européenne : contre qui faudra-t-il désormais se défendre ? On peut toujours invoquer des retournements en URSS, des menaces au sud. Mais c'est une période où il est tout de même plus facile de maintenir ce qui existe – l'OTAN – que de créer une structure radicalement nouvelle : une défense européenne.

Sans compter qu'après la tension créatrice des années 1985-1992, la Communauté européenne est saisie par le doute. Les pro-européens sont moins sûrs d'eux, ou désabusés. Les anti-européens relèvent la tête, font de Maastricht – alors même que ce traité n'a encore produit aucun de ses effets – la source de tous les maux de l'Europe. Pour cette raison-là aussi, les années 1992-1995 ne sont pas propices à des avancées.

Mais les pires contre-arguments opposés à nos ambitions européennes sont tirés de la tragédie yougoslave. D'abord sur un plan général. J'ai expliqué, dans le chapitre consacré à la Yougoslavie[1], pourquoi une partie de l'opinion a cru que les guerres en Croatie et en Bosnie auraient dû – et auraient pu – être empêchées par l'Europe, et qu'à défaut celle-ci aurait dû – et aurait pu – intervenir militairement dans ces conflits. J'ai aussi expliqué pourquoi cette croyance me paraît mal fondée. Ce qu'il m'importe de souligner ici, c'est que cet état d'esprit, selon la théorie de la « preuve impossible », a contribué à dévaloriser dès le départ toute idée de politique extérieure (ou de défense) européenne commune. De surcroît, dans les années 1992-1995, notre projet de défense européenne est, d'une certaine façon, victime de notre activisme onusien en Bosnie. Et cela pour les raisons suivantes : l'idée qu'il ne

1. *Les Mondes de François Mitterrand*, *op. cit.*, p. 608.

peut y avoir de solution exclusivement militaire à ce conflit n'est pas propre à la France : elle est partagée par tous les responsables dans tous les pays qui ont eu à en connaître. En revanche, nous sommes les tout premiers à fournir des forces pour l'interposition, l'action humanitaire, la protection des convois, des zones protégées, de la FORPRONU, etc. Nous proposons – ou en tout cas votons – toutes les résolutions du Conseil de sécurité, y compris celles qui autorisent le recours à la force pour faire respecter les interdictions de survol ou les zones protégées.

Mais, quand nous en arrivons là, il nous faut bien constater que seule l'OTAN dispose des moyens d'observation et de communication et de la logistique nécessaires. Sauf pour des tâches mineures de coordination, nous ne pouvons pas opposer une virtualité – l'UEO – à une réalité immédiatement opérationnelle : l'OTAN. Dès qu'il faut avoir recours à l'aviation, les États-Unis sont irremplaçables. Le résultat est que, par réalisme – et par manque de confiance dans les capacités européennes ? –, la France accepte dans les années 1993-1995 le recours à l'OTAN tout en cherchant à préserver le principal : la sauvegarde de la décision nationale avant tout engagement. La situation dans laquelle nous sommes placés est très inconfortable dans la mesure où nos partenaires dans ces actions éventuelles se concertent sans nous au sein d'instances de l'OTAN. Elle pourrait être évitée si les autres Européens voulaient vraiment élaborer une position commune entre Européens, et prendre des décisions ensemble. Ce n'est pas le cas.

Pour ceux qui ont toujours combattu la politique gaulliste vis-à-vis de l'OTAN et que le syncrétisme gaullo-mitterrandien sur ce point exaspère, la guerre en Yougoslavie constitue une aubaine et est l'occasion de relancer une campagne pour le retour de la France dans le giron de l'OTAN. La présentation est insidieuse (« Nous ne pouvons laisser l'OTAN prendre des décisions sans nous ; l'OTAN a changé ; nous serons plus efficaces à l'intérieur », etc.), mais, comme la suite le montrera après mai 1995, l'objectif est clair et dépasse le prétexte yougoslave. En tout cas, nous ne parviendrons plus à faire avancer notre projet de défense européenne jusqu'à la fin du mandat du Président. La page « Politique étrangère et de sécurité commune » du traité de Maastricht reste à écrire.

Dissuader le fou ?

Une autre controverse stratégique agite les esprits à la fin des années 1980 et au début des années 1990 : elle porte sur l'opportunité de compléter la « dissuasion du faible au fort » par une « dissuasion du faible au fou ». Quels sont les ressorts de cette campagne ? Les vagues de terrorisme des années 1980, la peur de la prolifération nucléaire après la dislocation de l'URSS, alimentent en permanence des supputations sur ce qui se passerait si un État ou un mouvement terroriste venait à disposer de la bombe… Déjà, avant 1990, sourd de partout et circule le projet d'un nouveau missile air-sol à longue portée (ASLP)[1] qui serait tiré d'un avion et pourrait donc toucher avec beaucoup de souplesse diverses cibles lointaines, non précisées… L'invasion du Koweït, avec les multiples révélations qu'elle entraîne sur les projets nucléaires ou chimiques de Saddam Hussein, leur donne une vigueur nouvelle. Il n'y a pas de journal qui n'évoque l'hypothèse d'un dirigeant menaçant l'Occident avec des armes nucléaires et qu'il serait prudent de pouvoir neutraliser « proprement », « chirurgicalement », avec des armes nucléaires d'un nouveau type, miniaturisées, très précises (qu'il faudrait donc pouvoir tester). Comme par hasard, ce dictateur est toujours arabo-islamique : une sorte de composé de Kadhafi et de Saddam Hussein. Ce raisonnement est censé illustrer l'opportune montée des menaces du Sud qui relaieraient celles, déclinantes, de l'Est.

Le Président se refuse à entrer dans ces spéculations. Il approuve le renforcement de la lutte contre la prolifération nucléaire ou autre. Il a décidé que la France signerait, en 1992, le Traité de non-prolifération. Mais il s'agit là de le faire changer de stratégie, c'est-à-dire de lui extorquer un accord pour fabriquer des bombes nucléaires utilisables. Il s'en tient derechef à la dissuasion *stricto sensu*. Il ne croit pas à ces hypothèses forgées pour les besoins de la cause ; il ne voit pas un prétendu dictateur « fou » prendre le risque de se suicider en agressant l'une des puissances surarmées

1. La France a déjà un missile air-sol de moyenne portée. La puissance de l'ASLP serait réglable en vol, ce qui nécessiterait de nombreux nouveaux essais, et un programme d'avion classique pour le porter, avec une version marine. On voit l'enchaînement… y compris en ce qui concerne les coûts ! Mais aussi l'invocation des menaces au sud et le rapprochement indispensable avec l'OTAN…

du Nord. Enfin, il n'imagine pas qu'un dirigeant occidental puisse prendre l'initiative d'employer contre un pays du Sud, pour la première fois depuis 1945, une arme nucléaire. Il répond que l'arsenal français est amplement suffisant et n'autorise, pour ce qui concerne l'ASLP, que la simple poursuite d'études. Pendant la seconde « cohabitation », il haussera encore le ton à ce sujet :

> Faudrait-il se rallier à l'usage de la frappe dite chirurgicale, et même, plus pittoresque encore, *décapitante*, qui pourrait, après tout, aller jusqu'au fusil nucléaire ? Cela me paraît une hérésie majeure. En aucune circonstance je ne l'accepterai ! Si des groupes parlementaires estimaient devoir amender la loi de programmation par des considérations de ce genre [...], ce serait l'objet d'un conflit majeur qu'il appartiendrait au peuple de trancher[1].

La querelle sur les essais nucléaires

La discussion sur les essais est d'ailleurs en partie liée à cette conception de bombes « chirurgicales ». Le problème des essais nucléaires ne s'est pas posé avant 1992. De 1981 à 1991, le président Mitterrand en a autorisé 96 : moins que les armées ne lui en demandaient, mais elles lui en demandaient plus que le nécessaire. Il s'assurait au préalable que ces essais portaient exclusivement sur la mise au point de nouvelles têtes nucléaires destinées aux armes réellement programmées. La contestation était quasi inexistante en France, endémique mais faible en Océanie, à l'affût et venimeuse dans certains milieux anglo-saxons.

En 1982, j'avais suggéré à Régis Debray de faire une tournée dans le Pacifique-Sud pour y évaluer la situation de la France. Régis était pour moi à l'Élysée un merveilleux compagnon. Son intelligence aiguë, dense et pénétrante, sa culture et son agilité intellectuelle lui permettaient de maîtriser très vite n'importe quel problème politico-administratif ou diplomatico-stratégique dès lors qu'il y appliquait son esprit sans *a priori*. À son retour, il avait recommandé au Président d'ouvrir le site de Mururoa aux visites des scientifiques et chercheurs étrangers, y compris les plus hostiles. Il était établi que les accusations d'atteintes à l'environnement étaient pure propagande anti-dissuasion et/ou anti-française, hormis

1. 5 mai 1994, conférence de presse à l'Élysée.

ce qui concernait le tassement du socle géologique[1]. Dès lors, pourquoi donner l'impression de cacher des informations compromettantes ? Le Président avait accepté et imposé cette mesure aux armées qu'il avait fallu bousculer d'abord, mais qui avaient joué le jeu ensuite.

En août 1985, j'avais suggéré au Président de montrer, par un geste spectaculaire, que l'affaire Greenpeace ne contraindrait pas la France à renoncer à sa politique de dissuasion, ni aux essais qui la sous-tendaient. Ce pourrait être, lui écrivais-je, par un spectaculaire voyage à Mururoa, avec, pour souligner le côté « puissance et technologie », une escale à Kourou. Ce qu'il fit au début de septembre 1985. Il réunit à Mururoa, sous un faré[2], le « Conseil du Pacifique-Sud » fraîchement créé, composé de généraux, de hauts fonctionnaires parisiens et d'ambassadeurs en poste dans la zone. Nous visitâmes le site et nous baignâmes la nuit dans le lagon – le décalage horaire nous empêchait de dormir –, cependant que le Président, assis à une table, sous un arbre devant son faré, lisait et écrivait, et qu'un vent tiède brassait les branches.

En avril 1992, le problème des essais nucléaires n'est pas particulièrement posé quand Pierre Bérégovoy, tout juste nommé Premier ministre, arrive à l'Élysée pour informer le Président du contenu de sa déclaration de politique générale devant le Parlement. Quelques instants avant que l'huissier ne vienne le chercher dans mon bureau où il vient d'allumer un des petits cigares que je garde à son intention, il me lance, un peu goguenard, qu'il va proposer au Président d'arrêter les essais. Il n'a pas le temps de m'en dire davantage, mais, quand il réapparaît, un instant après, c'est pour m'affirmer : « Il est d'accord. » Ses raisons ? Je les reconstitue aisément *a posteriori* : Pierre Bérégovoy est resté un antimilitariste foncier ; le monde a changé, le Mur est tombé, une occasion se présente à lui, devenu Premier ministre, de faire un geste selon son cœur et de faire oublier le *Rainbow Warrior* ; enfin, le PS, bien mal en point, est alors obsédé par la

1. Grâce à l'enfermement des effets des explosions sous-marines dans une couche de basalte fondu fonctionnant comme un cercueil, il n'y avait pas de pollution radioactive maritime ou atmosphérique mesurable à Mururoa du fait de ces expériences. La radioactivité était en moyenne plus forte en France, surtout dans les régions granitiques ! L'atoll n'était peuplé que d'employés du CEA et de militaires. Les zones habitées de Polynésie étaient plus éloignées de Mururoa que nous ne l'étions à Paris des sites d'expérimentation soviétiques.

2. Maison polynésienne largement ouverte pour que le vent y circule.

concurrence électorale supplémentaire des écologistes (Bérégovoy nomme Ségolène Royal ministre en espérant qu'elle fera oublier Brice Lalonde). Souci parfaitement légitime de la part d'un chef de gouvernement, qui met son ministre de la Défense devant le fait accompli. Mais pourquoi le Président, lui, accepte-t-il ? J'ai la conviction que l'argument électoraliste (le vote écologiste) est de peu de prise sur lui. Il a déjà intégré la défaite socialiste aux législatives de mars 1993. Il ne croit pas à la pérennité du vote écologiste, ni qu'il soit possible de le séduire de la sorte, car « ce sont des maximalistes ». Il se soucie plus de l'électorat de gauche et du nouveau contexte international.

Un an auparavant, après la guerre du Golfe, il m'a demandé de recenser, avec tous les ministères et services concernés, les mesures de désarmement ou de lutte contre la prolifération que nous pourrions prendre ou préconiser. Plusieurs excitantes semaines de travail que j'ai animées en avril et mai 1991 en salle « Jupiter » avec une quinzaine de représentants de l'état-major des armées, du secrétariat général de la Défense nationale, des cabinets et des administrations des ministères des Affaires étrangères et de la Défense, nous ont permis d'inventorier tous les risques liés aux technologies nucléaires, balistiques, chimiques, bactériologiques. Le problème est que, comme on le sait depuis l'aube des temps, les technologies sont « duales », bénéfiques ou dangereuses selon les cas. L'arme nucléaire peut servir à dissuader (la paix) mais dévasterait en cas d'emploi ; le nucléaire est militaire mais aussi civil (énergie) ; c'est aussi le cas du balistique ; le chimique a mille usages utiles, mais peut permettre de réaliser des armes ; la pharmacologie peut être détournée pour faire des armes bactériologiques, et ainsi de suite.

La ligne que nous avons proposée consiste à resserrer les contrôles, domaine par domaine, en veillant à ce que, sous prétexte de juguler des risques, on n'en vienne pas, de proche en proche, à interdire tout ce qui est nécessaire au développement ; et, d'autre part, à ce que les contrôles ne soient pas détournés à leur profit par les industries des pays développés dominants. Car, chaque fois que les Occidentaux envisagent ensemble embargos ou contrôles, il y a du « poker menteur » dans l'air, tant sont immenses les intérêts économiques en jeu. Cela a abouti notamment au « Plan français de désarmement du 1er juin 1991 » et, entre autres, à la signature par la France du Traité de non-prolifération.

Depuis lors, j'ai senti le Président à la recherche d'autres idées. De surcroît, il pense que l'effort de défense qu'il a impulsé depuis dix ans lui donne une certaine marge de manœuvre. C'est bien en ces termes qu'il expliquera *sa* décision (il insiste sur le fait que c'est la sienne), le 5 mai 1994, aux militaires convoqués à l'Élysée :

> Il y a deux ans, j'ai pensé que nous étions arrivés à un moment où l'intérêt de la France commandait qu'elle prît l'initiative d'un moratoire sur les essais, en commençant par les siens, parce que l'état du monde, à mon sens, le permettait, à condition, bien sûr, que les principales puissances nucléaires agissent de même [...]. Ce moment est apparu comme le plus opportun, d'abord parce que l'objectif constamment poursuivi, par mes prédécesseurs et par moi-même, pour doter la France d'un potentiel capable d'inspirer le respect ou la crainte, était atteint[1] [...]. Aucune menace crédible n'apparaissait non plus [...]. Il m'est aussi apparu qu'il était urgent de donner un coup d'arrêt à la prolifération nucléaire qui menace le monde, et que seule la combinaison d'un bon traité de non-prolifération et d'un bon traité d'interdiction des essais, universel et vérifiable, bien entendu, le permettrait. Si les puissances nucléaires qui le peuvent ne donnent pas l'exemple sur ce point, elles n'auront ni l'autorité diplomatique, ni l'autorité morale suffisante pour faire s'engager les autres nations du monde dans l'indispensable marche vers la non-prolifération.

Argument essentiel : à l'approche de la fin de son second mandat, le Président veut donner à la France les meilleurs atouts possible pour les négociations de désarmement qui se profilent à l'horizon 1995-1997 et qui vont établir un nouveau paysage stratégique.

---

1. État de nos forces en 1994 : la Force océanique stratégique : les 5 sous-marins lanceurs d'engins (SNLE) – *Le Terrible*, *Le Foudroyant*, *L'Indomptable*, *Le Tonnant*, *L'Inflexible* – et un SNLE nouvelle génération en construction. Chacun d'eux est doté de 16 missiles M4 à six têtes nucléaires, ce qui fait au total 64 missiles M4, soit 384 charges nucléaires de 150 kilotonnes chacune. – Les forces aériennes : 18 Mirage IV, dont 15 sont armés d'un missile air-sol à moyenne portée d'une puissance de 300 kilotonnes et dont la portée est supérieure à 300 km. Ils seront retirés du service, sur décision de Jacques Chirac, en juillet 1996. – Le plateau d'Albion : 18 missiles S3 modernisés, d'une portée de 3 000 km et d'une mégatonne chacun. En 1996, Jacques Chirac décidera la fermeture d'Albion. – 45 missiles air-sol à moyenne portée, d'une portée de 300 km, placés sur des Mirage 2000N ou sur des Super-Étendard. – 30 Hadès de faible énergie et d'une portée de 450 km, en état de veille technique et opérationnelle. Jacques Chirac les fera retirer.

Sur proposition du Premier ministre, le Président décide donc en avril 1992 de *suspendre les essais nucléaires pour l'année en cours (1992-1993)*. Le mot « suspension » explique la réaction calme et modérée, au début, de l'état-major qui pense que les autres pays ne suivront pas et que ce n'est là qu'un mauvais moment à passer. Mais voici que le Président écrit aussitôt à George Bush, Boris Eltsine et John Major. Eltsine décide une suspension identique. Bush y est hostile mais se résigne, en octobre, à ne pas s'opposer à un amendement du Congrès qui décrète un moratoire de neuf mois sur les essais. La Grande-Bretagne s'aligne sur cette décision. Le 1er juillet 1993, le président Clinton décide de prolonger ce moratoire jusqu'en septembre 1994, puis, au printemps 1994, de le proroger encore jusqu'en septembre 1995.

La *suspension* devenant *interruption*, et la majorité parlementaire changeant en mars 1993, la *question* des essais devient, entre le président de la République et cette nouvelle majorité, le *problème* des essais. Édouard Balladur demande au président Mitterrand la reprise des essais, qu'il juge nécessaire, sur la foi d'avis de la Délégation générale pour l'armement et du Commissariat à l'énergie atomique, au maintien de la crédibilité de notre dissuasion. Le Président s'y oppose (« Tant que j'occuperai mes fonctions, il en ira ainsi »). Seule une reprise de ces essais par les États-Unis, la Grande-Bretagne ou la Russie le ferait changer d'avis. En revanche, le Président accepte, le 4 juillet 1993, la constitution – que lui demande le Premier ministre – d'un groupe d'experts chargé d'évaluer non pas *s'il* faut reprendre les essais – ce n'est pas à eux d'en décider –, mais *quelles conséquences* aura leur suspension sur notre force de dissuasion. Nicolas Bazire et moi sommes chargés de rédiger le communiqué commun qui annonce cette création et rappelle que la France est favorable à un traité d'interdiction complète des essais à la condition qu'il soit universel et vérifiable, et qu'elle veillera en même temps à ce que sa capacité de dissuasion soit préservée face aux progrès éventuels de la technologie. Le Président et le Premier ministre se mettent en outre d'accord pour accroître les moyens attribués au programme de recherches visant à la Préparation à la limitation des essais nucléaires (PALEN), lancé en 1991 par la direction des applications militaires du CEA, afin d'en faire un programme plus ambitieux de préparation à la suspension[1]. Le

1. Édouard Balladur promet d'y affecter 10 milliards de francs sur plusieurs années.

groupe d'experts dispose de un an pour remettre ses conclusions. Sa composition est fixée d'un commun accord. Le Président s'assure de la présence en son sein de quelques militaires ou physiciens qu'il espère indépendants des grandes structures militaires et industrielles.

Édouard Balladur écrira en octobre 1995, dans *Deux ans à Matignon*, que « la poursuite des essais fut l'un de ses grands désaccords avec Monsieur Mitterrand ». Il dit pourquoi il souhaitait les reprendre, pourquoi il était impossible de le faire contre l'avis du Président, pourquoi il s'est incliné, et pourquoi il n'a pas songé à démissionner à ce sujet. Il conclut : « Cette crise, car c'en fut une, vive puis latente durant deux ans, aura eu au moins un mérite : accélérer les études visant à nous permettre de recourir à la simulation. »

La remise du rapport des experts, un an après, majoritairement favorable à la reprise des essais, ne changea rien à cette situation. Mon avis est que l'importance de cette affaire des essais a été exagérée non seulement en raison de la « cohabitation », mais en elle-même. La vraie question n'est pas de savoir, indépendamment de tout contexte, si l'on procède à des essais, mais de savoir si l'on maintient ou non une stratégie de dissuasion nucléaire, et, si oui, ce que l'on doit faire sans essais, puisque ce mouvement est irréversible pour en préserver la crédibilité par la simulation informatisée d'essais.

Un dissuadeur unique

La question d'une éventuelle « dissuasion européenne », d'un partage de la dissuasion avec nos partenaires européens, porte en soi sa contradiction. Elle est pourtant posée avec insistance pendant les dernières années du second septennat. Cette interpellation émane de milieux très divers et traduit des arrière-pensées sans rapport entre elles. Chez certains, pro-européens, il s'agit d'activisme pur et simple, pétri de bonnes intentions mais irréfléchi. Ils trouvent égoïste de ne pas partager ce « magot » avec nos partenaires. Ils croient ainsi faire plaisir aux Allemands. Pour d'autres, c'est un calcul : toute européanisation de la dissuasion française la ramènerait à coup sûr dans le giron atlantique.

Le Président résiste en règle générale à ces arguments. J'ai raconté ailleurs[1] comment il a accepté, en février 1986, de faire un geste vis-à-vis du Chancelier (consultations sur l'usage éventuel de l'arme

1. *Les Mondes de François Mitterrand*, *op. cit.*, p. 408.

stratégique), mais en l'enserrant dans de strictes précautions. En diverses occasions, cependant, voulant éviter de donner l'impression de fermer des portes européennes, il déclare juger « normal » que l'on y réfléchisse. À plusieurs reprises, il me confie que c'est là quelque chose d'impensable pendant son mandat, mais qu'un jour, en effet, si la construction européenne se poursuit, la question se posera. Durant la guerre du Golfe, après que l'amiral Lanxade eut rappelé très clairement, dans une émission de télévision, pourquoi, *par nature*, la dissuasion nucléaire ne pouvait se partager avec qui que ce soit, le Président l'appela au téléphone : « Vous avez été trop catégorique ; il faut laisser la question ouverte. »

Nous parlons souvent de ce sujet. Je trouve irréfutable sa position restrictive et me soucie de faire comprendre à une partie de l'opinion qui n'a pas assez réfléchi sur le sujet que ce n'est pas, chez lui, par principe, refus de bouger ou de suivre l'air du temps, mais un constat rigoureux des réalités stratégiques. Trop de gens ont l'air de penser que l'on peut faire varier l'étendue des « intérêts vitaux » que l'on protège comme l'intensité d'une lampe à halogène ; et que l'on pourrait encore dissuader à plusieurs. Le fait qu'il faille un décideur, ou, mieux, un *dissuadeur unique*, est pour lui évident. Avant même d'être élu, il avait brocardé une proposition de loi faisant obligation au Président de consulter les groupes parlementaires avant de déclencher le feu nucléaire… En revanche, il est plus gêné d'avoir à rappeler ces évidences à nos partenaires européens. Je lui suggère d'expliquer que lorsque les intérêts vitaux des Européens seront vraiment devenus communs du fait de la poursuite de la construction européenne, le chef de l'État français pourra le *constater*, ce qui étendra de fait le champ de la dissuasion française, mais qu'il ne lui appartient pas de le décréter avant que cela ne soit vrai. Quant à la dissuasion européenne proprement dite, il faudra attendre, pour en parler, qu'il y ait un chef de l'État européen… Mes thèses l'intéressent, mais il ne veut pas heurter inutilement les autres Européens ni certains esprits chimériques mais bien intentionnés.

Le 5 mai 1994, cependant, abordant pour la dernière fois ces questions, il s'en tient à la stricte logique :

> L'objectif de la stratégie de dissuasion est d'assurer l'intégrité du territoire national, ainsi que la défense de nos intérêts vitaux. Ce qui veut dire que, pour l'instant, l'arme nucléaire ne peut être à la disposition d'autres, qu'elle dépend de la seule décision française

> [...]. Est-ce que le nucléaire français pourrait un jour garantir l'intégrité, la sécurité des pays d'Europe avec lesquels nous avons contracté au sein de l'Union européenne ? La question n'est pas d'actualité, mais elle est dans les esprits et, quelquefois, on tente de jauger la qualité de notre engagement européen là-dessus. Je dirai tout simplement que les conditions mêmes de l'exercice de l'armement nucléaire, la nécessité d'une décision solitaire, d'un seul ou de peu de responsables d'un pays déterminé, que la doctrine de la défense de l'intégrité d'un territoire national, que la définition des intérêts vitaux, tout cela s'applique parfaitement à la France, mais ne s'applique pas encore à l'Europe. Que l'Europe se dote de notions claires en matière d'intérêt vital commun, qu'elle aille assez loin dans sa conscience politique pour estimer que l'intégrité territoriale des uns engage l'intégrité territoriale des autres, bref, que d'immenses efforts et progrès soient accomplis par ceux qui entendent poursuivre la construction de l'Europe, et la France acceptera le débat. Ce jour n'est pas venu.

Dans *Deux ans à Matignon*, Édouard Balladur explique aussi, en des termes d'une logique imparable, pourquoi la décision nucléaire, instantanée, ne peut être collégiale, et pourquoi l'extension de la notion d'intérêts vitaux n'est pas pour demain. À l'opposé, Alain Juppé, une première fois comme ministre des Affaires étrangères, une seconde fois en 1995 comme Premier ministre et avec l'aval de Jacques Chirac, a lancé l'idée d'une concertation avec nos partenaires européens sur la dissuasion française, préludant à une « dissuasion concertée ». Le 22 février 1996, Jacques Chirac a néanmoins paru reculer, déclarant la question « très complexe ». Il sera intéressant de voir quels développements connaîtra cette affaire.

Un testament stratégique

De bout en bout, François Mitterrand a exercé la plénitude de son autorité sur ces questions. C'est un domaine où il se montrait pénétré de sa responsabilité, auquel il a consacré un temps important et a vraiment et profondément réfléchi. Il s'en entretenait avec un tout petit nombre de responsables : le ministre de la Défense (au fil des années : Charles Hemu, Paul Quilès, André Giraud, Jean-Pierre Chevènement, Pierre Joxe, François Léotard) ; le chef d'état-major des armées (les généraux Lacaze, Saulnier, l'amiral

Lanxade et le général Schmitt) ; le chef d'état-major « particulier » (les généraux Saulnier, Forray, Fleury, Quesnot) ; à l'occasion, les chefs d'état-major des armées de terre, de l'air ou bien de la marine ; si le sujet concernait nos alliés ou une quelconque négociation, le ministre des Affaires étrangères (Claude Cheysson, Roland Dumas, Jean-Bernard Raimond, Alain Juppé) ; quelques conseillers (Jean-Louis Bianco, Jacques Attali, le général Vougny, moi-même) ; à l'occasion, des experts comme le général Gallois ou le général Buis, voire des dirigeants étrangers. Ce sont les grands choix stratégiques (nature de la dissuasion, autonomie de la décision) qui occupaient ses pensées, et non pas l'ensemble des choix de défense (budget, matériels), pour lesquels il s'en remettait largement au Premier ministre et aux ministres de la Défense, des Affaires étrangères et des Finances. À tel point que les questions qu'il entendit arbitrer personnellement lorsque le gouvernement fit rédiger un Livre blanc ou présenta une loi de programmation furent les mêmes (pas de « riposte graduée », pas d'armes nucléaires de bataille, préservation de l'autonomie de décision par rapport à l'OTAN) en période « normale » et en période de « cohabitation ». Il n'empêcha pas ses gouvernements successifs de se saisir de la question du service militaire, de la détermination des programmes majeurs d'armement, de la restructuration des industries de défense ou de la réduction du nombre des implantations (programme Armées 2000), et ne chercha pas vraiment à s'y immiscer ni à les arbitrer.

Au printemps 1994, il décide de laisser une sorte de « testament stratégique ». Parce qu'il ne lui reste plus qu'une année à passer à l'Élysée, parce que en période de « cohabitation » il veut que nul ne doute du rôle du Président, et parce qu'il voit monter de toutes parts, depuis la fin de la guerre du Golfe – livres, déclarations, colloques –, une remise en cause de ses choix fondamentaux sur l'OTAN et sur la dissuasion. Jusqu'à la seconde cohabitation, son autorité sur ces questions a été incontestée. Sous le gouvernement Balladur, après le sommet de l'OTAN des 10 et 11 janvier 1994, les ministres de la Défense et des Affaires étrangères proposent au Premier ministre et au Président d'annoncer que la France, qui participe déjà au Comité militaire pour les questions de maintien de la paix (en Bosnie) depuis la session ministérielle de décembre 1992, participera en outre aux réunions du Comité lorsqu'il traitera de trois nouveaux sujets :

l'adaptation des structures de l'Alliance, la coopération avec l'Est, la non-prolifération. Le Président demeure hostile à une participation automatique aux organes militaires intégrés de l'OTAN et s'en tient à une décision – en fait, une codécision Président-Premier ministre – « au cas par cas ».

Fin avril, il me demande de convoquer à l'Élysée tous les responsables militaires importants, les principaux cadres du Commissariat à l'énergie atomique, les directeurs d'administration concernés, et d'inviter les journalistes spécialisés. Il fait préparer par les généraux Quesnot et Vougny, et par moi, des fiches sur l'état de nos forces et sur les principales controverses, et les lit attentivement, quoi qu'il sache bien ce qu'il veut dire. L'après-midi du jeudi 5 mai, il déclare aux trois cents personnes assemblées dans la salle des fêtes, dont le ministre de la Défense François Léotard : « J'ai jugé bon de saisir le pays à travers vous. »

De quoi parle-t-il dans cette allocution à laquelle je me suis référé à plusieurs reprises ? Du bilan de la modernisation de nos forces nucléaires, ce dont il est manifestement fier et qu'il détaille longuement. De sa conception rigoureuse de la dissuasion, des *dérives* diverses et contraires contre lesquelles il a dû lutter : pacifisme, surarmement, riposte graduée, IDS, armes de bataille, prolifération. De l'avenir : désarmement, Europe, arrêt des essais, Traité de non-prolifération.

C'est dans le passage consacré à l'OTAN qu'il ramasse l'essentiel de convictions acquises au terme de treize années d'exercice de la fonction présidentielle. Les tentatives réintégrationnistes du gouvernement Balladur ne sont pas étrangères à sa volonté de remettre les pendules à l'heure et à la solennité du ton qu'il adopte pour aborder la question :

> Je crois avoir dit l'essentiel en vous précisant la manière dont je concevais le rôle du chef de l'État. Cela entraîne une conséquence : l'indispensable autonomie de décision du chef de l'État exclut que cette décision soit remise à des instances internationales, et même à une Alliance, et même aux plus fidèles, aux plus proches, aux plus forts de nos alliés. C'est pourquoi il a été naguère décidé de retirer la France du commandement intégré de l'OTAN, et c'est pourquoi je maintiens fermement cette décision. Rien ne m'en fera changer, en dépit du désir légitime que l'on a, et que je comprends très bien, de pouvoir échanger des vues et, le cas échéant, d'élargir

le champ des décisions de telle sorte que l'on puisse débattre avec les chefs civils et les chefs militaires les plus compétents et les plus responsables du monde. Mais, en l'occurrence, c'est la solitude qui commande, la tragique mais nécessaire solitude de ceux qui ont le pouvoir de décider.

FRANCE : LE PIANO OU LE TABOURET[1] ?

Sans savoir qu'il sera ministre dans quelques jours, Hubert Védrine donne au *Débat* un long entretien où il synthétise les présidences de François Mitterrand, qui était convaincu de la nécessité de constituer un pôle européen de puissance. Dans le monde devenu global, Hubert Védrine juge que les évolutions ne sont jamais automatiquement favorables à la France qu'elle ne peut se reposer sur des lauriers en partie fanés, et qu'elle est contrainte de s'adapter, puisque « le monde ne s'adaptera pas à la France »... La question est de savoir comment et jusqu'où.

Vous avez accompagné l'action diplomatique de François Mitterrand durant ses quatorze années de présidence. Vous venez de rendre compte de cette expérience dans un livre intitulé Les Mondes de François Mitterrand. *Mais quel était justement le monde de Mitterrand lorsqu'il entre en fonctions en 1981 ? Que connaît-il du monde ? Quelle est son idée de la politique internationale ? Il apparaissait jusque-là comme un homme politique très franco-français. Il ne s'était pas distingué en tout cas par un intérêt particulier pour les relations internationales.*

Nous sommes seize ans après. Un effort de reconstruction est donc indispensable pour retrouver non seulement la psychologie et la vision des choses de François Mitterrand au moment de son élection, mais aussi l'état du monde d'alors. Il faut se souvenir à quel point celui-ci diffère du monde où nous vivons aujourd'hui. En 1981, nous sommes toujours en plein dans

1. Entretien avec Pierre Nora et Marcel Gauchet publié dans *Le Débat*, n° 95, Gallimard, mai-août 1997, p. 165-182.

l'affrontement bipolaire Est/Ouest, le problème fondamental est celui de l'équilibre des forces en Europe avec l'affaire des euromissiles, l'Europe est complètement en panne, prise en otage par Mrs Thatcher, sans d'ailleurs que cela bouleverse beaucoup de monde ; on n'en est même pas à imaginer un processus de paix au Proche-Orient. C'est dire combien ce contexte est loin du basculement de 1989-1991 dans un monde global. La comparaison est en fait plus facile avec ce qui se passe dans les années 1950 qu'avec ce qui s'est passé depuis, tant la discontinuité a été forte. En 1981, les structures géopolitiques qui prévalent sont encore celles de l'après-guerre. La France occupe dans ce paysage une niche stratégique commode, la même depuis 1945 et surtout depuis 1958 : fidèle à ses alliés occidentaux sur l'essentiel, libre de ses mouvements pour le reste, proche du tiers-monde en même temps qu'attachée au dépassement du système bipolaire.

Mitterrand hérite donc des traditions diplomatiques de cette période. Au premier chef, de celle établie par de Gaulle...

Il hérite de plusieurs traditions. Il hérite, par exemple, par rapport à l'URSS, d'une ancienne politique franco-russe remontant à la IIIe République et même plus haut. Cette politique a été bien exprimée par de Gaulle et elle continue, sous certains aspects, sous Mitterrand, même lorsqu'il adopte des postures de résistance forte, comme à propos de la menace des euromissiles. Il hérite, par ailleurs, d'une politique plus classiquement Ve République. Et puis, si j'ose dire, il hérite de lui-même, de la vision politique formée au long de toute une vie. François Mitterrand arrive en fonctions avec l'expérience des gens de sa génération. Il est né en 1916, pendant la bataille de Verdun, ce qui a une certaine importance symbolique. Il a vingt ans en 1936. Il a été très marqué par le contexte historique de sa jeunesse – les années 1930 et la montée au pouvoir des totalitarismes, la Seconde Guerre mondiale – dans ce qui sera pour toute la suite son mode d'analyse des rapports de force et des questions de sécurité. Sous le langage social-démocrate appris, on verra constamment resurgir une certaine vision à la fois pessimiste et vigilante de ce qui fonde ou de ce qui mine la paix. En ce qui concerne son expérience plus directe, on sentira souvent l'expérience de l'Allemagne, du prisonnier de guerre, de l'évadé. On retrouvera les traces de l'expérience du ministre de la France d'outre-mer. Mitterrand s'est forgé une idée de l'Afrique, au cours de cette année et demie qui jouera un rôle très important dans sa façon d'approcher la question africaine, une façon évolutive, plus économique que politique, plus « chinoise » que « gorbatchévienne », pourrait-on dire. Par ailleurs, s'il a fait quelques incursions du genre visite à Mao Tsé-toung, elles ne composent pas encore une culture géopolitique. En revanche, il a acquis une expérience soutenue du monde tel qu'il est en tant que premier secrétaire du Parti socialiste. Durant cette période de dix ans, de 1971 à 1981, il voyage sans arrêt, il rencontre quantité de dirigeants, au pouvoir ou dans l'opposition, en Europe, bien sûr, mais aussi en Amérique latine, en Asie, au Proche-Orient. Il va aux États-Unis, il est reçu par Brejnev. Il rencontre Sadate et même, dès 1974, Arafat. Toute sa politique élyséenne des premières années, si l'on regarde bien, avec ses inflexions et ses surprises, est déjà là, dans les prises de position qu'il multiplie au cours des années 1970. Au total, il m'apparaît comme un Français typique de sa génération en ce qui concerne la question de la sécurité en Europe et la question allemande, avec une ouverture forte sur la question européenne. Il est européen, à condition de ne pas donner à ce mot un sens trop militant. Sur les questions de sécurité, il a un double langage. Il est absolument classique, en réalité. Il n'y a que l'équilibre des forces qui constitue une garantie. Mais se surajoute par là-dessus une couche de briandisme et de social-démocratie, sur le désarmement, la sécurité collective, etc. Il donnera toujours la priorité à la première approche, mais il essaiera, quelquefois, de la concilier avec la seconde. Un Français, donc, classique, Ve République corrigée sur un certain nombre de points par l'expérience du premier secrétaire du Parti socialiste : un peu plus de discours Nord/Sud, et un peu plus de sécurité collective. Ce n'est pas plus contraignant que cela. Dans la campagne électorale de 1981, d'ailleurs, la dimension politique extérieure n'a pas joué un rôle déterminant. Il y a eu toutefois quelques escarmouches sérieuses entre Giscard et Mitterrand sur la question soviétique. C'est intéressant, parce que Mitterrand était tout à fait acquis à l'idée qu'il fallait une relation avec Moscou, parce que c'est un facteur d'équilibre en Europe. Là-dessus, il ne raisonnait pas autrement que de Gaulle : sous l'URSS, il voyait la Russie. Mais il avait senti ce que Giscard n'avait pas senti, peut-être parce qu'il était pris dans la mécanique du pouvoir, c'est-à-dire un basculement de l'opinion française. Au départ, cela ne l'avait pas plus enchanté que Giscard, cela contrariait sa vision géopolitique, cela lui compliquait la vie en politique intérieure – tous ces dissidents étaient perturbants, il faut bien le dire. Mais il a su faire montre de plus de souplesse politique que Giscard et capter plus vite le revirement de l'opinion. Il a durci le ton à partir de 1976. Sa position sur les euromissiles est exprimée avant qu'il arrive au pouvoir, dès 1978.

Par rapport à ce bagage initial, quelles ont été les déformations ou les déviations imposées par l'exercice du pouvoir ? Où sont les principaux points d'inflexion ?

Plutôt que déformations ou déviations, je dirais : évolutions. Il y a une dynamique quand vous êtes au pouvoir. Par exemple, lorsque le général de Gaulle revient au pouvoir, il a une idée centrale sur les relations internationales, qui est de redonner sa place à la France en reconstituant un directoire mondial États-Unis, Grande-Bretagne, France. C'est parce que cela ne marche plus qu'il met en avant l'idée d'une réforme de l'OTAN. C'est parce que cela ne marche pas davantage qu'il en vient à se demander s'il ne faut pas sortir de l'OTAN. Et c'est au bout de plusieurs années que, pour finir, il joue la carte allemande, la carte bilatérale, qui va donner naissance à un élément très fort de la politique française, mais qui n'était pas son premier choix.

Dans le cas de François Mitterrand, nous avons affaire à beaucoup d'évolutions de cet ordre. La priorité européenne n'est pas d'emblée au premier plan – elle n'y était alors pour personne et elle n'y sera qu'en 1984. Giscard avait été très européen, il avait fait accomplir deux progrès majeurs : d'une part, le serpent, puis le système monétaire européen et, d'autre part, la pratique des conseils européens. L'arrivée de Mrs Thatcher en 1979 avait tout bloqué et Schmidt et Giscard n'avaient pas réussi à opérer le déblocage. En 1981, c'est jugé embêtant, mais pas tragique. On voit bien le cheminement de Mitterrand. Il explore. Il confronte sa vision française à la réalité du rapport de forces dans le monde. Je suis frappé de voir, avec le recul, que cet homme, qui est l'incarnation même du réalisme politique et de l'absence d'illusions dans l'analyse des rapports de forces, s'était fait des illusions sur le poids spécifique de la France dans le monde de l'époque. Il s'était fait quelques illusions, par exemple en juillet 1981, sur la capacité de la France à convaincre les autres Européens de se préoccuper de l'Europe sociale. Il lance l'idée, et elle est considérée comme une absurdité, une absurdité cocasse, même par les dirigeants sociaux-démocrates. Sur la capacité de la France à faire bouger les sommets des Sept, simplement en disant des choses intelligentes et en parlant de l'avenir. Sur la capacité de la France à convaincre certains grands pays d'accepter des négociations globales en matière Nord/Sud. Dans les années 1981, 1982, 1983, il fait le tour du propriétaire, en quelque sorte, il essaie toutes les manettes, il regarde ce qui marche ou pas. Au Proche-Orient, il est animé au départ par l'idée que la France peut et doit jouer un rôle, pour des raisons historiques, morales et autres. Il essaie, par rapport aux Palestiniens, par rapport à Israël, par rapport au Liban. Sur aucun de ces plans, les choses ne se passent comme il l'espérait. Il se heurte au veto syrien, ou américain, ou israélien, ou palestinien. Personne n'en veut. Il se trompe même quelquefois sur les résultats qu'il croit avoir atteints. Quand il rentre d'Israël, il est convaincu d'avoir persuadé Begin que ce serait une erreur tragique d'aller s'embarquer au Liban, alors que Begin attend le sommet des Sept pour agir, quand ils seront occupés à se disputer sur les taux d'intérêt ou quoi que ce soit d'autre. C'est une période caractéristique de talonnements (sauf sur les SS-20) qu'il faut, je crois, distinguer de la suite. Une période de découverte, édifiante et mortifiante, des limites de l'influence française dans les affaires du monde.

C'est à partir du moment où le tour de rôle redonne à la France la présidence semestrielle du Conseil européen, au début de 1984, qu'une autre période s'ouvre. À ce moment-là, François Mitterrand s'engage à fond dans le déblocage de l'Europe, à la fois parce que cela correspond à son orientation, mais aussi parce qu'il a compris que la seule vraie perspective d'avenir est de constituer par tous les moyens, avec acharnement, un pôle européen de puissance.

N'était-ce pas aussi un choix en rapport avec le tournant intérieur de 1983 et le renoncement à un projet socialiste pur et dur ?

Oui et non. Si François Mitterrand n'avait pas été amené à rendre l'arbitrage de mars 1983, je ne pense pas qu'il aurait été en mesure de débloquer la construction européenne comme il l'a fait en 1984. Il n'aurait pas eu une posture morale et politique suffisante pour ce faire vis-à-vis de ses partenaires.

Il n'y a pas de lien plus fort, pas de besoin de substituer un grand espoir à venir à un grand espoir évanoui ?

Je pense que cela s'est fait en plusieurs temps. François Mitterrand était persuadé, au préalable, de la nécessité absolue de créer l'alternance, de sortir de l'espèce de Sinaï où la gauche se trouvait enfermée, une situation profondément malsaine sur le plan démocratique. L'histoire de la gauche française étant ce qu'elle est, devait-il à peu près se dire, cela ne peut pas se faire par un congrès type Bad Godesberg. La sortie passe par l'union de la gauche, qui aboutira au contraire de ce que les gens croient, ou craignent. « Moi, je les y conduis, c'est la trouvaille stratégique, et après, la réalité fera son œuvre. » Je raisonne ici par analogie, car j'ai entendu Mitterrand s'expliquer de la sorte à propos de la question scolaire : il y a des gens qui ont des convictions tellement fortes dans ce domaine qu'ils ne céderont qu'à une preuve par l'absurde ; il y a une sorte d'exorcisme nécessaire.

Je suis convaincu qu'il savait qu'après la phase allante, la phase Pierre Mauroy, il faudrait revenir à un cours plus réaliste. Mais je ne crois pas qu'il s'attendait à être acculé à trancher comme il l'a été dès mars 1983, ni qu'il avait en tête de façon précise les formes de la relance politique qui devait suivre. Après coup, nous avons l'impression que cela s'emboîte bien. Mais il ne faut pas céder à la rationalisation rétrospective.

Il a eu, sur l'instant, le sentiment de l'importance du tournant et des conséquences globales qu'il allait avoir sur le plan intérieur et extérieur ?

Certainement. Il aurait voulu l'éviter. Je reprends le raisonnement sur l'alternance : François Mitterrand était convaincu qu'il fallait l'alternance, pour la santé démocratique du pays et pour la solidité des institutions. C'est la raison pour laquelle il réagissait vivement aux avertissements de Delors, de Rocard et d'autres. Il répondait politiquement : « Nous devons remplir notre contrat. » Il fallait que le contrat avec les électeurs soit rempli au moins en partie, à moitié, aux deux tiers, pour que l'alternance n'ait pas eu lieu en vain. Et puis les nouvelles économiques sont devenues très mauvaises, il a vu grandir la contradiction entre l'espérance du peuple de gauche, comme disait Pierre Mauroy, et les contraintes d'une économie ouverte, où vous dépendez économiquement, financièrement, du jugement que tous les autres portent sur ce que vous faites. Il a retardé le choix, il aurait voulu aller plus loin, plus longtemps. Il avait une terrible envie de croire ceux qui lui annonçaient que la croissance allait rebondir. Il n'avait aucun plan arrêté à ce moment-là. Mars 1983 est imposé par la situation monétaire après que, deux fois de suite, nous avons obtenu une réévaluation du mark, pour que les efforts soient partagés. Cela ne suffit plus. Il faut trancher. Suit une période d'interrogation qui dure trois jours. Après, c'est une question d'annonce. Il se rend compte que, s'il fait un choix anti-européen, il enferme la France dans un tunnel, il perd tout sur l'Europe, sans pouvoir rebondir sur rien. Il ne reste plus aucune perspective. Il a poussé dans leurs retranchements les défenseurs de l'autre politique, et il s'est aperçu que plus il les poussait, moins ils avaient de réponse. Ils ne savaient pas, en fait, comment la France pourrait mener une autre politique toute seule. Aller dans cette direction, c'était perdre sur tous les tableaux.

L'autre choix impliquait de mettre un terme brutal aux attentes de l'électorat de gauche et plus largement du volontarisme français, mais, au moins, on ne le faisait pas pour rien : en échange, on fait une Europe forte, et le jour venu, avec cette Europe forte, on pourra agir. On pourra rattraper le temps perdu. C'est dans très longtemps, mais on crée du possible. Comment on va construire cette Europe, il est encore loin de le savoir à ce moment-là (sauf que ce sera avec l'Allemagne). Il y a un choix qui ferme et il y a un choix qui laisse les choses ouvertes, même si c'est une douche froide, au-delà de la gauche, pour toute une tradition française qui vit très mal l'irruption de l'extérieur – « On fait ce qu'on veut chez nous ! » À partir de mars 1983, la relance européenne n'est plus une option, c'est une obligation. Puis ce sera un projet.

Comment s'enclenche cette relance ?

Il faut commencer par la gestion politique du tournant. Mitterrand prend ses responsabilités historiques, mais il n'assume pas le tournant comme tel. Il ne l'exprime pas par un changement de gouvernement. Le maintien du gouvernement Mauroy est destiné à masquer le changement. Il faut attendre la présidence française début 1984 pour pouvoir agir, Mitterrand s'organise en fonction de cette échéance, et là, il affiche son projet européen avec conviction. Fin 1983, il fait entrer pour cela Roland Dumas dans le gouvernement. C'est également à ce moment-là qu'il charge Élisabeth

Guigou, à l'Élysée, des affaires européennes. En 1984, il aborde cette présidence en prenant le dossier à bras-le-corps. À l'époque, il y a dix-sept contentieux en suspens, dont le contentieux sur le budget britannique. Mitterrand fait le tour complet des neuf capitales de l'Europe d'alors avec Dumas, Attali, Élisabeth Guigou, parfois Bianco ou moi – une toute petite équipe. Il traite lui-même les dossiers les uns après les autres. Il réussit à en régler une grande partie en mars. Après quoi il recommence une tournée complète. On arrive au Conseil européen de juin 1984 à Fontainebleau, où Kohl et Mitterrand se mettent d'accord sur un chiffre à proposer à Mrs Thatcher pour qu'elle arrête de faire de l'obstruction. Mrs Thatcher recourt à une bonne vieille politique en essayant de diviser Mitterrand et Kohl et, lorsqu'elle s'aperçoit que cela ne marche pas, elle capitule – elle n'avait pas senti venir l'entente entre Kohl et Mitterrand. C'est là qu'intervient le déblocage. On entre ensuite dans une période qui forme un tout, on le voit mieux avec le recul, et qui va de juin 1984 à septembre 1992, à la ratification du traité de Maastricht. D'une date à l'autre, c'est une constante galopade. Mitterrand n'a pas abandonné les autres volets de sa politique, mais ils se sont réordonnés en fonction de cet axe central. Cette politique mitterrandienne sur l'Europe va être, avec celle de De Gaulle sur la défense et la dissuasion, la plus tenace, la plus volontariste des politiques menées sous la Ve République. Elle l'est tellement que, si Mitterrand et Kohl avaient su à ce moment-là – ce que personne n'imaginait – que le mur de Berlin tomberait en 1989 et que l'URSS disparaîtrait en 1991, je ne vois pas ce qu'ils auraient pu faire de plus et de mieux pour préparer cette échéance que ce qu'ils ont fait ensemble de 1984 à 1989. D'où leur réponse commune en 1989-1990 : monnaie unique, relance politique, Maastricht.

Voilà mon découpage : 1981-1984, 1984-1992, puis une période des grandes interrogations européennes, à la fois parce que les peuples ont besoin de digérer toutes ces avancées, parce que l'absence de croissance inquiète et parce que la France se demande ce qu'elle va devenir dans le magma global.

Cela signifie que, selon vous, la chute du Mur en général et la crise yougoslave en particulier n'ont pas eu de rôle déterminant dans l'orientation de la politique européenne ?

Non. C'est une même politique qui a été poursuivie et renforcée. La politique que Mitterrand avait vaguement en tête au départ, qu'il a commencé à ressentir comme vitale après mars 1983, qui est devenue possible à partir de juin 1984, que Kohl et lui ont conduite ensuite ensemble, notamment en créant une connexion quotidienne entre leurs deux entourages, n'est comparable à rien de ce qu'on a vu entre deux pays. À chaque étape, ils ont confirmé cette politique. Elle a traversé des tempêtes considérables, mais ils n'ont pas molli. Même lorsqu'il leur est arrivé d'être en désaccord vif sur certains sujets comme la frontière Oder-Neisse, ils n'ont jamais cessé d'être en accord sur l'essentiel. C'est pour cela qu'ils ont pu parvenir à gérer les deux. Quant à l'affaire yougoslave, ils l'ont vécue comme une preuve supplémentaire, par le tragique, de la nécessité d'aboutir un jour à une politique étrangère commune. Ce n'est pas parce qu'ils avaient eu le courage d'en exprimer l'ambition qu'ils auraient dû se sentir responsables du fait que, dès le lendemain, leur était apportée une preuve tragique supplémentaire de son inexistence.

Ne sous-estimez-vous pas, tout de même, la perturbation majeure qu'a représentée l'effondrement du bloc communiste et le bouleversement complet des repères qui s'est ensuivi ?

Je ne conteste évidemment pas que l'événement ait été très perturbant, y compris pour la France. Ça ne se discute même pas. Ce que la France avait bien géré depuis la guerre, depuis qu'elle avait miraculeusement récupéré un siège au Conseil de sécurité, et ce qui avait été géré encore plus intelligemment depuis la Ve République, c'était la posture d'un pays membre de l'un des deux ensembles, allié de ses alliés, si je puis dire, notamment dans les grands moments, et néanmoins autonome à la marge. Nous avons longtemps bénéficié de cette posture avantageuse d'un pays survalorisé parce que, tout en étant un allié important, il n'était pas inconditionnel, qu'il disposait de sa force de dissuasion et qu'il maintenait un dialogue avec tout le monde à l'est et au sud. Cette posture s'est dissoute après 1991. Ce n'est pas la réunification allemande en soi qui en est la cause. Supposons qu'elle ait eu lieu et que, je ne sais comment, le système Est/Ouest se soit maintenu, notre situation pseudo-frontalière eût gardé tous ses avantages. Le changement est colossal. Je ne songe pas à le nier, bien au contraire. Ce que j'observe, c'est que la façon dont les principaux dirigeants ont réagi à la réunification allemande, événement qui aurait pu être complètement déstabilisateur à la fois pour la sécurité et pour la construction européenne, a témoigné d'une grande intelligence collective. Ils ont tous réagi en dirigeants responsables (puisque cela se produit, faisons avec, mais faisons en sorte que ça se passe bien). Ils ont évité les réactions d'apprentis sorciers. Pourtant, ils n'avaient pas les mêmes priorités. Pour les États-Unis, la priorité, c'était de renforcer l'OTAN. Pour Mitterrand, qui, par chance historique, s'est accordé là-dessus avec Kohl, la priorité était au renforcement de l'Europe. Si la réunification allemande avait dû affaiblir l'OTAN, Mitterrand n'aurait pas été désespéré ; et si elle avait fait éclater l'Europe, les Américains n'auraient pas versé de larmes. Quant à Gorbatchev, au bout d'un moment, il ne posait plus d'autre condition qu'une demande d'aide pour ne pas être renversé, disant que sa politique était la moins mauvaise possible pour les Occidentaux. La seule qui n'a pas eu de réponse articulée est Mrs Thatcher : elle était épouvantée par la réunification allemande et follement hostile au renforcement de l'Europe – elle n'avait donc pas de sortie possible. Mais tous les autres dirigeants, Bush, Kohl, Gorbatchev, Mitterrand, s'ils ont posé des conditions différentes, qui étaient d'ailleurs justifiées, ont assuré un beau travail collectif, comme la suite l'a montré. Tous les problèmes graves qui auraient pu se poser ont été résolus, avant octobre 1990 – la frontière, la dévolution des pouvoirs des « puissances victorieuses », la relance de l'Europe, monétaire et politique, le désarmement, l'inclusion de l'ex-Allemagne de l'Est dans l'OTAN sans avancée des armes. On ne voit pas ce qui réussit. Nous n'en serions pas là où nous sommes si le changement n'avait pas été géré au plus près.

J'ajoute que la polémique sur la politique française n'a éclaté en fait que tardivement, après octobre 1989. Tout est parti des réponses de Mitterrand à un journaliste allemand sur la frontière Oder-Neisse, lors d'une conférence de presse à Bonn, le 3 novembre 1989. Il n'en a pas parlé le premier, il ne voulait pas embêter Kohl, mais il a dit ce qu'il pensait, et, à partir de là, il a été matraqué par une partie de la presse allemande. Ces attaques ont été reprises en France par certains commentateurs qui cherchaient avant tout des projectiles contre Mitterrand. Ils ont orchestré – encore une fois, c'est le combat politique – ce qu'ils ont présenté comme le fait que les Allemands étaient mécontents de Mitterrand. Interprétation qui persiste chez certains, mais pas chez les dirigeants allemands !

Je pense que Mitterrand a fait ce qu'il devait faire, mais qu'il n'a pas toujours su ou qu'il n'a pas voulu l'expliquer.

Plutôt su ou plutôt voulu ?

Un mélange des deux. C'était trop délicat à gérer pour qu'il puisse tout expliquer au moment où il le faisait. Il ne voulait pas amputer sa liberté en exposant une manœuvre assez complexe, parce qu'il y avait à la fois accord fondamental avec Kohl et des désaccords ponctuels parfois sérieux. Il n'a pas trouvé les mots et la forme pour tenir un langage à la fois clair sur ce qu'il allait faire, rassurant pour les Français, pour les Allemands, tout en restant vigilant. Ce n'est pas la conception qui est en cause, mais le langage.

Pourquoi ce défaut d'explication ?

Parce que fondamentalement Mitterrand n'aimait pas cet exercice. Pour lui, s'expliquer, c'était se justifier ; et expliquer, c'était se lier les mains. Il affectionnait les grandes fresques sur l'état du monde, mais pas vraiment la pédagogie, ni le décryptage du pouvoir au quotidien.

Il n'y a qu'à propos de l'Allemagne que vous jugez qu'il n'a pas su trouver le langage adéquat ?

Je regrette aussi qu'il n'ait pas profité davantage de la stature qu'il avait acquise dans les derniers temps pour décrire sans fard à nos compatriotes la réalité des rapports de force dans le monde global où nous vivons depuis 1991 et dire à quel point, pourquoi et comment la France doit s'adapter. Il a fait, à ce sujet, des concessions inutiles à l'esprit du temps en parlant, après la guerre du Golfe, de « nouvel ordre international », lui dont j'ai souvent admiré par ailleurs la force de caractère, la capacité à résister aux idées du moment. Il n'a pas assez parlé du monde tel qu'il est, très concurrentiel, travaillé par une guerre économique féroce, marqué par une évolution qui met en cause tous les fondements de la France comme entité et de l'État français. Un monde américain, anglophone, ultralibéral, qui biodégrade partout les États, qui met les puissances publiques partout sur la défensive. Il aurait rendu service en le disant plus crûment.

Quand on vous entend, on ne peut pas se défendre d'une sorte de vertige. La politique européenne est, à l'échelle française, la seule frontière ouverte pour une grande action politique. Un président de la République française, de par la nature écrite et non écrite de ses fonctions, a besoin de faire de la grande politique. Qu'est-ce qui compte le plus, pour finir : la posture que la politique européenne lui permet d'endosser ou le but en lui-même et pour lui-même ? On ne peut pas ne pas se le demander, compte tenu de ce qui apparaît de l'extérieur comme une certaine indifférence au résultat final.

Nous sommes loin du résultat. Cela reste un horizon.

Nous sommes cependant arrivés quelque part.

L'Europe est le contraire d'une posture : une orientation stratégique décisive, difficile à traduire au jour le jour dans les actes, qui engendre plus de difficultés que d'applaudissements faciles, mais nécessaires. Mitterrand ne se demandait pas de quel sexe était l'Europe ; il pensait que le mieux pouvait être l'ennemi du bien ; il avançait. Chaque fois qu'il était obligé de renoncer à quelque chose pour la France, pour cause de contexte international, d'économie, etc., il se disait : en construisant un instrument européen puissant, on retrouvera un jour la possibilité de ce qui nous est refusé aujourd'hui. Le point délicat, c'est qu'il s'agit d'une translation, de la transposition du volontarisme français sur un plan européen. C'est très difficile : il faut que nous « disparaissions » pour renaître. Nous n'y sommes pas résolus. Nous vivons là-dessus tous les jours dans la contradiction. Quels sont les sujets sur lesquels il faut maintenir une approche purement française le plus longtemps possible, le plus spectaculaire possible, pour qu'on arrive, le moment venu, à intégrer dans la boîte noire européenne le maximum d'influence française ? Faut-il adopter une approche modeste, coopérative, comme un Scandinave qui accepte de se fondre dans une synthèse, ou faut-il au contraire se présenter le plus longtemps possible en héraut d'une cause qui vous tient à cœur ? Ce choix se présente sans arrêt. Sur bien des sujets, on se dit : il est possible de faire ceci ou cela (voyage, décision, déclaration) d'une manière purement française, cela serait spectaculaire et cela frapperait les esprits. Mais, comme cela sera purement français, cela va exaspérer les Italiens, les Espagnols, les Hollandais ou d'autres qui nous feront défaut, dans trois mois, dans un vote sur une question qui, aujourd'hui, ne paraît pas importante, mais qui engage l'avenir d'une branche industrielle entière. En même temps, si nous ne le faisons pas, personne ne le fera. C'est un exemple.

Mais ce débat est sans fin. Si vous estimez que vous avez encore une vraie souveraineté à préserver, vous retardez ce moment ; si vous estimez que cette souveraineté est déjà illusoire, vous êtes au contraire pressé. Par exemple, en matière de monnaie, la souveraineté est d'ores et déjà en grande partie illusoire. Là-dessus, Mitterrand était parfaitement tranquille : la monnaie unique était un vrai projet, et les gens qui luttaient contre la monnaie unique « euro » militaient en fait, sans le savoir, pour la monnaie unique « mark ». Il ne s'agissait pas d'abandonner de la souveraineté au nom d'idéologies fumeuses ; il s'agissait de reconstituer de la souveraineté déjà dissoute. Nous n'avions rien à perdre, tout à gagner. C'est cela, la philosophie du monde multilatéral où il nous faut apprendre à vivre. Il est très rare qu'un État puisse décider seul. Il faut l'accord de cinq, de dix, de quinze autres pour décider. La souveraineté s'exerce en commun, comme il faut tous les numéros de la bonne combinaison pour ouvrir un coffre. En matière monétaire, ç'a été clair très tôt pour Mitterrand. En matière de politique étrangère, pas du tout. Dans l'affaire du Golfe, il n'a pas du tout cherché même à enrober la participation française dans un vernis européen. Il a gardé les choses par-devers lui. Quand on parlait de réforme du Conseil de sécurité, il disait : ça se fera, mais après moi. Il pensait que c'était trop tôt. Il jugeait que le moment n'était pas venu d'aller s'immoler en abandonnant notre siège à une Europe qui prendrait des positions que personne ne connaît à partir d'un vote aléatoire : « Le moment viendra, sans doute, mais c'est trop tôt. » Contradictions...

On ne peut pas ne pas parler de la politique africaine, où Mitterrand s'est montré d'un classicisme à toute épreuve.

Avant de qualifier la politique africaine qu'il a menée, il faut souligner qu'il en a eu une. Ce n'est pas une boutade : la plupart des anciennes puissances coloniales, ou des grandes puissances, ont tout bonnement abandonné l'Afrique à ses malheurs et au FMI. L'avantage pour elles, si je puis dire, c'est que, du coup, on ne les juge pas responsables des drames de l'Afrique, plus fréquents dans leurs anciennes zones d'influence.

La politique africaine de Mitterrand a été une politique traditionnelle, disons IVe et Ve République, évolutive, marquée par sa découverte de l'Afrique comme ministre de la France d'outre-mer, et par la hantise de ne pas être un apprenti sorcier, à la Jimmy Carter, qui, à partir de bonnes intentions, a précipité la révolution islamique en Iran. Mitterrand voulait éviter de réveiller les luttes ethniques et de pousser des dirigeants cyniques à passer des accords avec l'Union soviétique – ce qui était encore un risque au début des années 1980. Il a eu, de ce fait, une politique que la gauche socialiste a trouvée très conservatrice, une politique prudente, qui encourageait des évolutions discrètes sans proclamations spectaculaires ni leçons. Il prenait la « voie chinoise » plutôt que la « voie gorbatchévienne », comme je le disais tout à l'heure : on commence par la consolidation économique du continent, et la démocratie viendra par surcroît sur un terrain plus solide. Et là, de fait, il est tout à fait en pointe sur l'aide de l'Afrique, au sommet des Sept comme au Conseil européen. Il est très insistant, à tel point que les autres le trouvent lassant. Tous les dirigeants africains savaient que c'est lui qui défendait leurs intérêts, et personne d'autre. C'est grâce à lui que les accords de Lomé ont été maintenus. C'est sa politique jusqu'au discours de La Baule en 1990. Pour le reste, il assume sans états d'âme les engagements du passé, les accords de sécurité, en prenant garde à ne pas se laisser entraîner dans des luttes internes. Il va même au-delà dans le cas du Tchad, où il n'y a plus d'accord. Mais il pense que si la France n'est pas capable de défendre l'intégrité du Tchad face à l'occupation libyenne, sa parole ne vaudra plus rien dans l'ensemble de l'Afrique. Une politique très contestée par les idéalistes. Je l'ai vu s'irriter contre le droit d'ingérence, reprochant à ses promoteurs de tenir des raisonnements de l'époque coloniale, en voulant apporter le progrès par la force.

En 1990, l'URSS est encore là, mais elle n'a plus les moyens de nuire. Il prend un tournant avec le discours de La Baule. C'est un deuxième chapitre qui s'ouvre. Nous n'allons laisser tomber personne, dit-il, parce que nous avons une responsabilité historique, mais il y aura un *plus* pour les pays qui iront vers la démocratie. Et il est vrai que, cahin-caha, il y a eu, dans tous les pays africains d'influence française, entre 1990 et 1995, des élections à peu près libres, une libéralisation de la presse et des améliorations constitutionnelles. Ça ne résout pas tout par miracle : la plupart des despotes réussissent à se faire réélire, les opposants se révèlent être des chefs tribaux. Mais il y a quand même un deuxième chapitre, un mouvement.

Sur l'affaire du Rwanda, on a dit des abominations, que la France avait armé un régime qui préparait un génocide ! Personnellement, je trouve que ce sont les seules critiques inadmissibles sur sa politique étrangère, les autres relevant de la critique politique normale. C'est au contraire peut-être le seul cas où l'on pourrait faire à Mitterrand la critique inverse. Lui, si prudent, a peut-être été imprudent par bonnes intentions démocratiques. 85 % de Hutu, 15 % de Tutsi : dès qu'on fait des élections convenables, ce sont les Hutu qui gagnent. Pour essayer d'empêcher les Tutsi de reprendre le pouvoir par la force, avec l'aide de l'Ouganda, la politique de Mitterrand a consisté à essayer de convaincre les Hutu de faire une petite place aux Tutsi. C'est parce que le président du Rwanda a cédé aux pressions françaises en faveur d'une sorte d'accord de coalition, les accords d'Arusha, qu'il a été assassiné, sans doute par les extrémistes hutu. S'il y avait une critique à faire à Mitterrand, ce serait de ne pas avoir été assez conservateur, d'avoir jeté dans la poudrière rwandaise l'étincelle de La Baule : « Avec vos idées fumeuses de démocratie à toute force, vous avez contribué à réveiller des affrontements sous-jacents qu'il eût fallu calmer par une politique beaucoup plus traditionnelle » ; voilà ce qu'on aurait pu plutôt lui reprocher. Je force le trait à dessein pour faire réfléchir…

Au cours des quatorze ans que vous venez d'évoquer, l'organisation internationale s'est complètement transformée. Vous avez parlé, incidemment, de « monde global » pour qualifier ce nouvel état. Certains parlent d'un « nouvel ordre mondial », d'autres, à l'opposé, de « désordre mondial ». Comment concevez-vous la situation ? Et comment appréciez-vous les perspectives françaises dans ce monde où la modestie de notre place et de nos moyens s'est cruellement accusée ?

Il n'y a pas de grille d'interprétation admise par tous. Il y a plusieurs façons d'interpréter la situation d'aujourd'hui. Le vocabulaire lui-même est à définir.

Alors commençons par le vocabulaire. La notion d'« intérêt national », d'intérêt de la France, garde-t-elle un sens dans le monde d'aujourd'hui et, si oui, comment la définir ?

Je suis convaincu non seulement que la notion d'intérêt national garde un sens, mais qu'il est urgent de revenir à cette idée, en tant que fil conducteur pour analyser le monde tel qu'il est et s'y repérer. Si nous parvenions à relancer une discussion sur le point de savoir s'il y a un intérêt national français et lequel, et, plus excitant encore, s'il y a un intérêt national européen, et lequel, nous ferions œuvre utile. C'est un concept qui a été perdu en cours de route. L'idée de politique étrangère s'est complètement brouillée. Il s'y est substitué une brume faite de concepts qui n'en sont pas, répercutés sans fin par l'univers médiatique, à base d'universalisme bavard et d'humanitarisme velléitaire. Des téléspectateurs indifféremment situés à Los Angeles, à Kyoto ou à Marseille sont émus par les mêmes images, généralement d'origine américaine, représentant celles des tragédies qu'on peut filmer ou qu'on a envie de montrer : voilà la nouvelle donnée de base. Chez ce spectateur, le réflexe compassionnel (j'exige de mon gouvernement qu'il fasse quelque chose pour faire cesser les souffrances de ces gens et, du même coup, la mienne) supplante la conscience citoyenne ou patriotique (qu'est-ce que je peux faire ? Qu'est-ce que mon pays a intérêt à faire, et peut faire, dans cette situation aussi bien sur le plan matériel que sur celui des valeurs ?). Cet habitant de la planète médias a désappris la géographie et perdu le fil de sa propre histoire ; il n'a plus de coordonnées. Tous les enseignements de la géopolitique lui sont devenus hiéroglyphes indéchiffrables. Il faut au contraire savoir « d'où on regarde », retrouver, et ne pas hésiter à dire, ce que peut être aujourd'hui l'intérêt national.

L'outil d'une telle clarification reste-t-il, à vos yeux, l'analyse géopolitique du rapport des forces, dans une ligne de calcul non sentimental qui court de Richelieu à Kissinger, en passant par Bismarck ?

Je me sens plutôt appartenir à cette école, tout simplement parce que je ne connais pas d'analyses plus convaincantes. Mais à supposer que nous soyons toujours dans un monde régi par l'équilibre des forces – équilibre quand ça marche bien, parce que le déséquilibre existe aussi –, la question est de savoir : équilibre entre *quels types de forces* ? C'est là que commence la vraie discussion.

Je ne partage pas l'illusion d'un « nouvel ordre international ». Une idée que Bush et aussi François Mitterrand, dans un moment briandiste et social-démocrate, ont contribué à répandre après 1991. Comme si nous étions dans un monde régi par le droit international, où les choses se passeraient comme il est prévu dans la Charte des Nations unies. Je serais content de pouvoir y croire, mais je ne vois pas comment. On ne va pas dire qu'il y a cent quatre-vingt-cinq pays à l'ONU, qu'ils sont tous égaux en droit et que, par conséquent, ils vont gentiment régler leurs problèmes dans le cadre de négociations multilatérales et du respect de la Charte. Si c'est cela l'interprétation alternative à l'analyse classique du rapport des forces, il est impossible d'y adhérer. On peut le regretter, espérer que cette utopie sympathique organise le monde un jour, mais il serait imprudent de se reposer sur elle aujourd'hui.

Équilibre, donc, entre quels types de forces ? Il faut prendre les États un par un, et distinguer ceux d'entre eux qui sont des puissances et ceux qui n'en sont pas. La France a un problème de terminologie à ce sujet. Les gens savent bien que nous ne sommes plus une « grande puissance ». Mais nous sommes encore une « puissance », sans aucun doute. Quand Giscard avait dit que nous étions une « puissance moyenne », il avait provoqué des réactions outragées, vous vous en souvenez. Disons que sur les cent quatre-vingt-cinq pays de l'ONU, il n'y en a qu'une vingtaine qui sont des « puissances », au sens classique du terme, c'est-à-dire qui sont capables d'assurer leur propre sécurité et ont une influence sur les autres. Les autres sont des États, pas des puissances. Parmi ces quelque vingt puissances, il y en a une à part, la seule qui mérite peut-être encore le nom de « superpuissance » (celle qui fait ce qu'elle veut, quand elle veut, comme elle veut, seule) : les États-Unis. Et encore, même eux rencontrent des limites, essentiellement internes mais réelles, à l'exercice de leur puissance. En tout cas, ils sont bien la puissance « prédominante », selon le terme de Kissinger, et j'ajouterai : à tendance hégémonique. (Ils disposent de la puissance économique, de la domination sur les technologies de l'information, de la suprématie militaire, de la langue, du messianisme, et ils n'ont pas de contrepoids.)

Après eux, que trouve-t-on ? Moins de dix pays qui détiennent un ou plusieurs des attributs de la grande puissance, mais pas tous : la Russie, la Chine, le Japon, l'Inde, l'Allemagne, la Grande-Bretagne, la France. Ce ne sont pas vraiment des « grandes puissances », je l'ai dit, mais plutôt des « grandes puissances incomplètes » (la Russie a encore l'espace et un peu la puissance militaire et un siège de membre permanent au Conseil de sécurité, mais plus de capacité économique et plus de volonté de grande puissance ; la Chine a la population, l'espace, des armes nucléaires, est membre permanent, mais n'aura pas avant longtemps la puissance économique ; le Japon a la puissance économique et pourrait avoir les moyens militaires, mais n'est pas membre du Conseil de sécurité et suscite encore des méfiances fortes en Asie) ; ou des anciennes grandes puissances, des grandes puissances « résiduelles », telles que la France ou la Grande-Bretagne qui ont gardé sur certains plans (Conseil de sécurité, arme nucléaire, langue) une influence mondiale.

Les critères d'appréciation de la puissance moderne sont nombreux et doivent être mesurés dans leur synergie : le territoire, la population, les ressources, l'économie, la monnaie, les armes, bien sûr. Mais aussi, on le voit, le statut militaire, politique et diplomatique permettant ou non d'influencer des groupes, de faire fonctionner un réseau à son profit, d'exercer en fait ou en droit un veto. Enfin, les moyens d'influence modernes sur l'information, l'image, l'imaginaire, les communications, les mythes, le langage. CNN, Disney, Hollywood, Microsoft, l'américain : combien de mégatonnes ?

Vient ensuite une autre catégorie de pays qui ont une influence plus limitée, plus localisée, ou plus catégorielle que les précédents, mais réelle du fait d'un atout particulier, d'une influence sur la prise de décision aux États-Unis, d'une situation ou de leur appartenance à un organe important (le sommet des Sept pour le Canada ou l'Italie, par exemple) : le Brésil, le Mexique, le Canada, l'Italie, l'Égypte, la Turquie, l'Iran, l'Irak, le Pakistan, l'Indonésie, la Corée, l'Afrique du Sud, le cas particulier d'Israël, d'autres encore, variables selon les moments. Enfin tous les autres, soit environ cent soixante-cinq pays qui ne sont pas des « puissances » à proprement parler.

La France n'est donc ni une « grande puissance » ni une « puissance moyenne » ; elle est une des sept ou huit puissances d'influence mondiale. Elle le restera ou non, cela n'est pas joué.

Comment peut évoluer la combinaison instable de ces facteurs hétérogènes ?

Si l'on raisonne en termes de « puissance », les hypothèses sont les suivantes :

1) l'extrapolation de la situation actuelle. Les États-Unis maintiennent leur suprématie. Sans être « hégémoniques » au sens complet du terme, ils dominent quand même sur tous les plans la vie internationale. Et cela dure jusqu'à ce qu'une autre « grande puissance » prenne (peut-être), un jour, le relais – vers 2020, 2030 ? –, par exemple la Chine. Mais, prudence... Il y a vingt ans on annonçait le Japon comme « troisième grand ».

2) La suprématie américaine est assez vite contrebalancée (en dix ou quinze ans) par d'autres puissances. Il se met en place, par ajustements progressifs ou à l'issue d'épreuves de force, une sorte d'équilibre des forces comme celui qui a prévalu en Europe après le congrès de Vienne entre 1915 et 1950, mais cette fois-ci entre des « États-continents » : les États-Unis, la Russie, la Chine, le Japon, l'Inde et peut-être... l'Europe. C'est l'hypothèse de Kissinger. Ce « peut-être » contient notre destin. Dans ce système, l'Europe pèserait, au premier plan. Pas la France, ou l'Allemagne, seule.

Ce que dit Kissinger tranche assez nettement sur l'état d'esprit et le comportement américains actuels, très dominateurs : selon lui, l'Amérique restera la plus grande nation, la plus puissante aussi, mais une nation parmi d'autres.

Peut-être cependant accorde-t-on dans cette prospective géopolitique une place trop importante aux critères classiques de la puissance au détriment des critères nouveaux tels que la maîtrise de l'information – technologies et contenu.

Peut-on vraiment imaginer un retour aux relations internationales classiques ?

Jusqu'à un certain point. Par rapport à la période de polarisation Est/Ouest, cela se défend. Sauf que les relations internationales classiques reliaient entre elles une dizaine de puissances au maximum ; entre-temps, la souveraineté a proliféré : cent quatre-vingt-cinq pays à l'ONU ! D'autre part, ces relations de puissance seront insérées quand même dans un système multilatéral de plus en plus dense permettant à chaque État, même minuscule, de jouer à la marge dans les réseaux un certain rôle vis-à-vis des pôles principaux de puissance. Tout cela n'excluant pas, malgré tout, des conflits dans les trous du filet, notamment là où les États sont trop faibles, ou se décomposent du fait d'affrontements internes (régionaux, religieux, ethniques).

Que pensez-vous de la thèse de Huntington sur les conflits de civilisation destinés à remplacer dans l'avenir les affrontements entre États ?

Elle n'est foncièrement pas différente dans ses principes des analyses en termes de puissance. Elle met simplement le facteur de civilisation au premier plan, avec l'idée que c'est aux frontières de ces civilisations que se produiront les affrontements de demain. Il en recense huit : 1) l'occidentale (sans distinguer entre Amérique du Nord et Europe) ; 2) la slavo-orthodoxe ; 3) la latino-américaine ; 4) l'africaine ; 5) l'islamique ; 6) l'hindoue ; 7) la confucéenne ; 8) la japonaise. Il estime que, déjà, les affrontements les plus durs ont eu lieu sur leurs lignes de fracture. Exemple : la Bosnie, divisée entre trois de ces civilisations. Et il prévoit un choc entre la civilisation occidentale et les civilisations confucéenne et arabo-islamique.

Il est assez distrayant d'observer combien certains Occidentaux sont stupéfaits, et inquiets, qu'après quatre siècles d'expansion européenne et occidentale il reste encore plusieurs civilisations ! Cela dit, la partie descriptive de cette thèse énonce une évidence (mais attention à la schématisation) : de grandes voix s'élèvent dans les mondes confucéen et arabo-islamique pour récuser, avec assurance et véhémence, le caractère automatiquement universel de toutes les valeurs occidentales. Et je pense qu'en effet toutes les différences ne sont pas solubles dans l'idéologie démocratique, l'économisme ou le droit international public. Mais ce n'est pas parce qu'il y a une part de vrai chez Huntington (des civilisations), que l'extrapolation à la fois systématique et dramatique (leur choc) est exacte ; et encore moins qu'elle est souhaitable ! Dans la mesure où la thèse de Huntington est fondée, il faut tout faire pour éviter ces conflits qu'il annonce, dont la perspective ne tentera que trop de gens assoiffés d'identité batailleuse dans chaque aire culturelle. Bâtissons plutôt un solide équilibre entre puissances...

C'est le scénario d'évolution qui a votre préférence ?

À titre personnel, je pense que notre intérêt est de contribuer à l'élaboration de ce que Kissinger décrit. Soit la reconstitution, à l'échelle du monde, d'un équilibre des puissances. À condition qu'une Europe forte en soit partie prenante. Ce qui nous renvoie à l'autre question que nous avons évoquée, qui est de savoir comment nous pouvons exercer à l'intérieur de cette puissance européenne en formation le maximum d'influence française. Ce sera le casse-tête numéro un de la diplomatie française pour vingt ans. C'est cela qui me paraît correspondre le mieux à ce que nous appelons en France l'intérêt national, qui ne me semble pas incompatible avec le maximum de système international, de sécurité collective, d'un Conseil de sécurité repensé. Autant il serait tragiquement imprudent de s'en remettre à l'idée d'un ordre régi par le droit, autant il ne faut pas jouer la carte de l'équilibre des forces contre l'autre. Les deux dimensions peuvent certainement se combiner.

Revenons sur la question de l'humanitaire et de la pesée qu'il exerce sur l'action des gouvernements. Jusqu'où va son emprise ? Faut-il accepter l'idée de Régis Debray d'un « État séducteur » entièrement asservi à la compassion médiatique ?

La question est importante. La souffrance des téléspectateurs occidentaux pèse ! Du coup, les gouvernements sont détournés de leurs tâches et pressés de faire des signes, comme s'ils s'occupaient en toute priorité du problème qui a bouleversé l'opinion la veille. En général, ils n'y peuvent pas grand-chose, c'est loin, c'est compliqué – la Somalie, par exemple. Mais s'ils veulent continuer leur tâche, ils sont obligés de concéder suffisamment de signaux pour que l'opinion les laisse travailler. C'est perturbant, mais cela ne change pas encore la façon dont s'organisent les grands rapports de forces. Régis Debray se place dans la pire des hypothèses, avec son jansénisme habituel, celle d'acteurs qui n'ont plus aucun cap et pour qui l'abdication de l'État est une aubaine. Elle contient une part de vrai. Je préfère me placer dans l'autre hypothèse, celle d'un État qui continue à exister et d'acteurs qui ont conservé le sens de l'État, de leur pays, de la durée.

Cela dit, le risque est réel aujourd'hui de voir les politiques étrangères s'étioler et se réduire à des postures que je mets toutes dans le même sac, car elles traduisent une même démission : la nostalgie, le déclaratoire, la compassion. Je sais bien qu'une politique étrangère consiste « aussi » à dire ce qu'il faut, quand il faut, avec des mots justes. Mais je m'insurge contre le passage d'« aussi » à « seulement ». D'une certaine façon, c'est parce que trop de gens dans ce pays, qui a cultivé jusqu'à l'ivresse la notion de puissance, de nation, d'indépendance, pensent maintenant que, dans le monde global, nous ne pouvons plus rien, que notre ultime mission est protestataire, qu'il y a par contrecoup cette mélancolie, cette fuite en avant dans le verbe, les postures charitables. Qui n'est pas « pour les droits de l'homme » ? Mais une politique étrangère, ce n'est pas cela. Ce sont des objectifs, des moyens, une tactique, une stratégie non pas pour prendre position à propos de ce qui se passe, mais pour agir sur ce qui se passe.

Vous ne voyez donc pas dans le droit d'ingérence l'instrument d'une réorganisation de la société internationale ?

Certainement pas sous la forme d'une instruction que donneraient à leurs gouvernements les opinions survoltées des pays occidentaux hypermédiatisés d'avoir à s'ingérer partout comme de légitimes gendarmes moraux du monde ! D'ailleurs, vous voyez bien : cela tourne court, ou mal ; l'opinion se retourne ; à trop vouloir attendre de l'humanitaire ou de l'ingérence, on les tue. C'est qu'on ne peut éluder la question : qui s'ingère, chez qui, au nom de quoi, pour faire quoi ? Sinon on revient vite aux expéditions coloniales, au nom des valeurs du plus fort. Dans le monde actuel, le seul droit d'ingérence admissible parce que fonctionnant selon des règles précises est celui que codifie le chapitre VII de la Charte des Nations unies, utilisé dans la guerre du Golfe. Faut-il l'étendre ? Il est déjà très large. Et cela reposerait la question de la légitimité actuelle du Conseil de sécurité. Faut-il l'adapter, l'élargir, et comment ?

Parmi les puissances que vous avez énumérées, il y en a une qui pose un problème tout à fait particulier, la Russie. Ex-superpuissance, certes déchue, mais porteuse de menaces d'autant plus redoutables. Gérer le déclin d'un empire en ruine, dit en substance Kissinger dans son dernier livre, Diplomatie, *est le défi le plus difficile qui soit pour une diplomatie. Il se montre d'ailleurs très sévère pour la politique américaine en la matière. Comment voyez-vous le problème ?*

Je suis moins sévère et moins pessimiste que Kissinger. Compte tenu de ce que le peuple russe a enduré au XXe siècle, la façon dont il a supporté sans drame gigantesque la transition engagée depuis 1991, effroyable sur le plan matériel et humiliante sur le plan politique et psychologique, je trouve que la Russie est dans une situation inespérée. Qui pouvait penser qu'elle allait devenir en sept jours un pays moderne et démocratique ? Ceux qui croient que l'Europe occidentale a parcouru ce chemin en un jour ? La Russie est maintenant une « démocratie émergente ». C'est déjà beaucoup.

Les dirigeants occidentaux, tous, ont accompagné le déclin de l'URSS, en payant d'énormes primes d'assurance. On nous demandait sur le ton du reproche : pourquoi aidez-vous Gorbatchev ? Tout simplement pour que la montagne ne nous tombe pas sur la tête.

Quand Gorbatchev a été remplacé par Eltsine, les Occidentaux ont continué à aider Eltsine, quoi qu'ils aient pensé de lui, en fonction du même raisonnement. La politique d'accompagnement menée par les Occidentaux, qui a été la principale activité des sommets des Sept depuis quelques années, ne me semble pas avoir été sotte. Elle a évité le pire. Nous aurions pu avoir d'immenses troubles. Les efforts occidentaux ont eu un effet bénéfique. Les polémiques autour du gaspillage de l'aide n'ont guère de sens. Quand on aide des pays, c'est que ces pays sont par définition incapables de bien utiliser l'aide. Mais faut-il alors n'aider que la Suisse ? Les raisons de l'aide sont ailleurs – on aide pour soi-même, en fait.

Mais le but étant de contribuer à créer à nos portes une Russie moderne, pacifique, démocratique, il reste encore du chemin.

Dans les termes de Kissinger, le but est surtout de créer une Russie qui n'ait pas envie de renouer avec une politique expansionniste. C'est sur ce point que sa critique porte.

C'est plutôt une inquiétude pour l'avenir qu'une critique du passé, car je ne trouve pas que des erreurs aient été commises sur ce plan depuis sept, huit ans. Sauf peut-être l'élargissement de l'OTAN, qui ne me semble pas avoir été vraiment pensé, du moins de notre point de vue. Il n'a d'ailleurs pas été engagé pour des raisons géopolitiques sérieuses, mais du fait de la rencontre entre un désir des anciens pays communistes relayés par leurs lobbies de se sentir pleinement occidentaux et une volonté américaine de *leadership* sur l'Europe. Dans cette affaire, les États-Unis ont décidé de l'opportunité, des modalités, du moment. L'Europe a été traitée en objet et non en sujet, comme aux beaux jours du condominium. Est-ce une conséquence fâcheuse, ou était-ce l'objectif ? En tout cas, maintenant nous sommes obligés d'assumer, tout en cherchant à contrebalancer l'élargissement par un lien d'une nature à trouver : par l'OTAN ou par l'Europe, avec la Russie.

S'agissant de l'organisation de la société internationale, que pensez-vous des projets de réforme de l'ONU en général et du Conseil de sécurité en particulier, auxquels vous avez fait allusion tout à l'heure ?

Le Conseil de sécurité reflète la situation de 1945, pas celle de 1997, c'est évident. Mais à qui et comment l'élargir ? C'est délicat, et les membres permanents peuvent bloquer l'exercice. En mars, le président de l'Assemblée générale de l'ONU a proposé la création de neuf nouveaux membres (vingt-quatre, donc, au lieu de quinze), dont cinq permanents sans droit de veto, cela pour éviter la paralysie.

Mais l'Allemagne et le Japon – on pense tout de suite à eux – se satisferont-ils de ce demi-statut ? Et quels seraient les trois autres ? L'Inde ? Le Brésil ? Leurs voisins régionaux l'accepteront-ils ? Et puis un pays africain ? Un pays arabe ? Lesquels ? On le voit : combiner représentativité et efficacité va être compliqué. Mais c'est indispensable.

En effet, il faut renforcer quelques lieux de macro-régulation mondiale qui existent. Ils sont beaucoup plus utiles pour une « moyenne grande puissance » que pour « la » grande puissance qui peut s'en passer. À cet égard, il serait intéressant de faire l'inventaire de toutes les propositions qui ont été avancées en ce qui concerne le Conseil de sécurité, le sommet des Sept, le FMI, etc. Car il y a quand même eu plusieurs propositions. Elles ont fleuri au moment où il a été question de la réforme de l'ONU, et puis elles ont disparu, comme après l'averse. Nous sommes dans le vide. En fait non, puisqu'il y a les États-Unis...

Du point de vue français, c'est intéressant à souligner, les instances de décision auxquelles nous avons la chance d'appartenir, du fait de l'histoire, sont toutes promises à l'élargissement. Dans tous les cas, notre influence va être relativisée ou diluée. Je ne dis pas marginalisée, mais quand même, là où nous étions un cinquième, nous serons un dixième, là où nous étions un quinzième, nous serons un trentième. Aucune des évolutions en cours dans le monde ne nous est spontanément favorable. Ce n'est pas tragique, mais nous ne pouvons pas nous permettre de dormir sur nos lauriers. Nous sommes un rentier diplomatique – un rentier dont les économies fondent. Sauf à inventer une politique très audacieuse, très mobile, qui suppose une vision de l'avenir, et sa part de sacrifices.

Dans quelle mesure le sentiment d'urgence que vous exprimez est-il partagé par nos partenaires européens ? Jusqu'à quel point entrent-ils dans cette idée que leur intérêt national est de fabriquer avec nous un intérêt commun européen ?

C'est le côté pathétique de cette question. Une fois qu'on a pris sur soi pour faire ce raisonnement et se résoudre à certains sacrifices, nous, Français, c'est pour nous apercevoir *in fine* que ça n'intéresse personne d'autre ! Aucun pays européen ne raisonne comme nous. Ce constat a quelque chose d'accablant. Par exemple, quand on réfléchit au concept de politique étrangère commune, on s'aperçoit qu'il y a en Europe deux ou trois pays, pas plus, qui ont l'habitude de la puissance, qui savent ce que c'est, mais ce sont des puissances historiquement antagonistes. Les autres haïssent l'idée de puissance – petits pays qui ont abdiqué l'idée de puissance depuis la nuit des temps, ou pays commerçants qui n'ont jamais eu cette approche et qui trouvent l'idée presque obscène. De surcroît, depuis 1945, avec la protection américaine, ils ont pris l'habitude de mettre leur destin entre les mains des Américains. Le seul point positif, c'est qu'on s'aperçoit, à observer la vie internationale de ces dernières années, que, lorsque les pays européens voient leurs intérêts économiques concrets menacés, par exemple par l'unilatéralisme américain, ils forment un front commun. À ce moment-là, le rapport de forces se corrige. Les États-Unis en tiennent compte. Ils respectent l'intérêt commun européen en formation. Les Européens pratiquent donc à l'occasion les rapports de forces, mais l'idée reste pour beaucoup blasphématoire.

Pour un pays comme la France, la voie n'est pas complètement fermée, si nous sommes convaincus qu'il faut nous adapter, à condition de faire preuve de beaucoup de doigté. Un doigté qui n'est pas dans notre génie. Il suppose d'éviter les proclamations, les postures avantageuses, les bras de fer verbaux – tout ce qu'on aime, hélas. Il nous faut être patient, méthodique, tenace. Cela, en tout cas, jusqu'à un moment qui n'est plus très loin, j'espère, et dont l'opportunité peut être saisie, celui de l'euro. Je fais partie de ceux qui sont convaincus que la mise en place d'une monnaie unique européenne va créer un choc positif. Elle aura une puissance fédératrice très grande, que les gouvernements taisent parce qu'ils n'ont pas envie d'entrer dans des controverses sans fin sur la coordination intérieure des politiques budgétaires, fiscales et autres. Cette puissance fédératrice ne sera pas que technique. Après la phase d'avancée très rapide, de 1984-1992, puis la phase d'arrêt, d'interrogations, de doutes qui a suivi, je pense qu'il va s'ouvrir, vers 1999, une nouvelle fenêtre de quelques années. S'il se trouve à Paris, à Bonn, dans les autres capitales européennes, des dirigeants capables de saisir cette opportunité, là nous pourrions connaître une nouvelle période d'avancées. L'arrivée de l'euro aura en soi une vertu rééquilibrante dans un jeu mondial dominé par les autorités monétaires américaines depuis 1971, depuis que Nixon a mis par terre le système de Bretton Woods. Il faut préparer ce moment.

La France doit-elle accepter le vote à la majorité au Conseil européen, avec les conséquences qui ne manqueront pas d'en découler ?

Ces conséquences sont, à court terme, le risque de trouver contre elle des coalitions de petits États. Mais le risque vaut d'être couru à plus long terme au nom de la constitution d'une puissance. Faire l'Europe, ce ne peut pas être simplement modeler l'Europe à notre image, mais participer avec nos partenaires à la naissance d'une souveraineté nouvelle, exercée en commun. Nous serons de plus en plus, sur tous les terrains et dans toutes les enceintes, obligés de raisonner en termes d'influence, de coalition, de compromis, de votes à la majorité. Apprenons à nous mouvoir dans ces eaux-là, débarrassons-nous de la nostalgie, aussi débilitante que mauvaise conseillère.

Comment expliquez-vous le fait que ces questions vitales ne sont pas du tout débattues dans l'espace public ? Qu'est-ce qui s'y oppose ?

Peut-être le désir de ne pas avoir à faire face aux conclusions dérangeantes auxquelles on ne peut pas ne pas parvenir ? Pour un pays historiquement si égocentrique, si convaincu de la portée universelle de ses messages (parfois à juste titre, mais cela ne change rien), si péremptoire, et qui a fait, à droite comme à gauche, de l'incantation volontariste un élément de l'identité nationale, le choc est rude. Nous ne reconnaissons pas comme nôtre ce monde anglophone ultralibéral qui, blessure suprême, pourrait se passer de nous mais dont nous, nous ne pouvons pas nous abstraire. D'où cette lancinante difficulté à dire aujourd'hui ce que sera notre pays dans quinze ans. Les hommes politiques n'ont pas envie d'en parler parce que cela sape leur statut. Les appareils de parti sont incapables d'en traiter parce qu'ils vivent, à droite et à gauche, sur un volontarisme verbal qui est sans prise sur la réalité de l'heure. Quant aux intellectuels, ils s'en détournent parce qu'ils sont enfermés, par fonction, dans l'interpellation du Prince, comme si c'était toujours lui qui commandait à tout et aux astres. On peut comprendre l'envie de l'autruche française de garder sa tête dans le sable. Mais il ne faut pas se lasser de lui rappeler que le monde n'en continue pas moins sa course, qu'il n'est que temps de refonder notre volontarisme sur la lucidité. Vous vous souvenez de la question de l'humoriste : faut-il rapprocher le tabouret du piano ou le piano du tabouret ? Comme le monde ne s'adaptera pas à la France, il faudra bien que la France s'adapte au monde.

LA FRANCE DANS LE MONDE GLOBAL[1]

DOMINIQUE MOÏSI : *Nous venons de parler du processus de globalisation. La France se trouve-t-elle affectée positivement ou négativement par le phénomène ? Les cartes qui sont les siennes sont-elles adaptées au processus de mondialisation ? Est-elle un bon élève ou un « mouton noir » ?*

HUBERT VÉDRINE : Disons-le : la globalisation ne sert pas *automatiquement* la France. Elle se développe sur des bases qui ne correspondent ni à sa tradition ni à sa culture : économie de marché ultralibérale, défiance envers l'État, individualisme non républicain, renforcement mécanique du rôle universel et « indispensable » des États-Unis, *common law*, anglophonie, concepts protestants plus que catholiques. Historiquement, l'identité française s'est définie et construite à partir d'un État central fort, monarchique puis républicain, bâti avec constance par des légistes, et de l'idée que la France avait un rôle spécifique à jouer dans le monde – politique, droit et culture mêlés. Il faut donc que la France déploie un exceptionnel effort d'adaptation. Dont elle est d'ailleurs capable, elle l'a déjà amplement montré ! Il suffit de revoir les films des années 1950. L'actuel ambassadeur américain en France, Félix Rohatyn, a raison de s'étonner du manque de confiance en soi des Français, alors qu'en l'espace de trente à quarante ans notre pays a réalisé une transformation spectaculaire de pays rural en grand pays industriel, et a créé une économie de services. Nos mentalités, notre mode de vie ont changé, mais notre identité résiste. Il faut continuer à

1. Dans *Les Cartes de la France à l'heure de la mondialisation, dialogue avec Dominique Moïsi*, © Librairie Arthème Fayard, 2000, chap. 2.

nous adapter tout en restant nous-mêmes. Telle est la politique du gouvernement. Nous le faisons, y compris pour ce qui concerne notre politique étrangère et notre politique en Europe et par l'Europe qui n'est plus à proprement parler de la politique étrangère.

N'y a-t-il pas aussi un phénomène objectif de taille : à l'ère de la globalisation, il semble qu'il vaille mieux être très gros, comme les États-Unis, ou très petit, comme Singapour. Or la France est tout simplement moyenne...

Cette analyse me paraît à la fois trop schématique et trop pessimiste. Ce n'est pas un problème de taille. La taille, la superficie, la très grande population peuvent aussi constituer des handicaps. Par ailleurs, bien des petits pays sont voués à la dépendance. La France, elle, dispose de très nombreux atouts ; mais il y a façon et façon de les jouer. Rien n'est jamais acquis définitivement. Notre pays ne doit pas s'endormir sur ses lauriers, croire qu'il trône sur une sorte d'Olympe protégée de toute remise en cause, ni qu'il suffise que la France donne de la voix – la fameuse voix de la France ! – pour que ses désirs deviennent des ordres... Heureusement, de moins en moins de Français pensent ainsi, mais cette conception perdure chez certains intellectuels. Tout ce qui fait notre force, notre influence, notre position dans le monde actuel, nos idées, nos projets doit être défendu et valorisé par une politique et une diplomatie nouvelles, dynamiques, offensives.

Donc, pas de ligne Maginot, mais un projet orienté positivement ?

Oui, depuis 1989-1991, la France a entrepris de réinventer sa politique étrangère. La défense des positions acquises reste indispensable, mais est loin de suffire. Notre position unique de pays occidental charnière entre l'Est et l'Ouest a disparu avec le monde bipolaire. Il faut savoir adapter nos méthodes à un monde transformé. C'est pour cela qu'il est redevenu si important – bien plus qu'il y a vingt ans – de formuler des analyses et des prévisions justes sur le nouvel équilibre des forces, sur les incertitudes et sur les menaces, sur les nouvelles règles qui se dessinent, sur ce que nous voulons et sur ce que nous refusons. Le gouvernement français réclame davantage de règles pour encadrer la mondialisation afin qu'elle ne se réduise pas à une resucée de l'éternelle loi du plus fort. C'est-à-dire, aujourd'hui, du plus riche et du mieux informé. La question est : qui va élaborer ces règles ? Nous, au

Conseil de sécurité ? Nous, au G8 ? Nous, dans le cadre de l'OMC ou du FMI ? Nous, au sein de l'Union européenne ? Ou bien les entreprises mondiales, les marchés, les fonds de pension ? Les dirigeants politiques ou les juges, les médias, les chercheurs, les ingénieurs ? Voilà qui exige en tout cas une politique étrangère qui ne saurait être ni statique, ni défensive, ni déclaratoire. Ni arrogante, car elle a besoin d'alliés, variables selon les sujets et les projets à faire prévaloir, pour constituer des minorités de blocage ou des majorités d'idées. Une politique qui doit être claire, inventive et mobile.

Vous avez parlé de « ligne Maginot ». N'appliquons pas cette référence un peu facile et péjorative à nos positions culturelles. Il y a des domaines et des moments où il faut savoir se protéger pour ne pas être tué dans l'œuf. Pour les produits culturels, cela se justifie :

1. – par leur impact sur la langue, les mentalités et l'identité profonde du pays ;

2. – par la situation de quasi-monopole conquise par les industries culturelles américaines, obtenue grâce à une vitalité que nul ne conteste, une créativité que chacun reconnaît et admire, mais sans que cela nous oblige à accepter d'être engloutis par un raz de marée ! Dans ces conditions, protéger se justifie pour mieux construire. Mais des protections purement juridiques peuvent ne pas suffire si les bonds en avant de la technologie permettent de les contourner.

Le seul fait de consacrer un chapitre de notre discussion à la culture, à l'impact de la culture sur la politique étrangère, aux rôles que la culture peut jouer dans la définition et la mise en œuvre de la politique étrangère, est spécifiquement français. Un tel entretien ne serait sans doute pas même envisageable dans aucun autre pays européen. Ni a fortiori *ailleurs. Comment expliquer cette spécificité ?*

Comment l'expliquer ? Par l'Histoire. Dans la plupart des autres pays, soit la culture et la langue du pays n'ont pas connu de grand rayonnement extérieur, soit leur culture a rayonné à l'extérieur sans que cela ait eu à passer par une action publique ou un pouvoir central. Personne, dans ces pays-là, ne songerait à interpeller là-dessus le ministre des Affaires étrangères, parce qu'il n'a ni compétences ni moyens en ce domaine, et parce que, souvent, le rayonnement culturel extérieur n'y constitue pas un enjeu. Ce n'est naturellement pas le cas des États-Unis, mais là, ce sont plutôt les pdg d'AOL, de Disney ou de CNN qu'il faudrait interroger. Lors de la prise de contrôle de Time Warner par AOL, le *Washington Post* a écrit qu'elle allait encore renforcer la domination culturelle américaine sur le monde, et que toute résistance était vaine. Au moins, voilà qui est franc !

La France est un cas particulier. D'abord par sa langue, fixée à l'origine par une ordonnance royale, prise par François Ier à Villers-Cotterêts en 1539, et qui a été pendant cent cinquante ans environ, autour du XIXe siècle, la langue des cours et des élites européennes, par conséquent aussi celle des relations internationales. Elle est restée longtemps la langue des traités. Elle a acquis alors une dimension universelle et un prestige qui perdure en partie aujourd'hui.

Mais, à bien des égards, le XXe siècle a vu la défaite de la langue française. En 1914, pratiquement toutes les chancelleries du monde communiquaient en français. En l'an 2000, la langue de communication est l'anglais dans sa variante américaine. Or la langue, c'est le véhicule de la civilisation et de la culture...

« Défaite » est trop fort, mais ne nions pas les faits. Essayons d'être réalistes sans être masochistes. Il est exact que le français a perdu son statut de langue unique des chancelleries et de langue des relations internationales. N'oublions pas à ce sujet que c'est Clemenceau qui a accepté l'anglais – qu'il parlait couramment – comme deuxième langue faisant foi pour le traité de Versailles. Ce phénomène s'est renforcé tout au long du XXe siècle ; il s'est accéléré après la Seconde Guerre mondiale, et plus encore depuis la chute du Mur. Mais il ne faut en rajouter ni dans la nostalgie, ni dans le défaitisme ! D'abord, le monde entier ne parlait pas français ; il s'agissait, en dehors des pays francophones, de quelques élites, environ 1 % dans les pays importants de l'époque. Le monde entier n'est pas passé du français à l'espèce de jargon américain d'aéroport parlé maintenant par tous les gens qui communiquent au sein de la sphère globalisée, le pur et bel anglais dût-il en souffrir !

Faut-il défendre le français ? Oui ! Trois fois oui ! Il ne faut pas accepter l'idée qu'il serait « ringard » de défendre notre langue. Sous prétexte que la défense de la langue a parfois revêtu des formes trop puristes, trop bureaucratiques ou chauvines, une bonne partie de nos élites répugne à cette défense, alors qu'elle reste vitale pour notre identité. Résultat curieux : alors que les Espagnols n'ont aucun complexe pour promouvoir leur langue, de toute façon très dynamique, que les Allemands n'en ont plus – voyez leurs exigences croissantes au sein de l'Europe –, que les Chinois, les Russes ou les Arabes n'en ont pas, les Français, terrorisés par l'image béret basque-baguette, se mêlent à présent d'en avoir ! Le français serait donc la seule grande langue de communication et de culture soutenue certes par un dispositif public volontariste, mais dans une relative indifférence et un silence gêné de ses propres élites ! Les « esprits forts », comme disait Flaubert, qui ricanent des lois ringardes et des « barrières de papier » et qui ne rêvent que de se fondre dans la mondialisation du « village global », se trompent : ils ne sont qu'une écume et risquent fort de préparer de violents retours de bâton identitaires.

Mais que veut dire « défendre sa langue » ?

Notre action doit être marquée par le réalisme. Ainsi, il serait contre-productif d'exiger que la culture française ne soit diffusée qu'en français. Dans les instructions que j'ai données à la DGCID (Direction générale de la coopération internationale et de développement), j'ai demandé qu'on ne refuse plus en France d'étudiants étrangers sous prétexte qu'ils ne parlent pas encore le français, dès lors qu'ils sont motivés. S'agissant de TV5, j'ai demandé que l'on accepte de sous-titrer ou de doubler nos films. Je compte, avec cette ouverture, sur un effet « séduction ».

Nous devrions être à la fois combatifs et aussi dynamiques que, par exemple, les hispanophones aux États-Unis, mais très souples dans l'application de cette politique, afin que l'on en vienne à sortir de cette situation et de ce dilemme par le haut : par un mélange d'ouverture – il faut connaître plusieurs langues –, de pragmatisme – traduire et doubler les œuvres françaises autant que nécessaire – et de résolution – défendre et promouvoir notre langue sans complexe, partout, y compris aux États-Unis ou en Europe. Le français reste d'ailleurs dans le monde un objet de désir, et j'ai le sentiment que la crainte de l'uniformité va renforcer ce besoin de diversité, donc, entre autres, ce besoin du français. Encore faut-il que nous donnions aux non-francophones des raisons et des moyens concrets d'apprendre le français aujourd'hui.

Autrement dit : pas de « ligne Maginot », pas de nouvelle loi Toubon dans ce que ce type de mesure peut avoir d'exclusivement défensif...

À tout prendre, je trouve plus d'excuses à la loi Toubon, en dépit de ses maladresses, qu'aux réactions qu'elle a provoquées. Il y a des intégrismes dépassés, des mécanismes inefficaces, mais ne pas comprendre que notre langue est comme notre code génétique, voilà qui me dépasse ! D'autant que ce qui est en cause, ce n'est pas simplement l'adaptation de la langue, ou son enrichissement par des mots étrangers, ce qui est la vie même, mais une menace multiforme – altération et recul – qui appelle une réaction. Mais celle-ci doit être tournée vers l'avenir.

Concrètement, est-ce que la francophonie représente un outil réaliste et efficace de la diplomatie française ? Vu de l'extérieur, en particulier du monde anglo-saxon, cet agrégat assez hétérogène de pays, dont certains ne parlent pas, ou très peu, le français n'a pas beaucoup de sens. Prenons le Vietnam : les nouvelles élites vietnamiennes s'expriment de moins en moins dans notre langue, c'est une réalité...

La francophonie comme organisation est certes perfectible, mais j'observe que la résistance nouvelle à l'uniformité gonfle ses voiles. Quant au monde anglo-saxon, puisque vous l'évoquez, il a toujours du mal à comprendre ce qui lui est étranger. Mais ce n'est pas le problème... Quand François Mitterrand a réuni en 1986 le premier sommet de la Francophonie, il n'avait pas la naïveté de croire que tous les habitants des pays concernés parlaient français, mais, au contraire, il s'agissait, à partir d'un constat lucide sur le déclin de notre langue, qu'il mesurait, de réagir. Cet ensemble est hétérogène ? Et alors ? N'est-ce pas le cas de tous les grands rassemblements, y compris du Commonwealth auquel ont adhéré quelques pays pas vraiment anglophones ? N'est-ce pas leur richesse ? Pourquoi faudrait-il ironiser uniquement sur la francophonie et pas sur le Commonwealth, voire sur les Nations « unies », si peu unies ? Et les Espagnols, est-ce qu'ils n'usent pas sans complexe de leurs relations avec les hispanophones ? Pourquoi ce qui constitue un facteur d'influence parmi d'autres, compréhensible et acceptable de la part de tout autre pays, deviendrait-il ridicule dans le cas de la France ? Avec ses cinquante-cinq pays membres et ses neuf pays candidats, le mouvement de la francophonie s'affirme comme une des expressions du refus de l'uniformité culturelle et linguistique mondiale. Les relations entre ses membres y sont de plus en plus fortes.

On a parlé du rôle de la langue, du fait que nous ne devions avoir aucune honte à utiliser les liens créés par notre langue. Mais, au-delà de celle-ci, la culture française peut-elle apparaître comme un outil, un instrument, voire une arme de politique étrangère ?

C'est en 1920 que fut créé au Quai d'Orsay le « service des œuvres », confié à Jean Giraudoux, et c'est à peu près au même moment que fut fondée l'AFAA, l'Association française d'action artistique. Ce n'est pas une arme, mais un atout pour la France, pas uniquement pour le ministère des Affaires étrangères. Quand le président chinois Jiang Zemin parle de Victor Hugo, quand le président brésilien Cardoso évoque avec nostalgie ses professeurs français ou un inédit de Rousseau qu'il vient de lire, quand un ministre égyptien déclare que quelques années de présence française ont plus marqué son pays que quatre-vingts ans de présence britannique, pour ne citer que ces quelques très rares exemples ; quand on constate que la France est la première destination touristique de la planète et que les musées français ne désemplissent pas, comment ne pas mesurer l'impact et le rayonnement d'une histoire, la nôtre, qui tout à la fois nous englobe, nous sert et nous oblige ? Cela reste vrai dans de très nombreux pays, y compris dans certains où l'on pourrait penser que les produits d'Hollywood ont tout recouvert comme un raz de marée. Il y a quantité de noms de la littérature, de la création artistique, de la culture françaises qui ne sont pas éteints, mais continuent de briller bien plus que ne le croient des Français désabusés ou complexés. Là encore, l'intériorisation par les Français de leur « déclin » est excessive et mauvaise conseillère. Comme si toujours ils l'associaient à leur nostalgie d'une France napoléonienne dominant l'Europe, après quoi aucun second rôle pour leur pays ne serait censé valoir la peine…

Le lien avec la politique étrangère n'est ni direct ni immédiat, mais indirect, et son effet à terme est très puissant. Encore faut-il une politique étrangère qui ne néglige rien de ce qui peut entretenir cette vitalité. C'est le cas avec nos cent quarante-cinq centres culturels dans quatre-vingt-quatre pays, nos deux cent soixante-sept établissements d'enseignement qui scolarisent cent six mille élèves, français et étrangers, les quatre cent six millions de francs que nous consacrons à notre coopération culturelle artistique, au livre et à notre politique audiovisuelle extérieure.

La question des négociations commerciales internationales est primordiale en ce domaine : les biens culturels peuvent-ils être traités, produits, échangés, vendus comme les autres ? Nous répondons non, et nous demandons que l'on fasse exception pour la culture. Mais l'« exception culturelle » n'est qu'une technique de négociation, une mesure de protection. Hors de France, l'expression et l'attitude qu'elle recouvre ont une connotation défensive : rien de très mobilisateur. Je m'en suis rendu compte un jour en en discutant avec Rosario Green, la ministre des Affaires étrangères du Mexique. C'est elle qui m'a dit : « Personne ne comprend rien à votre histoire d'*exception*. Si vous parliez de *diversité*, vous auriez un tout autre écho. » Or, sur ce terrain en particulier, nous avons absolument besoin d'alliés. Quel est donc notre véritable objectif ? C'est la préservation des identités culturelles du monde entier, et donc de la diversité de ce dernier. Les Américains s'inquiètent des situations de monopole quand la concurrence s'en trouve faussée sur leur propre marché : ainsi de Microsoft. Eh bien, les États-Unis sont en passe de devenir, pour les industries culturelles de masse, un Microsoft à l'échelle de la planète. La culture, les productions culturelles sont une source de contentieux majeur avec les États-Unis, que ce soit à l'OMC, à l'OCDE, et vis-à-vis des pays candidats à l'entrée dans l'Union européenne. Ce qui est sûr, c'est que nous posons, à propos de la diversité culturelle du monde, une immense question qui dépasse de loin la culture et la langue françaises. C'est un des grands combats de demain.

La spécificité de la France en la matière, c'est d'abord le rapport entre la culture et l'État, sans doute sans équivalent, au moins depuis Louis XIV...

En fait, le premier et le plus grand ministre de la Culture français qu'ait connu notre pays !

Cette culture, largement fondée sur la centralité de l'État, est l'une des composantes de notre identité nationale et internationale. Se présenter comme Français, à l'étranger, c'est se faire connaître comme l'héritier de Molière, de Pascal...

... et de Balzac, de Zola, de Proust, de Sartre, de Camus, de Foucault et de tant d'autres... C'est un legs de l'Histoire. Mais qui ne découle pas de décisions diplomatiques. Ce n'est pas la centralité de l'État qui les a fait rayonner, c'est leur génie. L'Histoire nous l'a légué, et cela fait partie aussi de la responsabilité du ministre que de veiller à ce que cet héritage vive. Mais, au jour le jour, en politique étrangère, il s'agit plutôt d'une toile de fond.

Mais si les élites qui sont en train de se former dans les pays africains ou latino-américains n'ont plus Pascal ou Sartre comme références, mais des modèles purement anglo-saxons, du fait qu'ils font essentiellement leurs études supérieures dans des universités américaines, il n'y aura plus reproduction de cette spécificité, et les leaders qui ont encore la culture et la civilisation françaises comme références majeures deviendront une espèce en voie d'extinction ?

C'est absolument vrai, et cela aussi appelait une réaction. Après la question de la langue et celle de la culture, celle de la formation est d'une exceptionnelle importance pour notre influence dans quinze ou vingt ans. C'est pourquoi Claude Allègre et moi-même avions, dès l'été 1997, décidé de modifier et de relancer la promotion et la présentation de la formation française de haut niveau partout dans le monde. Nous nous étions rendu compte qu'en une ou deux décennies les flux s'étaient complètement inversés, que les enfants des élites du monde entier n'étaient plus désormais formés qu'aux États-Unis, ou dans quelques rares pays dotés d'une politique volontariste à cet égard, comme l'Australie qui accueille aujourd'hui pour une partie de leur cursus universitaire un pourcentage élevé des futures élites de l'Asie. La Grande-Bretagne a perdu elle-même, en ce domaine, du terrain au profit des États-Unis, ce qui montre que ce n'est pas qu'un problème de langue. Vers la France se dirigeaient encore des flux importants d'étudiants, mais seulement en provenance d'Afrique ou du Maghreb, ce qui est insuffisant. Une politique de visas aveuglément restrictive aggravait encore ce phénomène – ce que, dès juin 1997, avec Jean-Pierre Chevènement, nous avons entrepris de corriger. Pour cette raison,

Claude Allègre et moi avons créé une agence, Edufrance, qui fédère et coordonne l'offre de formation émanant de l'ensemble des grandes écoles et des universités présentes sur ce marché. Je dis bien « marché » : les gens sont prêts à payer à son prix une formation de qualité. Le résultat est spectaculaire : il a suffi de quelques opérations Edufrance à Mexico, New Delhi ou au Caire pour que la demande explose. Les étudiants du monde entier ont soif de modernité, ils sont fascinés par l'Amérique, mais ils sont aussi épris d'autre chose : de qualité, de diversité, précisément, et donc aussi, si nous savons le leur proposer, de France.

Est-ce vrai dans toutes les disciplines ?

Cela reste vrai, avec plus ou moins d'intensité, dans plusieurs disciplines. Mais il en est une où notre prestige reste particulièrement fort : le droit. Là aussi, dans le monde entier, je rencontre des dirigeants qui me parlent avec émotion de leurs maîtres français. Certes, le droit anglo-saxon – *common law* – pénètre partout, porté par la globalisation, le droit des affaires, les grandes firmes d'avocats anglo-saxonnes. Mais le droit romano-germanique, notre droit civil, résiste, notamment en Europe. Il est d'ailleurs extraordinairement bien adapté à de nombreuses fonctions, comme les concessions de service public, et on sait l'excellence de nos entreprises d'eaux et de services. Là aussi, il est vital que soit préservée une diversité. Il y a urgence. La garde des Sceaux et moi-même soutenons de nombreuses actions en ce sens.

Là, comme pour la culture, si nous arrivons nous-mêmes à combiner traditions, diversité et modernité... Si nous ne devenons pas un musée de notre Histoire !

Nous y arrivons et cela continuera. J'ai confiance. L'Histoire, une identité forte sont des atouts aussi. Mais, vous avez raison, pour ce qui est de la culture, il ne faut pas non plus donner l'impression que nous ne serions là que pour perpétuer le rayonnement d'une étoile éteinte ou dont le feu décline. Notre patrimoine reste prestigieux. Quand nous y ajoutons une offre de culture française d'aujourd'hui, la curiosité est d'autant plus grande. C'est spectaculaire dans le domaine de la danse contemporaine. Mais regardez, même si cela n'a pas de rapport apparent, le prestige retrouvé de Paris en architecture depuis une vingtaine d'années : cela a commencé à la fin des années 1970 avec Beaubourg, le musée d'Orsay et l'Institut du monde arabe, c'est devenu évident avec les grands travaux de François Mitterrand – dominés par la réussite absolue du Louvre – et cela se poursuit avec le musée des Arts premiers de Jacques Chirac. Paris est devenue non seulement la ville la plus visitée au monde par les touristes, mais surtout une étape obligée pour les architectes du monde entier. De même que pour la langue : en dehors d'un vague attrait culturel et « chic », il faut donner aux gens des raisons *actuelles* d'apprendre le français.

Quand LVMH inaugure à New York un nouvel immeuble conçu par Christian de Portzamparc, nous sommes encore au cœur de notre sujet. Le pendant de Peï et de sa pyramide à Paris, c'est Portzamparc qui fait sa tour... à New York !

Vous avez raison. Des architectes chinois, danois, anglais, chiliens et autres ont pu construire à Paris. Il existe aujourd'hui beaucoup de grands noms en France en ce domaine : Jean Nouvel (fondation Cartier, Galeries Lafayette de Berlin), Christian de Portzamparc (Cité de la Musique, ambassade de France à Berlin), Dominique Perrault, Jean-Michel Wilmotte, et beaucoup d'autres.

Après cet inventaire partiel des cartes dont dispose la France, on pourrait se demander ce qu'elle peut apporter encore au reste du monde. Quel est aujourd'hui le caractère unique, exclusif, profondément original de notre message, ou de notre méthode, de notre approche ? Est-ce une question qui a encore du sens, ou n'est-ce que la traduction d'une arrogance anachronique ?

Cette question n'est pas arrogante, tout au contraire ! Elle est plutôt la traduction d'une incertitude existentielle infondée. Elle donne l'impression que la France devrait se justifier, qu'elle ne pourrait faire admettre qu'elle soit toujours là qu'après avoir démontré qu'elle est toujours utile. Mais qui en jugerait ? Il y a là quelque chose d'inacceptable. La France *est là*, tout simplement, comme le sont l'Allemagne, le Japon, la Russie, la Grande-Bretagne, les États-Unis et les autres...

Je pose ma question autrement : la France est le seul pays, avec les États-Unis, qui se perçoit encore comme porteur d'un message universel. Qu'est-ce qui justifie aujourd'hui cette prétention dans la réalité quotidienne de la politique étrangère de la France ?

Si l'on considère que l'Histoire se fait toujours « à la marge », quelle est – à la marge de la marge... – la contribution d'un pays comme la France ?

N'ayant jamais abusé de la rhétorique du message universel, je ne me sens pas vraiment tenu de la justifier. Mais, pour répondre d'un mot à votre question sur notre contribution : toutes nos propositions pour civiliser la mondialisation – j'en ai déjà évoqué certaines.

Quant à la « marge », elle est celle dont peut disposer tout grand pays à l'époque de la globalisation. Je crois que nous arrivons à l'élargir par une diplomatie active, mobile, à la fois bilatérale et multilatérale, jouant aussi du levier européen, une diplomatie de propositions. Quand nous avons des idées que nous croyons utiles au reste du monde, nous les faisons connaître et essayons de les faire prévaloir ; sinon, évitons de nous enivrer avec la « voix de la France », d'agacer et de décevoir d'un même mouvement.

Je reviens sur ma précédente interrogation : quelles sont plus spécifiquement les cartes de la France, et, au-delà, celles de l'Europe, qui ne sont pas exactement les mêmes ? Qu'avons-nous à offrir de particulier au monde de la globalisation ?

On dirait une question posée par un chef d'entreprise américain à Davos : est-ce que votre fiscalité est plus avantageuse que celle de votre voisin ? Qu'avons-nous à offrir ? Posée dans ce sens-là, votre question me choque un peu ! Qui va juger de cet apport : Davos, précisément ? la Bourse de New York ? les fonds de pension ? le Congrès américain ? les jurés scandinaves du Nobel ? Les Français, eux, se demandent ce que leur apporte la globalisation.

La France est là, je le répète, elle n'a pas à se justifier d'être : ce qu'elle apporte vient par surcroît. Les cartes de la France, ce n'est pas ce qui lui permet de se faire bien voir, c'est d'abord le vouloir vivre ensemble des Français, ce qui lui permet de défendre ses intérêts et de faire valoir ses vues. Quant à l'Europe, ses cartes sont son poids économique et démographique, sa réussite historique de dépassement des nationalismes, son équilibre social, sa diversité, ses institutions originales si elles savent se réformer, son avenir, surtout, que le monde entier intègre dans ses plans et auquel nous travaillons.

Soit. Mais ces cartes peuvent-elles être jouées comme avant ?

La France dispose de très bonnes cartes, à condition de poursuivre la mutation de son comportement. Pour moi, c'est la clé. Résumons-nous : un pays doté d'une population et d'un territoire moyens par rapport aux grands ensembles d'aujourd'hui, mais très homogène. Un pays qui continue d'exercer une influence considérable de par le monde, largement héritée de l'Histoire, mais très vivante. Un pays qui a réussi depuis quelques dizaines d'années une mutation économique et sociale qui le place, selon les critères retenus, au troisième, au quatrième ou au cinquième rang sur cent quatre-vingt-huit, donc très haut. Un pays dont les grandes entreprises se sont hissées au tout premier plan, qui a réussi à métamorphoser son agriculture en instrument de production et d'exportation ultramoderne, dont les technologies sont parmi les plus avancées, dont la politique sociale reste extraordinairement généreuse, et qui, depuis trois ans, fait reculer chez lui le chômage, bientôt moins de 10 %. Un pays qui fascine et attire : je l'ai souligné, avec soixante millions de visiteurs par an, c'est le plus visité au monde ; un pays doté de capacités politiques particulières pour exprimer et entraîner ; une administration et un appareil diplomatiques de premier plan…

Mais la France se présente-t-elle encore comme porteuse d'un message universel ?

Dans un monde où il convient de sceller des alliances et constituer des majorités, on ne peut pas imposer ses idées uniquement par la proclamation ou la déclamation, autrement dit par la seule « voix de la France », même s'il y a des moments où celle-ci doit s'élever pour refuser… Il fallait donc changer de mentalité et de manière de faire. Nous devons continuer à défendre nos intérêts vitaux, comme toujours ; nous pouvons dire non, seuls, à quelque chose d'inacceptable. C'est le sens de notre force de dissuasion, force d'ultime garantie ; ou du compromis de Luxembourg au sein de l'Union, toujours valable ; ou de l'exercice de notre libre parole. En revanche, pour promouvoir des idées, atteindre des objectifs nouveaux, telles que la défense européenne, de nouvelles règles internationales en matière économique et financière ou de lutte contre la corruption, faire avancer la paix au Proche-Orient, etc., on ne peut agir seuls, par déclarations ou décrets. Il faut être capables de convaincre les autres, de regrouper, d'entraîner, pour constituer des majorités d'idées ou des minorités de blocage, ce qui implique une façon d'être par rapport aux autres, antinomique de certains de nos réflexes nationaux, soit chauvins, soit même universalistes. Et d'admettre en même temps de coopérer sans états d'âme avec des États-Unis omniprésents.

Il fallait donc ne plus nous comporter à tout instant comme une puissance qui se croit chargée de répandre auprès des autres son « message ». Cela reste vrai dans quelques cas importants. Mais il faut veiller à ce que nos partenaires ne se disent pas que, si, par un hasard du destin, nous nous retrouvions dans la même position que les Américains aujourd'hui, nous serions plus insupportables qu'eux ! Ce que beaucoup d'Européens pensent…

Cela revient-il à dire que, pour avoir plus d'influence, il serait nécessaire d'avoir un comportement moins indépendant ?

Pas forcément, puisque pour avoir de l'influence il faut d'abord être capable d'avoir ses propres idées. Qu'influencerions-nous si nous nous contentions de répéter le langage convenu du « politiquement correct » du moment et celui des consensus ? Exercer plus d'influence, cela veut dire apporter au débat une valeur ajoutée. L'indépendance d'esprit et de projet est non seulement possible, mais indispensable. Encore faut-il se comporter comme l'exigent les relations internationales d'aujourd'hui : être concret, simple, direct, savoir travailler en commun, écouter les autres, ne pas « poser ». À ces conditions, la France peut mettre en valeur ses très nombreux atouts, qu'elle sous-estime d'ailleurs constamment par nostalgie ou masochisme. En revanche, si nous multiplions les contresens – du type « être contre l'OMC » parce qu'elle serait le « cheval de Troie » des Américains, alors que ce sont les Européens qui, pendant des décennies, ont réclamé que l'on crée un tel cadre pour y définir des règles du jeu –, nous aurons du mal à défendre nos intérêts !

En somme, nous disposons de compétences remarquables, eu égard à notre taille objective, d'atouts qui sont le produit d'une histoire et d'une volonté nationales, et nous devons en faire le meilleur usage possible en mettant l'accent sur un message positif plutôt que sur une attitude de fermeture ?

Oui. Mais n'ayons aucun complexe à défendre nos intérêts, comme le ferait n'importe quel autre pays au monde. C'est même la première mission de notre politique étrangère. Il faut l'assumer. Nous le faisons chaque jour au sein de l'Union européenne ou dans toutes les autres enceintes de négociation. Mais, là aussi, j'y reviens : il y a façon et façon… Ce n'est pas parce que nous avons une vision du monde, de la démocratisation, du développement ou de la régulation, que nous n'avons pas le droit et même le devoir de défendre nos intérêts… Il n'y a aucune contradiction entre les deux démarches.

Cela suppose une certaine modestie dans la présentation de la défense de nos intérêts. En sommes-nous capables ?

Il y a bien des raisons d'être fiers de notre pays, et, plutôt que de modestie, je parlerai de simplicité. Prenons garde à l'arrogance qu'on nous reproche parfois, pas toujours à tort. Ne nous comportons pas comme la « grande nation » que la presse germanophone continue de brocarder par routine… Nous ne sommes plus un empire, nous ne nous prenons pas pour une hyperpuissance. Il n'empêche : nous sommes un grand pays et il n'y a aucune raison non plus de nous sous-estimer. Nous sommes toujours un acteur de premier plan, on le voit à propos de presque tous les grands problèmes du monde. Mais il faut trouver le ton juste.

Donc, un projet clair, positif, présenté de manière simple, concrète, sans arrogance, sans attitude défensive ni paranoïa…

… et avec de l'ambition et un peu plus de confiance en nous. Cela fait des dizaines d'années que les Français répondent oui à la question : est-ce que l'influence de la France dans le monde diminue ? Depuis le temps, il ne devrait plus rien en rester ! Or croit-on que nous avons moins d'influence qu'en 1940 ou qu'à l'époque de Diên Biên Phu ?

Il y a un aspect que nous n'avons fait qu'effleurer à propos de la société civile internationale : c'est celui des médias. Comment peut-on intégrer le rôle toujours croissant des médias quand on est ministre des Affaires étrangères de la France à l'heure de la mondialisation, de CNN, sans en être plus ou moins prisonnier, mais en pouvant au contraire l'utiliser de manière positive ? Qu'est-ce qui fait qu'aujourd'hui le rôle d'Hubert Védrine ne saurait se concevoir comme celui de Maurice Couve de Murville il y a quarante ans ?

Le fait médiatique est incontestable. Puissance et omniprésence des médias, information planétaire en temps réel se sont affirmées au fil des innovations techniques et des changements géopolitiques qui ont fait tomber les barrières politiques. Le phénomène est exponentiel depuis vingt ou trente ans. Songeons que chaque Français de plus de quinze ans passe près de quatre heures devant son téléviseur, qu'il existe déjà en France près de cent vingt chaînes ; en Europe, deux cents terrestres, cinq cents thématiques, mille deux cents régionales ; dans le monde, au total cinq mille ! La politique étrangère n'est pas épargnée par cette révolution technologique. Les opinions publiques exprimées par l'audimat et les sondages pèsent de plus en plus lourd sur sa conception et sa mise en œuvre dans un nombre croissant de pays. Ne parlons pas à ce propos de « démocratie d'opinion », ce serait ingénu, mais plutôt de « régime d'opinion » ou de « système médiatique », réalité que l'on doit constater sans être obligé de la valoriser, ni de la stigmatiser d'ailleurs. Dans les pays les plus puissants, les plus riches, qui sont aussi les plus médiatisés, l'opinion est soumise à un bombardement continu d'informations à fort contenu émotionnel – audimat oblige – qui suscite parfois des réactions en chaîne, des sortes de tempêtes, car ce sont les médias « chauds », les images qui mènent la danse ! Ces phénomènes sont maintenant bien connus. Dans ce contexte, le responsable politique est comme un navigateur face à des vents incertains. Un gouvernement ne travaille pas sérieusement s'il n'intègre pas ces données ; mais il ne peut plus rien faire s'il s'y soumet comme une girouette. Est-ce au vent de fournir le cap ? Je ne le pense pas. D'autant que l'opinion réagit dans l'instant, elle ne peut fixer de cap dans la durée, ni arbitrer entre des desseins forts, simultanés et contradictoires (sauf quand elle vote, bien sûr). C'est le rôle quotidien des responsables politiques.

Oui, mais dans le même temps, du fait des médias, on assiste à l'émergence de ce que l'on pourrait appeler ambitieusement une « société civile internationale », laquelle est devenue un acteur de la vie internationale qu'on ne peut plus négliger.

La société civile internationale, dans le bon sens du terme, ne se compose pas seulement de médias, mais vous avez raison de mettre l'accent sur eux.

Les médias audiovisuels mondiaux disposent aujourd'hui en effet d'une puissance d'émission et d'un pouvoir d'influence sans équivalent par rapport au passé. On sait aujourd'hui que regarder ou écouter ne sollicite pas les mêmes régions du cerveau que lire. Tout cela se passant en temps réel, alors même que les événements se produisent, l'émotion peut être paroxystique. Ajoutons que les médias sont des entreprises économiques et non pas des sociétés philanthropiques ou d'éducation populaire ; ils doivent donc être rentables dans les limites de la déontologie qu'ils se fixent ; chacun d'eux est contraint de se battre pour préserver ou accroître ses parts de marché. Dans cette économie ultraconcurrentielle, chaque station de radio, chaque chaîne de télévision est engagée dans une lutte de tous les instants avec ses concurrentes. Les professionnels expérimentés connaissent les réactions exactes – adhésion ou zapping – que provoquent un mot, une image, un titre, l'apparition de tel ou tel présentateur, l'ordre des sujets, l'usage du direct, etc. Les grands médias modernes maîtrisent parfaitement ce clavier.

Le système médiatique international puise dans les nombreux événements qui se produisent chaque jour sur la planète ce qui est de nature à « accrocher » un téléspectateur saturé d'images et déjà sollicité par des dizaines d'autres chaînes. Tel est l'objectif : l'empêcher de zapper en le prenant « à l'estomac », comme Julien Gracq le déplorait déjà il y a cinquante ans en visant une littérature qu'il jugeait politiquement trop engagée et réductrice, pourtant bien rigoureuse si on la considère avec recul depuis le règne actuel de l'audimat ! Images à chaud, sondages à chaud : nous cuisons dans une sorte de cocotte-minute ! Impossible de s'en abstraire complètement, je le répète, mais cela ne nous fournit pas le cap pour une action à long terme. Car il y a des choses que l'on doit faire malgré un vent contraire, spécialement en diplomatie, œuvre de longue haleine.

Vous évoquiez Maurice Couve de Murville. À part l'unique chaîne de télévision existant alors, l'ORTF dans sa prime jeunesse, agissait-il dans un monde si différent de celui de Richelieu ? Le changement – radical – est venu plus tard. Quoi qu'il en soit, aujourd'hui, le responsable politique a le devoir de s'expliquer en permanence. C'est indispensable pour obtenir l'adhésion. Mais, en parlant comme en se taisant, il court le risque simultané d'une incompréhension massive ou de malentendus handicapants. Bien sûr, cela l'amène à modifier le contenu de son action, car on ne peut pas affronter les croyances dominantes de l'opinion sur trop de sujets en même temps… Voilà qui peut éviter des bêtises, mais aussi entraver des audaces courageuses. L'émergence d'une opinion mondiale constitue un progrès en réduisant les ignorances, incompréhensions, peurs et haines massives. Mais ce n'est pas suffisant pour trouver parfait le système actuel.

Cela implique qu'outre ses qualités de négociateur le ministre des Affaires étrangères doit être un communicateur, un pédagogue qui, de manière systématique, doit hiérarchiser les faits, expliquer le pourquoi de telle ou telle action. Son rôle est d'apprendre à l'opinion à distinguer entre le trend, *la tendance à long terme, et le* trendy, *ce qui est simplement « à la mode »...*

C'est un bon résumé. C'est d'ailleurs aussi vrai des autres ministres, à commencer par le premier d'entre eux. Malgré tout, dans certains cas, un mot ne passe pas. Voyez la Tchétchénie : au plus fort de la guerre et de la bataille de Grozny, sans soutenir l'indépendance de la Tchétchénie, j'ai dit que ce conflit était de nature « coloniale ». Grand mécontentement des Russes ! À Moscou, le 7 février, Vladimir Poutine, alors président par intérim, me l'a personnellement reproché. À Paris, cela semble fort, mais vrai. Lors du même voyage, après avoir été reçu par M. Poutine, j'ai déclaré que je le trouvais intelligent, rapide, attaché au rang de la Russie, soucieux d'enrayer le déclin de sa patrie, et donc « patriote ». Madeleine Albright l'avait d'ailleurs dit avant moi. D'aucuns m'ont reproché l'emploi de ce terme, censé n'avoir que des aspects positifs. Il est pourtant incontestable que M. Poutine est un patriote russe et non pas tchétchène. Peut-être aurais-je dû dire « nationaliste » ! Sans doute a-t-on oublié que, selon Rousseau, être patriote, c'est être « dur aux étrangers »... Bill Clinton, Tony Blair et quinze autres se sont montrés depuis lors bien plus élogieux que moi à l'égard de M. Poutine...

Quoi qu'il en soit, un ministre des Affaires étrangères doit agir mais aussi essayer de faire comprendre ce qu'il fait, et pourquoi il le fait, et expliquer ce que font dans ce domaine le président de la République et le Premier ministre. Il lui faut répondre à la curiosité, à l'interrogation, voire à l'inquiétude de l'opinion, être prêt à lui fournir régulièrement une « grille de lecture ». Une politique est d'autant plus forte et écoutée à l'extérieur que l'on sait qu'elle reflète un consensus à l'intérieur.

Au cours des trois dernières années écoulées, y aurait-il eu des cas où le ministre des Affaires étrangères serait fondé à dire : eh bien, là, vraiment, la presse a joué un rôle épouvantable, a compliqué les décisions de la politique étrangère de la France au-delà du nécessaire, ou, au contraire, la presse nous a soutenus, a été une alliée, responsable dans telle ou telle autre circonstance ?

Les deux cas de figure sont constamment mêlés. Il s'agit plutôt d'une pression générale. La presse fourmille chaque jour de reportages enrichissants, d'informations inédites, d'analyses originales, parfois d'idées et d'orientations utiles, même si elles ne sont pas formulées dans ce but. Quand on dit à un journaliste : « Vous critiquez, mais que proposez-vous ? », il vous répond : « Ce n'est pas mon job », même si c'est un éditorialiste. Mais, dans le même temps, trop souvent la presse dramatise et simplifie les analyses, compare ce qui ne devrait pas l'être, est amnésique, privilégie toujours l'immédiat sur le long terme, éditorialise jusqu'à l'ivresse et pratique volontiers l'anathème et les dénonciations. Comme on dit dans le langage de la presse des « marronniers » pour parler des unes des magazines consacrées au « salaire des cadres » ou aux « plages polluées », dans le domaine diplomatique, cela donne l'« impératif moral » ou le « devoir d'ingérence » à toutes les sauces, l'« impuissance de la France », le « silence de l'Europe » ou le « fiasco de l'ONU », à moins que ce ne soit l'inverse. Sur quoi sont fondés ces commentaires et ces indignations ? Sur le postulat, triomphant depuis la chute du Mur, que le monde occidental, avec ses « valeurs », doit et peut dominer le monde « du troisième millénaire », entre autres hyperboles. Même s'il faut aussi en tenir compte, cette présentation univoque n'aide en rien l'opinion à appréhender la complexité du monde ni même sa réalité.

Autre travers médiatique : sous prétexte de combattre le « deux poids, deux mesures », tout traiter de façon indifférenciée : le Kosovo, Timor-Est et la Tchétchénie ; préconiser dans n'importe quelle situation les mêmes remèdes standards : l'ingérence, les sanctions, l'intervention armée. Type de raisonnement mécanique que l'on n'accepterait pas en médecine ! Il est vrai que bien des dirigeants politiques donnent des bâtons pour se faire battre en invoquant à tout propos la « cohérence » de leurs actions – ce qui est compris comme leur standardisation, alors que c'est leur pertinence et leur efficacité qui devraient importer au premier chef – ou bien en évoquant leur « morale », laissant penser qu'il y aurait à choisir entre une solution « morale » et une solution « immorale » !

Au prêt-à-porter des moralistes bien-pensants, vous opposez la haute couture du pragmatisme au cas par cas…

L'intérêt de ce pragmatisme est d'être plus efficace, à l'intérieur de principes généraux, bien sûr.

Plus généraux que généreux… Passons de la presse et des médias à l'opinion publique. Aux États-Unis, la difficulté des dirigeants est plutôt de surmonter l'indifférence naturelle d'un peuple qui, à l'abri de sa géographie et de sa puissance, se sent autosuffisant. Chez nous, on n'a pas l'impression que l'opinion se désintéresse de la politique étrangère : on a plutôt le sentiment que notre identité nationale passe encore pour une large part, aux yeux d'une majorité de Français, par la mise en œuvre de cette politique. Quand on voit le drapeau tricolore flotter dans tel ou tel coin du monde, quand on voit s'y manifester l'influence de la diplomatie française, il y a une réaction plutôt positive…

Cela reste vrai jusqu'à un certain point. Une partie de l'opinion française considère en effet que le rôle particulier de la France consiste à intervenir à l'extérieur dans l'intérêt des autres. C'est là quelque chose de très ancien et d'assez spécifique de la France. On pourrait presque dire avec une ironie souriante que ça remonte aux croisades, et que cela s'est perpétué sous des formes diverses – monarchique, napoléonienne, laïque, républicaine, militaire ou intellectuelle – jusqu'à aujourd'hui au nom de la « patrie des droits de l'homme » (titre que la France s'est d'ailleurs octroyé à elle-même alors que les Américains revendiquent d'avoir produit antérieurement ou au même moment des textes fondateurs dans le même domaine, et qu'on ne voit pas en quoi, historiquement, la Grande-Bretagne serait moins la patrie des droits de l'homme que la France). Ces formes se sont appelées empire colonial, propagation de la foi, puis de l'idéal démocratique, laïc et républicain, puis ingérence… Il y a là une forme sympathique de l'esprit français qui demeure vivace, qui a inspiré et inspire encore de magnifiques dévouements, mais qui est aussi problématique.

Aujourd'hui, il est incarné par les French Doctors*...*

Au départ, ils ont pris – notamment Bernard Kouchner – de vrais risques pour secourir des victimes abandonnées de tous. Mais il y a eu depuis une dérive qui a parfois conduit à un mélange de Pères blancs et de croisés, à une sorte d'ordre hospitalier moderne, les médias en plus. Toujours cette idée que la France doit apporter quelque chose de spécial au monde… Cet altruisme évasif, qui mêle générosité véritable, paternalisme et instinct de conquête, reste très présent et exigeant. Cela apparaît bien dès qu'on essaie d'analyser les diverses attentes par rapport à la politique étrangère française, ce à quoi je suis très attentif. L'attente classique, de base, qui est forcément le socle de notre action – la politique étrangère doit garantir notre sécurité nationale, notre autonomie, nous protéger des menaces, nous permettre d'agir au mieux de nos intérêts et de nos valeurs, et de faire avancer nos projets –, n'est guère perceptible dans le concert quotidien des déclarations. Peut-être cela va-t-il de soi ? En revanche, des attentes unidimensionnelles s'expriment avec force comme si la France était une organisation spécialisée : le progrès du respect des droits de l'homme dans les autres pays, par exemple, ou encore les progrès de l'intégration européenne – ce sont là de nobles aspirations, et sur des sujets très importants mais qui ne peuvent à elles seules constituer *toute* notre politique étrangère. Il n'y a pas de politique étrangère sans vue d'ensemble et sans synthèse, ni d'action sans hiérarchie.

C'est frappant quand, à chaque crise, nous sommes sommés d'« intervenir ».

« J'interviens, donc je suis » ?

En quelque sorte… Mais, pour être complet, il faut mentionner aussi deux autres courants de pensée que l'on rencontre au sein de notre opinion et qui sont moins tentés par l'interventionnisme. Le premier est celui de la nostalgie mélancolique : nous ne sommes plus la France de Napoléon, alors à quoi bon ? Ses tenants se contenteraient volontiers de dénonciations anti-américaines, anti-allemandes, le cas échéant anti-européennes ou anti-mondialisation. Le second regroupe ceux qui pensent que nous n'avons plus les moyens d'agir à l'extérieur et que nous devrions plutôt nous occuper d'améliorer notre société afin qu'elle devienne exemplaire. C'est une conception « scandinave » qui, dans l'Europe des Quinze, gagne du terrain : non pas « Europe puissance », mais

« espace » exemplaire sur le plan social et moral et qui, sur le plan international, se préoccuperait non pas tant d'agir que de prendre des *positions* justes. La politique étrangère doit tenir compte de ce courant de pensée. Elle ne peut se ramener à cela.

La presse n'empêche pas le ministre de définir le cap, comme vous l'avez dit au début de ce chapitre. Que l'opinion soit plutôt favorable à l'interventionnisme de la France, sous les réserves que vous avez formulées, voilà aujourd'hui une des spécificités de notre politique étrangère, si on la compare à celle des États-Unis d'Amérique ou d'autres pays européens. D'où la très grande marge de manœuvre dont dispose encore chez nous l'exécutif pour « définir le cap ». Certes, on commence à voir des commissions parlementaires se créer et enquêter par exemple à propos de telle ou telle crise africaine, mais ce n'est rien à côté des capacités du Congrès des États-Unis de bloquer la définition du cap par l'exécutif en exerçant son droit de veto sur l'usage de la force...

Si vous êtes interventionniste à tous crins, vous vous réjouirez que les dirigeants français aient les mains plus libres que leurs homologues américains, encore que le Parlement devienne plus regardant. Cela ne suffit pas pour autant à fonder la légitimité et l'opportunité des interventions. Quant au Congrès américain, il aura mené pendant des années une guérilla contre l'exécutif pour gêner le président Clinton, ne serait-ce qu'en bloquant le remboursement des dettes américaines à l'ONU ; mais on ne saurait dire que ses initiatives, si on les met bout à bout, indiquent un cap précis. Bien sûr, elles traduisent une philosophie à la fois isolationniste et unilatéraliste (d'où sa prédilection pour les sanctions, si commodes) qui contrarie la volonté de *leadership* mondial et l'interventionnisme de l'administration.

Si vous deviez tirer une sorte de bilan personnel de vos relations avec les médias au cours des trois années écoulées, quel serait-il ? Plutôt positif, embarrassé, négatif ?

C'est un rapport passionnant, parfois passionné. Depuis juin 1997, j'ai eu l'ambition d'expliquer l'action de la France sujet par sujet, crise par crise. Il me semble qu'elle a été à peu près comprise, chacun gardant sa liberté d'appréciation. Je n'en dirai pas autant de mon souci de ne pas voir affaiblir davantage les États, si l'on veut maîtriser la mondialisation, tant l'idéologie libérale-libertaire-individualiste-consommatrice est dominante dans l'Occident gouverné par l'économie de marché ; ni de ma conviction qu'il faut s'y prendre autrement, dans la relation entre l'Occident et le reste du monde, si l'on veut vraiment y favoriser une démocratisation réelle et durable. L'Occident est actuellement fermé à tout examen autocritique sur ces deux points – surtout sur le second.

Il y a un aspect qui n'a pas encore été abordé, mais qui affleure naturellement à ce point de la discussion : c'est le poids de la « cohabitation ». Être ministre des Affaires étrangères d'un gouvernement de cohabitation, est-ce très différent de la « normale » ?

C'est différent. Le ministre des Affaires étrangères peut, dans cette situation, avoir plus d'autorité et de moyens d'agir à condition de pouvoir travailler dans de bonnes conditions avec le président de la République et avec le Premier ministre. J'ai toujours bénéficié, dans l'exercice de mes fonctions, de la confiance du Premier ministre, qui m'a choisi et qui dirige avec une autorité reconnue le gouvernement dont je fais partie, mettant en œuvre dans sa plénitude l'article 20 de la Constitution, y compris dans ses dimensions européennes et internationales où il a des convictions fortes. Le président de la République a traditionnellement, sous la Ve République, un rôle éminent ou prééminent dans ces domaines. Je crois pouvoir dire que je m'entends bien avec lui. La « cohabitation » n'est pas une situation idéale, mais, lorsque les Français l'imposent par leur vote, il faut bien, dans l'intérêt du pays, l'assumer. Je ne suis d'ailleurs pas convaincu qu'il suffirait que les élections présidentielles et législatives aient lieu le même jour pour que les Français votent dans le même sens ! Mais c'est une autre histoire... Ce qui est manifeste, c'est que les Français ne détestent pas cette situation.

Comme s'ils trouvaient entre ces deux pôles de l'exécutif l'équilibre qui n'existe plus, sous la Ve République, entre le législatif et l'exécutif...

Peut-être. En tout cas, il convient d'y faire face dans des conditions irréprochables par rapport aux intérêts du pays. Dans ce domaine « partagé » entre le président de la République et le gouvernement (on sait que c'est à tort qu'était employée naguère à ce sujet l'expression « domaine réservé »), il faut un accord entre l'un et l'autre aussi bien sur la détermination des objectifs que sur leur mise en œuvre. Cela impose au Président, au Premier ministre et au gouvernement un effort particulier, de dialogue et de travail en commun à toutes les étapes du processus, depuis l'analyse qui précède la décision jusqu'à sa mise en pratique, et l'obligation de parler d'une seule voix. Plus impérieuse encore qu'au sein d'un pouvoir « normal », homogène ou de coalition, cette obligation renforcée se traduit par des échanges constants Président/Premier ministre, Président/ministre des Affaires étrangères, Président/ministre de la Défense, Premier ministre avec chacun de ceux que j'ai cités, échanges quotidiens entre les directeurs de cabinet compétents, réunions préparatoires avant les sommets, mise au point de « papiers de position ». Quand le porte-parole du Quai d'Orsay parle au nom du Président et du gouvernement, il s'exprime « au nom des autorités françaises ». Grâce à cette mécanique, nous avons réussi, depuis juin 1997, à élaborer pour la France des positions qui, à aucun moment, ne nous ont handicapés sur le plan international, qui ont souvent impressionné le monde extérieur par leur cohérence, et qui, dans certains cas, ont mieux résisté aux chocs – chocs des événements, chocs de la négociation – que les positions d'autres gouvernements en situation « normale » et qui n'avaient donc pas été contraints de faire au préalable ce travail de clarification et de synthèse. Cela peut paraître paradoxal, mais c'est manifeste. Voyez sur l'Europe : l'Agenda 2000, le budget de l'Europe pour les années 2000-2006, l'élargissement de l'Union, la préparation de notre présidence ; mais aussi sur le Kosovo, Seattle, le Proche-Orient, l'Afrique, la Russie, la réforme de l'ONU, etc.

Après avoir dit de la « cohabitation » que, spontanément, vous étiez plutôt contre, vous en arrivez à des conclusions on ne peut plus positives…

Je me borne à constater que nous avons maîtrisé cette situation sans dommage pour les intérêts du pays. Je n'élargis pas cette observation à d'autres domaines que ceux des Affaires étrangères et de la Défense. Et je n'extrapole pas : toute cohabitation constitue une situation et un moment particuliers.

Nous avons vu comment la France doit agir dans ce contexte. Nous verrons plus tard ce qu'il en est de l'Europe.

Les deux doivent s'articuler.

Nous y reviendrons plus loin. Avant de parler des États-Unis, comment récapituleriez-vous les objectifs de la politique étrangère française ?

Préserver les intérêts vitaux de la France nécessaires à sa sécurité, à son identité, à sa prospérité ; user de sa marge de manœuvre, de son influence et de son ingéniosité pour que l'Europe soit plus forte sans que la France en soit affaiblie, que l'élargissement soit réussi, que l'Europe devienne un pôle du monde de demain ; promouvoir les règles et préserver la diversité dont le monde global a besoin ; corriger les écarts grandissants, injustes et explosifs entre les nations ; favoriser partout une démocratisation solide ; opérer la synthèse entre l'expérience historique des réalités et les exigences éthiques modernes ; être comprise dans sa démarche de nos partenaires comme de l'opinion française.

REFONDER LA POLITIQUE ÉTRANGÈRE[1]

Dénonçant le manichéisme moraliste ambiant, Hubert Védrine, alors ministre, en démontre l'inefficacité en matière de relations internationales. Il veut convaincre que la défense des « intérêts » européens – et/ou français – dans ce monde global, instable et très concurrentiel passe par une politique étrangère nouvelle et ambitieuse, pleinement réaliste, qui ne confond pas posture et action, et qui s'appuie sur une souveraineté exercée en commun.

Depuis que je suis ministre des Affaires étrangères, j'ai été amené à plusieurs reprises à prendre mes distances avec une nouvelle « doxa » en formation en matière de relations internationales. Je voudrais ici préciser mes réflexions à ce sujet tout en me démarquant des utilisations et détournements dont je refuse d'être l'objet.

La première de ces croyances modernes que je n'accepte pas en bloc est la suivante : les États sont des monstres froids, opaques et répressifs ; le réalisme, c'est du cynisme et les relations internationales en sont le domaine de prédilection ; la raison d'État est toujours haïssable ; l'Histoire ne compte plus et nous sommes dans un monde entièrement neuf où il faut privilégier la « société civile », nationale et internationale. Tout ce qui fait reculer les États – marchés, opinion publique, médias, juges, ONG – est bon.

La seconde postule que les valeurs occidentales sont, en bloc sans discussion ni nuance possible, des valeurs universelles et invariables et que toute interrogation à ce sujet, tout pragmatisme est sacrilège.

---

1. Article paru dans *Le Monde diplomatique* de décembre 2000.

La troisième, que tout pays non démocratique peut et doit devenir démocratique du jour au lendemain, la norme étant la démocratie occidentale d'aujourd'hui.

Je simplifie pour faire court, mais à peine.

Ces croyances fusionnent dans l'idée que le seul objet actuel des politiques étrangères réside dans la conversion du monde entier, notamment sous la pression de la société civile internationale, à la démocratie occidentale, les gouvernements occidentaux ayant l'obligation de hâter ce mouvement par toutes les pressions et les sanctions possibles. Nouvelle table rase, nouveau paradigme.

Si simplistes que puissent paraître ces assertions, je ne prétends pas que *tout* soit faux, de même que je ne conteste pas qu'elles découlent en général de bons sentiments ou d'aspirations au progrès. Mais, voici en quoi je les discute : la diminution du rôle des États n'est pas automatiquement et en soi un progrès, cela dépend du degré d'évolution des sociétés ; l'affaiblissement des États peut faire le jeu du crime organisé ; ou laisser libre cours aux forces économiques globales, ce qui n'est pas nécessairement bénéfique. La société civile n'est pas une panacée. Elle n'est pas non plus une abstraction. Au sein même de cette société civile internationale, il existe des rapports de force comme il en existe dans les relations entre États. Ainsi on y retrouve la prédominance écrasante des organisations non gouvernementales (ONG) occidentales, et d'abord des américaines. Même chose dans le monde des médias. Dans le monde global, la compétition et les rapports de force n'ont pas disparu du seul fait de l'extension universelle de l'aspiration à la démocratie, ils se sont exacerbés, puisque tout y est marché dans sa version libérale anglo-saxonne. Il y a de plus une grande variété de formes démocratiques, même en Occident. Et surtout, historiquement, la démocratisation a toujours été le fruit d'un processus de progrès global – économique, social, politique, culturel –, pas d'une conversion instantanée comme à l'époque où tout pays changeait de religion avec son Prince. Ce n'est pas du café instantané !

Mais ce débat est difficile à mener, car, dans la France d'aujourd'hui, il y a très peu d'analyses et de réflexions sur l'état du monde, la politique étrangère et les relations internationales, ce qui est un paradoxe en pleine mondialisation. Les intellectuels en particulier, qui pourraient jouer un rôle utile, sont très absents de ce débat, sauf réaction ponctuelle. Car ils appartiennent à un monde tourné sur lui-même. La plupart d'entre eux, ayant été, à un moment ou à un autre, adeptes de divers totalitarismes marxistes, s'escriment à le faire oublier en défendant aujourd'hui de façon aussi manichéenne la société de marché, y compris de marché des idées. C'est ainsi que presque aucun d'entre eux n'ose penser sur les États-Unis. Il faut y ajouter quelques marxistes sociologiques obstinés, mais désormais très décalés. Par ailleurs, il y a ceux qui ressassent les armées 1930 et 1940 tout en laissant paradoxalement dépérir la connaissance historique de la séquence qui va de l'avant-guerre de 1914-1918 à 1945. En fait, les intellectuels réécrivent sans cesse leur propre histoire ou règlent leurs comptes avec elle, ou sont devenus trop souvent les intellectuels organiques de l'économie de marché ultralibérale.

Certes, les réactions et interpellations moralistes, émotionnelles ou scandalisées, ne manquent pas. Mais cela ne suffit pas à former un ensemble cohérent, ni une réflexion, au sens aronien du terme, encore moins une politique. J'essaie à mon niveau de nourrir cette réflexion, d'abord par esprit démocratique, mais aussi parce que je ne crois pas que la simple affirmation répétée et catégorique de cette nouvelle doctrine permette de bien défendre nos intérêts fondamentaux français et européens, dans ce monde global, instable et très concurrentiel, ce qui reste la mission première de notre politique étrangère. Et je ne crois même pas qu'elle garantisse comme par miracle l'apparition d'un nouvel ordre mondial démocratique pur et parfait, et le respect partout de celles de nos valeurs qui sont vraiment universelles.

Je procède donc par questions et interrogations à voix haute, comme dans mes discours à l'IFRI[1], à l'IRIS[2], à Varsovie[3] et dans mon dernier livre[4]. Évidemment, je prends le risque d'être mal compris, ou utilisé à d'autres fins. Prenons l'exemple de l'ingérence. Je n'adopte pas sans réserve l'idéologie française du « droit

1. Discours prononcé le 3 novembre 1999 à l'ouverture de la conférence de l'Institut français de relations internationales, « L'entrée dans le XXIe siècle ».

2. Intervention prononcée le 16 mai 2000 à l'ouverture du colloque de l'Institut de relations internationales et stratégiques sur « Morale et relations internationales », à l'Assemblée nationale. – Voir, dans le présent volume, ci-dessus, p. 105.

3. Conférence de Varsovie sur la démocratie, le 26 juin 2000.

4. Hubert Védrine dialogue avec Dominique Moïsi, *Les Cartes de la France à l'heure de la mondialisation*, Fayard, 2000.

d'ingérence ». D'abord parce qu'elle ressemble vraiment trop au « devoir de civilisation » des colonisateurs français du XIXe siècle et au fardeau de l'homme blanc de Rudyard Kipling, et que la décolonisation a beaucoup compté dans ma formation politique. D'autre part, parce que je considère que l'émotion paroxysmique des téléspectateurs occidentaux bombardés d'images choquantes, imbus de leur puissance et sûrs de leur bon droit, intimant à leurs gouvernements l'ordre de faire cesser leurs souffrances de téléspectateurs en intervenant partout comme des pompiers du monde ne constitue pas un critère suffisant pour légitimer en droit international une ingérence et fonder un système plus satisfaisant. Et aussi parce que je ne vois que trop bien comment l'OTAN, voire l'Europe de la Défense en formation, pourraient être tentées d'utiliser ce concept.

Selon moi, la façon dont nous avons finalement accepté d'intervenir par la force au Kosovo doit rester un cas isolé et non constituer un précédent. Il est vrai que nous avons agi sans résolution décidant formellement le recours à la force. Cependant, trois résolutions du Conseil de sécurité avaient condamné Belgrade ; des efforts politiques exceptionnels de négociation avaient été accomplis pendant des mois et s'étaient heurtés au blocage par Milošević ; tous les Européens et les voisins étaient d'accord sans exception sur le caractère intolérable de la situation, la nécessité d'intervenir, l'urgence manifeste. C'est pourquoi je ne cesse de dire que la seule façon de progresser dans ce débat est de répondre à la question : qui s'ingère, chez qui, comment, dans quel but ? Mais je suis vigilant sur l'usage que l'on peut faire de ces réflexions. Je n'ai aucunement l'intention de justifier par ces mises en garde nécessaires le détournement par quelques régimes archaïques ou despotiques du concept de souveraineté pour s'opposer à des interventions humanitaires urgentes.

Au contraire, je rappelle que le chapitre VII de la Charte des Nations unies prévoit légalement l'ingérence. J'ai même proposé que les membres permanents s'autodisciplinent quant à l'utilisation de leur droit de veto et s'engagent à ne pas y recourir pour empêcher des interventions indispensables au regard d'un certain nombre de critères dont ils pourraient convenir. La conception classique de la souveraineté nationale absolue est devenue intenable et doit faire place progressivement à une souveraineté raisonnable exercée en commun.

Il y a des progrès à cet égard. Je rappelle que la présence internationale actuelle au Kosovo et à Timor ne relève pas du droit « d'ingérence » au sens politico-médiatique du terme, mais procède des résolutions 1244 et 1264 du Conseil de sécurité.

Donc je dis oui à une évolution contrôlée et progressive de l'exercice de la souveraineté. Non à un abandon en rase campagne de la souveraineté nationale, car je ne sais que trop quelles forces combleraient immédiatement le vide. Certainement pas, en tout cas, la démocratie parfaite prétendument incarnée dans la société civile internationale. Mais plus vraisemblablement les méga-entreprises globales (dix entreprises géantes ont un chiffre d'affaires supérieur à l'addition du PNB de 164 membres des Nations unies) ou même le crime organisé (dont le chiffre d'affaires mondial équivaut au PNB de l'Italie). Les Européens d'aujourd'hui tout à leur volonté de rejeter dans le passé tout nationalisme sont un peu trop candides à ce sujet.

Autre exemple, la démocratisation. Dès que l'on plaide pour le réalisme et la patience à ce sujet, on est soupçonné de relativisme culturel. Pourtant, rappeler qu'aucune démocratie ne s'est faite en un jour – quelques siècles pour la démocratie occidentale –, ce n'est pas prétendre que les Chinois, les Arabes ou les Africains ne sont « pas faits » pour la démocratie, ce qui serait une sottise ! C'est refuser, je le répète, de raisonner en termes de conversion et penser, ce qui devrait aller de soi, en termes de processus. Je ne le dis pas pour justifier je ne sais quelles manœuvres d'arrière-garde de régimes autoritaires qui tentent de ralentir les mouvements de démocratisation voulus par la société, mais pour corriger l'*hubris* d'un Occident oublieux de sa propre histoire et qui exige tout, tout de suite, là où il faut savoir accompagner les processus si on veut les accélérer sans les faire capoter. C'est cela que je suis allé dire à la conférence sur la démocratie tenue à l'insistance des États-Unis à Varsovie en juin 2000. Et, si je n'ai pas signé la déclaration finale, ce n'est pas pour afficher une forme quelconque d'anti-américanisme ou par provocation vaine (j'avais prévenu les organisateurs), mais parce que je ne pouvais pas accepter que sous prétexte d'aspiration générale et bienvenue à la démocratisation se mette en place une sainte-alliance des nations démocratiques choisies par le seul département d'État sur la base de critères contestables, comme l'ont souligné plusieurs ONG, et recevant de ce dernier des consignes de vote au sein de l'ONU ! J'ai ajouté que les démocraties occidentales devaient aussi balayer devant leur porte (poids de l'argent, abstentionnisme). D'ailleurs, cette initiative ne prend pas.

À une autre occasion, j'ai également contesté l'idée commune selon laquelle morale et relations internationales s'opposent. On connaît ce florilège que répètent sans se lasser quelques éditorialistes chaque fois que le travail diplomatique normal amène à traiter avec un pays qui n'est pas encore à nos yeux une démocratie parfaite. Or, personne ne connaît la formule magique qui transformerait en un instant la Chine ou la Russie en d'immenses et paisibles Danemark ; et nous n'avons pas de raison de nous lier les mains et d'abandonner aux autres puissances le soin de négocier et de définir le monde de demain. Plus encore, je souligne que les dirigeants d'aujourd'hui n'ont presque jamais à choisir entre une solution morale et une autre immorale, mais entre plusieurs options qui combinent toutes à des degrés divers avantages et inconvénients. Par exemple, la morale aurait-elle voulu que Truman renonce à utiliser la bombe A ou justifie-t-elle qu'il l'ait utilisée pour hâter la fin de la guerre ? J'ai cité dans un colloque une dizaine de dilemmes de ce type. Plus banalement : pour certains, il serait immoral de commercer avec certains pays. Mais en quoi les politiques de sanctions seraient-elles morales ? Je pousse donc à réfléchir sans tabou sur la légitimité et l'efficacité réelle des politiques de sanctions et de conditionnalité. Curieusement tout cela suscite beaucoup plus de discussions à l'étranger qu'en France. Plus généralement, la morale devrait se juger aux résultats au moins autant qu'aux intentions.

Au total, je crois indispensable depuis plusieurs années une refondation de la politique étrangère de la France et cela d'autant plus que notre pays avait intelligemment tiré parti de 1945 à 1990 (surtout après 1958 en fait) de la situation bipolaire du monde. Cette refondation est en cours et touche progressivement depuis 1990 tous les volets de notre politique étrangère, tant sur le fond – concepts et stratégies – que sur la forme – méthodes et images. J'ai eu la chance de pouvoir y contribuer depuis des années, sauf entre 1995 et 1997. Je ne crois pas du tout que cela nous condamne à jeter aux orties tous les enseignements de l'Histoire, de la géographie et de la politique et d'embrasser dans la foulée cette *irrealpolitik* occidentale, narcissique, verbeuse et moralisatrice à laquelle le diplomatiquement correct prétend nous réduire. Je travaille à une politique étrangère nouvelle et ambitieuse, mais pleinement réaliste et qui, à ce titre, prend en compte toutes les réalités d'aujourd'hui, les faits comme les convictions : l'économie globale de marché et d'information, les nouveaux acteurs internationaux, le poids des médias, des ONG et des opinions, le refus radical des totalitarismes, l'horreur des guerres et des conflits, l'exigence de démocratie, toutes les valeurs modernes, mais qui ne confond pas posture et action, moralisme affiché et justesse des résultats obtenus, proclamation et solution des problèmes, universalisme et occidentalisation forcée, concertation permanente et régulation effective, et qui crée pour la France et pour l'Europe de nouveaux repères solides et durables.

FAUT-IL CHANGER DE POSTURE DANS NOTRE POLITIQUE ÉTRANGÈRE ET DE DÉFENSE[1] ?

Courants et composantes de la politique étrangère française

L'interrogation sur notre position dans le monde globalisé porte aussi sur notre politique étrangère d'autant que les changements spectaculaires intervenus depuis vingt ans dans la géopolitique du monde alimentent une contestation sourde contre cette politique qui serait « dépassée », sans que soit clairement précisé ce qui, au juste, est « dépassé ». Il est donc important d'en analyser la nature, et les motivations des propositions de modernisation et de les évaluer.

En premier lieu l'affirmation fréquente selon laquelle il règne en France un large consensus sur la politique étrangère n'est plus que superficiellement vraie, même si l'habitude perdure de répéter qu'il y a un consensus. L'absence de désaccord frontal droite/gauche dans ces domaines semble accréditer cette thèse : on serait bien en peine de caractériser globalement « la » politique étrangère de la gauche ou « la » politique étrangère de la droite, tant le débat idéalisme/réalisme, la détermination des parts respectives de la défense des intérêts économiques ou de sécurité, et des droits de l'homme dans notre politique étrangère passent à l'intérieur de chaque formation politique comme de chaque gouvernement de gauche ou de droite. À chaque question clef : jusqu'où faut-il intégrer l'Europe ? Jusqu'où faut-il élargir l'Europe ? Faut-il continuer à avoir une politique

1. *Rapport pour le président de la République sur la France et la mondialisation*, © Librairie Arthème Fayard, 2007, Deuxième Partie.

arabe, ou africaine, et laquelle ? Faut-il, ou non, prendre des initiatives pour la paix au Proche-Orient ? Faut-il une autre politique méditerranéenne et en quoi consisterait-elle ? Peut-on être les alliés des États-Unis sans être obligés de s'aligner sur eux ? Peut-on mieux les influencer ? Peut-on bâtir un rapport de forces avec les pays émergents ? Faut-il forcer les pays non démocratiques à se démocratiser ? Sans oublier toutes les crises aiguës. Les réponses variées sont contradictoires, tant au sein de la gauche que de la droite, on en a eu des preuves multiples ces dernières années.

Qu'ont à l'esprit ceux qui militent pour une remise en cause du positionnement diplomatique de la France ? On pourrait penser que cela ne va pas jusqu'à contester le vrai fil conducteur de la politique étrangère de la Ve République – *qui est précisément que la France doit avoir sa propre politique.*

Et pourtant deux courants de pensée distincts ont œuvré ces dernières années dans le sens de cette révision et l'un des deux garde toute son ambition. Ils se sont nourris contre la politique étrangère de la France de déconvenues inévitables, de maladresses ponctuelles montées en épingle, de tel ou tel geste, démarche ou silence contestable de tel Président ou de tel ministre. Ils ont mis l'accent tous les deux sur la nécessaire « modernisation » de la politique étrangère et de défense de la France (à cause des nouvelles menaces, des nouveaux acteurs, etc.). Mais ils voudraient obtenir sa réorientation en profondeur, voire sa normalisation. Il s'agit des courants européistes d'une part, et atlantiste-occidentaliste d'autre part.

Bien sûr toute politique étrangère française comporte une très importante composante européenne, une composante atlantique, du fait de notre alliance avec les États-Unis, et une dimension spécifique. Mais cette politique ne sera pas du tout la même selon les proportions respectives de ces trois dimensions, et selon celle qui sera jugée prioritaire. Ce choix fondamental pour notre avenir mérite d'être explicité, et débattu.

L'option fédéraliste européenne

Le courant fédéraliste européen est le premier de ces courants. Il se présente plutôt comme « intégrationniste ». C'est à son propos qu'est de plus en plus souvent employé le terme « européiste », pour le distinguer d'un courant beaucoup plus large, pro-européen, mais qui veut aller moins loin dans l'intégration. Les européistes ont longtemps prétendu être les seuls vrais « Européens », taxant d'anti-européens les non-intégrationnistes. Cette prétention n'a pas survécu aux référendums de 2005 et à leurs suites. Il y a plusieurs façons d'être « européen ».

Avec de bonnes raisons et de louables intentions ce courant avait milité au lendemain de la Seconde Guerre mondiale pour le dépassement des États-nations, par définition archaïques, égoïstes et dangereux, leur politique étrangère y comprise, comme les deux guerres mondiales étaient censées l'avoir montré, et la construction d'une Europe très intégrée. Il a inspiré au moins deux générations d'élites, même s'il est toujours demeuré minoritaire dans le grand public.

Politiquement le centre en a été longtemps l'incarnation. La droite française s'est ralliée à la construction européenne en espérant que naîtrait ainsi une « Europe puissance », sous *leadership* français. Désespéré sous de Gaulle, un peu plus à l'aise sous Pompidou, le courant intégrationniste a repris espoir sous Valéry Giscard d'Estaing (avec l'élection du Parlement européen au suffrage universel, plus qu'avec l'institutionnalisation du Conseil européen). Et surtout sous Mitterrand avec la relance de la construction européenne au Conseil européen de 1984, la nomination de Jacques Delors à la tête de la Commission et, jusqu'en 1995, avec cet extraordinaire *leadership* européen à trois, avec Helmut Kohl, qui a conçu Maastricht et a réussi à le faire ratifier. C'est dans ces années-là que la gauche, dans son immense majorité déjà pro-européenne par antinationalisme, s'est mise à son tour à croire à « l'Europe puissance » et plus encore à une improbable « Europe sociale », qui réconcilierait ses divers objectifs. En même temps, enhardi par ces avancées et la perspective d'une monnaie unique dont il attendait un choc politiquement fédérateur, le courant fédéraliste redevenait très ambitieux.

La fuite en avant institutionnelle des années qui ont suivi Maastricht – traité d'Amsterdam, traité de Nice, Convention, traité « constitutionnel » – est la résultante de deux forces. D'une part la volonté de presque tous les États membres, à commencer par l'Allemagne et la Grande-Bretagne, d'élargir aussi vite que possible pour différentes raisons l'Union européenne aux anciens membres du pacte de Varsovie libérés par la fin de l'URSS, ce qui nécessitait un nouveau traité ; et d'autre part la volonté des forces fédéralistes (Commission, Parlement européen, médias proches de la Commission, journalistes français, allemands et italiens, *think tanks* spécialisés, milieux économiques) de donner chaque fois aux nouvelles institutions un caractère plus intégré, y compris pour la politique étrangère, en attendant « la prochaine étape » carrément fédérale.

Ce retour en arrière est indispensable pour comprendre pourquoi, pour les tenants de cette thèse, pendant cette quinzaine d'années, ce qui concernait la politique étrangère et de défense française, sa définition, sa conduite, son adaptation, paraissait de moins en moins important. Puisque la diplomatie française était vouée à se fondre un jour dans une politique étrangère européenne commune (en oubliant au passage la distinction fondamentale entre « commune » et « unique »), puisque c'était souhaitable et inéluctable, pourquoi s'accrocher à des traditions ou zones d'influence dépassées (francophonie, Afrique, monde arabe, Nord/Sud) qui énervaient nos partenaires européens (supposés, eux, des Européens parfaitement désintéressés) et agaçaient les Américains (ce qui fait le lien avec le courant occidentaliste abordé plus loin) ? Pourquoi, si ce n'est par goût de la gloire, maintenir ces voyages des ministres ou du président français, ces missions, ces initiatives, ces sommets franco-quelque chose, le siège français au Conseil de sécurité, l'obsession de la francophonie, etc. Alors que le sens de l'Histoire imposerait d'« européaniser » lentement mais sûrement notre politique étrangère.

Aucun parti, aucun leader (pas même Jacques Delors, plutôt réaliste, ou Valéry Giscard d'Estaing, parce que ancien président français) n'a complètement préconisé cette ligne. Mais elle a pesé très lourd sur le débat public de 1992 à 2005. Cette tendance qui taxait de frileux tout ce qui n'était pas elle aurait mérité une interpellation critique et d'abord celle-ci : les peuples la soutenaient-ils ? Aux réticences manifestes, la réponse classique – il faut faire plus de pédagogie – était un peu courte. Et d'ailleurs, les autres pays européens renonçaient-ils ainsi à eux-mêmes (voir les zones d'influence de chaque État membre) ? Européaniser, n'est-ce pas en fait abandonner ? En quoi une Europe refuge de nations fatiguées d'elles-mêmes pourrait-elle être forte ?

Mais, plus que ces interrogations légitimes, c'est le désaveu brutal, en 2005, de deux peuples fondateurs, les Français et les

Néerlandais, après les signes annonciateurs de Maastricht en 1992 (seulement 51 %) et de 2004 (57 % d'abstention en moyenne aux élections européennes), qui a donné un coup d'arrêt à cette fuite en avant. Même si le traité simplifié est, comme c'est probable, ratifié, avec un haut commissaire pour les Relations extérieures cumulant les fonctions actuelles de Javier Solana, M. PESC[1], et de Benita Ferrero-Waldner, commissaire européenne pour les Relations extérieures – progrès bienvenu –, et si la France fait tout pour qu'il réussisse dans sa mission, il y aura demain comme aujourd'hui une politique étrangère française et britannique, et allemande, etc. Nous n'allons pas nous en remettre à « l'Europe », contrairement à ce que certains annonçaient ou préconisaient, ni mettre sac à terre.

Pas d'échappatoire possible. Nous allons devoir continuer à penser et à repenser notre politique étrangère, pour nous-mêmes, et aussi pour peser de tout notre poids dans l'élaboration de la partie européenne commune des politiques étrangères des Vingt-Sept, la Politique étrangère de sécurité et de défense commune, et dans son renforcement, auquel nous avons intérêt.

Cependant, on sent dans la France de 2007 une autre tentation beaucoup plus forte, à la fois ancienne et nouvelle, de remise en cause de la politique étrangère de la France, la tentation « occidentaliste ».

L'option atlantiste-occidentaliste

La réorientation occidentaliste

Depuis quelques années, une vision du monde « atlantiste » au sens de la droite française d'avant le gaullisme, devenue avec la mondialisation et ses angoisses « occidentaliste », est réapparue et s'est affirmée au fil de livres, de revues, d'articles, de colloques et de déclarations politiques. Il ne s'agit pas là de la politique normale d'amitié et de coopération avec les États-Unis, mais d'une réorientation en profondeur qui doit être examinée de près. Ce mouvement s'inscrit, tout en prétendant s'en démarquer, dans le schéma de *clash* des civilisations pronostiqué il y a quinze ans par Samuel Huntington. Huntington d'ailleurs injustement décrié :

1. Politique étrangère de sécurité et de défense commune.

il ne préconisait pas, mais au contraire il mettait en garde ! Les Occidentaux (environ un milliard) seraient confrontés à l'hostilité irrémédiable des cinq milliards et demi d'êtres humains non occidentaux, à commencer par les musulmans et les Chinois (qui pourraient se liguer, partie la moins convaincante des spéculations de Huntington), sans oublier les Russes, les Indiens, et tous les autres qui voudraient se venger des cinq siècles de domination occidentale. Menacés, les Occidentaux devraient se serrer les coudes.

De fait, les Occidentaux ont perdu le *monopole* de l'Histoire, si ce n'est leur influence qui peut demeurer longtemps colossale. Cette thèse fait écho à celle des néoconservateurs américains, élaborée bien avant le 11 septembre 2001, et dont on connaît les axiomes, le « wilsonisme botté » : il faut, contre la *realpolitik*, remettre la « morale » au centre de la politique étrangère, et être plus offensif contre les régimes non démocratiques et, ce qui conduit presque fatalement à des interventions militaires, avec ou sans accord au sein du Conseil de sécurité de l'ONU. Les néoconservateurs gardent plus d'adeptes qu'on ne le croit en Europe, y compris dans les élites françaises, même après le fiasco irakien. Ce fait a été masqué par la virulente et durable réprobation de la politique étrangère de George W. Bush au Proche et au Moyen-Orient par l'opinion française, mais il est patent.

Quels sont les axes des tenants de cette réorientation « occidentaliste » qui, le plus souvent, ne se présentent pas sous leurs vraies couleurs, à part quelques intellectuels isolés et provocateurs, mais sous le pavillon aimable de la « modernisation » (encore une !) de la politique étrangère ?

D'abord le postulat des « valeurs communes » entre l'Europe et les États-Unis. Il peut y avoir des désaccords passagers avec George Bush (et encore pas pour tous les membres de ce groupe de pensée) mais au fond nous serions avant tout des démocraties assaillies par les terroristes et menacées par la Chine, le nouveau « monde libre ». La question de savoir si la politique américaine récente n'a pas, précisément, accru ces risques n'est même pas admise par les tenants de cette ligne. Il s'ensuit que nous ne devrions pas critiquer inutilement les États-Unis, ni nous démarquer d'eux « pour le plaisir de nous opposer à eux ». Selon un schéma bien connu, ne pas s'opposer à eux sans motif valable devient vite : ne pas s'opposer tout court. Tout un pan, tout un héritage de la politique étrangère française – ton, initiatives, méthodes, partenaires – est ainsi frappé de suspicion même dans les cas où la France a eu à l'évidence raison. Il est surprenant de constater que cette tentation est forte, comme pour l'européisme, dans les élites – mais quasiment pas dans la population.

La question de l'OTAN

Dans sa logique, ce courant de pensée – fort à l'UMP et dans le monde industriel et de la défense, présent au PS, significatif dans les médias – estime que la position particulière de la France dans l'OTAN est un « problème ». Jusqu'ici les quatre premiers successeurs du général de Gaulle ont préservé l'essentiel de la décision que celui-ci avait été amené à prendre en 1966 à l'issue de huit années de négociations infructueuses avec les États-Unis : sortir la France de tout engagement militaire automatique tout en restant, cela va de soi, dans l'Alliance. Si cette question n'a pas fait l'objet de débats publics, ni pendant la campagne électorale, ni depuis l'élection du président Sarkozy, la tentation du retour dans l'OTAN existe bel et bien.

Cette éventualité mérite un examen plus détaillé. Quels sont les arguments le plus souvent invoqués à l'appui d'un « retour de la France dans l'OTAN » ?

• Les militaires mettent en avant la commodité pratique, la cohérence de la formation et des méthodes de combat avec les autres armées alliées de l'OTAN, l'« interopérabilité ». Ils n'ont d'ailleurs, à quelques personnalités près, jamais été très favorables aux décisions prises par le général de Gaulle et n'ont eu de cesse de demander aux responsables politiques l'autorisation de renouer des relations pratiques très étroites avec l'armée américaine et avec l'OTAN, ce qu'ils ont obtenu. Ils espèrent une normalisation plus complète. Certains la justifient aussi par des raisons budgétaires (économies) et européennes (puisque en réalité les autres Européens ne veulent pas d'Europe de la Défense, inutile de rester à moitié en dehors de cette perspective).

• Pour une partie de l'UMP (voire du PS) la question est abordée de façon plus idéologique ou politique. Dans le monde global marqué par le terrorisme et l'émergence de grands pôles de pouvoir non occidentaux, la position singulière de la France dans l'OTAN serait devenue une « anomalie ».

• Un dernier argument est avancé : la France verrait ainsi son influence s'accroître au sein de l'ensemble atlantique, auprès des États-Unis et de leurs alliés, sur le plan diplomatico-militaire comme sur le plan des armements.

Les avantages seraient donc : meilleure cohérence « occidentale » idéologique, géopolitique et militaire, et influence accrue.

Le point de principe – la question de la cohérence occidentale – ne peut s'évaluer en avantages/inconvénients puisque c'est un point de principe, presque de doctrine. Il se justifie si la France se pense avant tout comme un pays occidental, avant d'être européen ou original. Et si tout doit en découler sur le plan pratique, en revanche, on ne peut pas affirmer que quoi que ce soit dans la situation actuelle de la France par rapport à l'OTAN la gêne, des arrangements concrets et satisfaisants ayant été trouvés sur chaque point. Des forces françaises participent à plusieurs opérations de l'OTAN. Leur valeur militaire est reconnue. Des entreprises françaises réussissent à remporter les appels d'offres de l'OTAN quand ils sont méthodiquement préparés.

L'argument de l'influence est le moins convaincant. La France serait – peut-être – considérée de nouveau par les autres alliés, européens et canadiens, comme un allié « normal » et cesserait – peut-être – de faire l'objet de procès d'intention. Sur les États-Unis cela donnerait à la France une influence comparable à celle des autres alliés, c'est-à-dire quasi nulle. Ce n'est d'ailleurs pas nouveau : même l'immense Churchill n'avait pas réussi à influencer Roosevelt, par exemple sur le lieu et la date du débarquement ! *A fortiori* les dirigeants d'aujourd'hui. D'autant que les États-Unis n'accordent plus à l'OTAN une place exclusive. Même après son départ, les conceptions de Rumsfeld selon lesquelles c'est « la mission qui détermine la coalition », au détriment des alliances permanentes, ont laissé des traces.

Il faut ensuite se demander quel serait le prix politique à payer pour un tel mouvement. Sur le plan interne d'abord. Une partie de l'opinion, peut-être pas seulement à gauche, s'y opposerait, ou en tout cas n'en comprendrait pas la nécessité. À un moment où l'administration Bush sortante a rendu les États-Unis plus impopulaires que jamais dans le monde, quel serait l'intérêt de réveiller une telle polémique ? Cette question pourrait – peut-être – se présenter autrement après 2009.

Sur le plan international, un tel mouvement déclencherait l'enthousiasme des médias et des élus américains : oublié le général de Gaulle, la France est redevenue un allié sûr, elle va nous aider en Irak et ailleurs, etc. Satisfaction en Israël pour les mêmes raisons. Satisfaction plus ambiguë en Grande-Bretagne : même si les Britanniques sont bien placés pour savoir que leur suivisme ne leur a donné aucune influence particulière sur les États-Unis (pas plus d'ailleurs que notre opposition), ils n'aimeraient pas que cette influence supposée ait l'air d'être partagée avec l'autre allié militairement significatif. À peu près partout ailleurs, la France serait considérée comme réalignée sur les États-Unis et traitée comme telle. Les autres puissances, établies ou émergentes, en prendraient froidement acte : même si c'était souvent illusoire d'espérer canaliser, ou contrebalancer, les États-Unis, ce ne serait plus la peine en tout cas d'essayer de le faire avec la France et donc de la valoriser politiquement ni de l'avantager économiquement dans ce but.

Dans tous les autres pays, qui ne sont pas des puissances, soit au moins cent cinquante, cela serait perçu comme la perte d'un point d'appui au sein de l'ONU, ou de l'OMC, d'un avocat au sein du FMI, de la Banque mondiale ou du G8. Mais les simples pays, plus que les puissances, sont obligés d'être réalistes, et ils auront tôt fait de se trouver d'autres points d'appui.

Tout cela est à mettre en regard avec ce que la France y gagnerait éventuellement.

Un gouvernement qui envisagerait une telle décision pourrait juger nécessaire vis-à-vis de son opinion d'obtenir des contreparties, comme celles que le président Chirac avait demandées en 1995-1996 (le commandement sud pour un Français). Il serait utile pour un tel gouvernement d'étudier pourquoi cette tentative avait échoué, avant même la dissolution et le changement de gouvernement au printemps 1997.

Toutefois, obtenir tel ou tel poste important, ce qui, déjà, ne va pas de soi, ni de la part des Américains, ni de la part des autres alliés, ne serait pas suffisant. Seule la perspective d'une vraie réforme de l'OTAN qui est, rappelons-le, depuis la guerre de Corée il y a cinquante ans, une organisation militaire intégrée dès le temps de paix comme elle le serait en temps de guerre, changerait cette donne. Pour la France, rejoindre une OTAN réformée grâce à la bonne gestion de sa disponibilité pour un rapprochement aurait une tout autre allure, et une autre signification, que de « rentrer dans l'OTAN ».

Que pourrait être une « OTAN nouvelle » ?

• Une organisation qui irait plus loin dans la reconnaissance de l'autonomie du pilier européen de l'alliance que les arrangements actuels, ce qui suppose que les Européens se mettent au préalable d'accord sur ce qu'ils veulent obtenir et les responsabilités qu'ils sont prêts à prendre.

• Une organisation qui accepterait en son sein le débat entre alliés (et non entre vassaux) sur les options stratégiques et tactiques, par exemple sur l'avenir de la dissuasion ou sur la combinaison défense-dissuasion.

• Une organisation dont tous les membres européens prendraient leur part des dépenses militaires.

• Une organisation qui clarifierait son aire géographique, son rôle et ses missions devenues confuses à force d'être constamment étendues. Depuis la fin de l'URSS, les États-Unis, et divers lobbies d'autres pays influents à Washington, ont poussé à l'élargissement de l'OTAN pour achever de refouler la Russie, l'entourer d'un réseau de pays nouvellement alliés des Occidentaux, voire traiter de la menace terroriste, et accroître l'influence américaine. Un peu comme dans le cas de l'Union européenne de 1989 à 2004, l'élargissement est devenu une fin en soi. Par ailleurs, des réactions américaines et occidentales et des engagements au cas par cas – ex-Yougoslavie, Afghanistan – semblent avoir fait de l'OTAN – à l'origine *organisation militaire défensive de l'Atlantique Nord* – le bras armé de la sécurité occidentale tous azimuts.

Cela est très lourd de conséquences quant à la perception de l'Occident par « les autres » (*the rest*) et notre positionnement stratégique dans le monde des pôles émergents.

Qui en a débattu ? Qui en a décidé ? À l'origine, en 1948, la ratification du traité instaurant l'Alliance atlantique avait fait l'objet de débats intenses au sein des parlements nationaux, à commencer par le Sénat des États-Unis. Le changement de contexte mondial, et de menaces, et la nécessité d'une réforme justifient amplement qu'un nouveau débat ait lieu aujourd'hui dans les pays de l'Alliance sur le rôle et sur l'avenir de l'OTAN. Les

États à la fois membres de l'Union européenne et de l'OTAN pourraient y réfléchir ensemble afin d'être en mesure de faire des propositions à la nouvelle administration américaine, en 2009. Voire avant, au sommet de l'OTAN au printemps 2008, si du fait de son affaiblissement l'administration Bush était prête à certains mouvements.

Systèmes défensifs et avenir de la force de dissuasion

L'autre grande question stratégique qui peut être abordée de façon « occidentale », européenne, ou plus indépendante, est celle du projet américain de bouclier, c'est-à-dire de l'avenir de la dissuasion et des rôles respectifs des systèmes défensifs et dissuasifs. Théoriquement, des boucliers affaiblissent la crédibilité de la dissuasion et c'est pour cela qu'il y avait eu de 1972 à 2001 un traité ABM. Mais il y a le risque de tirs accidentels (?), de régimes non sensibles à la menace de représailles (?), de menaces émanant d'entités non territoriales non menaçables en retour, faute de domicile fixe (?), qui tous obsèdent l'Occident (et un certain nombre d'autres pays) depuis… qu'il a vaincu l'URSS. Le vainqueur est inquiet. Et surtout, comme l'a toujours expliqué Zbigniew Brzezinski[1], les États-Unis veulent être assurés de plus de sécurité que tous les autres et disposer à la fois de tous les systèmes défensifs, offensifs et dissuasifs.

La question stratégique est : faut-il des systèmes défensifs en plus de la force de dissuasion ? La question politique est : s'ils sont nécessaires, acceptables, ou inévitables, avec qui ? Devons-nous seulement prendre acte du projet américain ? demander qu'il devienne américano-européen, c'est-à-dire otanien avec participation des Européens à la conception, à la réalisation, au fonctionnement ? Les Européens, surtout ceux qui n'ont pas de dissuasion, doivent-ils se doter de leur propre bouclier, couplé ou non à celui des États-Unis ? Faut-il associer à l'un de ces projets la Russie ? Voire proposer à l'ensemble des puissances un système défensif global, une assurance mondiale anti-risques ? On voit que cela aussi dépend de l'idée que nous nous faisons du monde, des menaces et de nous. Mais faut-il se lancer dans tout cela uniquement pour intercepter les éventuels missiles d'un régime iranien

1. Ancien conseiller à la Sécurité nationale du président Jimmy Carter, de 1977 à 1981. Consulté par tous les présidents américains.

supposé avide de suicide qui de plus aura sans doute changé avant la mise en fonction de tout bouclier ? Aucune réponse n'est évidente à ce stade. Beau sujet pour le futur Livre blanc de la défense et la future loi de programmation pour les années 2009 à 2013, que devraient éclairer un débat français, un débat au sein de l'Union européenne et un autre au sein de l'OTAN.

L'acceptation du principe d'intervention américain

La priorité « atlantiste » donnée à la défense des intérêts de l'Occident, pris comme un tout, aurait d'autres traductions. L'acceptation peu ou prou de la priorité donnée à la guerre contre « le » terrorisme telle que l'a définie l'administration Bush avec tout ce que cela entraîne. La reconnaissance du *leadership* américain dans la fixation de la ligne à suivre avec la Chine, avec la Russie (adversaire, concurrent, partenaire, terre de mission ?) ou encore au Proche ou au Moyen-Orient où la France ne prendrait plus alors d'initiatives isolées, en tout cas sur les sujets centraux (Israël/Palestine, Irak, Iran). La France se concentrerait sur des théâtres sensibles mais stratégiquement secondaires où elle peut être utile, tels que le Liban, profiterait des efforts de Mme Rice pour limiter l'ampleur du fiasco diplomatique de l'administration Bush, et attendrait une redéfinition plus large (mais pas totale) de la politique étrangère américaine à partir de janvier 2009.

Même remarque en ce qui concerne la réforme des institutions multilatérales, pas vraiment acceptée par les États-Unis, où le dosage toujours changeant entre la gestion réaliste des intérêts occidentaux (économie, énergie, sécurité, migrations, pandémies) et la diplomatie « transformationnelle », composante fondamentale de la politique étrangère américaine depuis le président Wilson, mais moins flambante aujourd'hui après l'Irak.

L'attirance exercée par cette approche a survécu au fiasco américain en Irak dans certaines élites françaises, de droite et à gauche. Au nom du rejet de la *realpolitik*, de la remise des droits de l'homme et de la morale au centre de la politique étrangère, de la lutte contre les tyrans, de l'ingérence nécessaire pour faire progresser la démocratie, voire du rejet de l'« anti-américanisme primaire », certains continuent à ne pas contester le principe de l'intervention américaine, rappellent que ses objectifs étaient honorables, présentent ses adversaires comme des partisans de Saddam Hussein et attribuent l'échec de ces interventions à des questions de moyens, d'organisation, voire, comble du cynisme tranquille, aux Irakiens incapables de se montrer à la hauteur de la générosité américaine (!).

En réalité, l'intervention américaine était vouée à l'échec du fait du sophisme qui voulait que le problème palestinien soit surfait et que ce soient les pays arabes qu'il faille changer d'abord, de gré ou de force (théorie néoconservatrice et Likoud), combiné à la croyance simpliste selon laquelle la démocratie peut être imposée de l'extérieur comme en Allemagne et au Japon en 1945 et servira d'exemple contagieux et de modèle (théorie néoconservatrice partagée par un certain nombre de démocrates américains, en opposition aux républicains réalistes classiques de l'administration de Bush le père, ou aux démocrates centristes comme Clinton). C'est cette dernière croyance qui explique l'extraordinaire vacuité de la politique américaine en Irak après la victoire contre Saddam Hussein.

Des éléments de cette pensée restent présents, d'autres apprentis sorciers brûlent de tenter à leur tour de nouvelles expériences, l'*irrealpolitik* occidentale peut faire encore des ravages. Sous ces réserves, que la France redevienne présente en Irak et, jusqu'à un certain point, disponible n'est pas critiquable, au contraire.

À noter cependant que, même érigée en priorité en matière sécuritaire et diplomatique, l'approche « occidentaliste » ne ferait pas disparaître la compétition entre entreprises globales américaines et françaises – en dépit du discours selon lequel les grandes entreprises n'ont plus de nationalité –, ni les désaccords sur certains sujets « globaux » comme la lutte contre le réchauffement du climat, ou sur telle ou telle initiative ponctuelle, ni les divergences sur la régulation de la mondialisation financière. L'approche « occidentaliste » repose sur des arguments frappants et des sentiments forts. La prise de conscience du poids démographique relatif faible et décroissant des Occidentaux, de la rapidité de l'émergence des pôles non occidentaux concurrents, l'angoisse « du » terrorisme, qui résonne sans fin dans la bulle médiatique mondiale et, par ailleurs, l'inefficacité décourageante des politiques d'opposition aux États-Unis peuvent pousser dans ce sens.

Néanmoins, cette réorientation fondamentale n'est pas demandée par l'opinion française qui paraît à l'aise dans la politique de la Vᵉ République dans la longue durée. Elle poserait d'immenses problèmes et comporterait des risques. Mais puisqu'elle est souhaitée par une partie des élites économiques et politiques, le débat sur cette réorientation devrait être mené dans la clarté. Comme celui sur une éventuelle zone de libre-échange euro-américaine.

La politique étrangère française repensée

La France n'a donc pas moins besoin aujourd'hui, dans le monde global, d'avoir sa propre politique étrangère, et sa propre politique de défense, que pendant la guerre froide. Pendant celle-ci, tout en assumant loyalement ses obligations envers ses alliés au sein de l'Alliance atlantique dans les moments de crise, elle avait estimé conforme à son histoire, à sa géographie, à ses intérêts et à ses idéaux d'user d'une certaine liberté de manœuvre à l'est et au sud. Elle s'en est bien trouvée, l'Europe et le monde aussi.

Depuis 1989-1990, le monde a changé en profondeur, mais en quoi ? Les analystes ne s'accordent pas à son sujet : forme-t-il un « monde plat », unifié par l'américano-globalisation et l'économie de marché, une « communauté internationale » partageant les mêmes valeurs universelles, un monde « uni » ou « multipolaire », le champ clos d'un inévitable « *clash* des civilisations », ou encore une civilisation prédatrice condamnée par son incapacité à restaurer à temps dans la biosphère les équilibres vitaux ? Un peu de tout cela sans doute.

Dans tous ces cas de figure, la France prendrait un grand risque en s'en remettant pour sa politique étrangère à une nouvelle sainte-alliance occidentale génétiquement programmée pour affronter pour des raisons idéologiques, sécuritaires, énergétiques ou autres les pôles non occidentaux, conduite par des États-Unis non influençables de l'extérieur et sujets à des accès d'aventurisme.

De la même façon, elle s'illusionnerait et s'affaiblirait gravement en s'en remettant à la problématique politique étrangère de la virtuelle Europe puissance se déterminant à la majorité des Vingt-Sept, bien intentionnée et bien peu puissante. Elle rognerait tous les aspects saillants de sa propre politique étrangère pour se conformer à une ligne moyenne. Elle y perdrait beaucoup en influence et en sécurité. Et qu'est-ce que l'Europe y gagnerait ? On a vu par surcroît que le mouvement vers l'intégration politique est durablement stoppé, voire qu'il va atteindre son terme ultime à vingt-sept. Quels que soient les mérites du futur haut-commissaire, il en résulte que la France va devoir continuer à mener sa propre politique étrangère comme elle l'a fait depuis le milieu des années 1960.

Naturellement, la France est un pays occidental, allié des États-Unis et elle partage avec les autres pays occidentaux le trésor de la démocratie et des droits de l'homme, ce qui ne signifie pas que ni elle, ni eux ne détiennent la formule magique pour leur propagation dans le monde. Mais cela ne veut pas dire qu'elle ait exactement au même moment les mêmes intérêts que les autres démocraties, ni la même façon de les garantir.

Naturellement, elle est aussi un pays européen et son intérêt est que l'Union européenne soit l'expression d'États membres forts capables d'établir par le haut une synthèse ambitieuse de leurs intérêts et de leurs projets dans le monde, et non l'inverse.

Mais, occidentale et européenne, elle n'en a pas moins ses intérêts propres, ses conceptions. Autant, pour retrouver confiance en elle dans la mondialisation, la France a besoin d'un sursaut psychologique, d'une révolution mentale et d'un rejet du défaitisme, appuyés sur des initiatives politiques fortes et des politiques innovantes, autant, en politique étrangère et en défense, la France ne doit surtout pas baisser les bras.

Mais que doit-elle changer ?

La politique étrangère de la France ne doit pas être poursuivie à l'identique

Ce n'est pas parce que beaucoup d'appels à la « modernisation » de notre politique étrangère et de défense sont des appels à la normalisation atlantiste ou européiste qu'il n'y a rien à moderniser. Cette politique est à réinventer constamment. N'oublions pas cependant que, depuis la fin de la guerre froide, deux présidents de la République (ainsi que sept ministres des Affaires étrangères et huit ministres de la Défense) se sont employés à cette modernisation et qu'un troisième s'y attaque énergiquement. Monde global, problèmes globaux, nouveaux acteurs, etc. Tout cela n'est déjà plus tout à fait nouveau. Qu'en est-il aujourd'hui ?

• Changer de ton. D'abord, si surprenant que cela puisse paraître, alors que notre pays sort tout juste d'une longue période de doute sur lui-même, et qu'il s'est sous-estimé comme une puissance « moyenne », il continue d'être perçu comme « arrogant » dans une grande partie du monde. Bien sûr, ce reproche, ancré dans une histoire et des comportements déjà anciens, est utilisé par les pays qui veulent nous dissuader de prendre des initiatives, mais cette perception est répandue au-delà.

Comment la corriger sans raser les murs ? Deux exemples.

Si sincères que nous soyons en le disant, faut-il sans arrêt rappeler que la France est la « patrie des droits de l'homme » ? D'abord, historiquement, la Grande-Bretagne (l'Angleterre, plutôt) et les États-Unis pourraient le revendiquer tout autant. Ensuite à quoi sert de répéter cette formule (même si ponctuellement elle peut être vraie, ou émouvoir) et créer des attentes puisque nous ne disposons pas d'une formule magique qui nous permettrait d'obtenir que les droits de l'homme soient respectés en Chine, en Russie, dans le monde arabe, en Afrique, etc., et que nous ne cesserons pas d'acheter du gaz aux Russes, du pétrole aux Saoudiens et de vendre nos technologies aux Chinois ? Davantage de modestie serait plus conforme à la réalité et n'affaiblirait en rien, par ailleurs, nos efforts concrets pour les droits de l'homme.

Même remarque à propos de cette vocation « universelle » dont nous aimons nous réclamer. Qu'est-ce à dire ? Si nous avons des idées géniales pour améliorer le monde que personne d'autre n'a eues avant nous, l'univers s'en rendra compte et nous en saura gré. Si ce n'est pas le cas, pourquoi le proclamer par avance comme si cela nous était consubstantiel, au risque de nous exposer au démenti ou au ridicule ?

Il nous reste une révolution à accomplir dans nos mots, nos attitudes, notre ton, les modalités de nos annonces, nos « initiatives ». Les médias audiovisuels qui, par nature, valorisent ou suscitent le spectaculaire et les pseudo-nouveautés sont un facteur aggravant mais rien n'oblige à y céder et ils sont eux-mêmes un reflet autant qu'une cause. Entre l'excès de prétention et l'excès de sous-estimation de soi, nous sommes passés par des extrêmes qui nous handicapent. Il est temps de trouver notre équilibre.

• Notre capacité d'écoute est insuffisante. Il sera de plus en plus difficile de décider entre nous seuls si nous devons conserver une politique arabe, une politique africaine, et laquelle, sans en parler avec les intéressés et sans les écouter longuement. L'idée d'« Union de la Méditerranée », avancée par le président Sarkozy, est, dans son principe, un progrès quelle que soit son issue : plutôt qu'une politique de l'Union européenne *pour* les Méditerranéens, des projets élaborés entre eux *par* les Méditerranéens.

Ce changement de ton concerne bien sûr les diplomates, mais en réalité ce sont eux qui y sont le mieux préparés. Tous ceux d'entre eux qui ont à négocier dans un cadre multilatéral – ONU, Union européenne, etc. – l'ont intégré depuis longtemps et devraient diffuser plus leur savoir-faire dans l'appareil d'État et dans la société. Les hommes politiques, les journalistes, les intellectuels en revanche en sont loin : ils parlent en vase clos, mais à l'extérieur c'est parfois mal compris. Les gens de culture ont souvent la curiosité, et le goût de ce qui est différent. En même temps, ils sont pétris, comme les intellectuels, de l'idée que la France a vocation à se projeter sur le monde. Quand c'est le monde qui se projette sur la France, les Français ne s'y retrouvent plus. Il faut pourtant nous y faire.

Pour savoir comment nous sommes vus, tout négociateur français aurait intérêt à lire Charles Cogan, *How to Deal with the Grande Nation*, interroger les patrons ou les directeurs internationaux des grands groupes français pour comprendre comment ils s'y prennent…

• Re-responsabiliser les États. Un des *leitmotive* de la modernisation concerne les « nouveaux acteurs » des relations internationales. Mais qui ne sait, depuis le temps, que les États n'ont plus le *monopole* des relations internationales ? Qui ignore encore le rôle des grandes entreprises globalisées, beaucoup plus puissantes que bien des États, celui de la myriade d'ONG de toutes natures, l'effet de la médiatisation instantanée de tout sur les sociétés, les débuts d'un embryon de justice internationale ? Et aussi, bien sûr, la face noire de la globalisation : migrations incontrôlées, terrorisme global, pandémies facilitées, mafias transnationales, traites humaines, économie du crime ?

Il faut certes en tirer toutes les conséquences. Mais certains étaient tombés dans l'excès inverse. Les États n'ont plus le monopole, certes, mais ils conservent une responsabilité spécifique que personne d'autre n'exerce. À trop répéter qu'un État, un pays, seul, ne peut plus rien, on en était venu à déresponsabiliser les gouvernements et à décourager les citoyens alors que le multilatéralisme suppose, pour être efficace, la coopération et l'engagement d'États forts au sein d'un cadre commun. Beaucoup d'ONG apportent une contribution irremplaçable au développement, à l'action humanitaire, à la défense des droits de l'homme ou de l'environnement, mais elles ne peuvent pas se substituer aux États, dans la plupart des cas d'ailleurs elles ne le veulent pas, et c'est faire un contresens que de prêcher d'abord la société civile comme panacée dans certains pays où le gouvernement n'est même pas capable d'assurer un minimum de sécurité et de solidarité.

Autre exemple : autant il serait absurde de concevoir notre politique étrangère, aussi bien bilatérale que globale, sans les grandes entreprises, autant il est sain de rappeler que les États ont des responsabilités globales et non spécialisées, qu'ils ne peuvent se concentrer sur ce qui est rentable, et que leur rôle ne se borne pas à rendre service aux grandes entreprises. D'ailleurs, la vague anti-État libérale, postgauchiste ou européiste, a atteint son paroxysme et commence à refluer.

On est gêné d'avoir à rappeler de telles évidences, mais la confusion des esprits, durant ces quinze à vingt dernières années, a été telle que c'est indispensable.

La prise en compte des autres acteurs par les politiques publiques doit être systématique, très en amont, sans confusion des rôles ni des responsabilités. Il ne peut y avoir, au sens propre du terme, de « diplomatie » parlementaire, régionale ou municipale. Seuls les gouvernements ont la compétence diplomatique et la capacité d'engager leur pays. Si l'on parle pour faire image de diplomatie économique, culturelle, humanitaire ou environnementale, ou autre, c'est toujours de diplomatie qu'il s'agit : l'art de la négociation. Celui-ci est devenu plus ardu dans un monde de 192 États (une dizaine au congrès de Vienne en 1815, 54 à la création de l'ONU en 1945) où tout se passe, presque instantanément, de façon publique, où le régime d'opinion attise en permanence sentiments et passions et rend plus difficile de garder une idée claire de nos intérêts fondamentaux et de faire admettre les nécessaires compromis. Dans ces systèmes médiatisés, l'exploitation des émotions publiques, leur canalisation ou leur instrumentalisation, tend même à devenir l'essence du politique. Henry Kissinger déplorait autrefois qu'Israël n'ait qu'une politique intérieure et pas de politique étrangère, ce qui l'affaiblissait. C'est quasiment devenu la norme. Malgré cela, la diplomatie demeurera l'art de trouver un arrangement entre intérêts contraires ou antagonistes, et d'éviter les affrontements.

L'État moderne doit avoir une vue d'ensemble de ces phénomènes, et créer en chef d'orchestre une synergie de toutes nos actions et interventions conformes à ses idées et à ses intérêts. Il doit animer, mais pas décider seul. Il n'y a pas à opposer politiques de *puissance* – qui restent largement pratiquées dans le monde quoique l'on croie en Europe – et politiques d'*influence* qui la continuent par d'autres moyens, sur d'autres terrains avec d'innombrables leviers. La pseudo-panacée – tout miser sur l'influence par défaut de puissance – n'en est évidemment pas une, que ce soit pour la France ou pour l'Europe. D'un autre côté une politique moderne d'influence est indispensable. Elle doit être très active mais d'abord elle doit être pensée. Elle doit être globale (mettre à profit tous les éléments d'influence de l'arme nucléaire aux parfums, des fusées à la gastronomie, du plus matériel au plus immatériel, de l'influence intellectuelle à l'intelligence économique). Elle se pratique déjà chaque jour. Elle doit devenir plus consciente. Elle doit être persévérante : c'est le contraire d'une politique de « coups », même si certains peuvent être utiles pour frapper l'opinion. Mais elle n'a aucune chance de donner de bons résultats sans le changement de ton évoqué plus haut. Veiller à nos intérêts dans les nombreuses enceintes multilatérales, anticiper très en avant des règlements, directives ou décisions qui s'élaborent par exemple au sein de l'Union européenne pour que ces règles prennent en compte dès leur genèse nos intérêts, constituer des minorités de blocage, rassembler des majorités d'idées, valoriser notre image, conquérir les esprits : tout cela est absolument contradictoire avec le fait de décréter que nos idées ont par nature une portée universelle ou de penser que nous pourrons bloquer *in fine*. Il va falloir choisir.

La puissance et la persévérance nourrissent l'influence, la prétention la mine. La classe politique devrait avoir le courage d'aller contre le goût de l'opinion et des médias pour les initiatives spectaculaires et sans lendemain, et mieux faire valoir son action de longue durée.

Valoriser les acquis de la France

Inversement, nous ne devons pas brader nos acquis dans les domaines diplomatiques, militaires, juridiques et culturels ou autres sur l'autel de la « modernisation », mais au contraire les valoriser. C'est une chance extraordinaire pour nous de disposer de 158 ambassades et 17 représentations permanentes, de 97 consulats (sans oublier les 15 000 Français fonctionnaires dans les institutions multilatérales, même si c'est d'une autre nature), d'une présence militaire à l'étranger forte, d'une langue, d'entreprises performantes, d'un des deux grands systèmes juridiques existants et de tous nos leviers d'influence économiques et autres dans la mondialisation [...]. Certes tout cela évolue, doit évoluer. Par exemple si la France menait une politique résolument atlantiste et otanienne, elle pourrait aller plus loin sur le plan militaire dans la spécialisation des tâches et la mutualisation des charges. Elle pourrait coupler cette approche avec la mise en commun européenne (vieux serpent de mer !) des fabrications d'armement qui se justifie d'ailleurs en soi. Si elle veut garder sa propre politique, elle doit en revanche garder une large gamme de moyens, compatibles avec ceux de ses alliés, mais sous sa responsabilité. En revanche, aucune évolution ne justifierait qu'elle liquide son réseau culturel, sauf à abandonner carrément le français à son sort !

Dans tous les cas, les réseaux consulaire et diplomatique devraient être repensés au sein de l'Union européenne.

La France a tout intérêt à conserver son réseau diplomatique. Dans le monde, qu'il faille le moderniser, le faire vivre, est une évidence et une pratique constante : multiplication des postes à effectifs réduits, ambassades régionales, ailleurs au contraire ouvertures ou renforcements ; et c'est encore plus vrai du réseau consulaire qui doit suivre la présence des Français. Mais il ne faut pas le faire dans un esprit d'abandon, par fatigue mentale ou budgétaire, mais dans un esprit dynamique de présence renforcée auprès des émergents et des autres puissances qui vont compter.

L'indifférence des élites françaises au sort du français, et de la francophonie – mis à part les spécialistes –, est un scandale et une absurdité. Manifestation, sans doute, d'une sorte de déprime nationale et de faux modernisme, se préoccuper du français leur paraît une obsession de vieilles barbes, le comble étant atteint dans les milieux économiques globalisés où le snobisme, en plus de l'efficacité pratique, s'en mêle. Ni les Espagnols, ni les Russes, ni les Arabes, ni les Chinois ni les Allemands entre autres ne sont aussi désinvoltes avec leur propre langue. Si l'américain était sérieusement menacé, les États-Unis n'hésiteraient pas à adopter des lois Tasca, Toubon ! La France est le seul pays qui a la chance de disposer d'une langue de culture et de communication et qui s'en désintéresse, sauf institutionnellement. Le résultat, en quarante ans, est là. Naturellement l'objectif à atteindre est que tous les Français comprennent et parlent l'anglais, et que le plus grand nombre possible de Français maîtrisent une troisième langue. Ce n'est pas contradictoire, au contraire.

Nous devons aussi conserver notre extraordinaire réseau de lycées français, nos 144 centres et instituts culturels (en élargissant le public touché), les 283 alliances françaises, trouver la formule optimale pour le rayonnement de notre audiovisuel extérieur, réaugmenter le nombre et le montant de nos bourses, redevenir un pays où se forme en français ou en anglais une partie des élites du monde, garder un levier d'aide au développement, conserver des coopérants techniques, devenir beaucoup plus performants au niveau des appels d'offres internationaux.

Il ne s'agit pas de tout faire, mais de ne pas céder à la lassitude historique d'être nous-mêmes, et d'être cohérents.

Ce qui est à modifier – ou non – dans la politique étrangère de la France

Clarifier, changer de ton, ne brader aucun de nos acquis qui sont des atouts pour demain : mais pour quel contenu pour notre politique étrangère et de défense ? La redéfinition de notre politique étrangère excède les limites de ce rapport et d'ailleurs le président de la République a déjà fixé pendant la campagne électorale et depuis, lors de la conférence des ambassadeurs, les orientations. Il a parlé, décidé, agi, ainsi que le ministre des Affaires étrangères. Néanmoins la question peut être posée, là aussi au-delà de l'actualité : qu'est-ce qui doit être modifié, ou non, dans notre politique ?

Le préalable est de repartir d'une vision moins chimérique et plus réaliste du monde global d'aujourd'hui. L'opinion semble s'être à la fois convaincue, à tort, du déclin de la France, et habituée à ce que la politique étrangère consiste pour l'essentiel à aider les peuples victimes de tragédies ou à faire des discours généreux comme si nous trônions hors d'atteinte, sur une sorte d'Olympe, et que nous puissions nous consacrer presque exclusivement aux malheurs des autres par gloriole ou tradition ou sincère compassion.

Il n'en est rien. Les Occidentaux sont certes encore dominants mais ils ne représentent qu'environ un milliard d'êtres humains sur les six milliards et demi d'habitants de la planète, proportion appelée à baisser encore avec le « choc démographique » en cours. Au moment même où l'on prédisait sa fin, l'Histoire – des autres ! – s'est remise en marche. Les pays émergents émergent pour de bon. Ils ne cherchent pas seulement à entrer de plain-pied dans l'économie globale de marché mais aussi à retrouver la place géopolitique qui leur revient. Les excédents commerciaux chinois, les multinationales chinoises, indiennes, russes ou brésiliennes (les fameux BRIC), les fonds « souverains » ne sont qu'un signe avant-coureur de la gigantesque redistribution des cartes qui nous attend. Derrière les grands émergents, une bonne dizaine d'autres puissances surgit déjà, créant un monde multipolaire instable et concurrentiel. Le rapport de forces au sein de l'OMC – on ne peut rien nous y imposer, mais nous ne pouvons plus rien y imposer – en est une préfiguration. La compétition va s'accroître férocement autour des sources d'énergies fossiles (sauf percée scientifique majeure) et des voies d'acheminement (voir la stratégie pétrolière et maritime chinoise) et entre capitalismes concurrents. La dégradation de notre environnement, c'est-à-dire en fait des conditions de survie de l'espèce humaine, a déjà commencé à générer des tensions internationales.

Tous ces problèmes ne se dissoudront pas dans une croissance écologiquement prédatrice à deux chiffres, quoi qu'espèrent les dirigeants chinois. Penser, comme l'administration Bush, que le maintien d'une supériorité militaire absolue suffira à préserver nos intérêts est irréaliste. Elle en a apporté elle-même la preuve. Se convaincre, comme les Européens modernes, que des discours sur les droits de l'homme, l'exemplarité de nos normes et des partenariats avec tout le monde constituent une réponse suffisante l'est tout autant.

Ce n'est pas manquer d'humanité que d'estimer qu'une politique étrangère réaliste doit d'abord se préoccuper d'assurer à moyen et long terme notre sécurité géopolitique, stratégique, économique, écologique.

Ce qui n'exclut en rien, au contraire, comme nous devons le faire de toute façon en tant que membre du Conseil de sécurité, du G8 et autres, de contribuer de la meilleure façon possible à la résolution des problèmes du monde. La France a, à cet égard, une expérience, une créativité et un savoir-faire tout à fait particuliers. Mais pas en faisant comme si nous n'avions pas d'intérêts vitaux à défendre, et que des idéaux universels.

Ainsi, pour corriger l'illusion d'optique qui s'est installée à partir des meilleures intentions sur le multilatéralisme, nous devons agir le plus efficacement possible *dans* le cadre des institutions internationales où les États essaient de coopérer avec un maximum d'efficacité, et non pas attendre que la « communauté internationale » mythique le fasse à notre place.

Sans passer en revue tous les volets de notre politique étrangère, cinq grandes questions méritent d'être évoquées dans ce rapport : notre politique européenne ; nos relations avec les États-Unis et notre attitude envers les priorités de leur diplomatie ; notre politique envers les pays émergents ; notre politique arabe ; notre politique africaine.

• Notre politique européenne. Elle doit prendre acte de la stabilisation de l'intégration (au stade du traité simplifié) qui laisse ouverte la poursuite de la construction européenne. Elle doit obtenir, malgré les oppositions de principe, l'indispensable débat sur les frontières logiques et souhaitables de l'Union. Contribuer à l'élaboration de nouvelles politiques à vingt-sept (énergie, environnement, recherche, migrations), d'une politique économique de croissance écologique concertée dans la zone euro. Inspirer d'autres projets gouvernementaux à géométrie variable. Poursuivre la clarification de ce qui relève de la Politique extérieure et de sécurité commune de l'Union c'est-à-dire la partie commune des politiques étrangères des pays européens qui en ont une, et ce qui continuera à relever des États membres tout en étant harmonisé (ex. : France et Grande-Bretagne en Afrique). Pousser l'Union à se penser comme une puissance faute de quoi elle ne sera même pas un pôle dans le monde multipolaire en formation, à construire des rapports de force intelligents avec les grands pays émergents.

• Nos rapports avec les États-Unis. Il sera difficile en réalité de sortir de la formule « amis, alliés, pas alignés ». Amis du peuple américain. Alliés dans l'Alliance et donc partenaires le plus souvent possible. Mais pas alignés sur la politique américaine du moment. Si nous oublions un de ces trois volets, la réalité nous y ramènera. Ces relations comportent d'ailleurs une seule difficulté sérieuse : comment gérer les inévitables désaccords lorsqu'il s'en présente : en les théâtralisant ou en les maîtrisant ? Cette dernière attitude est préférable, mais il faut être deux pour cela, anticiper constamment, ne pas réagir à chaud, se concerter.

Quels problèmes peuvent surgir entre la France et les États-Unis dans la période qui est devant nous ? Jusqu'à l'élection du nouveau président, en novembre 2008, les États-Unis peuvent-ils encore nous placer devant des choix difficiles ? Oui, dans trois domaines : 1) en intervenant unilatéralement en Iran, ce que le président Bush est tout à fait en mesure de décider (même si ce n'est plus très probable). 2) En accélérant sans débat le projet de bouclier anti-missiles en Pologne et en République tchèque sans tenir compte du mécontentement, des contre-propositions russes et des interrogations en Europe. 3) En nous demandant, au motif que le président Sarkozy est perçu comme un ami, de les aider en Irak et en Afghanistan au-delà de ce que nous voudrions faire.

Dans quels domaines les choses pourraient-elles s'améliorer ? 1) Au Proche-Orient (Israël/Palestine), si Mme Rice, qui essaie de sauver du discrédit l'administration sortante, réussit à prendre le contrepied de ce qui a été fait depuis l'arrivée au pouvoir de George W. Bush, et si la conférence sur le Proche-Orient convoquée à l'automne par le président Bush relance un processus. 2) Sur le climat, où le président Bush non seulement ne nie plus le problème, mais annonce des initiatives. 3) Sur l'OTAN, si l'administration sortante se montre plus ouverte au printemps 2008.

Cela dit, est-ce avec cette administration – même si elle devient plus disponible – qu'il faut essayer de bâtir quelque chose de nouveau et de solide ? Un meilleur schéma serait sans doute : 1) une coopération pragmatique, au cas par cas autant que possible, avec l'actuelle administration jusqu'à fin 2008, sans relance des contentieux. C'est ce qui est fait, et au-delà, depuis mai 2008. 2) L'élaboration avec Mme Merkel et Gordon Brown, et les autres Européens, pendant cette année 2007-2008, d'une position sur ce que les Européens attendent des États-Unis : une vraie alliance entre partenaires et l'acceptation d'un pôle européen de défense plus fort dans l'alliance ? Une vraie concertation sur les projets de système défensif ? Une autre politique au Proche et au Moyen-Orient ? Un engagement dans le post-Kyoto ? La présidence française au second semestre 2008, juste avant le changement d'administration à Washington, favorise ce scénario. Il y a là un moment à saisir, une formidable opportunité pour la France et pour l'Europe. 3) La coordination, au premier semestre 2009, des rencontres des grands leaders européens avec le nouveau président des États-Unis. 4) Une concertation européenne sur un sommet spécial de réforme de l'OTAN au printemps 2009.

Trois autres sujets sont étroitement liés à notre positionnement par rapport aux États-Unis :

1) La question de la sécurité. De deux choses l'une. Soit nous acceptons l'analyse de l'administration Bush : il y a un terrorisme global contre les Occidentaux, les Israéliens et quelques alliés des États-Unis auquel on répond par une « guerre contre le terrorisme » qui reconfigure autour de ce seul but l'ensemble de la politique étrangère et de défense, en s'interdisant toute analyse du terrorisme (ex. : conflit du Proche-Orient), parce que l'analyser, ce serait justifier l'injustifiable. Soit, au contraire, on se libère de ce simplisme dangereux qui a peut-être renforcé la sécurité mais plus encore les risques, et on reformule une politique qui offre le maximum de protection contre les opérations terroristes, qui prive petit à petit les terroristes islamiques de leurs meilleurs arguments de propagande et de recrutement (Proche-Orient, Irak, Iran, situation intérieure des pays arabes), et on n'en fait pas le seul problème du monde.

On ne fera pas disparaître les terroristes islamistes du jour au lendemain, mais ils ne pourront pas non plus renverser les démocraties, ni même les régimes arabes. L'islam « normal » modéré finira à la longue par les phagocyter si les Occidentaux ne le gênent pas trop par leurs erreurs.

2) La question des ADM (armes de destruction massive). Les accords internationaux de non-prolifération (nucléaire, bactériologique, chimique) doivent certainement être relégitimés, repensés et durcis. Mais ils ne pourront pas l'être par les Occidentaux sous leur pseudonyme habituel de « communauté internationale ». Ils devront être vraiment négociés avec toutes les puissances d'aujourd'hui et de demain.

Étant donné que le recours au nucléaire civil va se redévelopper pour des raisons évidentes de besoin énergétique et de lutte contre l'effet de serre, il pourrait être créé une autorité mondiale chargée non de lutter contre la prolifération du nucléaire militaire (il y a déjà l'AIEA), mais de garantir la sûreté des centrales. Cette autorité devra être dotée pour cela de pouvoirs supranationaux intrusifs de contrôle et d'inspection, jusqu'à l'arrêt des centrales dangereuses, si nécessaire.

3) La diplomatie transformationnelle. Est-ce légitime, et réalisable, d'agir de l'extérieur pour transformer en démocraties les régimes non démocratiques ? Ce courant occidental déborde très largement le courant néoconservateur (cf. la conférence sur la démocratie à Varsovie en 2000, les positions de beaucoup

d'intellectuels français et l'inclination de l'opinion). Les mésaventures américaines en Irak (l'Irak nouveau devait être un exemple de démocratie irrésistiblement contagieux pour toute la région) devraient inciter à plus de prudence (ce n'est pas la démocratie qui fait problème, c'est le prosélytisme). La démocratisation devrait être traitée comme un processus souhaitable mais périlleux, et non comme une conversion aisée.

Nous avons besoin de nous doter d'une véritable doctrine d'encouragement à la démocratie, ajustée au cas par cas, sans relativisme ni néocolonialisme. Sans oublier non plus qu'une ancienne puissance coloniale n'est pas la mieux placée. Les principes en seraient : distinguer é-tablissement et ré-tablissement de la démocratie en tirant les leçons des expériences passées ; ne pas confondre démocratisation des sociétés homogènes et hétérogènes ; ne pas croire que l'application des techniques démocratiques (élections) suffit à implanter aussitôt la culture démocratique (respect de la minorité) ; distinguer processus interne de démocratisation et démocratisation par intervention extérieure ; mesurer cas par cas avantages et inconvénients des ingérences externes ; valoriser au mieux le potentiel de démocratisation propre à chaque pays.

Sans attendre l'instauration de la démocratie, que faire pour obtenir un meilleur respect des droits de l'homme par les autres ? Soyons francs, notre action peut être décisive dans un pays donné, à un moment donné, mais elle ne peut pas être *le* centre de notre politique. Ce qui en forme le cœur, c'est notre sécurité. Mais il est également impossible, et pas acceptable, de mener dans nos sociétés une politique étrangère qui fasse l'impasse sur les droits de l'homme. À nous de voir, au cas par cas, toujours en s'appuyant sur des demandes internes, ce que l'on peut obtenir, étape après étape. L'opinion ne demande pas, sur ce plan-là, de vaines promesses, mais un engagement réaliste et continu.

• Notre politique étrangère doit prendre la mesure des grands pays émergents. À leur égard, notre action doit se situer à deux niveaux : 1) Au niveau de la France, une vraie politique chinoise par exemple : un « Monsieur Chine » à l'Élysée dans la cellule diplomatique jusqu'aux échéances de 2008 et de 2010, un vrai investissement diplomatique et intellectuel sur l'Inde, le Brésil, etc. 2) Au sein de l'Union européenne, la pousser à bâtir un rapport de force globale avec chacun des émergents qui garantisse l'équilibre des coopérations et qui les convainque qu'ils ont, eux aussi, intérêt à des règles économiques et à des normes environnementales (pour les normes sociales, il faut s'appuyer sur les conventions de l'Organisation internationale du travail en matière de normes minimales).

Notre politique envers la *Russie* mérite une réflexion particulière. Quels sont nos intérêts ? Quels sont nos buts ? D'abord nous avons besoin d'elle, ou plutôt de ses ressources naturelles. Mais nous ne voulons pas qu'elle en abuse comme n'importe quelle grande puissance pour faire pression sur nous (quantité, prix). À nous de bâtir une politique européenne commune de l'énergie en surmontant les contradictions entre les Vingt-Sept, et qui équilibre la relation. En sens inverse, la Russie est intéressée par les investissements, et les technologies occidentales. Cela nous donne un levier, mais nous avons nous-mêmes besoin de ces contrats.

D'autre part, de grandes entreprises – comme Gazprom –, des banques et bientôt un fonds souverain – « fonds des générations futures » – peuvent vouloir entrer au capital d'entreprises occidentales, voire les acheter, ce qui peut nous poser des problèmes de principe ou de sécurité. Il faut donc gérer ces intérêts croisés à la fois complémentaires et antagonistes. Nous souhaitons par ailleurs que la Russie ait une politique étrangère pacifique et constructive envers nous et envers tous ses voisins. Mais justement, elle n'a pas la même conception de ses intérêts en Europe, dans les Balkans, le Caucase, ou l'Asie centrale que celle que nous voudrions qu'elle adopte. Et ses valeurs ne sont pas exactement les nôtres.

Mais comment influencer ce pays humilié par la décennie 1989-2000, qui s'estime « de retour » et défend à nouveau ses intérêts sans complexe, voire brutalement ? Est-il plus facilement influençable que, par exemple, les États-Unis, qui sont nos alliés ? *A fortiori* si nous prétendons non seulement orienter sa politique étrangère plus dans notre sens, mais peser dans le sens d'une démocratisation plus rapide et plus réelle de la Russie. C'était une illusion de penser qu'après mille ans de despotismes variés la Russie puisse devenir d'emblée, par la seule grâce de la chute de l'URSS, une démocratie occidentale. Elle deviendra progressivement plus démocratique, mais jusqu'à maintenant Vladimir Poutine n'a jamais eu moins de 70 % de popularité. Nous aurons donc affaire pendant une assez longue période de transition à une Russie différente à laquelle il faudra résister tout en coopérant avec elle sur des sujets bilatéraux, européens et globaux. Défendre nos intérêts et lui dire franchement ce que nous pensons, c'est faisable.

• Enfin deux questions récurrentes ces dernières années : nos politiques arabe et africaine.

Renoncer à la *politique arabe* de la France serait une concession inutile à une partie de la presse américaine et à la droite israélienne. Cette politique a été parfois critiquable mais a été plus souvent encore caricaturée. Que dire alors de la politique arabe de George W. Bush, ou de celle du Likoud ? Une politique arabe n'est pas choquante « en soi ». En revanche, la nôtre doit être clarifiée et reformulée en tenant compte du fait qu'une approche « arabe » globale est impraticable : ces pays sont en désaccord sur trop de sujets. Mais avoir des relations fortes avec chaque pays arabe en particulier, à déterminer au cas par cas, s'impose à nous au Maghreb comme au Proche-Orient. Une approche « méditerranéenne » peut renouveler l'exercice surtout si on peut individualiser la Méditerranée occidentale, malgré l'inexistence regrettable de toute entité maghrébine.

Mais la politique arabe a surtout été présentée par ses contempteurs comme synonyme de complaisance envers des régimes arabes despotiques et anti-israéliens. Rien de fatal à cela. Les pays arabes ne sont pas dispensés par exception de l'effort de modernisation et de démocratisation attendu dans le monde entier, et qu'espèrent leurs propres peuples. À l'inverse, ce serait peu glorieux de notre part de nous montrer plus exigeants envers un pays arabe qu'envers la Chine ou la Russie sous prétexte que ce pays serait francophone, plus proche, et en principe plus vulnérable à nos pressions. Peut-être faudrait-il tenter d'inscrire l'ensemble de nos relations avec les pays arabes (nous, et l'Union européenne) dans un « partenariat pour la modernisation politique et économique », dans lequel les pays arabes auraient un rôle plus grand, des vrais partenaires, que celui qu'ils avaient eu dans la genèse de Barcelone ? Ce qui supposerait qu'ils soient associés à sa conception, ce qui n'avait pas été le cas du « Grand Moyen-Orient » de l'administration Bush, tentative mort-née de donner un sens à l'aventure irakienne. L'Union de la Méditerranée en projet pourrait en être le cadre. N'oublions pas cependant qu'ils ont d'autres partenaires que nous et qu'ils ne vivent pas dans l'attente de nos propositions.

La politique arabe, c'est aussi bien sûr la question palestinienne. Il est tout à fait faux de dire, au moins depuis le voyage de Mitterrand en Israël en mars 1982, que la politique française au Proche-Orient est « déséquilibrée ». Simplement, depuis Mitterrand à la Knesset, voire avant avec Giscard, elle n'a cessé de dire que les Israéliens ne seraient pas en paix ni en sécurité tant qu'ils n'auraient pas résolu correctement la question palestinienne et accepté un État palestinien dans les territoires occupés et évacués. Cette position n'a jamais gêné un Rabin, un Shimon Peres, un Barak, les travaillistes, en général le camp de la paix, plusieurs grands médias israéliens, de nombreuses personnalités et même la grande opinion israélienne qui en accepte la nécessité comme les sondages le montrent tous depuis des années. En revanche, cette position française prémonitoire et claire a été longtemps une cible facile pour tous ceux qui, en Israël et ailleurs, refusant le principe même d'une restitution des territoires, récusaient toute négociation, tout négociateur, et essayaient de discréditer tous les soutiens extérieurs à un État palestinien. Il est vrai aussi que, juste sur le fond, la position française a été trop souvent à l'égard d'Israël (entre autres) énoncée de façon désagréable, sermonneuse et donneuse de leçons.

On peut juger révoltante la situation faite au peuple palestinien – elle l'est – et de surcroît absurde sur le plan des intérêts de sécurité occidentaux, européens et israéliens. On peut être convaincu des perspectives formidables que créerait un règlement viable de ce conflit pour les Israéliens, les Palestiniens et tout le Proche-Orient, et donc aussi pour nous. Cela ne justifiait pas que toutes nos relations avec Israël se ramènent à une désapprobation. Israël est un pays démocratique et pluraliste. Le débat y est vif. Les échanges franco-israéliens qui se sont développés à partir de 2003, de « société civile » à « société civile », après que le gouvernement de 2001-2002 a été injustement accusé d'être indifférent aux actes antisémites commis dans certaines banlieues, ont été une bonne chose.

De toute façon, la France a pu dire des choses fortes, justes et courageuses sur ce conflit, mais elle n'a jamais été en mesure de résoudre le problème à la place des protagonistes directs – Israéliens, Palestiniens –, des Américains ou des Arabes. Mais elle a intérêt à ne pas admettre le sophisme répandu sur le caractère prétendument marginal de ce conflit et à rester présente et disponible.

En effet, rien n'envenime plus la relation islam/Occident que le *statu quo* au Proche-Orient, d'autant que tous les éléments d'une solution acceptable sont connus.

La France a également intérêt à garder une *politique africaine*. Les tentations d'abandon se fondent sur de mauvais arguments ; il n'est que de voir, *a contrario*, l'engagement croissant en Afrique de la Chine et des États-Unis. La solution dite « d'européanisation » ne peut être que partielle, ou alors c'est un leurre et une démission : il n'y a pas de volonté à vingt-sept pour mener une vraie politique africaine, tout juste une politique d'aide très conditionnée, ce qui ne répond plus au besoin à l'heure où l'Afrique, elle aussi, utilise les opportunités de la globalisation ; il vaut mieux travailler à faire converger les politiques africaines de ceux qui en ont une : France, Grande-Bretagne, Portugal, Espagne, Italie, peut-être Allemagne, Commission. Notre politique africaine doit être repensée dans son ton, son style, ses méthodes.

La meilleure façon d'y parvenir serait de nous mettre réellement à l'écoute des Africains et qu'une commission bipartisane leur demande ce qu'ils attendent aujourd'hui de la France et de l'Europe, et de reformuler ensuite clairement avec eux nos objectifs, notre stratégie, notre politique.

• La question des moyens, des instruments, de l'organisation ne sera qu'effleurée ici. Des propositions nombreuses et précises ont été faites depuis dix ans pour réformer, renforcer, revigorer à tous les niveaux (Élysée, Matignon, Quai d'Orsay, Défense, Bercy) les structures et les méthodes de pilotage de notre politique étrangère, de notre politique commerciale, de notre politique culturelle, etc. Mais plus qu'une question de structures c'est une question de prise de conscience, d'état d'esprit, de mobilisation, de comportements, et de moyens.

La mondialisation a créé une interdépendance à la fois généralisée et non maîtrisée entre 192 États et d'innombrables acteurs multilatéraux ou non étatiques. Étant donné qu'il n'y a quasiment plus aucun problème qui ne se négocie à deux, trois, dix, vingt-sept, cent cinquante, cent quatre-vingt-douze, et qu'un grand pays comme la France est engagé à tout moment dans des négociations difficiles avec des dizaines de pays ou d'organisations dans tous les domaines, notre capacité à analyser les positions des autres pays ou acteurs, à anticiper leur évolution, leurs alliances, leurs désaccords, à évaluer les possibilités de compromis, à saisir les moments opportuns, bref à anticiper et à négocier, est donc vitale.

La France a besoin d'un grand ministère des Affaires mondiales. Il existe : c'est le ministère des Affaires étrangères (et, pour les questions financières, la direction du Trésor). Les directions spécialisées des ministères sont utiles. Mais il faut une vigie centrale, une tour de contrôle. Pour toutes ces raisons il est absurde de rogner en permanence sur les moyens de ce ministère qui ne consomme pas plus de 1,30 % du budget de l'État et utilise moins de 1 % de ses effectifs globaux. Le rapport coût/efficacité est donc excellent ! Il faut au contraire le consolider et le conforter. Et s'il faut y faire une énième réforme, ce doit être pour le renforcer et réaffirmer son rôle interministériel.

*

En résumé : continuer à avoir notre propre politique étrangère, repensée et reformulée, forte et intelligible, est un des éléments du sursaut français dans la mondialisation. Apaiser et régulariser une relation amicale mais non dépendante avec les États-Unis. Réveiller l'Europe pour qu'elle devienne un pôle de puissance. Se servir constamment de nos instruments de puissance et utiliser tous nos leviers d'influence, anciens et nouveaux, pour défendre nos intérêts et propager nos idées. Anticiper, être inventifs.

Au total, veiller aux intérêts des Français, prévenir les *clashs* qui menacent entre civilisations ou entre puissances, faire un monde vivable et plus équitable.

IL FAUT PARLER, MÊME AVEC LE DIABLE[1]

En 2008, la politique internationale de Nicolas Sarkozy s'inscrit dans un cadre mondial mouvant, si ce n'est déjà instable, voire chaotique. Les Occidentaux croient encore mener le jeu. Doivent-ils parler et traiter avec ceux qui les contestent ou les menacent ? À l'époque de la *realpolitik*, la réponse était évidente. À l'époque manichéenne et moraliste, celle de l'*irrealpolitik*, cela devient une question préalable, qui sera très bien traitée en 2013 par Pierre Grosser dans *Traiter avec le Diable*.

Quelle est aujourd'hui la place de la France dans le monde ?

Celle d'un pays encore important, plus que les Français ne le croient, très influent, mais qui est confronté, comme les autres pays occidentaux, même s'il se croit original, à la fin du monopole de la puissance qu'ils ont détenu dans le monde depuis le XVIe siècle. Or nos mentalités ne nous préparent pas à ce bouleversement.

Comment définir ce nouveau monde ?

Pas encore comme une « communauté internationale ». Pas forcément comme un monde condamné au *clash* des civilisations. Pas non plus comme un monde multipolaire ordonné, celui dont parlait Jacques Chirac. Plutôt comme un monde multipolaire en formation instable, où émergent ou ré-émergent, à côté du pôle central d'un milliard d'Occidentaux, la Russie, la Chine, l'Inde, le Brésil, et bien d'autres. Les experts du Boston Consulting Group

---

1. Article paru dans *Le Nouvel Observateur*, 10-16 juillet 2008. Propos recueillis par René Backmann.

citent jusqu'à trente pays émergents. Sur les six milliards et demi d'habitants de la planète, il y a cinq milliards et demi de non-Occidentaux…

Par quels changements concrets se traduit ce nouvel état du monde ?

Par un basculement économique vers l'Asie et les émergents, mais pas seulement. Nous affrontons simultanément une anémie démographique (l'Europe représente aujourd'hui 12 % de la population mondiale, en 2030, 7 %), un choc écologique, un compte à rebours énergétique (les Européens n'ont pas d'énergie en réserve), le tout se traduisant par un glissement tectonique de la puissance. Comment allons-nous réagir ? Par la stratégie et la diplomatie et avec une vision de l'avenir ? Allons-nous accepter de partager ? Ou allons-nous lutter de façon compulsive, militarisée, comme l'administration Bush à ses débuts, pour arrêter le temps ? C'est une des grandes questions posées à tous les pays occidentaux…

Dans ce monde multipolaire désordonné, est-il possible de mettre de l'ordre ?

Oui, à condition que, tirant vraiment les leçons de trente années de dérégulation mondiale, les membres permanents du Conseil de sécurité, les membres du G8, les autres grands pays émergents se mettent d'accord sur de nouvelles règles – financières, écologiques, économiques – qui corrigent le cours ultérieur de la mondialisation. Les Vingt-Sept de l'Europe pourraient en être le moteur. Le moment est propice.

Quelle est la réponse de la France ?

Va-t-elle répondre comme un des Vingt-Sept de l'Union ou comme pays occidental ? Contrairement à ses prédécesseurs, qui avaient poursuivi, dans ses grandes lignes, tout en la faisant évoluer, la politique du général de Gaulle, le président Sarkozy a l'air de vouloir s'en affranchir.

Quelles sont ses priorités ?

Il me semble qu'il a une approche « occidentale ». Je ne dis pas qu'il fait passer cette réponse occidentale avant la réponse française, car, pour lui, cela a l'air d'être la même chose.

Être occidental, c'est aussi être atlantiste ?

L'atlantisme c'est du suivisme. Nicolas Sarkozy n'est pas suiviste. Il reprend d'ailleurs quasiment la formule « ami, allié, pas aligné ». Mais il semble avoir une vision du monde pas très éloignée de celle des responsables américains, y compris, sur certains points, des actuels. Cela se voit en particulier sur le Proche, le Moyen-Orient, l'Asie centrale et sur l'OTAN, à propos de laquelle l'intérêt d'une réintégration n'est toujours pas évident. Il admire – et cela paraît sincère – l'énergie et le rêve américains. Il voit les États-Unis « en technicolor ». C'est peut-être pour cela qu'il n'a pas été gêné de manifester son admiration pour les États-Unis, sans attendre le départ de cette administration américaine, si impopulaire. Sur les autres sujets, il y a un grand pragmatisme, parfois surprenant, dans sa politique.

C'est-à-dire ?

Il n'hésite pas à changer, à innover et même à se contredire, s'il le faut. Il se veut très libre.

La vision du monde de Sarkozy traduit-elle une inflexion de la politique étrangère de la France ou une rupture ?

À ses yeux, c'est certainement plus qu'une inflexion, c'est un changement profond.

Ces relations nouvelles avec les États-Unis expliquent-elles notre nouvelle approche de la crise irakienne ?

Probablement. Et aussi l'engagement de Bernard Kouchner pour la reconstruction de ce pays. Pourtant, le nécessaire accord politique sunnites/chiites/pays voisins fait toujours défaut.

Constatez-vous aussi un infléchissement sur le dossier israélo-palestinien ?

Pendant un an, la plus grande retenue a prévalu, entraînant le renoncement à toute initiative. Cela a été très apprécié par les Américains et les Israéliens. Mais en Israël, dans un discours très « mitterrandien », le Président a dit les deux choses qui comptent : 1) Il faut un deuxième État, l'État palestinien, Jérusalem étant la capitale des deux ; 2) et geler la colonisation. Peut-être sa position d'« ami » d'Israël lui permettra-t-elle d'être écouté ?

Et la position française sur l'Afghanistan ?

La riposte des Américains en 2001 pour renverser le régime des talibans, qui abritait Ben Laden et al-Qaida, était légitime. Mais les objectifs actuels, à la fois militaires, politiques, humanitaires et économiques de la présence internationale, en fait occidentale, paraissent bien difficiles à atteindre...

Il fallait se désintéresser de l'Afghanistan ?

Non. Il faut maintenir la pression sur les combattants islamistes pour les empêcher de redevenir une réelle menace. Mais il aurait fallu obtenir que notre engagement supplémentaire soit précédé d'une clarification des missions après une évaluation entre alliés, plutôt qu'être un geste préalable de bonne volonté. Il n'est pas trop tard pour le faire.

Faut-il parler avec les talibans ?

Au moins avec certains d'entre eux, comme les Britanniques le préconisent. Nous touchons là un point important. Nous nous sommes laissé enfermer par l'administration Bush dans un manichéisme selon lequel la diplomatie consisterait à parler seulement avec des amis dont on partage les valeurs, à l'exclusion des autres. C'est une absurdité. La diplomatie, depuis l'origine des temps, consiste à parler avec le diable, quand c'est possible, pour éviter la guerre. Les Américains, d'ailleurs, n'ont-ils pas fini par parler avec les Soviétiques, avec les Vietnamiens du Nord, avec les Coréens du Nord, etc. ? Rabin n'a-t-il pas traité avec Arafat ? Il n'y a pas à se demander si on peut parler à l'Iran, à l'Irak, au Hamas, au Hezbollah, etc., mais comment, puisqu'on ne peut pas empêcher qu'ils existent. Bien sûr, il faut être vigilant. Et savoir exactement ce que l'on veut.

Était-ce une erreur d'interrompre les relations avec le gouvernement de l'Autorité palestinienne constitué par le Hamas après sa victoire électorale ?

Une erreur monumentale ! Si nous estimions qu'il était impossible d'avoir des relations avec le Hamas pour cause d'islamisme et d'extrémisme, alors il ne fallait pas lui demander de participer aux élections, ni même exiger des élections, et encore moins décréter un blocus ensuite sous prétexte que nous n'étions pas satisfaits du résultat ! C'était un cadeau aux islamistes qui affirment que notre discours sur la démocratie est un mensonge. Il faut revenir à la sagesse. Et la sagesse, c'est ce qu'avait déclaré Mitterrand à la Knesset : « On ne fait la paix qu'avec ceux qui vous combattent. »

Il faut donc aussi, si je vous suis, discuter avec l'Iran...

Nous l'avons fait. Mais il faudrait que les États-Unis se disent prêts à le faire et sans ces conditions préalables qui nous paralysent, nous Occidentaux. Beaucoup d'Américains le préconisent. Le président iranien tient des propos insupportables sur Israël, et il y a le nucléaire, mais ne tombons pas dans le jeu de ses provocations. Parler, ce n'est pas capituler, mais défendre des intérêts, se donner des leviers. L'acceptation par Washington de discussions ferait bouger les choses en Iran. En fait, la politique menée ces dernières années par les Occidentaux sert plutôt à Ahmadinejad. Il serait regrettable que les Européens continuent à être suivistes sur ces sujets alors que les Américains vont peut-être se dégager de cette nasse conceptuelle dans laquelle les néoconservateurs les ont enfermés.

Après avoir tourné le dos à la Syrie, la France discute maintenant avec le régime de Damas. Il est même envisagé que Bachar al-Assad assiste au défilé du 14-Juillet...

Pourquoi exclure la Syrie, déjà membre du processus de Barcelone, d'un sommet général ? Il vaut mieux essayer, sans trop d'illusions, de la faire bouger.

Pour affronter les défis posés par le monde multipolaire que vous avez décrit, l'Europe est-elle le bon instrument ?

Oui, si nous sommes clairs au niveau de chacun de nos pays et au niveau de l'Union européenne dans notre politique avec chacun des grands pays émergents. Si nous étions sûrs de la politique chinoise de l'Europe pour les dix années à venir, nous pourrions discuter avec les Chinois dans des conditions plus avantageuses qu'aujourd'hui. Si, en plus, les États-Unis et l'Europe étaient d'accord à ce sujet, cela donnerait aux Occidentaux une force considérable. Mais aucune stratégie occidentale ou européenne ne nous dispensera d'avoir les idées claires au niveau de la France. L'Europe est, pour les États membres, le meilleur niveau pour œuvrer ensemble à une régulation de la mondialisation, pas pour abdiquer. Le « non » irlandais est une déception, mais cela ne nous empêche pas d'agir, même dans le cadre [du traité] de Nice, pour que l'Union défende mieux les intérêts des Européens dans la mondialisation, et cela dès la présidence française.

Nicolas Sarkozy a-t-il eu raison de fonder autant d'espoirs sur le projet d'Union pour la Méditerranée ?

Il avait mis le doigt sur un vrai problème : l'usure du processus de Barcelone. Les pays du Sud considèrent que l'attitude de la Commission n'est pas partenariale, que les pays européens du Nord offrent leur aide mais imposent trop de conditions. Mais la vision originelle de Nicolas Sarkozy, la façon – très ambitieuse – dont l'« Union » était présentée, ne tenait pas compte des rapports de force en Europe ni des divisions au sud. L'idée ne pouvait pas passer telle quelle. On peut le regretter, mais Nicolas Sarkozy a été réaliste en acceptant un compromis avec Mme Merkel. Espérons à tout le moins que l'esprit et la pratique du processus de Barcelone en seront revivifiés.

En effet, le président français s'est surtout heurté aux réticences allemandes et à ses relations délicates avec Angela Merkel...

Quelle que soit la réalité de ses relations personnelles avec Mme Merkel, il est évident que les relations franco-allemandes ont changé, depuis la réunification et depuis que l'Allemagne a demandé – et obtenu – des modifications institutionnelles qui renforcent de façon significative son poids au Parlement européen et au Conseil. Le contexte est différent. Il n'y a plus de « couple ». C'est comme ça, c'est un fait historique. Il n'en reste pas moins que, même à vingt-sept, l'Union fonctionne mieux s'il y a une entente franco-allemande sur les grands sujets, et mal s'il n'y en a pas.

Nicolas Sarkozy a été critiqué pour ses relations en apparence très cordiales avec Vladimir Poutine...

Oui, parce que venant après des annonces imprudentes. L'erreur – bien avant Sarkozy – a été de croire que de l'effondrement de l'Union soviétique allait naître, naturellement, une Russie moderne, démocratique, capitaliste. La réalité, c'est Poutine. On peut penser ce qu'on veut de lui, mais il n'est jamais descendu au-dessous de 70 % de popularité. Il est représentatif de la réalité russe, et même dans l'originale configuration actuelle, c'est sa politique qui se poursuit. Alors, que faire avec cette puissance « ré-émergente », notre voisine, notre irremplaçable fournisseur de gaz ? Elle va se transformer, à sa façon et à son rythme, mais pas parce que nous allons lui enjoindre de le faire. Notre intérêt est d'avoir avec elle une politique cohérente, claire sur les sujets où nous voulons être partenaires, et tout aussi claire sur ce que nous désapprouvons.

La Chine, elle, est un pays émergent...

C'est le pays émergent phare, mais ce n'est pas le seul. Elle est pour nous un marché, un partenaire, un concurrent. En plus, certains voudraient la démocratiser et le Pentagone la voit comme une menace. À nous de hiérarchiser tout cela et de trouver avec la Chine un mode d'emploi fructueux et durable, mais qui n'occulte rien.

Les reproches qui ont été adressés sur ce point à Nicolas Sarkozy reposent surtout sur la divergence entre les promesses de la campagne électorale en matière de soutien aux droits de l'homme partout dans le monde et l'approche choisie face à Pékin...

Oui, il avait fait des promesses intenables. Pourtant, il sait bien qu'on ne peut pas mener une politique étrangère spécialisée dans le seul respect des droits de l'homme... par les autres ! Une politique étrangère est forcément globale. Nous sommes bien obligés d'acheter du gaz aux Russes, du pétrole à l'Arabie saoudite, de conclure des contrats avec la Chine, etc. Si nous renoncions aux contrats, les droits de l'homme ne s'en porteraient pas mieux. Je suis convaincu que, sur la politique étrangère, même en campagne électorale, on peut parler vrai. Dans une démocratie moderne, un candidat devrait pouvoir dire : « Si je suis élu, je défendrai nos intérêts vitaux et nos convictions, et pour les droits de l'homme, je ferai le mieux possible. » Sans parler de « priorité », puisque cela n'est pas vrai.

Alors que la candidature de la Turquie avait été acceptée au Conseil européen, Nicolas Sarkozy ne cesse de répéter que la Turquie n'est pas en Europe, mais en Asie...

Mme Merkel et M. Sarkozy ont la même position. Mais, puisque les Quinze, à Helsinki, en 1999, soit étaient pour, soit n'ont pas osé dire non, il faut avoir l'honnêteté de mener les négociations à leur terme.

Globalement, comment jugez-vous, après un an d'exercice, la politique étrangère de Nicolas Sarkozy ?

Il n'y a pas à « juger », mais on peut évaluer, quoiqu'un an ce soit bien court. Il y a des éléments intéressants : le rétablissement de la confiance avec les nouveaux membres de l'Union européenne, l'intérêt pour les pays arabes du Golfe, la renégociation de nos bases en Afrique, l'appel aux institutions européennes à défendre les intérêts des Européens dans la mondialisation, les ambitions concrètes pour la présidence européenne. À côté de cela, la méthode d'ensemble et surtout la réorientation générale laissent perplexe. Pourquoi ? Jusqu'où ? N'oublions pas que l'idée positive que le monde se fait de la politique étrangère française, à deux ou trois pays près, fait partie de notre *soft power*…

LA FRANCE EST-ELLE ENCORE UN PAYS INFLUENT[1] ?

Contre le balancement permanent de la France entre nostalgie de la puissance passée et sous-estimation des cartes qu'elle a en main, entre grandiloquence et déprime, Hubert Védrine plaide pour l'évaluation juste de la place de la France dans le monde – celle d'une des dix ou douze puissances « globales » de la planète, « une puissance moyenne d'influence mondiale » – sur laquelle appuyer redressement et ambition.

La France est-elle encore un pays influent ? Oui, Évidemment. Alors pourquoi, en 2007, nous posons-nous encore cette question ?

Parce que nous restons inconsciemment obsédés par le souvenir des deux ou trois siècles pendant lesquels la France n'était pas seulement « influente », mais dominante (Richelieu, Louis XIV, les Lumières, Napoléon, l'Empire colonial). Que nous avions cru retrouver cette position avec Clemenceau et la victoire de 1918, et feint de la retrouver avec de Gaulle. Et que tout cela n'est pas si loin. Qu'après avoir usé (ou mésusé) de la puissance, nous avons exalté notre mission civilisatrice et affirmé notre rôle universel avec d'autant plus de force que cela devenait moins vrai. Parce que nous avons collectivement vécu notre repli au XXe siècle comme un déclin pénible, d'où la récurrence masochiste du débat sur le déclin. Que nous savons que nous nous sommes effondrés en 1940, et que c'est là le vrai traumatisme mal enfoui sous l'autoexamen qui se poursuit sur Vichy depuis soixante-sept ans ! Nous nous posons également cette question parce que nous avions pensé retrouver à travers l'Europe notre puissance et notre influence en

1. Article paru dans *Le Figaro* du 10 avril 2007.

partie perdues – Europe puissance, Europe sociale à la française – et que ce n'est pas ce qui se passe dans l'Union à vingt-sept où tout fait l'objet de compromis, et qu'il est déprimant, par ailleurs, de s'entendre dire que la France seule ne peut plus rien (ce qui est faux d'ailleurs).

Parce que, avec la globalisation, ce n'est plus nous qui nous projetons sur le monde, mais le monde qui se projette sur nous. Et qu'il est vexant de voir les États-Unis jouer, de façon si contestable dans le monde d'aujourd'hui, le rôle universel que nous pensions être le nôtre. Notre inquiétude lancinante sur notre influence masque à peine cette nostalgie de puissance. Nous sommes tentés de penser que, si nous ne sommes plus au centre, si nous ne sommes plus qu'une puissance « moyenne » (également contestable), le jeu n'en vaut plus la chandelle. Nous avons rayonné sur le monde : il nous resterait les discours, les postures, l'humanisme, les droits de l'homme. Nous oscillons en permanence entre la prétention nostalgique et la sous-estimation.

Nous devrions pouvoir trouver un point d'équilibre en essayant d'évaluer objectivement notre puissance (*hard* et *soft*) et notre influence dans le monde actuel. Certes, les Français ne représentent qu'environ 1 % de la population mondiale sur 1 % du territoire. Mais ce n'est pas nouveau. Et la France est sixième pour le PIB et le PNB. Elle dispose d'un fantastique patrimoine d'influence. D'acquis géopolitiques, en premier lieu : son prestige historique, son statut de membre permanent du Conseil de sécurité, sa participation au G8, sa force de dissuasion, ses forces armées (les deuxièmes en Europe), son potentiel spatial, ses entreprises mondiales, la francophonie, le dynamisme des 2 millions de Français de l'étranger. Il faut y ajouter l'influence qu'elle a gardée en Afrique, en Méditerranée, dans le monde arabe, autour des DOM et des TOM, le désir de dizaines de nations du monde de voir la France continuer à pratiquer une politique étrangère qui lui soit propre et qui ne soit pas seulement occidentale ou européenne. N'oublions pas, enfin, ce *soft power* qui se manifeste par l'attirance pour Paris, pour la mode, le luxe, la cuisine, les vins et les paysages de la France, sa culture. La force de son droit. J'évoquais souvent, quand j'étais ministre, ces « cartes de la France ».

Quant à l'influence de la France dans l'Europe, elle peut se mesurer en quelques données ou chiffres : un des 6 pays fondateurs, un des 13 pays de la zone euro, un des 27 États membres de l'Union, un des 27 membres, donc, du Conseil européen, 77 parlementaires au Parlement européen sur 785, 1 commissaire sur 27,9 % des voix au Conseil européen selon le traité de Nice, 13 % selon le traité constitutionnel (Allemagne 19 %), la première langue de l'Union après l'anglais (encore 14 % des documents rédigés en français, et la langue de la Cour de justice). Et plus encore un rôle d'initiateur (CECA, Rome, invention de la PAC, Acte unique, Maastricht, euro, Ariane, Airbus, Erasmus, politique d'aide au développement, moteur franco-allemand), dont le souvenir entretient une attente, même après le « non » de 2005. L'Union n'est pas une Europe à la française, mais elle n'est pas non plus à l'anglaise ou à l'allemande. C'est un compromis. Même l'Allemagne de Mme Merkel, avec sa double présidence, doit s'y prêter. L'influence de la France en Europe n'a pas disparu, elle s'est relativisée, comme celle des autres grands pays dans l'Union européenne élargie.

Au total, si la France n'est pas l'« hyperpuissance » américaine, elle n'est pas une simple puissance « moyenne ». Elle fait partie d'une dizaine de puissances « globales » qui n'ont pas tous les attributs de la puissance et de l'influence, mais quand même une partie d'entre eux, membres permanents du Conseil de sécurité, membres du G8, puissances émergentes. Quand on pense que l'ONU compte 192 États membres et l'OMC 150, il n'y a pas de quoi déprimer. Bien des pays seraient enthousiasmés s'ils pouvaient disposer de notre influence, qui nous paraît insuffisante.

Ces évidences sont connues et rabâchées depuis longtemps, et pourtant le malaise est toujours là. Comme il s'agit d'une névrose plus que d'une réalité, ce n'est pas avec des arguments rationnels, ni des statistiques qu'on en viendra à bout.

Ni en rappelant aux Français que, contrairement à ce qu'ils croient et craignent, ils se sont constamment adaptés, réformés, transformés depuis 1945.

Ni en nourrissant des nostalgies hors d'âge ou une repentance compulsive (ce qui n'empêche pas, au contraire, qu'il faille voir notre histoire en face). Mais en traitant le mal à sa racine actuelle, c'est-à-dire en extirpant notre peur de l'avenir et de la mondialisation. Face à elle, aucun pays ne fait que se protéger (pas même la Corée du Nord !), aucun pays ne fait que s'ouvrir (et évidemment pas les États-Unis, qui ont lancé le mouvement), aucun pays ne fait que s'adapter et se réformer (pas même la Grande-Bretagne de Thatcher-Blair).

La réponse française européenne sera donc forcément un cocktail protection-adaptation, ce qui est à portée de la main, si nous savons le doser, le formuler, convaincre, nous y tenir.

Il faut à la fois :

1) nous protéger au niveau national, européen ou global des effets destructeurs de la mondialisation (ex. : diversité culturelle) ;

2) ne pas défendre les situations économiques périmées, mais aider en permanence les gens à s'adapter (formation, soutien, mise en confiance) et à profiter des aspects créateurs de la mondialisation ;

3) œuvrer à une Europe qui ne soit pas l'idiot du village global et défende nos intérêts et nos valeurs, comme un des pôles actifs du monde de demain. En bref, cessons de nous interroger sur l'état de notre influence, elle est grande, exerçons-la avec lucidité, réalisme et ambition.

LA FRANCE RESTE UNE PUISSANCE D'INFLUENCE MONDIALE[1]

À la veille de la présidence française du G20 – à partir de novembre 2010 –, Hubert Védrine rappelle comment elle peut utiliser cette responsabilité pour essayer d'établir des consensus entre Européens, proposer des coopérations avec les États-Unis d'Obama et rechercher des partenariats avec des pays émergents. Le « mode d'emploi du G20 », au moment où le « couple franco-allemand » n'est plus ce qu'il fut jusqu'à la réunification.

La France va prendre dans quelques semaines la présidence du G20 et du G8. A-t-elle les moyens de peser dans ces instances ?

Bien sûr ! La France n'est plus la force dominante qu'elle a été autrefois. Mais en termes économiques, militaires ou culturels, elle est entre le 5e et le 7e rang mondial (sur 192 !). Membre permanent du Conseil de sécurité des Nations unies, présente au G7-G8, au G20, dotée d'une force de dissuasion nucléaire, de capacités militaires réelles, d'une économie robuste, d'une langue répandue. Elle est une « puissance d'influence mondiale ». Elle garde un grand prestige.

Quelle capacité d'influence a-t-on comme président du G20 ?

Celle d'influer sur l'agenda, les thèmes, de fixer l'ordre du jour. Durant toute la phase de préparation des sommets, on peut suggérer des pistes, esquisser des compromis. On est bien placé pour comprendre à l'avance quelles sont les positions des uns et des autres, vérifier sur qui s'appuyer pour forger une majorité

1. Article paru dans *La Croix* du 3 septembre 2010.

d'idées ou au contraire créer une minorité de blocage contre une idée à laquelle on est hostile.

Mais le G20, ce n'est pas le gouvernement du monde. C'est une enceinte au sein de laquelle la compétition continue. C'est pourquoi il est particulièrement important que les Européens y arrivent avec des positions homogènes. L'idéal serait que la France, en tant que présidente, parvienne avec doigté à mettre en accord les Européens, puis à trouver une base commune avec Obama. Ensuite, il faut chercher un accord sujet par sujet avec, chaque fois, au moins un grand pays émergent, en commençant par les deux grands émergents démocratiques, l'Inde et le Brésil, sans exclure les autres, Chine, etc. C'est ça le mode d'emploi du G20.

Quels sont les objectifs prioritaires ?

Le G20 a été constitué il y a deux ans face à la crise financière et économique. C'est la violence de la crise, l'affaiblissement de George W. Bush et l'activité de Nicolas Sarkozy, alors que la France assumait la présidence du Conseil de l'Union européenne, qui ont permis de rehausser cette instance ; qui n'existait jusqu'alors qu'à un niveau technique au sommet. Dès lors, la priorité pour le G20 est d'abord d'être le cadre qui favorise et accélère la régulation de cette économie mondialisée et financiarisée, qui a dégénéré en économie-casino. Il faut réglementer le capitalisme contre lui-même pour le sauver. Il y a beaucoup d'autres thèmes, mais attention à ne pas se disperser !

Ce débat se mène d'abord entre Occidentaux, car c'est chez eux que se trouve l'essentiel des marchés devenus fous. Les Américains ont pris de l'avance. Il faut que les Européens se mettent vite en phase. On pourra ensuite peser sur les pays émergents, qui n'ont pas trop envie de réglementation, mais ils ne sont pas la source du problème. Maintenant qu'ils sont dans le G20, ils sont obligés d'y inscrire leur stratégie de puissance. C'est un progrès.

Avec la crise, les grands dossiers de politique étrangère sont devenus économiques. A-t-on autant besoin qu'avant de diplomates ?

Bien sûr les thèmes varient. Mais les diplomates, comme les internistes en médecine, sont des spécialistes de l'ensemble des négociations et des interactions. La négociation requiert un savoir-faire en soi. La puissance et l'influence d'un pays découlent donc d'une bonne combinaison de ses capacités diplomatiques avec son expertise technique. Surtout dans un monde de compétition permanente et de bagarre multipolaire où l'on est obligé de négocier tout, avec tous, tout le temps. Cela demande des spécialistes.

Est-ce que cela ne doublonnera pas, à terme, avec le service diplomatique européen qui se met en place depuis cette année à Bruxelles ?

Cela se combinera. Les fédéralistes pensent qu'un jour les nations européennes se fondront dans des États-Unis d'Europe, et que les diplomaties nationales fusionneront en une diplomatie européenne. Je ne le crois pas. Je pense que l'Europe restera une confédération ou une « fédération d'États-nations », comme dit Jacques Delors. Dans ce cadre, il y aura une partie diplomatique commune plus grande qu'aujourd'hui, mais les éléments fondamentaux de sécurité nationale, les intérêts vitaux resteront gérés par les États. Le service diplomatique commun ne saurait arbitrer les intérêts nationaux à la place des dirigeants politiques élus dans chaque pays. Il y aura donc une synthèse.

La France et l'Allemagne ont-elles encore la capacité et la volonté de surmonter leurs égoïsmes nationaux ?

Ce ne sont pas des « égoïsmes », mais des intérêts normaux entre lesquels on peut trouver des compromis. Un pays n'est pas « altruiste ». Ce sont des pays différents. Cela a été longtemps masqué par le fait que l'Allemagne, dans l'attente de la réunification, devait adopter une politique ultra-européiste. L'intérêt de l'Allemagne, c'était d'atteindre un jour la réunification ; celui de la France, c'était qu'elle se passe dans les meilleures conditions. Mais même là, l'harmonie n'était pas spontanée. Il fallait une volonté politique très forte pour ne pas exploiter les différences, les surmonter, fixer des objectifs communs, les atteindre. Après la réunification, c'est différent. L'Allemagne fonctionne dorénavant plus visiblement en fonction de ses intérêts.

Il n'y aura donc plus de moteur franco-allemand ?

Si, mais au cas par cas, et pour les Allemands, ce n'est plus une obsession. Cela reste une option intéressante, car même l'Allemagne ne peut pas imposer sa ligne unilatéralement. C'est pourquoi il faut sur chaque sujet essayer d'abord de recourir au moteur franco-allemand. Le domaine le plus évident est la régulation financière, au G20. Mais ce pourrait être aussi pour bâtir une politique à long terme par rapport à la Russie, à la Chine, aux questions d'énergie, d'environnement. Cela demanderait une volonté, une conviction qui, à mon avis, ne se manifestent aujourd'hui que par éclipses.

LES FRANÇAIS NE CROIENT PLUS EN LA FRANCE[1]

Voilà le nœud : le manque de confiance en soi des Français, à la fois résultante et facteur aggravant. C'est notre handicap majeur. Si d'aucuns cherchent des prétextes pour se dégager des engagements pris au niveau européen, si nous sous-estimons nos atouts et avons occulté nos réussites ou rétablissements passés, si nous ne voulons pas nous inspirer de l'exemple encourageant de certains autres pays, si l'idée qu'il n'y a pas d'alternative globale sérieuse à cet indispensable effort d'adaptation nous irrite, c'est aussi parce qu'il s'est formé, dans l'esprit des Français, un nœud inextricable de pessimisme, consécutif à une profonde perte de confiance en soi et de défiance généralisée dont les causes elles-mêmes sont multiples. Dès que l'on aborde la relation entre la France et la mondialisation, entre la France et la « réforme », entre la France et l'avenir, ce lien réapparaît, le blocage se dresse, mur contre lequel se sont brisées bien des tentatives.

Avant même la situation économique, c'est devenu le principal problème de la France, le plus pernicieux : les Français n'ont plus confiance en leur pays. Ils sont profondément pessimistes. Pas à cause de ses handicaps : lesquels justifieraient une telle humeur ? C'est tout l'inverse : les Français, et donc la France, sont handicapés *par* leur pessimisme. La France est aujourd'hui un pays miné par la mélancolie au sens premier et médical du terme, qui ne se sent plus capable de se réformer, ni de se redresser, ni même de s'adapter, qui attend le coup suivant et n'aspire qu'à préserver un

---

1. Dans Hubert Védrine, *La France au défi*, © Librairie Arthème Fayard, 2014, chap. 5.

statu quo, les acquis. Pour Pierre Nora, « La France républicaine [...] se trouve atteinte dans toutes ses dimensions : autonomie, souveraineté, étatisme, providentialisme, universalisme [...], elle a un futur mais ne se voit pas d'avenir ».

Même s'il est explicable, ce pessimisme exceptionnel par son intensité est, au sens propre du terme, aberrant. Il ne s'agit pas seulement de la morosité qu'inspirent une mauvaise conjoncture économique, une fiscalité trop lourde, la peur du chômage, celle de l'avenir des enfants.

Enquête mondiale après enquête mondiale (Institut PEW et autres), les Français confirment qu'ils sont plus pessimistes sur les lendemains de leur pays (tout en se disant assez heureux dans leur vie personnelle) que des peuples frappés par d'immenses tragédies comme les Afghans et les Irakiens. Il y a là comme un bug... Ce pessimisme se traduit par la double conviction que la France n'arrivera pas à relever les nouveaux défis, ceux de l'économie globale de marché, et qu'on ne peut que perdre à quelque réforme que ce soit...

À quand cela remonte-t-il ? D'une certaine façon, le phénomène est ancien et longtemps on en a ri. Cocteau disait : « Les Français sont des Italiens de mauvaise humeur. » Plus sérieusement, des enquêtes auraient déjà commencé à relever cet état d'inquiétude dans les années 1970. Les années 1970 ! Donc juste après la mort de De Gaulle, à l'issue du chapitre colonial, pendant les « heureuses » années Pompidou, au début de la réorientation vers l'Europe ? Mais aussi au moment du premier choc pétrolier, longtemps avant le choc de la mondialisation des années 1980-1990 et les Cassandre du type Nicolas Baverez (*La France qui tombe*[1]). Toujours pour Pierre Nora, ce malaise commence avec l'effondrement des « romans » gaulliste et communiste, longtemps dominants, convaincants, exaltants. Avant de devenir exsangues...

Dans leur remarquable essai paru en 2007, *La Société de défiance, comment le modèle social s'autodétruit*[2], Yann Algan et Pierre Cahuc écrivent : « Depuis plus de vingt ans, des enquêtes menées dans tous les pays développés montrent que les Français, plus souvent que les habitants des autres pays, se méfient de leurs concitoyens, des pouvoirs publics et du marché [...]. Défiance mutuelle et incivisme persistent depuis plusieurs décennies [...].

1. Librairie académique Perrin, 2003.
2. Rue d'Ulm.

Les gens se déclarent d'autant moins heureux qu'ils disent se méfier de leurs concitoyens. » Cette défiance généralisée n'est sans doute pas sans lien avec la tendance croissante, parfois justifiée, souvent exagérée, à la pénalisation des mots, des idées et des comportements : « Jamais, depuis l'Ancien Régime, le débat public en France n'a été autant corseté par le droit », écrivent dans *Libération*, le 20 décembre 2013, Gaspard Koenig, philosophe, président du *think tank* GenerationLibre, et Aurélien Portuese, maître de conférences à l'université de Westminster.

Quoi qu'il en soit, le phénomène s'aggrave depuis que nous sommes plongés, bon gré mal gré, dans le maelström de la mondialisation où la compétition générale s'intensifie sur fond d'angoisses collectives – démographiques, écologiques, identitaires, culturelles et sécuritaires –, depuis que l'on répète aux Français que leur pays est trop petit à l'heure des pays-continents (mais *quid* alors de Singapour, de la Suisse, de la Norvège, d'Israël, du Qatar, de presque tous les pays d'Europe, des trois quarts des pays membres des Nations unies, moins étendus ou peuplés que nous ?).

Pour Jean Pisani-Ferry, ce pessimisme s'est brutalement accentué au début de la dernière décennie. En particulier, la proportion des Français se déclarant optimistes pour l'avenir de leurs enfants et des générations futures a chuté de 53 à 34 % (!) entre 2001 et 2004, puis à 31 % en 2012. En 2013, selon le PEW Research Center, seuls 9 % des Français pensaient que leurs enfants vivraient mieux qu'eux, contre 28 % des Allemands et 33 % des Américains. Rupture spectaculaire ! Or, un Français inquiet et pessimiste, c'est un électeur mécontent, un citoyen protestataire, un manifestant furieux, jusqu'à ce que, désespéré, ne croyant même plus dans le populisme électoral, il devienne abstentionniste…

Cette mélancolie a été maintes fois relevée avec une délectation presque malsaine. Des éditorialistes, des analystes s'en étonnent, la déplorent, y compris les « déclinistes » qui pourtant l'alimentent par le caractère funeste de leurs prédictions !

Pour comprendre cette disposition d'esprit, son enkystement dans la psychologie nationale, et essayer de nous libérer d'un tel maléfice, il faut mieux en distinguer les différentes composantes et découvrir les raisons de sa persistance.

Explication immédiate : l'inquiétude des Français face à la mondialisation. Elle saute aux yeux, mais est elle-même composite. D'abord, cette mondialisation – américano-globale (la dernière en date, car il y en a eu d'autres, avant que ce ne soit un jour le tour de celle des émergents) – nous prend à rebrousse-poil. Elle se fait en anglais ou plus exactement en « globish » – à terme mortel pour le pur anglais d'Oxford – contre les États-nations (comme l'est aussi, à tort, une version intégriste de la construction européenne) ; contre la puissance publique ; sur la base du *dumping* social et environnemental. Elle est synonyme de financiarisation sauvage. La France la prend d'autant plus de plein fouet qu'elle est, selon Ernst & Young, une des économies les plus mondialisées (sur ce plan, la France est 14e, alors que les États-Unis ne sont que 25e, la Chine 44e, mais l'Allemagne 11e !). D'où bien des rejets. Rien de surprenant à ce que les Français se sentent davantage mal à l'aise dans cette mondialisation-là, dérégulée, pleine de trous (les paradis fiscaux font perdre à la France 60 à 80 milliards d'euros par an), que des peuples historiquement commerçants et anglophones qui ne comptent pas que sur l'État et qui sont eux-mêmes peu enthousiastes, même s'ils s'adaptent mieux. N'oublions pas que, déjà en 1992, François Mitterrand avait dû promettre, lors du célèbre débat avec Philippe Séguin sur le traité de Maastricht, qu'« une Europe forte nous protégera mieux ». Protéger de quoi ? De la mondialisation sauvage, voire de la mondialisation tout court, bien sûr ! Circonstance aggravante : ce triomphe de la mondialisation a coïncidé, ce qui n'était pas fatal, avec sa « financiarisation » débridée, sa transformation en un vaste casino. Dès lors, écrit Jean Daniel, « la société tout entière se transforme en une bourse des valeurs qui ne laisse plus le choix qu'entre un comportement suicidaire et le brigandage ». Marcel Gauchet commente : « Nous sommes à la fois parmi les perdants de la mondialisation et parmi les perdants de l'européanisation. Le choc de la désillusion est sévère. »

Pour la majorité des Français, cette peur de la mondialisation est une peur sociale avant même d'être identitaire : l'angoisse d'être mis en compétition, sans avoir rien demandé, avec des centaines de millions, voire des milliards de paysans et d'ouvriers très pauvres des pays émergents, de voir leurs « acquis sociaux », leur « protection sociale », leur « État-providence », protections bâties ou conquises depuis plus d'un siècle, spécialement depuis 1945, remis en cause, rognés, voire démantelés, et l'ascenseur social tomber définitivement en panne. Peur que l'avenir de leurs enfants ne soit plus assuré, même s'ils profitent de la mondialisation en tant que consommateurs, ce qui n'est pas suffisant pour redonner confiance. Peur de voir l'histoire des conquêtes sociales, autre part importante du roman national, effacée par ce choc violent et inattendu avec les forces mondialisatrices dérégulatrices, alors qu'on croyait le progrès linéaire, voire exponentiel, et irréversible. La France se sent mondialisée malgré elle. Retraites, temps de travail, conditions de travail, indemnisation chômage ou assurance maladie, services publics, etc., plus rien ne serait acquis. Cette peur d'un déclassement du modèle français, facteur de souffrance, est l'un des carburants du populisme.

La mondialisation pourrait suffire à rendre inquiet, si ce n'est pessimiste, mais d'autres sentiments négatifs, encore plus profonds, pèsent sur le moral des Français. Beaucoup d'entre eux éprouvent ainsi un sentiment de rétrogradation nationale. Sans remonter à la vitupération contre « Yalta, partage du monde », la question réflexe des journalistes pendant des décennies : « La France est-elle encore une grande puissance ? » le traduisait bien. Réponse : non, depuis Valéry Giscard d'Estaing. De sa formule franche : la France est une « puissance moyenne », on a retenu « moyenne » plutôt que « puissance ». Depuis, on rase les murs. M. Schwab, l'homme de Davos, ajoute à cela son grain de sel et évalue notre compétitivité : « En 2008, la France était numéro 15. En 2011, numéro 17. En 2012, numéro 21[1]. » Constat vexant. Reconnaissons que, depuis que la France a pris historiquement conscience d'elle-même et s'est affirmée, elle n'a pas manqué de prétentions. Contre l'empereur (germanique) et contre les papes, les rois de France se sont voulus « empereurs en leur royaume », selon la fière formule des légistes capétiens. Affirmation normale d'une souveraineté nationale naissante. Mais avant même, dès Pépin le Bref (qui avait soutenu le pape Étienne III), la France s'était déclarée « fille aînée de l'Église ». Plus tard, patrie des Lumières et des droits de l'homme (en fait, patrie de leur « déclaration », selon la juste précision de Robert Badinter). Elle a ensuite affirmé haut et fort le caractère civilisateur de la colonisation – un « devoir » – et de l'Empire français (comme le faisaient d'ailleurs au même moment, au XIXe siècle, les autres pays européens colonisateurs). Sous des formes et au service de croyances variées, la France aime donc à penser depuis des siècles qu'elle ne défend pas vulgairement des intérêts, mais qu'elle a une « mission », un

1. Faux, si l'on compare les PIB : la France est 5e (ou, au pire, 9e). Rappelons que M. Schwab ne raisonne qu'en termes de compétitivité.

rôle spécifique à jouer, une voix singulière à faire entendre de par le monde.

Après 1945, une partie des élites françaises qui étaient toujours (malgré l'effondrement de 1940 et l'Occupation !) habitées par ces conceptions péremptoires fut traumatisée de constater que la France, pourtant libérée par l'armada alliée, n'avait plus les moyens de son ambition universelle, dorénavant portée dans le monde par les États-Unis, leur « exceptionnalité », leurs moyens incomparables. D'où un ressentiment anti-américain, cette jalousie longtemps virulente dans les milieux intellectuels, et, à gauche, contre l'hégémonie ou l'impérialisme américains, hostilité alimentée de surcroît par les erreurs, voire par les errements brutaux de la république impériale américaine.

Les élites françaises ne se sont pas résignées totalement à ce nouvel état de fait. La conception de ce que serait encore, envers et contre tout, notre mission, selon nos droits-de-l'hommistes interventionnistes, montre cette persistance. Après les États-Unis, depuis 1945, la Chine et cette ribambelle d'émergents, maintenant ! Et l'Europe, qui devait être une France en plus grand et qui est devenue un « trou noir » ! Voilà qui fait beaucoup. À chaque menu incident significatif, les journalistes ramènent présidents et ministres des Affaires étrangères à des questions de susceptibilité, de perte d'influence, de rang, de statut, etc., révélatrices d'une angoisse nationale sous-jacente.

Profondément enfoui sous tout cela, le choc causé par l'effondrement sans précédent de 1940, jamais surmonté malgré de Gaulle et Mitterrand, est sans doute encore présent. La formule d'Henri Rousso : « Un passé qui ne passe pas » mériterait d'être appliquée à 1940 plus encore qu'à Vichy, même s'il s'agit d'un traumatisme souterrain et refoulé, contrairement à d'autres culpabilités au contraire exhibées. Autant de blessures narcissiques et de déceptions démoralisantes. Pour Christophe Prochasson, la France est « un pays en deuil de lui-même ».

Mais pourquoi ce syndrome serait-il purement français alors que d'autres fières nations ont connu un parcours comparable (moins 1940, il est vrai) ? Stephen Haseler, directeur du Global Policy Institute britannique, le confirme : « Nous autres Anglais, nous ne nous sommes jamais remis de la fin de l'empire. Nous nous croyons encore supérieurs et nous avons une vision hypertrophiée de nous-mêmes, que nous entretenons par d'énormes cérémonies artificielles : mariage royal, bébé royal, Jeux olympiques… Tant que nous n'adapterons pas notre vision de nous-mêmes, nous ne réglerons pas notre problème avec l'Europe. Il faut que nous comprenions que nous sommes ni plus ni moins importants que les Français ou les Allemands. »

Après le vote de la Chambre des communes hostile à la participation de la Grande-Bretagne à des frappes en Syrie, Robin Niblett, directeur de l'Institut Chatham House, analysait : « La vision traditionnelle de l'élite britannique selon laquelle le pays doit continuer à jouer un rôle majeur sur la scène internationale est battue en brèche. Un courant populaire isolationniste croissant estime que le Royaume-Uni doit abandonner ses prétentions impérialistes. » Et George Osborne, au même moment : « Nous allons devoir interroger notre âme, en tant que nation, sur notre rôle dans le monde. » Voilà qui est comparable, avec moins de pathos, au débat français sur le déclin. Pourtant, la Grande-Bretagne n'a pas connu mai 1940, mais Churchill. Elle ne s'est pas prétendue universaliste. Elle peut même se raconter que l'empire se perpétue sous une forme *soft* du point de vue commercial, financier, linguistique. Elle n'a aucun complexe à ne pas être « autonome » par rapport aux États-Unis.

Mais, en définitive, quel est le pays européen qui ne s'interroge pas du tout sur lui-même et sur son avenir ? Y compris peut-être l'Allemagne, apparemment satisfaite, centrale, indispensable, impavide mais inquiète des réactions que cette situation peut provoquer. Même au Danemark, que l'on estime si à l'aise dans la mondialisation, il y a quelques années le Premier ministre, face aux interrogations de l'opinion, a dû déclencher une efficace concertation pédagogique de plusieurs mois sur ce thème.

Venons-en à une autre source de déception peut-être plus spécifiquement française : les Français ont été un des peuples de l'époque moderne qui attendaient le plus d'une « communauté internationale » idéalisée et des institutions multilatérales onusiennes où ils ont d'ailleurs longtemps joué un grand rôle, bien au-dessus du poids réel de leur pays, rôle qui se poursuit par exemple au Conseil de sécurité. Mais la « communauté internationale » – à ne pas confondre avec les institutions multilatérales, qui sont une bureaucratie, elle, bien réelle – reste une aspiration plus qu'une réalité. Pour que l'influence française s'y exerce toujours efficacement, il faut déployer les efforts sans cesse plus grands de nos meilleurs diplomates pour rallier à nos thèses des partenaires nombreux, de plus en plus exigeants, qui ont leurs propres revendications.

Déconvenue jumelle et profonde : celle de la vocation universelle de la France, c'est-à-dire de sa projection sur le monde. C'est maintenant l'univers – hommes, capitaux, produits, idées – qui se projette sur la France ! Il n'était pas prévu que cela se passe dans ce sens-là !

Depuis 1789, les Français ont tout attendu de la politique ! Tout était politique ou idéologique. Tout se ramenait au clivage binaire droite/gauche. Or, l'extension au globe d'une économie de marché financiarisée, dérégulée et dérégulatrice, l'émergence de pays puissants qui n'ont pas la même culture politique, et le triomphe pendant quarante ans de l'idéologie monétariste de l'école de Chicago ont considérablement rogné les pouvoirs des dirigeants politiques, sans réduire en proportion les réalisations immédiates et illimitées que l'on attendait d'eux. Et l'Europe, donc ? Sans même parler des traumatisants « abandons » de souveraineté (à qui ? aux « marchés » ?), le transfert d'une partie des attributions gouvernementales à l'« Europe », l'exercice croissant, nécessaire mais fastidieux, de la souveraineté en commun au sein de la zone euro à dix-huit, ou au sein de l'Union à vingt-huit, ont contribué à saper la confiance dans la décision, dans les politiciens et dans les institutions politiques. La suite, les Français la vivent jour après jour : un marchandage sans fin avec de plus en plus de partenaires européens (aujourd'hui 28, un jour 30 à 35) ; des négociations menées quotidiennement avec des institutions européennes que l'on a renforcées, traité après traité, par conviction européenne, mais aussi parce que l'on pensait y exercer une influence toujours décisive : Commission, Parlement, Cour de justice. Cela ne va jamais assez loin pour les fédéralistes, mais a refroidi les ardeurs françaises. Comme, d'ailleurs, les allemandes ! En 2013, 61 % des Allemands ne demandent pas davantage d'intégration européenne, ou alors pour contrôler encore mieux la zone euro. Enchevêtrement des rôles, des responsabilités, des procédures : l'« Europe » n'est plus la solution miracle. Europe et démocratie se combinent mal. Le désenchantement l'a emporté. Ce qui nourrit l'eurodécouragement, l'euroscepticisme, voire l'euro-hostilité.

L'évanouissement de la panacée européenne et de la téléologie européiste, et la désillusion subséquente affectent plus la France – en tout cas ses élites – que les autres pays. Les

Français ne se sont pas ralliés facilement à l'idée européenne ; ils étaient plutôt nationalistes, ou hexagonaux, ou nostalgiques de l'Empire, ou alors réorientés vers l'aide au tiers-monde et l'espérance onusienne. Le projet européen a longtemps été porté par des groupes restreints et inspirés, servis par la guerre froide et l'intelligence de la politique européenne d'après guerre des États-Unis, sans enthousiasme populaire particulier. C'est bien longtemps après, avec Giscard d'Estaing et Schmidt, puis, plus encore, avec Mitterrand, Kohl et Delors, que de nouvelles attentes envers l'« Europe » se sont éveillées jusqu'à constituer une sorte de religion fervente, impatiente, prête à jeter par-dessus bord les oripeaux du passé de chaque pays. Il fallait sans cesse « plus d'Europe », plus d'institutions, de traités, etc. Toujours est-il que, quand les élites françaises sont devenues pro-européennes, elles l'ont trop fait sur la base du rejet ou de la sous-estimation de soi, ce qui leur a aliéné la majorité des électorats ; ou, à l'opposé, avec la conviction que la France allait pouvoir concevoir l'Europe à sa façon, et la diriger dans le cadre d'un « couple » avantageux, avec une Allemagne politiquement bridée, ce qui a été plus ou moins vrai jusqu'en 1990, mais ne l'est plus depuis plus de vingt ans, même si la France, toute à sa liturgie du « couple », a tardé à s'en rendre compte.

Source supplémentaire de désillusion politique : le renoncement délibéré par les gouvernements modernes, incertains de leur propre légitimité, à quelques-unes de leurs prérogatives étatiques au profit d'organismes « autonomes » ou indépendants, le développement de procédures de consultation de plus en plus nombreuses, « perfectionnées » et longues, la multiplication des motifs et des voies de recours judiciaires, les sondages incessants, présentés comme des « progrès » de la « démocratie » directe ou participative, mais entraînant *in fine* l'affaiblissement paradoxal, l'allongement et la dilution de la décision politique, tout cela augmente le risque, pour les dirigeants des sociétés démocratiques modernes, d'aller contre l'opinion du moment, ce qui rogne leur *leadership*.

L'exigence de moralisme et d'éthique brandie à l'encontre des « politiques » par les médias et les juges, bien sûr incontestable dans son principe, prend, dans ce contexte, une forme de plus en plus vengeresse : « Puisque vous n'avez plus aucun pouvoir, puisque vous ne servez plus à rien, et qu'en plus vous n'êtes pas représentatifs de la diversité nouvelle de la population, renoncez à tout privilège et, même, soyez irréprochables ! À notre place… » C'est la « vestalisation » de la fonction politique. Ce qui n'empêchera pas la même opinion de redoubler de fureur face à l'impuissance accrue des politiques résultant de ses exigences renforcées de contrôle et de sa suspicion. Tout concourt à saper la confiance dans la politique chez ce peuple très politique que sont les Français. Conclusion radicale selon Marcel Gauchet : « Notre héritage fait de nous des inadaptés par rapport à un monde qui dévalorise ce que nous sommes portés spontanément à valoriser, et qui porte au premier plan ce que nous regardions de haut. »

Ce n'est pas tout. Dans les milieux populaires, mais plus seulement chez eux, s'est installé, à tort ou à raison, le sentiment que les nouveaux mouvements migratoires légaux et illégaux, tout comme les naturalisations ou les régularisations, sont sous-estimés au sein de l'ensemble Schengen, qu'ils ne sont pas vraiment, quoi qu'on dise, maîtrisés, alors qu'il y a des centaines de millions d'êtres humains, pour ne pas dire des milliards, qui vivraient mieux, dans nos pays, même dans des conditions précaires, que chez eux (cas des Roms d'Europe centrale et des Balkans, et de toute l'immigration en provenance du sud), et que, donc, la pression ne va pas cesser. Ce sentiment entretient et diffuse une sourde angoisse, d'autant plus que les élites prétendent disqualifier par le mépris toute expression d'une crainte identitaire et invoquent des statistiques « rassurantes » contre ce ressenti. Tout éloge du métissage, toute affirmation que l'immigration (quelle qu'elle soit) est une « chance pour la France », sans tenir aucun compte des différences de cultures et de modes de vie, ni de l'immense affrontement historique qui se joue dans l'islam entre les fondamentalistes djihadistes, les modernistes et les autres, y compris en Europe, ainsi que le début de la constitution d'un lobby issu de l'immigration nourrissent ces craintes – ou ces fantasmes, c'est selon, mais cela revient au même.

L'*angoisse écologique*, elle, a atteint désormais presque tous les milieux, moyennant des différences sensibles. Très faible chez l'ouvrier spécialisé au chômage qui a des soucis plus urgents, ou chez l'agriculteur au très faible revenu, condamné au productivisme ; mais au paroxysme chez le « bobo » urbain. Elle est d'ailleurs étrange chez celui-ci : il oscille entre la peur phobique du CO_2 et la peur phobique du nucléaire, sans oublier les peurs parfois névrotiques, parfois bien réelles, liées à l'alimentation. Il sous-estime en revanche l'épuisement des ressources, plus abstrait[1]. Sur nombre de sujets – OGM, nanotechnologies, déchets nucléaires, gaz de schiste... –, le débat public durcit plutôt les positions et les antagonismes, ce qui ne fait qu'alimenter le climat anxiogène ambiant. Toute approche rationnelle de ces sujets est brouillée par une sorte de « populisme scientifique », déplore le physicien Étienne Klein.

Ces angoisses non plus ne devraient pas être propres à la France. Qu'elles soient réelles, fantasmées ou instrumentalisées, elles devraient – mis à part la vexation historique et la frustration politique françaises – affecter de même manière tous les Occidentaux en déclin relatif d'influence : Américains, Européens, Australiens, Canadiens, etc. Or tel n'est pas le cas.

C'est donc que cette étonnante sous-estimation française de soi a d'autres sources plus spécifiques encore, alors même que la France s'est relevée dans le passé d'épreuves bien plus tragiques, déjà rappelées. Mais enseigne-t-on l'histoire des redressements ? Ainsi fut-il après la guerre de Cent Ans. Après la peste noire. Après 1871. Après les 1,3 million de morts et les 3 millions de handicapés de 14-18. Après 1945. Alors qu'elle a réussi magistralement sa modernisation, son industrialisation, son urbanisation, que son attractivité en tant que pays reste remarquable sur tous les plans, malgré de vrais handicaps, on l'a vu, les Français ont l'air accablés par la conviction que la marche est trop haute pour eux et que, cette fois, non, ils ne pourront y arriver ! En septembre 2013, 73 % d'entre eux n'avaient pas confiance dans l'avenir de leur pays. Effet miroir : en 2013, 51 % des Européens jugeaient négativement la France actuelle.

Peut-être le mal est-il encore plus profond ? Lié aussi à la déconstruction acharnée, depuis une quarantaine d'années, par quelques intellectuels médiatiques, d'une fierté française nombriliste et aveugle ? Correction salutaire, au début, tant la prétention ou le déni français étaient parfois absurdes, ridicules ou choquants (surtout après mai 1940 et la Seconde Guerre mondiale !), cette remise en cause est devenue systématique. De ce fait, une partie

1. En 2013, pour l'ONG Global Footprint Network, le jour du dépassement – l'*overshoot day* – des ressources annuelles de la planète est advenu dès le 20 août et ne cesse d'avancer ; avant le milieu du XXIe siècle, il faudra, dit-on, « deux planètes » pour vivre selon notre mode de vie actuel ; les spécialistes de l'effondrement de la biodiversité parlent de « début de la VIe extinction ».

de l'opinion, « tympanisée » par les crimes commis aux heures sombres de son histoire par la France ou une partie de la France (comme toute autre puissance), a fini par concevoir, sous l'effet d'un matraquage expiatoire facilité par l'inculture et l'anachronisme, une forme de haine de soi. Qu'il n'y ait pas de malentendu, c'est un grand progrès qu'un pays soit capable de regarder en face sa propre histoire : sans même remonter aux croisades ou à la Saint-Barthélemy, la révocation de l'édit de Nantes ; les destructions du Palatinat sous Louis XIV, en 1674 et 1689 ; la participation de la France (comme d'autres Européens ou certains Africains) au trafic triangulaire ; les violences révolutionnaires, mais aussi contre-révolutionnaires ; 1789, mais aussi 1793 ; les ravages de Napoléon ; la réalité sociale à la Zola au début de l'industrialisation (comme dans toute l'Europe et aux États-Unis) ; la colonisation, l'impérialisme, la répression brutale des rébellions de colonisés (comme par tous les Européens colonisateurs) ; la défaite de 1870 ; les mutins de la guerre de 1914-1918, à juste titre sortis de la stigmatisation par Lionel Jospin, Nicolas Sarkozy et François Hollande ; le ratage du traité de Versailles d'où a découlé la suite jusqu'à la Seconde Guerre mondiale (responsabilité partagée) ; la défaite et l'effondrement de 1940, responsabilité bien française, elle, matrice de l'Occupation, de Vichy et de la collaboration ; les vaines guerres coloniales ; la guerre d'Algérie… Mais tout ce que Lavisse, Malet et Isaac, et d'autres après eux, avaient enseigné et transmis en l'expliquant dans un esprit patriotique, voire héroïque ou légendaire, à tant d'écoliers, semble non pas rectifié, corrigé ou replacé dans son contexte – ce qui serait sain –, mais renié et même effacé au profit de l'attitude inverse. Voir, sur ce point, bien des manuels scolaires actuels, quand on s'y retrouve dans leur approche a-chronologique !

En fait, ce ne sont pas la repentance ni le « devoir de mémoire » – curieuse expression ! –, mais la lucidité et la vérité historique qui sont nécessaires à la démocratie française d'aujourd'hui. Pierre Nora et les autres historiens qui se sont exprimés à ce sujet ont raison : il n'y a pas à dévoyer la loi en demandant à des parlements de graver dans le marbre législatif la vérité historique comme une Église le fait pour son dogme. *A fortiori* si on prétend légiférer sur l'histoire des autres, comme en ce qui concerne le génocide arménien pendant la Première Guerre mondiale, à la fin de l'Empire ottoman ! Au nom de quoi ? De toute façon, un État de droit moderne ne connaît pas de responsabilité collective ni transmissible. Il ne s'agit donc pas de condamner les atrocités dont l'Histoire regorge (à quoi cela sert-il, sauf quand des criminels sont encore en vie ?) ni de s'autoflageller dans un rituel médiatico-expiatoire. Mais plutôt de comprendre, sans anachronisme, et sans isoler artificiellement l'histoire de la France de l'histoire des autres nations, les enchaînements qui ont conduit par le passé à telle ou telle abomination pour en prévenir la récidive, sans déclarations emphatiques, mais en en mettant au jour les mécanismes et les processus. En constatant que ce ne sont pas les mauvais sentiments, par eux-mêmes et à eux seuls (la haine de l'autre, etc.), qui ont entraîné des tragédies, mais des engrenages politico-économico-historiques non maîtrisés du type de la longue séquence 1914-1940. Ce qui ne conduit pas aux mêmes politiques de prévention. La confusion et le simplisme ont été tels, en France, sur ces sujets, au cours de ces dernières décennies, qu'un sentiment diffus et débilitant de culpabilité s'est insinué partout : « Puisque nous avons un passé si chargé, peut-être devrions-nous nous en remettre à d'autres (l'Europe, les États-Unis, l'ONU, les émergents, le “marché”, la société civile, les réseaux sociaux ou la vie privée, etc.). » Comme l'écrit Roger-Pol Droit : « Sans doute le passé est-il trop lourd, chargé de tant de grands rêves anciens. »

Cherchant à expliquer ce manque collectif de confiance en soi, certains dénoncent un système scolaire par trop sélectif et élitiste (qui transmet et sélectionne pourtant de plus en plus mal !), trop hiérarchique, trop vertical, donc décourageant et sapant très tôt la confiance en soi des enfants, malgré l'inlassable dévouement des maîtres et professeurs. À preuve : les enfants d'immigrés ne sont pas touchés par ce syndrome prédépressif, sauf s'ils ont été scolarisés en France avant l'âge de 10 ans ! Le système n'a plus ses anciennes vertus et n'en a pas encore acquis de nouvelles. Pourquoi ne produisait-il pas de tels résultats au XIXe siècle et jusqu'au milieu du XXe ? Peut-être parce que l'ascenseur social fonctionnait encore (exemples de Georges Pompidou, de Pierre Bérégovoy, de Pierre Mauroy), que l'exaltation nationale n'était pas éteinte et suppléait, en tout cas jusqu'en 1940 ?

Ces explications diffèrent, mais s'ajoutent et se combinent jusqu'à décrire un nœud indémêlable. Ces sentiments conjugués nourrissent le pessimisme français, détruisent la confiance en soi. Ils sont combattus sans résultat depuis longtemps avec beaucoup de force par des voix autorisées, des experts, des auteurs, des économistes, des chefs d'entreprise, y compris par les gouvernements et présidents de la République successifs ; pourtant, ils persistent. Pourquoi ?

D'abord, une partie des élites actuelles – à commencer par les intellectuels – a privilégié la repentance, en ce qui concerne l'histoire nationale, plutôt que la préparation de l'avenir. Elles l'ont même alimentée depuis vingt ou trente ans, pour des raisons d'opportunité politique ou médiatique. Parfois aussi par conviction. Elles sont en tout cas mal placées pour séparer finement l'expiation de la lucidité historique, et remobiliser. Ensuite, quand les experts économiques, les libéraux, les réformateurs tentent leur « pédagogie » du redressement, elle est en général bâclée, sommaire, donc peu convaincante. Trop technique. Trop économiste. Trop indifférente au sort des « gens ». Il faudrait traiter distinctement chaque aspect de ce pessimisme, avec empathie pour ceux qui en sont atteints, mais avec conviction et avec des arguments adaptés. On ne s'exprimera et on n'agira pas de la même façon pour guérir l'humiliation française du grand public, pour faire renoncer les intellectuels ou les journalistes à la manie expiatoire ou à la critique systématique, pour répondre à l'angoisse sociale des salariés ou des chômeurs, voire à l'inquiétude des chefs d'entreprise écrasés par les charges ou aux prises avec le code du travail, enfin pour traiter l'angoisse des vieux aussi bien que celle des jeunes.

Autre élément : on sait que, dans la communication, il y a le message, le vecteur (ou médium), le récepteur, mais d'abord l'émetteur. Or, tous ceux qui appellent les Français à retrouver confiance en soi sont eux-mêmes discrédités, suspectés, donc rejetés en tant qu'émetteurs : les dirigeants politiques et les politiciens, bien sûr, mais aussi les éditorialistes, les journalistes, les technocrates, les eurocrates, les essayistes, les chefs d'entreprise et même les dirigeants syndicaux. Dans la société de défiance antiverticale où nous vivons[1] et qui finit par rejaillir sur tous les rapports interpersonnels, tout appel de leur part à la « réforme » est suspect *a priori*. Aucune ruse de communicant ne permet

---

1. Cf. Yann Algan et Pierre Cahuc, *La Société de défiance*, *op. cit.*

d'échapper à cette difficulté. C'est le syndrome du référendum : on répond au questionneur, pas à la question. Aucun acte politique fort n'a jusqu'ici rompu ce maléfice.

En définitive il y a ce verrouillage, ce nœud psychologique étroitement serré. De même qu'un déprimé prend mal l'objurgation d'un ami bien intentionné qui lui lance : « Fais donc un effort, lève-toi, bouge-toi, fais quelque chose ! », nombre de Français rejettent ces appels et toute idée positive sur leur pays. Ceux qui en ont l'énergie partent, nombreux, à l'étranger où beaucoup réussissent magnifiquement. Je l'écrivais en commençant : la simple énumération de nos atouts est insupportable à certains. Quand j'ai publié en 2000, alors que j'étais à la tête du Quai d'Orsay, un livre d'entretiens avec Dominique Moïsi – *Les Cartes de la France à l'heure de la mondialisation* –, les journalistes qui m'interviewaient applaudissaient mon analyse de nos faiblesses, mais se récriaient dès que j'abordais la liste de nos avantages. Ils trouvaient cela chauvin. À quoi pensais-je ? Des atouts ! Est-ce que la France n'avait pas que des handicaps et des reproches à se faire ? Même remarque à propos de mon *Rapport 2007 sur la France et la mondialisation (adaptation, protections, régulations)*. On ne peut nier qu'une génération de journalistes a été formée à dénoncer les tares de la France et la mondialisation de notre pays, à rejeter toute approche autosatisfaite (très bien), mais même à se méfier de toute présentation positive (masochiste). Il y avait des excès de complaisance à corriger ; on est tombé dans l'excès inverse. Ce serait l'honneur de cette profession de surmonter ce penchant, d'autant qu'il la rend incapable de décrypter le patriotisme normal, y compris économique, à l'œuvre dans le reste du monde…

C'est aussi pour ces raisons que les comparaisons internationales appelées à la rescousse pour nous redonner confiance et stimuler notre aptitude à nous réformer ne sont pas reçues. D'autant plus que l'ignorance économique est considérable et anxiogène[1]. Ainsi l'on abuse des pourcentages ou des chiffres lancés sans points de comparaison ; très peu de gens ont à l'esprit le montant du PIB de la France ou celui du budget de l'État, ou de la sécurité sociale ; la confusion dans l'esprit du public entre millions et milliards est courante, etc. Ensuite, les comparaisons avec l'étranger

1. En général, à peine la moitié des sondés dit « comprendre l'économie » ; 75 % des Français souhaiteraient en savoir plus.

– toujours les mêmes – sont souvent partielles, orientées et trop ressassées, donc inopérantes. Enfin, le monde éducatif continue en majorité à considérer avec hostilité ou défiance le monde étranger de l'« entreprise ».

On peut certes le déplorer, mais il n'y a rien d'étonnant à ce que les électeurs français se montrent circonspects face à tout projet explicite de « réforme ». L'opinion y voit un piège. Les différentes formes du pessimisme, de la défiance, du manque de confiance en soi n'ont été ni dissociées ni neutralisées. Les maléfices ne sont pas rompus. Quant au « système », il ne favorise pas une approche positive. Bref, on tourne en rond et notre « compétitivité psychologique » reste au plus bas.

LA FRANCE[1] !

La France ne doit pas attendre de miracles des autres, de la « communauté internationale », des systèmes globaux. C'est à elle de se reprendre en main, de reprendre le contrôle de son destin, par des décisions adéquates, en s'y tenant assez longtemps, quels que soient les aléas électoraux, pour qu'elles donnent des résultats. Bien sûr, il s'agit toujours d'exercer une influence dans le monde, d'y défendre nos intérêts et nos idées, de convaincre en Europe, mais, dans la situation actuelle, c'est par ce que nous devons faire en France que cela commence.

Je ne crois pas aux gouvernements d'union nationale, sauf dans des moments historiques très particuliers (pendant la Première Guerre mondiale autour de Clemenceau, et, en 1945, autour du général de Gaulle, au début). En revanche, un consensus est peut-être atteignable en France aujourd'hui sur la base d'un programme précis de redressement industriel, de productivité – dans des conditions à négocier –, d'écologisation, de réforme de la santé publique, de décentralisation et de débureaucratisation. Beaucoup de choses devront évidemment être décidées avec certains de nos partenaires européens, ou au niveau de l'Union, c'est-à-dire la Commission, le Parlement et la Banque centrale[2], pour l'euro, dans le contexte du gigantesque plan de relance. Les cadres sont là ! La proposition Macron-Merkel du 18 mai 2020 d'un emprunt communautaire de

1. Dans Hubert Védrine, *Et après ?*, © Librairie Arthème Fayard (2020), nouvelle édition 2021, chap. 21.

2. Elle devrait notamment, à l'issue d'une évolution intellectuelle, faire reposer la supervision des banques européennes sur des normes européennes et non plus américaines.

500 milliards d'euros pour des subventions (remboursables ou non) ou des prêts destinés aux secteurs et territoires les plus touchés par la Covid-19 était très substantielle et elle a abouti en 2021 au plan de relance des Vingt-Sept finalement mis en œuvre en 2021-2022. Mais il faudra éviter de retomber dans les erreurs démobilisatrices des dernières décennies, et ne plus nous laisser paralyser par nos handicaps : l'absence de confiance en soi, un pessimisme masochiste, la tentation de l'irrationalité, des débats stériles sans fin et le refus de s'inspirer de ce qui marche ailleurs. Par exemple de l'Allemagne sur l'apprentissage. Cela ne nous dispense de rien. Il s'agit, en plus, d'être plus fort et plus efficace ensemble, et non pas de s'en remettre à un niveau européen qui se substituerait à nous, nous dispenserait de prendre nos responsabilités au moment où il le faut et alimenterait l'euro-découragement, l'euro-énervement, et *in fine* l'euro-bashing. D'ailleurs, quoi que l'on ait dit ou écrit, l'Union européenne a plutôt bien réagi dans les domaines où elle était compétente, en l'occurrence l'économie.

Emmanuel Macron recherchera cette synthèse dynamique à l'occasion de la présidence française de l'Union au premier semestre 2022, avant les présidentielles d'avril 2022. On est en droit d'attendre de l'Union au minimum qu'elle n'entrave plus la mise en œuvre de projets industriels au nom d'une politique bornée de la concurrence, qu'elle mobilise ses instruments de défense commerciale, et qu'elle tienne bon sur le Green Deal, ce qu'elle a fait par sa proposition très ambitieuse de l'été 2021. En ce qui concerne l'écologisation de la Politique agricole commune, c'est nous, Français, qui devons être exemplaires, donner des gages, de façon acceptable par nos agriculteurs, beaucoup plus prêts qu'on ne le croit à évoluer, dès lors que le calendrier est raisonnable, que des étapes sont ménagées, et qu'on ne se moque pas d'eux.

Ne plus dépendre des autres, ne plus se laisser intimider, et réentraîner l'Europe à partir sur une nouvelle base moins chimérique, plus volontaire.

LA FRANCE, L'EUROPE ET L'*IRREALPOLITIK*[1]

La France reste en 2007 une puissance, une puissance moyenne (il y a moins de vingt puissances dans le monde), un pays d'influence mondiale, même si la logique de l'Union européenne amène les États membres à de laborieuses recherches de consensus. Un accord réaliste entre ceux-ci permettrait de parvenir à constituer une Europe forte qui s'affirmerait aux yeux du monde et se ferait respecter.

Dans votre livre Continuer l'Histoire*, vous parlez du consensus gaullo-mitterrando-chiraquien, qui serait le fondement de la politique étrangère française. En quoi consiste-t-il ?*

Le fil conducteur de la politique étrangère de la Ve République depuis que de Gaulle l'a reformulée vers 1966-1967, avec les inflexions liées à la personnalité de chaque président de la République et, dans quelques cas, à la personnalité des ministres, c'est l'idée d'une autonomie de décision. L'idée que la France a sa propre politique étrangère. C'est là-dessus qu'il y a consensus. Ce n'est pas évident pour les Américains et pour certains de nos partenaires. Cela suppose une autonomie de pensée.

Pendant la guerre froide, cette idée s'est traduite par la fidélité à nos alliés dans toutes les crises graves et, en même temps, par une grande liberté de mouvement à l'est et au sud. Depuis que nous sommes sortis de la guerre froide, il a fallu repenser la politique étrangère française. La France estime avoir le droit, dans

1. Article paru dans *Le Monde* le 22-23 avril 2007. Propos recueillis par Daniel Vernet.

certains cas, de contrer la politique américaine. D'avancer ses propres propositions sur l'avenir de l'Europe, sur l'organisation du monde, etc. Même si, sur chaque point d'application concret, sur les rapports entre réalisme, démocratie, et droits de l'homme, il y a des différences, voire des clivages, à l'intérieur de la gauche comme de la droite.

Pensez-vous que ce consensus sera maintenu pendant les prochaines années ?

Je ne vois pas ce que nous gagnerions à nous banaliser sous prétexte de nous moderniser. Je ne vois pas ce que l'Europe y gagnerait, ni le monde, notamment à propos de points de frictions très dangereux, comme la relation islam/Occident. Je crois qu'il faut maintenir ce consensus, et je m'oppose à certaines tendances de la droite, et même parfois de la gauche, allant dans l'autre sens.

Le sentez-vous menacé ?

Oui, par plusieurs courants. La menace vient de la résurgence d'une tendance atlantiste à l'ancienne, celle de la droite française prégaulliste. Mais ce courant existe aussi au Parti socialiste. Il n'est pas très visible, mais il n'est pas négligeable. On invoque la nécessité de la modernisation, les choses ne sont plus comme avant, le monde est global, de nouveaux acteurs sont apparus. Tout ce méli-mélo est utilisé pour pousser à une normalisation. La menace la plus insidieuse, c'est qu'une grande partie de l'opinion, à gauche comme à droite, a en quelque sorte intériorisé l'idée que nous n'aurions plus d'influence, que la France ne serait plus qu'une puissance « moyenne » et que, en conséquence, son autonomie de décision dans la « communauté internationale » serait devenue obsolète. Je trouve cette vision ingénue et dangereuse. C'est ce que j'appelle l'*irrealpolitik.* Il existe une version européenne de l'*irrealpolitik* qui ne parle plus que des droits de l'homme. Je suis aussi attaché aux droits de l'homme que n'importe qui et je ne suis pas relativiste, mais je pense que ce que j'appelle le « droits-de-l'hommisme » exclusif est une posture de repli. C'est une sorte d'incantation, qui n'a presque aucun effet en dehors du monde occidental, et cela traduit une impuissance. N'ayant plus de pouvoir ni d'influence, nous en serions réduits à tenir des discours. Je ne m'y résigne pas.

Le discours peut aussi se révéler comme moyen d'exercer une influence. Voir de Gaulle...

Je connais le poids des mots, bien sûr, mais croire qu'il n'y a plus que le discours ou la posture, c'est un aveu d'impuissance. On n'est plus une puissance qui compte, donc on fait des sermons ! C'est une erreur.

Vous mettez aussi en cause l'européisme ?

Là, c'est une autre chose, mais cela rentre également dans le champ de ma critique méthodique de l'irréalisme impuissant. Ce que j'appelle l'« européisme », pour le distinguer du sentiment pro-européen, est le postulat suivant lequel les États-nations sont périmés, archaïques, dépassés, responsables de tous les malheurs du monde, et qu'il faut absolument leur substituer une superstructure qui va les rendre plus caducs encore. Les Européens voudraient vivre dans un monde post-historique, post-stratégique, post-national, et que l'Europe les protège.

Quand je parle de maximalisme, je pense à cette volonté de construire l'Europe à marche forcée, par le haut, à coups de traités. Et, évidemment, cela ne marche pas ! Je ne le dis pas pour peiner les gens. Je suis convaincu de la nécessité d'une Europe forte. Je propose plutôt de reprendre une démarche réaliste consistant à identifier les sujets sur lesquels les Européens sont en désaccord afin de surmonter ces obstacles. Une des erreurs des quinze ou vingt dernières années a été de croire qu'on allait faire une Europe plus forte, un système multilatéral plus efficace, un monde meilleur, avec des États affaiblis.

Je pense qu'il faut revenir à une idée simple : on a besoin d'États, qui soient les fondements de l'ordre multilatéral pour que l'ensemble marche bien, d'États forts et efficaces, naturellement modernes et démocratiques. *Idem* pour l'Europe.

Les divers courants existent dans le débat intellectuel, mais dans la mise en œuvre de la politique étrangère française, on constate une grande continuité...

À propos de la guerre en Irak, on n'a pas besoin de chercher beaucoup pour trouver des gens qui n'étaient pas contre, qui trouvaient que renverser Saddam Hussein justifiait quelques mensonges au passage. Un débat sur la question de savoir si une politique étrangère peut être essentiellement fondée sur les droits de l'homme ne serait pas mauvais en soi. Je pense que ce n'est pas suffisant pour fonder une politique étrangère globale crédible. Mais le débat serait très sain. Le monde qui est en train de se construire sous nos yeux ne correspond absolument pas à nos discours et à nos attentes.

Où se trouve la différence entre le monde multipolaire en gestation et celui dont on rêve ?

Dans le discours français, il est implicite que, parmi les pôles, il y a une Europe forte et, au sein de cette Europe forte, une France très influente. Or le monde multipolaire se développe sans nous demander notre avis et sans correspondre à nos schémas ! Il peut y avoir un monde multipolaire qui se mette en place de façon désordonnée, qui n'apporte pas automatiquement la stabilité. Les pays émergents peuvent nouer des liens entre eux, en se passant des Européens et même des Américains. Il peut y avoir une Europe aboulique et une France qui aurait perdu la main. Bien sûr, l'inverse est aussi possible.

N'est-on pas confronté toujours au même dilemme : ou bien la France affirme sa position autonome mais, étant donné le rapport des forces, ses chances d'être entendue sont faibles, ou bien elle passe par la médiation de l'Europe, et elle est bien obligée de faire des compromis...

Le dilemme n'est pas sans issue. On a tort de croire que nous n'avons une influence qu'à travers l'Europe. Il y a encore des parties du monde où l'influence française, les moyens d'action de la France, politiques, culturels, etc. sont recherchés et où la politique étrangère française est souhaitée. D'ailleurs, nos partenaires souhaitent que la France continue à être active. Cela n'enrichirait pas l'Europe d'être un regroupement de chiens battus. À nous d'exercer la plus grande influence possible en Europe, intelligemment, sans être prétentieux. L'Union européenne sera plus forte si elle rassemble des pays bien dans leur peau, qui savent ce qu'ils veulent. Il faut combiner ces diverses approches. Le dilemme est réel, mais il est surmontable. C'est une question de pratique et de ton.

Cette synthèse par le haut est de plus en plus difficile avec l'élargissement...

Bien sûr, mais on n'a pas le choix. On ne va pas non plus attribuer toute la responsabilité au seul récent élargissement, sinon la politique étrangère européenne aurait été effectivement commune avant, ce qui n'était pas le cas.

L'issue, ce sont les coopérations par petits groupes, à géométrie variable, avec des compositions très différentes selon les thèmes.

Oui, et ils constitueraient des moteurs variables. À partir du moment où ces petits groupes représentent la variété des sensibilités européennes et en même temps se comportent d'une façon qui ne braque pas les autres, ils pourront convaincre. De toute façon, je ne crois pas à une politique étrangère unique, et même pas non plus à une politique étrangère automatiquement commune, à vingt-sept. D'un autre côté, le plus petit commun dénominateur ne pèse pas. Se réunir pour dire qu'on est pour la démocratie et pour la paix, à qui ça sert ?

Je crois à un travail méthodique qui permettra aux Européens de passer en quelques années de désaccords nombreux à une convergence très forte. Au lieu de se vanter des petits résultats de la politique étrangère commune, il faut avoir le courage de dire : il y a des points fondamentaux sur lesquels nous divergeons. On n'avancera jamais si on ne le dit pas. Exemple : il y a un désaccord sur le principe même d'une « Europe puissance ». Un désaccord sur la manière de se comporter vis-à-vis des États-Unis. Il y a la question russe qui divise les Vingt-Sept. Il y a la question proche-orientale sous l'angle concret. Il faut s'y atteler. Sans compter, bien sûr, les questions « globales », l'environnement, l'énergie, les pandémies, etc. Si les Européens identifient leurs désaccords et s'y attaquent, ils peuvent les surmonter et élaborer une synthèse très forte en dix ans. Cela n'est possible ni par la politique de l'autruche ni par la méthode Coué.

IV

L'EUROPE

INTRODUCTION

Les textes regroupés dans cette partie couvrent une période qui s'étend de la gestion par François Mitterrand, avec Helmut Kohl puis Jacques Delors, de la relance européenne à partir de 1984, qui culmine avec le traité de Maastricht en 1992 et court jusqu'à la période actuelle, en passant par mes cinq années comme ministre des Affaires étrangères auprès de Jacques Chirac et de Lionel Jospin. J'étais tout à fait à l'aise avec les orientations pro-européennes de François Mitterrand, qu'il n'a pu mettre en œuvre qu'à partir du Conseil européen décisif de juin 1984 à Fontainebleau, après la décision, improprement appelée « tournant », de mars 1983. Je n'ai jamais été fédéraliste, mais je pensais qu'on pouvait aller plus loin, dans notre intérêt même, dans la construction d'une Union européenne plus intégrée et de politiques communes plus nombreuses. Je ne m'inquiétais pas, car François Mitterrand lui-même n'envisageait pas une seconde que la France devînt un jour une province de futurs États-Unis d'Europe ! Helmut Kohl non plus d'ailleurs, concernant l'Allemagne. Il y avait de la marge ! Mais quand j'ai constaté les résultats du référendum sur le traité de Maastricht en 1992, j'ai commencé à me poser des questions sur la suite. L'approche était pourtant rationnelle : mieux valait devenir une composante de la monnaie unique que d'avoir, avec le franc, un strapontin dans la zone mark, et devoir quémander régulièrement auprès du gouverneur de la Banque centrale allemande l'autorisation de dévaluer plus que ce que les règles du système monétaire européen permettaient. Toutes les autorités, sauf le Front national, étaient pour. La politique monétaire qui serait suivie ensuite, c'est un autre sujet. Et malgré cela, le traité pour lequel François Mitterrand avait pris le risque du référendum pour le sanctuariser n'est passé ric-rac qu'avec 51,05 % des voix ! On l'oublie trop. J'ai dès lors pensé que, si l'on avait perdu en route les classes populaires, et plus largement les peuples, c'est qu'il y avait un bug dans la construction européenne telle qu'elle avait été conçue, (mal) présentée et menée, dans les mots et dans le fond. Je n'ai donc pas été étonné par le rejet en 2005 du traité constitutionnel à 54,68 % par les Français, et 61,54 % par les Néerlandais. Quelques années plus tard, le chancelier Schröder m'avait dit : « S'il y avait eu un référendum en Allemagne, la réponse aurait également été non, tant les *Länder* sont exaspérés par le grignotage de leurs compétences par la Commission et la Cour de justice. » Depuis lors, je suis resté pro-européen, pragmatique, mais encore moins européiste et intégrationniste, et je réfléchis à la bonne façon de reconvaincre les peuples et de reconstruire une majorité d'idées pour soutenir une Europe des projets, et qui pèse dans le monde. Ce qui impose qu'on cesse de ridiculiser l'attachement aux identités et à la souveraineté, et que la souveraineté européenne soit un plus, et non pas un leurre, ni une réduction de ce que les peuples ont pu garder jusqu'ici de leur souveraineté, grande conquête historique.

On trouvera également dans cette partie des récits de la politique de François Mitterrand sur la réunification allemande, qu'il avait déjà exposée au chancelier Helmut Schmidt, en octobre 1981, à Latché. Cette politique – pas assez expliquée – avait été mal comprise et décriée par les médias français au jour le jour, à l'automne 1989, mais elle a été très bien restituée depuis lors, dans sa clarté et sa justesse, par des historiens allemands et français. L'Allemagne était, pour François Mitterrand, le centre de sa réflexion internationale : sujet de son premier article (en 1942), comme de son dernier livre – inachevé – *De l'Allemagne, de la France*.

MITTERRAND ET L'ALLEMAGNE : LA VÉRITABLE HISTOIRE[1]

Dans un texte de novembre 1995, Jean-Louis Bianco et Hubert Védrine opposent leurs souvenirs très positifs et leurs explications sur François Mitterrand et l'Allemagne à la thèse qui ressort du Verbatim III *de Jacques Attali qui vient alors de paraître.*

Dans un témoignage daté de janvier 1996, quelques jours après la disparition de François Mitterrand, Hubert Védrine retrace le roman de l'amitié Kohl-Mitterrand.

Depuis 1989, une polémique persiste sur la politique conduite par François Mitterrand à l'égard de la réunification de l'Allemagne. En général les griefs sont : 1) il n'a rien vu ; 2) il était contre ; 3) il n'a rien fait (il a raté le train de l'Histoire). La parution récente de *Verbatim III* a ravivé cette interprétation. Rappelons que François Mitterrand a fait part de ses « expresses réserves » sur la forme comme sur le fond de cet ouvrage. Rappelons aussi que Jacques Attali, qui a son point de vue sur ces événements, prend la précaution de préciser dans sa préface que sa reconstitution des propos des protagonistes n'engage que lui. Mais là n'est pas l'essentiel. Nous avons, Jean-Louis Bianco comme secrétaire général, et Hubert Védrine comme porte-parole, vécu ces deux extraordinaires années, 1989 et 1990, aux côtés du président Mitterrand, et nous voulons apporter un témoignage de première main qui va tout à fait à l'encontre des idées reçues. La seule question à se poser devrait, nous semble-t-il, être la suivante : la politique que

1. Dans Hubert Védrine, *Face à l'hyperpuissance*, © Librairie Arthème Fayard, 2003, p. 61-66. Texte initialement paru dans *Le Nouvel Observateur*, 26 octobre-1er novembre 1995, revu pour l'édition en volume.

François Mitterrand a menée alors, avec Roland Dumas, était-elle bonne pour la France et pour l'Europe ? Était-elle ou non conforme à nos intérêts et favorable à la construction européenne ?

1. – Prenons d'abord le premier grief : « Il n'a rien vu. » C'est l'inverse qui est vrai. Dès 1981-1982, il parlait de la sortie de Yalta, c'est-à-dire de la fin de la coupure de l'Europe en deux blocs. Dès l'arrivée de M. Gorbatchev au pouvoir – dont devait découler l'unité allemande –, il fut convaincu de l'importance de l'événement, et le dit, quand tant d'autres soupçonnaient une nouvelle ruse du système soviétique. Le 9 octobre 1985, au Conseil des ministres, François Mitterrand jugea « possible que l'URSS, s'il se développe une revendication anti-Yalta, s'ouvre à une révolution qui pourrait la soulager. Les Russes exploitent ces pays d'Europe de l'Est, mais ils leur coûtent cher. » En juillet 1989, quatre mois avant la chute du Mur, il réaffirma publiquement dans *Le Nouvel Observateur* ce qui a toujours été sa ligne de conduite : « L'aspiration des Allemands à la réunification est légitime dès lors qu'elle se déroule démocratiquement et pacifiquement. » Démocratiquement, cela veut dire des élections libres en RDA. Pacifiquement, cela suppose que seraient pris en compte les intérêts des pays voisins, en particulier la question des frontières avec la Pologne. En octobre 1989, à Caracas, il déclare : « Tant que la question de la réunification allemande ne sera pas résolue, elle continuera de heurter la conscience. » Il était déjà tellement sûr de la suite, quand ceux qui lui reprocheraient après coup de n'avoir rien vu en étaient encore à s'interroger, qu'il continuait déjà, en pragmatique, de garder le cap au milieu de ces « bourrasques heureuses », selon son mot adressé à Helmut Kohl.

Alors qu'a-t-il échoué à voir, à prévoir, qu'un autre ait vu mieux que lui ? À quel prophète extralucide le compare-t-on ? Quelle déclaration prémonitoire d'un de ses prédécesseurs, de George Bush, de Margaret Thatcher, de Mikhaïl Gorbatchev, d'Helmut Kohl lui-même, oppose-t-on aux siennes ? Helmut Kohl qui, en novembre 1989 encore, après la chute du Mur, expliquait à ses compatriotes, dans son plan en dix points, que la réunification prendrait encore des années et bien des étapes…

2. – « Il était contre. » Ceux qui profèrent cette critique pensent-ils qu'il fallait approuver les yeux fermés, donner un blanc-seing à l'Allemagne ? Ceux qui étaient contre, sans le dire ou en le disant, avaient deux fois tort : au nom de quoi refuser

ce droit aux Allemands ? Par quels moyens ? Aussi bien, cela n'a été à aucun moment la politique de François Mitterrand. Quant à ceux qui approuvaient la réunification allemande, ne pouvaient-ils comprendre que la manière dont elle s'opérerait serait lourde de conséquences sur l'avenir de l'Europe ? Pendant quarante ans, la perspective de cette réunification avait été considérée comme un *casus belli* potentiel. Tout l'acquis de la construction européenne aurait pu s'en trouver remis en question et on aurait voulu que le président français traitât cet événement avec légèreté ou démagogie, pour être applaudi par certains journaux allemands ? François Mitterrand l'a traité avec gravité et sérieux, en ami de l'Allemagne, un ami sincère mais exigeant, et en veillant aux intérêts de la France, à l'avenir de l'Union européenne et de la paix en Europe. Il s'est comporté non en commentateur ou en supporteur, mais en président.

Pourquoi ne relève-t-on jamais que ses interrogations étaient compréhensibles et légitimes, que bien d'autres à sa place auraient eu le vertige, et qu'au moment où il se posait des questions sur cette future Allemagne et sur le futur de l'Europe, en novembre-décembre 1989, Helmut Kohl se posait à peu près les mêmes dans les mêmes termes ? D'où l'insistance remarquable qu'il mit à afficher sa foi européenne.

On ne dit pas assez non plus que concilier la réunification et le renforcement de l'Europe était l'obsession commune à Helmut Kohl et à lui-même, mais pas à Mme Thatcher paralysée par sa double négation (non à l'Allemagne, non à l'Europe), ni à M. Bush qui ne pensait qu'à préserver l'OTAN, ni à M. Gorbatchev qui craignait, lui, pour son pouvoir et la poursuite de sa *perestroïka*.

3. – « Il a laissé passer le train de l'Histoire. » Les auteurs de ce slogan ont-il suivi l'actualité assez tôt – nous voulons dire pendant le second semestre de 1989 ? Les actes comptent plus que les confidences et les conversations avec tel ou tel. Voilà un homme – François Mitterrand – qui a fixé son cap plusieurs mois avant que ses futurs détracteurs aient conçu à retardement leurs futures critiques ; qui a décidé d'agir de concert avec Helmut Kohl pour accompagner les changements à l'Est par un renforcement de l'Europe, et cela dès 1988-1989 ; qui, dès le Conseil européen de juin 1989, a essayé de convaincre Kohl d'accepter la monnaie unique ; qui, dès septembre 1989 – deux mois avant

la chute du Mur –, a donné comme instruction à Roland Dumas et à ses collaborateurs de tout faire pour obtenir cet engagement allemand sur la monnaie au Conseil européen de décembre 1989 à Strasbourg. C'est aussi lui qui, pressentant les immenses changements à venir et voulant non pas les empêcher, bien sûr, mais les encadrer, les organiser, en maîtriser les conséquences, a lancé en quelques semaines, à la fin de 1989, trois idées : celles de la BERD pour aider l'Europe de l'Est à réussir sa transition ; celle d'un sommet spécial de la Conférence pour la sécurité et la coopération européennes, pour régler pacifiquement ce grand bouleversement, et ce fut le sommet de Paris de novembre 1990 ; celle, enfin, d'une confédération européenne, pour offrir aux nouvelles démocraties de l'Est une structure où elles se seraient trouvées à égalité de droits avec les pays d'Europe de l'Ouest. Une idée malheureusement rejetée par les pays de l'Est qui avaient peur que cela ne retarde leur entrée dans l'Union économique, poussés aussi par les États-Unis hostiles à une structure purement européenne. Résultat, cinq ans après : il n'y a pas de confédération européenne, et les pays de l'Est ne pourront pas entrer avant des années encore au sein de l'Union économique européenne. Et c'est au terme des mêmes efforts qu'à Strasbourg, après des semaines de tension légitime (fallait-il ne pas insister ?), il obtint l'accord du Chancelier sur la monnaie unique.

Cette activité exceptionnelle, était-ce le fait d'un homme qui regardait vers le passé ? À peine le Conseil européen de Strasbourg terminé, il nous donne comme consigne, à Élisabeth Guigou et à nous, de préparer avec les Allemands un volet politique qui serait le pendant du volet monétaire. Grâce à François Mitterrand et à Helmut Kohl, cela fut acquis au sommet de Dublin, au printemps 1990. Ce fut la genèse du traité d'union adopté par les Européens en 1992. Où sont dans tout cela les trains ratés ?

4. – Nous n'oublions pas quelques autres mauvais procès à caractère anecdotique, mais qui ont la vie dure.

Ainsi François Mitterrand aurait mal agi en allant voir Gorbatchev. On se demande bien pourquoi. N'était-ce pas son devoir, dans un moment aussi décisif, que de se concerter avec tous ses partenaires ? De fait, il rencontra, durant le mois de décembre 1989, Gorbatchev, Bush, Thatcher et Kohl. Et chacun d'entre eux fit de même – ainsi Bush et Gorbatchev à Malte. Pourquoi alors cette fixation maniaque sur la seule rencontre de Kiev ?

François Mitterrand aurait cherché à contrecarrer l'unité allemande avec l'aide de Gorbatchev. Mais que sous-entend-on ? Qu'il voulait l'aide des chars russes contre le peuple allemand ? Soyons sérieux ! En revanche, il est vrai qu'il se souciait de l'avenir de Gorbatchev, car il estimait qu'il était de l'intérêt de l'Europe qu'il pût poursuivre son œuvre. Il était donc prêt à l'aider à « amortir » ce qui, vu de Moscou, restait un choc. Était-ce critiquable ?

Il n'aurait pas dû aller en Allemagne de l'Est ? Il est vrai qu'à la date où elle a finalement eu lieu la visite a été mal comprise. N'oublions cependant pas que cette visite clôturait une tournée dans toute l'Europe de l'Est, entamée dès mai 1988, dont François Mitterrand s'était entretenu à chaque étape avec le chancelier Kohl, lequel connaissait ce projet de voyage en RDA depuis des mois. François Mitterrand avait hésité à y aller, mais avait pensé qu'au total sa venue serait bénéfique. Après tout, au début décembre 1989, on pensait encore à Bonn que la RDA aurait à subsister deux ou trois ans. Les personnalités qu'il rencontra ont d'ailleurs dit par la suite que, dans une situation insaisissable, son voyage avait apaisé les esprits.

5. – Bizarrement, la critique laisse en général de côté la question cruciale des frontières de l'Est à propos desquelles François Mitterrand fut pris à partie par plusieurs journaux allemands. Échaudé par l'Histoire, François Mitterrand jugeait que les frontières entre l'Allemagne et la Pologne, telles qu'elles étaient issues de la Seconde Guerre mondiale, devaient être reconnues sans aucune ambiguïté par l'Allemagne comme intangibles et définitives, avant la fin du processus d'unification, pour ne pas laisser subsister ensuite un abcès purulent. Il le dit à Bonn dès novembre ; en reparla à plusieurs reprises au Chancelier ; reçut à ce sujet, à leur demande, les dirigeants polonais. Et la question fut effectivement tranchée par le Bundestag au printemps. Était-ce contestable ? Fallait-il fermer les yeux ? Nous pensons, nous, qu'il a agi là en homme d'État européen.

6. – En conclusion, qu'a-t-il fait qu'il ne fallait pas faire ? Qu'a-t-il omis de faire ? Une politique qui acceptait la réunification mais s'employait en même temps à assurer l'avenir de la construction européenne, la paix et la stabilité en Europe n'était-elle pas la bonne pour la France ? Croit-on au demeurant que, s'il y avait eu une infime part de vrai dans ces critiques parisiennes, la relation François Mitterrand/Helmut Kohl serait restée ce qu'elle a été de

1990 à 1995, ce dont on a eu des preuves multiples et constantes, des plus politiques, comme la conception en commun du traité d'Union politique, aux plus personnelles, comme l'inoubliable adieu fait à François Mitterrand à Berlin le 9 mai 1995 ?

Il est peut-être enfin possible de parler sérieusement de ces événements. Ce qui aurait pu être un drame et réduire l'Europe en miettes a fourni, au contraire, un exemple comme il y en a peu de gestion intelligente d'une grande mutation géopolitique. Et nous restons fiers d'avoir vécu ces moments historiques et ce tournant du siècle auprès de François Mitterrand.

PRÉLUDE À LA RELANCE EUROPÉENNE[1]

Une tour d'Europe

C'est à partir de 1984, une fois François Mitterrand sorti des turbulences euro-atlantiques des trois premières années et la construction européenne débloquée, que l'Europe occupera une place centrale dans sa politique étrangère. Mais lorsqu'il est élu président, si ses convictions pro-européennes ne peuvent être mises en doute, dans le contexte du début des années 1980, elles semblent relever de l'opinion personnelle davantage que du programme politique. Sous la IVe République, sans être « fédéraliste », il a toujours été du côté des pro-européens plutôt que des « anti ». Certes, il a voté contre la Communauté « européenne » de défense, mais il n'a jamais renié ce choix, considérant que le caractère *européen* de la CED était usurpé et que l'instituer fût revenu à « remettre les clefs de la défense européenne aux généraux du Pentagone ». Plus tard, premier secrétaire du PS, il n'a pas hésité à s'opposer à plusieurs reprises, à ce sujet, à Jean-Pierre Chevènement et à ses amis, mais aussi aux siens, Pierre Joxe, Claude Estier, d'autres encore. La gauche du PS était alors hostile au « Marché commun capitaliste » (son slogan était : « Les États-Unis d'Europe seraient l'Europe des États-Unis »), et favorable, sans plus de précisions, à une Europe plus large, plus démocratique, thèmes qui survivront aux années 1980. Quand Pierre Joxe le pressait de s'intéresser à l'Europe de l'Est, il se

1. Dans Hubert Védrine, *Les Mondes de François Mitterrand*, © Librairie Arthème Fayard, 1996, 2016, chap. VIII.

méfiait comme si cela pouvait le détourner de son dessein principal : la construction européenne.

D'autre part, la gauche non communiste française, par tradition anglophile, voit dans la Grande-Bretagne, outre l'alliée de 1940, la mère des parlements et de la démocratie. Léon Blum, Pierre Mendès France, Guy Mollet étaient imprégnés de cette conception. De ce fait, comme je l'ai rappelé, la gauche s'est jusqu'alors sentie mal à l'aise vis-à-vis d'un « couple franco-allemand », incarné de surcroît, du côté français, depuis les débuts de la Ve République, par des présidents gaullistes ou « conservateurs ».

En 1981, ces divergences potentielles entre partisans de la petite ou de la grande Europe, défenseurs ou adversaires du Marché commun, tenants du couple franco-allemand ou de l'alliance anglaise, militants européens et militants socialistes, n'ont guère l'occasion de s'exprimer. D'abord parce que le premier gouvernement de Pierre Mauroy est absorbé par l'application de son programme et a des problèmes économiques et sociaux bien plus urgents à résoudre. (Cependant, il prendra à bras-le-corps la préparation économique et sociale de l'élargissement à l'Espagne et au Portugal.) Ensuite et surtout parce que la construction européenne est en panne, les Dix n'arrivant à se mettre d'accord ni sur la contribution britannique, ni sur la réforme de la PAC (Politique agricole commune). Depuis 1979, Margaret Thatcher a pris l'Europe en otage. Elle bloque toute décision afin d'obtenir pour son pays un « juste retour[1] ». Vouloir que la Communauté européenne vous rapporte chaque année autant que ce qu'elle vous coûte est une hérésie par rapport à l'esprit communautaire. Il est inévitable que certains pays soient, certaines années, contributeurs nets. De surcroît, les bienfaits économiques de l'appartenance d'un pays donné à la Communauté ne se mesurent pas en termes strictement comptables.

Toujours est-il qu'en 1981 la Communauté est paralysée. Au dernier Conseil européen précédant l'élection de François Mitterrand, à Maastricht, Helmut Schmidt et Valéry Giscard d'Estaing n'ont pas réussi à faire céder le Premier ministre britannique.

1. La Grande-Bretagne conteste la « quote-part » qu'elle doit reverser pour respecter le mécanisme des prélèvements et des restitutions agricoles qui, en assurant la préférence communautaire par rapport aux produits moins chers importés du reste du monde, permet de financer la Politique agricole commune – quote-part dont elle a pourtant accepté le principe en adhérant en 1973.

Résultat : les nouveaux dirigeants français n'ont pas à prendre en ce domaine de décision difficile, puisqu'ils n'ont pas à prendre de décision du tout ! Cette situation va durer plus de deux ans et demi, jusqu'au lendemain du Conseil européen d'Athènes où les Dix échoueront de nouveau. Le relais passe alors aux mains de la France pour les six premiers mois de 1984, puisque les présidences européennes sont semestrielles, ce qui va tout changer. La réussite de la présidence française à Fontainebleau, en juin 1984, ouvrira en effet la voie à la *relance* de l'Europe, mot souvent galvaudé mais qui, en l'espèce, est approprié puisque toute la suite, dans les années 1980 et 1990 au-delà même de la présidence mitterrandienne, en découlera.

En dépit du blocage anglais, les cinq premiers semestres européens du Président ne sont pas inemployés. Il entreprend un tour d'Europe de nos voisins et partenaires qui suscite peu d'intérêt en France même, quand il n'y est pas brocardé. Le Président aime voyager ! plaisante-t-on à l'époque. Critique myope. François Mitterrand aime effectivement voyager, même si, au bout de deux ou trois jours, le parfum de la France lui manque. En l'occurrence, il a un dessein : il n'a certes pas du tout l'intention de laisser péricliter la relation franco-allemande, même s'il préfère y voir un *couple* plutôt qu'un *axe*, comme il l'a dit d'emblée à Helmut Schmidt. Mais il juge que les autres pays européens, qui ne sont déjà que trop enclins à dénoncer en toute occasion, bonne ou mauvaise, l'« arrogance de la grande nation », ont été traités avec désinvolture et maladresse par ses prédécesseurs. C'est une erreur, selon lui, d'attendre d'avoir besoin de ces pays, pour un vote à Bruxelles, pour les redécouvrir !

Tout cela n'a rien à voir, dans son esprit, avec une illusoire « alliance de substitution » à la relation Paris-Bonn, par exemple avec la Grande-Bretagne. Sans aller jusque-là, des hommes proches de lui, comme Pierre Bérégovoy, Claude Cheysson, Pierre Joxe, André Chandernagor, suggèrent que la France en « fasse plus » avec Londres. Son raisonnement est plus subtil : la France sera d'autant plus à l'aise avec la RFA qu'elle aura des relations plus fournies avec tous les Européens : Grande-Bretagne, Espagne, Italie bien sûr, mais les autres aussi ; la diversité européenne est un atout plus qu'un handicap. Cela suppose de faire l'effort d'aller vers les autres, chez eux, de leur parler, de régler chaque fois des contentieux, en général mineurs mais gênants, qui n'ont que trop duré, de prendre la peine de lancer des projets communs.

De 1981 à 1984, ce raisonnement lui inspire un tour d'Europe que je suis chargé d'organiser en tant que conseiller diplomatique et auquel il s'intéresse autant qu'aux « grands » voyages tels que l'Inde (1981), le Japon (1982), la Chine (1983), en attendant notamment le Brésil (1985), l'Argentine et l'Indonésie (1986). À cette occasion, je découvre qu'il n'y a pas eu, dans tel ou tel pays, de visite officielle d'un chef de l'État français depuis de très nombreuses années. Aux Pays-Bas, la dernière remonte à 1953 ; au Danemark, à 1955 ; en Suède, à 1914 ; en Norvège, à 1907 ; en Autriche, en Hongrie, en Suisse, il n'y en a *jamais* eu ! François Mitterrand ne borne ce projet de grand tour « européen » ni aux seuls membres de la CEE – les neuf autres – ni même aux candidats à l'adhésion. Chaque fois, les Premiers ministres ou les souverains ainsi que les milieux officiels sont ravis et touchés que le nouveau président français veuille venir chez eux. L'intérêt gagne vite les médias, puis l'opinion. Leur relation avec la France en est rajeunie, détendue, et la concertation européenne facilitée.

À l'occasion de ces voyages, dans les années 1981, 82, 83 – les SS-20 dominant l'actualité –, le Président est souvent amené à expliquer devant des auditoires plus ou moins réfractaires, par exemple en Europe du Nord, ses conceptions sur le rétablissement de l'équilibre des forces en Europe. J'ai ainsi souvenir d'une vraie *bronca* des parlementaires écologistes, pacifistes et sociaux-démocrates danois. À Lisbonne et à Madrid, il n'élude pas la question de l'élargissement, ni, en ce qui concerne l'Espagne, celle du terrorisme. À Berne, il se penche sur plusieurs contentieux bilatéraux, et fait régler une note d'auberge laissée impayée par Napoléon ! En chaque lieu, il dessine ce que pourrait être l'avenir commun des Européens. Il en parle avec érudition et âme. Il commence par nouer une relation personnelle très étonnante, fondée sur la séduction mutuelle, avec Margaret Thatcher, lors du mariage du prince Charles, en juin 1981. Ce jour-là, ils se parlent longuement. C'est la première fois que je suis preneur de notes dans un tel entretien. Cette relation ne sera pas tout à fait vaine, malgré leur désaccord conceptuel sur l'Europe, puisque ensemble ils feront le tunnel sous la Manche. En décembre 1981, François Mitterrand va à Lisbonne. En 1982, il est à Copenhague, Vienne, Budapest, Madrid et Athènes. En 1983, dans plusieurs cantons suisses, à Bruxelles, Gand et Liège, et même à Belgrade et Zagreb. En 1984, à La Haye et Amsterdam, Oslo, Stockholm, en Grande-Bretagne. Chaque fois, il s'exprime à l'occasion de dîners, devant les parlements, dans les mairies, s'adresse aux Français de l'étranger ou à la presse.

C'est en l'écoutant prononcer de longs toasts lors des « dîners d'État » – plus il est heureux d'être quelque part, moins il lit les projets préparés, plus il improvise et moins il est concis –, en mettant mes pas dans les siens dans tant de capitales et de villes d'Europe, du tombeau des rois de Portugal à la crypte des Capucins à Vienne[1], de Naples à Oslo, de Salamanque à Varsovie, que je réalise combien lui, l'amoureux des terroirs et l'arpenteur des cantons français, est aussi pétri, dans toutes ses fibres, d'histoire et de civilisation européennes, combien le passé européen, commun et fratricide, le fascine et le meurtrit !

Quand il m'appelle auprès de lui comme conseiller diplomatique, j'ai trente-quatre ans. Comme tant d'autres, j'ai couru le monde, loin de « l'Europe aux anciens parapets » : États-Unis, Ouzbékistan, Birmanie, Yémen, Maroc, tant d'autres ciels. Et j'adore la France. Mais il m'a fallu attendre ce moment pour redécouvrir, grâce à lui, ce continent perdu : le monde européen. Tous ceux qui, autour de lui, à l'Élysée, seront les artisans de sa politique européenne – Jean-Louis Bianco, Jacques Attali, Élisabeth Guigou, les autres conseillers diplomatiques – sont dans ce cas !

À chaque étape, il nomme le passé pour l'exorciser, surtout lorsque Louis XIV (en Allemagne), Napoléon (en Espagne), ou les traités de Versailles (en Europe centrale) en ont été les causes. Un jour, en Allemagne, il parlera de « l'ombre noire des siècles passés ». « Les Français ont souvent eu dans leur histoire un aspect batailleur », reconnaît-il devant les Danois. Aux Autrichiens, il rappelle « la rivalité des dynasties, le désir de puissance de nos deux pays, qui se sont nui ». Devant la reine Béatrix, il mentionne la Saint-Barthélemy. En Grande-Bretagne, il souligne que le roi Édouard VII a proposé l'Entente cordiale six ans seulement après Fachoda. On est bien loin, avec lui, des niaises motions de congrès et des moulins à prières. Il n'a pas l'Europe technocratique, mais spirituelle et charnelle à la fois, et inspirée. Peut-être parce que

1. L'y accompagnant en 1994, je me demanderai, à le voir détailler la sépulture de chaque Habsbourg, s'il ne songe pas à la visite en ce lieu, à la lueur des torches, de Napoléon Ier…

l'histoire de l'Europe, c'est aussi l'histoire de France, et que leurs bonheurs et leurs tragédies sont étroitement mêlés. En ravaudeur des liens entre peuples, en réveilleur des espérances européennes, il parle contre l'amnésie, pour que rien ne soit perdu ni des uns ni des autres, et que les volontés en soient retrempées. C'est au début du premier septennat, quand il n'est pas encore absorbé par les grands travaux d'après Fontainebleau, et à la fin du second, quand il adoptera, après la ratification de Maastricht, un ton pudiquement testamentaire, que cette attitude est la plus marquée. Sur un plan plus diplomatique, il va ajouter aux sommets semestriels franco-allemands des sommets annuels franco-britanniques, franco-italiens et franco-espagnols.

Le Conseil européen

Mais l'Europe est aussi une machinerie, même si elle est en panne. Les Conseils européens se réunissent au moins deux fois par an, quoi qu'il arrive, et il s'en tiendra huit entre l'élection de François Mitterrand à l'Élysée et la présidence française de 1984. Dès le premier, les 29 et 30 juin 1981, à Luxembourg, le Président propose à ses neuf partenaires de créer un « espace social européen », d'élaborer un plan industriel européen, d'aller vers une réduction du temps de travail. Vaste programme ! Il est regardé comme un Martien, sauf par le social-démocrate danois. Mais il va vite apprendre le mode d'emploi de ces sommets.

Le Conseil européen est l'une des instances les plus représentatives des relations internationales contemporaines et l'une des plus originales en même temps. Au début des années 1980, déjà, la mondialisation de l'économie, la circulation des hommes, des marchandises, des idées et des images, le caractère global des problèmes d'environnement, font qu'il y a de moins en moins de questions qu'un État peut traiter seul. Et, même quand il peut encore décider souverainement, sa décision est tributaire de multiples facteurs extérieurs à sa volonté. Depuis les lendemains de la Première Guerre mondiale, des tentatives ont été faites pour donner aux États, face à cette interdépendance généralisée, imposée par des faits techniques et économiques, un cadre dans lequel ils puissent se concerter et agir. Multilatéralisme organisé contre mondialisation sauvage, en quelque sorte. Avant d'être le pari européen, ce fut une utopie mondialiste avec la Société des Nations de Wilson de 1919 à 1939[1], puis avec l'ONU depuis 1945.

En Europe, l'idéologie des précurseurs fut fédéraliste, avec la Haute Autorité de la Communauté européenne du charbon et de l'acier créée en 1951. Pour les inspirateurs du traité de Rome, ensuite, les institutions communautaires, principalement la Commission, constituaient une sorte de Richelieu chargé de faire prévaloir l'intérêt général contre les États nationaux, ces féodaux modernes. C'était compter sans la résistance de ces derniers ! Georges Pompidou, le premier, réunit un sommet des États membres de la Communauté européenne. Puis Valéry Giscard d'Estaing suscita avec Helmut Schmidt un Conseil européen régulier qui se réunit au minimum deux fois l'an (en juin et décembre), parfois trois (quand se tient en mars ou octobre un Conseil exceptionnel). À partir de là, le Conseil européen, qui regroupe les détenteurs du pouvoir politique légitime et réel, prend peu à peu le pas sur les autres institutions européennes. D'où un conflit toujours sous-jacent, mais en général heureusement surmonté, avec la Commission qui n'entend pas devenir un simple organe d'exécution des décisions du Conseil, mais garder son pouvoir de proposition, celui-là même dont Jacques Delors fera, de 1985 à 1994, un usage inspiré.

En 1981, le Conseil européen n'a pas encore d'existence légale – il ne figurera dans les textes qu'avec l'Acte unique –, mais il constitue déjà le centre et le moteur du système. Contrairement au sommet des Sept qui n'est qu'une instance de concertation, il prend en effet des décisions[2] dans tous les domaines, hormis ceux dévolus par le traité de Rome à la Commission – par exemple, les négociations commerciales multilatérales. De plus, les dirigeants européens ne peuvent passer trente-six heures ensemble sans aborder de façon « informelle » tous les problèmes qui leur tiennent à cœur, comme la situation politique, économique et sociale dans leurs pays respectifs, et les grandes questions d'actualité internationale. Même si le Conseil n'a pas de compétence formelle pour en traiter, il est devenu un rendez-vous essentiel à tous égards.

Quand François Mitterrand commence à y participer, l'organisation des travaux est déjà immuable. Le Conseil débute à la

1. Jean Monnet, qui travailla à la SDN, en tint compte par la suite dans son action européenne.
2. Formellement, à l'époque, c'est encore le Conseil des ministres qui décide, à partir des orientations fixées par le Conseil européen.

mi-journée et s'interrompt avant le dîner. Il travaille à partir des rapports préparés par le pays qui exerce la présidence semestrielle, avec l'aide de la Commission, sur la base d'un ordre du jour fixé par le Président ou le Premier ministre du pays président, et communiqué au préalable à ses partenaires. Les chefs d'État et de gouvernement dînent ensemble, les ministres des Affaires étrangères aussi, de leur côté. Pendant la nuit, les fonctionnaires de la Commission et ceux du pays de la présidence mettent au propre les conclusions des travaux de cette première demi-journée. La matinée du lendemain est consacrée à la relecture de ces conclusions et à l'examen des questions non tranchées. Le Conseil se termine en général juste avant le déjeuner, par la conférence de presse du président en exercice et celle de chaque autre chef de délégation. Si les participants n'ont pu se mettre d'accord, les travaux sont prolongés dans l'après-midi, voire dans la soirée.

Les « numéro un » et leurs ministres des Affaires étrangères (ces derniers composent, aux termes du traité de Rome, le « Conseil des Affaires générales ») sont entourés d'une délégation qui peut aller de cinq ou six personnes pour un petit pays à une trentaine pour la France : collaborateurs du Président, collaborateurs du Premier ministre (même si celui-ci, pour la France, ne participe pas aux travaux), collaborateurs du ministre des Affaires étrangères, porte-parole des uns et des autres, mais aussi représentants des administrations compétentes pour tel ou tel point de l'ordre du jour, à commencer par les finances (le directeur du Trésor et le directeur des relations économiques internationales sont toujours présents), secrétariat général pour la coopération interministérielle pour les questions communautaires, le représentant permanent à Bruxelles et plusieurs de ses collaborateurs, etc. Sans compter le chef du protocole et ses services, le chef du service des voyages officiels et ses collaborateurs, les transmissions, etc., tous habitués des petits matins à Villacoublay.

Le Président est en général en séance avec le ministre des Affaires étrangères. Comme il n'y a que deux sièges par pays, le ministre des Affaires européennes[1] est obligé de prendre son mal en patience dans l'un des bureaux de la délégation, en attendant que son collègue des Affaires étrangères lui cède un moment sa place, ou que le Président le fasse venir lorsqu'il sort se dégourdir

1. Successivement : André Chandernagor, Roland Dumas, Catherine Lalumière, Bernard Bosson, Édith Cresson, Élisabeth Guigou, Alain Lamassoure.

les jambes. Les membres des délégations, en général entassés dans deux ou trois salles du lieu où se tiennent les séances, palais historique ou palais des congrès, passent leur temps à lire des journaux, des dépêches ou des notes, à téléphoner à Paris, à bavarder, à faire les cent pas, à regarder toutes les chaînes de télévision disponibles, à improviser des réunions, à boire de mauvais cafés (plaisanterie classique dans ce milieu : pourquoi l'Europe n'a-t-elle pas imposé par directive les cuisines française et italienne et l'expresso italien ?), à parler avec leurs homologues des autres pays, cette Babel des couloirs et cafétérias, et à attendre qu'on ait besoin d'eux. Ils suivent les travaux par les *debriefings* des *antici*[1] qui viennent, toutes les trente ou quarante minutes, lire les notes qu'ils ont prises durant les débats. Si ceux-ci justifient qu'une information ou une suggestion soit transmise au Président, en sus du copieux dossier que lui a déjà préparé son conseiller pour les Affaires européennes[2], les membres de la délégation les plus compétents rédigent sur-le-champ une note. Elle est visée par le plus « gradé » des collaborateurs présents du Président (secrétaire général, ou conseiller spécial, ou secrétaire général adjoint, ou conseiller pour les Affaires européennes) et porté par lui (il faut un badge spécial pour approcher de la salle des débats) à l'aide de camp qui la transmet à son destinataire. Toutes ces opérations peuvent s'effectuer en quelques minutes.

En général, dans un bâtiment distinct, ou à un autre étage, des centaines de journalistes essaient d'apprendre ce qui s'est dit et se perdent en conjectures. De nombreux membres des délégations viennent les voir. Les porte-parole, bien sûr, dont c'est le rôle, mais aussi les ministres et tous ceux qui veulent passer le temps, apprendre des potins, en colporter eux-mêmes, répandre un message, se valoriser, donner corps par leur passage, leur attitude, leurs mimiques à une rumeur utile. Les journalistes en profitent pour extorquer à leurs visiteurs des détails pittoresques susceptibles de nourrir des papiers d'attente, et, pour les plus optimistes,

1. Antici était, dans les années 1970, un conseiller de la représentation permanente italienne auprès des communautés européennes, chargé d'animer un groupe de coordination des ambassadeurs. Quand la décision fut prise, lors d'un des premiers Conseils européens, de désigner un preneur de notes chargé d'informer ses collègues des représentations permanentes, il fut le premier et donna son nom à la fonction.

2. Successivement : Pierre Morel, Élisabeth Guigou, Caroline de Margerie, Thierry Bert, Jean Vidal.

de demander des pronostics sur « ce qui va se passer ». Lassitude, tabac, alcool et troc… Même les plus habiles manipulateurs d'informations ne peuvent guère contrôler leurs effets, car, dans cette atmosphère confinée, cette promiscuité nerveuse, n'importe quoi peut paraître crédible et tout est bon pour tromper l'ennui. À cela, un antidote : l'extrême compétence des journalistes envoyés dans les Conseils européens pour accomplir cette sorte de garde statique, ce qui les amène malgré tout à préférer une explication de fond (on appelle cela, en bon franglais, faire du *off the record* ou du *background*) à des anecdotes croustillantes sur les menus, l'« argent gaspillé » pour loger les hôtes ou assurer leur sécurité, ou autres diversions.

Quand un Conseil s'ouvre, de nombreux sujets ont pu être réglés, sur la base des impulsions données par le Conseil précédent, soit entre les représentants permanents, soit lors d'une des réunions, générales ou spécialisées, du Conseil des ministres. Parfois, il n'en est rien et ce sont alors les mêmes questions qui reviennent, lancinantes, sur la table. L'ordre du jour du Conseil européen a été arrêté en tenant compte des orientations déjà retenues les fois précédentes et des rendez-vous fixés. La Communauté connaît ses défauts, ses contradictions d'intérêts, donc ses lenteurs. Elle sait que les problèmes les plus délicats pour tel des États membres, telles questions de fond, devront être contournés ou étudiés jusqu'à ce que tel pays, telle catégorie socioprofessionnelle, voire les esprits en général se soient résignés, ou bien aient évolué, aient compris le parti qu'ils pourraient tirer d'une situation nouvelle. Ce qui deviendra progressivement moins vrai avec le vote à la majorité qualifiée. D'où l'importance des prérapports, des rapports préparatoires, des reports, des échéanciers, des calendriers, des comptes à rebours, qui ménagent du temps pour cette thérapie collective de dépassement des intérêts particuliers – fussent-ils nationaux –, de compromis et d'adaptations. En fait, il y a très peu de décisions qui peuvent se prendre d'un coup à dix (*a fortiori* à douze, à quinze, voire à plus). Des processus continus, des chaînes de décisions qui s'étendent sur des mois ou des années sont inévitables.

Parmi la masse des conclusions préparées à l'avance, seuls trois ou quatre points posent en général un problème. Le Président doit décider à propos duquel (ou desquels) il va jeter son poids dans la balance ; à quel moment il le fera (dès l'ouverture, en séance plénière, l'après-midi ou au dîner), sur quels appuis il peut compter, ce qui risque de lui être demandé en échange sur d'autres sujets au sein du Conseil ou bien dans une autre enceinte, ce qu'il peut ou non accepter. Ces échanges ne se limitent pas, en effet, au seul champ communautaire : la France est presque toujours engagée ailleurs au même moment – au Conseil de sécurité, dans la préparation du prochain sommet des Sept, par exemple –, dans d'autres négociations où elle peut avoir besoin de tel ou tel de ses partenaires européens. Tout cela doit être pris en compte avant et pendant un Conseil, d'autant plus qu'avec neuf partenaires, *a fortiori* avec onze ou quatorze, plus la Commission, on ne peut pas, fût-ce au nom de la France, prétendre imposer ses vues sur trop de sujets à la fois.

Cette description des Conseils européens et de la mécanique communautaire évoque une « usine à gaz » ! La reconstruction d'un outil à partir de dix, puis douze, puis quinze pays, en attendant plus, et au travers duquel on peut espérer exercer à nouveau une certaine influence sur les affaires du monde, donc sur les nôtres, est à ce prix. Dès que la construction européenne aura redémarré, nous aurons maintes occasions de vérifier que l'entente franco-allemande, avant et pendant un Conseil, est la clef de sa poursuite, et que, même si les autres États membres rouspètent – cas de la Grande-Bretagne, de l'Italie –, ils s'attendent à notre impulsion.

Piétinements

En 1981-1982, nous n'en sommes pas là ! La Communauté se languit. De 1981 à 1984, les gouvernements Mauroy I, II et III se succèdent : nationalisations, décentralisation, 39 heures payées 40, cinquième semaine de congés payés, lois Auroux, abolition de la peine de mort. Mais, par ailleurs, le 4 octobre 1981, le franc a été dévalué de 8,5 % par rapport au mark. Le 12 juin 1982, il doit l'être à nouveau de 5,5 %, le mark étant réévalué de 4,25 %. Pour accompagner cette deuxième dévaluation, les prix et les salaires (sauf le SMIC) sont bloqués jusqu'au 31 octobre, le déficit budgétaire est limité à 3 % du PIB pour 1983, et l'engagement est pris de rééquilibrer les budgets sociaux – tout cela pour ramener l'inflation à 10 % en 1983. Le Président mesure lors des sommets des Sept la domination américaine, les marottes reaganiennes, l'omniprésence des médias, et doit faire face aux embûches dans les jungles centre-américaine, libanaise, israélienne, irako-iranienne…

Pendant ce temps-là, les Conseils européens piétinent. Les 26 et 27 novembre 1981, à Londres, les Dix ne parviennent à se mettre d'accord ni sur la limitation des excédents laitiers, ni sur le plafonnement des dépenses agricoles (nous savons que nous devrons y consentir tôt ou tard, mais pas n'importe comment), ni sur le budget. La position britannique est qu'il faut réduire la Politique agricole commune, qui coûte trop cher, et limiter le budget communautaire en deçà du plafond de 1 % de l'assiette de la TVA. Point de vue cohérent, mais à l'opposé de la position française. Malgré tout, les Dix demandent un rapport sur l'Union européenne sur la base des propositions Genscher-Colombo.

Situation inchangée à Bruxelles, fin mars 1982. En avril, malgré le soutien européen dont la Grande-Bretagne a bénéficié dans la guerre des Malouines, beaucoup grâce au président Mitterrand (la solidarité européenne passe avant les chimères tiers-mondistes ou des sympathies Nord/Sud peu regardantes), Londres bloque la fixation annuelle des prix agricoles, et il faut un vote à la majorité qualifiée pour passer outre. Du coup, le 19 mai 1982, François Mitterrand, exaspéré, déclare posé « le problème de la présence de la Grande-Bretagne dans la Communauté ».

Les Dix ne parviennent pas plus à se mettre d'accord sur les mêmes sujets, les 3 et 4 décembre 1982 à Copenhague, et sont obligés de repousser encore les demandes d'adhésion espagnole et portugaise, qui supposent réglée au préalable la question du budget de la Communauté. Cela nous laisse du temps pour y préparer nos agriculteurs du Sud-Ouest et du Sud-Est. Ce sujet est très important, car, depuis Valéry Giscard d'Estaing, c'est la France qui bloque. Le désir de le résoudre affiché par le Président à partir de son voyage à Madrid (22-24 juin 1982) est le premier signe tangible d'une nouvelle volonté française de construction européenne.

Le Conseil suivant se tient à Bruxelles le lundi 21 mars 1983 à l'issue de dix journées clefs. Le 6 mars, la gauche a perdu le premier tour des municipales en France, et Helmut Kohl a emporté les législatives en Allemagne. Le mark s'est envolé, le franc s'est effondré[1]. Les consultations intensives auxquelles le Président a

1. Dès le 21 février, Élisabeth Guigou avait alerté le Président : « La France, qui a emprunté pour 90 milliards de francs en 1982, a saturé ses possibilités

procédé entre le 13 et le 21 mars ont été racontées par le menu par Pierre Favier et Michel Martin-Rolland et par Jacques Attali. Le Président a pesé pendant quatre jours les deux options (sortir ou non du SME), ce qui n'est pas beaucoup pour un choix aussi lourd de conséquences, et affiché ensuite une « indécision tactique » pour obtenir le maximum des Allemands dans le réaménagement monétaire. Au Conseil européen de Bruxelles, le franc est à nouveau dévalué, de 2,5 %, le mark réévalué de 5,5 %. En outre, la France reste dans le SME et s'engage à rétablir l'équilibre de sa balance des paiements en deux ans par une ponction de 65 milliards (soit 2 % du PNB) sur la consommation des ménages et les dépenses de l'État en 1983.

Comment le Président justifie-t-il ces choix quand il s'adresse aux Français le mercredi 23 ? Par sa volonté « de ne pas isoler la France de la Communauté européenne » et de lutter contre le chômage, l'inflation et le déficit extérieur. Argumentation essentielle, qui annonce toute la suite. C'est peut-être la dernière fois qu'une orientation stratégique différente aurait pu être prise, si elle avait eu la moindre consistance.

« Mitterrand, dira Lionel Jospin le 16 novembre 1988 à Pierre Favier, a eu l'impression de faire une concession extrêmement difficile à la réalité imposée par les autres, de devoir se plier à une sanction imposée de l'étranger. C'était pour lui la fin d'une certaine France originale, socialiste, mixiste, fière de sa personnalité face à l'égoïsme féroce des libéraux. » Jean-Pierre Chevènement a déclaré au même, le 28 mars 1989 : « Notre faiblesse, avec Riboud, Fabius et Bérégovoy, est de ne pas avoir proposé une politique alternative suffisamment ficelée. Mitterrand a beaucoup hésité, puis s'est rabattu sur l'option conformiste, car il pensait qu'en cas d'échec de l'autre politique la gauche perdrait le pouvoir pour de bon. Le succès de la politique de rigueur lui a permis de garder le pouvoir. Mais pour quoi faire ? » Lionel Jospin, à mon sens, a vu plus loin en disant : « Deux éléments essentiels ont guidé sa décision de rester [dans le SME] : le sentiment que la

d'endettement extérieur sans conditions. Si le franc sort du SME, la France, pour financer sa balance des paiements, sera conduite avant la fin de l'année à solliciter des prêts auprès de la CEE ou du FMI. Mais cet argent ne nous serait prêté qu'à la condition d'appliquer un plan de redressement imposé de l'extérieur. » Jean-Louis Bianco avait résumé : « Sortir du SME nous mettrait au FMI » (cité par Pierre Favier et Michel Martin-Rolland, *La Décennie Mitterrand*, Le Seuil, 1990).

sortie du serpent serait une fuite en avant dramatique, sans garantie d'efficacité pour le redressement de la balance commerciale ; l'ambition de conduire une grande politique européenne. Ce qu'il a fait plus tard éclaire le choix de mars 1983. » De fait, son forcing européen des années 1984-1992 est impensable sans le préalable de la rigueur de mars 1983. Sinon, le tandem franco-allemand n'aurait pas fonctionné et aucun pays européen n'aurait consenti à se laisser entraîner par une France qui se serait engagée dans une voie purement hexagonale.

En mars 1983, en tout cas, les médias et les gouvernements occidentaux se réjouissent sans réserve du choix français. Le bon sens contre l'aventure, en quelque sorte. Mais le redémarrage de l'Europe est encore loin !

Les 17, 18 et 19 juin 1983, à Stuttgart, Helmut Kohl préside son premier Conseil européen. Les Britanniques exigent une compensation de 1 250 mécus (millions d'écus)[1], mais seraient prêts à en accepter 850. Les Néerlandais, les Belges, les Danois seraient prêts à en accorder 820. François Mitterrand ne veut pas aller aussi loin. Finalement, après de sévères affrontements – le Président nous réunit en pleine nuit, y compris un ministre en pyjama, pour faire le point –, nous acceptons 750, à condition que la Grande-Bretagne ne s'oppose plus à l'augmentation des ressources propres de la Communauté. Ce compromis ne résistera pas aux interprétations contradictoires qui se manifesteront, les semaines suivantes, sur la réalité de cette condition. Quant aux questions du financement et du budget, de l'élargissement à l'Espagne et au Portugal (l'Allemagne y pousse, la France estime que les problèmes de concurrence qui vont en découler pour les agriculteurs du Sud-Ouest et du Sud-Est ne sont pas encore réglés[2]), elles sont une fois de plus renvoyées au Conseil suivant, à Athènes, en décembre. Pierre Mauroy mesure à Stuttgart, où il remplace le Président pour une journée, « combien l'Europe est conservatrice »…

Les Dix poussent ainsi leur rocher devant eux, de Conseil en Conseil. À Athènes, le 6 décembre suivant, ils ne parviennent

1. L'ECU (European Currency Unit) a été créé en 1978 avec le SME. Sa valeur découle d'un « panier » pondéré des monnaies participant au SME. Elle tourne autour de 6 francs français.

2. Ce n'est pas un prétexte. La France finira par obtenir qu'ils soient *vraiment* résolus, comme la suite l'a montré.

toujours pas à se mettre d'accord et Andréas Papandréou ne peut que transmettre à François Mitterrand, qui prend sa première présidence tournante semestrielle à partir du 1er janvier 1984, une liste de dix-sept sujets de contentieux, dont la contribution britannique, la pêche, le lait, le vin, le financement de la Politique agricole commune, l'augmentation des ressources de la Communauté, les montants compensatoires, l'élargissement… Leur simple énoncé rappelle que l'Europe n'en est pas à prétendre exercer une influence dans le monde, mais, plus simplement, à essayer d'ajuster en son sein des intérêts contradictoires. Tout convaincu qu'il soit qu'il ne peut faire cavalier seul, chacun des dirigeants des Dix se sent souvent sur le fil du rasoir au moment d'inventer cette gestion commune des intérêts exacerbés de dix peuples, de décider quand et sous quelle forme il doit accepter un compromis, moyennant quelles compensations, et de convaincre *in fine* son opinion nationale – donc ses opposants – que « c'est bon pour l'Europe », qu'elle « s'y retrouvera » dans un autre domaine, ou à plus long terme, ou, plus crûment, que les autres solutions eussent été pires.

La France a par exemple tiré un grand profit de la Politique agricole commune qui a fait de son agriculture une des plus performantes du monde en lui garantissant des débouchés augmentés et en dopant ses exportations. Mais les partenaires de la France ne peuvent accepter éternellement qu'une part excessive des ressources de la Communauté serve à financer sans plafond ni limites cette machine à surproduire[1]. Compte tenu de l'extrême combativité du monde agricole qui prétend que la Politique agricole commune l'a ruiné mais s'oppose à sa réforme, les responsables français doivent choisir le moins mauvais moment pour accepter une réforme de la PAC afin que celle-ci ne disparaisse pas purement et simplement sous les coups de boutoir américains, *via* les cycles du GATT, et du fait du lâchage de nos partenaires européens. La question se posera ponctuellement – par exemple pour le lait, au début des années 1980, ou pour les jachères – ou, globalement, pendant l'Uruguay Round à partir de 1986, et pendant le second septennat jusqu'à la fin 1993.

Ainsi s'ouvre l'année 1984, année charnière dans la politique étrangère mitterrandienne, qui va être celle du nouveau départ pour

1. Puisque ce sont les cours des produits qui sont garantis, et non les revenus des agriculteurs.

la construction européenne. Départ rendu possible par le renforcement préalable des rapports franco-allemands et de la relation entre Président et Chancelier.

D'Helmut Schmidt à Helmut Kohl

On se souvient qu'en dépit de leurs préventions antérieures François Mitterrand et Helmut Schmidt avaient trouvé dès mai 1981 un solide terrain d'entente sur les euromissiles et avaient réagi à l'identique face aux initiatives reaganiennes des années 1981-1982 sur les échanges Est/Ouest. C'est aussi entre eux qu'a été esquissée, dès 1981, l'idée d'une réactivation, concrétisée plus tard avec Helmut Kohl, des dispositions oubliées du volet militaire du traité franco-allemand. Certes, Schmidt a trouvé incongrue, voire chimérique l'idée mitterrandienne d'« Europe sociale ». Et la France n'a obtenu ni en octobre 1981 ni en juin 1982 la réévaluation du deutsche mark qu'elle souhaitait pour éviter ou atténuer la dévaluation du franc. Mais les deux hommes ont appris à se parler. Dès le 7 octobre 1981, à Latché, où il l'a invité à passer deux jours, et où il m'a convié comme preneur de notes, François Mitterrand a apporté une précision importante au Chancelier : « J'ai dit que je ne voulais pas d'axe, mais je suis d'accord pour une amitié privilégiée. Nos relations sont dictées par la raison, elles sont fondées sur l'intérêt de nos peuples. »

C'est Helmut Schmidt qui a abordé la question de la réunification, mais, je m'en souviens, sur un ton désabusé.

> HELMUT SCHMIDT : Tous les Européens se sentent bien dans leur État-nation, sauf les Allemands. Il y a le poids de l'Histoire (Hitler, Auschwitz). Les Allemands vivent dans l'angoisse. J'essaie (et Willy Brandt l'a fait avant moi) de combler ce manque de relations normales avec la RDA […]. Ne craignez pas un véritable danger neutraliste […]. Je ne pense pas que la réunification intervienne d'ici à ma mort. Mais elle aura lieu après l'an 2000.
>
> FRANÇOIS MITTERRAND : Il vous faudra du temps pour atteindre la réunification. Mais elle est inscrite dans l'Histoire. Elle correspond à des réalités objectives et subjectives […]. Il faut que l'Empire soviétique se soit affaibli, ce qui interviendra dans les quinze ans.
>
> HELMUT SCHMIDT : À mon avis, cela durera plus longtemps !

En mai 1982, François Mitterrand a fait chez le Chancelier, à Hambourg, une sorte de visite de retour. Il a prononcé un discours didactique (sur la politique économique française) et émouvant (sur les rapports franco-allemands) devant l'Übersee-Club, cénacle des grands hommes d'affaires hanséatiques, et a dîné au domicile de Schmidt. Alors qu'auparavant ses relations avec ce dernier « n'impliquaient aucune chaleur particulière[1] », il a découvert là « un autre visage d'Helmut Schmidt », a été sensible à l'atmosphère de sa maison, « calme, tranquille, faite de rythmes, de rêveries », et a conçu que « Giscard se soit emballé pour cette mécanique intellectuelle ». Le lendemain, les deux hommes se promènent ensemble à Hambourg, le long des quais, et à Lübeck où ils écoutent un bref concert dans la Marienkirche. Avec ce déplacement débute cette « pédagogie géographique » franco-allemande qui verra pendant quatorze ans le Président et deux chanceliers successifs renouer avec la gestuelle des rencontres de Gaulle-Adenauer à Reims et Colombey, s'inviter l'un l'autre en dehors de Paris, Bonn et Berlin, à leurs domiciles comme dans les lieux et provinces les plus symboliques ou les plus agréables de leurs pays respectifs, apprendre à se connaître vraiment. Édouard Balladur et Jacques Chirac poursuivront en leur temps cet usage.

Si François Mitterrand n'aime guère le mot d'« axe » franco-allemand, il en a assumé néanmoins toutes les obligations, à commencer par le sommet bi-annuel institué par le traité de 1963, auquel s'ajoutent les rencontres Président-Chancelier pendant les Conseils européens et les sommets des Sept, ainsi que les rendez-vous informels à deux, dont il augmentera encore la cadence. À celle d'« axe », il préfère, on l'a dit, l'expression « couple franco-allemand », titre d'un livre oublié de Jules Romains paru en 1930.

Le 1er octobre 1982, le FDP, parti charnière, renverse à Bonn ses propres alliances et s'associe à la CDU pour rester au pouvoir ; son leader, Hans-Dietrich Genscher, demeure ainsi ministre des Affaires étrangères et vice-Chancelier. Le nouveau chancelier, Helmut Kohl, adversaire malheureux d'Helmut Schmidt lors des élections générales en 1976, est dès le lendemain, 2 octobre, à l'Élysée avec Genscher. « Je suis le dernier chancelier allemand pro-européen », déclare-t-il à François Mitterrand, reprenant à sa façon la sombre et sans doute sincère prophétie de ses

1. *Mémoires interrompus*, Odile Jacob, 1996, p. 168-169.

prédécesseurs. Il parle avec émotion et détermination de la paix entre la France et l'Allemagne, de son oncle mort pendant la Première Guerre mondiale, de son frère aîné mort pendant la Seconde, qui, tous deux, s'appelaient Walter. Il voit « dans les années à venir de grandes décisions à prendre en politique étrangère et de sécurité entre les deux pays ». François Mitterrand sort favorablement impressionné de cette rencontre. C'est aussi le cas de chacun de ceux qui, autour de lui, à l'Élysée, ont vu et entendu le nouveau chancelier : Jean-Louis Bianco, Jacques Attali, moi. Jean-Louis Bianco a remplacé Pierre Bérégovoy comme secrétaire général depuis le 1er juillet. Son intérêt pour l'Allemagne, sa connaissance de la langue, ses contacts vont être très précieux au cours des années suivantes. Aucun de nous n'avait d'*a priori* ni d'ailleurs d'informations précises au sujet d'Helmut Kohl ; aucun ne réalisait à quel point les élites allemandes jugeaient balourd ce politicien rhénan. Cette relative ignorance a alors préservé l'Élysée d'une belle erreur de jugement ! Avec le temps, les relations entre les deux hommes dépasseront en complicité, en amitié et en fécondité politique celles, déjà remarquables, des couples de Gaulle-Adenauer et Giscard-Schmidt.

Le premier sommet franco-allemand auquel François Mitterrand a participé après son élection était le 39e ; son dernier sera le 64e ! La tentation est grande, avec les années, de considérer cette relation étroite comme allant de soi, faisant partie des rituels républicains, protocolaires, relevant en somme d'une routine. Erreur : entre le général de Gaulle et Ludwig Erhard, entre Georges Pompidou et Willy Brandt, par exemple, pour ne prendre que ces deux cas, le courant « ne passait pas ». Présidents et chanceliers ont constamment à choisir de préserver, renforcer ou laisser s'étioler cette relation.

Au départ, c'est sur les euromissiles que s'est nouée l'entente entre François Mitterrand et Helmut Kohl. Le 20 janvier 1983, à Bonn, le Chancelier a écouté avec ravissement le président français se référer devant le Bundestag au grand complet à l'expression de « consanguinité franco-allemande » lancée par Victor Hugo en 1842, s'engager contre les thèses « pacifistes » du SPD d'après Schmidt, tenter d'infléchir les croyances dominantes de l'opinion allemande qui craignait de provoquer l'URSS en se montrant ferme, et argumenter – parce que telle était sa conviction de patriote français et d'Européen – pour l'équilibre des forces en Europe comme fondement de la paix. François Mitterrand, qui avait décidé seul de ne pas se contenter de prononcer ce jour-là un discours classique, mais de « mettre les pieds dans le plat », savait bien que personne, au PS ni au gouvernement, ne lui aurait conseillé d'aller aussi loin ; il savait aussi que le « pacifisme » allemand n'était pas qu'évangélisme, mais aussi patriotisme. Une relation d'autant plus exceptionnelle naît ce jour-là entre les deux hommes d'État qui vont entraîner l'Europe douze années durant.

Mais l'heure n'est pas encore au réveil de l'Europe, même si le Président y a consacré une longue partie de son discours au Bundestag. La RFA n'en a pas moins aidé la France, en mars 1983, au moment où celle-ci a fait le choix décisif de rester dans le SME en réévaluant le mark dans le même temps que Paris dévaluait le franc. En juin 1983, quand s'est réuni à Stuttgart le premier Conseil européen présidé par Helmut Kohl, François Mitterrand a déjà participé à quatre de ces Conseils sans que rien en sorte. À celui-ci, l'entente franco-allemande est rien moins qu'évidente.

Ainsi, sur l'élargissement, le président français dit que, compte tenu des liens entre les deux pays, il « a été pris dans une tenaille germano-espagnole ».

Au sommet des Sept de Williamsburg, en mai 1983, Helmut Kohl, qui n'est chancelier que depuis moins de un an, n'a pas souhaité se mettre mal avec les États-Unis. François Mitterrand s'est retrouvé seul à s'opposer à l'adoption d'un concept de « sécurité globale » conçu à la va-vite pour complaire aux Japonais et qui aurait créé pour les Européens, sans aucun examen ni débat préalables, des obligations graves et nouvelles. La relation germano-américaine est le principal non-dit de la relation franco-allemande. Les Allemands font comme s'ils ne dépendaient pas de Washington pour leur sécurité et comme si les Américains n'étaient pas hostiles à ce que la relation entre Paris et Bonn donne corps à une identité européenne de défense. Les Français, de leur côté, font comme si les Allemands étaient libres de leurs engagements et vraiment désireux de voir s'affirmer une Europe de la Défense. Quand ils ne versent pas dans la maladresse, ils s'abstiennent donc de mettre Bonn en demeure de choisir entre Paris et Washington, puisque c'est la condition *sine qua non* pour progresser. Mais, dans les sommets des Sept, terrain peu favorable à la diplomatie française, les contradictions réapparaissent.

La fin de l'année 1983 a vu le Bundestag voter le déploiement des Pershing, et le Conseil européen d'Athènes échouer. La relation Kohl-Mitterrand, excellente mais qui se cherche encore, va devenir véritablement opérationnelle durant la présidence française de l'Europe, au premier semestre de 1984.

Fontainebleau : l'Europe désembourbée

Le 1er janvier 1984 marque donc le véritable début de la politique européenne de François Mitterrand. Il y est prêt, et la France avec lui, ce qui n'était pas le cas en mai 1981. L'incapacité des Dix à résoudre leurs contentieux au cours des huit Conseils précédents lui en fournit l'occasion. Beaucoup de choses ont en outre changé depuis mai 1981. Il a pris « ses marques » par rapport au monde tel qu'il est. Il a mesuré, lors des sommets des Sept, le poids hégémonique des États-Unis. La France peut leur résister, seule si elle n'a pas d'autre choix et que c'est vital, en choisissant bien son terrain ; mais elle ne peut le faire tout le temps, car elle le paierait trop cher, d'une façon ou d'une autre. Avec d'autres pays, il lui faut donc constituer un ou des pôles, permanents ou par sujets. Le premier de ces pays est la RFA.

En 1984, les différends euro-américains sur le gazoduc et le commerce Est/Ouest sont dépassés et le rêve de l'IDS n'a pas encore sécrété ses poisons. François Mitterrand va se rendre aux États-Unis en mars. L'affaire des euromissiles, qui lui a pris temps et énergie, a été heureusement conclue et il peut donc, dans la même année, se rendre à Moscou, même si Gorbatchev n'est pas encore au pouvoir. Au Proche-Orient, il a éprouvé les limites de l'influence française : les Israéliens veulent bien de son appui inconditionnel, pas de ses solutions ; ni les Syriens ni les Israéliens n'admettent une politique française au Liban. Tout cela était déjà vrai bien longtemps avant son élection, mais les élites françaises entretiennent des illusions sur le rôle de la France dans cette région et voudraient des *remakes*. Le Président a partagé un temps ces illusions. En 1984, ce cycle est achevé. À Cancún et lors de trois sommets des Sept, il a aussi touché du doigt l'égoïsme inébranlable et sacré des grands pays en matière de relations Nord/Sud.

« Reste » l'Europe. Elle est de toute façon une obligation. Quel que soit le parti dont ils sont issus, quoi qu'ils aient dû dire dans l'opposition, les dirigeants européens successifs la vivent comme une nécessité. De Thatcher à Papandréou, ils protestent parfois contre elle, ils s'impatientent d'être ligotés par autant d'engagements, d'avoir à tout propos à se concerter avec neuf autres, ou, pis encore, à se plier à un vote majoritairement hostile. Parfois, pour se réassurer sur leur scène nationale, ils menacent de tout casser. Mais ils n'envisagent pas de « sortir de la Communauté » (ce qui est d'ailleurs juridiquement et théoriquement impossible, le traité ne l'ayant pas prévu) et tous, les uns comme les autres, se comportent comme s'il n'y avait pas d'autre solution. D'autant que les grands intérêts économiques ne les ont pas attendus. Les dirigeants européens des années 1980-1990 ne sont peut-être pas tous des esprits très sophistiqués, mais ils ne seraient pas arrivés à leur poste sans réalisme et sans être de bons décrypteurs et utilisateurs des rapports de forces. Sans même avoir à les exprimer, tous ont en commun des convictions très fortes, qui tiennent en quelques mots : les puissances européennes se sont suicidées en 14-18 ; qu'on le veuille ou non, le monde nouveau est dominé par les États-Unis, le bloc de l'Est, l'Asie ; pour exercer à nouveau une influence sur le reste du monde, et surtout éviter que nous ne soyons entièrement soumis à l'influence des autres (exemple : ne plus pouvoir regarder que de mauvaises séries américaines sur des téléviseurs japonais), il faut s'unir ; la construction européenne ne nous oblige pas à des abandons de souveraineté : dans la plupart des cas, cette souveraineté est déjà formelle ou illusoire, et l'« exercice en commun » de la souveraineté permet au contraire de recouvrer un peu de ce pouvoir perdu.

Au-delà de ce tronc commun de convictions, les divergences commencent. D'abord parce que ces évidences sont plus difficiles à admettre pour de « grands » pays qui ont eu depuis des siècles une politique étrangère, voire des habitudes impériales, que pour des « petits » pays commerçants. La France et la Grande-Bretagne (l'Allemagne à partir de la fin des années 1980) veulent à la fois préserver leurs avantages nationaux acquis et leur liberté de mouvement, tout en profitant du supplément d'influence procuré par la Communauté européenne. Leurs milieux dirigeants sont loin d'être prêts aux remises en cause qu'implique le choix européen, ou ils les sous-estiment. En tout cas, ils n'y préparent en rien leurs opinions ; d'où un décalage qui ne pourra que s'aggraver quand la construction européenne reprendra. D'autre part, une faille béante sépare les Européens qui ne veulent effacer les barrières nationales que pour mieux intégrer l'Europe dans le marché mondial, de ceux qui entendent faire de l'Europe une puissance. Cette divergence radicale de conception resurgit à tout moment, à chaque pas en avant.

Cette obligation européenne, cette option devenue à certains égards priorité par élimination, ou par défaut, le président Mitterrand va non seulement l'assumer, mais en faire un projet, *le* grand projet de la suite de sa présidence. Les divergences structurelles entre Européens, il va essayer de les déborder par le mouvement. Il retrouve là son inclination la plus ancienne, d'avant les « années PS ». En 1984, pour lui, aucun autre grand dessein intérieur ou extérieur n'entre plus en concurrence avec celui-là. Le gouvernement Mauroy a tenu du candidat Mitterrand toutes les promesses qui pouvaient l'être. Et mars 1983 a durement rappelé que la France n'est pas une île, mais l'élément d'un ensemble, le marché mondial, au sein duquel une économie ouverte ne peut se permettre d'être trop longtemps débitrice, sous peine de sanctions monétaires et de mise sous tutelle[1]. Autant alors que le respect des disciplines auquel est contrainte la France, comme tout pays à économie ouverte, serve à quelque chose, c'est-à-dire à bâtir une Europe forte !

Depuis 1981, François Mitterrand a appris à manier toutes les finesses de la diplomatie multilatérale, forme subtile de la politique entre partenaires indépendants sans possibilité de recours à l'usage direct de la force. Dans les Conseils européens, les sommets des Sept, au Conseil de sécurité, il faut évaluer avec exactitude l'état des forces, qui est mouvant, les enjeux essentiels pour les participants, en déduire les alliances possibles. Le contact personnel entre deux dirigeants ne fait pas disparaître ces données, mais peut faire pencher la balance en cas d'hésitation. C'est ainsi que la relation franco-allemande va redevenir le « moteur » de l'Europe qu'elle avait déjà été à certains moments sous Valéry Giscard d'Estaing et Helmut Schmidt. Ne pas se laisser surprendre ni isoler, saisir le moment opportun, ne jamais forcer ou humilier un partenaire dont on aura besoin : autant d'impératifs complémentaires. Travail de bénédictin (voire de Sisyphe, si l'on est pessimiste) qui nécessite opiniâtreté, ruse, suite dans les idées, souplesse dans l'exécution,

1. Et cela, même sans la décision de créer une monnaie unique.

affabilité, absence de triomphalisme. Et qui requiert, toutes choses égales par ailleurs, des Mazarin plutôt que des Richelieu.

Au début de 1984, François Mitterrand prend donc le tournant majeur de sa présidence. Et il le prend seul. Ni Pierre Mauroy, ni Jacques Delors, ni Lionel Jospin, ni Laurent Fabius, ni Pierre Bérégovoy, ni Claude Cheysson ne sont anti-européens, mais aucun n'est allé jusqu'à lui conseiller de recentrer et relancer toute sa politique sur un réveil de l'Europe – même après mars 1983 qui, avec le recul, semble néanmoins préparer et annoncer la suite. C'est pourquoi il va beaucoup s'appuyer dans les années suivantes sur des « proches » – expression pour une fois exacte ! –, Roland Dumas, bien sûr, et, à l'Élysée, Jean-Louis Bianco, Jacques Attali, Élisabeth Guigou et moi. Élisabeth Guigou, surtout, va devenir la boîte à idées, le relais, la cheville ouvrière de sa politique européenne[1].

En décembre 1983, pensant à la suite, il a invité Roland Dumas – alors simple député – à l'accompagner en Yougoslavie. Dans l'avion du retour, il l'a appelé : « Roland, je vais vous nommer ministre des Affaires européennes, et nous allons désembourber l'Europe. » Ils vont y parvenir en deux étapes : le Conseil européen de Bruxelles, en mars 1984, celui de Fontainebleau, en juin, et en « mettant le paquet » !

François Mitterrand prend lui-même les choses en main bien décidé à surmonter les blocages bureaucratiques dans chaque pays. Premier round, entre début janvier et fin mars : il rencontre Mme Thatcher, puis Helmut Kohl, et se rend lui-même à La Haye, Luxembourg, Athènes, Bruxelles, Copenhague, Milan et Dublin, accompagné uniquement de Roland Dumas et Élisabeth Guigou, Jacques Attali et, dans certains cas, de moi. Puis il reçoit à Paris Mme Thatcher et Helmut Kohl. À Bruxelles, les 19 et 20 mars, il obtient que les Dix se mettent d'accord sur les quotas laitiers, le démantèlement des montants compensatoires positifs, la TVA. Mais il échoue – et les huit autres avec lui – à convaincre Margaret Thatcher d'accepter 1 milliard d'écus, somme pourtant élevée (par esprit de compromis, les huit sont déjà passés de 750 millions d'écus à 1 milliard d'écus). Elle veut encore plus, ou pour

1. C'est *lui* qui choisira personnellement Élisabeth Guigou comme conseillère pour l'Europe, puis secrétaire générale du SGCI, puis ministre des Affaires européennes, et ensuite Caroline de Margerie comme conseillère pour l'Europe, poste auquel lui succéderont Thierry Bert, puis Jean Vidal.

plus longtemps, à moins qu'elle ne souhaite remettre en cause d'autres compromis. Il faut donc ne plus lui laisser aucune porte de sortie. Pour ce faire, François Mitterrand revoit Kohl dans les semaines qui suivent et Dumas, Genscher. Roland Dumas essaie parallèlement d'ébranler son homologue britannique, sir Geoffrey Howe. Le Président et son ministre veillent aussi à « travailler au corps » les sept autres. Le 24 mai, François Mitterrand rappelle devant le Parlement européen, à Strasbourg, les vrais enjeux de cette querelle de gros sous : « L'alternative est de laisser d'autres décider du sort de tous, ou bien de réunir la somme des talents et des capacités [...] pour que l'Europe devienne ce qu'elle est. »

Le dernier acte se joue à Fontainebleau, les 25 et 26 juin 1984, dans le château de François Ier réanimé pour la circonstance. Mme Thatcher affirme que l'écart total entre ce qu'elle paie à la caisse communautaire au titre de la TVA et ce qu'elle en reçoit est de 2 milliards d'écus. Ses partenaires l'évaluent à 1,6 milliard. Elle fait alors valoir que si on lui impose cette base de calcul, elle doit obtenir en ristourne un pourcentage qui « dépasse substantiellement 70 % ». Dans la soirée, les Britanniques précisent : 75 %. Les neuf autres ne veulent pas aller au-delà de 60 %. Lors de leur rituel petit déjeuner du second jour, Mitterrand et Kohl décident qu'il faut en finir, et que ce sera 65 %, à prendre ou à laisser (l'Allemagne contribuant pour les deux tiers à leur financement, au lieu de 50 %).

Lors de la séance qui suit, Mme Thatcher commence par exiger un « pourcentage plus élevé d'un écart moins grand ». Le Président lui communique en aparté l'offre franco-allemande finale : un milliard d'écus « à prendre ou à laisser ». Elle se retourne alors vers le Chancelier, estimant pouvoir jouer des divergences franco-allemandes avec, croit-elle, deux atouts maîtres en main : les soldats britanniques en RFA, et le fait que la Grande-Bretagne et l'Allemagne sont les deux seuls pays contributeurs nets[1]. À sa grande surprise, elle se heurte à une fin de non-recevoir. Le Chancelier vient de souffler à Roland Dumas : « Nous allons vous aider à réussir Fontainebleau. » Le sommet est joué. En séance plénière, la rage au cœur, elle réclame encore 66 % au lieu de 65, ce qui lui est concédé. Mais la ténacité de François Mitterrand et la cohésion franco-allemande ont eu raison de son obstination. Au

1. Tous les autres touchent de la Communauté *plus* qu'ils ne lui versent.

Conseil des ministres suivant, le Président résume : « Elle a dû s'incliner quand elle a vu qu'elle ne pouvait opposer la France à l'Allemagne. »

Pour la première fois depuis cinq ans, la route est dégagée pour la Communauté européenne. Dans la foulée, les Dix décident à Fontainebleau de relever de 1 à 1,4 % de l'assiette de la TVA la part que les États membres doivent reverser au budget communautaire au titre des ressources propres de la Communauté ; de fixer au 30 septembre 1984 la conclusion des négociations sur l'adhésion espagnole et portugaise ; de demander à un groupe de travail présidé par l'Irlandais James Dooge de préparer un nouveau traité d'Union européenne (idée inspirée à François Mitterrand par le rôle du comité Spaak avant le traité de Rome), et à un autre, présidé par l'Italien Adonino, d'émettre des propositions pour l'Europe des citoyens : éducation, jeunesse, allégement des contrôles aux frontières, santé, recherche. En outre, Mitterrand et Kohl se mettent d'accord pour que Delors prenne la présidence de la Commission le 1er janvier 1985. François Mitterrand ne laisse à personne d'autre le soin de se rendre à Lisbonne et à Madrid, alors que la France exerce encore la présidence, pour y annoncer que l'adhésion des deux pays sera ratifiée avant le 1er janvier 1986. Un mois après Fontainebleau, la France et l'Allemagne signent un accord de libre circulation qui préfigure le futur accord de Schengen.

Ce premier semestre de 1984 illustre à merveille la façon dont l'Europe communautaire se construit. Un seul pays, voire même une seule personne a pu bloquer l'entreprise pendant quatre ans. Une autre, soutenue par une vingtaine d'autres, a préparé le déblocage. La décision finale a été prise par dix dirigeants et leurs ministres des Affaires étrangères, soit vingt personnes. En fait, six : Mitterrand, Dumas, Kohl, Genscher, Thatcher, sir Geoffrey Howe. Et, au bout du compte, trois : Mitterrand, Thatcher et Kohl. Et elles sont vingt, sur la proposition de trois ou quatre d'entre elles, à mettre en mouvement un processus de constitution de l'Europe politique et de l'Europe des citoyens.

Ces décisions-là ne sont pas soumises à des votes populaires, ni même à des ratifications parlementaires, sauf exception. Elles ne se prennent pas en une fois, mais au fil d'une succession de circonstances où il s'agit de créer un comité, d'accepter ses conclusions, de demander un rapport, de fixer un calendrier et des échéances lointaines à confirmer entre-temps, etc. Faut-il s'en offusquer, déplorer le « déficit démocratique » – expression qui enrichira, si l'on peut dire, la langue de bois au moment de Maastricht ? Il n'y a pas de réponse univoque à cette question. Mais n'ayons pas peur des mots : depuis l'origine (le pool charbon-acier de 1951), la construction européenne a été une démarche volontariste et élitiste par excellence. Certes, le traité de Rome a été présenté à l'Assemblée nationale française et adopté le 24 juillet 1957 par 340 voix contre 236 ; en mai 1972, Georges Pompidou a consulté les Français par référendum sur l'élargissement à la Grande-Bretagne, avec succès, malgré 40 % d'abstentions ; en 1979 et 1984, les élections au Parlement européen au suffrage universel ont été plutôt dominées par la politique intérieure. Mais toutes les décisions majeures ont été prises par de petits groupes de dirigeants, voire d'hommes et de femmes d'influence. L'Europe des années 1980 est le pur produit d'une forme moderne de despotisme éclairé.

L'indignation démocratique est facile. Pourtant, je ne pense pas qu'il faille voir là seulement une manifestation de la tendance permanente de tout gouvernement à limiter les contrôles dont il est l'objet et à vouloir garder les mains libres. Les dirigeants européens sont hantés par l'idée que les peuples et les nations d'Europe se sont, depuis la nuit des temps, combattus, envahis, annexés, craints, méprisés, haïs ; et que, dans chaque pays, les mentalités profondes en conservent trace, particulièrement en France vis-à-vis de l'Allemagne. Or il se trouvera toujours dans chacun de ces pays des politiciens ou plutôt des démagogues pour exploiter et entretenir ces réflexes, attiser les divergences d'intérêts. Après la Seconde Guerre mondiale, les peuples d'Europe voulaient-ils vivre en paix ? Certainement. Étaient-ils prêts à bâtir une communauté avec leurs voisins et à bousculer, pour ce faire, certaines de leurs habitudes quotidiennes ? Les leaders des années 1950 ne le croyaient pas et ne voulaient pas mettre en péril par des consultations imprudemment prématurées un dépassement aussi nécessaire des nationalismes qui avaient été à l'origine de deux conflits mondiaux. Autour de François Mitterrand, dans les années 1980, tout cela nous paraît si évident que nous ne nous posons à aucun moment la question. Au mieux pensons-nous de temps à autre qu'il serait opportun de mieux informer le Parlement. Mais, aussitôt, l'un d'entre nous rappelle l'absentéisme qui sévit lors des séances consacrées à la politique européenne. D'ailleurs, la seule des décisions européennes du Président qui nous déconcertera dans un premier temps sera le référendum de 1992 sur le traité de Maastricht…

L'édification d'une Europe forte est aux antipodes d'une politique démagogique. Ses promoteurs, reprenant à leur compte la théorie révolutionnaire des avant-gardes, ont agi comme s'ils voulaient conjurer le passé, protéger l'Europe contre ses démons en enserrant ses nations dans des liens de plus en plus étroits, tout en mettant à profit l'intérêt réel de créer un marché commun et de moderniser les économies. Car, pourrait-on ajouter, même si ce constat heurte les croyances modernes, quelle autre force que le nationalisme ou l'expansionnisme ou au contraire le repli sur soi est jamais sortie spontanément des peuples quand il s'est agi de définir leurs relations avec les autres peuples ? Et comment pourraient-ils manifester autre chose qu'une réaction de ce type à ce que l'Histoire leur a fait endurer sous la forme d'une reproduction mimétique des événements qui les ont fondés ?

À chaque étape, les promoteurs de la construction européenne ont écarté les critiques par un postulat : l'Europe est bonne pour vous – et, par la politique du fait accompli, censée créer une situation et des mentalités nouvelles. En France, les oppositions traduisent à intervalles réguliers, avec une vigueur toujours renouvelée, les mêmes appréhensions : peur d'être dominé par l'Allemagne, par le monde extérieur, par les lois aveugles du marché, peur de perdre sa souveraineté, son âme, son autonomie, son mode de vie.

En 1984, la relance de l'Europe ne provoque rien de tel. D'abord, très peu de gens en réalisent la portée, qui n'apparaîtra qu'avec les années. Les critiques demeurent radicales chez les communistes, vigoureuses dans toute une partie du PS et du RPR, dans le monde agricole comme chez beaucoup d'intellectuels. Mais le débat sur l'adaptation à la mondialisation semble avoir été tranché en mars 1983, et le gouvernement de Laurent Fabius va bientôt être chargé de la « modernisation » du pays. Les ambitions et les conséquences de cette relance européenne ne vont pas être vraiment expliquées (pas plus que ne le sera plus tard la politique de désinflation compétitive) et ne seront donc pas réellement endossées par l'opinion. À l'époque, celle-ci est encore favorable et le restera plusieurs années, mais elle l'est passivement et abstraitement, tant que l'« Europe » n'affecte pas trop sa vie quotidienne. Cela changera du tout au tout lorsque les mesures d'harmonisation prises pour mettre en place le Grand Marché (les fameuses « directives ») provoqueront une exaspération croissante, et que le référendum sur le traité de Maastricht libérera quarante années de « refoulé anti-européen ».

LE FORCING EUROPÉEN[1]

Le chantier communautaire

Après le succès de Fontainebleau en juin 1984[2], les Dix (bientôt Douze) mettent les bouchées doubles sous l'impulsion de François Mitterrand, Helmut Kohl et Jacques Delors (à partir du 1er janvier suivant). Le Président est d'autant plus décidé à aller de l'avant que personne en France ne lui dispute ce terrain et qu'aucun des registres traditionnels de la diplomatie française n'est par ailleurs très prometteur. Cette toujours laborieuse mais constante progression européenne va se poursuivre cinq ans durant, de Conseil en Conseil, de blocages en avancées, jusqu'à la veille de la réunification allemande où elle acquerra soudain un sens accru et une évidente nécessité, et même ultérieurement, jusqu'au rendez-vous de Maastricht.

Huit années, donc, de progrès aussi décisifs dans l'histoire contemporaine de l'Europe que le début des années 1950, mais qui prennent au jour le jour l'allure d'un troc quasi ininterrompu, d'une négociation âpre, parfois mesquine, où l'enjeu – immense : l'Europe comptera-t-elle encore au XXIe siècle ? – est parfois perdu de vue derrière d'interminables querelles de boutiquiers. Le mot de Raymond Aron – « les hommes font l'Histoire, mais ils ne savent pas l'Histoire qu'ils font » – semble avoir été inventé pour les Conseils européens, leur rituel hermétique, leurs palabres

1. Dans Hubert Védrine, *Les Mondes de François Mitterrand*, © Librairie Arthème Fayard, 1996, 2016, chap. XII.
2. Voir ci-dessus, p. 428 et suiv.

byzantines, leur langue de bois. Et pourtant, même dans les moments les plus triviaux, l'enjeu demeure. Les démocraties européennes de la fin du siècle, à la fois prospères, en crise et ultramédiatisées, ne connaissent pas d'autre façon de décider en commun.

Quels que soient les sujets et les dirigeants, il est fascinant de voir avec quelle constance ce sont toujours les mêmes pays qui poussent à l'émergence d'une Europe maîtresse de son destin, et les mêmes qui entravent cette ambition. Au long de ce parcours d'obstacles européen (1984-1992, un peu plus qu'un septennat), François Mitterrand déploie toutes les facettes de son talent : clairvoyant et manœuvrier en même temps, arrangeant ou inflexible selon les moments et les interlocuteurs, jouant de la patience comme de l'effet de surprise, usant de la pédagogie ou de l'ambiguïté, puisant dans sa familiarité avec l'Histoire le sens des objectifs lointains, ne perdant jamais de vue ceux-ci tandis que défileront tant d'autres images, événements ou décisions : gouvernement Fabius, réélection de Reagan, avènement de Gorbatchev, gouvernement Chirac, réélection de 1988, débuts du désarmement, changements à l'Est, gouvernements Rocard, Cresson, réunification allemande, guerre du Golfe…

Le mouvement recommence par l'élargissement. Nous estimons que la France a obtenu pour ses agriculteurs du Sud le mieux possible. Aussi donnons-nous notre accord, à Dublin, les 3 et 4 décembre 1984, aux conditions qui permettront d'accueillir l'Espagne et le Portugal (aux réserves grecques près). Autre terrain : le 8 décembre suivant, la 3e convention entre la CEE et les pays ACP (Afrique, Caraïbes, Pacifique), la plus concrète des politiques Nord/Sud, est signée à Lomé. Toujours pour profiter de l'élan donné à Fontainebleau, François Mitterrand, soutenu par Helmut Kohl, a inspiré la création, sur le modèle du « comité Spaak » qui avait préparé en 1955 et 1956 le futur traité de Rome, d'un « comité Dooge[1] » sur l'avenir de l'Europe politique, comité au sein duquel il nomme Maurice Faure comme représentant de la France. Ils se comprennent parfaitement et ont depuis trente ans une même vision de l'Europe. Dans son rapport remis en mars 1985, ce comité émet des propositions qui auront, sous une forme ou sous une autre, un grand avenir : renforcement des pouvoirs de la Commission et du Parlement européen, extension du vote à la majorité au sein de la Communauté, secrétariat permanent

1. Voir ci-dessus, p. 433.

de la coopération politique destiné à mettre en œuvre une politique extérieure commune. Une « conférence intergouvernementale » serait chargée de préparer cette « Union européenne ».

À Bruxelles, les 29 et 30 mars 1985, nous décidons avec nos partenaires de mettre en œuvre les PIM (Programmes intégrés méditerranéens) et les Grecs, ainsi dédommagés, levant enfin leurs réserves, donnent leur accord définitif à l'adhésion de l'Espagne et du Portugal. Il est entendu que les traités seront signés à Madrid et Lisbonne le 12 juin.

Quelques mois plus tard, dans ses *Réflexions sur la politique extérieure de la France*, François Mitterrand tirera de cet élargissement cet avertissement pour l'avenir : « D'un grain plus mou, la Communauté actuelle est plus friable que celle d'hier, et il n'est qu'un remède à ses maux : à Communauté plus large, institutions plus fortes. » À partir de là est engagée une course de vitesse entre l'approfondissement, prôné par la France, et l'élargissement, encouragé tout à la fois par l'Allemagne, les candidats à l'adhésion et leurs amis, les adversaires de la Communauté qui souhaitent la voir se diluer, et l'« air du temps ». L'objectif français sera en partie atteint lorsque, sept ans plus tard, le traité de Maastricht sera adopté *avant* l'élargissement à Quinze, mais sans que les mécanismes de décision et les modalités de vote aient été cependant modifiés. En partie seulement, puisque le Président acceptera l'élargissement à Quinze, le 1er janvier 1995, sans réformes préalables.

Le 14 juin, des accords de libre circulation sont signés à Schengen entre l'Allemagne, la Belgique, la France, le Luxembourg et les Pays-Bas. Le Président est pour aller de l'avant, pour bousculer les ministères de l'Intérieur. Mais la convention d'application ne sera signée que le 19 juin 1990 et l'application complète retardée d'année en année.

À Milan, les 28, 29 et 30 juin 1985, pour la première fois depuis de nombreux Conseils, les Douze se penchent sur l'avenir de la Communauté et non plus seulement sur des problèmes de lait, de vin, d'agrumes, de poissons ou même de budget. Ils examinent les propositions des rapports Dooge et Adonino, demandés à Fontainebleau, et, sur la suggestion de Bettino Craxi, ils convoquent, malgré l'opposition de la Grande-Bretagne, du Danemark et de la Grèce – et alors même que le traité prévoit qu'une telle conférence doit être convoquée à l'unanimité –, une conférence intergouvernementale (la première sous la présidence de François Mitterrand) chargée d'insérer dans les traités européens les dispositions contenues dans le Livre blanc sur le Grand Marché. Premier et parfait exemple de la façon dont le président Jacques Delors, qui en est l'initiateur, entend désormais utiliser son pouvoir de proposition pour faire avancer la Communauté. L'objectif est simple : aller au bout de l'idée contenue dans le traité de Rome. Quant au principe d'un nouveau traité, il aurait pu être explicitement retenu dès Milan si le chancelier Kohl n'avait dévoilé trop tôt, devant le Bundestag, l'accord franco-allemand sur ce point. Cette question d'un éventuel nouveau traité et de son contenu va dès lors être au cœur des rencontres suivantes.

Au Conseil européen de Luxembourg, les 2 et 3 décembre 1985, l'accord se fait sur l'adjonction au traité de Rome d'un « Acte unique » dont l'objectif principal est la réalisation d'ici au 31 décembre 1994, en sept ans, d'un « grand marché intérieur » où circuleront librement marchandises, personnes, services et capitaux.

Le terme d'« Acte unique » signifie tout simplement que sont regroupées en un seul texte – en un seul « acte » – des dispositions très diverses[1]. Deux ans plus tard, François Mitterrand raconte : « À trois minutes de la fin, l'échec paraissait certain en raison de l'opposition des Britanniques et des Danois. Jacques Delors est intervenu une ultime fois pour que l'accord se fasse. J'ai argumenté dans le même sens, et Kohl aussi. La France et la RFA ont dit que si cela ne se faisait pas à Douze, nous le ferions à moins. Mrs Thatcher a alors demandé une suspension de séance et, au retour, elle a donné son accord. » L'accord est acquis par 7 voix contre 3. Pour le président français, ce compromis représente à peine le « minimum vital » : à ses yeux, les mesures de libéralisation économique doivent absolument être complétées et équilibrées par l'union monétaire, des politiques communes, le renforcement des institutions et l'Europe politique.

L'« Acte unique » comprend d'abord un préambule qui affirme la volonté de mettre en œuvre l'Union européenne sur deux bases : les Communautés et la politique étrangère. Ce préambule fait référence à l'Union économique et monétaire et aux décisions de 1978 sur le SME. Le texte prévoit en outre des modifications

1. Pour progresser, la Communauté doit amender et compléter les différents textes dont elle est issue ; il en ira de même au moment de Maastricht.

importantes : le Conseil européen est institutionnalisé ; le champ du vote à la majorité est élargi ; une procédure associant de plus près le Parlement européen aux décisions est instituée (procédure de « coopération ») ; son avis conforme est requis pour les nouvelles adhésions et les accords d'association. Un accroissement ambitieux du champ des activités communautaires est d'autre part annoncé – ou faut-il dire espéré ? – dans plusieurs domaines :

- coopération monétaire et développement de l'écu[1] ;
- prescriptions minimales pour la santé et la sécurité des travailleurs ;
- renforcement de la solidarité entre les régions ;
- recherche et développement technologique ;
- environnement ;
- les États membres s'efforcent de définir et de mettre en œuvre en commun une politique étrangère européenne.

Sur beaucoup de points, il ne s'agit que de déclarations d'intention, façon d'accoutumer les opinions et les administrations de chaque pays à ce que des problèmes relevant jusqu'ici de la stricte compétence de chaque État entrent petit à petit dans le champ communautaire. Cent fois sur le métier les Douze auront à remettre cet ouvrage… En revanche, l'engagement d'instaurer, à la majorité qualifiée (sauf pour la fiscalité, la libre circulation des personnes, les droits des salariés), le marché intérieur d'ici au 31 décembre 1992, est, lui, terriblement concret.

Par cette décision, « la libre circulation des marchandises, des personnes, des services et des capitaux sera assurée » à l'intérieur des frontières de l'Europe des Douze. Or, 1992 sera l'année de la ratification par référendum du traité de Maastricht, au terme de sept années de « directives » d'harmonisation préalable nécessaires à l'instauration du Grand Marché. Même s'il ignore encore, par définition, qu'il décidera, dans sept ans, de consulter les Français, François Mitterrand est conscient des difficultés de mise en œuvre de ce Grand Marché, ainsi qu'en témoigne sa remarque de février 1988 au chancelier d'Autriche, Frantz Vranitzky : « La perspective du Grand Marché en 1992-1993 est très ambitieuse, sans doute même dangereuse. Mais on ne peut pas faire une grande

1. Malgré de fortes réticences allemandes.

histoire sans une grande ambition. » En réalité, lors de la signature de l'Acte unique, personne, sauf peut-être Jacques Delors qui en a fait dresser la liste dans le Livre blanc, ne mesure la masse de textes qu'il va engendrer en vue d'harmoniser des législations nationales hétéroclites, ni surtout leurs propriétés urticantes pour les citoyens des pays de la Communauté…

Après ce très grand pas, la marche en avant se poursuit. Le 1er janvier 1986, l'Espagne et le Portugal entrent officiellement dans la Communauté au sein de laquelle, depuis un an, ils étaient déjà observateurs. Ils vont donc participer pour la première fois à part entière aux Conseils de La Haye, les 26 et 27 juin, et de Londres, les 5 et 6 décembre 1986.

Mais, entre-temps, la victoire en France de la coalition de droite RPR-UDF, qui obtient avec 291 élus sur 577 la majorité absolue aux législatives de mars 1986, a amené la constitution, pour la première fois sous la Ve République, d'un gouvernement dit « de cohabitation ». Jacques Chirac a été nommé Premier ministre par le Président et a donné son accord à la nomination de Jean-Bernard Raimond[1] aux Affaires étrangères et d'André Giraud[2] à la Défense. Le Président et le nouveau gouvernement vont aussitôt avoir à affronter ensemble l'affaire des otages au Liban et la demande américaine de survol du territoire français pour le bombardement en Libye. Il y aura désaccord sur l'IDS. Des querelles protocolaires vont surgir à propos des rôles respectifs du Président et du Premier ministre au prochain sommet des Sept (Tokyo) et au Conseil européen (La Haye), ainsi qu'à propos de la répartition des rôles entre le *sherpa* du Président pour le sommet des Sept (Jacques Attali) et le conseiller diplomatique du Premier ministre (François Bujon de L'Étang). Elles seront tranchées dans le sens de la hiérarchie républicaine et du protocole, c'est-à-dire de la prééminence présidentielle. En matière européenne, le Président a pris la précaution de nommer, à l'automne précédent, Élisabeth Guigou secrétaire général du Comité interministériel pour les questions communautaires, tout en la gardant à l'Élysée au titre de conseiller sur le même sujet. Comme Jacques Delors qui avait apprécié, à son cabinet, en 1981-1982, ses compétences et sa clarté, le Président a

1. Ancien ambassadeur à Rabat, Varsovie et Moscou, et ancien directeur général des Relations culturelles. Il avait été, avant 1974, conseiller diplomatique de Georges Pompidou.

2. Ancien directeur général du Commissariat à l'énergie atomique.

découvert les qualités et la détermination de sa conseillère pour les affaires monétaires et le commerce international. En faisant d'elle le SGCI avant l'échéance législative, il est sûr de rester parfaitement informé dans un domaine où – il l'affiche ainsi – il entend faire prévaloir ses vues, malgré tous les obstacles que le nouveau gouvernement, à l'évidence moins européen que lui, pourrait être tenté de dresser sur sa route.

La « cohabitation » à Paris ne va guère modifier les données communautaires, si ce n'est sur la fixation des prix ou les plafonnements de production agricole, domaines où le nouveau gouvernement se montre plus dur… tout en acceptant par ailleurs que s'ouvre un nouveau cycle de négociations GATT (l'« Uruguay Round ») trop centré sur la seule agriculture.

En 1987, de nouveaux conflits d'intérêts surgissent entre les Douze sur les garanties à apporter à la production de viande bovine, sur l'ampleur des fonds structurels qu'avec le soutien du Parlement européen les pays les moins riches veulent accroître, et en conséquence sur le budget, bien loin de pouvoir faire face à ces demandes nouvelles. Sous l'impulsion de Jacques Delors qui n'entend laisser aucun répit aux Douze, la Commission soumet au Conseil européen une communication intitulée « Réussir l'Acte unique » et comprenant un « paquet » de solutions à ces diverses questions. Le 1er juillet, ce dernier entre en vigueur.

Les 4 et 5 décembre 1987, à Copenhague, les Douze, faute d'entente sur la maîtrise des dépenses agricoles, n'arrivent toujours pas à se mettre d'accord sur l'accroissement des ressources budgétaires nécessaire à l'entrée en vigueur du Grand Marché. La difficulté est de taille. Il faut assurer à la Communauté des ressources stables tout en garantissant aux pays du Sud le développement des fonds structurels (notamment le Fonds européen de développement régional, le FEDER) ; à la France la pérennité de la Politique agricole commune ; aux autres la stabilisation des dépenses agricoles ; à la Grande-Bretagne le maintien de la compensation décidée à Fontainebleau ; à la RFA la diminution de la part qui lui incombe dans cette compensation. Mais ces difficultés sont surmontées deux mois plus tard, les 11 et 12 février, à Bruxelles, sous présidence allemande. La Commission propose le doublement des fonds structurels. Nous nous rangerions à une formule de gel volontaire des terres en contrepartie d'une baisse des prix agricoles et d'une limitation des excédents qu'accepterait l'Allemagne. La Commission propose en outre une « 4e ressource » pour la Communauté, fondée sur le PNB, la 3e ressource restant égale à 1,4 % de l'assiette de la TVA, pour diminuer ensuite. Le second jour, à 22 heures, l'accord se réalise à partir de ces bases[1].

La pression du « milieu communautaire » est si forte qu'au bout de un, deux ou trois Conseils les pays membres, s'ils sont d'accord entre eux, finissent presque toujours par obtenir ce qu'ils veulent d'un des leurs qui résiste. D'autant que chaque pays est à la fois ou tour à tour débiteur, créancier, médiateur, demandeur, non concerné, président en exercice. Il faut vraiment que des intérêts nationaux soient vitaux, au sens propre du mot, pour qu'un pays donné campe sur ses positions contre tous les autres. Aux Conseils marqués par des blocages, à ceux qui font du surplace succèdent ceux qui voient se produire des percées. C'est le *stop and go* européen.

La mise en œuvre progressive du Grand Marché suscite des propositions relatives aux autres volets de la construction européenne, lesquelles viennent s'ajouter aux françaises. Le 26 février 1988, H.D. Genscher publie ainsi un *Mémorandum pour un espace monétaire européen et une Banque centrale européenne*. Il est intéressant de lire sous une plume allemande que « tous les États membres du SME ont intérêt à réduire leur dépendance par rapport au dollar ». C'est pour nous la bonne direction. Les Douze s'arment d'audace et décideront à Hanovre qu'un groupe de sages rédigera un rapport à ce sujet dans un délai d'un an : ce sera le « rapport Delors ».

1. L'extrême technicité des conclusions donne une idée de la complexité de discussions qui, pourtant, ne peuvent être arbitrées qu'au niveau politique : pour les ressources propres de la Communauté, élévation du plafond maximal à 1,2 % du PNB en ajoutant aux droits de douane, aux prélèvements agricoles, aux versements de TVA une « quatrième ressource » calculée sur une clef PNB. La 3e ressource, calculée sur l'assiette TVA, ne pourra plus excéder 55 % du PNB de chaque État membre, cela afin de réduire les versements du Royaume-Uni, du Luxembourg, de l'Irlande et du Portugal. Le solde net négatif du Royaume-Uni reste compensé selon le « mécanisme de Fontainebleau » avec une réduction d'un tiers de la part de la RFA. Les « fonds structurels » seront augmentées de 85 % d'ici à 1992, et doublés après. La Politique agricole commune est préservée grâce à une prime au « gel » des terres et à une demi-prime pour les mises en pâturage. Des plafonds annuels de production sont créés pour les céréales, le colza, le tournesol, le soja, les protéagineux, avec des mécanismes de prélèvement ou de baisse des prix en cours de campagne en cas de dépassement.

En dépit des divergences initiales sur l'Europe et des réflexes plus « nationaux » de la majorité issue des urnes en mars 1986, comme des profondes différences de style entre le Président et le Premier ministre, les deux hommes n'ont finalement pas eu trop de mal à se mettre d'accord et à conduire la politique européenne de la France. Celle-ci ne constitue d'ailleurs pas un enjeu véritable pendant l'étrange campagne qui oppose au printemps 1988 le Président et le Premier ministre sortants. Le Président choisit d'adresser une *Lettre à tous les Français* pour présenter le bilan de son septennat et ses grandes orientations pour l'avenir, qu'il rédige courant mars. À la veille du week-end de Pâques, il demande à Jean-Louis Bianco, Hervé Hanoun et moi de le rejoindre à Latché, le lundi, pour relire avec lui son projet.

Nous voici donc installés, le 4 avril, en début d'après-midi, autour du fax, dans le petit cabanon en contrebas de la maison. Le Président – gros pull marin blanc, pantalon de velours beige – nous met au travail. À part une brève promenade pour voir les ânes, prendre un « pot » avec Jean Glavany qui s'arrête là en remontant sur Paris, et un souper vers 22 heures, nous lisons, corrigeons, suggérons, réagissons, raturons ensemble jusque vers 2 heures du matin. Chaque fois que nous avons un doute sur un point quelconque, nous appelons à l'Élysée Michel Charasse, Gilles Ménage, Jean-François Colin, d'autres encore, qui nous fournissent des précisions. Au fur et à mesure que les feuilles retapées par Christiane Dufour ont été relues et retouchées une dernière fois par le Président, nous les faxons à Jacques Pilhan, Gérard Collé et Jacques Séguéla, impatients à l'autre bout du fil, tant ils craignent le hors-délai.

Sur les 79 pages de texte de sa *Lettre aux Français*, le Président en consacre finalement 7 à la primauté institutionnelle du Président en politique extérieure, confirmée par la cohabitation (« Guerre des étoiles », Tchad, armes nucléaires à courte portée, Amérique centrale, Afrique du Sud, Liban, Libye), 8 à l'Europe (« Construire l'Europe »), 2 au désarmement et à la paix, 3 au développement du tiers-monde. Le Président énumère les désaccords surgis sur l'Europe durant la cohabitation, les « redoutes qu'il fallut enlever une à une ». Mais c'est l'époque de la « France unie ». C'est avec satisfaction et sans acrimonie qu'il constate que le Premier ministre s'est finalement rallié, de 1986 à 1988, à tout ce qu'il avait contesté dans l'opposition : l'élargissement à l'Espagne et au Portugal, la ratification de l'Acte unique, la maîtrise du budget agricole, la réduction des quotas laitiers, l'augmentation des ressources propres, le financement de la recherche communautaire (le ministre RPR Alain Devaquet partageant sur ce chapitre l'avis du Président), le quasi-doublement des fonds structurels, l'adoption du programme Erasmus, l'augmentation des ressources budgétaires à hauteur de 1,3 % du produit intérieur de la Communauté. Le Président attribue même à la « bonne gestion de la cohabitation » et à une « volonté devenue commune au service de l'Europe » l'accord finalement obtenu en février 1988 à Bruxelles sur le « paquet » de mesures indispensables à la bonne marche de la Communauté jusqu'à l'ouverture du Grand Marché.

Le Grand Marché ! C'est en effet la perspective qu'offre le Président aux Français dans sa lettre. Nous sommes en 1988. La décision a été prise trois ans plus tôt et il reste moins de cinq ans avant l'échéance. L'Europe que présente François Mitterrand n'est pas conflictuelle, ni sujette à polémiques. Elle avance. Trop lentement, car « faire vivre ensemble douze pays que l'Histoire a souvent divisés, parfois cruellement, exige une attention de chaque instant : mais elle avance. Elle est déjà la première puissance commerciale au monde[1] ». Elle pourrait, « si elle le voulait, devenir la première puissance scientifique et technologique, la première puissance agricole, et disputer au Japon et aux États-Unis le titre de première puissance industrielle. L'écu, sa monnaie, pour peu que les Européens s'y décident, constituera avec le dollar et le yen l'un des trois pôles du nouvel ordre monétaire ». Tout en déclinant ces thèmes, il y ajoute un appel à l'« unité politique » : « Oui, l'Europe se fera par elle-même – ou jamais[2]. »

Texte frappant, un peu plus de un an avant les débuts de la réunification allemande, trois ans et demi avant le Conseil de Maastricht. Le Président ne s'adresse qu'à ceux qui trouvent la construction européenne trop lente et leur dit : « l'Europe, une idée qui va son chemin grâce à mes efforts ». Il présente le projet de constitution

1. C'est vrai par addition des performances nationales, pas par volonté ni projet de puissance.

2. La traduction exacte de l'appel de Charles Albert, roi de Piémont, aux Italiens, le 23 mars 1948 : « *Italia farà da se* », aurait donné : « l'Europe se fera d'elle-même ». Mais le Président a jugé que la formule aurait gommé la dimension volontariste de la démarche.

d'une puissance européenne comme l'objectif évident de tous et de toutes. À cette date, les eurosceptiques – qui s'ignorent ou ne s'expriment pas – ne sont pas une préoccupation pour lui.

Le moteur franco-allemand

Au cours de ces années qui séparent le Conseil européen refondateur de Fontainebleau en 1984 de la réélection de François Mitterrand en 1988, l'entente franco-allemande, à la fois condition *sine qua non*, moteur et bénéficiaire de la construction européenne, est décisive à chaque étape, à chaque Conseil : Dublin, Bruxelles, Milan, Luxembourg, La Haye, Londres, Copenhague, Bruxelles encore. À force d'entretiens et de travail en commun, la relation Mitterrand-Kohl, déjà très forte, devient plus personnelle, plus dense. Elle commence à prendre son sens véritable.

Mais ces années sont aussi marquées, sur le plan franco-allemand, par l'omniprésence des questions de défense et de sécurité, en raison des exigences nouvelles des Allemands, du fait de la « cohabitation » en France, ou encore de l'arrivée de Gorbatchev au pouvoir.

1984 n'est pas seulement l'année de Fontainebleau. C'est aussi celle de Verdun où, le 22 septembre, le Président, au moment le plus intense de la cérémonie de commémoration, prend spontanément la main du chancelier allemand : impérissable image de deux silhouettes sombres et figées, trempées par la pluie, implorant le pardon d'un peuple de jeunes morts couchés dans la boue, rejetant les fatalités de l'Histoire de toute la masse tendue de leurs volontés.

1984 voit aussi, comme chaque année, les hauts et les bas de la relation franco-allemande : les Allemands commencent à demander à en savoir plus à propos de l'usage du Pluton, missile nucléaire français qui, du fait de sa courte portée (120 km)[1], tomberait éventuellement sur leur territoire ; nous ne parvenons pas à obtenir leur accord sur une politique spatiale d'observation et de communication. Plus largement, ils nous font défaut sur les projets spatiaux ou sur l'IDS, de peur de déplaire aux Américains ; le déficit commercial français avec l'Allemagne s'aggrave ; enfin, celle-ci

1. Les Allemands détestent les armes nucléaires à courte portée entreposées chez eux ou qui exploseraient sur leur sol. Dès le début des années 1980, Manfred Wörner avait fait part de ce souci à son homologue français Charles Hernu.

est blessée de voir les Alliés célébrer en Normandie sans elle le 40e anniversaire du Débarquement. En fait, elle sait qu'elle n'y a pas sa place, mais, en leur for intérieur, les Allemands auraient voulu que ces commémorations, quarante ans après la fin de la guerre, laissent place à des fêtes œcuméniques de réconciliation[1]. Dénominateur commun de ces attitudes : une affirmation régulière de l'Allemagne alors même que *personne* n'imagine que la réunification sera faite cinq ans plus tard.

L'année 1985 est marquée par la décision de principe de construire en commun un hélicoptère franco-allemand ; mais aussi par le pénible sommet des Sept à Bonn où François Mitterrand se retrouve seul, sans même l'appui d'Helmut Kohl, hôte de la réunion, pour résister encore une fois à la pression de Ronald Reagan sur le GATT et l'IDS, ce que compense mal l'approbation allemande du projet Eurêka obtenue par Roland Dumas, nouveau ministre des Affaires étrangères, auprès de H.D. Genscher.

Les Allemands continuent de nous presser d'accepter, pour l'usage éventuel des Pluton, des procédures de consultation – en fait, des restrictions – analogues à celles établies au sein de l'OTAN entre les responsables de Bonn d'un côté, les Britanniques et les Américains de l'autre. Il est vrai que le territoire de la République fédérale est alors encore truffé d'armes nucléaires de l'OTAN à courte et très courte portée, et qu'en cas de guerre c'est lui qui serait dévasté en premier lieu. Mais François Mitterrand, pour qui la stratégie de dissuasion a précisément pour objet d'empêcher la guerre d'éclater, pense que quelques malheureux Pluton français ne sont rien à côté des milliers d'armes nucléaires déployées en Allemagne sous contrôle américain ou britannique. Cependant, par esprit de clarification, il a déjà fait débaptiser les Pluton et les futurs Hadès qui, de « tactiques », sont devenus « préstratégiques[2] ». Pour la cause franco-allemande, il est prêt à aller plus loin.

Pour sa part, Helmut Kohl préfère tenter sa chance avec François Mitterrand, qu'il connaît maintenant fort bien, avant les élections législatives de mars 1986 plutôt qu'après… Dans ce but, début février, l'inspecteur général de l'armée allemande[3], le général

1. Sur les plages du Débarquement, le Président parle du nazisme comme de « l'idéologie qui s'est emparée [de l'Allemagne] » ; la question resurgira, plus vive, en juin 1994.
2. Voir ci-dessus, « Mitterrand stratège », p. 237.
3. Il n'y a pas de chef d'état-major dans la Bundeswehr.

Altenburg, révèle au général Saulnier, chef d'état-major particulier (l'« EMP ») du Président, les procédures de consultation qu'ont acceptées Anglais et Américains. Ceux-ci se sont engagés à *informer* le Chancelier, le cas échéant, de leur *intention* de recourir à l'arme nucléaire tactique (terme adéquat dans leur cas). Le 19 février, Altenburg nous transmet une proposition allemande : consultation avant tout emploi d'armes nucléaires françaises si ce recours affecte directement les intérêts vitaux de la RFA. Le général Saulnier en réfère au Président : celui-ci répond qu'il pourrait accepter l'idée d'une *consultation*, s'il est bien clair qu'il ne s'agit pas d'une *codécision*.

Cette question de sécurité et de souveraineté est vraiment devenue majeure pour Bonn. Les tractations finales ont lieu à Paris, à l'hôtel Marigny[1], le 27 février. François Mitterrand déclare explicitement à Helmut Kohl qu'il ne peut accepter une *codécision* – celle-ci ruinerait la vraisemblance de la dissuasion qui suppose, pour être crédible, un décideur, ou plutôt un « dissuadeur » *unique* –, mais qu'une *consultation* serait envisageable si le territoire allemand venait à être concerné, et à condition toutefois qu'elle puisse être très rapide. Nous proposons alors le texte suivant (que le Chancelier accepte) :

> Dans les limites qu'impose l'extrême rapidité de telles décisions, le président de la République se déclare disposé à consulter le chancelier de la RFA sur l'emploi éventuel de l'arme préstratégique française sur le sol allemand. Il rappelle qu'en cette matière la décision ne peut être partagée.

Sur le plan pratique, nous décidons avec les Allemands d'installer de nouvelles liaisons plus rapides (des télex protégés) afin de permettre une consultation immédiate et sûre en temps de crise.

Pendant les discussions, Genscher a insisté pour que le texte dise bien « sur le sol allemand », et non « sur le sol de la RFA ». Ainsi, étape après étape, la RFA est de moins en moins objet, de plus en plus sujet de la politique internationale. La réunification est au centre des pensées des dirigeants de Bonn depuis l'Ostpolitik de Willy Brandt, peut-être même depuis le premier jour de la division. Comment pourrait-il en être autrement ?

1. Ancien hôtel Rothschild, devenu résidence des hôtes officiels depuis Valéry Giscard d'Estaing, situé à proximité immédiate de l'Élysée, rue Marigny.

Intellectuellement et « patriotiquement », François Mitterrand le comprend. Sans penser alors qu'il en verra l'aboutissement, il accompagne ce lent mouvement par des gestes de bonne volonté. Et, parce qu'une telle perspective se prépare de longue date, il veut tout à la fois une France plus forte, et que l'avènement d'une Allemagne renforcée s'inscrive dans une coopération franco-allemande plus étroite et une Europe plus puissante. Voilà ce à quoi tend toute son action depuis le déblocage de Fontainebleau en juin 1984.

Quand, au début de 1986, le président français publie un recueil de ses discours de politique étrangère sous le titre *Réflexions sur la politique extérieure de la France*, il consacre aux rapports avec l'Allemagne sept pages de sa longue préface dans lesquelles il constate et décrit plus qu'il ne prévoit ou prescrit : « L'Allemagne n'a pas, ne peut pas et ne veut pas avoir l'arme nucléaire ; elle paie ainsi au prix fort les guerres perdues du XXe siècle ; elle ne s'amarrera pas à l'Europe occidentale si c'est contre l'unité allemande » ; mais, conclut-il, « la France et l'Allemagne ont une communauté de destin ».

Ce n'est pas dans ce texte, beaucoup plus consacré aux grandes controverses stratégiques du moment, qu'il définit l'ensemble de sa politique allemande. Mais, même dans *De l'Allemagne, de la France*, paru après sa mort, en 1996, qui traite surtout de la réunification, soit d'une année et demie sur quatorze, le fera-t-il jamais ? On juge les intentions des hommes d'État à leurs actes. Lui-même mène de bout en bout une politique précise, très maîtrisée, très réfléchie, et s'adresse à maintes reprises aux Allemands : à l'Übersee-Club, au Bundestag, à Berlin en octobre 1984, pendant ses voyages en RFA en 1987, comme il le fera dans les nouveaux *Länder* en 1991, à la presse et à diverses chaînes de télévision allemandes, à Berlin encore une dernière fois en mai 1995. Mais tact, prudence, souci de ménager les étapes, conviction qu'il vaut mieux faire que dire et que cela risque d'aller moins bien en le disant, bonne perception des fantasmes toujours sous-jacents de part et d'autre du Rhin : il ne brosse jamais un tableau général de sa politique allemande. Pendant douze années sur quatorze, cette discrétion fait merveille. Pendant deux années – 1989-1990 –, elle suscite un malaise ; ce qu'il dit alors d'incontestable, par bribes, n'est pas entendu. Une exception, cependant : l'interview éclairante qu'il acceptera d'accorder à *L'Express* – mais seulement en juillet 1994, soit quatre ans après la réunification, et à dix mois de la fin de son mandat – sur « L'Allemagne et nous ».

Ces années 1980 le montrent bien, les deux pays sont amenés à discuter simultanément et à négocier sur le fond et la forme de nombreuses questions où une unité de manœuvre leur paraît souhaitable : bilatérales, questions européennes, ou multilatérales ; ils sont *à la fois* d'accord sur plusieurs sujets et en désaccord sur divers autres. D'où le danger qu'il y aurait à vouloir caractériser de façon simpliste « les » relations franco-allemandes à un moment donné. C'est aussi pendant ces années que notre relation avec les collaborateurs du Chancelier devient quotidienne, confiante, organique.

Sous la première cohabitation, les relations franco-allemandes sont marquées par les initiatives stratégiques Reagan/Gorbatchev et par leurs répercussions politiques à Paris et Bonn.

À partir de leur rencontre du 12 octobre 1986 à Reykjavik, Ronald Reagan et Mikhaïl Gorbatchev s'engagent en effet dans une véritable *réduction* et non plus dans une simple *limitation* des armements[1]. *A priori*, chacun en Europe devrait souhaiter ce désarmement dès lors qu'il est équilibré et contrôlé. La question se révèle néanmoins plus compliquée : la France, dont la sécurité repose en dernière instance sur la dissuasion nucléaire, se méfie des élans anti-nucléaires par lesquels le président Reagan se laisse régulièrement emporter depuis 1983. Là-dessus, Jacques Chirac et François Mitterrand sont bien d'accord. Bien sûr, cela inquiète moins les responsables allemands ! Mais la volonté de Reagan et de Gorbatchev de mettre ensuite en œuvre les première (armes nucléaires à moyenne portée), deuxième (armes à courte portée) et troisième (armes à très courte portée) « options zéro » en Europe sème la perturbation chez tous ceux qui redoutent la fin de la stratégie de la « riposte graduée », condition nécessaire, selon eux, du « couplage » entre les États-Unis et l'Europe. L'inquiétude mal dissimulée derrière ce jargon est la suivante : cette attitude traduit-elle un « lâchage » américain ? Encore qu'elle ne soit ni fondée ni logique, cette crainte peut se comprendre de la part de la RFA qui, officiellement, se croit protégée depuis 1967 par la « riposte graduée ». Mais se mêle aussi à cette appréhension le désir soudain avoué de garder sous contrôle *allemand* quelques

1. Voir ci-dessus, « Mitterrand stratège », p. 237.

anciens Pershing dits « IA »… La même remarque vaut pour Margaret Thatcher, strictement « otanienne ». Mais pourquoi, comme je l'ai rappelé, Jacques Chirac et certains de ses ministres s'en préoccupent-ils autant, alors que le général de Gaulle a condamné dès l'origine cette stratégie de la « riposte graduée » ; que celle-ci n'a pu être imposée aux autres membres de l'OTAN qu'après le retrait français ; et que la France, sous tous les présidents de la Vᵉ République, a proclamé que sa stratégie restait celle « du faible au fort » ? François Mitterrand est sur ce point le plus cohérent, donc le moins gêné. Il approuve Reagan et Gorbatchev dans leur volonté d'initier un désarmement stratégique comme dans celle de mettre en œuvre les options zéro, il se réjouit ostensiblement de la fin d'une stratégie mauvaise pour l'Europe, mais veille au caractère *équilibré* des accords.

Un des autres grands débats du moment, notamment entre Français et Allemands, porte sur la question de savoir ce que l'on pense de Gorbatchev, s'il faut l'aider et comment. En juin 1986, Helmut Kohl reste sur le reculoir. À François Mitterrand qui lui dit : « Reagan veut épuiser les Russes alors qu'il faut aider Gorbatchev à casser le moule », il réplique : « Je ne suis pas d'accord. Je ne pense pas que Gorbatchev veuille le faire, ni même qu'il le puisse. Il reste un communiste orthodoxe et l'économie de l'URSS n'est pas capable de s'améliorer. »

Les relations franco-allemandes vont leur train sous la « cohabitation » : sommets et rencontres se poursuivent. Le Chancelier voit le Président, et il voit par ailleurs le Premier ministre avec qui il se rend même un jour à Colombey. Il est clair qu'en matière de désarmement et pour tout ce qui concerne l'Europe il préfère s'appuyer sur le premier. Dès 1987, il s'engagera d'ailleurs clairement en sa faveur. Il n'empêche que, sur l'autonomie de la décision nucléaire, François Mitterrand reste rigoureux. Le 8 juillet 1986, parlant à Gorbatchev que l'accord de consultation sur l'arme préstratégique inquiète, il le rassure : « Il n'est pas question de mêler la RFA à la décision et à l'élaboration de la dissuasion nucléaire française. »

Lors des rencontres franco-allemandes, les deux hommes n'abordent pas que les grandes questions. Ainsi, à Heidelberg, le 26 août 1986, Helmut Kohl indique à François Mitterrand qu'il aimerait « faire quelque chose » pour Rudolf Hess. Le président français n'est pas choqué ; il trouve lui aussi le châtiment « un peu inhumain », mais pense que les Russes ne voudront rien faire.

La monnaie européenne est presque toujours à l'ordre du jour. À Heidelberg, le Chancelier déclare (trois ans avant la décision de décembre 1989) : « J'ai des problèmes, mais je suis prêt à me faire violer par l'Europe. »

À Francfort, le 27 octobre de la même année, Helmut Kohl revient sur le sujet. Il dit souhaiter préciser la déclaration monétaire de 1983 et « aller plus loin vers l'unité politique de l'Europe ». Ce jour-là, tout comme il le fera de plus en plus souvent dans les années suivantes, il parle beaucoup à François Mitterrand de l'Europe de l'Est : Hongrie, Roumanie (« Le pire c'est la Roumanie, il y a là-bas 200 000 Allemands. On en fait sortir 5 000 par an. Nous les achetons 25 000 marks par personne »), mais au premier chef et de façon particulièrement intéressante de la RDA (nous sommes à trois ans du début du processus de réunification) : « En RDA, l'atmosphère se transforme [...]. Les Russes vont tout faire pour nous séduire. Avant de nous rapprocher d'eux [des Russes et de la RDA], nous avons besoin de renforcer nos relations avec vous. Honecker est très bien pour nous. Ulbricht était cause de tous nos malheurs. Pour nous, une déclaration sur l'unité allemande, que nous signerions à l'Élysée, serait importante. Ensuite, j'irais incognito en RDA, je ne le révélerais qu'après... » Le lendemain, au petit déjeuner, François Mitterrand renchérit : « Développer l'Europe dans de nouveaux domaines en dépassant le noyau initial est absolument essentiel. »

Dans *Verbatim II*, Jacques Attali note, à la date du 17 mars 1987, que Horst Teltschik, son homologue allemand, lui annonce que le Chancelier déclarera le 30 avril suivant à Berlin que sa volonté de dépasser les divisions de l'Europe fait écho à sa volonté de dépasser les divisions de l'Allemagne.

Allemagne/Europe : toute la dialectique des années 1989-1990 se met en place...

À Chambord, le 28 mars, parlant dans le château ou se promenant dans les allées avec le Président, Helmut Kohl se dit inquiet de la stratégie russe ; il le fait dans des termes qui évoquent singulièrement l'inquiétude des Occidentaux vis-à-vis de la RFA au milieu des années 1950, à l'époque des premiers contacts entre Bonn et Moscou : « Si Gorbatchev reste, ce que personne ne peut prévoir, il aura l'idée de venir parler de neutralisation en Allemagne. La meilleure façon de résister à cette tentation pacifiste sera un accord franco-allemand, car les intellectuels allemands sont pour la neutralisation [...]. Pour ce qui est du problème de l'unité allemande, de toute façon l'Allemagne de Bismarck ne reviendra jamais ! C'est une erreur que l'Allemagne a commise depuis cent ans [...]. Les Allemands ont toujours été réputés pour leur efficacité économique et leur bêtise politique... »

Rencontre après rencontre, la question de l'unité allemande devient ainsi un sujet d'entretien régulier, au même titre que la situation intérieure en France ou en Allemagne, la position des Américains et des Russes, les évolutions qui se dessinent en Europe de l'Est (point fait par le Chancelier), celles qui affectent le monde arabe et l'Afrique (questions posées par le Chancelier), l'histoire de la Seconde Guerre mondiale (qui passionne les deux hommes), les crises du moment. Je ne me rappelle pas que cette évocation nous ait jamais étonnés, encore moins inquiétés. Après la rencontre de Chambord, François Mitterrand nous dit : « Kohl est un homme remarquable. Les médias le sous-estiment. C'est le meilleur chancelier possible pour construire l'Europe. » En cette année 1987, ses conversations, les livres qu'il emporte avec lui en avion ou en hélicoptère où il lit dès qu'il a un instant en témoignent : il se replonge dans l'histoire allemande des XIXe et XXe siècles, à commencer par celle de la Prusse.

Le 6 avril, Horst Teltschik se réjouit devant Jacques Attali : « C'est la première fois que les Soviétiques considèrent les Pershing IA comme des missiles allemands ! Pour nous Allemands, c'est une grande victoire que d'être considérés comme “propriétaires de missiles” ! » Pourtant, ces vieux missiles sont déjà des archaïsmes stratégiques voués à disparaître, comme les autres ! À la même époque, le Chancelier, qui veut à la fois obtenir « quelque chose de plus » du Président et l'aider (c'est la « cohabitation »), prône une coopération militaire franco-allemande – la France se spécialiserait dans l'action rapide, l'Allemagne dans l'équipement lourd – et des actions diplomatiques conjointes. Pourquoi pas ?

Sur ces entrefaites, Mikhaïl Gorbatchev propose la deuxième option zéro le 9 avril, et la troisième le 14 avril 1987. François Mitterrand s'y montre immédiatement favorable et impose ses vues au gouvernement français en dépit de l'émoi de ce dernier. Les Allemands s'adaptent d'autant plus vite à la nouvelle réalité stratégique qu'elle leur « donne de l'air », puisqu'ils étaient contraints jusque-là par la protection américaine autant que par la menace soviétique. Les esprits évoluent. Au Conseil des ministres du 13 mai, le Président reconnaît que « la souveraineté des quatre puissances sur Berlin est une fiction. L'évolution est inévitable, mais sera délicate ». Lors de ce Conseil, Jean-Bernard Raimond se dit très préoccupé par « le caractère démoniaque de l'idée de réunification de l'Allemagne lancée par Gorbatchev et poussée par Genscher ». Il s'agit en fait d'une proposition soviéto-est-allemande de corridor dénucléarisé entre les deux Allemagnes. Le Président lui répond : « Un jour ou l'autre, je ne sais pas quand, un gouvernement français sera placé devant le coup de théâtre d'une proposition de ce type. »

Au printemps 1987, donc, Jean-Bernard Raimond comme François Mitterrand et même Helmut Kohl s'attendent encore au « coup » soviétique sur l'Allemagne redouté depuis trente ans par les Occidentaux : réunification contre neutralisation.

Le sommet de Venise des 8 et 9 juin 1987 est l'occasion d'un débat sans précédent à ce niveau entre Ronald Reagan, Margaret Thatcher, Helmut Kohl et François Mitterrand sur la stratégie de dissuasion nucléaire de l'Alliance, provoqué par les initiatives Reagan/Gorbatchev qui modifient toutes les données mondiales en décidant de démanteler les armes mises au service de cette stratégie depuis vingt ans ! François Mitterrand stupéfie Margaret Thatcher, qui lui a demandé s'il emploierait l'arme atomique en cas d'attaque des Soviétiques contre Bonn, en lui répondant qu'*il n'en ferait rien*. (Pourquoi diable Margaret Thatcher se pose-t-elle brusquement cette question en 1987, plus qu'elle ne l'a fait en 1981 ?) Et le président français d'expliquer l'évidence : la dissuasion vise précisément à ce que ce genre de situation ne se produise pas. « Si les Soviétiques sont à Bonn, c'est qu'elle a échoué… Alors qu'avec la riposte massive les Soviétiques ne prendront pas le risque d'une guerre. » C'est en cela que la stratégie adoptée par l'Alliance depuis 1967 se révèle détestable : « Votre riposte graduée, élastique, jette-t-il à Reagan, n'est faite que pour vous permettre à vous, Américains, de ne pas intervenir en Europe[1]. »

1. En fait, Reagan n'y peut rien, c'est MacNamara qui a conçu jadis la *flexible response* pour faire face à la vulnérabilité nouvelle des États-Unis dès lors qu'en 1960 les Soviétiques étaient devenus capables d'atteindre avec leurs missiles le territoire américain. D'où l'obstination de De Gaulle et de ses successeurs à avoir une dissuasion autonome et précoce, et une stratégie qui n'ait pas à pâtir des atermoiements d'un allié. À présent, la stratégie de Reagan, c'est plutôt la dénucléarisation ! Il n'empêche : pendant deux décennies, les gentils membres de l'OTAN, Grande-Bretagne en tête, se sont évertués à croire en la fiabilité de

Helmut Kohl ne se « mouille pas » beaucoup ; il conserve la réserve qui sied à un dirigeant allemand d'avant 1990 quand on parle sécurité… Au cours de cet échange, il rappelle simplement, pour ne contredire personne : « La défense de l'Europe, c'est l'affaire de l'Alliance. »

L'échange, et la stupeur qu'il suscite dans un premier temps au sein du cénacle, irritent d'abord François Mitterrand qui nous le relate par le menu durant de longues promenades nocturnes dans les rues de Venise. « Débarrassons-nous de cet énervement en marchant… Regardez ce puits : comme dans *Mort à Venise.* » Puis, avec le temps, cet épisode le ravit. Il s'y référera des années durant comme à la minute de vérité posthume entre alliés sur la stratégie de l'Alliance des années 1967-1989.

François Mitterrand profite de ce sommet de Venise pour proposer au Chancelier un « nouveau traité du type de celui de l'Élysée » ; et il se dit d'accord pour aller « vers l'intégration de nos armées sur des points précis et significatifs ». L'idée progresse : les deux hommes pensent qu'il y a là un domaine où ils disposent d'une vraie autorité et d'une certaine marge de manœuvre par rapport à leurs partenaires européens et aux Américains. Helmut Kohl est même prêt à ce qu'il y ait des « divisions franco-allemandes complètement intégrées ».

Au Conseil européen de Bruxelles, le 30 juin 1987, alors que le désaccord est flagrant entre les gouvernements français et allemand sur la fixation des prix agricoles, François Mitterrand se soucie comme toujours avant tout de préserver la relation entre Paris et Bonn ; il dit à Kohl : « L'échec du sommet – on ne peut encore l'exclure – ne doit pas se cristalliser sur des points qui nous sont communs, afin de ne pas en porter le poids devant l'opinion et dégrader notre relation. » Dans ces cas-là, sa réaction est toujours la même : *noyons notre désaccord dans un accord plus vaste*, propose-t-il au Chancelier.

Le 1er juillet 1987, l'Acte unique entre en vigueur, Jacques Chirac l'ayant finalement fait ratifier par sa majorité. Durant ce mois, les conversations se poursuivent entre l'Élysée et la Chancellerie sur le projet d'unité militaire commune lancé à Venise. Quelle sera sa taille ? et son articulation avec l'UEO ? et de cette dernière avec l'OTAN ?

---

la « riposte graduée » avec la foi du charbonnier. En 1987, ils ne savent plus où ils en sont. Voir à ce sujet, ci-dessus, « Mitterrand stratège », p. 237.

Le 24 juillet suivant, à Bonn, Jacques Attali, le général Forray (chef d'état-major particulier du Président) et moi-même sommes frappés de voir que Horst Teltschik revendique maintenant pour l'Allemagne un véritable droit de regard sur les décisions françaises en matière de frappe nucléaire : « À la suite de l'accord du 28 février 1986, il convient de trouver un accord général sur les conditions de cette consultation, d'établir des directives générales d'emploi et des conditions de consultation, en premier lieu pour les armements préstratégiques. Naturellement, concède-t-il, la décision d'emploi de l'arme nucléaire reste de la compétence souveraine du président de la République française… » Teltschik est-il mandaté pour s'exprimer ainsi ? Dès lors, et au fil des années suivantes, il nous apparaîtra de plus en plus nettement comme un nationaliste allemand, ce qui est bien son droit. Mais, en l'occurrence, il veut trop[1] ! Comme les Allemands nous proposent ce jour-là la création d'un Conseil de défense franco-allemand, Jacques Attali saisit la balle au bond et propose, en retour, un Conseil économique et financier. Des discussions entre l'Élysée et la Chancellerie s'engagent à l'insu du gouvernement français. Mais, le 10 août 1987, François Mitterrand balaie les nouvelles demandes allemandes de consultation sur le nucléaire : « Pas question ! »

Quelques jours plus tard, recevant Felipe González à Latché, il lui dit : « Il faut aller vers une monnaie commune. Le développement de l'écu est capital. Bien sûr, les Allemands résistent. » En ce qui concerne l'unité militaire commune, pour la rendre irréversible, il voudrait l'élargir sans tarder aux Espagnols et aux Italiens : « Aujourd'hui, la RFA désire cet accord, mais demain ? » Il répète : « Mon objectif est d'en finir avec ce que l'on appelle l'Europe de Yalta. C'est important d'offrir une perspective européenne à la RFA. »

Après de nombreuses conversations, compliquées par le jeu de la « cohabitation », le projet de Conseil de défense est bouclé et sa création annoncée à l'issue des spectaculaires manœuvres

---

1. Depuis le 1er juin de cette année, Joachim Bitterlich, diplomate francophone (ancien élève de l'ENA à titre étranger, marié à une Française), membre du cabinet de H.D. Genscher depuis 1985, rejoint l'équipe diplomatique du Chancelier. Il en deviendra le numéro 2 après le départ de Horst Teltschik, puis le numéro 1 après le départ de Peter Hartman. Il jouera un rôle clef et croissant, les années suivantes, dans les relations franco-allemandes et dans la politique européenne.

communes dites « Moineau hardi » (!) en Bavière, le 24 septembre, par Helmut Kohl et François Mitterrand (qui repropose officiellement aux Espagnols et aux Italiens d'y participer).

Le 3 octobre 1987, le Président doit donner un nouveau coup d'arrêt aux conversations sur le nucléaire, car elles se sont poursuivies, en dépit de ses instructions, entre le général Saulnier et l'amiral Wellershoff, l'inspecteur général de la Bundeswehr.

Le 19 octobre, il entame une visite en RFA, la première visite d'État de son septennat (il en fera une autre en 1991 dans les « nouveaux *Länder* », c'est-à-dire l'ex-Allemagne de l'Est), qui le conduit notamment à Bonn, Aix-la-Chapelle et Hanovre. C'est dans cette ville, au dîner au château de Herrenhausen, qu'il évoque pour la première fois en public la vieille dame allemande qui, en avril 1941, a donné du pain au prisonnier de guerre évadé qu'il était. « Beaucoup de faits m'ont ainsi permis d'aimer l'Allemagne », ajoute-t-il. C'est aussi à l'occasion de ce voyage que, par rationalité stratégique et pour apaiser les Allemands – les deux impératifs coïncident –, il fait encore évoluer le concept d'emploi du nucléaire français à courte portée. Il a consacré plusieurs déjeuners, la semaine précédente, à préparer avec nous ce déplacement. De *tactique*, le Pluton est déjà devenu arme *préstratégique d'ultime avertissement*. Mais, se dit le Président, employer le Pluton sur un sol allemand par hypothèse déjà dévasté par la guerre « avertirait » qui, dissuaderait qui ? À leur grande satisfaction, il annonce donc aux Allemands que « l'ultime avertissement ne serait pas nécessairement délivré [c'est le terme militaire consacré] sur le sol allemand[1] ». Pour aller au bout de sa pensée, il lui restera à s'engager publiquement à ne pas tirer du tout sur le sol allemand, puis à remettre en cause le Hadès, enfin à expliquer que toute arme nucléaire peut servir à cet « ultime avertissement », concept qui doit être préservé[2].

Les autres grands thèmes du voyage sont la création du Conseil de défense et du Conseil économique et monétaire, la brigade commune, le TGV Paris-Cologne. Quelques jours plus tard, le 13 novembre, au sommet franco-allemand de Karlsruhe, la création du Conseil de sécurité et de défense et d'une « Commission de coordination économique et financière » est annoncée pour le 22 janvier 1988, date du 25e anniversaire du traité franco-allemand.

---

1. À Jean-Louis Bianco et à moi, il a déclaré : « Je n'en donnerai jamais l'ordre. »
2. Voir ci-dessus, « Mitterrand stratège », p. 237.

Six mois entre la conception et la mise en œuvre : s'agissant de deux grands pays et de domaines aussi délicats, le délai est court ! Décembre et janvier sont consacrés aux dernières mises au point. À la date prévue, à Paris, les deux protocoles sont approuvés, de même qu'est confirmée la constitution d'une brigade franco-allemande, et décidée la création d'un Haut Conseil culturel.

Les responsables des deux pays sentent qu'il faut « aller plus loin » que la mécanique bilatérale franco-allemande issue du traité, et « passer à la vitesse supérieure ». Mais comment dépasser les rapports institutionnels et administratifs, inciter les deux sociétés à se connaître mieux ? Ils espèrent que des institutions nouvelles rapprocheront mentalités et pratiques.

Deux mois plus tard, le 14 mars, à Durbach – les rencontres sont très nombreuses au cours de cette année préprésidentielle –, le Chancelier confie à François Mitterrand, qui en est d'accord, qu'il préférerait que Jacques Delors reste à la tête de la Commission de Bruxelles après le 1er janvier 1989, car, contrairement à ce qu'il avait demandé au Président à Fontainebleau, il ne veut plus de Martin Bangemann pour lui succéder.

Décidément, l'engagement d'Helmut Kohl en faveur de François Mitterrand, à la veille des élections de mai 1988, est spectaculaire…

Sans le savoir, les deux hommes préparent ainsi ensemble les événements des années 1989-1990.

Travail de bénédictins

Le 7 mai 1988, François Mitterrand est réélu à la présidence de la République avec 54,02 % des suffrages exprimés. Le Chancelier, qui s'y attendait et s'y est employé, ne cache pas sa satisfaction. Pourtant, s'il a, durant sa campagne et dans sa *Lettre aux Français*, détaillé les perspectives européennes qu'il propose, le Président n'a pas abordé la question des relations franco-allemandes. Car elle ne se pose pas en tant que telle. Depuis six ans déjà, les rencontres Mitterrand/Kohl – grands sommets ou rencontres informelles – se déroulent à un rythme soutenu : à Paris et à Bonn, bien sûr, mais aussi à Dabo (Moselle), Cologne, Ludwigshafen, Rambouillet, Verdun, Bad Kreuznach, Constance, Strasbourg, Brégançon, Berlin-Ouest, Baden-Baden, Durbach, Karlsruhe, en Bavière, etc. Villes historiques, touristiques, sites politiques, auberges réputées, tout est bon pour illustrer et incarner l'entente et le dialogue continu entre Paris et

Bonn. Une fois le Président réélu, ces rencontres vont se poursuivre au même rythme intense : Évian (2 juin 1988), Hanovre (28 juin 1988), Vézelay (14 octobre 1988), Aix-la-Chapelle (1er novembre 1988), Bonn (3-4 novembre 1988), Rhodes (3 décembre 1988), Günzburg (4 avril 1989), Paris (19-20 avril 1989), Élysée (22 juin 1989), Madrid (27 juin 1989). Les relations Élysée-Chancellerie sont de plus en plus étroites, organiques. Les Conseils de défense économique et monétaire se mettent en place et, à partir du Conseil européen de Hanovre, en juin 1988, les deux pays jouent un rôle moteur dans les préparatifs de mise en œuvre de l'Union économique et monétaire. Lors du 52e Sommet franco-allemand, le 4 novembre 1988, le Président et le Chancelier retiennent l'idée d'une chaîne culturelle commune – qui naîtra le 30 avril 1991 sous le nom d'ARTE. Nul ne s'attend encore à la réunification allemande alors que Gorbatchev est déjà au pouvoir à Moscou depuis trois ans et que tous ses actes donnent à penser que, contrairement à ses prédécesseurs, il n'est pas homme à recourir à la force. Cette politique allemande n'est pas contestée.

En ce qui concerne la construction européenne, au printemps 1988, la France et l'Allemagne se trouvent donc côte à côte pour pousser les feux de l'Europe monétaire. En vue du Grand Marché, l'Allemagne, qui invoque la définition du Marché unique selon l'Acte unique (« libre circulation des hommes, des marchandises et des capitaux ») et s'appuie sur un projet de directive de la Commission, veut en outre la libération des mouvements de capitaux. Nous ne sommes pas en mesure de la refuser : nous serions seuls. Mais nous faisons valoir que la fiscalité de l'épargne devrait pour le moins être harmonisée *au préalable*, afin que des évasions de capitaux ne viennent pas pénaliser les pays dans lesquels cette fiscalité n'est pas systématiquement privilégiée. Là encore, aucun autre État européen ne nous soutiendra, et pas seulement parmi ceux qui vivent de la légèreté de leur fiscalité. Les Européens sont libre-échangistes ; la Commission de la fin des années 1980 brûle elle-même d'un grand zèle libéral qui s'appuie, il est vrai, quoique dans un contexte idéologique et géopolitique bien différent, sur le traité de Rome de 1957 et sur le troc franco-allemand fondateur de la Communauté européenne : Politique agricole commune contre politique de la concurrence. Nous estimons quand même pouvoir nous battre pour que l'harmonisation de la fiscalité de l'épargne soit au moins menée *en parallèle* avec la libération des mouvements de capitaux, ce qui serait à la fois équitable et économiquement intelligent. Le Président le demande clairement à Helmut Kohl lorsqu'il déjeune avec lui à l'hôtel Royal d'Évian, le 2 juin : une fiscalité minimale commune sur les revenus de l'épargne afin d'éviter le *dumping* fiscal, un engagement vers l'Union monétaire pour faire obstacle à la spéculation contre les monnaies. Le Chancelier acquiesce.

Pour ce qui est de Mrs Thatcher, elle refuse en bloc l'Europe monétaire, donc la Banque centrale, et bien sûr l'harmonisation fiscale. Le 13 juin, les douze ministres des Finances se mettent d'accord sur une cote mal taillée : la libération des mouvements de capitaux sera effective au 13 juin 1990 (dans un délai de deux ans). Le Portugal, la Grèce, l'Espagne, l'Irlande bénéficieront d'un délai plus long. Quant à l'harmonisation de la fiscalité de l'épargne, elle fera l'objet d'une proposition de la Commission qui sera présentée au Conseil européen avant la fin de 1988. Hervé Hannoun, alors conseiller économique du Président, souligne à juste titre que c'est « l'harmonisation fiscale qui est l'idée européenne, alors que la libéralisation des capitaux est un processus d'intégration financière mondiale, et non européenne ». En une phrase, tout est dit : Michel Rocard comme Pierre Bérégovoy se montrent très réservés sur cette libéralisation des mouvements de capitaux.

Au Conseil suivant, à Hanovre, les 27 et 28 juin 1988, François Mitterrand redit que « l'harmonisation fiscale n'est pas pour la France un préalable, mais qu'il faut une démarche parallèle ». Margaret Thatcher par idéologie et le Luxembourg par intérêt[1] y sont hostiles. Helmut Kohl s'efforce apparemment de ménager la France, mais les libéraux de sa coalition ont fait de ce sujet, ce qu'il ne prévoyait pas, un *casus belli*. Du coup, il impose en fait son propre calendrier pour la seule libéralisation des capitaux, et rompt le lien entre libération et harmonisation. De son côté, François Mitterrand met l'accent sur la dimension sociale de la construction européenne : « L'Europe ne peut se séparer de ses travailleurs. Je ne pourrai pas m'associer si rien n'est fait sur le plan social. » Et, pour faire bon poids, il propose par ailleurs un projet « Eurêka audiovisuel » : « C'est par là [par les images] que l'idée européenne se définit. »

1. La fiscalité luxembourgeoise sur les revenus de l'épargne est très faible ; le Luxembourg tire une partie de ses revenus de l'épargne qu'il attire ainsi.

Le Conseil de Hanovre se déclare d'accord pour examiner plus à fond ce dernier projet. Surtout, sur la proposition d'Helmut Kohl, il décide qu'un rapport sur l'Union économique et monétaire sera présenté au Conseil de Madrid, en juin 1989, par un comité comprenant les gouverneurs des Banques centrales et trois personnalités désignées par les chefs d'État et de gouvernement, conformément à la suggestion de Jacques Delors. Ce seront le comité et le rapport Delors. Mais, sur l'harmonisation fiscale, nous devons attendre les propositions de la Commission, malheureusement embourbées en raison de l'opposition britannique et luxembourgeoise.

De rapport en comité, de comité en Conseil, le travail se poursuit. Le Conseil européen suivant, sous présidence grecque, se réunit à Rhodes les 2 et 3 décembre 1988. Dans la pittoresque cité de la mer Égée, le Président revient sur l'harmonisation de la fiscalité de l'épargne, inséparable, répète-t-il, de la libération des mouvements de capitaux ; il redit par ailleurs qu'il serait inacceptable pour la France que soit remise en cause l'installation à Strasbourg du Parlement européen. Et il présente huit exemples de ce qui pourrait être fait dans le cadre d'« Eurêka audiovisuel », ce qui convainc le Conseil de convoquer des Assises de l'audiovisuel, à Paris, en 1989, pendant la présidence française.

Pourtant, début 1989, Margaret Thatcher reste toujours aussi opposée à tout ce qui mijote dans la marmite communautaire : l'Union économique et monétaire, la mise en cause du taux zéro de TVA, une régulation sociale. Vus de Paris ou de Bonn, les progrès semblent lents ; mais l'hostilité de Londres nous prouve *a contrario* que nous avançons ! Le Premier ministre britannique refuse d'ailleurs tout autant l'entrée de la livre dans le SME. À l'inverse, pour François Mitterrand, « tout doit avancer du même pas ».

En février 1989, la Commission propose en matière de fiscalité de l'épargne une retenue à la source de 15 %. Le Luxembourg, mais aussi le Royaume-Uni et le Danemark, et même le nouveau ministre allemand des Finances, qui raisonne marché mondial des capitaux, Theo Waigel, s'y opposent ouvertement ! La Commission se rabat sur l'étude d'une harmonisation de la TVA et sur les moyens de lutter de manière accrue contre la fraude… Helmut Kohl nous a laissés tomber. La libération des mouvements de capitaux va entrer dans les faits sans contrepartie fiscale, avec pour seule promesse celle concernant l'Union économique et monétaire.

Le 17 avril 1989, le rapport de Jacques Delors sur l'Union économique et monétaire est rendu public. Il prévoit trois étapes ; seul le début de la première est daté :

1re étape : elle commencerait au 1er juillet 1990, lors de la libération des mouvements de capitaux. Règles de change identiques, toutes les monnaies étant dans le SME ; renforcement des compétences des gouverneurs des Banques centrales, convergence accrue des politiques économiques.

2e étape : mise en place (non datée) d'une Banque centrale européenne, centre de décision et institut communautaire indépendant.

3e étape : monnaie unique (l'écu), et compétence de la Communauté en matière économique et monétaire. Aucune date n'est fixée.

Le 27 avril, le chancelier Kohl annonce au Bundestag la suppression de la retenue à la source de 10 % instituée en janvier sur les revenus de l'épargne. C'est un mauvais coup supplémentaire porté à l'harmonisation fiscale, qui confirme la profonde divergence de vues franco-allemande sur le sujet. Un cas de lâchage allemand qui restera unique au cours de cette période.

Le travail de bénédictins se poursuit. Le 21 mai, les ministres des Finances se mettent d'accord sur la date d'échéance de la première étape de l'Union économique et monétaire, et pour convoquer une conférence intergouvernementale chargée de définir les étapes suivantes sur la base du rapport Delors. Les choses progressent dans le sens que nous souhaitons. Mais c'est au Conseil européen de décider. Or, le chancelier Kohl reste réticent sur le principe d'une conférence intergouvernementale sur l'Union économique et monétaire, l'opinion publique allemande y étant, selon lui, peu favorable. Le débat se resserre. Le Président garde son cap.

À Madrid, les 26 et 27 juin 1989, les Douze ne parviennent pas à se mettre d'accord sur les deux phases ultérieures, car Helmut Kohl tergiverse :

> FRANÇOIS MITTERRAND : Il faut vous engager sur l'Union monétaire…
> HELMUT KOHL : L'abandon du mark est un gros sacrifice pour les Allemands. L'opinion n'y est pas encore prête !
> FRANÇOIS MITTERRAND : Je le sais, mais faites-le ! L'opinion européenne attend. Vous allez vers l'unité allemande[1]. Il faut que vous démontriez que vous continuez à croire en l'Europe.

---

1. Il tient ces propos en juin 1989. En avril, un sondage a pourtant montré que près de la moitié des Allemands de l'Ouest sont partisans d'abandonner

Finalement, le Chancelier accepte en principe qu'une conférence intergouvernementale fixe les étapes suivantes. Un compromis est trouvé. Les Douze décident de « réaliser les travaux préparatoires en vue de réunir une conférence intergouvernementale pour établir les étapes ultérieures. Cette conférence se réunira une fois que la première étape aura commencé ; elle sera précédée par une préparation complète et adéquate » (ces derniers mots sont appelés à jouer un rôle important dans les mois suivants). La Grande-Bretagne s'y résigne, mais cherchera à en retarder l'ouverture.

Certains jours, à force de réunions, cette progression laborieuse nous évoque le paradoxe de Zénon d'Élée : la flèche n'atteint jamais sa cible, car elle doit parcourir d'abord la moitié de la distance, puis la moitié de celle qui reste, puis encore la moitié, et ainsi de suite à l'infini… Les Conseils européens succèdent aux Conseils européens, se ressemblant sans se ressembler, et pourtant l'Europe avance. Mais au prix de quelle concentration d'énergie, de quelle obstination ! En fait, seule la relance européenne impulsée par le président français et le Chancelier à la faveur de la réunification allemande pourra, six mois plus tard, à Strasbourg, surmonter vraiment ce blocage.

Le 1er juillet 1989, pour la deuxième fois depuis 1981, il revient à la France de prendre la présidence semestrielle du Conseil européen. Nous sommes bien décidés à faire aboutir ces travaux préparatoires qui n'en finissent pas… de préparer ! Depuis qu'elle est en charge des affaires européennes à l'Élysée, Élisabeth Guigou a mis en place et animé un petit groupe – avec notamment Jean-Claude Trichet, Pierre de Boissieu et Bernard Kessedjian – qui a réfléchi à cette future présidence française. Les priorités françaises sont : 1) fixer des dates précises pour l'ouverture de la conférence intergouvernementale sur l'Union économique et monétaire ; 2) faire adopter une Charte sociale ; 3) mettre en place « Eurêka audiovisuel ».

Dès le 17 juillet, pour ne pas perdre de temps, est décidée la création, pour préparer la future CIG (conférence intergouvernementale), d'un « groupe de haut niveau » composé de représentants des ministres des Affaires étrangères, d'une part, des

---

toute prétention à la réunification. Cité par André Fontaine dans *Le Monde*, 23 mai 1996.

ministres des Finances, d'autre part. Pour la France, Roland Dumas désigne Pierre de Boissieu, Pierre Bérégovoy, Jean-Claude Trichet, et le Président nomme présidente Élisabeth Guigou sur proposition conjointe – fait rarissime – des deux ministres. Il attend de ce groupe, vite appelé « groupe Guigou », une liste détaillée des questions à faire trancher par la conférence intergouvernementale de façon à éviter que celle-ci, du fait de la tactique dilatoire de certains de ses membres, ne transmette au Conseil européen des propositions trop vagues, et lui laisse ainsi trop d'échappatoires.

François Mitterrand met les points sur les *i*, le 27 juillet, en déclarant au *Nouvel Observateur* que « l'Union économique et monétaire est le passage obligé vers l'Europe politique », choix et chronologie qui engagent toute sa politique européenne. Il fait remarquer que la Grande-Bretagne était déjà hostile aux Conseils européens de Fontainebleau, Milan et Luxembourg, et qu'elle a fini, chaque fois, par se rallier au mouvement général. Il laisse délibérément planer la menace d'un traité à onze. Et quand il revoit Mrs Thatcher à Chequers, résidence des Premiers ministres britanniques, il la prévient que le groupe de représentants personnels – au principe duquel elle demeure opposée – se réunira à onze, s'il le faut. Il lui confirme au surplus sa volonté de faire adopter la Charte sociale.

En ce second semestre 1989, plus les changements se précipitent à l'Est, plus le Président est tendu vers son objectif européen.

DE LA CHUTE DU MUR AU TRAITÉ DE MAASTRICHT[1]

Déjà, en cet été 1989, l'Est bouge. Mais au « sommet de l'Arche », à la mi-juillet, les Sept ne débattent de l'aide à l'URSS et aux pays d'Europe de l'Est qu'en termes classiques. Lentement mais sûrement, ce sujet s'installe – il y est toujours – au centre des préoccupations occidentales. À l'Arche, la question est de savoir si cette aide doit être coordonnée par la Commission ou par la Banque mondiale. Sur proposition de George Bush, geste que nous apprécions, ce sera la Commission. Fait notable, la réunification allemande n'est abordée par aucun des Sept, si ce n'est pendant le *small talk*, un verre à la main, avant les dîners. Le *sherpa* américain confie à Jacques Attali qu'il prévoit la fin de Yalta pour « dans quinze ans[2] ».

François Mitterrand, lui, aborde pourtant la question peu après de manière directe, le 27 juillet, dans son interview au *Nouvel Observateur* et à quatre autres journaux européens :

> FRANÇOIS MITTERRAND : Réunifier l'Allemagne est la préoccupation de tous les Allemands. C'est assez compréhensible. Ce problème, posé depuis quarante-cinq ans, gagne en importance à mesure que

---

1. Dans Hubert Védrine, *Les Mondes de François Mitterrand*, © Librairie Arthème Fayard, 1996, 2016, chap. XIII.

2. Ce sommet de l'Arche [15e sommet des pays industrialisés, Paris, Arche de la Défense, 16 juillet 1989. (NdÉ)], le plus productif et le plus utile selon Jacques Attali de ceux auxquels il a participé, donne aussi l'impulsion, ou sa caution, au traitement du problème du climat (qui sera examiné aux sommets de La Haye et de Rio), aux travaux contre les crues au Bangladesh, à la création de Tracfin (contre le trafic de drogue), à l'allégement de la dette des pays à revenu intermédiaire.

l'Allemagne prend du poids : dans la vie économique, c'est fait ; dans la vie politique, c'est en train de se faire [...]. L'aspiration des Allemands à l'unité me paraît légitime ; mais elle ne peut se réaliser que pacifiquement et démocratiquement... Il est juste que les Allemands aient la liberté de choix. Mais le consentement mutuel entre l'Union soviétique et les puissances de l'Ouest supposera un vrai dialogue.

Craint-il un basculement allemand vers les pays de l'Est ?

FRANÇOIS MITTERRAND : Je ne le pense pas. Que l'Allemagne fédérale veuille entretenir de meilleures relations avec l'Union soviétique et les pays qui l'entourent, qui s'en étonnera ? La géographie et l'histoire l'y poussent. Je ne vois pas là matière à scandale. L'Allemagne n'a pas intérêt à renverser ses alliances ni à sacrifier sa politique européenne pour une réunification à laquelle l'URSS n'est pas prête ! Elle n'en a pas l'intention non plus, du moins je le crois...

Pas plus qu'aucun autre responsable français, allemand ou autre, François Mitterrand ne s'attend encore, en juillet 1989, à ce que la réunification se produise à très brève échéance, ni n'imagine que l'URSS puisse la tolérer. Pour l'Occident tout entier, il est entendu depuis près de quarante ans que le seul vrai *casus belli* en Europe serait précisément la réunification allemande.

Pourtant, toute la politique que François Mitterrand va mettre en œuvre à l'égard de la réunification allemande au cours des mois suivants est déjà présente dans ces déclarations : légitimité de l'objectif, obligation de respecter dans sa mise en œuvre un processus pacifique (tenir compte des alliances et de l'Europe) et démocratique (consultation des populations), prise en compte des droits des voisins et partenaires. Sans doute, parce qu'il n'y a pas plusieurs politiques françaises concevables sur ce sujet, la position de François Mitterrand est extrêmement proche des quatre conditions posées jadis à la Boisserie par le général de Gaulle à Konrad Adenauer pour une aide de la France au relèvement de l'Allemagne : « *Acceptation des faits accomplis pour ce qui est des frontières ; attitude de bonne volonté pour les rapports avec l'Est ; renoncement complet aux armements atomiques ; patience à toute épreuve pour la réunification*[1]. »

Mais, à la fin des années 1980, la patience des Allemands touche à sa fin...

1. *Mémoires d'espoir*, Plon, 1970, t. I, p. 187.

S'agissant de la réunification, une des questions les plus importantes qu'il ait eu à traiter durant ces quatorze années, la position du Président va être dictée par le réalisme : alors que tant de commentateurs français vont bientôt estimer sur un ton comminatoire qu'il faut être « pour » (la majorité) ou « contre » (une minorité) et stigmatiser ceux qui ne partagent pas leur opinion, il ne perdra pas de temps à se demander s'il approuve (c'est un fait, et les faits se passent d'approbation), encore moins s'il désapprouve (au nom de quoi ? à quoi bon ?), *mais ce qu'il doit faire*. En tout cas, il n'aborde par le problème avec inquiétude. Dans les mois qui suivent, nous allons souvent l'entendre s'exclamer, ou conclure des conversations en disant : « La France en a vu d'autres ! Elle survivra toujours. Croyez-vous que c'était plus facile pour François Ier, le face-à-face avec Charles Quint ? Cela fait un millier d'années que nous vivons à côté des Allemands, plus nombreux. On s'est toujours tirés d'affaire ! » Mais il faudrait plus que de telles pirouettes pour apaiser les angoisses ancestrales de l'opinion…

Sa réponse à la question classique : « Que faire ? » – en l'occurrence, que faire face à la réunification ? – va consister à accompagner le mouvement tout en cherchant à en maîtriser au mieux les aspects éventuellement déstabilisants pour la France, pour la relation franco-allemande, pour la paix en Europe, pour la construction européenne et pour la situation en URSS (que Mikhaïl Gorbatchev puisse poursuivre sa politique est primordial à ses yeux). Cela va l'amener à se concentrer 1) sur la relance européenne ; 2) sur la confirmation de la frontière germano-polonaise. Sans oublier la confirmation de la renonciation par l'Allemagne à l'arme nucléaire. La question de la survie de l'OTAN le préoccupera beaucoup moins, alors qu'elle sera obsédante pour George Bush, ce qui expliquera certaines dissonances entre eux deux.

François Mitterrand va tirer pendant ces mois déterminants le meilleur parti des fortes relations personnelles qu'il a patiemment tissées avec Helmut Kohl depuis sept ans, au fil d'une quarantaine d'entretiens, sans compter les messages, les correspondances, les conversations téléphoniques, les contacts entre collaborateurs. Phénomène marquant : une grande continuité a régné, à la présidence de la République comme à la chancellerie fédérale, pendant ces longues années, au sein des équipes chargées des questions internationales et européennes, permettant que se nouent entre elles des relations personnelles fortes, presque quotidiennes, et que s'effectuent des passages de relais harmonieux. De 1982 à 1989, comme cela sera le cas jusqu'en 1995, Horst Teltschik, Ludwig Peter Hartman, Joachim Bitterlich, Jean-Louis Bianco, Jacques Attali, Élisabeth Guigou, Caroline de Margerie, Loïc Hennekinne, Jean Vidal, Pierre Morel, Jean Musitelli, Thierry Bert, Anne Lauvergeon et moi aurons géré les relations franco-allemandes au sommet, nous transmettant consignes et visions d'avenir. Des habitudes de travail en commun, une mentalité partagée se sont forgées là en même temps que se développaient et s'exprimaient un respect du partenaire et une meilleure compréhension de son approche, de sa marge de manœuvre, de ses possibilités. Alors qu'en règle générale les « élites » françaises connaissent beaucoup plus mal l'Allemagne que leurs homologues allemandes ne connaissent la France[1], ces liens se révèlent on ne peut plus précieux au cours de cette période.

Bref, longtemps impensable, la réunification allemande se réalise sans drame en l'espace de quatorze mois, de la fuite des Allemands de l'Est en août 1989 jusqu'à la réunification officielle proclamée le 3 octobre 1990 (encore moins si l'on prend comme point de départ la chute du Mur, le 9 novembre 1989, et si l'on se rappelle que tout fut réglé dès juillet 1990). Cette année exceptionnelle voit les différents problèmes inhérents à cette réunification abordés et résolus les uns après les autres, le rôle principal étant joué selon les moments et les sujets par Mikhaïl Gorbatchev, Helmut Kohl, George Bush ou François Mitterrand. Au total, contrairement à une croyance répandue en France, ce changement considérable, qui aurait pu avoir des conséquences dévastatrices, est « géré » au mieux avec une extraordinaire intelligence collective de la part des principaux leaders. Comment cela s'est-il passé ?

1. De moins en moins de germanistes parmi les élèves et étudiants français, peu de journalistes spécialisés, très peu de « spécialistes » en général : qui, à part Alfred Grosser, Joseph Rovan, Anne-Marie Le Gloannec, Jean François-Poncet, Henri Froment-Meurice, Serge Boidevaix, François Scheer, Jean-Paul Picaper, Luc Rosenzweig, Brigitte Stoffaes, Daniel Vernet ?

Les acteurs

Au commencement, il y a Gorbatchev. Sans lui, sans la *glasnost*, sans la proclamation de la *perestroïka*, sans son refus, de plus en plus manifeste à partir de 1987-1988, de défendre par la force les régimes communistes satellites et sa volonté de les contraindre au contraire à évoluer, pas de mouvement des peuples d'Europe de l'Est à l'été 1989, pas de nomination en Pologne d'un Premier ministre issu de Solidarność, pas de chute du Mur, pas de réunification allemande. Naturellement, ce n'était pas son but : tous ses propos publics ou privés des années 1985-1989 attestent qu'il voulait moderniser le communisme et qu'il croyait que c'était encore possible. Sans méconnaître les coups de boutoir déjà infligés au système par le pape et par Lech Walesa, c'est bien lui, et lui seul, qui a mis en branle le mécanisme et en a assumé le premier les conséquences.

En août 1989, les Allemands de l'Est fuient nombreux, *via* l'Autriche, la Hongrie et la Tchécoslovaquie. Le 10 septembre – date historique, quoique éclipsée depuis lors dans l'opinion par celle du 9 novembre –, les autorités hongroises décident *avec l'accord de Gorbatchev* de laisser les réfugiés est-allemands présents en grand nombre sur leur sol gagner *le pays de leur choix* – en clair : la RFA, ce qu'elles avaient d'ailleurs commencé à tolérer dès le mois de mai. Dès lors, la coupure entre les deux Allemagnes n'a plus de réalité.

Voilà pour le rôle d'initiateur de Gorbatchev. François Mitterrand ? Comme je l'ai rappelé, il s'est exprimé très tôt et sans ambiguïté sur le droit des Allemands à la réunification. Mais, à certains moments, il va se montrer plutôt sombre dans ses *commentaires* et pronostics, surtout privés, comme s'il était ressaisi par l'Histoire, toujours, chez lui, source mêlée de fascination, d'immobilité et de prémonitions. Dans ses *actes*, en revanche, il se montrera constamment soucieux de l'avenir et constructif.

Dès le 3 mai 1989, en Conseil, il a averti les ministres : « Que les Allemands veuillent la réunification, c'est parfaitement logique et normal. Il faut que nous prenions en compte dans notre diplomatie ce besoin irrépressible. » Le 20 mai, à Kennebunkport, dans la maison de George Bush au bord de l'océan sur la côte du Maine, il a déclaré à ce dernier : « Si les Allemands la veulent, nous ne nous y opposerons pas. » Le 30 mai, au sommet de l'OTAN, à

Bruxelles, il a souscrit à la formule : « Unité du peuple allemand par libre autodétermination. » Le 27 juillet, on l'a dit, il déclare « légitime » l'aspiration allemande à la réunification. Puis, le 10 octobre, en visite à Caracas, il répète : « C'est une aspiration légitime. Il faut que cela se passe démocratiquement et pacifiquement. » En Conseil, le 18 octobre, devant des ministres aux sentiments mêlés, il se montre plus direct encore : « De toute façon, la France ne serait pas en mesure d'empêcher la réunification si elle se faisait. On ne peut tout de même pas faire la guerre à l'Allemagne pour empêcher la réunification[1]. La seule chose que puisse faire la France, c'est de faire respecter certains principes. La réunification devra se faire de façon démocratique et pacifique. Est-ce que nous avons une politique de rechange ? » Et à Bonn, le 3 novembre, pressé de dire s'il craint une éventuelle réunification, il redit : « Je n'ai pas peur de la réunification[2]. » À l'échelle des siècles, c'est un fataliste confiant.

La polémique franco-française sur l'attitude à adopter vis-à-vis de la réunification est née dès la fin 1989 et s'est perpétuée depuis lors conformément à nos manies, c'est-à-dire en faisant comme si la France était au centre de tout et en prêtant peu d'attention à la politique menée par ses partenaires. Or ces événements sont incompréhensibles si on les considère du seul point de vue égocentrique français.

Rappelons en premier lieu l'attitude allemande. Au cours des années précédentes, Helmut Kohl a tenu des propos changeants sur une éventuelle réunification, tout en se comportant, dès les années 1984-1985, chaque fois qu'il en avait l'occasion – par exemple dans les affaires stratégiques, on l'a vu –, en protecteur des intérêts de l'ensemble des Allemands. La même remarque vaut pour Hans-Dietrich Genscher qui a suivi cette ligne[3] pendant quinze années avec ingéniosité, talent et constance, et pour plusieurs collaborateurs d'Helmut Kohl, notamment Horst Teltschik.

Jusqu'en 1987-1988, le Chancelier a eu l'attitude de quelqu'un qui sait qu'il devra peut-être sacrifier un jour le deutsche mark, symbole de la nouvelle Allemagne démocratique, sur l'autel de

---

1. Démonstration par l'absurde qu'il affectionne face à des gens vraiment émus ou indignés.

2. Sondage BVA *Paris Match* du 15 novembre 1989 : la France doit-elle, selon vous, craindre une réunification de l'Allemagne ? Oui, 28 % ; Non, 60 %.

3. Préfigurée par l'« Ostpolitik » du chancelier Brandt.

l'Europe, mais qui préfère à l'évidence retarder ce sacrifice et l'affrontement avec tous ceux qui s'y opposeront. Pour ce qui est de l'Union politique européenne, il est sur la même longueur d'ondes que son partenaire français. De 1984, date de la relance de l'Europe, à 1989, il fait avancer lentement mais sûrement les deux projets avec son *alter ego* français.

Vis-à-vis de Mikhaïl Gorbatchev, le Chancelier s'est d'abord montré sceptique et méfiant, puis sceptique et attentif, puis amicalement sceptique. À un moment donné, en 1989, il prend conscience que le mouvement lancé par Gorbatchev, et qui est en train d'échapper à ce dernier, va faire de lui, pour peu qu'il sache empoigner la chance par les cheveux et se montrer assez habile, le « Chancelier de la réunification ». Serge Boidevaix, alors ambassadeur de France à Bonn, témoigne : « Au printemps 1989, le Chancelier est préoccupé ; sa cote de popularité tombe [...]. En juin 1989, on parle de crise politique. Puis, soudain, le miracle se produit [...], les Allemands de l'Est commencent à arriver [...]. Le Chancelier sent le vent tourner. Le 11 septembre, au congrès de la CDU, à Brême, M. Kohl est redevenu l'homme politique sûr de lui, le chef incontesté du parti. Face aux sociaux-démocrates, d'ailleurs divisés, qui ne savent plus très bien où ils en sont avec leur politique des petits pas pour le rapprochement avec la RDA, le Chancelier voit la possibilité d'une percée. À Brême, son langage est national, il parle pour l'Allemagne ; il est applaudi ; la course à l'unification est lancée sans que chacun en ait conscience[1]... »

En octobre-novembre 1989, donc, si le Chancelier n'a encore de certitudes ni sur le rythme ni sur le terme de la réunification, pour lui, l'issue ne fait plus de doute. En expert de la politique intérieure allemande, il cherche avant tout dans cette passe difficile à garder les mains libres et à ne se laisser « doubler » ni à droite ni à gauche. S'il présente le 28 novembre, devant le Bundestag, un « plan en dix points », vite rédigé avec ses seuls proches collaborateurs, sans que ni ses ministres ni les dirigeants étrangers en aient eu connaissance à l'avance, ce n'est pas pour accélérer le mouvement ni placer qui que ce soit devant le fait accompli, mais, bien au contraire, pour canaliser un mouvement qu'il craint, s'il ne l'encadre pas, de voir lui échapper. (N'oublions pas que, si Willy Brandt a été fêté à Berlin le 9 novembre, lui-même y a

1. Voir aussi les excellentes pages 226 à 232 et 235 à 250 du chapitre « Truman et Kohl » des *Antiportraits* d'Alain Minc, Gallimard, 1996.

été sifflé le 10.) Qu'y évoque-t-il ? Une aide accrue à la RDA, une « communauté contractuelle » RFA-RDA, la mise en place de structures confédérales, puis d'une fédération. Mais il reste prudent sur le terme ultime de la réunification[1]. Il remplit son rôle de chancelier allemand. Après vingt-quatre heures d'irritation, le président Mitterrand le comprend[2]. Il n'y a rien là de choquant, ni d'aventureux. Fin novembre 1989, la RDA est pour le Chancelier un État allemand déjà sous protectorat, mais qui a encore quelques années devant lui et qu'il faut stabiliser pendant cette transition. Cela explique d'ailleurs que le voyage de François Mitterrand en RDA en décembre, annoncé depuis un an et dont il réapprouve le principe lors du Conseil européen de Strasbourg, ne le gêne pas, contrairement à ce que l'on prétend à Paris, même s'il aurait préféré qu'il ait lieu plus tôt. Et ce ne sont pas les propos très responsables que le Président tient aux derniers dirigeants est-allemands, ni ses déclarations, le 21 décembre, à Leipzig, qui peuvent l'indisposer : « Si le peuple allemand décide l'unité allemande, ce n'est pas la France qui s'y opposera. S'il s'agit des aspirations profondes du peuple allemand, nous, Français, nous devons le comprendre et je choisirai toujours la position de la liberté[3]. »

Encore plus d'Europe

Pendant cette seconde moitié de l'année 1989, alors que les changements prennent de l'ampleur en Europe de l'Est et parce qu'ils se précipitent, François Mitterrand maintient une pression européenne constante sur ses partenaires. Le « groupe Guigou » entame ses travaux le 5 septembre et les bouclera en moins de trois mois. Les Assises européennes de l'audiovisuel que nous avons voulues ont lieu les 30 septembre et 1er octobre à Paris. La directive « Télévision sans frontières » est adoptée le 3. Elle invite les États membres à diffuser « une proportion majoritaire »

1. « Nous sommes prêts à entreprendre un nouveau pas décisif, en mettant en place des structures confédérales entre les deux États, avec l'objectif de créer ensuite une fédération […]. Quelle sera finalement la forme d'une Allemagne réunifiée, personne ne le sait aujourd'hui. Mais que l'unité se fasse, si les hommes en Allemagne le veulent, j'en suis certain. »

2. « Je n'ai pas été prévenu. J'aurais préféré l'être. Il n'était pas obligé. Le discours a été prononcé. Je l'ai naturellement analysé et j'ai vu qu'il était d'une extrême prudence », entretien à la BBC, mars 1995, non diffusé.

3. Voir ci-dessous, p. 489-490.

d'œuvres européennes « chaque fois que c'est possible ». Le Président se rend au Parlement européen et y insiste sur le nécessaire renforcement de l'Europe, préalable à tout nouvel élargissement. C'est là, le 25 octobre, qu'il lance le projet de banque pour l'Europe qui deviendra la BERD. Pour la Charte sociale, il se bat contre Mrs Thatcher, avec qui il a un échange de lettres, et, pour l'ouverture rapide de la conférence intergouvernementale, contre Helmut Kohl. La fixation de la date de cette ouverture devient, comme prévu, l'enjeu du mois de novembre.

La France obtient d'abord que le Conseil des ministres des Finances transmette le rapport du « groupe de haut niveau » au Conseil européen. Puis, le 20 novembre, aux Pays-Bas, le Président demande que la date d'ouverture de la future conférence intergouvernementale soit fixée avant la fin 1989, sous présidence française. Le 27 novembre encore, le Chancelier veut s'en tenir à un simple rapport à remettre pour la fin de 1990 *sur les principes préparant une conférence*. En fait, il voudrait que le processus de réunification qui démarre alors ait été auparavant mené à son terme, et ne pas avoir à prendre d'engagement irrévocable sur la monnaie européenne, donc sur le deutsche mark, avant les premières élections générales prévues dans l'Allemagne réunifiée à l'automne 1990. C'est exactement l'inverse que veut François Mitterrand qui confirme au Chancelier, le 1er décembre, qu'il demandera au Conseil européen de Strasbourg, huit jours plus tard, de fixer une date précise pour le début des travaux de la conférence intergouvernementale.

Dans les jours précédents, les principaux représentants du patronat allemand, et même Hans-Dietrich Genscher sont venus à l'Élysée dire au Président qu'ils comptaient sur lui ! Bon exemple du pouvoir que peut conférer la présidence tournante du Conseil : finalement, au terme de cette période de relative tension, trois jours avant Strasbourg, Helmut Kohl nous communique l'accord de l'Allemagne (c'est Joachim Bitterlich qui le téléphone à Élisabeth Guigou) pour une ouverture de la conférence lors du Conseil italien, un an plus tard. Ce délai nous convient, et, à la limite, peu nous importe sa longueur si la date est ferme. Avant même que s'ouvre le Conseil de Strasbourg, nous pouvons considérer que, à coups répétés de lettres, de discours, de comités, de propositions, trente à quarante personnes ayant été mobilisées pendant six mois pour relancer la mécanique « à la manivelle », le chef de l'État a déjà atteint le principal des buts qu'il s'était fixés pour cette présidence française.

Le Conseil européen de Strasbourg des 8 et 9 décembre 1989 s'ouvre dans une ambiance chaleureuse, malgré le brouillard et un froid pénétrant qui me valent dès le premier soir une totale extinction de voix, gênante pour le porte-parole que je suis alors ! Pour mes « briefings » devant près de cent cinquante journalistes, Élisabeth Guigou m'accompagne et traduit pour la salle mes chuchotements : « Il dit que… »

Ce Conseil va être avec ceux de Fontainebleau en juin 1984, de Luxembourg en décembre 1985 et de Maastricht en décembre 1991, l'un des plus décisifs de la présidence Mitterrand. Quand il s'ouvre, le 8, le Mur est « tombé » depuis un mois ; des manifestations monstres ont déjà eu lieu en RDA ; George Bush et François Mitterrand ont rencontré Mikhaïl Gorbatchev respectivement à Malte et à Kiev ; le Président a posé depuis cinq semaines le problème de la frontière Oder-Neisse ; le Chancelier a présenté son « plan en dix points » dix jours plus tôt. Fait important, le « renforcement », l'« approfondissement » de la Communauté européenne sont jugés essentiels, moyennant quelques nuances, par François Mitterrand et par Helmut Kohl pour accompagner la réunification. Mais ce qui va permettre de juger de la pleine réussite de ce sommet de Strasbourg, ce sera la précision des conclusions sur l'Union économique et monétaire. Tout se joue dans l'après-midi et au soir du 8. Soirée marquée, en outre, par des échanges tendus Kohl-Mitterrand-Thatcher-Lobbers sur l'intangibilité des frontières.

Mais le 9 au matin, à la préfecture, au petit déjeuner qui les réunit – comme toujours le deuxième jour des Conseils européens –, le Président et le Chancelier sont détendus, heureux d'être sortis de ces semaines de relative tension et d'avoir rescellé leur entente européenne. Les textes préparés pendant la nuit, que leur présentent Joachim Bitterlich et Élisabeth Guigou, sont agréés. Le Président et moi avons un échange badin : « Alors, vous êtes mon porte-parole et vous ne pouvez plus parler ! – Il me reste la force de vous écouter. » Du point de vue français, les résultats sont considérables : la première étape de l'Union économique et monétaire commencera le 1er juillet 1990 ; la conférence intergouvernementale chargée de définir le contenu et le calendrier des deuxième et troisième étapes sera convoquée avant le terme de la présidence italienne, en décembre. En clair, l'Union monétaire

– objectif après lequel courait la diplomatie française depuis qu'au premier Sommet européen, réuni par le président Pompidou en 1969, Willy Brandt en avait évoqué la perspective – est lancée pour de bon. La « Charte communautaire des droits sociaux fondamentaux des travailleurs », dite Charte sociale, qui annonce le Protocole social de Maastricht, est adoptée à onze, sans une Margaret Thatcher hostile, mais pas acharnée. Nous avons également arraché aux onze autres leur accord pour la création de la BERD. Une aide financière à la Pologne et à la Hongrie, les deux pays qui paraissent les plus avancés sur la voie de la démocratie et de l'économie de marché, est décidée dans la foulée des orientations du sommet de l'Arche.

Le chancelier Kohl repart heureux de la déclaration finale qui, malgré les angoisses exprimées au dîner par Margaret Thatcher, proclame que « le peuple allemand retrouvera son unité dans un état de paix en Europe, démocratiquement, pacifiquement, à travers une libre autodétermination ». Le Président précise en souriant : « Je ne demande pas de restaurer l'Empire français en 1805 ! »

Le Monde, qui voyait à la veille du sommet « la France sans alliée de rechange », parle d'une « communauté sûre d'elle-même, d'un bilan très consistant », d'un « brillant succès pour la Présidence française ».

Au lendemain du sommet, François Mitterrand, très satisfait de ces résultats, souhaite acter dans la foulée l'accord des Douze sur l'Union politique de l'Europe. Pour lui, la future monnaie unique, indispensable, appelle plus que jamais, en complément, un non moins indispensable renforcement *politique* de la Communauté, et donc de nouveaux engagements ambitieux dès le semestre suivant, sous présidence irlandaise. C'est l'objectif qu'il fixe à la mi-décembre à Roland Dumas, Jean-Louis Bianco, Jacques Attali, Élisabeth Guigou et moi.

La frontière Oder-Neisse

Mais, autant la dialectique Mitterrand-Kohl permet que la réunification allemande entraîne ce progrès européen, autant le Chancelier est irrité et politiquement gêné face à l'insistance de François Mitterrand, à partir d'octobre 1989, à voir confirmer par un acte juridique international incontestable – et donc pas seulement par un acte allemand unilatéral – le statut de la frontière

Oder-Neisse entre l'Allemagne et la Pologne[1]. Son plus proche collaborateur diplomatique de l'époque, Horst Teltschik, s'en fera plusieurs fois l'écho auprès de l'Élysée. Sur ce sujet sensible, le président français n'agit pas à la légère. Il est même très conscient de ce que cette exigence représente pour les Allemands. Il l'expliquera à *L'Express* en juillet 1994 : « Les Allemands de Poméranie, de Silésie et de l'ancienne Prusse Orientale étaient comme nos pieds-noirs. Ils avaient perdu leur patrie [...]. Ces Allemands de l'Est ont souffert cruellement. Ils représentaient en Allemagne une force contestataire qu'il fallait ménager. Ils se sont livrés à des manifestations publiques conduites par de puissantes associations. Cela a joué. Mais existait peut-être aussi le sentiment profond d'avoir à officialiser une frontière toujours mouvante. Depuis les chevaliers Teutoniques, les Allemands avaient cherché à la reporter plus loin. La fixer une fois pour toutes les rendait malheureux, sans que cela soit exprimé, naturellement. »

Dans *De l'Allemagne, de la France*[2], il ira plus loin encore dans la compréhension de ce malheur allemand : « Les belles provinces perdues, Poméranie, Mazurie, Silésie, et le berceau de la vieille Prusse, c'est maintenant la Pologne et un peu de Russie. Stettin s'appelle Szczecin, Breslau, Wroclaw, et Königsberg, Kaliningrad. Après mille ans, les chevaliers Teutoniques sont rentrés chez eux. Allemand, je souffrirais comme ils souffrent et je déclinerais l'invitation au renoncement. » Il dit même s'être interrogé : « N'est-ce pas entériner du même coup ce qu'on nommera plus tard la purification ethnique, le nouveau tracé ayant servi de prétexte à des transferts massifs et forcés de populations, les Allemands chassés des zones cédées à la Pologne et à la Russie tandis que celle-ci vidait des Polonais les régions qu'elle avait annexées ? »

Dans cet ouvrage, il reconnaît que son insistance a choqué, que les journaux de la République fédérale l'ont dénoncée. L'opinion française ne l'a suivi qu'à moitié ? (Il est vrai qu'il ne lui explique pas grand-chose, ou par bribes.) Par esprit de critique systématique,

1. Limite occidentale de la Pologne qui part de la côte balte, suit la rivière Oder, puis son affluent la Neisse, jusqu'à la Tchécoslovaquie, fixée à la conférence de Potsdam en juillet-août 1945 par Staline, Truman, Churchill (puis Attlee). Admise comme frontière par la RDA en 1950 et par la RFA en 1970.

2. Ouvrage paru à titre posthume aux Éditions Odile Jacob, 1996 ; voir notamment les pages 127-134.

par parti pris, par peur, la presse française s'aligne dans sa majorité sur les griefs allemands ? Kohl est irrité ? Tant pis ! Il estime que le rôle qui lui échoit est d'être celui qui se soucie, même s'il est seul à le faire, de l'avenir à long terme – après lui, après Kohl, après Walesa, après Gorbatchev – de la paix en Europe. Qu'aucun drame ne puisse surgir plus tard d'une contestation sur une question de frontière négligée. Et c'est parce qu'elle plonge ses racines dans un passé très ancien qu'il faut la prendre au sérieux, c'est-à-dire la clarifier *avant* la réunification. Le Président recevra même en mars 1990 le général Jaruzelski et son ministre des Affaires étrangères pour leur manifester son appui et accroître la pression sur les Allemands.

Les pensées profondes d'Helmut Kohl ne sont pas en cause. Il procédera à cette mise au point attendue, mais à son heure, quand il sera sûr d'avoir bien circonscrit les éventuels dommages politiques et électoraux, pour la CDU, de ce renoncement. Il finira par céder, au printemps 1990, à l'amicale mais constante pression du président français après s'être garanti du côté des nationalistes. Entre-temps, ils en auront parlé à Latché le 4 janvier (le Président : « Nous en avons parlé sur la plage. On en parlait chaque fois[1] ») et surtout le 15 février au cours d'un dîner édifiant dans le salon des Portraits à l'Élysée. Cela commence calmement :

> FRANÇOIS MITTERRAND : Les traités de 1919 et 1945 sont très injustes, mais on vit avec. Il est très important de ne pas rouvrir une frénésie collective en Europe.
> HELMUT KOHL : Aucun danger, François !
> FRANÇOIS MITTERRAND : La question la plus importante, c'est la ligne Oder-Neisse. Ce n'est pas la seule frontière qui laisse de côté des Allemands. Je comprends ce que les Allemands doivent ressentir, sentimentalement. Mais, politiquement, c'est autre chose !
> HELMUT KOHL : Une Allemagne unifiée aura la même position que la RFA sur le nucléaire et les frontières : elle confirmera les frontières.
> FRANÇOIS MITTERRAND : Politiquement, il aurait été utile de confirmer la frontière Oder-Neisse *avant* la réunification. Mais je comprends que, juridiquement, cette reconnaissance ne puisse intervenir qu'après.
> LE CHANCELIER *s'échauffe* : On a fait mousser le problème de la frontière Oder-Neisse. Il n'aurait pas dû être posé comme cela. Pour les Allemands, c'est une grosse blessure. Traiter les blessures

1. Entretien avec la BBC cité.

avec de l'huile bouillante plutôt qu'avec un baume, ça n'aide pas à la guérison !

LE PRÉSIDENT, *apaisant* : Nous pouvons créer des communautés des institutions européennes pour atténuer la rigueur des frontières…

HELMUT KOHL : C'est mon but. Ce qui a été possible avec les Sudètes doit être possible avec la Silésie. Mais on n'y arrivera pas si on lie ces questions à l'unité, si on dit que l'unification de l'Allemagne doit être accompagnée d'un traité de paix. Il ne faut pas en faire des questions préalables.

C'est exactement ce que fait, à juste titre, LE PRÉSIDENT. *Mais, sachant qu'Helmut Kohl devra céder, il n'en « rajoute » pas* : Je ne le fais pas.

HELMUT KOHL : En Allemagne, la question est posée en préalable. C'est devenu un thème de politique intérieure. S'il n'y avait pas les élections, on ne se poserait pas cette question.

FRANÇOIS MITTERRAND : La frontière Oder-Neisse, héritée de la guerre, a été imposée par Staline. C'est le type même du mauvais traité. Mais c'est un fait. Je ne pose pas ce problème en préalable. Mais un débat a commencé sur le traité de paix.

Il en vient à l'autre point essentiel :

Vous dites : « C'est le Parlement unifié qui décidera : nos frontières sont là. » Mais il s'agira d'un acte unilatéral ! Il faut une décision *internationale* des pays intéressés.

HELMUT KOHL : Oui, d'accord.

Réponse essentielle. LE PRÉSIDENT *peut revenir sur le terrain européen, plus consensuel :* Le présent, c'est la Communauté européenne. Je ne veux pas laisser s'envenimer le climat : les gens ont l'impression que, face au problème de l'unité allemande, l'Europe n'avance plus. Je suis favorable à la réunion d'un Conseil européen pour préparer le sommet de Dublin, un Conseil informel où nous ne nous retrouvions pas chacun avec deux cents fonctionnaires, mais avec seulement deux conseillers. Il faut aussi que nous ayons une discussion, tous les deux, pour donner le climat de Dublin. Vous êtes le fil directeur d'une aventure historique considérable. Comprenez que je ne crains pas l'Allemagne. D'ailleurs, ce qui se passe chez vous ne nous regarde pas. Je veux seulement que la France puisse examiner les conséquences internationales de l'unification.

Cinq ans plus tard, les journalistes de la BBC lui demanderont, à propos de cet épisode : « Vous étiez fâché, déçu ? » Réponse : « Non je n'étais pas fâché. On ne se fâche pas pour ça. On ne se fâche pas comme ça. Simplement, cela a retardé le moment où l'on pouvait proclamer un accord. »

Accélération

Le statut de la frontière Oder-Neisse n'est pas la seule pierre d'achoppement.

Helmut Kohl freine également plusieurs semaines l'organisation d'une négociation entre les « Quatre » (États-Unis, URSS, France, Grande-Bretagne) et les deux États allemands. Il préférerait de beaucoup que la RFA, dont il pense qu'elle a mérité, au terme de plusieurs décennies, la confiance de ses partenaires, prenne seule et souverainement les décisions que l'on attend d'elle, par exemple la confirmation du renoncement à l'arme nucléaire. Les quatre « puissances victorieuses » de 1945, dont la France, estiment au contraire qu'elles ont leur mot à dire sur la dévolution de leurs droits. Roland Dumas doit se mettre d'accord avec Hans-Dietrich Genscher, et ce dernier faire pression sur le Chancelier, avec tout le poids du Parti libéral, pour qu'il se laisse forcer la main et que le principe d'une conférence à « 4 + 2[1] » soit entériné, le 13 février 1990, à Ottawa.

Autant Kohl reste prudent jusqu'au début de l'année 1990, autant les manifestations massives de janvier en RDA, l'effondrement du mark est-allemand, puis la fixation d'élections au 18 mars, le convainquent que la stratégie progressive « étape par étape » qu'il a suivie jusque-là est dépassée. Tout bascule en janvier. D'où sa proposition du 6 février d'union économique et monétaire entre la RFA et la RDA, puis sa décision capitale – la plus importante qu'il ait eu à prendre en propre – du 23 avril : union monétaire dès le 1er juillet, moyennant l'échange d'un DM contre un mark de l'Est. Un contre un : son triomphe politique, mais aussi les problèmes économiques de l'Europe pour les cinq années à venir sont contenus dans ce coup d'audace.

Il ne lui reste plus, au printemps 1990, qu'à donner satisfaction aux Polonais et à la France sur la frontière Oder-Neisse, à convaincre avec les Américains Mikhaïl Gorbatchev – en échange d'une aide économique censée amortir le choc pour ce dernier – de se résigner au maintien de l'Allemagne dans l'OTAN[2] ; à avertir ses compatriotes de l'effort économique et financier qu'imposera

---

1. « 4 + 2 » : États-Unis, URSS, Grande-Bretagne, France + la RFA et la RDA.
2. Il n'empêche : dans un an, ce sera le putsch à Moscou ; dans un an et demi, la fin de l'URSS.

la réunification, poids qui sera, il est vrai, largement réparti sur les partenaires commerciaux de l'Allemagne par le biais des taux d'intérêt allemands ; à entraîner enfin, main dans la main avec François Mitterrand – chacun reconnaissant que l'autre a fait dans cette grande circonstance tout ce qu'il devait –, les autres Européens sur le chemin du traité d'Union.

Après la monnaie, thème principal de la présidence française du second semestre 1989, le sujet majeur de la présidence irlandaise du premier semestre 1990 va être l'Europe politique. François Mitterrand et Helmut Kohl ont chacun leurs raisons d'y tenir et j'ai dit plus haut l'insistance qu'y mettait le Président[1]. Très vite – dès un nouveau déjeuner entre les deux hommes, le 12 février – on s'accorde sur l'idée de proposer aux dix autres une seconde conférence intergouvernementale, parallèle à la première, pour préparer l'Union politique. En février et mars, Élisabeth Guigou poursuit le travail entamé dès Strasbourg avec les collaborateurs du Chancelier, notamment avec Joachim Bitterlich sur les institutions et la transformation de la Communauté en une Union politique. Je me livre au même exercice sur la « Politique étrangère et de sécurité commune » (qui deviendra la « PESC » dans notre jargon). Une nouvelle lettre commune Mitterrand-Kohl, résultat de ces échanges, est adressée en avril, huit jours avant le premier Conseil de Dublin, aux dix autres.

En fait, il y a deux Conseils européens de Dublin, et donc des résultats en deux temps. Lors du premier, le 27 avril 1990, la Communauté entérine les propositions Kohl-Mitterrand et décide de se transformer avant le 31 décembre 1992 en une « Union politique » qu'une seconde conférence intergouvernementale a pour mission de préparer ; que l'unification allemande s'effectuera sans renégociation des traités européens (ce qui écarte l'hypothèse envisagée par Jacques Delors d'une adhésion de la RDA comme treizième État membre) ; et que l'aide aux pays de l'Est sera étendue, au-delà de la Pologne et de la Hongrie, déjà retenues à Strasbourg, à la RDA et à la Tchécoslovaquie (souhait allemand), à la Bulgarie et à la Roumanie (vœu de la France qui n'entend pas que les Douze ne s'intéressent qu'à l'Europe centrale, rentable et « diplomatiquement

1. Dès le début 1989, Jacques Delors avait suggéré une relance de l'Europe politique ainsi qu'un « espace économique européen » censé faire patienter les candidats à l'adhésion en attendant le renforcement des institutions.

correcte », au détriment de l'Europe orientale). C'est le moment que choisit François Mitterrand pour frapper les esprits et doper la dynamique (voire réveiller quelques clivages ?) en déclarant qu'il « souhaite aller vers un système à finalité fédérale ».

Trois jours après une agréable conversation Kohl-Mitterrand à bord d'un bateau sur le Rhin, autour du rocher de la Lorelei, le second Conseil de Dublin, les 25 et 26 juin 1990, parachève les résultats du premier. Il convoque la conférence intergouvernementale sur l'Union monétaire à Rome pour le 13 décembre, celle sur l'Union politique pour le 14, et s'engage à ce que le nouveau traité qui résultera de leurs travaux soit ratifié avant la fin de 1992. Nous disposons enfin d'un calendrier précis et à court terme.

Ainsi, alors que progresse la réunification allemande et que, les uns après les autres, les problèmes qu'elle pose sont résolus, François Mitterrand obtient du Chancelier l'accord sur la monnaie européenne, et les deux hommes emportent ensuite, ensemble, l'adhésion des Douze sur l'Union politique. Grâce à l'exceptionnelle relation entre le Président et le Chancelier, la réunification allemande sert d'accélérateur à une politique d'avenir entamée de longue date.

Des préoccupations différentes

Pendant cette année clef, chaque dirigeant a ses propres préoccupations, ses priorités.

Bien qu'il ne soit pas un « numéro un », le ministre allemand des Affaires étrangères, Hans-Dietrich Genscher, joue un rôle majeur. En 1989, il dirige la diplomatie ouest-allemande depuis quinze ans. Son appartenance au parti libéral FDP, petite formation indispensable mais d'appoint, l'a imposé et lui a interdit tout à la fois d'ambitionner d'être plus que vice-Chancelier. Mais, en maintes circonstances, comme je l'ai rappelé, il n'a cessé d'œuvrer avec opiniâtreté et un grand sens des opportunités, et aussi avec beaucoup de doigté vis-à-vis des alliés américain et français de l'Allemagne, au rapprochement entre la RFA et la RDA où il est né, le 21 mars 1927, près de Halle. Cette mission accomplie, il démissionnera en avril 1992. Pendant le processus de réunification, son étroite entente établie depuis des années avec Roland Dumas, qui parle allemand, est manifeste, surtout au cours des négociations à « 4 + 2 ». En avril 1992, Luc Rosenzweig, du *Monde*, décrira ainsi le renversement des rôles pendant cette période : « Tandis que le chancelier Helmut Kohl, pendant quelques mois, en forçant l'allure de la réunification[1], irritait ses partenaires les plus proches, c'est son ministre des Affaires étrangères qui s'efforçait de rassurer les voisins polonais et français, et multipliait les professions de foi européenne. »

Margaret Thatcher est un cas à part. Elle est viscéralement hostile à la réunification. Elle appréhende la « Grande Allemagne ». Elle voudrait l'empêcher, mais ne voit pas comment. Le 1er septembre 1989, à Chequers, elle se plaint à François Mitterrand : « Kohl ment tout le temps, et Gorbatchev est un faible. » Le 18 novembre, au dîner de l'Élysée, quand Helmut Kohl se réfère à une vieille déclaration de routine de l'OTAN (de 1970 !) favorable à la réunification, elle s'écrie : « Mais, c'est parce qu'on pensait qu'elle n'aurait pas lieu ! » À Strasbourg, le 8 décembre, elle lance crûment au président français : « Il faut empêcher [la réunification] par le biais de la CSCE et des quatre puissances [...]. Il faut être sûrs que l'Allemagne ne dominera pas, comme le Japon [...]. Il faut nous voir régulièrement pour faire contrepoids à l'Allemagne ! » Ce qui ajoute à sa fureur, c'est qu'elle est tout aussi hostile à la stratégie de relance de la construction européenne que François Mitterrand et Helmut Kohl ont conçue ensemble, malgré leurs discussions serrées, pour accompagner la réunification. Elle pensait avoir trouvé sa revanche de Fontainebleau, de quoi dissocier l'exaspérant couple franco-allemand, et voici qu'en décembre 1989, à Strasbourg, il fonctionne mieux que jamais ! Margaret Thatcher n'a ni politique d'accompagnement, ni politique de rechange. Elle est seule. Dans moins de un an, elle devra démissionner. Pendant des semaines, elle dénonce encore en privé – car, en public, elle se tait – ce Kohl « qui nous marche sur les pieds » (Paris, 20 janvier)... Par la suite, dans ses *Mémoires*[2], elle accusera François Mitterrand de lui avoir tenu en privé des propos différents de ceux qu'il tenait en public. En fait, le Président voulait mettre à profit son inquiétude face à la réunification allemande pour la rallier enfin au

1. Thèse que, par ailleurs, je conteste : je ne pense pas que le Chancelier ait *forcé* l'allure. Il a accompagné le mouvement et assumé l'accélération quand la RDA a implosé.

2. Margaret Thatcher, *10 Downing Street, Mémoires*, trad. française Albin Michel, 1995, 2 vol.

renforcement de l'Europe. Plus tard[1], il commentera : « Elle aurait surtout voulu séparer l'Allemagne de la France et s'irritait de ne pas y parvenir. » Pourtant, jusqu'au bout, le Président gardera pour elle une affectueuse compréhension. Dans *De l'Allemagne, de la France*, il écrira à propos de cet épisode : « Chère Mme Thatcher ! On retrouve là son inimitable facture, mélange de fermeté d'esprit et de souplesse tactique. » Parlant à la BBC en 1995, il est même indulgent : « Elle était inquiète de l'accélération des événements sans contrôle politique et diplomatique. De ce point de vue, elle avait raison. » Mais il y a le désaccord radical sur l'Europe ! Au fond, lui pose des *conditions*, tandis qu'elle est *contre*.

De fait, on s'accommode des réalités qu'on ne peut abolir. Au sommet des Sept, à Houston, les 9 et 10 juillet suivants, le train-train diplomatique a repris le dessus, et la « dame de fer » discute comme si de rien n'était avec George Bush, François Mitterrand, Helmut Kohl de l'aide à l'URSS, du commerce international, du réchauffement de l'atmosphère, etc. Commentaire du Président, dans le même ouvrage : « Mme Thatcher continua de s'inquiéter, de tempêter en vase clos [...]. Cela se termina comme on sait, et le Premier ministre britannique signa sans autre forme de procès les accords qui consacrèrent l'unité allemande. »

Mikhaïl Gorbatchev découvre courant 1989 qu'il a joué à l'apprenti sorcier. Quand il fustige Honecker, le 7 octobre, à Berlin-Est, en lui disant : « Celui qui arrive trop tard est puni par la vie », espère-t-il encore pouvoir le remplacer par un gorbatchévien chargé de moderniser la RDA ? Serge Boidevaix témoigne : « Tout se joue à ce moment. Les déclarations de M. Gorbatchev sont comprises dans leur signification vraie : cela veut dire que les forces soviétiques ne tireront pas. Le 9 octobre, 70 000 Allemands sont dans la rue à Leipzig. » Édouard Chevardnadzé avait déjà affirmé à James Baker, le 25 septembre, que Moscou n'emploierait pas la force. Mais, le 14 novembre, Gorbatchev téléphone à Kohl pour lui demander de ne pas jeter de l'huile sur le feu, puis il appelle François Mitterrand : « Kohl m'a dit en secret qu'il tenait ferme contre ceux qui, en RFA, poussent à la réunification. Et moi, je ne peux pas aller plus loin. » Croit-il Kohl, et dit-il vrai ? La même semaine, à Moscou, il déclare encore à Roland Dumas redouter le danger allemand.

1. En juillet 1994, à *L'Express*.

Le 21 novembre, il rappelle l'Élysée pour demander à François Mitterrand de bien dire à Kohl qu'il ne faut toucher ni aux traités, ni aux frontières. Au même moment, il déclare à Andreotti que « le plan de réunification allemande est absurde ». Plus brutalement, il lance à François Mitterrand, qu'il rencontre à Kiev le 6 décembre, quatre jours après avoir rencontré Bush à Malte : « Aidez-moi à éviter la réunification allemande, sinon je serai remplacé par un militaire ; si vous ne le faites pas, vous porterez la responsabilité de la guerre[1]. » Il ajoute avoir dit à Genscher qu'il refusait le *diktat* allemand. Incontestablement, pendant quelques semaines, entre novembre et janvier, l'alarmisme de Gorbatchev déteint sur François Mitterrand qui ne souhaite pas du tout que le dirigeant soviétique soit déstabilisé.

Pourtant, se rendant à l'évidence, se croyant peut-être à même de résister à ses opposants, au moulin desquels la réunification va apporter du grain à moudre, Gorbatchev reconnaît deux mois plus tard, devant Helmut Kohl venu à Moscou, que « c'est le droit du peuple allemand de décider de son destin et que l'URSS respectera la décision de l'Allemagne ». Malgré tout, il refuse encore l'appartenance de l'Allemagne unie à l'OTAN… jusqu'à ce qu'il finisse par l'accepter aussi, le 16 juillet 1990, en échange du financement par l'Allemagne du retrait des 380 000 soldats soviétiques de RDA et d'une « aide au départ » – mais aussi, tout simplement, parce qu'il ne peut rien faire pour l'empêcher. En somme, il s'est résigné en plusieurs fois. Peut-être Helmut Kohl dit-il juste quand, le 12 mars 1992, il raconte en ces termes à André Fontaine et à d'autres journalistes français la visite que Gorbatchev lui avait rendue à Bonn, le 12 juin 1989 : « En lui montrant le Rhin qui coule en contrebas, je lui ai dit : "Le Rhin, vous ne pouvez pas l'arrêter. De la même façon, vous ne pourrez pas empêcher la réunification allemande." Ce jour-là, affirme-t-il trois ans plus tard, j'ai compris que l'URSS ne s'opposerait pas à notre unification. » De même que, selon Teltschik, c'est dès après l'appel du 11 novembre de Gorbatchev lui demandant de ralentir le mouvement que Kohl lui a dit : « La poire est mûre. »

George Bush, lui, n'est guère préoccupé par la réunification allemande. À Kennebunkport, le 20 mai 1989, il a demandé à François Mitterrand quelle était sa position, estimant pour sa part,

1. Stéphane Denis s'attirera un moment l'ire du Président en révélant cette supplique de Gorbatchev.

sur un ton neutre : « Cela peut se faire. » Influencé par le vigilant général Scowcroft, son obsession est plutôt d'éviter de se laisser trop séduire par Gorbatchev et de garder à son endroit un rigoureux équilibre entre aide et pressions. Pendant presque tout le dernier semestre 1989, en bon président américain, il se montre presque flegmatique sur la réunification, naturellement indifférent à ses éventuelles conséquences négatives sur la construction européenne, comme d'ailleurs sur la question des frontières germano-polonaises alors que celles-ci sont essentielles, on l'a vu, aux yeux du président français. Le *seul* point qui le préoccupe, c'est la survie de l'OTAN. La délégation américaine n'en fait pas mystère au sommet de l'OTAN du 4 décembre 1989 : pas de réunification si l'Allemagne réunifiée doit se retrouver hors de l'OTAN. Dans les semaines qui suivent, George Bush devient néanmoins plus circonspect au point de déclarer à François Mitterrand, le 16 décembre, à Saint-Martin dans les Antilles : « À court terme, je suis très inquiet d'une évolution des choses en RDA qui accélérerait les événements, entraînerait l'usage de la force et ferait pression sur Gorbatchev [...]. Nous ne sommes pas contre la réunification, mais nous restons très prudents. » Mais peut-être croit-il plaire à Mitterrand en s'exprimant ainsi ? Puis, à nouveau, à partir du début 1990, la diplomatie américaine n'a plus qu'un but : que l'Allemagne unie soit tout entière membre de l'OTAN, sans contrepartie.

Le 19 avril 1990, à Key Largo, en Floride, George Bush répète sur tous les tons et avec une belle franchise à son homologue français : *« Il faut que nous restions en Europe... L'OTAN est pour nous un moyen de rester en Europe... La présence américaine est bonne pour l'Europe... »* À cette fin, il évoque un rôle accru, un rôle « politique » dévolu à l'OTAN – terme qui ne dit rien qui vaille au Président et parle d'un « nouvel atlantisme ». Jusqu'au 16 juillet, les Américains s'emploient par priorité, avec Helmut Kohl, à faire « avaler » à Gorbatchev le maintien de l'Allemagne dans l'OTAN, puis, une fois ce problème réglé, ils veilleront à empêcher que les projets Mitterrand/Kohl de « relance de l'Europe » ne portent atteinte au rôle central, voire exclusif de l'OTAN dans la défense de l'Europe et comme support du protectorat américain sur le Vieux Continent. Après le Conseil européen exceptionnel réuni à Rome en octobre 1990, Bush retrouvera le ton de ses prédécesseurs et s'énervera au point d'aller jusqu'à demander à être consulté *à l'avance* sur toute prise de position politique importante de la Communauté, ce que le président français prendra fort mal. Cependant, à partir de l'été, Saddam Hussein fournira au président américain une occasion rêvée de manifester son *leadership*...

Ce qui distingue le plus les politiques de François Mitterrand et Helmut Kohl de celles de George Bush et Margaret Thatcher, c'est d'abord leur politique européenne prémonitoire et préparatoire des années antérieures à 1989. C'est un point que les polémistes ne traitent *jamais*. Si le Président et le Chancelier avaient su dès 1984 que la réunification aurait lieu en 1990, qu'auraient-ils pu faire de mieux que ce qu'ils firent ensemble de 1984 à 1989 : renforcer sans cesse le couple franco-allemand, l'ancrer dans une Europe de plus en plus forte ? On ne peut s'empêcher de penser que l'Histoire aurait pu être fort différente si s'étaient trouvés face à face, durant ces événements, un Président et un Chancelier qui ne se connaissaient pas déjà bien (dans leur cas : sept ans), ou qui ne se comprenaient pas, ou qui n'avaient pas traversé d'épreuves ensemble, ou qui n'avaient pas d'objectifs communs.

Face à l'événement, François Mitterrand n'a donc qu'à « augmenter la pression », à hâter le calendrier de la construction européenne, à faire partager son souci de la paix à long terme à propos des problèmes de frontières mal résolus. Pourtant, il serait tout à fait incompréhensible et faux de dire qu'il n'a aucun état d'âme. Sa ligne d'action est rectiligne, mais les propos qu'il tient à ses collaborateurs ou à ses proches au cours de ces mois décisifs traduisent un bouillonnement et un extraordinaire cheminement, comme s'il revivait en lui-même et à l'accéléré toute la relation franco-allemande des siècles passés, les soixante-dix ans écoulés depuis Verdun, les quarante-cinq ans passés depuis la Libération. À plusieurs reprises, lui qui n'a jamais eu « peur de l'Allemagne », même pendant la guerre, alors même qu'il est en train de faire exactement ce qu'il faut quand il le faut et qu'il affiche une tranquille confiance sur le long terme, ressent et récapitule – j'ai envie d'écrire « incarne » – les angoisses françaises face à une Allemagne trop grande, à une réunification qu'il faut « conjurer », à une construction européenne pas encore irréversible. On dirait qu'il passe par toutes les appréhensions, toutes les espérances, tous les fantasmes français avoués ou inavoués (« la réunification se fera, mais pas tout de suite » ; « toutes les conditions ne sont pas réunies » ; « la "Prusse" ne peut pas se laisser ainsi absorber » ;

« les Soviétiques ne le permettront pas » ; « Gorbatchev n'y survivra pas » ; « il y aura une triple alliance France/Grande-Bretagne/URSS », etc.). Malheur pourtant à qui prendrait au pied de la lettre ces « confidences » et qui y verrait l'expression de sa pensée profonde, alors qu'il ne s'agit que de tests, de phrases prononcées dans l'intimité, par exorcisme ou défoulement, de dialogues socratiques comme en ont aux mêmes moments les autres grands acteurs de la pièce. La pensée profonde d'un homme d'État, ce sont ses actes ! François Mitterrand triomphe de chacune de ces interrogations par des gestes porteurs d'avenir. Mieux encore : c'est dans les premiers mois de 1990 qu'il s'abandonne parfois à ces tourments français – avant de les dépasser – alors qu'il a *d'ores et déjà arrêté et affiché sa politique depuis plusieurs mois*, et réussit Strasbourg. Vertige national existentiel, bref et rétroactif.

Au cours de cette période, il estime que son rôle de président de la République française est d'abord de veiller aux intérêts français et à la poursuite de la construction européenne – une seule et même chose à ses yeux. Sa hantise de l'automne-hiver 1989-1990 est qu'une réunification mal gérée les compromette et laisse subsister derrière elle des abcès mal vidés. D'où son intense action politique et diplomatique, au dernier trimestre de 1989, sur la paix en Europe et la construction européenne. Mais aussi sur l'organisation générale de l'Europe. Récapitulons-la :

– Sur la question de la paix en Europe, François Mitterrand a abordé dès le 3 novembre, à Bonn, on l'a vu, la question de la frontière Oder-Neisse (ce que, pour des raisons électorales, selon *Le Monde*, Helmut Kohl n'osait faire) : *« Les frontières doivent disposer d'un état de droit, d'une certaine forme d'intangibilité. »* Dans les semaines et les mois qui ont suivi, il n'a eu de cesse qu'il n'eût obtenu du Chancelier une prise de position nette et un engagement internationalement contraignant pour prévenir dans le futur, même à terme lointain, toute revendication irrédentiste de la part des réfugiés originaires de Silésie. La réponse allemande est venue petit à petit, par étapes. Dans le cadre de la conférence à « 4 + 2 », dès que Bonn en eut accepté le principe, il a fait par ailleurs poser par Roland Dumas la question de la confirmation par l'Allemagne de sa renonciation à l'arme nucléaire, formulée à l'époque par Konrad Adenauer.

– Sur la question du renforcement de la construction européenne, comme je l'ai rappelé, François Mitterrand a consacré ses principaux efforts à obtenir d'Helmut Kohl, au Conseil européen de Strasbourg, le 8 décembre 1989, un engagement explicite sur la monnaie unique et sur la date de démarrage de la conférence intergouvernementale. Puis, cela étant fait, tous deux se sont aisément entendus pour mettre à l'ordre du jour des Conseils européens des 28 avril et 25 juin suivants l'Union politique qui était à leurs yeux le corollaire de l'avancée monétaire pour rendre les institutions européennes plus efficaces et concevoir une Politique étrangère et de sécurité commune.

– Sur l'organisation générale de l'Europe, François Mitterrand a pris très tôt plusieurs initiatives. Dès le 25 octobre 1989, sur une idée de Jacques Attali, il a proposé la création d'une « banque pour l'Europe » (la future BERD). Le 6 décembre, à Kiev, il a apporté son soutien à la proposition de Mikhaïl Gorbatchev d'avancer à la fin 1990 le prochain sommet de la CSCE prévu pour 1992 : toujours dans le même souci d'« encadrer » les événements pour mieux les gérer. Dans le même esprit, à l'occasion de ses vœux de fin d'année, il a lancé l'idée d'une « confédération européenne » dans laquelle se côtoieraient, à égalité de droits et de devoirs, les membres de la Communauté européenne et tous les pays d'Europe centrale et orientale qui aspirent à y entrer, qui y ont droit en tant que nouvelles démocraties européennes, mais qui ne seront pas en mesure de concrétiser ce droit avant des années pour d'évidentes raisons économiques et financières. Le sommet de la CSCE se tiendra bien en novembre 1990 et permettra l'adoption de la « charte de Paris » et, à travers elle, de nombreux principes de droit communs à tous les États du continent, préalable à une unification conceptuelle européenne, mais en revanche, sa proposition de « confédération », à laquelle il tient beaucoup plus qu'au sommet de la CSCE, simple moyen de stabiliser la transition, sera rejetée pour de multiples mauvaises raisons.

C'est le 31 décembre 1989, au cours de ses vœux, que le Président lance cette idée. Depuis les origines de la Communauté, la question s'est posée de son articulation avec les autres pays d'Europe de l'Ouest qui n'en faisaient pas partie. À l'origine, la Grande-Bretagne et les pays de sa mouvance avaient cru pouvoir faire concurrence aux signataires du traité de Rome en s'associant au sein d'une AELE[1], dans l'attente que s'évanouissent les

1. Association européenne de libre-échange.

chimères communautaires ! Mais la réussite de la Communauté les avait obligés à venir plus tard frapper à sa porte. À l'époque, la question de l'éventuelle entrée des pays européens dits « neutres et non alignés » ne se posait pas. Des organismes plus vastes existaient de toute façon, où se côtoyaient tous les pays d'Europe occidentale, membres de la Communauté ou non (le Conseil de l'Europe), ou tous les pays d'Europe (au sens large du terme) et d'Amérique du Nord (la CSCE[1]). Ces diverses institutions, ou plutôt la poignée de fonctionnaires qui les faisait fonctionner, sont saisis d'un accès de mégalomanie, au début des années 1990, chacune s'estimant la mieux placée pour devenir le cadre naturel de la Grande Europe. De leur côté, les États-Unis classent ces organismes par ordre de préférence en fonction de l'influence qu'ils y exercent, ce qui donne : 1) l'OTAN, 2) la CSCE, 3) la Communauté européenne, puisqu'ils n'en font pas partie.

Avec le temps, l'attraction exercée par la Communauté européenne est devenue plus forte que tout, comme en témoigne l'allongement de la liste des demandes d'adhésion. Les nouvelles démocraties d'Europe de l'Est estiment bientôt qu'elles méritent et ont le droit d'entrer au sein de la Communauté et dans l'OTAN. Les adversaires de la Communauté, toujours à l'affût d'une occasion de l'affaiblir, s'empressent de trouver ces demandes tout à fait justifiées, et la Communauté « trop égoïste ». Or, cette revendication à entrer sans délai dans la Communauté fait bon marché des réalités. La Communauté européenne n'est pas qu'un label chic ou un club huppé ; l'octroi de subventions implique aussi un budget, donc des prélèvements, des règles de concurrence très sévères, des directives contraignantes à respecter, etc. Pour François Mitterrand, en 1989, il est évident que les nouvelles démocraties (ou qui vont bientôt l'être) d'Europe centrale et orientale – que l'on va appeler dans le jargon administratif « PECOS » (Pays d'Europe centrale et orientale) – ne seront pas en état, avant des années, d'entrer dans la Communauté sans *se* détruire économiquement ni *la* détruire budgétairement et institutionnellement.

Quelles relations entretiendront-elles pendant cette longue période de transition où elles s'évertueront à mettre leur économie à niveau avec la Communauté ? La Communauté les aidera, certes. Mais, justement, il serait très malsain de les confiner dans

1. Conférence sur la sécurité et la coopération en Europe, créée en 1975 pour veiller à l'application des accords d'Helsinki.

une relation de donateur à assistées. L'« Espace économique européen » de Jacques Delors serait trop exclusivement économique. C'est pourquoi François Mitterrand propose sans attendre que *tous* les pays d'Europe se retrouvent sur un pied d'égalité, et avec une même dignité, dans une organisation – une « confédération », dit-il, à caractère politique et juridique – où ils traiteraient d'affaires d'intérêt commun.

Raisonnement incontestable. Pourtant, cette idée, lancée trop tôt et sans préparation, va faire long feu. La Commission y voit le danger d'un éclatement ou d'une dilution de la Communauté. Plus grave, les Européens de l'Est ne veulent y voir qu'une manœuvre française destinée à les empêcher d'entrer dans la Communauté ! Les Américains les encouragent à penser ainsi, et les Allemands ne cherchent pas à les en dissuader. Pour les États-Unis, il est intolérable que l'on puisse songer à fonder une confédération européenne sans eux. Lancée au moment où ils s'inquiètent de ce que va devenir l'OTAN et où ils se méfient des éventuelles initiatives Mitterrand-Kohl en matière de défense européenne, cette suggestion fait l'effet d'un chiffon rouge. De fait, pour le président français, une confédération européenne doit être européenne, et non pas euro-américaine. L'Europe se plaint-elle de ne pas faire partie de l'Organisation des États américains ? Le moment est peut-être venu pour l'Europe de savoir qui elle est et ce qu'elle veut ! Géographiquement logique mais géopolitiquement hétérodoxe, il ne voit pas, par ailleurs, au nom de quoi on interdirait à l'URSS d'être membre de cette confédération. Ce qui achève de braquer les Américains – on veut les jeter hors d'Europe ! – et d'inquiéter l'Europe centrale, laquelle n'a qu'une obsession : être enfin *avec* les États-Unis et *sans* les Russes. Vaclav Havel est à la pointe de cette réaction.

Malgré les relances que nous esquisserons à plusieurs reprises et les « Assises de la Confédération » réunies à Prague les 12-14 juin 1991, cette idée de confédération ne se remettra pas des mauvaises conditions initiales dans lesquelles elle a été formulée. Au bout du compte, les pays d'Europe centrale ne font évidemment pas encore partie, en 1996, de l'Union européenne. Ni d'aucune confédération *européenne*, puisqu'il n'en existe pas. Six à sept années de perdues !

Les conditions de la création de la BERD à l'initiative de la France, au cours de la même période, sont également très révélatrices. Jacques Attali, qui en a été l'initiateur et le premier président, l'a racontée dans un livre paru en janvier 1994, *Europe(s)*[1], remarquable traité sur la façon d'atteindre un objectif novateur dans un contexte multilatéral peu favorable où tout doit être négocié avec un grand nombre de partenaires. « Étrange ironie, écrit-il alors : la France et son Président, auxquels on a si injustement reproché de ne pas avoir vu venir, d'avoir même freiné le dégel de l'Est, ont été, en fait, à l'origine de la seule institution que l'Occident a su mettre en place jusqu'ici pour y aider[2]. »

Jacques Attali décrit la genèse de son idée d'une Banque de l'Europe au cours de l'été 1989, après le sommet de l'Arche ; l'étude des statuts, en octobre, avec le directeur du Trésor, Jean-Claude Trichet ; l'accord du Président et son annonce publique par celui-ci, le 25 octobre, devant le Parlement européen ; l'affinement du dessein, en novembre ; la distribution d'un projet de traité aux partenaires de la France, le 21 novembre ; les premières réactions, narquoises ou jalouses. À Strasbourg, la France obtient que le projet de banque soit mentionné, mais seulement après avoir accepté l'exigence de Margaret Thatcher que *tous* les pays membres de l'OCDE en soient actionnaires, et celle d'Helmut Kohl qui entend (déjà !) réserver le nom de « Banque de l'Europe » pour la future Banque centrale européenne… à Francfort ! C'est sur une suggestion inopinée des Danois que la banque devient « Banque européenne pour la reconstruction et le développement ». Mais personne à Strasbourg ne parierait alors un écu sur cette nouvelle institution…

Jacques Attali relate la course d'obstacles qui est ensuite la sienne pour accoucher le projet aux forceps. Contre la présidence irlandaise qui souhaite l'enterrer, contre certains commissaires européens qui n'en veulent pas (il existe déjà la Banque européenne d'investissement ; mais Jacques Delors fera prévaloir la participation au projet) ; contre les Anglo-Saxons qui défendent le monopole de la Banque mondiale et de ses annexes, qui renâclent à l'idée de voir l'URSS faire partie de la BERD, qui entendent en tout cas plafonner les prêts auxquels elle aurait droit, voire les réserver aux seules privatisations, et comptent de surcroît imposer leur candidat au poste de « numéro 2 ». En marge de toutes

1. Fayard, 1994.
2. Ce disant, il passe trop sous silence la politique de la Commission elle-même : aides, accords d'association, etc.

les rencontres diplomatiques de l'hiver et du printemps 1990, les batailles sont vives autour du statut du conseil d'administration, du montant du capital, de la présence de la Commission et de la BEI, de l'éligibilité de l'URSS, de la localisation du siège. Commentaire de Jacques Attali : « Depuis le premier jour, deux groupes se sont disputé le pouvoir : les pays les plus puissants, membres du Club des Sept, dominés par les États-Unis, et les douze membres de la Communauté européenne, indisciplinés, divisés, laissant l'ascendant réel à l'Amérique, avec l'approbation tacite de l'Est. »

Jacques Attali est contraint de passer des compromis avec tous les pouvoirs qui pourraient torpiller le projet, édulcorer ses objectifs, se résigner à alourdir les procédures. Mais, grâce à son ingénieuse opiniâtreté et à son sens tactique, le projet survit. Au bout du compte, le G7 y dispose de 55,9 % des droits de vote ; la CEE y a aussi une majorité ; les autres pays européens ont 11 % ; les non-européens, 24 %.

Pour le siège et le président, après diverses combinaisons, l'excellent couplage Paris/Ruding (ministre néerlandais des Finances) semble acquis quand Édith Cresson fait remarquer au président français que demander Paris ferait prendre un risque pour le maintien du Parlement européen à Strasbourg. D'où maints rebondissements, jusqu'à la solution Londres/Attali. Finalement, le traité créant la banque est signé à l'Élysée le 29 mai 1990.

Jacques Attali sait bien que « les choses ne commencent pas sous les meilleurs auspices. La Banque est, dès sa naissance, plus anglo-saxonne qu'européenne dans sa philosophie et ses structures. Mais la Grande-Bretagne et les États-Unis sont furieux d'avoir eu à revenir sur leurs engagements en faveur de Ruding, et d'avoir dû accepter la présence de l'URSS. Quant aux petits pays d'Europe, ils sont très amers d'avoir cédé aux Sept sur le siège et la présidence ».

Écrivant après avoir dû démissionner de la présidence de l'établissement, Jacques Attali tire les conclusions suivantes : « En imaginant la Banque – avant même la chute du mur de Berlin –, nous avions souhaité créer des conditions permettant aux Européens de s'occuper seuls de leurs affaires, sans les États-Unis – ou, du moins, sans domination américaine. Nous avons tenté de construire une Europe continentale rassemblée et indépendante. L'entreprise a échoué. Ce n'est pas que les Américains aient eu la force et le dessein de ruiner une telle tentative : ce sont les

Européens eux-mêmes, à l'est comme à l'ouest, qui, pour des raisons multiples et contradictoires, n'ont pas voulu se donner les moyens de leur propre indépendance. »

Remarques transposables presque mot pour mot à bien des tentatives que nous avons menées durant ces années pour mieux donner corps à l'Europe. Il est vrai que l'articulation idéale Union européenne/Europe continentale est compliquée à concevoir et n'est toujours pas trouvée.

Le dernier volet de la politique mitterrandienne d'accompagnement de la réunification allemande a porté sur la prise en compte des intérêts légitimes des quatre puissances victorieuses de la dernière guerre (États-Unis, URSS, France, Grande-Bretagne). François Mitterrand a obtenu en février 1990 la conférence à « 4 + 2 », ou « 2 + 4 », que Roland Dumas proposera finalement à Genscher d'appeler « conférence des Six ». Ses réunions se tiendront le 5 mai à Bonn, le 22 juin à Berlin, le 17 juillet à Paris (avec les Polonais par suite de l'insistance française) et le 12 septembre à Moscou.

Pour mener à bien cette politique, François Mitterrand a dû rencontrer, une ou plusieurs fois, en novembre et décembre 1989, puis en janvier 1990, les partenaires de la France et les protagonistes de la réunification : Helmut Kohl, bien sûr, mais aussi Mikhaïl Gorbatchev, George Bush, Margaret Thatcher, les autres Européens de la Communauté, les Hongrois, les Polonais, les Allemands de l'Est. Curieusement, certaines de ces rencontres, surtout celles avec Gorbatchev et les Allemands de l'Est, font l'objet de critiques particulièrement saugrenues, puisque tout le monde rencontre alors tout le monde – notamment George Bush et Helmut Kohl voient Gorbatchev au même moment, ce que l'on juge tout à fait normal –, et que le voyage en RDA a par ailleurs été annoncé de longue date.

Cet exemple est typique. Dès avant sa réélection, et compte tenu de l'évolution à laquelle il s'attend, le Président a plusieurs fois évoqué avec Roland Dumas – qu'il était bien décidé à renommer au Quai d'Orsay –, Jean-Louis Bianco, Jacques Attali ou moi son désir de se rendre vite dans tous les pays d'Europe de l'Est. Après son élection, il met en œuvre ce projet, sans attendre que la démocratie ait été restaurée partout. Dans ces cas-là, il reçoit pour un petit déjeuner à la résidence de l'ambassadeur dissidents et opposants. Ainsi à Prague, Vaclav Havel vient avec sa brosse à dents « au cas où les policiers m'arrêteraient à la sortie », dit-il.

La RDA doit faire partie de cette tournée générale dont le Président parle à plusieurs reprises avec le Chancelier. Tournée qu'il fait en trois ans : URSS en novembre 1988, Tchécoslovaquie en décembre, Bulgarie en janvier 1989, Pologne en juin, RDA en décembre, Hongrie en janvier 1990, Tchécoslovaquie (démocratique) en septembre 1990, Roumanie (après la chute de Ceauşescu) en avril 1991. Le secrétaire d'État américain James Baker est lui-même en RDA le 12 décembre 1989 et y rencontre Hans Modrow pour « contribuer à un processus de changement pacifique ». Soit avec le même objectif que le président français. « Je savais, écrira-t-il dans ses Mémoires, que le président Mitterrand avait prévu d'aller en RDA la semaine suivante et je voulais, en y allant le premier, réaffirmer le *leadership* américain[1]. » Ceux qui ont critiqué en France la visite de François Mitterrand en RDA ne rappellent jamais ce contexte. Envoyée début décembre à Berlin-Est en mission préparatoire, Caroline de Margerie décrit à son retour au président la RDA comme déliquescente. Elle lui conseille d'annuler sa visite. Le Président s'interroge un instant. Mais il a horreur de devoir renoncer à un projet conçu de longue date. Et à cette époque, le chancelier Kohl lui-même parle de la RDA comme d'un pays appelé à exister quelques années encore. La France va-t-elle s'interdire tout contact avec la RDA pendant cette période de transition ?

Il maintient son voyage.

J'ai mentionné plus haut ce qui sous-tend cette polémique : elle postule que le Président « n'avait rien vu », qu'il était « contre » (quand il fallait être « pour ») et qu'il n'a rien fait (il a « raté le train de l'Histoire »). Jugeant ces postulats démontrés, la polémique « explique » que le Président est conservateur du fait de l'âge, voire qu'il regrette l'ordre soviétique (nostalgie de l'Union de la gauche, sans doute !). En les résumant, je donne à ces critiques plus de clarté qu'elles n'en ont. En fait, elles se nourrissent de tout et de rien : le voyage à Berlin-Est, la rencontre de Kiev, l'absence à la porte de Brandebourg[2]. Mais à aucun moment les polémistes ne décrivent ce qu'aurait dû être la politique allemande idéale de la France ni en quoi elle aurait différé de celle de François Mitterrand.

---

1. James A. Baker III, *The Politics of Diplomacy*, Putnam, 1995.
2. Le Président dira à la BBC en mars 1995 : « Pourquoi y serais-je allé ? Les Allemands se réjouissaient ensemble [...]. Ce n'était pas à mes yeux le rôle de la France. » Au demeurant, il n'y était pas invité, sauf par la rumeur et les médias.

J'ai dit dans les pages qui précèdent ce que j'en pense : François Mitterrand estimait que la réunification allemande interviendrait mais, pas plus que les Allemands, il ne savait quand. Cette critique de l'absence de « prédiction » est d'ailleurs dépourvue de sens ; ce n'est pas la fonction des hommes d'État. De même pour le fait d'être *pour* ou *contre* : les dirigeants ne sont pas des téléspectateurs qui disent si la soirée leur a plu ou non. Ce qui importe c'est ce qu'ils font. François Mitterrand s'est occupé de la paix (des frontières) et de la relance de l'Europe. Aucun autre dirigeant ne s'en est soucié autant que lui. A-t-il eu tort de le faire ? Personne ne le prétend : alors ?

Les ministres et les collaborateurs du Président ont souvent répondu « rationnellement » à ces attaques : examinez les actes et les déclarations de François Mitterrand sans anachronisme, resituez-les dans leur contexte, aux dates exactes, comparez-les aux actes et aux déclarations des autres dirigeants, y compris ceux du Chancelier, aux mêmes moments, et vous verrez que ces griefs ne résistent pas à l'examen. Pourtant, la polémique perdure. N'exprime-t-elle alors pas quelque chose de plus profond ? Ayant eu, comme porte-parole, des centaines de conversations à ce sujet, au cours desquelles j'entendais répéter sur un ton réprobateur et effrayé à la fois : « Il était contre la réunification », c'est la conviction que j'ai acquise. Quels sont donc les *a priori* de ces critiques ?

D'abord, une vision idéologique manichéenne du monde issue du conflit Est/Ouest, qui imprègne alors l'opinion. Selon ce schéma, la réunification consacre la victoire de l'Occident sur le communisme. Il faut s'en réjouir sans réserves ni restrictions. Prétendre y poser des conditions ne peut être motivé que par une sympathie choquante pour les régimes de l'Est. François Mitterrand qui, comme de Gaulle, a toujours pensé que les « contingences » Est/Ouest comptaient moins que les réalités historiques, est à cent lieues de cette sensibilité quand il pense frontières, paix, équilibre européen. Voilà un premier décalage.

Ce manichéisme est aussi, comme de règle, un moralisme : pour l'opinion à la mode des années 1980, il y a un bon – l'Allemagne de Kohl – et des méchants qui lui compliquent la vie. Il faut prendre position en faveur du « bon ». Pour François Mitterrand, en forçant à peine le trait, il n'y a ni bon ni méchant ; il n'y a pas de « position » à prendre, avec ce que cette expression a de purement verbal, mais un problème à régler intelligemment. C'est un second décalage.

Cette opinion pourrait être sensible aux efforts européens de François Mitterrand. Mais, à la longue, elle a fini par croire l'Europe faite. Aussi les pro-européens ne sont-ils pas inquiets et sous-estiment-ils la nécessité d'une relance ; ils laissent le Président batailler seul. En revanche, les anti-européens, eux, n'aiment pas ce que Mitterrand et Kohl concoctent ensemble.

La paix en Europe ? Tous les Français devraient s'en soucier. Mais ces histoires de frontières paraissent si caduques ! Mémoire contre amnésie. Décalage dans le temps.

Or, c'est parce que François Mitterrand conserve la mémoire du voisinage franco-allemand des siècles passés qu'il entend travailler pour 2010, pour 2020. Au contraire, la société française de 1989, déjà très médiatisée, vit dans l'instant, au rythme quotidien du « 20 heures » et des sondages. L'électeur-téléspectateur exige que ses dirigeants ressentent et expriment les mêmes émotions que lui, au même moment. Pour François Mitterrand, ce n'est pas là l'indice d'une bonne politique étrangère.

Enfin, à l'évidence, il y a derrière tout cela un « retour du refoulé » français sur l'Allemagne, nourri de chiffres (la « Grande Allemagne ») et de références historiques impropres (les années 1930). Le 13 septembre 1989, j'écris au Président : « En France, la hantise de la réunification allemande, qui s'accroît, est plus forte que celle du chaos. Occupées à dénoncer par avance la dérive à l'est de la RFA et la réunification/neutralisation qui pourrait s'ensuivre, les élites intellectuelles françaises n'ont pas vu venir la dérive vers l'ouest de l'Europe de l'Est. »

Ce sentiment s'exprime de diverses façons. La germanophobie de certains est si forte qu'ils récusent la construction européenne, puisqu'elle oblige à tout négocier avec l'Allemagne. Que l'Europe serait belle, pour eux, si l'Allemagne n'existait pas ! Chez d'autres, la peur de l'Allemagne est si bien réinstallée qu'ils tremblent et s'en prennent au président français quand il ose défendre les intérêts de son pays dans la réunification et contrarier un éditorialiste allemand ! Que des journaux allemands protestent et râlent quand la France prend des positions qui ne coïncident pas en tous points avec les desiderata de certains Allemands est une chose. Que des journalistes français les relaient aussitôt sur un ton apeuré et sermonneur en est une autre ! Tout un peuple de « publicistes », comme on disait autrefois, se nourrit de cette mauvaise fièvre germanique et de ce fantomatique train de l'Histoire parti sans nous pour on ne sait où…

Avec le recul, cependant, il me semble que cette acrimonie, que je continue à trouver mal fondée et stérile, contre les prétendus ratages du Président sur la réunification allemande, traduit un désarroi relatif à l'interprétation d'un événement *bouleversant* au sens propre du terme : un déficit de sens, pour employer une expression pédante. Certes, le Président ne cesse pas de parler. Il ne se passe pas une semaine sans qu'il accorde une interview, fasse un point de presse ou réagisse à un événement. Mais à aucun moment il ne s'adresse aux Français sur le thème : « Mes chers compatriotes, voilà ce qui se passe, voilà ce que je fais en votre nom… » Ni d'ailleurs aux Allemands, son « Bonne chance l'Allemagne ! » n'étant lancé qu'en octobre 1990.

En ce sens, je souscris à l'observation de Jean François-Poncet[1] qui estime que, si le Président a *fait* ce qu'il *fallait*, il n'a pas géré la dimension *symbolique* de la réunification. Il n'a pas non plus demandé à Roland Dumas – qui l'aurait pu – de le faire. Il en sera parfaitement conscient, puisqu'il ne cessera de nous dire pendant la guerre du Golfe : « Ah, si j'avais parlé ainsi pendant la réunification allemande ! » À l'époque, les suggestions de conférence de presse, de « grand discours », qu'elles viennent de Jean-Louis Bianco, de Jacques Pilhan, de moi, ou, à l'extérieur, de Jean Daniel, l'irritent. Un jour où je lui conseille de s'adresser aux journalistes allemands, il me lance : « Vous aussi ! Ma parole, vous êtes gangrené ! » Pourquoi ce refus ? J'ai avancé plus haut une hypothèse : il pensait qu'il n'était pas possible d'expliquer, au moment où il s'y livrait, ce mélange nécessaire d'amitié, de confiance et de précautions. Le faire aurait provoqué des complications qu'il aurait fallu gérer. En communication comme ailleurs, le mieux peut être l'ennemi du bien. Ce qui renvoie à la fameuse formule que Franz-Olivier Giesbert[2] attribue après des recherches non à Mazarin ou à Talleyrand, princes du genre, ni au cardinal de Retz, comme le soutenait le Président, mais à François Mitterrand lui-même : « On ne sort de l'ambiguïté qu'à son détriment. » Paternité peut-être trop belle pour être vraie…

1. *Le Point*, mai 1996.
2. *François Mitterrand, une vie*, Le Seuil, 1996.

Il n'empêche qu'il atteint son but : toutes les questions essentielles à ses yeux sont finalement résolues bien et vite, c'est-à-dire, comme il le souhaitait, *avant* la réunification officielle, le 3 octobre 1990, et toujours en accord, après sérieuses discussions, avec Helmut Kohl. Les engagements sur la monnaie et la conférence intergouvernementale destinée à préparer un nouveau traité ont été pris dès le 9 décembre 1989 ; sur l'Union politique et la deuxième conférence intergouvernementale, le 25 juin 1990. Les élections libres ont lieu en RDA le 18 mars. Helmut Kohl finit par accepter, le 25 avril, un traité international confirmant la frontière Oder-Neisse, dans le cadre du « 4 + 2 ». Un traité germano-polonais de bon voisinage et de coopération amicale est signé le 17 juin. Le Bundestag et la Volkskammer proclament le caractère définitif de la frontière avec la Pologne le 21 juin. Quatre conférences à « 4 + 2 » se tiennent au niveau des ministres (avec Roland Dumas pour la France) à partir de mai, la dernière ayant lieu le 12 septembre à Moscou, pour la signature du « traité portant règlement définitif concernant l'Allemagne ». C'est au cours de la troisième réunion, le 17 juillet, à Paris, que les Polonais obtiennent l'assurance que l'intangibilité de la frontière Oder-Neisse sera consacrée par un traité. Enfin, le traité instituant la BERD est signé à l'Élysée le 28 mai…

Voilà pour les actes, tous ordonnés autour d'une idée simple : « accompagner » la réunification allemande afin que l'Europe entière en sorte plus forte et non pas moins forte, et qu'il ne subsiste ultérieurement aucune « bombe à retardement ».

Gorbatchev, Kohl, Bush ou Mitterrand ont pu, au cours de ces mois, tergiverser, commettre des erreurs. Mais l'enjeu était de taille. Placé devant ses responsabilités, chacun a agi en véritable homme d'État : Mikhaïl Gorbatchev en renonçant au recours à la force et en se comportant démocratiquement face aux conséquences de ce choix ; François Mitterrand en se concentrant sur ce qui garantirait à l'avenir la stabilité et la cohésion du continent, et la relance de la construction européenne ; George Bush en s'abstenant d'exploiter trop brutalement la supériorité atlantique contre Gorbatchev ; Helmut Kohl en prenant au bon moment la décision du « un pour un », et en coparrainant avec le président français le traité d'Union européenne. Seule Margaret Thatcher s'est murée dans un double refus : non à la réunification, non à la relance européenne, perdant ainsi toute possibilité d'influence.

Tous les autres dirigeants ont aussi fait preuve (et, en la circonstance, ces sommets et contacts incessants, qui donnent si souvent l'impression, même aux participants, de tourner à vide, ont montré leur utilité pour un « recalage » permanent de chacun par rapport aux autres) d'une grande *intelligence collective*. Il est vrai que les premiers intéressés, les Allemands, étaient tout à fait déterminés à ce que le processus se déroule *pacifiquement* et *démocratiquement*, pour reprendre la formule mitterrandienne, alors que ce sera hélas l'inverse de la part des Yougoslaves…

De la réunification à Maastricht

De fait, quand, le 3 octobre 1990, l'Allemagne est officiellement réunifiée, l'événement est accueilli avec sérénité. Tout a été réglé. Les esprits déjà sont ailleurs : conflit Irak/Koweït au Moyen-Orient et remaniement ministériel à Paris[1]. Mais la relance de l'Europe conçue par le Président et le Chancelier au cours de ces semaines décisives de la fin 1989, son « approfondissement », pour user du jargon européen, demandent à être consolidés. Ce sera la tâche des deux conférences intergouvernementales. Pour le président français, il ne faut surtout pas relâcher l'effort.

Au fil des jours, le Président fait alterner dans ses commentaires privés le volontarisme le plus résolu – « Ne relâchez pas la pression, il faut créer l'irréversible » – avec les coups de frein : « Pas de mystique européenne ! » (à Caroline de Margerie[2]) ; la sombre lucidité : « Je ne suis plus sûr que les Allemands veuillent de l'Union monétaire. Soyons, nous, irréprochables ! » (à Pierre Bérégovoy) et le détachement : « Si l'Europe ne se fait pas, on s'en remettra » (à moi). Mais tous ses actes sont européens.

Au sommet de l'Alliance atlantique réuni à Londres les 5 et 6 juillet, la France et l'Allemagne ont obtenu des États-Unis qu'il soit fait mention dans la déclaration finale de « l'affirmation d'une identité européenne de défense et de sécurité ». Depuis le 2 août,

1. Élisabeth Guigou remplace Édith Cresson aux Affaires européennes et Henri Nallet, Pierre Arpaillange à la Justice.

2. Sophie-Caroline de Margerie est nommée conseiller diplomatique adjoint en juin 1988, puis est chargée des affaires européennes le 3 octobre 1990, jusqu'en février 1992.

l'invasion du Koweït par l'Irak monopolise l'attention du monde. Pourtant, il continue de se passer des choses très importantes sur le théâtre européen.

L'Europe poursuit sa marche en avant selon le calendrier Mitterrand-Kohl-Delors et, réunification ou pas, c'est plus que jamais le tandem franco-allemand qui donne le *tempo* au cours des derniers mois de la présidence italienne. Entre Roland Dumas et Hans-Dietrich Genscher, la compréhension n'a jamais été altérée par l'« année de l'unité ». Elle perdurera jusqu'à la démission du ministre allemand en avril 1992. Mais, comme toujours quand il s'agit des Conseils européens, affaire de « numéros un », c'est à l'Élysée et à la Chancellerie, entre les mécaniciens de la coopération franco-allemande qui travaillent ensemble depuis longtemps, qu'est conçue et pilotée la manœuvre de la fin 1990.

On en a la confirmation à Rome où la présidence italienne a convoqué, les 27 et 28 octobre, un Conseil européen extraordinaire sans attendre celui de décembre. La réunification allemande paraît déjà inscrite dans les faits, ce qui montre à quel point elle est « bien passée ». À Rome, comme à Venise ou à Florence, le Président se sent un peu chez lui. Entre deux promenades avec ses collaborateurs et un chocolat Piazza Navona, il insiste sur l'Union politique. La conférence, pour qui la préparera, prévient-il, exigera du courage intellectuel. Là, Helmut Kohl l'approuve. En revanche, le Chancelier n'est pas encore prêt à le suivre quand il insiste pour que les Douze fixent un calendrier précis pour le passage à la *troisième* phase de l'Union économique et monétaire, celle de la monnaie unique, afin de contrer par avance de prévisibles manœuvres dilatoires.

Au terme des débats, le Conseil de Rome déclare (malgré les réserves britanniques) que « l'Union est un processus progressif nécessitant une extension des compétences ». Les Douze se disent d'accord sur l'*objectif* d'une Politique étrangère et de sécurité commune. Ils précisent enfin les conditions du passage à la *deuxième* phase, fixé au 1er janvier 1994.

Il devient alors urgent de concrétiser, avant « Rome II », ce que pourrait être le contenu de l'Union politique. Une fois encore, la concertation Élysée/Chancellerie (Joachim Bitterlich, Caroline de Margerie et moi) est féconde. Elle aboutit, le 6 décembre, huit jours avant le Conseil européen, à une nouvelle lettre Mitterrand-Kohl dans laquelle les deux dirigeants font part à leurs partenaires de leur position commune à ce sujet : élargissement des compétences de l'Union, renforcement de la citoyenneté européenne et des pouvoirs du Parlement, élargissement du rôle du Conseil européen et du vote à la majorité qualifiée, élaboration d'une Politique étrangère et de sécurité commune en liaison organique avec l'UEO. (Nous disons toujours « sécurité » et non défense, pour ne pas effaroucher les Otaniens intégristes. Mais ils sont déjà sur leurs gardes.) Toute la problématique des années 1990 est là.

Au deuxième Conseil de Rome, les 14 et 15 décembre 1990, les Douze confirment que la conférence intergouvernementale sur l'Union politique aura à traiter de la légitimité démocratique, de la politique étrangère et de sécurité, de la citoyenneté européenne et du principe de subsidiarité[1]. François Mitterrand est plus favorable à l'extension des compétences du Conseil européen qu'à celles du Parlement de Strasbourg (il s'oppose à ce que celui-ci ratifie le traité, prérogative qui revient, selon lui, aux parlements nationaux). À Lubbers qui s'inquiète, à l'inverse, d'un élargissement des pouvoirs du Conseil, il rappelle la « légitimité démocratique du Conseil européen ; la Commission n'a qu'une légitimité indirecte ». Et il ajoute, évoquant cette perspective pour la première fois : « Avant la fin de mon temps, qui s'approche, je souhaite dépasser le stade où nous sommes parvenus. »

Le 15 décembre 1990, à l'issue du Conseil européen, les deux conférences intergouvernementales sont ouvertes. C'était depuis des mois notre objectif. Roland Dumas représente la France dans la conférence sur l'Union politique, Pierre Bérégovoy dans celle sur l'Union économique et monétaire. Élisabeth Guigou, ministre déléguée aux Affaires européennes, participe aux deux. Ouvrant la conférence monétaire, le ministre italien des Finances, Guido Carli, évoque avec émotion sa participation à la conférence historique de Bretton Woods en 1944. Chacun veut croire qu'il est en train de contribuer à une œuvre promise à un aussi grand avenir.

C'est une présidence luxembourgeoise qui suit, ce qui ne sera pas sans exercer une certaine influence sur la rédaction des projets de traités. Les Luxembourgeois essaient en effet de pousser les feux pour le Conseil de juin. Les Pays-Bas préféreraient, à l'inverse, que les discussions se concluent sous leur présidence, donc

1. Principe tiré de l'Église, en vertu duquel chaque institution ne s'occupe que de ce qui ne peut être traité, mieux, à l'échelon inférieur.

à la fin de 1991, comme prévu à Rome. La Grande-Bretagne veut freiner sans que cela se voie. Le Luxembourg ne veut pas irriter les États-Unis sur la défense européenne. Les Pays-Bas n'aiment guère l'idée d'un accroissement des pouvoirs du Conseil. Helmut Kohl, lui non plus, n'entend pas se hâter. Après qu'il a rencontré François Mitterrand le 25 juin, Caroline de Margerie observe : « Le Chancelier veut un sommet bavard, mais pas conclusif. » Le Président souhaite au contraire qu'un maximum de points soient actés au Conseil de Luxembourg, notamment en ce qui concerne l'Union politique.

Les ministres membres des conférences intergouvernementales se réunissent chaque mois, les représentants personnels (Jean-Claude Trichet pour Pierre Bérégovoy, Pierre de Boissieu pour Roland Dumas et Élisabeth Guigou) chaque semaine. En juin, Karl Otto Pöhl, alors président de la Bundesbank, propose un passage rapide à l'Union économique et monétaire pour les pays du « noyau dur » : Allemagne, France, Benelux et Danemark[1]. Les exclus potentiels protestent aussitôt et Pierre Bérégovoy, qui ne veut pas d'un ensemble où il n'y aurait que les monnaies de la zone mark plus le franc, s'oppose à toute Europe « à deux vitesses ». Il n'avait pas attendu l'ouverture de la conférence pour exposer également, le 5 décembre, sa conception des « critères de convergence » – qui feront eux aussi couler encore beaucoup d'encre – au cours de la phase 2 : stabilité effective des taux de change, rapprochement des taux d'inflation à niveau faible, rapprochement des taux d'intérêt à court terme, maîtrise des déficits publics.

Les conférences intergouvernementales vont travailler et peiner toute l'année 1991. C'est au début de cette année qu'apparaît le désaccord entre l'Allemagne et les autres – dont la France – sur la Yougoslavie. Au printemps 1991, le nationalisme serbe de Milošević s'affirme déjà en Yougoslavie depuis plus de deux ans ; le parti de Tudjman a remporté les élections de 1990 en Croatie, comme d'ailleurs les autres partis nationalistes dans toutes les républiques ; les Serbes de Croatie ont aussitôt proclamé leur autonomie ; les Slovènes ont voté pour l'indépendance ; 93 % des Croates aussi ; James Baker a mis en garde les Yougoslaves contre cet éclatement pourtant déjà inéluctable ; la Slovénie et la Croatie ont proclamé leur indépendance trois jours avant le

1. Nous sommes encore en 1990 ; la réunification n'est pas faite ; ce débat sur le « noyau dur » va perdurer tout au long des années 1990.

Conseil européen de Luxembourg, escomptant l'appui décisif du chancelier Kohl et de Hans-Dietrich Genscher à leur demande de reconnaissance internationale. La logique tragique de la dislocation est en marche.

Tout au long de l'année 1991 s'entremêlent les négociations sur l'Union monétaire, sur l'Union politique, et les débuts du drame yougoslave.

Pierre Bérégovoy a ainsi raconté les étapes de la conférence monétaire où il siège : « Le 11 mai, à Luxembourg, les ministres des Finances, les gouverneurs des Banques centrales, les directeurs du Trésor se retrouvent pour un week-end entre les vignes mosellanes et les châteaux forts des Ardennes. En langage communautaire, c'est un Ecofin[1] informel. Celui-ci sera fructueux. On y évoque pour la première fois la solution au problème britannique : ni obligation d'entrée en troisième phase, ni droit de veto sur l'entrée des autres. »

À Luxembourg, le 28 juin 1991, les Douze conviennent, sur la base du projet de traité luxembourgeois d'Union politique, de maintenir les acquis communautaires tout en créant un cadre institutionnel unique, d'appliquer le plus possible le principe de subsidiarité, et de rechercher la cohésion économique et sociale. Mais il y a encore loin d'ici à un accord sur un traité.

C'est à ce Conseil que la France, la Grande-Bretagne, l'Italie et l'Espagne s'opposent à une reconnaissance bâclée de la Slovénie et de la Croatie. Elles considèrent qu'avant d'en arriver là il convient de vérifier si la fédération yougoslave est encore viable, et, de toute façon, ne souscrire à aucune indépendance « sauvage » sans qu'aient été apportées *au préalable* des garanties aux minorités inquiètes de perdre celles qu'elles trouvaient dans la fédération yougoslave, et sans qu'aient été trouvées des solutions aux conflits frontaliers générateurs de conflits potentiels.

La tension perdure à ce sujet entre Paris et Bonn, qui s'est engagé derrière la Croatie pendant tout le second semestre 1991. Mais cela n'empêche nullement Français et Allemands de participer aux initiatives communautaires sur la Yougoslavie, de travailler facilement ensemble au sein des conférences intergouvernementales, et François Mitterrand de revenir en septembre en visite officielle dans l'ex-RDA, devenue « nouveaux *Länder* », à l'invitation

1. Conseil économique et financier.

du président von Weizsäcker qui entend ainsi rendre hommage à son attitude pendant le processus de réunification.

Dans le même temps, les négociations monétaires se poursuivent. Pierre Bérégovoy : « 22 septembre 1991 – Apeldoorn. Nouvel Ecofin informel, cette fois au milieu des landes sablonneuses des Pays-Bas. Le sujet essentiel est le passage à la troisième phase : quels critères de convergence pour apprécier si un pays est prêt ? Quelle procédure de vote pour décider l'entrée dans la monnaie unique ? Les Allemands – sous l'impulsion de la Bundesbank – et les Anglais veulent des conditions restrictives ; les pays du "Sud" refusent de voir leur exclusion programmée. Wim Kok, le président néerlandais, Philippe Maystadt, ministre belge, Carlos Solchaga, ministre espagnol, travaillent avec moi au compromis : il y aura des critères précis, mais il y aura une marge d'appréciation en tendance des efforts faits. » Cette dernière phrase aura une importance capitale quelques années plus tard…

Contrairement aux conclusions de Luxembourg, la présidence néerlandaise, qui a succédé le 1er juillet 1991 à la luxembourgeoise, élabore de son côté son propre texte de traité, présenté en septembre, texte qui, selon Caroline de Margerie, « obéit, sur l'Union politique, à la logique du plus petit commun dénominateur, et, sur l'Union économique et monétaire, institutionnalise l'Europe à deux vitesses ». Du coup, ce projet mécontente tout le monde, sauf la Commission, privilégiée dans ce texte qu'elle a inspiré, et les ministres des Affaires étrangères le rejettent, le 30 septembre, au grand mécontentement de La Haye et de Bruxelles. Deux mois avant Maastricht, il faut donc repartir des seuls acquis de Luxembourg !

Du 18 au 21 septembre, François Mitterrand a visité les nouveaux *Länder* allemands. Les étapes de Berlin, Potsdam, Weimar ou Sans-Souci lui permettent d'alimenter sa curiosité sur la Prusse, ravivée par la réunification, et de nourrir ses méditations sur l'histoire des nations européennes, dans laquelle il excelle. Mais ce voyage est dominé par les événements qui se déroulent en ex-Yougoslavie. Le 7 septembre, à La Haye, la conférence internationale proposée par les Douze s'est ouverte sous la présidence de lord Carrington. Le 8, les Macédoniens se sont prononcés à leur tour pour leur indépendance. Les approches allemande et française demeurent divergentes. François Mitterrand ne croit toujours pas que, compte tenu de l'imbrication des peuples qui la composent, la Yougoslavie puisse être découpée en États homogènes et viables ; il est convaincu que la dislocation entamée va engendrer drame sur drame, la plupart des peuples des anciennes républiques fédérées étant résolus à ne jamais devenir, du fait des nouvelles frontières tombées comme des herses, des minorités chez les autres. Pour lui, il faudrait gagner du temps afin de ménager une transition, en tout cas éviter un retour des drames du passé, et d'abord préserver l'unité des Douze. L'opinion allemande, elle, s'échauffe sous l'influence des centaines de milliers de Croates présents ou réfugiés en Allemagne, et des milieux allemands qui les soutiennent. Président français d'un côté, opinion allemande de l'autre, en quelque sorte : car, à Paris, les « intellectuels » qui commencent à se manifester sous ce label n'expriment pas une opinion majoritaire.

À Bonn où il s'est arrêté le 19 septembre avant de se rendre à Berlin, François Mitterrand a déclaré à Helmut Kohl : « Ne jetons pas de bûches dans le feu par des reconnaissances bâclées ! » Helmut Kohl ne lui a pas dit le contraire ; il a répondu : « J'ai de plus en plus de mal à tenir, tant les pressions sont fortes. » Et quand le Président lui a répondu : « Je sais que vous êtes le seul à garder la tête froide », Kohl a affirmé, souverain : « Je suis seul, mais je suis le Chancelier ! » Ensemble, pour masquer leurs divergences, ils ont décidé d'appeler à l'envoi d'une force militaire d'interposition. Mais les Britanniques font échouer ce projet par leur refus traditionnel de s'impliquer dans les Balkans. Le 20 septembre, à Weimar, le Président déclare : « Si la Croatie veut faire sécession, s'éloigner de la Yougoslavie, je ne vois pas au nom de quoi la Yougoslavie, impulsée essentiellement par la république de Serbie, l'interdirait. » Jamais il ne tente d'aller contre les faits, contre l'inéluctable. Il ressent les mouvements de l'Histoire comme gros d'autant de drames que de promesses. Devant eux, il salue les libertés, mais se défie des illusions lyriques. Il ne se pose jamais de vaines questions telles que : suis-je pour ou contre ? Il s'emploie à accompagner, canaliser, domestiquer les événements. Comme dans l'affaire allemande, pensant l'avenir à la lumière du passé, il se trouve souvent en porte-à-faux par rapport à une opinion en butte au totalitarisme émotionnel des images, et qui vibre dans l'instant.

L'affaire yougoslave n'empêche pas le Chancelier de tenir au Président des propos tels que : « Il faut avoir le passé derrière nous. Si *nous* n'arrivons pas à l'Union européenne, cela ne se fera jamais. »

À Berlin, devant le président fédéral approbateur, François Mitterrand consacre un de ses discours les plus remarquables et les moins connus, travaillé selon son habitude jusqu'à la dernière minute avec ses collaborateurs présents, à ses inquiétudes et à ses suggestions pour l'avenir de l'Europe :

> La libération de tant de nations qui souhaitent s'incarner dans autant d'États, on le voit bien, conduit à une dispersion, à un éclatement qui pourrait devenir le prélude, si l'on n'y prend garde, à de multiples affrontements. Il nous faut donc organiser cette liberté et veiller à ce que le droit à l'autodétermination s'exerce, oui, qu'il s'exerce, mais de façon à respecter le processus démocratique et pacifique et en conformité avec les traités qui assurent la paix et la sécurité sur notre continent.

Et cette formule :

> L'autodétermination, oui, bien sûr, quel amoureux du « droit » ne la proclamerait pas ? Mais l'autodétermination sauvage, non !

Dans ce discours, le Président énumère en détail toutes les propositions françaises relatives à l'ex-Yougoslavie et se dit prêt à saisir le Conseil de sécurité. Soucieux d'empêcher que la contagion de ce conflit ne porte atteinte, en amont, à la cohésion européenne – ce risque l'obsède –, il ajoute même : « Chacun des Douze doit s'engager à ne répondre à aucune demande, à ne pas contribuer avec des moyens militaires, de façon unilatérale, à l'aide de l'un ou l'autre des belligérants. »

C'est dire son anxiété. Mais, s'il se sent pour mission d'empêcher la répétition des déchirements européens à propos des Balkans, il estime ne pas avoir de responsabilité dans le déclenchement de la tragédie yougoslave, ni être doté – pas plus qu'aucun autre dirigeant – de pouvoirs magiques pour la résoudre.

À Berlin, il conclut par l'amitié franco-allemande, « l'amitié d'où vient, d'où naît la concorde et le goût que l'on prend pour l'effort en commun, avec ce sentiment de découverte, d'inattendu, d'une victoire sur soi-même et d'une victoire sur l'Histoire… » En septembre 1991, après plus de dix ans à l'Élysée, combien en a-t-il déjà prononcés, de ces hommages obligés, de ces toasts de circonstance à l'amitié franco-allemande : quarante, cinquante ? Mais plus le temps passe, plus son ton est pénétré, plus ses mots sonnent vrai, plus son intérêt pour l'Allemagne est réel.

Dernières semaines avant Maastricht

Quelques semaines avant Maastricht, il subsiste encore des divergences entre Français et Allemands à propos du statut de la future Banque centrale, des pouvoirs du Parlement européen et – point plus épineux – de la demande allemande d'une augmentation du nombre de ses représentants au Parlement, « pour tenir compte de la réunification ». Avec élégance, le Chancelier ne donnera aucune publicité à ce différend sur un sujet pourtant hypersensible en Allemagne. Nonobstant ces désaccords, François Mitterrand et Helmut Kohl sont bien décidés à bousculer leurs partenaires sur la défense afin de donner par avance plus de corps au volet politique du futur traité. Ils se le sont confirmé, le 18 septembre, à Bonn. « De toute façon, nos partenaires seront vexés, a observé le Président, mais tout doit être fait avant Maastricht. »

Comme toujours, les États-Unis vont s'en inquiéter ; ils n'auront aucun mal à mobiliser contre nous ceux des Européens qui aspirent surtout à ne pas les contrarier. Il faut donc leur ôter tout prétexte, notamment celui d'avoir été placés devant le fait accompli. Le Chancelier paraît résolu : ce n'est plus le Kohl des sommets de Williamsburg et de Bonn au début des années 1980 ! Le Président et lui conviennent donc, ce jour-là, que, avant que nos projets ne soient rendus publics, Peter Hartman, alors principal conseiller diplomatique du Chancelier, et moi irons à Washington voir le général Scowcroft, conseiller du président Bush pour les affaires de sécurité nationale, afin d'essayer de désarmer son hostilité de principe envers les projets franco-allemands en matière de sécurité.

Nous voilà donc, le 4 octobre, à la Maison Blanche dans le bureau du général Scowcroft – celui qu'occupait Henry Kissinger vingt-cinq ans auparavant – qui dit apprécier d'être informé au préalable. Il souhaite vivement, cependant, que l'UEO[1] n'ait qu'un rôle de *charnière* entre la Communauté et l'OTAN, et ne soit pas

1. L'Union de l'Europe occidentale a été dissoute en juin 2011. (NdÉ)

un *instrument* des Douze ; et que les représentants des pays européens à l'UEO soient les mêmes qu'à l'OTAN. En fait, pour lui, quoi que concoctent Français et Allemands, tout doit être conçu et conclu au préalable au sein de l'OTAN et contrôlé par elle !

Nous rallions ensuite les Espagnols à « la perspective d'une défense commune ». Et rédigeons entre Français et Allemands, pour le 14 octobre, une nouvelle lettre commune Mitterrand-Kohl, sur la sécurité commune, cette fois-ci, qui comprend : un projet d'article du futur traité insistant sur le rôle de l'UEO ; une déclaration sur les *domaines prioritaires* de la politique étrangère commune, assortie d'exemples précis ; un projet de déclaration des États membres de l'UEO sur la création d'un lien organique entre l'UEO et l'Union, et, à la demande du Président, à la coopération UEO/Alliance[1]. Je vais porter moi-même cette lettre à La Haye à Ruud Lubbers, président en exercice du Conseil européen, non sans mentionner l'accueil satisfait fait par le général Scowcroft à cette démarche. Auprès du Premier ministre néerlandais, j'insiste : on ne peut parler d'union politique européenne si l'on n'y inclut pas, même à terme, une défense européenne. L'UEO, à condition de la réveiller, est un instrument tout trouvé puisqu'elle a, en matière militaire, des compétences que n'a pas la Communauté. Lubbers prend note aimablement, sans s'engager.

Le sommet de l'Alliance atlantique, à Rome, les 7 et 8 novembre 1990, est encourageant pour nous. Les États-Unis acceptent que l'article 52 du communiqué reconnaisse une « identité européenne de défense, complémentaire de l'Alliance », ce qui va un peu plus loin que la formulation adoptée à Londres en juillet 1990. On peut penser que les plaidoyers de François Mitterrand auprès de George Bush, depuis quatre ans, la bonne entente qui a prévalu dans l'affaire du Golfe, et l'information préalable ont servi à quelque chose. Les Européens voudront-ils maintenant se glisser par l'entrebâillement de cette porte ? Cela ne dépend pas que de nous…

Dans les dernières semaines de 1990, la situation est la suivante :

Le texte néerlandais a été abandonné. Restent quelques acquis de la présidence luxembourgeoise. Ruud Lubbers, qui va présider à Maastricht, est très sensible aux sirènes anglaises. Or les Anglais ne veulent de rien. Fin octobre, Caroline de Margerie note : « La

1. Caroline de Margerie y introduit en outre la première mention de l'Eurocorps.

Grande-Bretagne est opposée à toutes les avancées, opposée à la monnaie unique et à la Banque centrale, opposée au vote sur la politique étrangère à la majorité qualifiée, opposée à une défense commune à terme, opposée à un Parlement davantage associé au processus législatif. Bref, la Grande-Bretagne récuse le principe de l'Union économique et de l'Union politique. Mais elle négocie très bien. Elle fait des trocs, des alliances diverses pour arriver au moins-disant. »

À l'autre extrême, l'Allemagne veut l'Union économique et monétaire, une Banque centrale autonome, un Conseil européen conforté, un Parlement européen revalorisé, avec plus de députés allemands, une Politique étrangère et de sécurité commune ambitieuse, et, espérons-nous, une défense commune à terme.

La France préconise l'Union économique et monétaire, *avec une date précise de passage à la troisième phase* ; elle est réservée sur la Banque centrale autonome ; elle veut elle aussi un Conseil européen fort, mais est plus réservée sur un accroissement des pouvoirs du Parlement européen qui ferait de celui-ci l'égal du Conseil des ministres ; elle veut encore plus que l'Allemagne une défense européenne, et tient à une Charte sociale.

Courant octobre, les ministres des Affaires étrangères et leurs représentants au sein de la conférence sur l'Union politique commencent à définir des domaines de politique étrangère, annexés au traité, qui relèveraient d'une « action commune ». Le schéma est ingénieux : les orientations générales seraient arrêtées à l'unanimité, certaines mesures d'application pouvant être décidées à la majorité qualifiée. Les autres domaines resteraient de la compétence des États nationaux, invités cependant à coopérer. Autour de cette question unanimité/majorité qualifiée/majorité simple se jouent depuis des années, et pour encore des années, la répartition des pouvoirs États nationaux/Union européenne, et l'émergence (ou non) de cette dernière sur la scène mondiale en tant que puissance et non comme simple zone commerciale. Logiques avec eux-mêmes, les Anglais refusent bien sûr le vote à la majorité et la liste d'actions communes.

Au sein de l'autre conférence, en octobre, l'accord se fait sur l'objectif de la monnaie unique et sur la création, au 1er janvier 1994, d'un institut monétaire européen qui se transformera ultérieurement en Banque centrale indépendante. Mais restent à préciser la date de passage à la troisième phase et les critères économiques exacts définissant les pays susceptibles d'y passer[1] ; à trouver une formule spécifique pour les Britanniques ; à définir enfin le rôle exact de la Banque centrale.

Autre motif de querelle. Début septembre, l'Allemagne a réclamé dix-huit parlementaires au Parlement européen en sus des quatre-vingt-un qu'elle y compte déjà, tout comme la France et la Grande-Bretagne. Or, le Conseil de Dublin avait décidé que l'intégration de la RDA se ferait sans révision des traités, et le Chancelier s'y était engagé. Mais, depuis l'unification, le Parlement européen a déjà accepté dix-huit « observateurs » des nouveaux *Länder*… Le SPD fait de cette revendication son cheval de bataille, espérant gêner Kohl. Celui-ci obtient l'acquiescement de Felipe González pour l'Espagne et de Kinnock pour l'Angleterre. Ajouté à l'incohérence des députés français, le mouvement est suffisant pour que le Parlement vote, le 9 octobre, une résolution demandant aux États membres d'accroître de dix-huit le nombre des députés allemands. La RFA fait aussitôt connaître son soutien officiel à cette proposition. Nouvelle preuve de l'interpénétration, plus grande en Allemagne qu'en France, entre politiques intérieure, européenne et extérieure. Dans le cas d'espèce, il est clair que le Chancelier est favorable, mais veut nous donner l'impression qu'on lui a forcé la main. Très attaché à l'égalité fondatrice entre les quatre pays les plus peuplés, le Président, lui, est très hostile. Le 17 octobre, à Viterbe, il envisage même, avec Giulio Andreotti, qui partage ses sentiments, de créer un Sénat où les États seraient à égalité. Andreotti est lucide : « Pourquoi a-t-on créé un Parlement européen ? Parce qu'on a été démagogue ! L'évolution n'est pas encore à ce point fédéraliste. » Remarque on ne peut plus juste.

Toutes ces années montrent bien comment cette division des pro-européens entre chimériques et réalistes les affaiblit face aux anti-européens. François Mitterrand accepte, le 23 octobre, qu'Élisabeth Guigou explore la solution consistant à augmenter le nombre des députés de *tous* les États membres. Le 14 novembre, à Bonn, le Président déclare sans détours au Chancelier que « l'augmentation unilatérale de dix-huit Allemands serait un manquement grave à l'esprit des traités qui reposait sur la parité. On risque de dire qu'on passe à une Europe allemande, et d'assister à un réveil des sentiments anti-européens ». Kohl ne cède pas ; il serait

1. Les ministres des Finances sont opposés à tous critères « autres » : par exemple sociaux.

d'accord pour que les autres augmentent aussi, mais moins : six à dix pour la France. Le Président s'en tient à une augmentation qui respecte les proportions initiales, mais il ne se trouve personne d'autre en Europe pour le soutenir.

Début décembre, les Néerlandais déposent un nouveau projet de texte sur l'Union économique et monétaire qui va dans le sens britannique et comporte en particulier deux points inacceptables à nos yeux : l'absence de date de passage à la troisième phase et une clause d'exemption qui obligerait tous les États à consulter leurs parlements nationaux avant ce passage. Quant au projet franco-allemand sur la défense, La Haye ne veut même pas l'endosser.

Quinze jours avant Maastricht, Pierre de Boissieu, archétype du grand serviteur de l'État, représentant personnel de Roland Dumas et Élisabeth Guigou à la conférence, résume à la pointe sèche les positions de nos partenaires : le dilemme britannique est de savoir comment dire non sans que sept ou huit pays organisent une Union politique sans eux. Les Allemands tiennent absolument à l'augmentation des pouvoirs du Parlement de Strasbourg : en Allemagne, c'est synonyme d'Europe plus démocratique. Les Pays-Bas : « Moins il y aura de défense et d'intergouvernemental, plus il y aura de Parlement et d'Américains, plus M. Lubbers sera content. » L'Espagne « suit la France sur l'Union politique et la PESC, mais demande l'unanimité sur les questions qui la gênent ». La Grèce « veut obtenir des transferts financiers et devenir membre de l'UEO pour faire pièce à la Turquie ». Les autres États ne s'expriment guère. La Commission est systématiquement « à contretemps et à contre-priorités ». La négociation sur l'Union politique est la seule « qu'elle n'ait ni comprise, ni maîtrisée. Elle se satisferait d'un Acte unique bis ».

Quant à nous, nous affichons les plus grandes ambitions. Roland Dumas déclare à l'Assemblée nationale : « Le traité jette la base d'une Union européenne à vocation fédérale, elle-même épine dorsale d'une confédération paneuropéenne encore à bâtir, qui unira douze États et 340 millions de citoyens pour faire de l'Europe la première puissance mondiale. » C'est bien la pensée profonde du Président.

Par ailleurs, au sommet franco-allemand de Bonn, le 15 novembre 1991, comme le 3 décembre encore, à l'Élysée, les désaccords sur la Yougoslavie restent entiers.

La journée du 15 novembre aura été employée à un examen détaillé des divergences franco-allemandes avant Maastricht : le rôle du Parlement européen, le nombre des députés allemands, la date de la troisième phase, la demande de reconnaissance présentée par la Slovénie et la Croatie, et – divergence qui pèse depuis juin sur tous les travaux européens sans que l'écart entre Français et Allemands se réduise – la politique industrielle européenne que nous préconisons (demande justifiée d'Édith Cresson) et dont les Allemands ne veulent pas. Tout cela n'est pas rien, mais ne porte pas atteinte au cœur du dispositif.

Le soir, le Président emmène le Chancelier au *Pichet*, un restaurant des Champs-Élysées, déguster des fruits de mer et quelques plats plus roboratifs. Autres invités : Peter Hartman et Joachim Bitterlich, Caroline de Margerie, Pierre Morel et moi. La conversation se poursuit gaiement autour de la table.

Les entretiens franco-allemands au sommet ne sont jamais aussi utiles que lorsqu'il faut tenter de surmonter ou de gérer des divergences profondes, et que les arguments et les contraintes de chacun sont franchement exposés. Sur la Yougoslavie, François Mitterrand tente d'aider Kohl, qui essaie de résister à des pressions internes, en lui fournissant un point d'appui extérieur. Ils savent en même temps qu'eux seuls peuvent faire réussir Maastricht contre Major et Lubbers. Français et Allemands ont été d'accord pour acter les acquis du projet « luxembourgeois » de traité, en juin, et écarter en septembre la version néerlandaise qui avait la préférence des petits pays et de la Commission. À la veille de Maastricht – en dehors de l'ex-Yougoslavie –, il n'y a plus de divergences franco-allemandes, si ce n'est sur les pouvoirs du Parlement et le nombre de ses députés. À quoi s'ajoute l'incertitude sur la date de la troisième phase.

Nous faisons une ultime tentative pour que le désaccord sur la reconnaissance de la Slovénie et de la Croatie ne fasse pas échouer le sommet. La seule solution serait que le Chancelier puisse plaider qu'il ne peut se désolidariser de ses partenaires européens. Le 3 décembre, Peter Hartman, conseiller diplomatique du Chancelier, Pierre Morel et moi rédigeons dans mon bureau un « projet de déclaration des Douze sur la crise yougoslave » auquel Roland Dumas essaiera de rallier ses collègues à Maastricht.

Maastricht, 9 et 10 décembre 1991

Maastricht : le nom de cette pittoresque localité néerlandaise proche des frontières belge et allemande évoque moins pour nous la mort de d'Artagnan[1] que l'aboutissement d'années de négociations européennes très complexes, et la consécration de la gestion – européenne – de la réunification allemande par le tandem Mitterrand-Kohl. Personne dans la délégation française[2] n'imagine alors que, dans quelques mois, des orateurs anti-européens essaieront d'inquiéter le public français en prononçant ce mot de la façon la plus désagréable qui soit pour des oreilles françaises : Maasstrirrt, Maastriikkt, entendrons-nous alors[3]...

Deux grandes questions restent ouvertes : les Britanniques ne veulent toujours pas s'engager ; et, pour la troisième phase, seule est acceptée une « date de rendez-vous » – le 30 décembre 1996 – pour en débattre. Pierre Morel et Caroline de Margerie partent sur les lieux du sommet, dès la veille de l'ouverture, le 8 décembre, pour rencontrer encore une fois les Allemands, et rendent compte au Président qui arrive pour le dîner. Aussitôt après, François Mitterrand rencontre Giulio Andreotti. Tous deux sont favorables au *statu quo* pour ce qui est du nombre des députés allemands. Le Président, qui observe depuis des semaines les manœuvres dilatoires et a attendu son heure, avance, bousculant les prudences des financiers, l'idée d'une « date butoir » pour la mise en œuvre de la troisième phase (Édith Cresson l'y a poussé.) Le lendemain matin, au cours de la première séance, il déclare : « Il faut fixer une date de passage à la troisième phase, une date "au plus tard", qui pourrait être avancée. Le Conseil européen doit se réunir avant le 31 décembre 1996, mais, s'il ne décide rien, la date du 1er janvier 1999 tombera comme un couperet. » L'accord franco-allemand

1. Capitaine des mousquetaires, maréchal de camp, fut tué au siège de Maastricht en 1673.

2. Outre le Président, Roland Dumas, Pierre Bérégovoy, Élisabeth Guigou, Jean Musitelli, Pierre Morel, Caroline de Margerie, Bernard Kessedjian, Daniel Bernard, Pierre de Boissieu, Jean-Claude Trichet, Jean Vidal et moi-même, de nombreux autres fonctionnaires des Finances, du Quai d'Orsay, du SGCI.

3. À la veille de Maastricht, la majorité des Français souhaite le renforcement de l'intégration communautaire (sondage TF1, *Le Monde* BVA) : 57 % affirment qu'elle ne leur fait pas peur, et 52 % (contre 35 %) estiment même que la France y gagnera.

joue : Helmut Kohl le soutient d'emblée. C'est l'un des moments les plus importants des Conseils européens de ces quatorze années, peut-être même le plus important de tous.

Après le déjeuner, le Président fait une promenade le long de la Meuse. Au cours de la séance de l'après-midi, la tactique de Lubbers se confirme. Il répète sans cesse : « Je note les problèmes ; on les verra plus tard. » Il semble de mèche avec John Major. Pierre Morel se souvient : « Le Président et Kohl commençaient à s'échauffer. »

Le lendemain matin, au petit déjeuner qu'ils prennent rituellement ensemble avec leurs collaborateurs, les deux hommes se mettent d'accord pour obliger leurs partenaires à conclure le jour même. « La journée sera rude », confie François Mitterrand à Helmut Kohl, lui expliquant que ç'avait été la phrase de Damiens au matin de son exécution. « Eh bien, François, répond Kohl, il faut qu'on aille se battre ensemble. »

Au cours de la séance du matin, alors que les textes ont été mis au point durant la nuit, Lubbers cherche encore à gagner du temps. Au déjeuner, la discussion se tend. « Nous avons fait des remarques à Lubbers, qui les a mal prises », raconte peu après le Président à Pierre Morel, qui lui suggère de revoir Kohl. Ce qui se fait aussitôt :

> FRANÇOIS MITTERRAND : Cela ne va pas. La Présidence ne joue pas le jeu. J'ai voulu vous voir pour décider de ce que nous allons faire ensemble.
> HELMUT KOHL : On a déjà acquis l'UEM, la cohésion sur les fonds structurels, comme le voulait González. Il faut se battre sur la défense dont Major ne fait pas un point central. Après, on dira : « Qui veut le traité avec le social ? » et on se comptera. Lubbers dira : « Vous n'allez pas tout faire craquer à cause de déclarations sur les travailleurs. » Il faut décider aujourd'hui, dire que onze pays acceptent, et laisser aux Britanniques le temps de la réflexion.
> FRANÇOIS MITTERRAND : Oui, mais à condition qu'ils ne puissent ni nous bloquer, ni retarder notre entente à onze.
> HELMUT KOHL : Bien sûr, on ne touchera plus au traité.

La séance reprend. Elle dure jusqu'à une heure et demie du matin. Pendant les dernières heures de la négociation, le Président est de plus en plus exaspéré par la manière dont Lubbers préside. Plusieurs fois, il prend Élisabeth Guigou à témoin : alors qu'il demande la parole, Lubbers donne celle-ci à Major ou à d'autres pays favorables aux thèses britanniques ! Pendant les interruptions, le Président fait les cent pas dans les couloirs avec nous, furieux contre John Major et Ruud Lubbers. Le Conseil s'achève quand même sur une décision de conclure un traité social à onze et sur l'examen du texte de ce traité mis au point en cours de séance par Jacques Delors. La conférence de presse a lieu à 2 heures du matin. « Le Président était très satisfait, se souvient Pierre Morel, mais l'exprimait avec pondération. »

Le sommet se conclut donc par un accord sur un nouveau traité, qui sera signé le 7 février. La Communauté européenne devient l'« Union européenne ». L'Union économique et monétaire est décidée. Le traité de Rome sera modifié en conséquence. En outre, le fait que les Allemands aient souscrit pendant le sommet à la « déclaration des Douze sur les critères de reconnaissance des nouveaux États en Europe orientale » permet d'espérer la reconstitution d'une unité de démarche communautaire sur la Yougoslavie. Enfin, le chancelier Kohl n'a pas obtenu d'engagement sur ses dix-huit parlementaires européens supplémentaires[1].

Le traité de Maastricht

Finalement, en quoi consiste ce traité de Maastricht, aboutissement d'années d'efforts et de marchandages marquées par les impulsions françaises et allemandes et les freinages britanniques ?

1) Le Préambule définit la vocation et les objectifs de l'Union. Les citoyens de chaque État deviennent citoyens européens, avec droit de vote et d'éligibilité aux élections municipales et européennes. La « vocation fédérale » qui figurait dans le projet – François Mitterrand et Roland Dumas avaient délibérément prononcé le mot pendant toute l'année et demie écoulée – a été rayée du texte, sur l'insistance du Royaume-Uni, et remplacée par « une union toujours plus étroite dans laquelle les décisions sont prises d'une manière aussi proche que possible des citoyens ».

2) Des modifications et ajouts sont apportés au traité de Rome. L'Union économique et monétaire est créée, et une monnaie unique sera mise en place au plus tard le 1er janvier 1999, la Grande-Bretagne n'étant pas engagée. Un protocole social à onze

1. Finalement, nous accepterons 99 parlementaires pour l'Allemagne, et 87 pour la France, l'Italie, le Royaume-Uni.

est annexé au traité de Rome, qui mêle domaines où la décision peut être prise à la majorité qualifiée et domaines où l'unanimité est maintenue. La Grande-Bretagne renonce ainsi à son droit de veto et les Onze mettent en pratique la « géométrie variable ». Il est créé un fonds de cohésion pour l'environnement et les grands réseaux. Plusieurs nouvelles compétences (éducation, formation professionnelle et jeunesse, réseaux transeuropéens, santé, aide aux pays en voie de développement, protection des consommateurs) sont régies par la règle de la majorité qualifiée. La durée du mandat de la Commission est portée à cinq ans. Une déclaration jointe au traité stipule que les questions relatives au nombre des membres de la Commission et des membres du Parlement européen seront examinées fin 1992 au plus tard. Le traité énumère un certain nombre de domaines dans lesquels le Parlement européen dispose de la « codécision ». Il devra aussi donner un avis conforme pour la ratification des traités et approuver la nomination des membres de la Commission.

3) L'objectif d'une Politique étrangère et de sécurité commune (PESC) est affiché. Le compromis réalisé veut que les chefs d'État et de gouvernement décident à l'unanimité des actions communes, que les ministres décident encore à l'unanimité des questions précises sur lesquelles un vote à la majorité qualifiée sera ensuite possible. Une première liste, annexée, d'actions communes mentionne le désarmement et la CSCE. Autres compromis : le traité précise que la PESC inclut « la formulation à long terme d'une politique de sécurité commune qui peut conduire à terme à une défense commune », et que l'UEO, dont le rôle opérationnel doit être développé, « fait partie intégrante de l'Union européenne », mais que son action reste complémentaire de la politique de l'OTAN. L'objectif lointain, la défense commune, sera développé lors de la révision du traité en 1996.

De telles contorsions sur des nuances compréhensibles par seulement trois cents personnes en Europe peuvent décourager. Auprès de François Mitterrand, cela fait alors dix ans et demi que nous cherchons le fil d'Ariane de la défense européenne, plusieurs années que la « coopération politique » sur la politique étrangère fait du surplace, un an et demi que nous avons inséré, dans une lettre conjointe Mitterrand-Kohl, l'expression « politique étrangère commune ». La coupure de l'Europe en deux est derrière nous, l'Allemagne est réunifiée. L'URSS sera, dans quelques jours, de nouveau la Russie. L'Europe de l'Est regarde vers les Douze.

Qu'attendent les Européens de la Communauté pour manifester une volonté ? Combien de fois, au cours de ces heures interminables, ou lors des retours à Villacoublay au milieu de la nuit, ne nous sommes-nous pas sentis Pénélope ou Sisyphe ? D'un autre côté, je puis témoigner que nous n'avons jamais sous-estimé l'extraordinaire difficulté de formuler une politique étrangère « commune » avec des pays dont certains n'ont jamais eu de politique étrangère et appréhendent d'en avoir une, et trois autres, dont la France, ont mené pendant des siècles des politiques étrangères nationalistes, impériales, mondiales et antagonistes. La bouteille sera-t-elle assez belle et bien tournée pour y faire rentrer ces génies, même si, depuis longtemps, ils ne font plus que se survivre ? Mais quelle est l'autre branche de l'alternative ?

4) Le Conseil des ministres, statuant à l'unanimité, décidera d'actions communes en matière de justice et d'affaires intérieures, c'est-à-dire de contrôle aux frontières, de maîtrise de l'immigration, de lutte contre le grand banditisme (drogue, fraude internationale) et le terrorisme. Le Conseil a en outre décidé de créer Europol.

5) À la demande des Allemands qui souhaitaient davantage sur les institutions et notamment sur le Parlement européen ainsi qu'en matière de coopération policière et judiciaire, une nouvelle conférence intergouvernementale est convoquée dès 1996 en vue de réviser le traité dans un sens « plus fédéral ». Cette concession faite aux Allemands passe alors inaperçue ; elle va peser lourd, quatre ans plus tard, sur les débuts de la présidence Chirac. À Maastricht, personne n'imagine que les ratifications seront aussi longues et aussi difficiles, ni qu'en 1996 des pans entiers du traité, parmi les plus novateurs, attendront encore un début d'application. Cette conférence de 1996 avait alors un objectif qui aurait pu être de quelque utilité – celle de la révision d'un véhicule au bout de 20 000 km. Quand elle s'ouvrira, début 1996, elle en aura un autre, essentiel : préparer les institutions de l'Union européenne au grand élargissement à l'Europe centrale et orientale.

De retour à Paris, François Mitterrand déclare à Antenne 2, le 13 décembre, solennel :

> C'est l'acte le plus important depuis le traité de Rome. On est lancé dans une grande aventure [...]. Avec une monnaie unique, on dotera

> l'Europe d'un instrument qui lui permettra de s'affirmer comme la première puissance au monde : première puissance commerciale – c'est déjà pratiquement le cas –, première puissance industrielle, première puissance pour la recherche, première puissance qui offrira aux jeunes des possibilités d'avoir du travail, des métiers. Sur tous les marchés, nous serons ensemble au moins aussi forts que le sont aujourd'hui les Américains et les Japonais.

Il ajoute : « Il y a des dispositions du traité qui exigeront des retouches constitutionnelles. Dans ce cas-là, il faudra bien passer soit par la procédure parlementaire, puis d'un Congrès, soit par la *consultation populaire*[1] […]. Le traité va être rédigé pendant des semaines […]. On n'imagine pas une ratification d'un traité d'une telle importance *qui ne serait pas l'affaire de tous les Français.* »

Quel est, entre Maastricht et la signature du 7 février 1990, l'état de l'opinion sur l'Europe ? Elle est, on l'a vu, en majorité favorable. Mais des oppositions très fortes s'expriment. En réalité, le choix européen a dû être imposé, à chaque étape dans le passé, à des minorités importantes farouchement hostiles. L'ascendant de François Mitterrand fait taire presque tous les socialistes qui pourraient être en désaccord, et ils sont nombreux. Avant Maastricht, seul Jean-Marie Le Pen a qualifié le futur traité de « crime contre la nation ». Plus important, le 5 décembre 1989, le conseil national du RPR s'est prononcé contre une intégration accentuée de l'Europe des Douze et pour une confédération ouverte à l'ensemble des États du continent européen. Invoquant « la permanence du fait national », Jacques Chirac s'est opposé à une « fédération des Douze » et a appelé plutôt à une « Union des États d'Europe ». Charles Pasqua a imaginé une Union politique « ouverte à tous les États membres de la CSCE » (donc aux États-Unis ?).

Depuis les débuts de la Communauté européenne, la contestation a souvent pris le masque de la générosité, hommage du vice à la vertu, comme on l'a déjà vu à propos des élargissements : on n'ose pas dire directement qu'on est contre la construction européenne, et l'on se découvre alors une passion et un remords pour les « autres Européens » qui en seraient exclus. La Grande-Bretagne a longtemps joué cette partition-là. À partir de 1989, les trémolos s'adressent aux « nouvelles démocraties de l'Est ». Lors du conseil du RPR, Philippe Séguin et Édouard Balladur ont

1. Personne alors ne relève ces termes !

développé les argumentations les plus solides en sens opposé. « La reconnaissance des nationalités est le préalable à toute construction et l'intégrité des États en est la condition, a affirmé le premier. On pervertit l'idée européenne en voulant ignorer les réalités nationales. Depuis des années, l'engrenage des traités, des règlements et des jurisprudences opère implacablement le transfert des souverainetés au profit d'une technocratie supranationale. » Le second lui a répondu : « Il faut maintenir la Communauté, la perfectionner sur le plan fiscal par la création d'une monnaie commune, l'élargir à tous les pays d'Europe de l'Est dès lors qu'ils auront consolidé chez eux la vie démocratique et l'économie de marché. » De son côté, Valéry Giscard d'Estaing a rappelé son attachement au fédéralisme, et le président du CNPF a appelé à « une harmonisation encore plus étroite des politiques économiques ».

Après le sommet, la presse française est élogieuse. *Le Monde* parle de « relance », de « percée », de « victoire du réalisme » grâce à une alliance franco-allemande qui, « à aucune étape, n'a failli ». Chaque dirigeant européen se prévaut d'un succès. John Major est accueilli triomphalement par les conservateurs… en raison de ce qu'il a empêché. George Bush parle de « décisions historiques et présente ses vœux aux Européens pour leurs nouveaux pas vers l'intégration ». Il est vrai qu'il est personnellement un des moins anti-européens des dirigeants américains depuis longtemps. En France, le patronat, FO, la CFTC, la CFDT, la CGC approuvent. L'UDF est satisfaite, le RPR réservé. Édouard Balladur « aurait préféré que l'Europe se soit dotée tout de suite d'une monnaie unique ». Les Verts, en revanche, déclarent que la « monnaie unique ne fera que consacrer la coupure entre l'Europe des technopoles, connectée à la compétition économique mondiale, et l'Europe des régions, vidée par l'exode rural », et réclament un volet « social et environnemental ». Jacques Delors étonne en critiquant le « bricolage institutionnel » de Maastricht (sur l'Union politique). Se montrent également hostiles le député communiste du Val-de-Marne Jean-Claude Lefort (« Cette Europe-là, c'est plus de chômage et de précarité, moins de services publics, moins de garanties sociales, moins d'égalité et de justice, et moins de démocratie »), l'ancien ministre gaulliste Robert Galley (« Rien ne sera irréversible, ratification ou pas »), Alain Juppé (« La création d'une citoyenneté européenne accordant droit de vote et éligibilité est inacceptable »). En revanche, Raymond Barre y voit « non un aboutissement, mais un point de départ », et souhaite un référendum. D'autres y aspirent, mais dans des intentions bien différentes : ainsi Alain Cotta, Max Gallo, Pierre-Marie Gallois, Marie-France Garaud, François Goguel, Alain Griotteray, François Guillaume, Pierre Mazeaud, Philippe Séguin, Philippe de Villiers… Dans quelques semaines, Jacques Chirac rejoindra cette position. Tous les éléments du débat référendaire sont présents avant même que le principe de la consultation n'ait été arrêté.

Le 7 février 1991, le traité est signé – pour la France, par Roland Dumas et Pierre Bérégovoy. Il a été mis au propre dans la fièvre, en quelques semaines, et la complexité, pour ne pas dire l'obscurité, de ce texte qui, juridiquement, ne peut consister qu'en amendements aux articles des traités déjà signés, pèsera sur la campagne de ratification. Le 11 mars, le Président saisit le Conseil constitutionnel pour lui demander si « la ratification du traité de Maastricht doit être précédée d'une révision de la Constitution ». Le Conseil répond le 9 avril que la Constitution doit être adaptée sur trois points : vote et éligibilité des citoyens de l'Union européenne aux élections locales ; transfert de compétences lié à la troisième phase de l'Union économique et monétaire ; compétences communautaires sur les visas. Le vote par le Parlement réuni en Congrès à Versailles a lieu le 22 juin ; 84 % des parlementaires approuvent la révision préalable au traité. La voie est dès lors dégagée pour la ratification. Selon quelle procédure ? C'est une des dernières grandes décisions européennes que François Mitterrand, qui n'a pas mis sac à terre depuis 1984, a encore à prendre.

RÉPONSE À JOSCHKA FISCHER SUR LA CONSTRUCTION EUROPÉENNE[1]

Dans cette lettre ouverte, Hubert Védrine répond – sous forme de questions dialectiques – à Joschka Fischer, alors leader des Verts allemands, vice-Chancelier et ministre des Affaires étrangères, qui a prononcé un discours à Berlin sur sa vision personnelle de l'avenir de l'Europe, évoquant, pour faire taire les opposants dans l'affaire du Kosovo, l'idée d'un « noyau dur », d'une future fédération inscrite dans la Constitution.

Cher Joschka,

J'ai lu attentivement le discours que tu as prononcé à titre personnel le 12 mai à l'université Humboldt de Berlin sur les finalités de l'Union européenne et son horizon institutionnel. Comme je l'ai aussitôt déclaré, j'ai trouvé cette démarche bienvenue et opportune. Depuis que je suis devenu ministre des Affaires étrangères, en juin 1997, j'ai en effet considéré que l'opinion européenne ne mesurait pas assez les conséquences des élargissements à venir de l'Union européenne et qu'il n'était que temps d'examiner la meilleure façon d'y faire face. Je voudrais maintenant te faire part de mes réflexions personnelles à ce sujet.

Comment faire fonctionner une Europe à trente ou plus ? Dès notre première rencontre, en novembre 1998, j'avais posé cette question et indiqué qu'à mon avis ce défi allait bientôt dominer tout l'horizon de l'Europe. À cette question, il ne peut pas y avoir de réponse improvisée ou bâclée, ni même simplement ingénieuse. Elle ne pourra procéder que d'un débat véritable, loyal, complet

1. Lettre parue simultanément dans *Le Monde* et *Frankfurt Allgemeine Zeitung* du 10 juin 2000.

et démocratique. Personne ne peut *a priori* prétendre détenir la clé. Il était temps que ce débat s'engage. [...]

Plusieurs responsables politiques européens, actuels ou anciens, pensent que, pour éviter la paralysie, il faut aller plus loin, et ont ainsi proposé ces dernières semaines que les pays décidés à accomplir un grand bond en avant dans l'intégration politique créent ensemble un « noyau dur », ou une « avant-garde ». Cela revient à admettre l'idée, longtemps combattue avec véhémence, d'une Europe à deux vitesses. C'est dans cette perspective que tu t'es inscrit, après Jacques Delors et d'autres, en proposant que soit constitué, par étapes, un « centre de gravité » qui deviendrait un jour le noyau d'une future fédération.

À la veille de sa présidence, la France n'est pas dans la même situation que les autres États membres.

Lancer des idées sur l'Europe à long terme et présider utilement l'Union, au moment, en plus, où il va falloir conclure la difficile réforme des institutions, ce sont deux choses également nécessaires, mais différentes.

Le rôle du pays qui préside est en effet de tout faire pour rassembler les États membres autour de la solution la plus ambitieuse possible. Mais, compte tenu des règles de décision européennes, cette solution doit être consensuelle. On ne peut pas en même temps remplir cette responsabilité et mettre sur la table un projet qui a toutes les chances, comme on le voit déjà, de faire apparaître et d'attiser les divisions profondes entre États membres.

À Rambouillet, entre le président de la République, le Premier ministre, le Chancelier et les ministres concernés, nous n'avons pas eu de mal à nous mettre d'accord sur le fait que le préalable à tout nouveau progrès ultérieur est de réussir la conférence intergouvernementale à Nice. Ce qui ne veut pas dire la conclure à n'importe quel prix. En effet, si les Quinze devaient ne pas parvenir, malgré les efforts de la présidence française et le plein soutien de l'Allemagne, à se mettre d'accord sur la repondération, la majorité qualifiée, la taille de la Commission et les coopérations renforcées, à quoi servirait-il de spéculer, voire de nous opposer sur ce que deviendrait l'Europe dans dix ou vingt ans ? La CIG est le test de la volonté de réformes des Européens.

Comme on a pu le constater à travers les déclarations d'un certain nombre de commentateurs et d'hommes politiques français, non seulement l'idée de fédération ne fait plus peur, mais elle exerce même une certaine séduction. Cela paraît audacieux, cela paraît simple, cela paraît efficace pour conjurer le spectre de la paralysie. Beaucoup de réticences ou d'arguments hostiles paraissent comme dépassés à l'heure de la mondialisation. De plus, des éléments de fédéralisme existent déjà, par exemple la Cour de justice, l'euro. Donc, pourquoi pas ? Cependant, cet état d'esprit et cette sympathie diffuse ne justifient pas que les principaux responsables politiques d'un pays souscrivent sans un examen très approfondi à une perspective aussi radicalement bouleversante, d'autant que les solutions fédérales proposées par les uns et les autres diffèrent sur des points essentiels.

C'est pourquoi la meilleure façon de procéder, à ce stade, me semble être d'éviter les controverses théoriques sur les divers sens du mot « fédéralisme », de formuler les questions précises qui viennent à l'esprit pour mieux cerner les points à éclaircir, et de rechercher les meilleures réponses possible en soupesant démocratiquement leurs avantages et leurs inconvénients. C'est ce que je tente dans les lignes qui suivent :

Comment choisir les membres de l'éventuel noyau dur ? Peut-on imaginer que la liste soit déterminée *a priori* ? C'est ce que faisait le document Lamers-Schäuble de 1994, erreur que tu ne répètes pas. Faut-il décréter qu'il s'agirait des six pays fondateurs ? Mais déjà certains pays qui ne font pas partie des six de départ ont fait savoir qu'ils entendaient être membres de tout noyau dur. Il y a une autre hypothèse : faire des onze pays de l'euro le noyau dur. Mais ces onze seront un jour douze, quatorze, ou plus, ce qui est beaucoup pour un noyau. Un renforcement de la coordination politique et économique de ces pays de l'euro est une nécessité absolue, mais cela n'entraînera pas automatiquement une intégration politique renforcée. Ainsi, l'espace de l'euro n'est pas celui de Schengen, ni celui de l'Europe de la Défense. La solution la plus commode pourrait être le volontariat et le libre accès à un noyau ouvert. Mais si tout le monde veut en être, est-ce encore un noyau et en quoi irait-il plus loin que les autres ?

La seconde question est encore plus décisive : *Quelles seraient les compétences éventuellement dévolues au niveau fédéral, pour faire quoi, gérées par quelles institutions ? Et, par voie de conséquence, quelles compétences garderaient les États-nations ?* J'ai bien noté que tu avais pris à juste titre la précaution de rappeler qu'il n'était pas question de faire disparaître les États-nations, car tu es conscient que beaucoup d'Européens demeurent profondément attachés à ce cadre de l'identité et de la vie démocratique. Pour la France, entre autres, c'est essentiel.

Mais, dès lors que l'on envisage d'élire, au suffrage universel, un président fédéral qui mènerait la politique étrangère et de défense de la Fédération sous le contrôle du Parlement de la Fédération, que reste-t-il à terme à l'État-nation ? Quel rôle conserveraient les chefs d'État et de gouvernement des pays qui seraient entrés dans cette fédération ? Pour parler crûment, combien de temps y aurait-il encore un président de la République et un Premier ministre en France, un chancelier en Allemagne, un chef de gouvernement dans les autres pays ? C'est là où le débat, aujourd'hui masqué, doit devenir explicite. Il ne suffit pas d'affirmer qu'on veut et qu'on peut concilier la création d'une fédération et le maintien des États-nations. Dans un esprit de subsidiarité, il faut voir si l'on peut déterminer exactement ce qui doit rester, ou redevenir, géré au niveau national, puis ce qui le serait au niveau fédéral.

Cette délimitation est indispensable. C'est effectivement le propre d'une fédération de l'organiser, et ceux qui préconisent une Constitution pour l'Europe ont également cet objectif.

Mais, là aussi, le débat doit être clair ; s'agit-il simplement de codifier le partage des compétences entre Fédération et États membres, ou bien la Fédération implique-t-elle des transferts de souveraineté majeurs dans de nouveaux domaines, et, si oui, lesquels ? La justice ? La police ? La défense ? La politique étrangère ?

Cela amène à la question de la nature du gouvernement, de l'éventuel gouvernement. Serait-il bâti sur le modèle de la Commission telle que nous la connaissons aujourd'hui – conception fédéraliste classique ? Dans ce cas-là, nous ne manquerions pas de retrouver les problèmes que nous connaissons bien : légitimité, transparence, efficacité, contrôle politique. Ou émanerait-il des gouvernements nationaux, comme l'actuel Conseil des ministres, hypothèse d'une sorte de fédéralisme intergouvernemental, option que tu as introduite dans ton discours, notamment après nos conversations, et qui serait plus acceptable de notre point de vue ? Serait-ce une reprise au niveau fédéral de l'actuel binôme Commission-Conseil ? Tout cela est à clarifier.

Question connexe : quel Parlement contrôlerait ce gouvernement fédéral ? Le Parlement européen actuel ? Les parlements nationaux ? Une double Chambre comme tu le proposes, l'une d'entre elles étant composée d'émanations des parlements nationaux, idée intéressante à approfondir ?

J'en viens à la question de l'articulation des différents niveaux de pouvoir en Europe. Aujourd'hui, il y en a trois. Dans l'hypothèse d'une fédération, préservant les États-nations, il y aurait au moins quatre niveaux de pouvoir en Europe : les collectivités territoriales (elles-mêmes à plusieurs niveaux) ; les États-nations, avec leur exécutif, leur législatif et leur dispositif juridictionnel ; la Fédération, avec son président, son gouvernement, son Parlement ; l'Union européenne élargie, avec toujours son Conseil, sa Commission, son Parlement, sa Cour de justice.

Alors que les opinions européennes demandent plus de clarté, de simplicité et de lisibilité, ce que certains expriment en demandant la rédaction d'une Constitution qu'ils espèrent clarificatrice, on en arriverait à un empilement de structures et un enchevêtrement de compétences vraisemblablement plus inextricable encore qu'aujourd'hui.

Cette duplication des institutions serait vite insupportable, et la difficulté se résoudrait alors par la disparition du niveau national. Il faut en être conscient, car cela pose évidemment à la plupart des États nationaux existants et à leurs peuples un vertigineux problème identitaire et démocratique : n'oublions pas qu'en Europe, contrairement aux États-Unis, il y a des nations. On peut aussi espérer, tu le laisses entendre à la fin de ton discours, qu'un jour la Fédération se confondrait avec toute l'Union, mais cela paraît très irréaliste.

Aujourd'hui, je pense que réussir la CIG, notamment en assouplissant radicalement les coopérations renforcées possibles, première étape de ton plan, est la meilleure façon de redynamiser l'Union, de lui redonner une vision dynamique de son avenir institutionnel tout en fournissant les instruments des progrès ultérieurs, y compris les plus ambitieux. Et cela sans faire éclater toutes les contradictions européennes ni transformer un malaise institutionnel en crise. C'est aussi le moyen de donner à ceux qui voudraient vraiment aller plus loin dans l'intégration politique le temps de s'y préparer. C'est ce que je propose que nous fassions. Nous verrons vite quels pays seront intéressés par une ou des coopérations renforcées dans des domaines clefs.

Je pense que le nœud de la réflexion, ce sont les concepts de fédération et de fédération d'États nations. S'agit-il au bout du compte d'une seule et même chose, le fédéralisme classique ? Dans ce cas, nous allons vers un blocage. Ou au contraire, le concept de fédération d'États nations, voie originale qu'a ouverte Jacques Delors et que tu empruntes à ton tour, porte-t-il en germe une solution différente qui répond de façon satisfaisante aux questions précitées ? C'est une piste à explorer.

Ce n'est qu'en débattant de tout cela longuement, ouvertement et loyalement entre nous, Français et Allemands, mais aussi sans exclusive avec tous les autres Européens concernés, que nous arriverons à mieux cerner les questions essentielles et les questions annexes, à séparer les solutions possibles et celles qui seraient impraticables. De toute façon, celles qui nous permettront de résoudre finalement cette quadrature du cercle seront originales, car rien de ce qui s'est fait, de ce qui a marché dans la construction européenne ne correspondait à un schéma préétabli.

LES FRANÇAIS SONT LES SEULS À VOULOIR UNE EUROPE PUISSANCE[1]

Plus l'Europe se construit et se démocratise, plus les mécanismes de décision sont complexes et donc lents. Les divergences entre les différents pays membres ajoutées aux divisions nationales internes restent profondes, d'autant que les autres Européens se méfient, pour diverses raisons, de l'objectif mis en avant par les Français d'une Europe « puissance ».

Après une période d'intégration européenne forte, marquée par la création du Marché unique puis de l'euro, les Européens semblent en panne d'un projet commun auquel ils puissent s'identifier. Partagez-vous ce sentiment ?

C'est un peu une illusion d'optique. Depuis ses débuts, la construction européenne est faite d'une alternance d'avancées et de phases de « digestion », de consolidation. Plus on progresse et plus c'est vrai, car on touche à des sujets de plus en plus sensibles, le nombre des acteurs s'est accru et les mécanismes de décision se sont « perfectionnés » (au sens de « démocratisés »), ce qui signifie de plus en plus de procédures, de contrôles, de pouvoirs et de contre-pouvoirs. Une mécanique plus lourde et plus lente. Revenons en arrière un instant. Au cours de la période Mitterrand-Kohl-Delors, surtout de 1984 à 1992, d'énormes progrès furent accomplis : l'Acte unique, l'élargissement à l'Espagne et au Portugal, les directives pour le Grand Marché, la mise en chantier du processus d'Union économique et monétaire qui a débouché sur la décision d'une monnaie unique, le traité de Maastricht et sa

1. Entretien avec Marie-Paule Virard et François Lenglet, paru dans *Enjeux* de novembre 2002.

ratification. Une période indispensable de mise en œuvre a suivi, concrétisée au début de cette année par la mise en circulation de l'euro. Au même moment, la question du grand élargissement nous est à la fois posée et imposée par l'Histoire, en l'occurrence par l'effondrement de l'Union soviétique. Douze pays se présentent à nous. Ce sont incontestablement des pays d'Europe devenus ou redevenus démocratiques. Comment ne pas ouvrir avec eux des négociations d'adhésion ? Il n'y a donc pas eu de « panne » européenne au cours des dix dernières années.

En revanche, il est incontestable que les opinions publiques, et donc les gouvernements qui en sont le reflet (principe de « proximité »), sont passées de l'âge utopique et enthousiaste à un âge utilitariste. Cet utilitarisme, ce pragmatisme déterminent désormais les rapports de chaque peuple, et donc de chaque pays et de chaque gouvernement à l'Europe. Mais cela ne veut pas dire qu'il n'y a plus de projet.

Les déconvenues de Nice ne sont-elles pas tout de même le signe que nous avons du mal à « digérer » ces avancées ?

Non, cette phase de « digestion » s'achève et l'énergie revient. À partir du moment où la décision d'ouvrir une négociation avec six pays puis six autres était prise, la question de la réforme des institutions s'imposait à nous. Jusqu'à ce que, à Nice, il ne soit plus possible de reculer encore, sauf à compromettre l'élargissement. Il fallut donc décider concrètement combien chacun des Vingt-Sept aurait de parlementaires au Parlement, de commissaires à la Commission et de voix au Conseil.

C'est facile d'ironiser sur Amsterdam ou sur Nice, mais on ne peut nier que la complexité de la discussion européenne croît de façon exponentielle avec le nombre des participants. Dans n'importe quelle assemblée humaine, de tels sujets seraient extraordinairement difficiles. Malgré tout cela, Nice a accouché d'un accord. À l'échelle de l'Histoire, quelle importance cela peut-il avoir qu'un Conseil européen ait dû durer deux ou trois jours de plus dès lors qu'on est bel et bien parvenu à définir le poids de chacun ? Cela ne tranchait pas tout, mais si nous n'avions pas abouti à Nice, nous n'aurions pas pu aborder la phase suivante, envisager une refonte de l'ensemble des traités pour définir les institutions d'une Europe élargie. Amsterdam puis Nice ont ouvert la voie à la Convention et à un possible traité constitutionnel. Reste à savoir lequel.

Nous, Français, craignons souvent qu'une Europe élargie ne dénature le projet d'intégration européenne. Ne fallait-il pas approfondir – autour de l'idée d'avant-garde ou de noyau dur, par exemple – avant d'élargir ?

On ne pouvait arrêter l'Histoire et on ne peut la réécrire. Quand, et à qui aurions-nous pu imposer plus d'approfondissement ? Quel élargissement aurions-nous dû et pu empêcher ? Tous nos partenaires, sans exception, ont toujours privilégié l'élargissement. Quant à la discussion sur les cercles, noyaux et autres avant-gardes, aucun de ceux qui ont mis en avant cette idée depuis une dizaine d'années n'a réussi jusqu'ici à expliquer comment elle pouvait être mise en œuvre contre la majorité des États membres. On ne sort pas de là.

D'un côté, il y a les quelques pays – dont la France – qui, en principe, ne souhaitent pas que l'élargissement entraîne une dilution. Et, de l'autre, ceux, plus nombreux, qui se satisfont d'une Europe en forme de grand marché assorti de quelques organes de régulation juridique. Ces États-là ne craignent pas la dilution. Ils considèrent même que l'élargissement est en fait le meilleur moyen de se protéger définitivement d'une Europe trop fédérale et trop bureaucratique… Donc, l'ambition française se heurte au fait que la majorité de nos partenaires ne sont pas sur la même longueur d'onde et que, sur l'éventuel « noyau dur », il n'y a pas de consensus. La question est un peu moins sensible si l'on envisage plusieurs noyaux durs, avec des objets distincts. Encore faudrait-il utiliser vraiment le mécanisme des coopérations renforcées.

Un jour, Jacques Delors, répondant à une question sur l'impossibilité de faire l'avant-garde sans crise, a déclaré qu'il préférait la crise à la dilution. On ne peut nier la cohérence intellectuelle d'une telle position, sauf que la crise ne se décrète pas. En revanche, si elle se produisait, s'il y avait dilution générale du système, un petit groupe de pays dont la France et l'Allemagne relèverait certainement le défi. Mais poser à froid aujourd'hui la question du noyau dur est stérile, sauf si on explique comment surmonter les contradictions que j'ai évoquées. La priorité est donc de concevoir des institutions qui permettront à l'Europe à vingt-cinq de fonctionner.

Quelle est l'architecture institutionnelle la plus probable ?

Rien n'est écrit. L'heure de vérité sonnera à l'issue de la Convention. Si l'on reste fidèle aux conceptions européennes qui ont permis à l'Europe d'avancer, il faudrait aller vers plus de fédéralisme, plus de vote à la majorité. Mais déjà dans l'Europe à quinze, si l'on vote à la majorité, la France est en minorité sur beaucoup de points essentiels. Et ce sera encore plus vrai dans l'Europe à vingt-cinq. Nous sommes minoritaires sur le concept même d'Europe puissance, sur l'idée d'une politique étrangère européenne, sur les services publics, sur les politiques d'exception ou de diversité culturelle, sur la PAC… En France, il y a des pro-européens paradoxaux qui disent vouloir faire l'Europe puissance tout en préconisant des mécanismes de décision majoritaires qui minorisent ceux qui soutiennent cette ambition. N'oublions pas que, aux termes de Nice, la France ne disposera que de 9 % des voix au Conseil européen, de 9 % des élus au Parlement et d'un commissaire sur vingt-cinq. L'architecture européenne probable maniera de façon plus efficace qu'aujourd'hui les logiques communautaire et intergouvernementale.

Cela veut-il dire que nous nous sommes trompés de projet ?

Il n'y en avait pas d'autres ! Mais, comme la plupart de nos partenaires européens ne partagent pas spontanément notre conception de l'avenir de l'Europe, sans parler de nos propres contradictions, des compromis sont inévitables. Jusqu'à présent, nous avons réussi à influencer le cours des choses à l'unanimité bien sûr, et même à la majorité en déployant beaucoup d'énergie. Mais il va falloir sortir de l'ambiguïté. Dans les années qui viennent, il faudra bien affronter ce dilemme : que sommes-nous prêts, nous, Français, à abandonner si, pour bâtir un ensemble européen qui aurait une puissance plus forte que celle de chaque participant, il faut passer à la majorité sur tous les sujets ? Nous devrons répondre ! Soit nous acceptons de voir les positions françaises mises en minorité – comme une sorte d'investissement pour faire l'Europe unie, en espérant faire un jour émerger en son sein des convergences intellectuelles et politiques sur nos idées, et que la fonction créera l'organe. Ou nous gelons l'Europe au stade actuel jusqu'à ce que nos positions soient majoritaires et nous assumons la lourdeur intergouvernementale qui en découle.

La question de l'Europe puissance se pose notamment en politique étrangère. Quel est votre diagnostic sur le fonctionnement actuel du système ?

C'est un système baroque, hybride et transitoire. L'objectif n'est pas à ce stade d'avoir une politique étrangère unique, à l'image de la monnaie, nous n'en sommes pas là, mais une politique étrangère commune. Il n'a pas été décidé que chaque pays membre renonçait à sa politique étrangère. Il s'agit, à partir de réactions souvent très différentes, de créer des analyses puis des conceptions homogènes et des politiques convergentes. Ce travail de bénédictin a été amorcé avec les années de la « coopération politique » et s'est poursuivi avec la Politique étrangère et de sécurité commune (PESC). C'est ainsi : les mentalités nationales restent différentes. Ce sont des métaux très résistants. Il faut des forges à haute température et des dizaines d'heures d'échanges pour les fondre et créer de nouveaux alliages. La politique étrangère unique ne se décrète pas. On peut remplacer une monnaie par une autre. C'est un acte régalien. On ne peut pas décréter : le 1er mars prochain, nous penserons tous la même chose sur le Proche-Orient ! « Monsieur PESC » – Javier Solana – travaille sur la base des positions déjà devenues communes. Mais il ne peut se substituer aux quinze ministres des Affaires étrangères.

On entend du reste la cacophonie...

C'est un peu comme les plantes : elles poussent tous les jours mais on ne le voit pas ! La question des Balkans en est un bon exemple. Il y a dix ans, chaque pays européen était sur une ligne différente. Aujourd'hui, tout le monde travaille sur les mêmes bases, avec des résultats honorables. De même, en ce qui concerne la coopération à long terme avec la Russie, il n'y a plus de discordance. Je n'en dirais pas autant sur le Proche-Orient, l'Afrique ou les relations avec les États-Unis, le sujet central actuellement, mais soyons optimistes…

L'affirmation de ce que vous avez appelé l'« hyperpuissance » américaine ne constitue-t-elle pas précisément le principal obstacle à l'Europe puissance ?

Non, le principal obstacle à l'Europe puissance est en nous. C'est le fait, comme Robert Kagan l'a souligné avec une perfide subtilité dans un article récent, que la majorité des peuples d'Europe a opté depuis cinquante ans philosophiquement, politiquement et militairement pour la non-puissance, qu'ils ont remis leur sécurité et, en fait aussi, leur politique étrangère (à l'exception de quelques questions régionales) entre les mains des États-Unis. Pour la plupart des Européens, c'est cela la leçon de la Seconde Guerre mondiale et, je dirais, du XXe siècle : une politique séculaire de puissance a conduit au désastre. On peut discuter cette thèse, mais il est clair qu'elle contient une part de vrai. Dans l'inconscient collectif européen, le choix a été fait. Le projet d'Europe puissance a toujours été français. Nos partenaires n'y ont pas renoncé, pour la bonne raison qu'ils ne l'ont jamais partagé. Ils veulent une Europe de paix, de prospérité, de liberté, de sécurité. C'est pour cela que, chez la plupart de nos partenaires, on ne parle que de gestion civile des crises, d'activités de police, de reconstruction, d'actions humanitaires, d'aide au développement. La plupart des Européens ne se vivent pas comme une puissance en devenir, ils parlent comme une grosse ONG, une grosse Croix-Rouge ou une grosse Banque de développement. Je sais bien que l'histoire peut ruser, mais on ne voit pas dans les esprits les signes d'une Europe puissance en formation. Sauf de la part des Français, des Anglais en matière de défense, des Allemands à nouveau, mais avec prudence. Il faudra que cette question soit clairement débattue à un moment ou à un autre. Soit que les quelques pays héritiers d'une idée de puissance acceptent d'y renoncer à leur tour parce que leurs partenaires veulent construire quelque chose qui ressemble davantage à une grande Suisse qu'aux États-Unis d'Europe. Soit qu'ils s'y refusent, estimant que c'est là un élément fondamental du projet européen et qu'une avant-garde devra l'imposer.

Pour le reste, le fait que les États-Unis aient atteint ce niveau extraordinaire de puissance, qu'ils réaffirment aujourd'hui crûment leur conception de leur rôle unique et de leur droit d'ingérence peut provoquer un électrochoc. Soit les Européens acceptent cette répartition des rôles et s'occupent… de leur prospérité. Soit ils sont piqués au vif, décident qu'ils ont eux aussi une responsabilité pour l'équilibre, l'équité et la sécurité du monde et alors ils renoncent à leur ingénuité et ils tranchent le nœud gordien de leurs contradictions.

Finalement, nos yeux n'ont pas été dessillés par le 11-Septembre ?

La réflexion consécutive au choc n'est pas terminée. Mais, pour le moment, c'est vrai : les Européens ne sont toujours pas convaincus que l'Histoire est restée dure et tragique. Après l'élan de compassion et de solidarité, nous sommes dans une sorte d'observation stupéfaite de cette politique américaine qui se déploie, unilatérale et militaire, nourrie de la haine terroriste, de l'impuissance ou de l'incapacité des autres pays, et est légitimée aux yeux de l'opinion américaine par la tragédie du 11-Septembre, même si George W. Bush la portait en lui dès son arrivée au pouvoir. Dans l'immédiat, il faut, comme essaie de le faire la France, recanaliser l'énergie américaine meurtrie dans des procédures multilatérales légitimes.

L'idée selon laquelle l'Allemagne réunifiée manifesterait moins de bonne volonté vis-à-vis de la France comme de la construction européenne pèse-t-elle dans la balance ?

Avec la réunification, l'Allemagne se retrouve. C'était prévisible et ce n'est ni choquant ni inquiétant. J'ajouterai que cette évolution n'est pas liée à la seule réunification, mais aussi au fait que le programme du couple franco-allemand a été accompli. Lorsque Kohl et Mitterrand imposent ensemble Maastricht, ils achèvent, en quelque sorte, le programme initié par de Gaulle et Adenauer. Il est naturel que vienne ensuite une période plus triviale. Gémir sur le couple franco-allemand me paraît aussi vain que de regretter le premier étage d'une fusée. Nous ne retrouverons pas ce moment. En revanche, les mésententes franco-allemandes sont un handicap pour l'Europe : nous avons besoin d'harmoniser nos positions sur les grands sujets à venir. Pour sauver la PAC, la France devra accepter avant 2006 une réforme ; sur les institutions, si la France et l'Allemagne parviennent à réagir de la même façon aux propositions de la Convention et à refonder une entente sur ce point clé, ce sera considérable et entraînant. Si tel n'était pas le cas, la suite serait plus difficile.

Que faut-il espérer pour l'Europe ?

D'abord que les dix ou douze nouvelles adhésions se passent bien. Cela suppose que les négociations aient été menées avec rigueur et sérieux, que les pays concernés parviennent à tenir durablement leurs engagements, que le fonctionnement de l'Europe à vingt-cinq soit assuré par les propositions de la Convention présidée par Valéry Giscard d'Estaing ou par la CIG qui suivra. Si nous renoncions, par « bonne volonté » européenne, à peser de tout notre poids, l'effet serait pernicieux : l'ambition d'Europe puissance s'évanouirait et, dans nos opinions publiques, l'idée que l'on ne contrôle plus rien, que la mondialisation balaie tout sur son chemin, que l'Europe ne contrebalance rien gagnerait encore du terrain et alimenterait le risque d'une explosion de l'abstention ou du vote protestataire lors des prochaines échéances électorales ou de la ratification du futur traité constitutionnel. L'heure de vérité approche.

EUROPE : AVANCER LES YEUX OUVERTS[1]

À quelques mois du référendum sur le traité constitutionnel, Hubert Védrine soulève la question des renoncements nationaux éventuellement nécessaires pour rendre l'Union plus efficace. Il estime que les données de cette question doivent être énoncées clairement et non pas en catimini.

Quel prix sommes-nous prêts à payer, nous, Français, pour que l'Union européenne élargie à vingt-cinq membres soit dotée d'institutions vraiment efficaces ? Certains s'élèveront contre cette interrogation délibérément abrupte. L'Union européenne, objecteront-ils aussitôt, n'a jamais été un « jeu à somme nulle ». Chaque fois que des appréhensions se sont exprimées, par exemple celles du patronat avant la mise en œuvre du Marché commun, ou de nos agriculteurs à la veille de l'adhésion de l'Espagne et du Portugal, elles se sont révélées infondées. Soupeser le pour et le contre, ce serait s'interdire d'avancer, alors que le succès de l'euro aurait dû balayer définitivement de telles inquiétudes. Il n'y aurait aucune contradiction entre intérêts nationaux, avancées institutionnelles européennes et Europe forte. La question du prix à payer ne se poserait pas, le choix serait simple : l'audace ou la frilosité.

Et pourtant, elle se pose et se posera de façon insistante au cours des deux ou trois années qui sont devant nous, décisives pour l'Europe. Car plus d'Europe politique signifiera sans doute, dans le traité constitutionnel, plus d'intégration, plus de compétences au niveau européen, une Union s'exprimant d'une seule voix en

1. Article paru dans *Le Monde* du 27 septembre 2002.

lieu et place des États, y compris de la France, à l'extérieur. Cela mérite réflexion.

De deux choses l'une : ou bien nous acceptons, parce que nous estimons que l'ambition européenne prévaut sur toutes les autres ou parce que nous jugeons que le cadre européen est désormais le seul qui nous permette de défendre nos intérêts, de nous fondre progressivement dans cet ensemble : et alors nous jouons à fond le jeu européen, le renforcement des institutions européennes et communautaires, la généralisation du vote à la majorité. Et nous en acceptons par avance toutes les conséquences. Ou bien, considérant que nous ne pourrons pas préserver avec 9 % des voix au Conseil, 9 % des membres du Parlement, un commissaire sur vingt-cinq, des positions et des politiques que nous jugeons fondamentales, nous refusons ce saut institutionnel.

Certains militants pro-européens redoutent les conclusions éventuelles de ce débat. Ils postulent donc qu'avec de l'ambition et de l'énergie cette contradiction pourra être surmontée et rappellent que notre influence ne se mesure pas qu'en chiffres. C'est vrai jusqu'à un certain point. Mais chez nos partenaires, comme chez les candidats ou comme chez nous, les constantes demeurent. Sur la Politique agricole commune, sur les politiques d'exception ou de diversité culturelle, sur les services publics, sur le statut de la langue française dans l'Union, sur une politique étrangère vraiment européenne, sur le concept d'une Europe puissance, sans même parler de la réforme des institutions, pour ne citer que les grands sujets, et même si nos positions évoluent, nous ne sommes pas majoritaires dans l'Europe à quinze, encore moins dans celle à vingt-cinq.

Je ne discute pas ici du bien-fondé des positions françaises sur chacun de ces sujets. Je veux seulement dire qu'on ne peut plus prétendre que de nouvelles avancées institutionnelles feraient mieux prévaloir dans l'Europe élargie les conceptions françaises que le système actuel. On ne peut plus soutenir que plus d'Europe conduira mécaniquement à plus de puissance. Si nous avons pu souvent obtenir le soutien de nos partenaires à certaines de nos positions originales, si notre capacité d'entraînement a été maintes fois démontrée, c'était aussi parce que nous pouvions jusqu'ici nous appuyer sur notre capacité de blocage dans le cadre d'un vote à l'unanimité, que nous gardions la faculté d'agir par nous-mêmes ou de nous exprimer en propre et que, par conséquent, notre voix ne pouvait être ni minorisée ni négligée. Ce recours, ce levier disparaîtrait.

Ce disant, je ne me réfère pas, même implicitement, aux arguments défensifs et d'arrière-garde des anti-européens. C'est aux pro-européens dont je fais partie que je m'adresse. Pour des raisons d'honnêteté intellectuelle et démocratique, j'estime que les Français doivent disposer de tous les éléments pour mesurer la portée du futur traité constitutionnel qui devrait leur être soumis par référendum, afin qu'ils puissent se déterminer en pleine connaissance de cause. Et pour cela, les enjeux doivent être franchement énoncés. Discuter du « prix à payer », c'est annoncer la couleur, dire sans détour ce à quoi nous serions prêts à renoncer s'il le fallait. À la PAC ? Aux politiques de solidarité nationale ? À la politique culturelle ? À une cinématographie nationale ? Au français comme langue de travail ? À notre siège au Conseil de sécurité ? À un réseau diplomatique qui nous soit propre ? À l'autonomie de notre dissuasion nucléaire ? À l'idée d'Europe puissance ? À autre chose ? À rien ?

Celui qui, faisant passer l'Europe avant tout, accepte de voir mises en minorité et donc abandonnées certaines positions françaises, parce que, à ses yeux, faire avancer l'Europe est plus important que maintenir telle ou telle position nationale, aussi emblématique soit-elle, celui-là est cohérent. Mais alors, si le jeu en vaut la chandelle, que son coût potentiel soit reconnu et la démarche assumée, que soit mené ensuite au sein de l'Union élargie, même en l'absence d'appuis institutionnels favorables, un lent et long travail de persuasion. Ce serait un investissement à long terme fondé sur le pari que les idées françaises pourront être le levain dans la future pâte européenne. Pourquoi pas ? Mais que donneraient les mécanismes qui fondent la cohésion européenne en matière de politique commerciale extérieure commune ou de monnaie, transposés à des secteurs aussi intrinsèquement différents et aussi particuliers que la politique étrangère, la défense ou la politique culturelle ? Des positions fortes ou des synthèses molles autour du plus petit commun dénominateur ? Si nous voulons que nos renoncements soient créateurs et non pas vains, que le sacrifice des positions nationales donne naissance à une vraie Europe puissance, cela méritera, dans le futur débat sur le contenu exact du futur traité constitutionnel, d'y regarder de très près. En sens inverse, si la France devait s'opposer – avec d'autres – au passage au vote à la majorité ou à l'adoption de mécanismes de décision proprement fédéraux dans plusieurs domaines importants pour conserver une capacité d'action et d'expression propre ou ne pas se voir imposer des politiques qu'elle refuserait absolument, il faudrait qu'elle ait le courage de reconnaître que, dans ce cas-là, c'est l'Europe qui en paierait le prix, qui pâtirait en quelque sorte d'un manque à progresser. À chaque nouvelle crise internationale où l'absence de l'Europe serait attribuée non pas à l'aboulie additionnée de chacun de ses membres, mais au caractère supposé paralysant de ses institutions et du vote à l'unanimité, nous aurions à nous défendre d'avoir empêché, par égoïsme national, la constitution d'une Europe forte, si nécessaire au monde. Sauf à proposer des mécanismes intergouvernementaux nouveaux et efficaces, des améliorations institutionnelles qui ne soient pas des gadgets, et à démontrer qu'un – ou des – noyau dur pourrait être créé sans faire exploser l'ensemble de l'édifice.

Les Français, comme les Allemands et les autres Européens, ont le temps d'examiner les termes du dilemme, puisque la Convention sur l'avenir de l'Europe ne doit remettre ses conclusions qu'au printemps 2003, qu'une négociation intergouvernementale doit s'ensuivre et que ce n'est qu'après, en 2004 ou 2005, qu'ils seront appelés à se prononcer comme les autres Européens sur un traité constitutionnel. Peut-être Valéry Giscard d'Estaing aura-t-il su d'ici là, avec les membres de la Convention, concilier les contraires, concevoir pour l'Europe des mécanismes de décision efficaces qui préservent notre capacité à peser demain sur les orientations de cette Union élargie. Son engagement européen, son expérience, la hauteur de ses vues permettent de l'espérer. Peut-être, à un moment donné – il faut l'espérer –, les visions française et allemande auront pu reconverger. Mais cela n'empêche pas qu'il faille commencer sans attendre à scruter les diverses figures possibles de notre destin non pas en refusant que les vraies questions qui dérangent soient posées, mais en exigeant qu'elles le soient.

Sur l'Europe, les Français sont très ouverts, et disponibles, mais ils attendent mieux que des slogans ou de la méthode Coué. Ils veulent qu'on leur dise pourquoi, comment, avec quelles conséquences et pour quels résultats. Il n'y a pas d'un côté l'audace, de l'autre la pusillanimité. Les étapes ultimes de la marche vers l'Europe unie doivent être franchies les yeux ouverts.

CLARIFIER L'IDENTITÉ EUROPÉENNE[1]

Avec le projet de traité constitutionnel, c'est la clarification de la notion d'Europe et du projet européen qui sont en jeu. La définition d'une condition géographique nette pour l'adhésion (l'Europe n'est pas qu'une idée ou un programme) est indispensable ! La création de partenariats de « voisinage », l'introduction d'une souplesse dynamique qui permette aux États qui le souhaitent de travailler ensemble sur des sujets précis, sans créer d'échelles de valeurs, seraient les garantes d'une Europe à l'identité claire, qui s'affirmerait dans l'équilibre du monde.

L'Europe est-elle géographique ou politique ? Le futur traité constitutionnel, le grand élargissement engagé, la question turque, mais aussi, à l'ouest, le concept d'« euro-atlantisme » vont nous obliger à clarifier la notion d'Europe.

Longtemps superflue, cette clarification est devenue indispensable, car avec l'intégration politique et économique, davantage perçue désormais par les peuples comme un engrenage incontrôlé que comme un choix, le flou sur les limites extensives de l'Union européenne et de ses frontières extérieures est l'autre dimension anxiogène du perpétuel chantier européen.

Décider jusqu'où nous irons, dissiper ce flou, ce sont des urgences politiques et un préalable pour retrouver l'élan.

La question de l'identité européenne n'a pas eu à être tranchée jusqu'ici tant elle relevait de l'évidence. Il suffisait que les traités européens successifs aient précisé que les Communautés, puis l'Union européenne étaient ouvertes aux pays démocratiques

1. Article paru dans *Le Monde* du 3 décembre 2002.

d'Europe. Ce principe démocratique, identitaire, a été constamment consolidé, par la jurisprudence de la Cour de justice, les critères de Copenhague, l'adoption d'une charte des valeurs fondamentales, et le sera plus encore par le traité constitutionnel.

Il n'en a pas été de même en ce qui concerne les frontières de l'Europe, ni celles de l'Union. Aujourd'hui, elles tendent à se rejoindre. Mais où ? Le problème ne s'est posé ni lors du traité de Rome, ni lors des élargissements à neuf, dix, douze puis quinze. Europe de l'Ouest, Europe du Sud, Europe scandinave et maintenant Europe orientale, centrale et du Sud-Est, balkanique, c'est toujours l'Europe. En revanche, il y a quelques années il a été répondu au Maroc, poliment mais sans hésitation, que sa candidature ne pouvait être acceptée pour des raisons géographiques.

L'interrogation resurgit avec force à propos de la Turquie. Et, pour une fois, une vraie et salubre controverse s'engage sur une question européenne.

L'évidence, le bon sens et la géographie auraient dû suffire, à l'origine, en 1963, pour dire à la Turquie qu'elle était à tous points de vue un grand pays, situé à 95 % en Asie Mineure, et qu'elle avait vocation à avoir par elle-même un rôle majeur dans sa région et des relations étroites avec l'Union européenne, mais pas à en devenir membre. Cela n'aurait pas été blessant. Les Européens n'auraient pas eu, quarante ans plus tard, à invoquer des arguments contestables, culturels ou religieux, pour retarder l'heure de vérité.

Certains partisans du *oui* à la Turquie invoquent des engagements pris. La plupart nous disent surtout que le *oui* serait généreux, justifié par l'Histoire si ce n'est par la géographie, utile à la Turquie comme à la prévention du « *clash* des civilisations », que le *non* serait dangereux pour les mêmes raisons.

Mais, sauf à s'étendre sans fin, l'Union européenne ne peut pas n'avoir que l'adhésion à proposer à tous les États sur lesquels elle veut exercer une influence bénéfique, qu'elle voudrait stabiliser et démocratiser et où elle voudrait enraciner la tolérance et le respect de la diversité. Elle doit disposer pour cela d'un éventail de solutions et de moyens d'action. Elle ne peut pas être uniquement un regroupement de démocraties ou le creuset d'une coexistence exemplaire des religions et des civilisations. Elle ne peut pas être qu'un programme, même si elle est aussi un grand projet.

L'Union a besoin de retrouver une identité claire, certes politique, mais aussi territoriale. Les autorités de l'Europe devraient donc examiner la possibilité de proposer solennellement à la Russie, à l'Ukraine, à la Turquie, à chaque pays du Maghreb, un jour, même pourquoi pas à Israël et à la Palestine, un partenariat de voisinage stratégique, politique et économique. Sentant bien le malaise européen à ce sujet et déplorant l'ambiguïté ou l'hypocrisie des réponses faites à la Turquie, j'avais moi-même suggéré, en 2000, alors que j'étais au gouvernement, que l'on propose un tel partenariat à la Turquie.

Mais il se peut qu'il soit trop tard, en raison des promesses anciennes qui ont été faites et répétées depuis 1963 à la Turquie, de nos liens avec elle, des réformes courageuses qu'elle a activement engagées et de la signification, même fausse, que cette réponse revêtirait dans le contexte mondial actuel. Dans ce cas-là, on reculera devant les conséquences d'une mise au point trop brutale et trop tardive, et la Turquie adhérera à l'issue d'une négociation, quand elle remplira les critères de Copenhague. Mais alors, que l'on décrète ensuite que l'élargissement est accompli et que l'on mette en place, autour de l'Union élargie, ces partenariats de voisinage, cet « anneau de pays amis » qu'a proposé Romano Prodi. Et que l'on ait le courage de reconnaître qu'à vingt-sept – les Quinze plus la Bulgarie et la Roumanie, plus neuf autres pays européens potentiels, plus la Turquie – le projet européen aura changé radicalement de nature.

Une clarification s'impose également dans l'ouest de l'Europe. Pour Vaclav Havel, et beaucoup d'autres, « l'OTAN couvre une civilisation, un espace spécifique, qualifié d'euro-atlantique, d'euro-américain, ou tout simplement d'Ouest » et « l'OTAN est une alliance pour la défense de la conception occidentale des valeurs humaines ». Dans les pays candidats anciennement communistes, on parle d'ailleurs, depuis dix ans, de « structures euro-atlantiques » tout autant que d'Europe. Dans le même esprit, Huntington parle de « civilisation judéo-chrétienne occidentale », ou de « monde euro-américain », sans distinguer l'Europe. Alors que, paradoxe, ce sont d'autres Américains, républicains ceux-là, comme Robert Kagan, qui proclament au contraire que nos valeurs ne sont plus communes puisque nous, Européens, nous sommes placés hors de l'Histoire, en récusant l'idée même de puissance militaire, tandis que les Américains sont devenus bismarckiens.

Ce débat peut paraître théorique. En réalité, le fait que les Européens ne sachent pas très bien s'ils constituent le rameau européen d'un ensemble américano-occidental, ou une civilisation ou une culture européenne propre, inhibe l'affirmation d'une Europe puissance en politique étrangère et dans le domaine de la défense. Peut-être serait-il temps d'admettre que l'Europe et l'Amérique sont cousines, mais qu'à l'intérieur de cette vaste communauté de valeurs les Européens ont leur conception propre des rapports humains et sociaux et de l'ouverture au monde. D'admettre aussi qu'une affirmation européenne s'inscrirait parfaitement dans le cadre de notre amitié et de notre alliance avec les États-Unis. Mais que l'Europe doit se comporter en acteur autonome émancipé, en partenaire, en allié pour les États-Unis, mais pas en sous-ensemble. À condition que les Européens le veuillent, et s'en donnent les moyens.

Telles clarifications contribueraient à rendre plus intelligible et plus convaincant le projet européen et à lui restituer cet appui politique et cette adhésion franche qui lui font de plus en plus défaut de la part des opinions publiques. L'Europe rayonnera d'autant mieux, à l'est, au sud et partout dans le monde, qu'elle saura qui elle est, au nom de qui et d'où elle parle.

Ces mises au point nécessaires ne suffiront cependant pas à éviter que l'élargissement à vingt-cinq et plus ne compromette le projet, cher aux Français, d'Europe puissance. Que devront faire alors tous ceux qui ne se résigneront pas à cette évolution vers un simple espace paneuropéen de stabilité et de prospérité ? D'abord œuvrer à ce que le futur projet de traité constitutionnel préparé par la Convention, qui devrait rendre plus efficaces, plus légitimes et plus compréhensibles les institutions de l'Union élargie, convainque les gouvernements, et mieux encore soit ratifiable par les peuples.

Veiller, dans le même temps, à ce que ces institutions n'entravent pas la poursuite de plus grandes ambitions. Proposer pour cette Europe très élargie un noyau dur ou une avant-garde est très tentant, mais voué à l'échec. Sauf crise extrême, on ne saura ni sur quelles bases les constituer, ni comment faire accepter aux autres de rester dans l'arrière-garde ou dans l'écorce molle.

En revanche, il est indispensable et il devrait être possible de faire admettre par tous nos partenaires une sorte de géométrie variable, de faciliter encore le recours aux coopérations renforcées dans divers domaines, comme la défense, de prévoir en sens inverse pour les moins allants de rassurantes clauses de dispense, voire de sortie.

L'objectif est d'institutionnaliser dans l'Union européenne une souplesse dynamique qui permettra aux plus volontaires de travailler ensemble dans divers domaines de leur choix, sans hiérarchiser de façon fixe les États membres entre eux.

QUE FAIRE AVEC À L'HYPERPUISSANCE ? (PARTIE 2)[1]

L'équilibre du monde a changé. Les États-Unis y établissent de nouveaux rapports de force que l'Europe en général et la France en particulier doivent considérer avec lucidité.

[…]

Vous faisiez allusion tout à l'heure au retard des observateurs européens et français sur l'évolution des États-Unis. Vous pensez qu'une perception plus précoce du problème aurait permis de peser plus efficacement sur le cours des choses ?

Peut-être. On peut regretter que la France, comme d'autres pays d'ailleurs, n'ait pas mesuré plus tôt les intentions de l'administration Bush. Il était clair dès le début de son mandat qu'on n'atteindrait pas 2004 sans que cette administration ait essayé de changer le régime en Irak. C'était clair, vu ses intentions, son programme, sa composition. On peut regretter qu'il n'y ait pas de dissuasion précoce de la guerre préventive programmée !

Elle aurait pris quelle forme ?

Il aurait fallu pour cela un accord européen en amont, que Blair-Schröder-Chirac aillent parler ensemble à Bush suffisamment tôt, avant l'automne 2002, de ce projet qui allait poser des problèmes très graves et pour trouver une autre façon de l'aborder. Et que Bush soit sensible à certains arguments…

1. Entretien paru dans *Le Débat*, n° 125, Gallimard, mai-août 2003, p. 4-16. La première partie de cet entretien, qui concerne les États-Unis et le monde, est à lire ci-dessous, p. 697.

Mais on est obligé de constater que les relations entre les différents pays, en Europe, à l'heure actuelle, font que c'était difficile. Le degré de confiance, le degré d'accord intellectuel vrai entre les uns et les autres au sein des Quinze, *a fortiori* des Vingt-Cinq, n'était plus assez fort pour constituer une solution de rechange crédible à la brutale approche américaine.

On pourrait certes discuter de certains aspects et du style de l'action diplomatique qui a été menée par la France. Mais, tout cela étant dit, le président de la République ne pouvait pas souscrire au projet guerrier américain préprogrammé. Donc, de toute façon, il devait se retrouver en défenseur du droit international et du monopole du Conseil de sécurité sur la décision d'emploi de la force, ne serait-ce que pour préserver l'avenir. On a vu en plus que c'est exactement ce que l'opinion française attendait.

L'affaire a fait apparaître des lignes de fracture profondes et en partie inattendues parmi les Européens. Est-ce une crise destinée à se résorber assez vite, à vos yeux ? Ou bien faut-il penser que cette nouvelle Amérique résolue change profondément la donne pour les Européens, et durablement, en les obligeant à se déterminer ?

Il y a eu conjonction des opinions européennes contre cette guerre. Mais c'était l'addition de ceux qui sont contre la guerre en général – cela fait beaucoup de monde dans l'Europe d'aujourd'hui, qui aspire en fait à être une grande Suisse –, de ceux qui étaient contre cette guerre en particulier, de ceux – peu nombreux – qui sont contre l'Amérique en général, mais aussi de tous ceux, très nombreux, qui sont contre Bush en particulier depuis ses décisions sur Kyoto, sur la Cour pénale, etc. Il y a enfin ceux qui espèrent rester à l'écart des dangers du monde et du terrorisme grâce à une politique du bouclier, en quelque sorte.

Malgré cette unité conjoncturelle des opinions, les fractures que cette crise irakienne et les coups de boutoir de l'administration Bush ont révélées sont anciennes et pas si inattendues. Elles existaient bien avant, mais on les masquait sans arrêt, les deux piliers principaux de la politique étrangère européenne ayant été depuis longtemps, si je puis dire, la politique de l'autruche et la méthode Coué ! Je n'applique pas cela au projet européen en général. Les événements actuels n'affectent pas le projet économique, le Grand Marché et ses règles, ni les politiques communes existantes, ni l'élargissement. La renégociation budgétaire de 2006 sera difficile pour des raisons objectives qui n'ont rien à voir avec l'affaire de l'Irak. Cela ne remet pas complètement en cause le travail de la Convention, mené par M. Giscard d'Estaing. Il reste toujours possible de parvenir à un traité constitutionnel qui simplifierait les traités, qui préciserait qui fait quoi en Europe, qui perfectionnerait les relations entre la Commission, le Conseil et le Parlement. En revanche, cela a fait éclater l'illusion que la Politique étrangère et de sécurité commune (PESC) existait déjà.

Pour avoir participé, auprès de François Mitterrand, aux réflexions qui ont conduit au lancement de cette formule, je puis témoigner qu'elle était pour nous, à l'époque, une grande ambition, évidemment pas comme une réalité immédiate, ni même comme une réalisation facile. Nous étions bien conscients que faire converger les réactions des pays européens sur ces questions ultrasensibles serait beaucoup plus difficile encore que faire la monnaie unique. En matière monétaire, on peut décider, comme de grands hommes d'État l'ont fait, que tel jour on va remplacer les différentes monnaies nationales par une monnaie unique. On ne peut pas remplacer les cerveaux. On ne peut modifier par décret des mentalités aussi profondes. Or, cela fait une bonne dizaine d'années que les Européens éludent deux sujets fondamentaux : voulons-nous, oui ou non, une Europe puissance ? Et quelles doivent être les relations de cette Europe puissance, s'il y en a une, avec les États-Unis ?

Il n'y a pas accord sur ces deux points. Il y a quelques Européens, à commencer par les Français, qui veulent une Europe puissance, parce qu'ils croient – je parle ici des Français – que ce serait une sorte de prolongement de la France en plus grand, sauf que maintenant ils commencent à se rendre compte que nous sommes minoritaires sur beaucoup de points essentiels, ce qui les plonge dans des abîmes de perplexité. Mais beaucoup d'autres pays en Europe ne souhaitent pas cette puissance. Ils pensent que nous devons tourner le dos à la politique de puissance, qu'elle est mauvaise en soi, qu'elle a conduit aux calamités des guerres mondiales, que ce n'est plus à nous de faire ça, que l'Amérique est désignée pour cette tâche, s'il faut que quelqu'un tienne le rôle du gendarme, et que ce serait encore mieux que ce soit l'ONU, l'ONU étant vue comme une sorte de gendarme extérieur. Cette idée est très forte aujourd'hui parmi les opinions et les peuples d'Europe.

Cette discussion n'a pas eu lieu, elle a été escamotée. On met en avant de petits progrès, estimables mais marginaux, de la Politique étrangère et de sécurité commune, on s'occupe de la police en Macédoine, comme on s'est occupé de Timor, etc.

Même si l'on était d'accord sur l'Europe puissance, ce qui n'est pas encore le cas, il resterait donc à savoir comment cette Europe puissance se positionnerait par rapport aux États-Unis. C'est la clef des clefs. Cette discussion est elle aussi soigneusement éludée depuis des années et des années. Peut-être va-t-elle avoir lieu maintenant ?

Ma thèse est donc que l'affaire irakienne *révèle* des divergences anciennes en matière de PESC, mais qu'elle ne les a pas créées. Elle les a révélées si crûment que je ne vois pas comment on pourrait revenir à la méthode Coué en disant : « Ce n'est pas grave, on en a vu d'autres, on va continuer », et en refaisant tourner les moulins à prières de l'Europe. On aurait plutôt intérêt, me semble-t-il, à prendre le taureau par les cornes ; à dire que nous ne sommes pas d'accord sur ce point important, mais qui n'est pas toute la construction européenne ; à décider de consacrer toutes nos énergies intellectuelles et politiques, au cours des années qui viennent, à bâtir un vrai consensus sur ce que nous voulons que l'Europe devienne dans le monde. Si l'on fait comme si ce n'était pas grave, à coups d'embrassades, de sommets, de communiqués, cela va être exactement comme avec l'article du traité de Maastricht, adopté il y a dix ans, qui dit que tout État membre s'abstient de toute prise de position qui nuirait à l'unité de la position d'ensemble. Naturellement, personne n'en a tenu compte. Quand la crise est trop forte, que les enjeux sont trop aigus, ces engagements de papier ne pèsent pas lourd.

Vous comprenez bien qu'en disant cela je suis à la recherche du bon usage de la crise européenne – comment faire sortir du mal actuel un bien.

Que peut faire la France, maintenant, par rapport à cette crise qu'elle a ouverte ?

Ce n'est pas la France qui a ouvert cette crise ! Elle a réagi. Que peut faire la France ? Avec les États-Unis : assumer, se dire toujours prête à parler, rappeler les raisons de notre position, rester ferme, ne pas en rajouter. Sur le plan européen, il y a aujourd'hui deux options, pour le président français, fort de son extraordinaire popularité :

– Le noyau dur : soit il cherche à aller plus loin avec l'Allemagne, la Belgique, voire à consolider la relation avec la Russie, ce qui me paraît illusoire. Soit une franche explication européenne, suivie d'une relance, et cela commence alors par une rencontre Blair-Schröder-Chirac. Ce n'est pas la même direction.

– Après, on en revient aux questions institutionnelles qui se posaient à l'Europe avant l'Irak : que va-t-on faire à vingt-cinq ? Peut-on, faut-il faire naître un noyau dur ? Et, si c'est impossible, comment rendre possibles des avances par petits groupes d'États volontaires à géométrie variable ? Il est impératif que le futur traité constitutionnel ne l'empêche pas.

Que penser de la remontée de la Russie à l'occasion de la crise ? Certains y voient de nouveau un facteur important de la politique internationale…

Je n'y crois pas vraiment. Dans l'affaire de l'Irak, en se mettant habilement derrière Chirac et Schröder, Poutine a bien géré les choses, sans aller à un degré de rupture trop poussé avec les États-Unis ni compromettre sa stratégie pour laquelle il a avant tout besoin des États-Unis pour faire de la Russie un pays moderne en dix ou vingt ans. Comme il avait affaire à une opinion russe très remontée, il a attendu, pour sous-entendre qu'il irait peut-être jusqu'au veto, le moment où il était presque sûr qu'il n'aurait pas à le mettre. Je ne pense pas que cela change la donne générale. La Russie ne pèse pas plus qu'auparavant. L'intérêt de Poutine reste de préserver sa coopération stratégique avec les États-Unis et, simultanément, les meilleurs rapports possible avec les Allemands, les Français et les Anglais.

Peut-il y avoir un bon usage de la crise irakienne, comme vous dites, à l'échelle européenne ?

La principale question qui se pose aux leaders européens après la crise irakienne, c'est de savoir s'ils peuvent transformer, au sens alchimique du terme, le désir de paix et de protection qu'ont exprimé face à la guerre toutes les opinions européennes en une volonté d'Europe puissance. Et s'ils peuvent arriver à se mettre d'accord sur les relations de cette dernière avec les États-Unis. Sinon, la sortie aura été ratée. On aura laissé dilapider ce moment consensuel. Je sais que ce n'est pas simple. Les opinions européennes, je l'ai dit, veulent une grande Suisse plutôt qu'une Europe puissance. Mais il y a certainement une définition de l'Europe puissance à présenter aux peuples d'Europe, une puissance d'équilibre, une puissance ouverte, une puissance légaliste, et donc sécurisante sans être désarmée, qui serait de nature à faire évoluer les opinions européennes réservées. C'est un bel enjeu pour la France, avocate de longue date de cette ambition.

Au rouleau compresseur américain, au fait accompli unilatéraliste, on ne peut se borner à opposer les grands principes bafoués, l'impuissance multilatérale, les contradictions européennes et le *statu quo* au Moyen-Orient. Tous ceux pour qui l'administration Bush incarne un insupportable bond en arrière doivent bâtir une solution de rechange : une ONU réformée et un Conseil de sécurité représentatif, une Europe lucide qui parle enfin vrai et s'engage à forger un consensus sur son rôle dans le monde ; une tout autre façon de remodeler le Moyen-Orient et d'y favoriser la démocratie ; une solution équitable du conflit israélo-palestinien ; un dépassement de l'antagonisme islam/Occident.

POUR UN NOUVEL EUROREALISME[1]

Dans le débat qui précède le référendum sur le traité constitutionnel européen, Hubert Védrine plaide pour une Europe plus réaliste, condition de sa puissance et de son influence.

Le débat sur la « Constitution » masque, sans y remédier, le problème aujourd'hui le plus pernicieux pour l'Europe : le décrochage de 57 % des électeurs, taux d'abstention aux dernières élections européennes.

Ce débat est exagéré, car il ne s'agit pas d'une vraie Constitution, mais d'un traité constitutionnel qui, à ce titre, comme les précédents traités, devra être ratifié par tous les États membres. Ce texte n'introduit pas brusquement l'idéologie libérale et de libre concurrence qui était déjà inscrite dans le traité de Rome et a inspiré depuis lors l'action de la Commission et la jurisprudence européenne. Sur quelques points, même, il l'amende. Il ne garantit pas une Europe « sociale », mais ni plus ni moins qu'aucun autre traité, ni même qu'aucune vraie Constitution, car ce n'est pas leur fonction.

Il ne peut avoir réponse à tout. Il ne marque pas la fin du combat politique entre la gauche et la droite au sein de l'Union. Ceux qui le stigmatisent aujourd'hui sont ceux qui en attendaient trop hier ou qui seraient contre tout traité. Il est le règlement intérieur nécessaire de l'Union élargie.

Certains, en France, qui avaient placé toutes leurs attentes dans la Convention, rêvent maintenant à une Constituante. Mais pourquoi et comment celle-ci parviendrait-elle à un résultat très

1. Article paru dans *Le Monde* du 9 septembre 2004.

différent de celui qu'ont donné quinze années de négociations presque ininterrompues entre douze, quinze, puis vingt-cinq gouvernements, de gauche comme de droite : de Maastricht au traité constitutionnel, en passant par Amsterdam et Nice ? Le fait est que, quelles que soient les méthodes de négociation suivies, la répartition des pouvoirs entre Union et États membres, et entre institutions européennes, a été modifiée mais pas bouleversée.

Je ne pense pas que le choc produit par un éventuel échec de la ratification changerait ce rapport de force. Si le traité constitutionnel n'est pas ratifié, nous n'aurons pas à la place un traité idéal, mais le traité de Nice. De plus, mis à part la zone euro – essentielle –, il est probable que nous n'arriverons pas à concrétiser un noyau dur plus intégré, car nous ne parviendrons à en fixer ni les participants, ni les compétences, ni les relations avec les autres Européens, ni à faire ratifier ce nouvel arrangement. D'ailleurs, les vagues invites françaises dans ce sens n'obtiennent pas de réponse du côté allemand : l'Allemagne n'a plus de raison de s'aventurer dans un groupe restreint au détriment de sa nouvelle position, centrale et prédominante.

Vérité de La Palice : L'Europe se négocie avec les autres Européens. La France ne peut pas imposer ses vues. Je ne dis pas cela en réaction à l'orientation de la commission Barroso, traduction directe de la victoire de la droite au Parlement, ce qui ne devrait pas choquer ceux qui militaient hier pour une politisation des institutions européennes. Mais en raison d'évolutions plus structurelles et de concessions importantes.

L'élargissement à quinze, puis à vingt-cinq en attendant trente ou plus, a mécaniquement relativisé notre influence politique et linguistique depuis la lointaine Europe des Six. Le triomphe mondial de l'ultralibéralisme n'a pas augmenté non plus notre influence. Tout cela nous oblige à des efforts accrus. Or – réalisme, idéalisme europhile ou inconséquence –, notre pays s'est privé ces dernières années de plusieurs de ses leviers d'influence. Il a accepté, au nom de l'intérêt général, de renoncer à son second commissaire, ce qui nous en laisse un sur vingt-cinq. De ne plus avoir que 87 parlementaires européens, puis 72 à partir de 2004, quand l'Allemagne en conserve 99. Et, bientôt, de ne peser que 13 % des droits de vote au Conseil dans le cadre démographique de la « double majorité », quand l'Allemagne comptera pour 18 %. Cela ne peut pas être sans conséquences.

Malgré cela, des responsables politiques et des commentateurs français appellent de leurs vœux, comme un indispensable progrès, une extension du vote à la majorité. Dans l'état actuel des choses, cela minorerait encore plus sûrement les positions françaises, et de la gauche française en particulier. Mystères du microcosme ! Certes, notre influence n'est pas qu'arithmétique et, savoir-faire aidant, nous réussirons souvent à constituer des minorités de blocage ou des majorités d'idées. Mais ne croyons pas que nous pourrons imposer aux autres Européens, à la place de celui qui nous est proposé, un traité parfait, conforme à nos vues. Une fois celui-là ratifié par raison, faisons avec. N'affaiblissons plus nos positions. Agissons dans le cadre européen avec plus de réalisme, de cohérence, et d'habileté.

Même dans l'hypothèse d'une ratification, la principale hypothèque qui pèse sur le projet européen est le gouffre creusé au fil des décennies entre la volonté intégrationniste des élites économiques et d'une partie des élites juridiques et politiques, et, d'autre part, les populations, les fameux 57 %. Celles-ci ne sont pas devenues « anti »-européennes. Elles approuvent tout ce qui, dans le processus européen, leur garantit la paix, la prospérité, la sécurité, les libertés. Mais elles ne semblent pas souhaiter que le processus d'intégration aille au-delà des limites déjà atteintes. Qu'il s'agisse de l'intégration économique, qui paraît malheureusement se confondre avec la mise en concurrence avec le monde entier, les migrations, les délocalisations ; ou d'une intégration politique accrue qui menace de désintégrer les États-nations, seuls cadres crédibles et repères visibles et compréhensibles, à ce stade, de la démocratie politique et de la cohésion sociale, ne serait-ce que pour des raisons de proximité et de langue.

D'où ces électorats circonspects, attachés à leurs identités malmenées et qui, face à une fuite en avant proclamée obligatoire et qui leur est de plus en plus extérieure, n'opposent plus que la défiance d'une abstention massive et fataliste. Le qualificatif amalgame « eurosceptique » rend mal compte de ces sentiments mêlés.

Les réactions condescendantes des élites à ce phénomène n'aident en rien : qu'il s'agisse de la réprobation sentencieuse anti-souverainiste – alors que ce n'est pas le sujet ; du paternalisme pédagogique : « il faut mieux expliquer l'Europe » – comme si, depuis le temps, les gens ne s'étaient pas fait leur propre opinion ; ou de la démonstration utilitaire : qu'importe que l'Europe subventionne ou réglemente ceci ou cela si c'est précisément cet interventionnisme sans limites qui pose un problème. Quant à la surenchère – « ce n'est qu'une étape, nous irons plus loin la prochaine fois, nous allons mettre en chantier un meilleur traité, etc. » –, elle ne fait qu'aggraver le malaise.

Comment, en effet, pour les citoyens des différents pays, s'approprier cette « chose » européenne dont l'identité elle-même est si peu consensuelle qu'elle ne peut être traitée que par euphémisme ? dont les limites ultimes paraissent impossibles à déterminer ? dont les institutions sont toujours présentées comme transitoires, ce qui fait l'effet d'une sorte de danse de Saint-Guy ? dont le discours mou et édifiant paraît impropre à défendre les intérêts européens comme à promouvoir ses conceptions dans le dur monde réel ? Perception injuste ? Peut-être, mais forte et anxiogène.

On ne ramènera vers la construction européenne ces « eurodéboussolés » qu'en clarifiant et en stabilisant les limites, les institutions et le projet européens.

Les limites ? Reconnaissons que l'Europe n'est pas qu'un projet politique, sinon cela deviendra l'ONU, mais d'abord géographique.

Les institutions ? Osons admettre que l'Union, à vingt-cinq, trente ou plus est en train d'atteindre avec le traité constitutionnel (ou avec Nice...) ses formes durables d'organisation globale. Qu'elle restera une originale fédération d'États nations – chaque mot compte – au sein de laquelle il y aura encore dans cinquante ans des Français, des Allemands, des Britanniques, etc. Qu'elle ne deviendra pas les « États-Unis » d'Europe. Cela ne nous empêchera en rien de continuer à lutter en son sein pour défendre nos conceptions sociales, renforcer la démocratie, réguler la globalisation. Nous utiliserons le potentiel des institutions communautaires, ou agirons par groupes plus restreints non pas dans un improbable noyau dur unique, mais à quelques-uns, autour de projets mobilisateurs concrets, à renforcer en priorité le gouvernement économique dans la zone euro, à bâtir des politiques communes d'avenir, à refonder la cohésion sociale, à construire une capacité militaire européenne.

Rendons l'Europe rassurante et appropriable, car si le fossé entre élites et populations n'est pas comblé, le malaise s'aggravera et c'est toute la construction qui se délitera.

Quant à l'Europe puissance, si nécessaire au monde, si désirée des Français, si peu des autres, elle ne naîtra par miracle ni d'un traité, ni d'un ministre européen des Affaires étrangères, encore moins du vote à la majorité, si elle n'a pas fait au préalable l'objet d'un véritable accord politique. C'est à nous, Français, mal compris des autres sur cette question cruciale de la puissance, de trouver de meilleurs arguments pour convaincre que, si l'Europe ne devient pas une vraie puissance dans le monde difficile qui s'annonce, elle restera... impuissante et dépendante. Qu'une Europe puissance, perçue comme tranquille et multilatéraliste, pourrait être exemplaire et utile. Qu'elle chercherait avec les États-Unis, et avec les puissances émergentes, le partenariat plutôt que la confrontation. Cette explication franche avec nos partenaires est indispensable si nous voulons lever les réticences profondes qu'ils nourrissent envers toute idée de puissance, par pacifisme, angélisme, atlantisme ou hédonisme.

L'Europe devrait se concentrer sur ce grand enjeu extérieur et laisser plus, à l'intérieur, les peuples respirer.

LIBÉRER LE PROJET EUROPÉEN DU DOGME EUROPÉISTE[1]

Après les non *français et néerlandais et le gel du référendum britannique, Hubert Védrine explique comment, selon lui, il faut libérer l'Europe du dogme « européiste », promu par une minorité qui se croit investie d'une mission fédéraliste en dépit des peuples, voire en leur forçant la main, pour pouvoir reformuler un projet européen.*

Cette insurrection électorale annoncée par de très nombreux signes antérieurs, ce « Mai 68 » à froid nous oblige, nous, Français, à affronter des questions taboues dans nos politiques économique, sociale et européenne.

Quelles sont les causes du rejet par les Français du traité constitutionnel ? Quelles suites aura-t-il en France et en Europe ? Comment agir maintenant ?

Il faut d'abord ne pas se tromper sur les causes ni les réduire à des explications politiciennes ou personnelles. Ces *non* viennent de loin – et ont fait boule de neige. Déjà, il y avait eu en 1992 l'avertissement des 49,2 % de *non* à Maastricht, aussitôt oubliés.

Puis, pendant des années, une façon bureaucratique de niveler et de réglementer le Marché unique à coups de directives tatillonnes – plus même qu'aux États-Unis ! –, ce à quoi a semblé se réduire l'ambition européenne, et qui a braqué une partie de l'électorat. Le refus de voir que le mot « intégration politique », Graal pour certains, sonnait comme une menace pour d'autres qui voyaient leur identité s'y dissoudre. Ensuite l'élargissement

1. Dans Hubert Védrine, *Le Temps des chimères*, © Librairie Arthème Fayard, 2009, p. 167-172. Ce texte est une version développée d'un article paru dans *Le Monde*, 9 juin 2005.

massif de l'Union, assené comme une dette morale non discutable. Plus encore, le carambolage fatal entre la relance de l'intégration européenne et la vague libérale, de dérégulation mondiale et de mise en concurrence généralisée, alors que la France n'arrivait toujours pas à faire baisser son taux de chômage.

Citons aussi la lourde erreur initiale d'avoir baptisé ce traité « Constitution », ce qui a exacerbé attentes et craintes. Puis l'agacement provoqué par la balourdise et la morgue du bombardement politique et médiatique pour le *oui*, à quelques rares et grandes exceptions près.

Enfin, bien sûr, le contexte de politique intérieure française, l'usure des dirigeants actuels, le sentiment de n'avoir été ni compris, ni écouté, les péripéties de campagne et la démagogie de certains partisans du *non*.

Au bout du compte : 15 422 000 voix pour le *non*. Bientôt suivies par 62 % des électeurs néerlandais et par le gel par les Britanniques de leur propre référendum, ce qui confirme qu'il n'y a pas un problème français, mais européen.

Les Français sont-ils devenus anti-européens ? Évidemment non. Mais ils ressentaient depuis longtemps un « malaise » sur l'Europe, qui était nié. Ce qui a tout envenimé, c'est plutôt cet acharnement des partisans du *oui* à ridiculiser tout sentiment patriotique normal, à caricaturer tout souci quant à l'élargissement, même légitime et pas du tout xénophobe, à jeter la suspicion sur tout désir bien naturel de garder une certaine souveraineté sur son destin et son identité dans la mondialisation, à balayer avec mépris toute critique, à stigmatiser sur un ton indigné toute réticence. C'est tout cela qui, avec l'insécurité sociale, l'insécurité identitaire, le sentiment de dépossession démocratique, a fermé toutes les issues et poussé les Français à frapper aussi fort.

Paradoxe : les rédacteurs du traité constitutionnel croyaient avoir trouvé un bon équilibre entre l'Europe et les nations. C'était aussi mon avis, et c'est pour cela que j'ai voté *oui*. Les électeurs ne l'ont pas compris ainsi. Mais il existe quand même des réponses sur ce point. L'avenir confirmera que les Français restent disponibles pour un projet européen, pour peu qu'il soit raisonnablement reformulé.

C'est moins évident concernant l'attente de protection sociale traduite par ce vote. Face aux effets de la mondialisation et pour échapper aux lois du marché et de la concurrence, tenants du *non* comme du *oui* répondent par : Europe sociale ! Mais c'est un leurre ! Il n'y a ni unanimité, ni même majorité parmi les Vingt-Cinq pour garantir au niveau européen le « modèle » social français, encore moins pour le généraliser !

Car ce modèle n'en est plus un, avec son incapacité enkystée à créer des emplois non subventionnés. Surtout maintenant que nos partenaires européens croient détecter, dans le vote du 29 mai, la nostalgie d'une économie administrée, aux antipodes de ce qui marche ailleurs en Europe. Or c'est au nom d'une idéale « Europe sociale » que beaucoup d'électeurs de gauche étaient devenus pro-européens. Et c'est dans l'espoir de la relancer que beaucoup d'entre eux ont voté *non*, espérant provoquer une « crise salutaire » et la renégociation d'une « Constitution » plus sociale. Surmonter ces contradictions est une obligation très sérieuse pour la gauche.

Les suites ? Sur un plan démocratique, les scénarios échafaudés à Bruxelles et dans quelques autres capitales après les *non* français et néerlandais sont surréalistes. Les autres États membres peuvent voter à leur tour s'ils le souhaitent. On ne peut pas les en empêcher. On ne peut pas non plus les y forcer. Mais, en droit international, des pays, quel que soit leur nombre, ne peuvent imposer un traité à un pays qui l'a rejeté. Après deux votes négatifs, tout cela n'a plus de sens.

À moins qu'il ne s'agisse, plus tard, de faire revoter la France sur le même texte ? Cela serait vécu comme une provocation et échouerait. Renégocier est très peu vraisemblable. On ne voit pas les Vingt-Cinq se relancer dans un tel parcours du combattant. De plus, si une renégociation avait lieu, elle ne porterait pas sur les seules demandes des partisans du *non* en France (et lesquelles ?), elle serait générale, et rien ne dit qu'elle tournerait à l'avantage des Français. En revanche, il sera peut-être possible de mettre en œuvre, par un accord unanime à Vingt-Cinq, certaines dispositions du traité constitutionnel. Les plus utiles, pour traiter la crise européenne, seraient celles qui donnent un rôle aux parlements nationaux et instaurent un droit de pétition.

En fait comme en droit, le traité de Nice va donc continuer à s'appliquer, peut-être complété par quelques dispositions, peut-être enrichi par des coopérations renforcées. De plus, des initiatives intergouvernementales sont toujours possibles.

Pour préserver les acquis de la construction européenne et éviter tout « détricotage » qui va tenter certains, il est urgent d'abandonner explicitement la logomachie déresponsabilisante et anxiogène de l'intégration européenne sans fin : comme la métaphore de la bicyclette qui doit toujours avancer faute de tomber, l'annonce permanente d'un nouveau traité, les « ce n'est qu'une étape », le vieux mythe des « États-Unis d'Europe » qui seraient seuls à même de faire le poids…

Certes, la comparaison avec les États-Unis est flatteuse. Elle est censée être mobilisatrice. Elle a aidé les Européens des années 1950 à se projeter dans un avenir débarrassé du nationalisme. Mais comparaison n'est pas raison : il n'y a aucun rapport entre les treize États américains d'origine, à peine constitués, peuplés par les mêmes peuples, parlant la même langue et pratiquant la même religion, unis par une même volonté de s'affranchir, et des nations européennes millénaires que tout a opposées, dont l'identité très forte est puissamment constituée, et qui n'ont pas d'ennemi commun, surtout depuis la fin de l'URSS. Le projet européen ne peut pas copier institutionnellement les États-Unis, il faut le dire clairement.

Il faut revenir à la juste formule de Jacques Delors : fédération d'États nations, dans laquelle chaque mot compte. Il s'agit d'États nations et de peuples qui ne sont pas voués à disparaître. En même temps, ils ont entre eux, dans certains domaines comme les monnaies, des relations fédérales, parce qu'ils en ont décidé ainsi. Les vingt-cinq – trente, voire plus – peuples d'Europe ne seront jamais fondus en un seul peuple. Les peuples ne sont ni dépassés, ni ringards. Mais, bien sûr, ils doivent être ouverts, modernes, pacifiques et associés. C'est cette réalité originale et équilibrée qu'il faut faire vivre, en la stabilisant, et rayonner dans le monde.

Il faut mettre un terme à une autre source d'inquiétude des peuples : l'élargissement sans fin. L'Europe ne peut pas avoir comme *seul* critère d'appartenance la démocratie, sans aucun substrat physique, historique ou culturel. L'Europe est géographique autant que politique. Elle doit avoir des limites. Il faut l'assumer. Après tout, les États-Unis ne proposent pas à leurs voisins, avec qui ils ont des relations très étroites, d'adhérer aux États-Unis. Un peu de bon sens ! Ce retour au réel sera douloureux pour ceux qui ont fait de la fuite en avant dans l'intégration européenne la dernière idéologie de substitution après la faillite des grandes idéologies du XXe siècle. Mais voilà : il y a des peuples, et ils ne se laissent pas dissoudre.

Il faut libérer le projet européen du dogme européiste.

Nous ne devons plus non plus, comme depuis trop d'années, tout attendre ou tout redouter de l'Europe ou de tel ou tel traité, mais retrouver, à notre niveau, le sens des responsabilités, nos objectifs, une volonté. Cela veut dire que, sortant des controverses institutionnelles, nous devons nous réintéresser de plus près aux politiques que nous voulons mener avec nos partenaires dans le cadre européen.

Revenons à une Europe des projets : grands équipements, programmes universitaires, scientifiques, industriels, sociaux, culturels, écologiques, diplomatiques… Projets précis, assortis de calendriers. Face à eux, personne ne sera tenté par le *non* ! Les traités existants le permettent. Dotons la zone euro d'une vraie politique économique. La question de l'avenir sera de concilier croissance, emploi et écologie. Soyons le continent qui fera cette synthèse, laquelle peut se décliner en de nombreux sujets précis.

Sur le plan social, il est temps de redire que même s'il est important de parvenir à une harmonisation européenne générale sur les grands principes, et que les Vingt-Cinq adoptent à l'OMC des positions plus combatives, « à l'américaine », quand leur mode de vie est mis en cause par certaines négociations, le cadre pertinent de la politique sociale demeure l'État-nation. C'est au niveau national que nous devons mettre en œuvre une politique économique novatrice, créatrice de vrais emplois, ce qui est la clef de l'acceptation par les Français de la réforme nécessaire de notre système social et d'un regain de confiance. Cela, l'Europe ne le fera pas à notre place. Mais elle ne nous en empêche pas. La France peut y parvenir si son rapport à l'Europe est assaini.

UNE NATION EUROPÉENNE EST-ELLE POSSIBLE[1] ?

L'idée (le rêve ? l'utopie ?) d'une nation européenne, voire d'une identité européenne, celle d'une fédération, peut-elle, et même doit-elle, se réaliser ? Et est-ce compatible avec la réalité des nations et des peuples ? Tel est le débat que mènent Hubert Védrine et Pierre Manent.

Selon vous, une « nation » européenne, au sens plein du terme, a-t-elle une chance d'advenir ?

HUBERT VÉDRINE : Personnellement, j'ai toujours été activement européen, mais je n'ai jamais cru en l'idée fédéraliste *stricto sensu*. Il s'agit d'une belle idée, mais l'expérience m'a convaincu qu'elle ne s'appliquait pas à l'ensemble européen. L'expression « États-Unis d'Europe » a été un slogan utile pour sortir les Européens des ornières du repli sur soi, mais pas un programme véritable. Mon sentiment, aujourd'hui plus fort que jamais, est qu'il n'y a pas une « nation » européenne ; il y a des nations européennes qui sont toujours là et, selon la formule déjà ancienne de Delors, une « fédération d'États nations ». Je ne crois pas non plus en l'idée d'une « dynamique », sur le mode : « c'est une étape », « on ira plus loin », « l'opinion n'est pas encore mûre », etc. Il me semble que les opinions n'évoluent guère à ce sujet, qu'elles régressent même plutôt… Je ne conçois donc pas l'avenir de l'Europe comme s'inscrivant dans un processus de fabrication d'une nation européenne venant en punition, en substitution ou en sublimation des anciennes nations. Je crois en plus de coopération, plus de

1. Entretien avec Hubert Védrine et Pierre Manent, animé par Patrice Bollon, paru dans *Marianne* du 13 décembre 2008.

convergence, d'actions communes, etc., entre elles. Bref, je vois les choses d'une façon ambitieuse, mais autrement…

Pierre Manent : Je partage la perspective que vous venez de tracer. Qu'il faille aller vers toujours plus de coopération entre les nations européennes est un point sur lequel les citoyens des différents pays européens peuvent se retrouver ; mais cela suppose que les nations demeurent les éléments de base de notre vie politique. Et ce pour trois raisons principales. D'abord parce que, comme l'illustre l'Histoire, le surgissement du principe consistant à « se gouverner soi-même » passe par la constitution des unités nationales. Il y a une solidarité étroite entre la formation des nations et la cristallisation des démocraties européennes, au point qu'on se demande si une démocratie détachée des nations est envisageable. En tout cas, cela ne s'est jamais vu. La deuxième raison est que la constitution de l'Europe comme puissance n'a fait qu'un avec la montée en puissance des nations. De même que la cité était la forme politique propre à la Grèce, l'État-nation est celle de l'Europe. Les partisans doctrinaires d'une nation européenne rêveraient donc de séparer l'effet de sa cause, la civilisation européenne de sa raison politique, qui réside dans une relation entre les nations, faite d'un mélange de rivalités et d'émulation. Le dernier argument, qui concerne un point de morale politique au sens large, vient du fait que, pour que la vie politique soit humainement satisfaisante, qu'elle ouvre un avenir, il faut que les hommes politiques soient responsables devant les citoyens. Et cela ne peut advenir qu'à l'intérieur d'une unité bien circonscrite. Les États-Unis sont un pays très ouvert, à la population mêlée, mais il y a une frontière nette entre les Américains et les autres, un processus d'acquisition de la nationalité très strict, un contrôle sévère des frontières. Le problème des institutions européennes est qu'on ne sait pas devant qui elles sont responsables et qu'elles-mêmes l'ignorent ! Hormis, bien sûr, devant une certaine idée de l'Europe qu'elles ont produite et entretenue. Ce manque de substance politique explique aisément leur discrédit…

Une « nation » européenne peut-elle néanmoins valoir en tant que but ultime des Européens, horizon de leurs actions communes ?

Hubert Védrine : En rappelant le décalage qui existe entre la vision postnationale que certains ont de l'Europe et l'Europe telle qu'elle a été historiquement, Pierre Manent montre bien les limites de cette idée. Car l'Europe n'a paradoxalement jamais été aussi forte que quand elle était divisée : c'est la désunion – ou plutôt la compétition et la rivalité entre les nations – qui a fait sa force du XVIe au XIXe siècle. Bien sûr, il n'est pas question de transposer ces leçons au temps présent, mais parler d'une nation européenne tient manifestement de l'oxymore. Je ne pense donc pas que ce puisse être le but ultime. Non seulement cela n'arrivera pas, mais, si l'on considère les opinions européennes, la curiosité des unes envers les autres est même plutôt moins aiguisée qu'auparavant. On le voit bien en ce qui concerne la langue, la culture, et même Erasmus. Les Français parlent moins l'allemand qu'avant ; et il s'est généralisé, chez nous comme ailleurs, une sorte d'anglais d'aéroport, purement fonctionnel, qui ne témoigne d'aucun intérêt pour les autres cultures européennes, pas même britannique ! Le temps ne me semble donc pas travailler en faveur de la formation d'une nation européenne. C'est, à mon avis, une illusion, et donc aussi une machine à créer de la désillusion. J'ajouterais que cette idée est propre à entretenir une sorte d'incompréhension radicale du monde extérieur par les Européens. S'ils continuent à croire qu'ils vivent dans un monde post-tragique, postidentitaire et postnational, ils risquent de moins comprendre que jadis ce qui se passe dans le monde, y compris aux États-Unis. L'objectif reste donc bien pour moi plus d'Europe, mais pas au sens d'une dépossession des nations au profit d'un système mou, au rôle mal défini et à la responsabilité incertaine : c'est plus d'Europe au sens de plus de coopération entre les nations, plus de politiques communes. Bref, il s'agit de prendre acte de la diversité de l'Europe, sans en faire un drame, et de transformer cette diversité en force. Qu'on arrête donc de sermonner les peuples européens en leur faisant honte de ce qu'ils sont ! Se libérer de la représentation d'une Europe transnationale permettrait de consacrer plus d'énergie à trouver entre nous des objectifs communs.

PIERRE MANENT : Je constate d'ailleurs le même manque de curiosité mutuelle, que vous déplorez, dans mon propre métier. La formule selon laquelle « l'Europe nous ouvre l'esprit » dit exactement le contraire de ce qu'on observe. Quel doit donc être l'objectif pour nous, dans ces conditions ? Des institutions communes, nous en avons suffisamment, peut-être même trop ; ce dont nous manquons, ce sont des actions communes, dans lesquelles les pays européens puissent se reconnaître et se réunir.

Des événements dramatiques comme la crise actuelle ne peuvent-ils pas modifier de fond en comble ces données et pousser l'Europe à l'intégration ?

HUBERT VÉDRINE : Je n'y crois pas. On évoquait tout à l'heure les cités grecques. Je ne suis pas sûr que la menace perse ait abouti à les faire fusionner…

PIERRE MANENT : Non, et chacune procédait dans son coin à ses petites négociations avec les Perses…

HUBERT VÉDRINE : Même la menace stalinienne, à l'origine de la construction européenne, n'a pas entraîné une fusion des nations. Elle a engendré des structures collectives de défense, une construction économique, un Marché commun, pas plus… Je ne vois pas quel phénomène extérieur, même la crise actuelle (sauf si la Chine voulait dominer le monde et absorber l'Europe, ce qui n'est pas le cas), pourrait forger une nation européenne. Comme le montre l'histoire des nations anglaise, française ou autre, cela a été un processus très long, avec beaucoup de violence, et de répression, l'interdiction des langues locales, de la purification ethnique, etc. Tout cela est heureusement impensable à l'époque moderne. En revanche, le moment est peut-être favorable pour que l'Europe élabore ce « point de vue actif » dont a parlé Pierre Manent. C'est même indispensable : si les Européens veulent conserver leur mode de vie et leur type très particulier de société, avec ses équilibres et sa qualité de liberté, ils doivent accepter de devenir une puissance – sinon, ils seront condamnés à la dépendance et échoueront à se préserver. Et il me semble qu'il y a, en ce moment, une vraie opportunité. Une certaine désillusion se fait jour, le réalisme est à nouveau compris, et avec des crises à répétition, alimentaire, énergétique, écologique, financière, etc., on entrevoit la fin d'un cycle américain irresponsable. Tout cela crée une occasion pour que les Européens s'affirment, à condition, bien sûr, d'en finir avec l'illusion du dépassement des identités – officiellement abandonné mais subliminalement obsédant –, qui handicape l'élaboration d'une vraie politique commune des Européens face au monde.

PIERRE MANENT : À condition que l'on sorte aussi de cette délégitimation intime des nations, née des guerres du XXe siècle et qui, depuis l'Allemagne, s'est répandue à des degrés divers dans toute l'Europe. Comme si l'histoire de nos nations se réduisait à la succession de leurs crimes, réels ou supposés. Comment donc faire en sorte que chacune d'entre elles retrouve une certaine « amitié avec soi-même » ? Peut-être la crise aura-t-elle ce bon effet de nous ramener à une vue plus sobre et plus juste de ce que nous sommes et pouvons être.

HUBERT VÉDRINE : On ne sortira, je crois, de ce dilemme que par une approche la plus lucide de l'Histoire, ce qui est le contraire de la repentance. Et face à la crise économique, c'est la combinaison des réponses nationales adéquates et coordonnées qui fait la réponse européenne. Bref, on n'arrivera pas à imposer une Europe puissance par substitution de l'Europe aux nations, mais par une prise de conscience par celles-ci de la nouvelle dureté du monde et une volonté commune, déterminée et durable.

LA PUISSANCE DE L'EUROPE EN QUESTION[1]

Hubert Védrine explique comment il ne s'agit plus d'être « pour ou contre » l'Europe, mais de comprendre comment elle peut trouver sa place dans le monde global instable, ce qui suppose que les Européens acceptent l'idée d'une puissance.

J'ai eu la curiosité de relire le débat entre François Mitterrand et Philippe Séguin[2]. C'est vrai que François Mitterrand domine pour les raisons que vous avez indiquées, mais c'est vrai aussi que Philippe Séguin pose de vraies questions. Avec le recul, le vrai sujet est pourquoi Philippe Séguin au sein de la droite comme Chevènement au sein de la gauche n'ont à peu près jamais réussi à se faire entendre, à faire intégrer ce qu'ils affirmaient dans le *mainstream* de l'approche des deux camps. Sur le débat auquel vous vous référez – c'est-à-dire : est-ce que le politique commande le monétaire ou l'inverse, et est-ce que le monétaire va commander l'économique ? –, il est évident que la question n'a pas été réglée, et elle resurgit maintenant.

Dans l'affaire de la réunification allemande, Mitterrand a pratiqué un judo habile. D'abord, il l'a vue venir de très longue date. On ne peut pas expliquer autrement tout le travail qu'il a fait dans les années 1980, avec Kohl. Il avait déjà dit à Schmidt en 1981 que dans les dix à quinze ans à venir l'Union soviétique serait tellement affaiblie qu'elle ne pourrait pas empêcher la réunification.

---

1. Intervention d'Hubert Védrine au colloque « Philippe Séguin. La politique : une affaire de volonté », organisé à l'Assemblée nationale le 7 janvier 2011.

2. Un face-à-face télévisé eut lieu le 3 septembre 1992 entre François Mitterrand et Philippe Séguin, à propos du traité de Maastricht.

Il fallait donc s'y préparer. C'est ce qu'il a fait. La première étape, c'est-à-dire l'engagement dans la réunification avec le volet européen, a, à mon avis, été génialement réussie, grâce à Mitterrand et grâce aussi à la détermination personnelle de Kohl. Cela a réussi, mais l'Allemagne en contrepartie a dit : « OK, on fait la monnaie unique – que les Allemands ne voulaient pas, l'attachement des Allemands au mark étant très fort, aujourd'hui encore –, mais on va la gérer à l'allemande. » Et on se retrouve avec une Banque centrale chargée de lutter contre l'inflation de la république de Weimar. Cela constitue la deuxième étape.

Il manquait une troisième étape. Et déjà, à l'époque, on le sait, les négociateurs de Maastricht – Bérégovoy et d'autres – ont essayé de construire ce qu'on appelle, faute de mieux, la « gouvernance économique » de la zone euro, en fait la gouvernance politique de l'économie dans la zone euro. Cette étape manque. C'est un peu la question que Séguin pose dans l'entretien. Mitterrand est plus fort. Il dit : « Je ne vais pas remettre en cause tout ce qui a été obtenu jusqu'ici sous prétexte que ce n'est pas parfait, parce que si on s'en tient à ce que vous dites, c'est-à-dire au *non*, qu'est-ce qui se passe ? » Je reconnais que Séguin avait mis le doigt sur un vrai sujet, mais il n'a pas su convaincre. Je crois qu'il y a pas mal de points sur lesquels on peut faire un parallèle entre lui et Chevènement. En fait, on en est toujours là. [...]

Je ne suis pas sûr que Philippe Séguin lui-même aurait été très heureux de la victoire du *non*. Il y a même des témoignages montrant que cela l'aurait angoissé. En fait, il avait fait ce qui lui semblait être son devoir. L'échec de Maastricht aurait été une prise de risque énorme. S'il n'y avait pas eu ce système euro, même imparfait, il y aurait eu la zone mark *stricto sensu*, dans laquelle on était déjà avant la réunification. On l'aurait été encore plus après. Il n'y aurait même pas de corde de rattrapage. Il n'y aurait pas aujourd'hui de discussion pour savoir ce que peut être la gouvernance dans la zone euro, qui décide quoi, si c'est Mme Merkel toute seule ou la Commission ou les seize gouvernements ou la France et l'Allemagne ensemble ? Ni sur ce que l'on décide et quand on le décide. Est-ce qu'on généralise la rigueur allemande à tout le système européen ou est-ce qu'on fait une politique mixte intelligente, entre la rigueur nécessaire et la croissance, malgré tout ? On n'aurait même pas de terrain, de traité, de légitimité, de texte pour poser cette question. Donc, c'est une construction certes inachevée, mais s'il n'y avait pas eu cet accompagnement réussi de la réunification allemande, on serait encore plus démunis aujourd'hui. Il n'empêche que c'est une question qui reste ouverte. Séguin à droite, comme Chevènement à gauche, a été rejeté par la pensée automatique dominante. À un moment donné, Bérégovoy dit à Mitterrand : « On n'arrive pas à obtenir la gouvernance économique. » Les Allemands poussaient des hurlements, parce que le mot était censé avoir des connotations terribles, même si c'était un prétexte. Mitterrand dit alors à Bérégovoy : « On ne peut pas renoncer à ce qu'on a obtenu parce qu'on n'a pas réussi à construire le volet manquant : la gouvernance. » La question de la gouvernance était donc reportée à plus tard. Je cite Bérégovoy, mais il y a eu des tentatives de Delors et d'autres ministres des Finances français, de gauche ou de droite, pour essayer d'atteindre cette insaisissable gouvernance politique de l'économie dans la zone euro. Ce qui peut-être se fait enfin aujourd'hui dans le tâtonnement. [...]

Après la Seconde Guerre mondiale, ce n'est pas l'Europe qui a fait la paix. Ce sont les Américains et les Soviétiques qui ont imposé la paix en Europe. Après, il y a eu l'idée intelligente de certains Européens de bâtir entre eux quelque chose de nouveau pour qu'il n'y ait pas de retour en arrière. Mais il n'y a jamais eu de projet d'Europe puissance. La pensée de Monnet est aux antipodes. Il y a eu des velléités franco-allemandes à certains moments, mais l'idée d'Europe puissance n'est pas portée par les peuples européens. Séguin ne peut faire semblant de le découvrir à ce moment-là ; il fallait qu'il hurle avant ! On ne découvre pas cet aspect au moment de Maastricht, parce qu'il n'est pas dû à Maastricht. Je suis désolé de le dire brutalement. Les Européens, épuisés après la guerre, s'en sont remis aux États-Unis pour la sécurité en Europe, donc pour la politique étrangère. Il n'y a pas de politique étrangère européenne. Des déclarations globales sur la démocratie, l'aide au développement, etc. : oui. Mais cela ne constitue pas une politique. Et les peuples européens, donc les gouvernements qui sont proches des gens comme on dit, ont vécu depuis dans l'idée que nous allions vivre enfin dans un monde post-tragique, post-traumatique, postidentitaire, etc. Expression que traduit bien le mot creux de « communauté internationale ». Il n'y a pas de place là-dedans pour une Europe acteur. Nous avons, nous, Français, dans des colloques de ce genre – et il y en a eu beaucoup ! –, parlé d'Europe puissance, d'Europe de la Défense, etc. Mais la défense de l'Europe est assurée par l'OTAN depuis 1948. On peut donc dire qu'un mythe a été inscrit, dans lequel la gauche comme la droite ont leur part. Et Séguin, à l'époque du débat, découvre que l'Europe n'est pas un acteur ! Eh bien, non : l'Europe n'est pas un acteur, elle est un terrain, un espace. [...]

Mes critiques sont personnelles, je ne parle pas en tant qu'héritier de Mitterrand. Je sais que François Mitterrand s'est servi de l'argument de la paix préservée. Il n'y a personne dans la classe politique qui ait résisté à la facilité de s'en servir. Mais la paix, je le redis, a été rétablie en Europe par les États-Unis. Je ne suis pas atlantiste, tout le monde le sait. C'est pourtant une vérité historique. Dans un second temps, les Européens ont créé entre eux quelque chose d'original, une construction intelligente qu'il faut saluer, faite par « despotisme éclairé », par des petits groupes, mais ce n'est pas cela qui a assuré la paix. Il n'y a même plus jamais eu, depuis la Seconde Guerre mondiale, de risque de guerre entre Européens. Donc, on ne peut même pas dire que cette construction européenne nous a préservés d'une nouvelle guerre. Il faut trouver d'autres justifications, plus intelligentes, qui tiennent le choc dans un débat, si on veut justifier la poursuite de la construction européenne.

Il y en a une d'ailleurs toute trouvée : dans la bagarre multipolaire dans laquelle nous sommes entrés, et qui va durer des décennies, il est évident que, si on ne défend pas de façon groupée nos intérêts et nos valeurs, on va être laminés. Ce n'est pas la peine d'aller chercher d'autres justifications réinventées. Qu'est-ce qui a changé la situation en Europe ? L'interprétation courageuse de Gorbatchev, qui décide d'être le syndic de faillite du système soviétique à bout de forces, et qui croit encore être capable de régénérer le communisme – ce qui est une vue de l'esprit –, mais qui passe par pertes et profits le contrôle par l'Union soviétique de l'Europe de l'Est, qui, au passage, n'avait pas du tout été concédée à Yalta, parce qu'il n'y a pas eu de partage à Yalta, mais avait été conquise sur le terrain par l'Armée rouge. Donc, Gorbatchev arrive en 1985 et dit : « C'est terminé, je n'emploierai pas la force pour cela. » Tous ces régimes sont condamnés dès 1986. Cela va prendre un an, deux ans, trois ans, cinq ans, mais ils vont tous être balayés, y compris l'Allemagne de l'Est. Et cette désintégration de l'URSS a été remarquablement gérée, collectivement, par Gorbatchev, par Kohl, par Mitterrand, par Bush père, etc. En revanche, la désintégration de la Yougoslavie a échappé au contrôle de tout le monde – des Yougoslaves, pour commencer, puis de tout le monde. [...]

L'ensemble des Européens, et pas seulement Mitterrand, voulaient ralentir la désintégration de la Yougoslavie, pour essayer de contrôler pacifiquement ce qui pouvait l'être. Les Allemands, au contraire, poussaient le processus. Parce qu'il y avait un fort lobby catholique en Allemagne, lié aux Croates, pour la reconnaissance isolée de la Croatie, Kohl disait à Mitterrand : « Je ne peux plus tenir, je sais que c'est une erreur, mais je ne peux plus tenir. » Séguin, qui ne croit pas à l'Europe, fait semblant d'y croire le temps de déplorer qu'elle soit inexistante. C'est un tour de passe-passe. Il sait très bien que l'Europe n'est pas un acteur, qu'il faudrait qu'un jour elle se construise par convergence réelle des stratégies, s'il y en a, française et allemande... Mais ça ne sert à rien de déplorer que l'Europe ne soit pas alors un acteur. C'est un acteur virtuel. Nous en souffrons, il faut construire autre chose. Mais l'indignation est un peu artificielle. [...]

Je n'ai jamais vu Mitterrand parler ou se comporter comme un fédéraliste idéologique classique. J'ai dû assister à plus de cent quinze entretiens Mitterrand-Kohl, jamais ils n'ont parlé comme si la France ou l'Allemagne allaient se fondre un jour dans un ensemble. Jamais ! Dieu sait qu'ils étaient européens. Ils voulaient pousser leur coopération le plus loin possible. Mais jamais ils n'ont parlé comme si leurs pays seraient un jour le Dakota du Nord et le Dakota du Sud. Ils n'étaient pas des idéologues fédéralistes comme, aujourd'hui, Guy Verhofstadt ou Jean Quatremer. Pas du tout. Quand on parle de l'Europe, n'oubliez pas qu'« Europe » est un mot-valise, comme disent les linguistes, qui peut vouloir dire bien des choses. Il y a deux interprétations de l'Europe : l'une est désespérante, l'autre est revigorante. Si le mot « Europe » veut dire qu'on n'en peut plus, qu'on n'y arrive plus, qu'on est trop fatigués, que l'Histoire est trop lourde, qu'on est trop petits, que c'est l'époque des pays-continents... Et qu'on s'en remet à l'Europe, qui est une espèce de magma qu'on ne comprend pas très bien, avec la Commission, le Parlement, Van Rompuy, alors c'est désespérant. Cela signifie en plus que le vote des gens ne sert plus à rien, que le bulletin de vote est devenu illusoire. Et c'est le découragement. Je pense que c'est une voie sans issue.

On ne peut pas construire une ambition européenne sur l'addition des découragements, de la haine de soi et de la mélancolie des vieilles nations. En revanche, si on dit : dans la compétition mondiale, nous devons agir ensemble, le mot « Europe » traduit alors une volonté collective, celle des Seize de la zone euro ou de la France et de l'Allemagne ou des Vingt-Sept de l'Europe. Nous répondons collectivement. Nous n'avons plus à abandonner notre souveraineté au marché fou. Nous l'exerçons en commun. Cette différence est très importante. Dans un cas, vous aboutissez à une impasse et une sorte de découragement démocratique. Dans un autre cas, vous rassemblez des ambitions et des volontés. Et on trouve ce clivage sur chacun des sujets européens. […]

Quand on le relit, Mitterrand est très précis. Très politique bien sûr, mais aussi très technique. Il y a des discussions avant l'entretien avec Séguin, un long entretien avec un panel de Français qui posent des questions très précises. […] Quand il parle avec Séguin, ce n'est pas un débat technique, c'est un vrai débat politique. Je répète ma question : pourquoi quelqu'un comme Séguin, ou comme Chevènement d'une autre façon, n'a pas plus réussi, à ces moments clefs, à introduire ses appréhensions de fond, qui étaient honorables, dans la grande négociation France-Allemagne-Europe qui dure depuis trente ans ? C'est une question pour nous tous. […] Ce combat est resté trop périphérique. J'ai toujours voté *oui* à ces traités, parce que, quand même, le *non* ne réglait rien. Mais je n'ai jamais été un partisan simplet de ces traités. En fait, les arguments de Séguin dans l'entretien auraient dû être pris en compte avant, dans la préparation du traité, dans la négociation avec l'Allemagne. À la limite, à un moment donné, on aurait été capables de faire un bras de fer avec l'Allemagne, en disant : « Finalement, on préfère pas de traité du tout, plutôt qu'un traité dans lequel il n'y a pas de gouvernance économique de la zone euro. » Il aurait fallu que cette question s'impose un an ou deux avant la ratification, qu'au moins on se pose la question… […]

À propos du débat entre François Mitterrand et Philippe Séguin, je persiste : Mitterrand a dominé. Néanmoins, j'ai bien rappelé qu'à la relecture je trouve assez remarquable Séguin, surtout s'il joue un peu « en dedans », pour des raisons variées, comme vous dites. Ce qui me paraît plus important aujourd'hui, c'est de savoir s'il y a une actualité de la pensée de Philippe Séguin, notamment sur les questions européennes. Sort ces jours-ci un livre extraordinairement intéressant de Jean-Pierre Chevènement, *La France est-elle finie ?*, dans lequel il reprend toute la négociation France-Allemagne-Europe depuis trente ans, mais en la remettant dans une perspective d'un siècle et plus. Le livre est très intéressant, très travaillé. Même les gens les plus anti-Chevènement – et ici, il n'y en a pas – devraient le lire. Avec Mitterrand, il n'est souvent pas d'accord. Il en parle pourtant avec affection, révérence, mais il n'est pas souvent d'accord. Mitterrand n'est presque jamais choqué ou indigné par ce que propose Chevènement, mais il lui dit : « Vous voulez faire ça comment ? Quels sont les points d'appui ? Quels sont les relais ? Quel est le rapport de force ? Et si cela ne marche pas, quelle est votre solution de repli ? » Il essaye d'intégrer ce que propose Chevènement – qui a l'air d'être tout à fait sur une autre ligne, mais en fait ne l'est pas – en disant : « Mais qu'est-ce que je peux en faire moi, président français, à un moment donné, dans le monde réel, dans l'Europe réelle ? »

Cette même question se pose à propos de Séguin, dans des conversations qu'il a pu avoir avec Chirac, ou avec d'autres personnes à droite, lors des grandes décisions prises par notre pays. [...]

Il s'agit de bien autre chose que de trouver le plan B. L'expression est trop technique. C'est une approche générale. Aujourd'hui, qu'est-ce qu'on peut en retirer ? J'ai entendu des choses intéressantes sur le contexte au sein duquel nous réfléchissons et nous travaillons. Les Occidentaux ont été les maîtres du monde pendant quatre ou cinq siècles – les Européens pendant quatre siècles, puis les Américains. Les Européens n'ont pas perdu la puissance ou la richesse, mais ils en ont perdu le monopole. Et les émergents, dans lesquels les banques d'affaires n'avaient vu naïvement que des *marchés* émergents, étaient en fait des *puissances* émergentes. Sinon, il n'y aurait pas de G20. Le G20 est l'aveu du fait qu'on ne peut plus tout décider tout seul. En 1918, ce sont Wilson, Lloyd George et Clemenceau qui décident de tout. Bien ou mal, mais ils décident de tout. On est dans un monde complètement différent ! C'est vrai même pour les Américains. L'évolution du Parti républicain est une sorte de rejet convulsif du monde réel, alors qu'Obama a compris l'évolution du monde. Mais il a tellement d'avance sur l'électorat américain, y compris le sien, qu'il y a un grand déphasage entre les deux. Les Européens souffrent de tout cela. Ils ont peur de l'avenir, ils pensent que l'avenir ne peut être que moins bien. D'où une crispation qui prend des formes populistes, extrémistes, qui ne sont jamais que des fièvres. Où est la réponse ? Comment va-t-on gérer la zone euro demain ? Qui décide quoi dans la zone euro ? Est-ce qu'il faut reprendre le chantier des traités ? Je ne le pense pas. Je pense que c'est impraticable, mais certains le voudraient. Pour décider quoi ? Comment ? L'exercice de la souveraineté en commun, qu'est-ce que ça veut dire ? Quelle est la part déléguée, abandonnée ou collective ? On ne peut pas se satisfaire pour trouver des réponses – excusez-moi de le dire – de la démarche de Séguin, mais il y a quelque chose dans cette démarche, comme dans celle d'autres personnalités à gauche, qui provoqua un écho extraordinaire en dehors de la France. Louise Beaudoin, vous en êtes un exemple caractéristique et justifié. Et cet écho se retrouve dans d'autres pays. Mais il n'est pas suffisant. Cela ne nous donne pas la réponse à nos problèmes actuels. Le prestige durable de cette forme de France que Séguin, avec d'autres, a incarné ne nous donne pas la réponse à cette question : comment gère-t-on le rapport de force avec l'Allemagne aujourd'hui ? Cette pensée magnifique de Séguin est émouvante ; elle est certainement utile. Il ne faut pas faire l'impasse sur elle, l'oublier, mais dans la bagarre multipolaire dans laquelle nous sommes – et nous ne sommes qu'au début – les Occidentaux n'ont vu que le début du commencement de ce qu'ils vont « prendre dans la figure », face au fait des émergents, non seulement de la Chine, mais aussi des émergents en général. Il y en a cinquante, des émergents ! Et aussi par rapport aux décisions à venir collectives pour gérer l'imbroglio européen. Il ne s'agit pas d'être « pour » ou « contre » l'Europe – ces catégories n'ont plus de sens –, mais de savoir *comment* cela marche.

Je suis sensible, comme Philippe Séguin l'était, à ce que la France a été, à ce qu'elle représente et à ce qu'elle pourrait encore représenter. Mais comment passer de ces préoccupations à l'assemblage d'une puissance européenne où se retrouveraient les uns et les autres – ceux qui avaient voté *oui* et ceux qui avaient voté *non* – dans une Europe qui serait un vrai pôle du monde multipolaire de demain ? Je ne pense pas, vous le voyez, contrairement aux tenants de la pensée unique centre-gauche, centre-droit, qu'il faut marginaliser les pensées d'un Séguin, d'un Chevènement et autres. Ce serait le dépérissement intellectuel assuré. Je pense au contraire qu'il faut les interpeller, les interroger et retirer de ce type d'approche tout ce qu'on peut y trouver d'opérationnel.

L'EUROPE EN 2020[1]

En 2009, Hubert Védrine envisage un « président durable » pour le Conseil européen, ce qui pourrait – peut-être – contribuer à faire de l'Europe un pôle dans le monde multipolaire.

La question du leadership *européen dans les dix à quinze prochaines années se décompose en deux questions distinctes : quelle institution ou quel pays exercera le* leadership *stratégique au sein de l'Union européenne ? Est-ce que l'Union européenne, en tant que telle, exercera un jour un* leadership *stratégique en ce monde ?*

Il y a eu à partir des années 1950 en Europe un important courant de pensée fédéraliste, influent dans les élites, qui voyait l'Europe engagée dans un processus téléologique de création d'États-Unis d'Europe un peu à l'imitation des États-Unis d'Amérique. C'est ce courant qui affirmait : « L'Europe c'est la paix », alors que chronologiquement c'est plutôt l'inverse : la construction européenne a profité de la paix imposée en Europe à partir de 1945, garantie ensuite par la dissuasion nucléaire. Ces fédéralistes ne voyaient d'avenir à l'Europe que dans le dépassement, voire la négation de ses nations, assimilées au nationalisme et à la guerre. En fait, il y a toujours eu une différence fondamentale entre la constitution des États-Unis d'Amérique et la construction européenne. Le président George Washington soulignait en 1798 que la force des États-Unis était que tous les Américains étaient les mêmes : même langue, même religion, même origine, même mode de vie. Ce n'est évidemment pas le cas des Européens. On ne peut pas comparer

1. Entretien paru dans la revue *Global Brief* du printemps 2009.

l'unification des premiers Américains déjà homogènes, quoiqu'ils soient répartis dans treize États fédérés, avec celle d'une trentaine de nations européennes séculaires très différentes et longtemps antagonistes. Ce mythe a eu la vie dure parce qu'il était beau et mobilisateur. Mais il s'appliquait à l'unification des Allemands par Bismarck ou à celle des Italiens par Cavour, pas à celle des Européens en général. À un moment donné, un fossé entre élites et populations est donc apparu. Les Européens modernes apprécient énormément de vivre en paix, en sécurité, dans la prospérité et la liberté, et de se voir garantis des droits de plus en plus nombreux et nouveaux. Ils n'imaginent plus de vivre autrement. Mais le fait identitaire national résiste aux traités, aux discours, aux illusions et aux théories postnationales. Les Européens se sentent européens *en plus* d'être français, allemands, espagnols etc., *pas à la place*. D'où il découle que l'Europe gardera la forme originale qu'elle a atteinte, celle d'une « confédération » (les Vingt-Sept) ou d'une « fédération » (la zone euro) d'États nations.

La négociation institutionnelle poursuivie de façon quasi ininterrompue depuis près de vingt ans pour élaborer les traités d'Acte unique, de Maastricht, d'Amsterdam, de Nice, le traité constitutionnel, le traité de Lisbonne, confirme ce fait. Chaque traité, laborieusement négocié, a comporté des améliorations, mais pas de révolution. Il y a toujours trois pouvoirs principaux qui s'équilibrent à peu près : le Conseil, encore plus le Parlement européen et la Commission, mais au gré des traités ce sont plutôt le Conseil et le Parlement qui ont été renforcés. Il est clair en 2009 que la Commission ne deviendra pas le gouvernement fédéral et supranational de l'Europe qu'elle pensait préfigurer, même grâce à des alliances circonstancielles avec le Parlement et la connivence de la Cour de justice. Dans le traité de Lisbonne, le pouvoir des parlements nationaux est même renforcé. Le plus probable est donc la perpétuation de la situation institutionnelle actuelle, sans *leadership* clair, sauf par éclipses quand le dirigeant énergique d'un pays fort exerce la présidence semestrielle : présidences Merkel en 2007 et Sarkozy en 2008 et cela même dans le cadre du traité de Nice.

On peut néanmoins imaginer d'autres hypothèses.

Le saut fédéraliste. On entend souvent dans les milieux fédéralistes ou européistes, chez les militants européens en général : « l'opinion n'est pas *encore prête* (au passage à un vrai fédéralisme). Ce sera le fait d'une nouvelle génération, d'un futur traité, etc. » L'analyse des tendances historiques ne confirme pas cette espérance. Les jeunes générations sont européennes comme une évidence, pas par mystique ou ferveur. Dans chaque pays d'Europe, l'intérêt pour les pays voisins (culture, langue, vie politique, géographie) est faible, beaucoup plus faible que pour le reste du monde en dehors de l'Europe : intérêt passionné pour l'élection présidentielle américaine, *obamania*, intérêt inquiet pour la Russie, la Chine, le monde arabo-musulman, intérêt compassionnel pour l'Afrique. Au référendum de 2005 sur le traité « constitutionnel » les électeurs français de moins de trente ans ont voté *non* en plus grand nombre que les plus de soixante ans.

À l'inverse : *le* leadership *d'un des grands pays*. Le *leadership* de la construction européenne a longtemps été français, puis franco-allemand. Qu'en est-il maintenant ? Même si l'Allemagne est pour le moment le pays le plus peuplé, même si le traité de Lisbonne renforce dans le calcul des votes la prise en compte de la démographie (ce qu'Helmut Kohl n'avait pas voulu demander comme trop nationaliste, et que Schröder a imposé, et que la France a curieusement accepté en 2003, sans contrepartie, ce qui donnera à l'Allemagne 18 % des voix au Conseil européen au lieu de 9 %, la France passant, elle, de 9 % à 13 %), un pays, même le plus peuplé (80 millions d'habitants), ne peut plus exercer seul ce *leadership*. L'Allemagne et la France le peuvent-elles *ensemble* ? Même quand ses leaders s'entendent à nouveau (Chirac et Schröder dans leur deuxième mandat, Merkel et Sarkozy à partir de 2008), ils n'ont pas, loin de là, sur l'Union à vingt-sept l'autorité extraordinaire que Mitterrand et Kohl ont exercée ensemble sur l'Union à dix, douze puis quinze, de 1984 à 1995, complétée par le rayonnement de Delors qu'ils avaient en place à partir de 1985.

Néanmoins, si sur les grandes questions européennes et stratégiques la France, l'Allemagne et la Grande-Bretagne réussissaient à adopter une ligne commune (combinaison de Blaesheim et de Saint-Malo), elles constitueraient ensemble ce *leadership*. Cela ne s'est jamais produit. Cela n'est pas prévisible à court terme. Néanmoins l'hypothèse ne peut être écartée. Reste l'hypothèse d'une sorte de cercle vertueux qui pourrait s'enclencher comme suit.

Le traité de Lisbonne est finalement ratifié à la suite d'un nouveau vote, positif, des électeurs irlandais. Un président « durable » et crédible du Conseil est désigné pour deux ans et demi. Il trouve un compromis intelligent avec Merkel, Sarkozy, le Premier ministre britannique, le président de la Commission (Barroso ou son successeur), le haut représentant pour la PESC (Solana ou son successeur) pour l'exercice de sa prééminence dans un *leadership* collectif. Il est aidé en cela par l'évolution de l'opinion politique qui comprend que dans la bagarre multipolaire les Européens – tout en gardant leurs identités propres – doivent faire de l'Europe un vrai pôle de pouvoir qui veille à leurs intérêts de façon plus pugnace. Ce président durable appuyé sur un consensus des leaders européens qu'il aura aidé à formuler devient pour l'administration américaine un interlocuteur et un partenaire naturel dans la grande redéfinition stratégique en cours. Cela ressemble à un rêve européen ? Cela ne prouve pas que cela soit impossible. À défaut, il faut revenir à l'hypothèse du *leadership* à inventer à trois : Allemagne, France, Grande-Bretagne.

La question d'un éventuel *leadership* européen dans le monde est étroitement liée à cette question du *leadership* interne à l'Union, mais elle est encore plus problématique. Elle est même en théorie sans objet : les pays d'Europe de l'Ouest ne se sont-ils pas rangés après la guerre *de facto* et par le traité de 1949 sous le parapluie américain ? N'ont-ils pas de ce fait, instruits par les deux tragiques guerres mondiales, renoncé à toute politique de puissance, de défense, et à toute vraie politique étrangère globale autonome ? Et cela même si la Grande-Bretagne a poursuivi un effort de défense significatif et si la France a cultivé, pendant longtemps, une politique étrangère loyale à ses alliés mais spécifique, d'abord gaulliste puis gaullo-mitterrandienne, et si les deux pays se sont dotés de la dissuasion nucléaire. Pourtant, la question mérite d'être posée, pour plusieurs raisons : la solidité protectrice de l'euro, à la réussite duquel les États-Unis ne croyaient pas, ce qui fait qu'ils ne l'ont pas combattu et qui est manifeste dans la crise actuelle. Parce que, dans le domaine commercial et au sein de l'OMC, les Européens sont moins inhibés pour défendre leurs intérêts. Et parce qu'une administration Obama qui aura tant de soucis ailleurs, avec la Russie, la Chine, le Moyen-Orient, et l'Asie centrale et, bien sûr, la crise financière, pourrait ne pas voir trop d'inconvénients à ce que l'Europe s'affirme plus, y compris au sein de l'Alliance, le fameux « pilier européen » ! Si les Européens l'osent.

Bien sûr, les Américains auront toujours tendance à voir l'Europe comme un sous-ensemble économique de l'OTAN (ce qui est un contresens complet), et la « défense européenne » comme une sous-traitance, ce qui est malheureusement moins faux. Rien n'empêche cependant d'imaginer une Europe qui développe sa propre vision (après avoir surmonté ses divergences) sur ce qu'il faut faire à long terme avec la Russie (combiner partenariat et vigilance) ; comme avec la Chine ; comment il faut méthodiquement désamorcer l'antagonisme islam/Occident ; ce qu'il faut faire pour résoudre le problème israélo-palestinien et les perspectives extraordinaires que cela ouvrirait par la suite ; comment il faudrait concevoir un partenariat Europe-Afrique non pas au *bénéfice* des Africains, mais *avec* eux ; comment il faut organiser la mutation de l'économie prédatrice en croissance écologique durable ; quelle combinaison à trouver entre des systèmes militaires offensifs, défensifs (boucliers ?) et dissuasifs ; etc. C'est le scénario optimiste que je développe à propos du « président durable » du Conseil européen. Il nécessite que l'Union européenne sorte de l'ingénuité béate et conjure le risque d'être ce que j'ai appelé « l'idiot du village global ». Des événements extérieurs pourraient les y pousser, par exemple une pression chinoise et autre, pour remettre en cause le rôle du dollar et accroître, de ce fait, celui des États-Unis.

Une Europe capable de se comporter en puissance responsable et partenaire des États-Unis exercerait directement et indirectement dans le monde une immense influence, ce qui serait une première pour une Europe unie : paradoxalement, les Européens n'ont jamais tant influencé le monde jusqu'ici (en bien ou en mal) que quand ils étaient divisés et en concurrence entre eux… Leur influence était anglaise, française, espagnole, allemande, etc., pas européenne. Et depuis qu'ils sont unis, les Européens suivent pour l'essentiel les États-Unis à quelques soubresauts près. Il serait intéressant qu'ils surmontent ce paradoxe ! Cela changerait la face de l'Occident et le rendrait plus acceptable par les autres, et plus fort, mais cela suppose qu'ils soient capables de constituer un pôle dans le monde multipolaire.

RECOMMANDATIONS[1]

La politique de défense de la France doit être conçue de façon synthétique au niveau national et menée ensuite en fonction des caractéristiques et des potentialités de chaque enceinte : Union européenne, OTAN, coopérations *ad hoc*.

Dans l'Alliance : vigilance, exigence et influence

Les inconvénients du retour de la France dans le commandement intégré l'emporteraient finalement si cela devait conduire à une normalisation, voire à une banalisation de la France dans l'OTAN. La France doit donc s'affirmer beaucoup plus dans l'Alliance, et y exercer une influence accrue, s'y montrer vigilante, et exigeante. L'abandon de la position française antérieure, politiquement confortable, et le retour à une pleine participation ne nous permettent plus de nous tenir en partie à l'écart, sur un mode purement défensif, critique et abstentionniste, du débat et des décisions sur l'avenir de l'Alliance. Si nous voulons retrouver une influence de premier plan dans l'Alliance – et nous le devons absolument, d'autant que les circonstances s'y prêtent –, nous devons donc clarifier notre conception de l'Alliance à long terme, dans la perspective des réunions ministérielles régulières et du prochain sommet.

1. Conclusion du *Rapport pour le président de la République française sur les conséquences du retour de la France dans le commandement intégré de l'OTAN, sur l'avenir de la relation transatlantique et les perspectives de l'Europe de la Défense*, remis par Hubert Védrine le 14 novembre 2012.

Il faut le dire clairement : l'OTAN restera *une alliance autour de la première puissance militaire du monde*, les États-Unis, avec laquelle nous partageons des valeurs fondamentales, mais dont les orientations et les politiques peuvent varier dans des proportions considérables, tous les deux ou quatre ans, ce qui peut nous placer en opposition, même si cela n'est heureusement pas le cas du scrutin du 7 novembre 2012, ce à quoi notre politique étrangère doit être prête à réagir.

Vigilance signifie que nous devrons veiller à ce qu'elle reste *une alliance militaire*, recentrée sur la défense collective, et le moins possible *politico*-militaire dans son action, même si des consultations et des échanges de vues périodiques, dans le cadre de l'article 4, sur toutes les questions de sécurité, pourraient être acceptables si cela n'empiète pas sur les prérogatives du Conseil de sécurité (auquel l'OTAN ne peut se substituer) et ne préfigure pas une planification d'opérations. Une revue annuelle des menaces diverses pourrait être ainsi envisagée.

Vigilance aussi sur le caractère défensif de l'Alliance et sur son fondement : la dissuasion nucléaire. La dénucléarisation du monde ne peut pas être récusée en tant qu'espérance à très long terme. Néanmoins, le monde n'est pas assez sûr, et ne le sera pas assez avant longtemps, pour que l'on puisse envisager de se priver de la garantie ultime que représente la dissuasion nucléaire. En même temps, la France, qui s'en est toujours tenue à la dissuasion au niveau minimum, ne peut qu'encourager les États-Unis et la Russie à réduire la quantité de leurs têtes nucléaires, et n'a aucune raison de s'opposer à l'élimination des dernières armes nucléaires « tactiques » ou « non stratégiques » de l'OTAN – bombes à gravitation anachroniques lâchées depuis des avions –, ce qui ne porterait pas atteinte à la capacité dissuasive de l'Alliance.

Il faudra veiller à ce que l'Alliance reste consacrée aux menaces sur *la zone euro-atlantique (et peut être aussi arctique)*, pour les prévenir ou les contrer. L'OTAN n'a pas à être le gendarme du monde ; néanmoins, il est évident que des menaces peuvent venir de l'extérieur de cette zone. C'est au cas par cas qu'il faudra décider ce qui relève ou non de la défense collective par l'OTAN.

Outre la mise en œuvre de l'article 5 du traité, au titre de l'article 51 de la Charte des Nations unies sur la légitime défense, l'OTAN ne devra intervenir que dans des conditions précises : sur une base légale incontestable ; une demande ou une acceptation par les organisations régionales ; une appréciation, au cas par cas, de la faisabilité et de l'opportunité politique, l'Union européenne, dans sa version « Europe de la Défense », pouvant être, dans certains cas, mieux adaptée.

Il n'est pas exclu que des situations comparables à celle – très particulière – qui a permis l'intervention en Libye (appel à l'aide d'insurgés, appel d'une organisation régionale – ici la Ligue arabe –, adoption d'une résolution au Conseil de sécurité au titre du chapitre VII grâce à l'abstention russe et chinoise, acceptation par les États-Unis de l'utilisation de l'OTAN par des pays européens leaders, soutien militaire essentiel des États-Unis) puissent se présenter de nouveau. Il faut y avoir réfléchi à l'avance, entre Européens, et avec les Américains.

Notre vigilance doit s'exercer aussi sur le risque de « phagocytage » conceptuel et théorique. Il faudra que notre armée préserve sa capacité propre d'analyse des menaces, de réflexion et de prévision sur les scénarios et même de planification, ce qui a été le cas jusqu'ici, sans « s'en remettre » aux structures de l'OTAN, ou européennes. Il ne faudrait pas que l'affectation aux postes de responsabilité à l'OTAN devienne le seul aboutissement possible d'une carrière militaire française réussie. Il faudra que des carrières puissent encore être menées au niveau national, ainsi que dans des responsabilités européennes. Plus généralement, pour le ministère de la Défense, pour le ministère des Affaires étrangères, il s'agit d'influencer utilement la pensée de l'OTAN, mais pas de se fondre dans celle-ci. C'est un risque à terme, pas immédiat, mais réel, à prendre en compte.

Vigilance encore sur les enjeux industriels et technologiques. Il subsiste en Europe peu d'industries de défense, dans peu de pays. La lettre d'intention (LOI) du 6 juillet 1998, qui visait à faciliter la restructuration et le fonctionnement de l'industrie européenne en matière d'armement, avait été signée par six pays : l'Allemagne, l'Espagne, la France, la Grande-Bretagne, l'Italie et la Suède, auxquels on peut ajouter la Pologne peut-être un ou deux autres. Ces industries restent de haut niveau, mais sont sur la défensive. Outre-Atlantique, la réduction programmée de 487 milliards de dollars en dix ans, décidée en 2011, à laquelle pourrait s'ajouter en janvier 2013 une réduction supplémentaire d'environ 500 milliards de dollars imposée par le Congrès, ce qui ferait en tout 15 % de réduction sur dix ans, de l'énorme budget militaire américain (en 2011 : 739 milliards de dollars, 46 % des dépenses militaires du monde entier, montant supérieur aux budgets des dix puissances suivantes), va rendre encore plus offensif le fameux « complexe militaro-industriel » américain envers ses concurrents, dont les Européens, sur les marchés européen et mondiaux.

Le concept otanien de *Smart Defence* est une réaction compréhensible à la réduction des moyens des Alliés, mais si nous n'y prenons pas garde, il peut éponger ou cannibaliser les capacités européennes. Et cela d'autant plus que la standardisation au sein de l'OTAN favorisera l'achat par ses pays membres de matériels et d'armes américains à des coûts déjà amortis par la fabrication en très grande série, d'autant plus que la grande majorité des pays européens raisonnent en termes d'acheteurs « sur étagère », et donc à la recherche des moindres coûts, et non pas en producteurs ou en industriels, ce qu'ils ne sont pas, ou plus.

Il faudra aussi être vigilant, en parallèle à la *Smart Defence*, aux réflexions en cours sur un recours accru au *financement commun* dans le contexte actuel de crise économique (par exemple pour financer certaines capacités dans les domaines de la défense antimissiles, du renseignement ou de la cyberdéfense). L'extension du périmètre du financement commun aboutirait en fait à faire porter l'effort en priorité sur les principaux contributeurs de l'Alliance (les 5 principaux contributeurs apportent 68 % du financement commun et les 14 contributeurs les moins importants 5,6 %). Cela équivaudrait pour certains Alliés, dont la France, à payer deux fois des capacités déjà développées en national et représenterait aussi un détournement du principe de solidarité au cœur de l'Alliance qui repose avant tout sur la volonté politique des nations de faire face à leurs responsabilités, en préservant notamment des capacités nationales ou multinationales. En revanche, une réflexion sur une meilleure utilisation du financement commun, plutôt que son extension, serait légitime.

Il faut donc une stratégie industrielle française, et européenne, dans l'OTAN. Pour toutes ces raisons, cette situation appelle impérativement une stratégie industrielle, française et européenne, dans l'OTAN, et vis-à-vis de l'OTAN (comme dans l'Union européenne, voir plus loin), avec un repérage précoce des perspectives de contrats, par exemple dans les domaines couverts par la défense anti-missiles (tant qu'elle reste limitée et acceptable), et la *Smart Defence*, sur la base d'une répartition préalable claire des programmes entre l'OTAN et l'Agence européenne de défense. D'où l'importance de consolider le mécanisme informel mais essentiel de consultation entre le commandant suprême chargé de la transformation, SACT, et la directrice exécutive de l'AED pour la « déconfliction » des programmes de l'OTAN et de l'AED. La Direction générale de l'armement dont le rôle est crucial devrait être le bras armé de cette politique, dans le cadre des orientations fixées par l'État-major des armées et la Délégation aux affaires stratégiques.

« Européanisation » de l'Alliance. L'évolution tectonique des États-Unis, du président Obama, devrait les y rendre accueillants, et on a noté la possible disponibilité de Washington. L'équipe nouvelle du président Obama II pourrait comprendre qu'il n'y aura pas d'effort supplémentaire des Européens en matière de capacités militaires sans réveil de l'esprit de défense ; et que ce réveil n'aura pas lieu sans que les Européens soient invités par les États-Unis à prendre plus de responsabilités. En quelque sorte l'Alliance est victime en Europe de son trop grand succès : elle a dissuadé, elle a protégé, et elle a anesthésié l'esprit de défense chez les protégés. Face aux bouleversements du monde, l'intérêt à long terme des États-Unis est que l'Europe soit un vrai partenaire, capable et fiable, fût-il parfois incommode. L'appel rituel au « partage du fardeau » n'est pas suffisant, et de fait il reste sans effet. Malgré tout, brandir sans préparation l'étendard du « pilier européen », la belle formule de J.F. Kennedy restée sans lendemain, ou de l'« identité européenne », réclamer un *caucus* européen, au sein de l'Alliance, risquerait d'être à la fois insuffisamment ambitieux et potentiellement provocateur. Même en 2012, cela pourrait rebraquer contre la France la technostructure otanienne, les responsables du département d'État et du Pentagone pourtant plus ouverts que dans le passé à une évolution, et tous les Alliés européens qu'inquiète déjà le « pivot » vers l'Asie. Cela peut nous paraître paradoxal et à

courte vue, mais c'est ainsi : ces derniers ne veulent pas donner aux Américains de prétexte à se désengager plus ! Dans les enceintes européennes, réclamer un état-major de planification et de conduite des opérations rencontre quelques vrais soutiens, mais réveille aussi des craintes de principe, et un blocage britannique. En revanche, en pratique, et au jour le jour, il existe de nombreuses occasions au sein de l'OTAN, et en particulier entre les ministres européens concernés, de renforcer la concertation ou la réflexion européenne en amont sur les questions traitées à l'OTAN, en relation avec les réflexions menées au sein de l'Union européenne.

Le président Obama ayant été réélu, la disponibilité américaine à une telle évolution pourrait être testée, sur des cas concrets, et pas de façon théorique. Elle pourrait l'être de plusieurs façons :

– En matière de *capacités*, en liant, dans la perspective du prochain sommet de l'OTAN, le redressement des budgets de la défense *en cas de retour à la croissance* et un « juste retour » pour les industries européennes de défense, ce qui serait cohérent avec ce qui a été déclaré à Chicago. Sans attendre, nous devrions promouvoir (administrations et industriels) des solutions européennes (radars, satellites et intercepteurs) dans la défense anti-missiles balistiques que nous avons acceptée, ce qui est urgent, car le système de l'OTAN va entrer dans une phase programmatique cruciale.

– Dans le domaine *politique*, pour autant que nos partenaires européens se prêtent à une concertation en amont sur les questions relatives à l'OTAN, il pourrait être envisagé en parallèle que les États-Unis soient consultés, voire associés, à certaines délibérations européennes, par exemple celle du COPS.

– Dans le domaine des *opérations*, nous pourrions proposer que le mandat de la KFOR de l'OTAN soit transféré à l'Union européenne (en améliorant la gestion de l'opération européenne), car il serait cohérent que les Européens se sentent plus responsables de ce qui se passe sur leur continent. Par ailleurs, il pourrait être mis un terme à l'opération *Ocean Shield* de l'OTAN contre la piraterie au large de la Somalie (à l'issue de son mandat fin 2014), qui fait double emploi avec *Atalante*.

Les ministres concernés pourraient se voir confier un mandat sur ces différents points.

Europe de la Défense : persévérer de façon plus concrète en étant plus lucides et plus exigeants

On peut penser que la France doit continuer à plaider, malgré tout, en faveur d'une Europe de la Défense dans le cadre de l'Union, et cela pour plusieurs raisons. Cela fait partie d'un projet plus général d'Europe politique au sens le plus fort du terme. Le président Van Rompuy va présenter en décembre 2012 une feuille de route à moyen et long termes pour une Union économique sous ses diverses formes, et une Union politique avec une architecture plus intégrée. La question de la défense devrait être à l'ordre du jour du Conseil européen de décembre 2013 et celui-ci sera précédé, au printemps de la même année, d'une communication de la Commission sur l'industrie de défense. Enfin, nous n'avons pas intérêt à brader les acquis juridiques, procéduraux et humains des vingt années écoulées.

Néanmoins nous ne pouvons pas nous borner à faire de la « relance de l'Europe de la Défense » une priorité pour nous seuls, comme si de rien n'était, et comme si les obstacles et les échecs n'étaient pas évidents. La probabilité est en effet élevée que ces efforts se heurtent au même scepticisme poli et à la même force d'inertie que les précédents. Au sein de l'Union européenne, nous avons donc un choix à faire : persévérer en comptant sur le temps et les tumultes du monde pour créer, à la longue, avec nos partenaires, une vraie conception stratégique commune, au-delà des déclarations d'intention ; ou clarifier la situation avec nos alliés, en commençant par les plus grands, en les interrogeant sur leurs intentions.

– Avec la Grande-Bretagne cela signifie lui demander jusqu'où elle est prête à aller avec nous dans le cadre du traité de Lancaster House ; si elle prendra des décisions budgétaires cohérentes avec ce traité ; à quels autres partenaires européens elle est prête à ouvrir certains aspects de ce traité et si elle accepte que soit créé un vrai centre européen d'analyse, de réflexion et de prévision stratégique.

– Avec l'Allemagne, cela signifie lui demander si le renforcement politique de l'Europe, qu'elle appelle de ses vœux, ne devrait pas se traduire par plus de décisions concrètes en matière d'industrie de défense, comme par plus d'engagements en matière d'opérations européennes extérieures, et par une concertation franco-allemande sur les questions traitées au sein de l'Alliance.

– Aux autres participants aux groupes Weimar et Weimar +, il serait demandé de confirmer leurs engagements sur les projets sélectionnés par l'AED, sur des projets bi ou multilatéraux, ou leur disponibilité pour participer à d'éventuelles opérations, et pour une concertation sur les questions traitées au sein de l'OTAN.

Dans tous les cas, nous aurons intérêt à nous montrer plus lucides, moins déclaratoires et plus exigeants, à nous concentrer sur des objectifs concrets, à agir aux deux bouts de la chaîne, aux niveaux politique et industriel.

Au sommet, il y a un besoin urgent de (re)construire une vision stratégique commune à l'Union européenne, à commencer par ses dirigeants, réunis en Conseil européen. L'Histoire n'est pas finie et elle se poursuit sous forme d'une compétition multipolaire instable. Avec ou sans nous ? Comment faire face aux menaces variées et diffuses, réencadrer la sphère financière dérégulée, devenue incontrôlable ; cogérer les mouvements mondiaux de population ; organiser la compétition multipolaire ; s'adapter à la montée des émergents, qui va se poursuivre ; équilibrer le poids des émergés ; ralentir le lent affaiblissement du lien États-Unis/Europe ; se prémunir contre les incertitudes en Méditerranée, en Afrique, au Proche-Orient et au Moyen-Orient en concevant des coopérations nouvelles ; maîtriser les enjeux énergétiques et garantir la libre circulation maritime contre la piraterie ; organiser la vaste et longue transition écologique : tous ces défis imposent une vision stratégique, et non théorique, ou angélique. Sans le réveil d'une volonté politique forte – celle de faire de l'Europe une puissance, pour éviter qu'elle ne devienne impuissante, et dépendante –, tous les mécanismes de l'Europe de la Défense resteront sur le papier, partiels ou inanimés. Dans le cas inverse, ils se réveilleront.

Le Sahel peut s'avérer un test à maints égards.

Au niveau de la base industrielle et technologique de défense européenne, un bilan sans fard de ce qui a marché et de ce qui a échoué, et pour quelles raisons, et des capacités européennes encore valables est indispensable. Cela suppose d'examiner avec les cinq ou six pays concernés, et d'abord avec la Grande-Bretagne et l'Allemagne, tous les projets du programme *Smart Defence* de l'OTAN ; de contester et de refuser ceux qui risqueraient de rendre sans objet des projets européens ; de renforcer le mécanisme OTAN/AED de « déconfliction » et de non-duplication, et de rechercher des synergies ; de favoriser les chances de nos industries à l'accès aux programmes *Smart Defence* non antagonistes ; d'obtenir un engagement vigoureux pour les projets de l'AED, qu'il faudra faire aboutir à tout prix.

L'organisation administrative française devrait être conçue pour renforcer une politique d'alerte précoce, d'engagement, et de soutien, en liaison avec les industries. Une mise en réseau est nécessaire, c'est là aussi le travail de la Délégation générale pour l'armement, complété par un pilotage politique. Une stratégie industrielle au sein de l'Union européenne est aussi nécessaire que la stratégie industrielle dans l'OTAN. Ce sont les deux faces d'une même médaille.

Une vision française

Dans tous les cas, la France devra garder une capacité propre pour analyser et prévoir en amont, proposer, et contribuer à la planification, qui inspire son action et sa politique au sein de l'Union, au sein de l'Alliance et avec des Européens.

La mutation de la politique étrangère et de défense américaine, et l'évolution incertaine du monde multipolaire instable rendent plus nécessaire, et moins impossible, un rôle accru des Européens pour leur propre défense en attendant qu'ils l'assument un jour, pour l'essentiel, par eux-mêmes, tout en restant alliés des Américains. Cette politique doit être menée de front, simultanément, au sein de l'Union européenne, de l'OTAN, de groupes *ad hoc*, selon des tactiques adaptées à chaque cas et à chaque enceinte et en anticipant les échéances. C'est une politique audacieuse et décomplexée d'influence accrue dans l'Alliance qui facilitera les efforts européens de la France. Le maintien d'un certain niveau de capacité est bien sûr indispensable à sa réussite.

SUR L'AVENIR DE L'EUROPE[1]

Hubert Védrine livre ici en 2016 un long plaidoyer pour une séquence européenne pause-bilan-refondation. Face au décrochage des peuples, à la fuite en avant institutionnelle, identifier les causes, parler aux sceptiques (différents des « hostiles »), défendre notre culture et notre mode de vie, autant de questions essentielles avant de fonder une puissance possible de l'Europe.

La possibilité d'un vote des Britanniques favorable au Brexit au référendum du 23 juin nous oblige, de toute façon, et quel qu'en soit le résultat, à ne plus fermer les yeux sur l'attitude de plus en plus critique et de plus en plus distante des peuples d'Europe envers la construction européenne. Dénoncer mécaniquement le populisme, à coups de discours scandalisés et de sermons, donne bonne conscience, mais ne le fait pas régresser, parfois même l'attise, et ne résout rien si on ne traite pas ses causes.

La réalité, c'est qu'il y a aujourd'hui en moyenne, dans les différents pays de l'Union (en moyenne, car, pays par pays, il faudrait nuancer), entre 15 et 25 % d'anti-européens (anti, pas seulement sceptiques, on a bien tort de confondre les deux) ; à l'autre extrême, peut-être 15 à 20 % de « pro-européens » traditionnels et raisonnables, de centre gauche ou de centre droit ; sans doute guère plus de 1 % de vrais européistes fédéralistes (électoralement inexistants mais encore influents dans certaines élites et les milieux économiques) ; et, entre les deux, une majorité d'environ 60 % d'eurosceptiques (au sens vrai : dubitatifs),

1. Article paru simultanément dans *Le Monde* et dans *Frankfurter Allgemeine Zeitung*, le 12 juin 2016.

d'Européens déçus ou devenus allergiques. Année après année, chaque élection, nationale ou européenne, référendum, référendum consultatif, sans parler des études et sondages, confirme ce décrochage des peuples.

L'Union européenne est donc un organisme affaibli, miné de l'intérieur. Plus encore, elle rassemble des démocraties représentatives, les États membres, de plus en plus contestées par une revendication croissante de démocratie participative ou même directe de la part de citoyens surinformés, et dont aucune ne fonctionne vraiment bien, à la seule exception, peut-être, de l'Allemagne. Et c'est cet ensemble qui doit relever des défis extérieurs redoutables ! Ceux de Poutine, qui mettent en lumière les divergences entre États membres, selon qu'ils sont ou non frontaliers de la Russie et qu'ils ont été, ou non, asservis par l'URSS. Ceux qui découlent d'une vague sans précédent de demandeurs d'asile, en immense majorité syriens, pour l'essentiel musulmans, et, en même temps, de migrants économiques, venus d'Afrique ou d'ailleurs, ce qui met en lumière la profonde faille entre ceux des Européens qui jugent inéluctables et acceptables les sociétés multiculturelles et ceux – les pays d'Europe de l'Est qui furent sous la coupe de l'Empire ottoman, ou de l'URSS – qui n'en veulent à aucun prix.

Tout cela sur fond de croissance souffreteuse, de baisse continue de la part des Européens dans la démographie mondiale, et de compte à rebours écologique. Au jour le jour les institutions européennes fonctionnent, mais il y a bien un danger de dislocation de l'Union (l'éventuelle décision de sortie de la Grande-Bretagne pourrait en entraîner quelques autres) ou, au minimum, de stagnation, les institutions européennes tournant alors à vide même si les contestations franches des règles européennes restent rares.

Comment expliquer ce décrochage des peuples ? Il a été longtemps nié par des dirigeants qui ont de plus en plus peur des peuples entraînés par de mauvais bergers « populistes », c'est-à-dire incitant sans scrupule les peuples à ne plus voter comme les élites classiques voudraient qu'ils votent.

À la recherche des causes

Curieusement, peu de raisons sont avancées pour l'expliquer. Les anti-européens systématiques se contentent, à coups de dénonciations de l'Union européenne, d'attiser et d'exploiter toutes les frustrations, les peurs et les regrets. Ils ne proposent rien de viable, seulement des sorties de l'euro, de Schengen, de l'UE ! Quant aux pro-intégration perpétuelle, aux téléologistes de la construction européenne, aux fondamentalistes de « l'Union sans cesse plus étroite », ils réclament « toujours plus d'Europe » et proclament comme un mantra que « L'Europe n'est pas le problème mais la solution ». Tout cela sans convaincre.

C'est frappant de constater que les tenants de la ligne « Plus d'Europe », avec une entière bonne foi (« foi » est bien le mot), n'analysent jamais ce décrochage des peuples, et n'esquissent jamais la moindre autocritique. Ils se bornent à le stigmatiser, en espérant le réduire par la morale et une condamnation infamante. Ils appellent à la rescousse les mythes rétroactivement fondateurs (l'Europe, c'est la paix) mais épuisés, rappellent la théorie du « vélo » selon laquelle si l'Europe n'avance pas, elle tombe. Ils dénoncent les « égoïsmes nationaux » (pourtant on ne juge pas égoïste le maire de Berlin s'il ne se préoccupe pas en priorité de Francfort, et réciproquement). Ils stigmatisent le « repli sur soi » (mais tout est une question de dosage. Va-t-on dire que Schengen « se replie sur soi » quand on l'aura doté d'une vraie frontière extérieure ?). Oubliant la « fédération d'États nations », ils affirment péremptoirement que l'État et les nations sont dépassés. Les condamnations contre le « souverainisme » pleuvent.

Pourtant, l'obtention de la souveraineté politique a été une extraordinaire conquête historique des peuples. N'est-ce pas s'être tiré une balle dans le pied, démocratiquement parlant, que d'avoir fait du « souverainisme » un épouvantail, un aveu aux conséquences dévastatrices ? La preuve, les mêmes zélotes ont cessé depuis de glorifier les « abandons » de souveraineté, et même les transferts, et parlent plus raisonnablement, mais un peu tard, de « l'exercer en commun ».

Même rhétorique dans le rejet dégoûté des idées « nauséabondes », terme convenu pour évoquer les années 1930, censé susciter une horreur réflexe et réveiller le désir d'intégration européenne. Ces formules sont employées comme l'eau bénite était censée anéantir les vampires. Mais cela fonctionne de moins en moins, sinon on n'en serait pas là !

Certains partis de gauche ont cru réveiller l'intérêt des gens pour l'Europe en préconisant une « Europe sociale » ou « des citoyens ». Contresens : cela ne pouvait être attractif que pour des pays d'Europe très en retard sur ces plans, et à qui l'imposition d'une norme européenne moyenne – forcément issue d'un compromis – aurait fait faire un progrès notable, ce qui n'était pas le cas pour la France ou pour l'Allemagne !

Les propositions des milieux « européistes », face à la crise actuelle, reflètent à peu près toutes la fuite en avant institutionnelle. Elles émanent de dirigeants anciens ou actuels proches des ministères des Finances, de gouverneurs de Banque centrale, de responsables d'institutions européennes, ou d'organismes proches d'elles. Sous prétexte d'« audace », de « courage », d'« initiative », de « sursaut », il s'agit de propositions technocratiques et d'organisation pour intégrer plus encore la zone euro, ce qui aurait certes une logique économique, de la doter par exemple d'un ministre des Finances. Mais on ne voit pas bien en quoi cela réveillerait la confiance des peuples dans la construction européenne.

Et cela sans changer les traités ? Et *quid* alors du rôle des ministres des Finances allemand, français, et des seize autres ? En quoi ce superministre des Finances hors sol serait-il plus légitime pour faire admettre aux peuples récalcitrants des réformes structurelles ou des décisions impopulaires de politique économique ? Le fait qu'il n'y ait à l'évidence pas, en ce moment, de voie démocratique vers une intégration renforcée ne les arrête pas. Est-ce de l'aveuglement ? de l'attachement entêté à une utopie qui a eu sa noblesse historique ? Sans doute un peu des deux.

Certains proposent néanmoins de faire mieux contrôler démocratiquement la zone euro, soit par une instance spéciale du Parlement européen ; soit par les parlements nationaux ou une combinaison des deux. Ce serait un progrès. Mais c'est un remède limité qui ne traiterait pas le mal : la faiblesse insigne du débat sur les enjeux et les décisions européens à l'intérieur de chaque État membre. De toute façon, à part ce tout dernier point, aucune de ces propositions n'a de rapport avec les aspirations des peuples, ni n'est de nature à les calmer, au contraire. C'est soigner l'allergie à coups d'allergisants ! Tout ce répertoire traditionnel (incantations, sermons, stigmatisations, injonction – TINA, *There Is No Alternative* – fuite en avant) est voué à l'échec, en tout cas dans le contexte actuel, sauf à procéder à coups de faits accomplis, en abusant de la zone grise a-démocratique, ou postdémocratique, du système, qui permet quelques modifications sans toucher aux traités, mais en creusant plus encore le fossé entre les élites et les populations et en accroissant le risque que, finalement, une fronde généralisée des peuples ne renverse tout.

Il est urgent de s'y prendre autrement.

Comment ? En renouant le contact avec les sceptiques. Plutôt que d'appeler sans cesse à un « sursaut » contestable, et de toute façon difficile à concrétiser et impossible à faire ratifier, parler en priorité non pas aux vrais anti-européens, idéologues ou extrémistes impossibles à ébranler, mais à la grande majorité, pour la convaincre de nouveau. Ceux-là mêmes auxquels Jean-Claude Juncker s'adresse quand il a le courage de déclarer : « Une des raisons pour lesquelles les citoyens européens s'éloignent du projet européen est due au fait que nous interférons dans trop de domaines dans leur vie privée et dans trop de domaines dans lesquels les États membres sont mieux placés pour agir. Nous avons eu tort de réglementer à outrance et de trop interférer dans la vie de nos citoyens. »

Le président de la Commission se dit convaincu que, pour changer la perception de l'Union européenne, il faut alléger les lourdeurs administratives. Il a entièrement raison, mais qui d'autre le dit aussi nettement parmi les dirigeants pro-européens censés vouloir sauver le projet d'Union ? À partir de là, imaginer une séquence pause, bilan (subsidiarité), refondation.

Pause

1. Le préalable indispensable pour sortir de l'impasse est une « Adresse aux peuples », dans les termes les plus clairs : « Peuples d'Europe, vous êtes attachés à ce que vous avez gardé d'identité et de souveraineté. C'est légitime ! La construction européenne n'a pas pour finalité de dissoudre vos identités. Nous exercerons notre souveraineté en commun, car nous sommes interdépendants, mais nous vous comprenons et nous décrétons une PAUSE. Pause

de l'élargissement, c'est *de facto* le cas, on reprendra plus tard la question pendante des Balkans. Mais aussi pause dans l'intégration. »

Cette pause ne doit pas être honteuse ni subreptice. Elle n'aurait rien à voir avec un *statu quo*, ni avec un constat d'impuissance. Pour marquer les esprits après des années de controverses stériles et produire un effet de souffle, elle devra découler d'une décision explicite, assumée et même claironnée. Elle traduirait un vrai compromis historique entre les élites et les peuples pour sauver l'essentiel et relancer un projet européen sur des bases assainies. Cela suppose de la part de ces élites un effort de modestie et de réalisme, et tout simplement de démocratie. Cette pause serait décidée pour deux ans. Elle ne s'appliquerait pas, vu l'urgence, à la question des flux de réfugiés et de migrants ; j'en parle plus loin.

Subsidiarité

Pour rendre crédible ce message politique, la priorité sera d'imposer aux institutions européennes une franche subsidiarité, c'est-à-dire une vraie retenue dans l'usage de leur pouvoir. Rappelons-nous que Jacques Delors en parlait déjà ! Jean-Claude Juncker a repris cette exigence et en a chargé le vice-président Timmermans. Aussitôt certains parlementaires européens, qui n'ont rien compris à la nature de la crise actuelle, ont dénoncé leur « manque d'ambition » !

Juncker et Timmermans ont raison, mais cela ne suffira pas. En plus des pouvoirs qu'ils tiennent des traités, les fonctionnaires de la Commission ont leurs habitudes et leurs certitudes, notamment les directions les plus puissantes, et se pensent plus légitimes que les dirigeants nationaux, ces « féodalités » qu'il faut réduire. Il s'est construit avec le temps un « complexe » juridico-bureaucratique Commission-Parlement européen-Cour de justice qui alimente un engrenage, avec effet de cliquet… Il faut lui donner un vrai coup d'arrêt, puis, pendant les deux années de la pause, faire un inventaire, et trier.

Seuls les principaux dirigeants politiques des États membres réussiront, s'ils sont absolument déterminés, à ramener la Commission à sa vraie mission d'origine : elle avait été pensée pour être « extranationale », chargée de dire l'intérêt général européen, ce que ne peuvent pas faire les gouvernements nationaux, mais pas « supranationale » et ne se pensait pas à l'origine chargée de tout réglementer. Idée remarquable. C'est plus tard, pour diverses raisons (marché unique, idéologie européiste, demandes des groupes d'intérêts ou des États à tour de rôle) qu'elle s'est transformée en rouleau compresseur.

Cette bataille politique est essentielle si l'on veut reconquérir les peuples.

Refondation

Une conférence refondatrice. On abuse des mots de refondation, de relance, etc. Là, ce serait différent. La France et l'Allemagne, mettant entre parenthèses leurs désaccords (politique énergétique, politique économique dans la zone euro), inviteraient à une nouvelle conférence de Messine (comme celle qui s'était tenue en juin 1955 et qui devait conduire au traité de Rome) dans une ville d'Europe qui ne serait aucune des capitales européennes, ni aucune ville connue pour ses sommets à répétition, les États membres qui seraient prêts à s'engager à la faveur de la pause dans la séquence : bilan, subsidiarité, relance. Les délégations seraient politiques, restreintes, de haut niveau. Ce serait une façon de ne réunir que les États volontaires et de régler l'insoluble question du noyau dur, idée séduisante qui ne s'est jamais concrétisée pour la bonne raison qu'aucun État membre n'acceptera d'être relégué dans l'« écorce molle », et l'exclusion est impossible. C'est donc le programme et l'ambition qui feraient la sélection.

Son ordre du jour serait :

• Le bilan politique de la construction européenne, de ses méthodes, de son mode de fonctionnement et de décision, de sa bureaucratisation progressive (depuis quand ? pourquoi ?), de son rapport avec les peuples. Ce bilan serait préparé par trois rapports politiques : 1) de grands anciens, 2) de plus jeunes dirigeants, 3) de représentants de la société civile.

• La redéfinition du rôle subsidiaire de la Commission dans celles de politiques et des compétences existantes qui après inventaire seraient maintenues.

• La définition *limitative* des nouveaux domaines clés, au sens politique et non financier ou technocratique du terme là où, à l'avenir, la valeur ajoutée du niveau européen serait évidente aux yeux des peuples : la conférence en déciderait. Mais on peut penser qu'une nouvelle hiérarchie des priorités s'imposerait autour de la sécurité des Européens et de la défense du mode de vie européen dans le monde de demain.

En ce qui concerne la sécurité, on peut espérer que cette conférence irait de pair avec la constitution urgente sans attendre un nouveau Schengen. Celui-ci serait doté d'un contrôle efficace aux frontières extérieures – peut-être elles-mêmes géographiquement redéfinies pour être cohérentes et gérables, c'est à voir. Les contrôles de la frontière extérieure seraient dotés de vrais moyens et, surtout, gérés sur une base mixte, et communautaire intergouvernementale à la fois dans l'esprit du remarquable discours de Bruges de Mme Merkel, en novembre 2010, appelant à dépasser les querelles stériles entre méthodes communautaire et intergouvernementale, et à les combiner dans une synthèse européenne.

Cela serait complété par l'harmonisation nécessaire des politiques d'asile sur une base d'inspiration deux tiers allemande (au bout du compte l'Europe ne peut pas ne pas offrir l'asile, fût-il provisoire, à des gens en danger, ou alors il faut aider beaucoup plus les pays qui le font), un tiers politique française (il faut que cela reste gérable). Ce serait complété par une cogestion des flux migratoires entre ce nouveau Schengen, les pays de départ, et les pays de transit (avec des quotas annuels, par métiers).

Au-delà de cette maîtrise et gestion des flux, pourquoi pas, enfin, la création d'un pilier européen de l'Alliance si un nombre suffisant de pays membres étaient prêts à hausser leur budget de défense à 2 % du PIB ? Les Américains seraient sans doute moins hostiles que dans le passé à une telle affirmation européenne. Une telle conférence aurait la liberté d'oser affronter cette question sensible.

Deuxième grand objectif probable qui réconcilierait élites et populations : le maintien du mode de vie européen dans le monde de demain.

Cela englobe un certain équilibre entre la prise en compte de l'avenir, entre l'individu et le groupe, la liberté et l'organisation, la protection et l'expérimentation propres aux sociétés européennes actuelles.

Quelles conséquences ? Prenons un exemple parmi d'autres, celui de l'écologie : il est évident qu'il faudra, en dix ou vingt ans, *écologiser* l'agriculture, l'industrie, la chimie, la construction, les transports, etc. Cela supposera des milliers d'inventions ou de décisions publiques ou privées, nationales ou locales, etc. La Commission pourrait faire valoir que, justement, son action quotidienne et ses directives y concourent déjà. Mais là il s'agit d'autre chose, de politique : réintéresser, réengager des peuples énervés ou franchement hostiles… Et, donc, ce serait contradictoire de mener toutes ces politiques au niveau européen. Celui-ci ferait connaître les bonnes et les mauvaises pratiques, suggérerait, encouragerait, entraînerait, *sans se substituer*.

Ce serait sa nouvelle façon d'être. Bien sûr cela suppose un changement radical de mentalité et de comportement de la part des fonctionnaires européens qui ont œuvré pendant des décennies avec compétence, conviction et dévouement, mais parfois un certain autisme. Ils vont devoir se remettre en cause.

Aucun objectif si grand et incontestable soit-il – la préservation du mode de vie, ou de la culture européenne – ne doit plus pouvoir être utilisé, après la concurrence libre et non faussée, comme un nouveau prétexte à tout niveler, mais comme un grand objectif politique qui devrait réconcilier en Europe les élites et la population. De plus il ne faudrait surtout pas récréer envers l'Europe des attentes démesurées qui seraient nécessairement déçues et alimenteraient à leur tour frustration et rejet.

Le résultat de cette conférence, qui durerait le temps nécessaire (plus qu'un sommet, moins que la « Convention »), ferait l'objet d'un bref texte politique de conclusion, qui recentrerait l'Union sur l'essentiel et qui pourrait être soumis à référendum le même jour dans chaque État membre ayant participé à cette conférence et ayant endossé ses résultats. Envisager des référendums, en plus de l'aléatoire référendum britannique, avant une telle conférence et de telles propositions tournerait à la dislocation anti-européenne (à moins qu'elle ne soit utilisée sous forme de menace entre les mains d'Européens refondateurs, mais c'est une arme à double tranchant…).

Dans tous les cas, le *statu quo* n'est plus tenable.

En ce qui concerne la zone euro qui n'échapperait pas à la pause-bilan, une harmonisation budgétaire mais aussi fiscale est évidemment souhaitable, comme une meilleure coordination en général des politiques économiques, mais elle n'a pas forcément besoin pour cela de structures technocratiques supplémentaires qui permettraient peut-être des décisions plus rapides, mais ne les rendraient pas plus légitimes. En revanche, un compromis politique au plus haut niveau, entre l'Allemagne et la France, sur un pilotage monétaire et économique, rigoureux mais pragmatique de l'euro débloquerait beaucoup de choses.

Compte tenu des divergences le *deal* franco-allemand possible serait : vraies réformes structurelles en France contre élargissement de la mission de la Banque centrale. Celle-ci agit déjà intelligemment, mais son mandat devrait lui permettre plus de dynamisme économique en fonction des circonstances, plus de réactivité pour atteindre l'objectif d'une croissance durable, non inflationniste, et créatrice d'emplois…

Une victoire du Brexit le 23 juin en Grande-Bretagne serait irrationnelle. Sa situation étant sur mesure, elle ne souffre d'aucun des inconvénients de l'Union que les pro-Brexit dénoncent schématiquement ! Dans ce cas le compromis entre les élites et les populations proposé ici sera à bâtir d'urgence en réaction, mais pas une fuite en avant dans une intégration forcée, non souhaitée et inratifiable.

Si la Grande-Bretagne reste, il faudra se garder de tout soulagement trompeur, utiliser au mieux le compromis de Bruxelles du 20 février dont certaines dispositions seraient utilisables pour tous pour redonner à l'Europe une respiration démocratique, mais il faudra aller bien au-delà et engager quand même le processus : pause, bilan, conférence, refondation.

Cette clarification radicale et cette refondation seront violemment combattues par ceux qui croient encore au mythe fédéral et qui ont une peur panique de l'abandon de ce fétiche. Mais aussi, dans le système européen actuel, par tous ceux dont cela menacerait la routine, le pouvoir et les positions. Soit des forces de blocage considérables. Mais je suis convaincu que les peuples ne peuvent plus être négligés, encore moins menés en bateau, ou tancés comme des enfants. Et que les fuites en avant évoquées çà et là à contretemps détruiraient ce qui reste de consensus.

C'est tout simplement l'épreuve de vérité démocratique, pour un projet historique qui court à sa perte s'il n'est pas fondamentalement redéfini.

LES ÉLITES EUROPÉISTES DEVIENNENT UNE LOCOMOTIVE SANS WAGONS[1]

À l'approche des élections européennes de mai 2019, Hubert Védrine renvoie dos à dos les peurs aussi bien que les illusions au sujet de l'Europe et estime que le temps est venu pour les Européens de donner un contenu à leur « souveraineté » sans fuite en avant.

Quel est l'enjeu des élections européennes ?

Choisir soixante-dix-neuf députés français au Parlement européen sur sept cent cinq. C'est important, mais on ne joue pas l'avenir de l'Europe à quitte ou double ! Globalement, les « populistes » ne vont pas progresser tant que ça. Ce sera un indicateur pour mesurer l'état de l'opinion dans chaque pays, et le progrès de l'idée de souveraineté.

Quelles sont les raisons profondes de la montée des populismes ?

Certains voient le « populisme » comme un virus extérieur qui attaque un organisme sain à défendre, ou comme une idée « nauséabonde » à stigmatiser. En fait, je pense qu'il s'agit surtout en Occident d'un décrochage des classes populaires, puis des classes moyennes, par rapport à la mondialisation menée par les *mondialisateurs* bien au-delà de ce que demandaient les consommateurs *mondialisés* et l'intégration normalisatrice européenne poursuivie par les élites même quand les peuples renâclaient. On l'oublie : ce décrochage vient de loin (Maastricht, 1992 : un point d'écart !). Il va jusqu'à la mise en cause de la démocratie traditionnelle par ceux

1. Entretien avec Isabelle Lasserre paru dans *Le Figaro* du 14 février 2019.

qui ne veulent plus être « représentés ». Ces forces sont passées du bistrot du village (qui a disparu) aux réseaux et aux ronds-points. Il y a dans le « populisme » des idées dangereuses à combattre, et de vraies demandes. Mais les condamnations ou l'eau bénite (comme pour désintégrer les vampires !), cela ne marche pas. Il faut traiter et assécher les causes.

Vous dites qu'on n'a rien vu venir. Pourquoi ?

Les nombreux signes de ce décrochage des populations ont été considérés comme archaïques et dépassés. Souvenez-vous du mouvement Occupy Wall Street. En Europe, en 2005, le traité constitutionnel a été rejeté par les Néerlandais, plus encore que les Français. L'abstention aux élections européennes a crû pendant longtemps (elle va baisser). Personne ne savait quand et comment ces mouvements allaient se cristalliser, mais la tendance, aggravée par des politiques allergisantes, était perceptible depuis longtemps. Ceux pour qui l'Europe est une foi refusaient de le voir. D'autres pensaient ne pas avoir le choix. J'avais alerté depuis longtemps sur le risque que les élites européistes deviennent une locomotive sans wagons. Mais tout cela doit être replacé dans un cadre plus général : l'Occident a perdu le monopole de la conduite du monde. Même pour les plus indifférents à la géopolitique, ce changement est pesant. Nos valeurs universelles, notre mission spéciale, l'ingérence et toutes ces notions si populaires pendant trente ans en France ne peuvent plus masquer le fait que, dans le chaos mondial, nous sommes aujourd'hui sur la défensive. Le « populisme » serait peut-être moins hargneux si on était en phase d'expansion et de confiance en nous…

Existe-t-il des différences entre les populistes de l'est et ceux de l'ouest de l'Europe ?

Oui, il y a divers populismes. Un « populisme social », comme on le voit dans le méli-mélo des gilets jaunes, ou culturel, ou identitaire. Il y a aussi des différences entre les États-Unis et l'Europe. Et, en Europe, il y a des clivages liés aux racines catholiques ou protestantes et à l'Histoire. Prenons la finance : les Germano-Scandinaves considèrent qu'il ne faut pas dépenser plus que ce que l'on a, tandis que les pays du Sud pensent l'inverse, sont keynésiens et croient pouvoir vivre et croître à crédit. Face aux flux migratoires, il y a opposition entre les sociétés qui se sont résignées à devenir « multiculturelles », ou même qui trouvent cela bien (une petite partie des élites dans les médias, la haute administration, les milieux judiciaires et intellectuels, considèrent que toute identité est dangereuse et que le métissage est le remède). L'Europe de l'Est au sens large, qu'elle soit catholique, protestante ou orthodoxe, dit « non » à la société multiculturelle. La figure dominante de ces pays est Viktor Orbán, car il est le plus provocant, un épouvantail facile, heureux d'être choisi comme cible, mais beaucoup à l'Est pensent un peu de la même manière. Ce clivage est profond.

Peut-il à lui seul faire exploser l'Europe ?

Il y a un risque si cela n'est pas traité. Cela dit, je ne crois pas à la dislocation de l'Europe : même les peuples les plus énervés ne veulent pas lâcher l'euro qui est une bouée dans une mer démontée. Et aucun ne veut sortir de l'Union, surtout depuis le contre-exemple britannique. Je ne crois pas non plus au saut fédéral. Aucune force, aucun peuple ne va dans ce sens, en dehors des faits accomplis réglementaires ou juridiques. C'est une option pour les journaux économiques. Je crois plutôt à une stabilisation entre les deux, la fameuse « fédération d'États-nations » arrivée au meilleur point d'organisation possible, avec un mécontentement diffus, des corrections à la marge, clarification ou adaptation des pouvoirs respectifs de la Commission, de la Cour, du Parlement, des États membres, quelques projets nouveaux.

Et que ferait cette Europe-là de l'immigration ?

Si quelque chose peut quand même faire exploser tout cela dans les années qui viennent, c'est l'immigration incontrôlée. Mais je pense qu'on va trouver une méthode. Il faut d'abord redéfinir de façon très rigoureuse le droit d'asile aujourd'hui (on n'est pas en 1945), puis le sanctuariser. Même ceux qui veulent abandonner aujourd'hui n'oseront pas s'opposer à quelque chose qui est aussi ancien que l'Église en Europe. Parallèlement, il faudra imposer une cogestion intelligente des flux migratoires légaux par les pays de départ, de transit et d'arrivée, et donc une négociation annuelle pour fixer des quotas par métiers, en fonction des besoins et des capacités des pays d'accueil (Schengen). Et une cogestion énergique de la destruction des filières de l'immigration illégale, la nouvelle traite, anémie humaine pour les pays de départ. L'Australie, les États-Unis après Trump, la Côte d'Ivoire, l'Afrique du Sud, voire le Maghreb, etc., devront mettre en place des mécanismes de ce type. Nous payons aujourd'hui l'ingénuité de Schengen dans les années 1980. Il y a bien longtemps qu'on aurait dû mettre en place une frontière extérieure bien gérée, ce qui ne veut pas dire « fermée ». Il faudra bien des batailles pour mettre tout cela en place. Si on n'arrive pas à le faire assez vite, on aura partout des réactions à l'italienne. La question n'est pas insoluble. Ces objectifs sont, je crois, incontestables. Mais il faut accepter de prendre de front l'extrême droite qui joue de la peur de l'invasion, l'extrême gauche immigrationniste, complaisante envers l'islamisme, ainsi que la vaste mouvance catho-sympa-ONG qui, en voulant aider tout le monde, alimente la pompe. Michel Rocard avait raison quand il a dit que la France ne pouvait pas accueillir toute la misère du monde *mais qu'elle devait en prendre toute sa part*. Et aussi François Mitterrand, quand il avait parlé d'un seuil de tolérance. Il y en a un, mais qui est variable en fonction du contexte. Aujourd'hui ce seuil de tolérance est d'autant plus bas que les gens pensent que l'Europe est une passoire. C'est exagéré ? Il faut leur démontrer qu'ils se trompent.

Macron a-t-il raison d'opposer les nationalistes aux progressistes ?

J'observe que ce clivage trop artificiel est en train d'être abandonné au profit de concepts plus convaincants, et dynamiques. C'est une bonne chose.

Quelle est l'ampleur de la crise entre l'Italie et la France ?

À ce point d'invectives, d'attaques orientées sur le passé colonial, d'ingérences grossières, il fallait que la France réagisse. Le rappel de l'ambassadeur est une mesure astucieuse : elle est spectaculaire et ne compromet en rien l'avenir. J'approuve donc le traitement de la crise. Après les européennes, la France et l'Italie pourront et devront se reparler. Mais il persiste d'importants contentieux psychologiques entre les Européens, notamment envers la France, qui a longtemps été dominante et arrogante, ou envers l'Allemagne. Dans l'Europe moderne, d'habitude c'est vite refoulé. Là c'est différent. C'est malsain. Il faut retrouver un discours européen commun et entraînant : défendre la civilisation européenne.

Quelles sont les manifestations de l'effacement stratégique de l'Occident ?

Il y en a beaucoup ! Je ne crois pas à la fin de la « parenthèse » occidentale, mais la fin du « monopole » occidental est une évidence. Inacceptable pour les Américains, traumatisante pour les Européens qui ont cru à un monde de Bisounours, ou à la « communauté internationale », alors que c'est Jurassic Park. C'est terrible pour eux d'atterrir. D'où la tentation de ne pas voir les enjeux, encore maintenant. Mais ce n'est plus possible de ne pas réaliser qu'elle lutte pour conserver ses acquis et qu'elle est attaquée chez elle. « Nous sommes confrontés à une maladie incurable, l'effondrement du système international existant », dit mon ami diplomate allemand Wolfgang Ischinger. Et l'ancien leader du SPD, Sigmar Gabriel, a une formule saisissante, à laquelle je souscris : « Dans un monde de carnivores géopolitiques, les Européens sont les derniers végétariens. Sans le Royaume-Uni, nous deviendrons végan. Puis une proie. » Il y a longtemps j'avertissais : Attention à ne pas devenir l'« idiot du village global ». Nous sommes focalisés sur Donald Trump, mais l'abus par l'hyperpuissance américaine des sanctions unilatérales extraterritoriales est un phénomène ancien que nous n'aurions pas dû tolérer. Beaucoup d'autres puissances ne respectent pas, ou plus l'Europe : la Chine, Vladimir Poutine, même si je pense que la menace russe est exagérée, Erdoğan, Netanyahou, l'Arabie saoudite qui a répandu le wahhabisme dans le monde, les Gaffa qui se pensaient en terrain conquis, les Gaffa chinoises, les mafias, les trafiquants en Afrique qui ont reconstitué la traite. L'Europe se voyait comme une superpuissance morale, mais c'est un colosse virtuel aux pieds d'argile.

Quelle est votre solution pour redonner sa place à l'Europe ?

Que faire ? Reconstituer la souveraineté, la concrétiser. Établir une feuille de route de réduction de notre dépendance, domaine par domaine, et vis-à-vis de chaque puissance. Se faire respecter par Erdoğan, par Netanyahou, stopper le prosélytisme wahhabite, dissuader fermement la Russie tout en établissant avec elle une relation de voisinage. Résistons à l'impérialisme juridique américain sur le dossier iranien, et autres. Même le néoconservateur Robert Kagan affirme qu'avec Donald Trump l'Amérique est devenue une superpuissance voyou. Mais il nous faut aussi nous interroger sur nous-mêmes. Car cette dépendance stratégique est celle que nous avons sollicitée après la guerre, quand nous avons supplié les Américains de nouer une alliance avec nous. Qu'est-ce que les Européens sont prêts à faire pour reconstituer et assumer leur autonomie stratégique tout en restant alliés des États-Unis ? Reprenons notre travail de conviction auprès de tous les Européens : si l'Europe ne devient pas une puissance raisonnable et pacifique (pas pacifiste), il faudra qu'elle dise adieu à son espérance de souveraineté. Si cela n'est pas possible avec toute l'Europe, il faudra de nouvelles coopérations à géométries variables, avec les Allemands, et même avec les Britanniques hors UE. Comme disait l'ancien secrétaire à la Défense Donald Rumsfeld, c'est la mission qui fait la coalition. Et comme on n'est pas sûr de réussir à faire pénétrer la géopolitique réelle dans l'ADN de l'Europe, il faudra aussi par précaution garder une capacité française autonome de pensée, de décision, de dissuasion.

DE L'UNION IMAGINAIRE À UNE EUROPE QUI AGIT[1]

En remplissant tout son rôle, mais seulement son rôle en complément des pleines responsabilités nationales, l'Europe devrait retrouver le soutien des peuples européens, ce qui lui permettrait de prendre son destin en main.

Le moment est venu d'admettre et d'assumer la maturité de l'édifice européen construit depuis soixante ans. Un point d'équilibre a peut-être été atteint dans la répartition des compétences entre les États membres et le niveau européen. Il n'y a guère de fondement pour un rapatriement des compétences au niveau national, comme même les autorités britanniques l'avaient constaté avant de se fourvoyer dans l'aventure d'un référendum ; il y a peu à gagner, y compris en termes de soutien politique et populaire, à tout miser sur la prise en charge par l'Union de nouvelles missions, ou à céder au tropisme révolu de la surréglementation. Mais maturité ne veut pas dire fixité et immobilisme, eu égard aux inachèvements qui demeurent, face aussi aux nouveaux enjeux nés des technologies et des nouveaux rapports de force mondiaux. À l'Union et à ses États membres, conjointement, d'y faire face ensemble.

Cet âge de maturité devrait nous guérir des excès incantatoires dont la crédibilité de l'Europe a tant souffert dans le passé, des horizons radieux de l'« économie la plus compétitive du monde » à l'avènement d'une Europe sociale. Gardons-nous de les renouveler

1. Tribune cosignée par Hubert Védrine, Luuk van Middelaar et Pierre Sellal, parue dans *Le Monde* du 4 mars 2019.

par les promesses d'une refondation complète de l'UE ou de la création imminente d'une armée européenne. Résistons à la facilité de la fuite en avant, faisant du slogan « plus d'Europe » la panacée à toutes les faiblesses de l'économie, de la gouvernance ou de l'ordre international, au risque aussi de dédouaner chacun des États membres des responsabilités et des efforts qui lui incombent. Cessons de tout attendre de réformes institutionnelles et de révision des traités toujours plus lentes à négocier et à ratifier, au bilan parfois discutable pour l'efficacité de l'Union, et rarement nécessaires pour le contenu des politiques. Préservons l'acquis essentiel que représente un marché intérieur unifié à l'échelle du continent, contre la nostalgie carolingienne du noyau dur.

Comment, dès lors, à l'approche des élections européennes, répondre aux attentes et aux besoins d'aujourd'hui ? Nous proposons trois pistes.

D'abord en continuant d'investir l'Union d'un *mandat de protection* de ses citoyens et de leurs libertés, de son industrie, de ses emplois, de sa création. Même si elle a été créée avant tout afin de lever les obstacles, de promouvoir l'ouverture et d'élargir les libertés de circulation et d'échanges, elle peut et doit aujourd'hui déplacer le curseur et mieux prendre en compte un besoin de protection. Elle en a les moyens et les instruments juridiques, par des règles conçues dans ce but et des politiques ajustées à cet objectif, qu'il s'agisse de concurrence, de commerce, de données personnelles, de secret des affaires ou de maîtrise des frontières extérieures. Pensons aussi à la protection contre les investissements chinois dans les domaines stratégiques, ou au besoin d'une approche commune vis-à-vis du retour des djihadistes européens de l'État islamique. Une Union européenne qui se déroberait à cette mission de protection perdrait toute chance de retrouver la confiance de ses citoyens.

Ensuite, *en achevant ce qui est resté incomplet*, de l'Union économique et monétaire à l'espace de libre circulation Schengen. Malgré la résilience manifestée par ces constructions imparfaites face aux crises des dernières années, malgré les travaux accomplis pour les renforcer lorsque leur survie même était en jeu, elles demeurent vulnérables du fait de leurs lacunes. L'Union a démontré au cours de la dernière décennie sa capacité à surmonter des crises existentielles et à décider dans l'urgence, parfois en improvisant. Il lui faut à présent s'armer pour les chocs à venir, anticiper et prévoir.

Enfin, en insufflant une véritable *dimension stratégique* aux politiques européennes, dans un monde où les rapports de force sont désormais à nu. Le renforcement de la zone euro ne vise pas seulement à la stabilité économique et financière en son sein, mais à doter l'Europe d'un instrument de puissance dans le monde. Le contrôle des frontières extérieures n'a pas pour seule raison d'être de préserver un espace de libre circulation intérieure, mais doit aussi permettre de bâtir une politique migratoire humaine, réaliste et efficace, impliquant les pays d'origine et de transit. La politique de concurrence ne peut plus avoir pour seul objectif le plus large choix au meilleur coût pour le consommateur européen, mais doit contribuer au renforcement de la base industrielle européenne face aux nouveaux compétiteurs mondiaux. Face aux bouleversements induits par l'Internet, il s'agit moins de construire un marché intérieur numérique que de s'armer face aux enjeux sécuritaires, sociétaux et stratégiques auxquels l'Europe est exposée.

La prise en compte de cette dimension stratégique et géopolitique demande aux dirigeants et aux institutions européens de surmonter le compartimentage des politiques, de faire du temps long leur horizon naturel et, surtout, d'expliquer au public qu'un sursaut sera nécessaire et que des choix parfois douloureux seront inéluctables, dans un monde marqué par les affrontements et la brutalité des rapports de force.

Autant d'intérêts partagés par tous les peuples européens, qui justifient des politiques menées par l'Union. La subsidiarité, c'est-à-dire agir au meilleur niveau, est recherche d'efficacité : l'action aura lieu au niveau national dans beaucoup de domaines, de l'éducation à la protection sociale. Les États seraient grandement coupables de s'exonérer de leurs responsabilités propres ; mais l'Europe devra pleinement exercer les compétences qui lui ont été dévolues face aux enjeux stratégiques.

Ainsi, l'alternative n'est pas entre un idéalisme européen généreux et un conservatisme nationaliste borné. En réalité, il s'agit de faire les choix pertinents dans le *contenu* des politiques, qui devront être soumis au débat public dès le prochain scrutin européen, et surtout étayés par la détermination à rendre l'Europe capable de prendre son destin en main. Rien ne nous empêche de défendre ensemble la prospérité et la sécurité des Européens, mais nul ne le fera à notre place : il s'agit de passer aux actes.

CONCLUSION

Il est peu probable que les vingt-sept États membres parviennent à se mettre d'accord sur un nouveau traité plus intégrationniste, même si la nouvelle coalition allemande envisage cette perspective et même si certains à Paris pourraient être séduits par une telle tentative. De plus, si malgré tout un consensus était atteint, après de longues controverses, sur un traité de ce type, il ne serait certainement pas ratifié par l'ensemble des Vingt-Sept. Il est donc plus réaliste de réfléchir à cadre institutionnel constant, et de cesser de parler d'« intégration » et de « construction », sauf à tomber dans le syndrome de la tour de Babel et de ne jamais réussir à raccrocher les peuples au sein desquels les réticences, oppositions et divisions ne sont pas résorbées. Mais il pourra y avoir dans ce cadre inchangé de substantiels changements de politique commune, beaucoup d'initiatives à géométrie variable et des politiques nouvelles, par exemple en matière d'écologisation. On le voit déjà avec l'actuelle Commission Von der Leyen, son Green Deal et le plan de relance ne sont que des débuts.

La grande question est plutôt de savoir si les Européens se résoudront un jour, comme la France les y incite et de nouveau pendant sa présidence tournante début 2022, jusqu'ici sans guère de résultats, à faire de l'Europe une sorte de puissance, pacifique et raisonnable, capable de se faire respecter par les puissances installées, les puissances montantes et même les forces illégales, et de réduire méthodiquement la dépendance extrême dans laquelle elle est tombée par naïveté ou distraction. Le révulsif Trump n'y a pas suffi, le traumatisme afghan ou le défi chinois y conduiront-ils malgré les tendances neutralistes ou pacifistes en Europe qui sommeillent sous un atlantisme de confort ?

Mais si des avancées en matière de défense sont problématiques, d'autres pourraient avoir lieu sur les nouvelles technologies, l'industrie, les migrations et le social.

V

LE MONDE

INTRODUCTION

En décembre 1991, l'Union soviétique disparaît. Son existence, à partir de 1917, pendant soixante-quatorze ans, a marqué en profondeur le XXe siècle sur tous les plans. À partir de 1992, l'URSS laisse la place à la Russie, aux pays Baltes, à l'Ukraine, à la Biélorussie, au Kazakhstan, etc. C'est vraiment la fin du monde bipolaire, du système Est/Ouest et de la guerre froide, qui, il est vrai, était déjà dépassé dans les dernières années de l'URSS, notamment à partir de l'arrivée au pouvoir de Mikhaïl Gorbatchev en mars 1985. Au début, les Occidentaux croient avoir gagné : c'est la « fin de l'Histoire », selon Francis Fukuyama, car tout le monde serait rallié à la démocratie de marché, et les derniers récalcitrants seraient ramenés à la raison par des sermons, des sanctions, voire des bombardements. Mais les choses ne se sont pas passées ainsi, et les Occidentaux sont confrontés à la fin de leur monopole de la puissance, à travers la montée des émergents, à commencer par la Chine, et ils hésitent sur l'attitude à adopter, comme en témoignent les controverses internes aux États-Unis, qui, néanmoins, d'Obama à Biden en passant par Trump, ne veulent pas que la Chine les supplante.

Penser un monde multipolaire et chaotique

Penser un monde multipolaire n'est pas très difficile, à condition d'être d'accord sur la liste des pôles dont il s'agit ! États-Unis, bien sûr. La Chine, évidemment. Le Japon, sans doute, jusqu'à un certain point. La Russie, quand même. L'Inde, plus ou moins. Le Brésil, toujours pas. Mais l'Europe : que veulent les Européens ? La question est lancinante et n'a pas trouvé de réponse sûre. Donc le fameux monde « multipolaire » lui-même est à géométrie variable. Mais quels sont les rapports entre ces pôles, et avec le monde multilatéral, plus large que celui de l'ONU ?

Penser un monde chaotique, donc par définition instable et imprévisible, est plus compliqué. En dehors de la compétition États-Unis/Chine qui va structurer les décennies à venir et dont on ne sait pas comment elle va tourner – piège de Thucydide ou pas ? –, rien d'autre n'est assuré, et les scénarios les plus divers sont envisageables.

Dans les textes qui suivent, je privilégie quelques-uns d'entre eux, mais en arrive, après ces analyses, à peu près toujours aux mêmes questions : qu'est-ce que *peut* faire, qu'est-ce que *doit* faire la France dans tout ça ? Et qu'est-ce qui doit être fait au niveau européen, ou au niveau national ? Éternelle question, non tranchée.

QUEL MONDE[1] ?

Dominique Moïsi : *Dix ans après la chute du mur de Berlin, comment caractériser le monde dans lequel nous nous trouvons ? En quoi le monde de l'après-guerre froide est-il totalement différent de celui que nous avons connu précédemment ?*

Hubert Védrine : Commençons par le plus évident : le monde issu de la Seconde Guerre mondiale a pris fin symboliquement avec la chute du Mur, en novembre 1989, et réellement avec la démission de Mikhaïl Gorbatchev et la dissolution de l'Union soviétique en décembre 1991. Ces années 1989-1991 ont marqué la fin du monde bipolaire américano-soviétique, celui de la guerre froide, puis de la détente. Le monde « global » dans lequel nous sommes entrés depuis lors appelle une analyse nouvelle.

Est-ce la fin de l'Histoire, comme l'a dit Francis Fukuyama[2]*, à la fin de la guerre froide ?*

Je n'ai jamais souscrit à cette thèse. L'Histoire a été plutôt « décongelée » par la fin de la guerre froide. Près de quarante conflits aujourd'hui, dont vingt en Afrique, sans parler de l'exacerbation de la compétition économique générale ! Je ne crois pas que l'extension progressivement universelle d'une pellicule démocratique et de l'économie de marché suffise à mettre fin aux conflits. Tout n'est pas faux, loin de là, dans la thèse du professeur Samuel Huntington[3] sur les risques de conflits aux zones de contact entre les huit grandes « civilisations » qu'il recense, même s'il est trop déterministe. Voyez la ligne qui va du Kosovo au Sinkiang et à Jolo.

Pour le moment, ce monde est-il unipolaire ou bien potentiellement multipolaire ?

Les barrières de l'URSS ayant sauté, il est décompartimenté, presque global. L'économie de marché n'a plus de concurrente.

1. Dans *Les Cartes de la France à l'heure de la mondialisation, dialogue avec Dominique Moïsi*, © Librairie Arthème Fayard, 2000, chap. 1.

2. *The End of History and The Last Man*, Free Press, New York, 1992 (trad. française *La Fin de l'Histoire et le Dernier Homme*, Flammarion, 1992). Pour cet auteur, l'extension mondiale de la démocratie et de l'économie de marché devait mettre fin aux conflits.

3. *The Clash of Civilizations*, New York, Norton, 1996 (trad. française *Le Choc des civilisations*, Odile Jacob, 1997).

Il n'y a plus de contre-modèle. La Chine n'en est pas un. Dans ce monde quasi unifié, on ne peut nier qu'il y ait désormais un pôle mondial dominant, les États-Unis ; c'est en ce sens que le monde est unipolaire, même s'il est déjà aussi potentiellement multipolaire.

Parmi les cent quatre-vingt-neuf pays que le monde compte actuellement, il en est un qui forme à lui seul une catégorie, en dépit de l'égalitarisme formel des Nations unies : les États-Unis, qui sont la seule et unique hyperpuissance. Elle est prédominante dans tous les domaines : économique, technologique, militaire, monétaire, linguistique, culturel. Cette situation est sans précédent : quel empire antérieur a subjugué le monde entier, y compris ses adversaires ? Au surplus, c'est peut-être le résultat d'un projet, par exemple quand les États-Unis pourfendaient les empires coloniaux « ancienne manière » de leurs alliés, mais assurément pas d'un complot. Les Américains ont été appelés sur le Vieux Continent par les Européens en 1917, puis en 1944. Après 1945, ils y sont restés, retenus par eux, malgré des réticences et des accès isolationnistes récurrents. Leur domination s'est nourrie du fiasco des autres, semblant justifier le rôle providentiel qu'ils s'étaient autoattribué dès l'origine, cette « destinée manifeste ». Et les voici devenus maintenant cette « hyperpuissance » (superpuissance me paraît un mot trop connoté « militaire » et « guerre froide »). Ce terme, jugé polémique par certains Américains en raison de la coloration pathologique du préfixe « hyper » en anglais, est, en français, purement descriptif. D'ailleurs, j'ai découvert depuis lors qu'un essayiste américain, Ben Wattenberg, l'avait employé dès 1990 dans le même sens pour lui préférer maintenant le terme « omnipuissance », mais c'est la même idée.

Est-ce qu'il y a adéquation entre « globalisation » et « américanisation » du monde ? Pourquoi les États-Unis paraissent-ils « comme des poissons dans l'eau » dans notre monde global ?

« Poisson dans l'eau », l'expression est très juste : c'est un très gros poisson qui nage à l'aise et règne en maître dans les eaux de la globalisation. Redisons-le : cette globalisation n'est pas l'aboutissement d'un « plan » américain, même si les grandes entreprises américaines y ont poussé et en tirent d'immenses profits. Les États-Unis, c'est vrai, continuent la politique commerciale de la « porte ouverte » qui était celle de la Grande-Bretagne au XIXe siècle (la porte des autres, bien sûr !). Ils en tirent d'énormes avantages, en raison de leur taille économique et pour bien d'autres raisons : parce que la mondialisation se fait dans leur langue ; parce qu'elle se fait autour de principes économiques libéraux qui sont les leurs ; parce qu'ils imposent leurs normes juridiques, comptables ou techniques ; parce qu'ils sont les chantres de l'individualisme ; parce qu'ils disposent aussi de cette « puissance mentale » dont parle l'essayiste et philosophe René Girard, de cette capacité d'inspirer les rêves et les désirs des autres grâce à leur maîtrise des images mondiales de cinéma et de télévision ; parce que, pour ces raisons mêmes, les étudiants des autres pays sont très nombreux à venir parachever leur formation chez eux.

Les États-Unis connaissent néanmoins des problèmes. De nombreux secteurs, au sein même de la société américaine, ont du mal à s'adapter et restent hostiles à une libéralisation trop rapide des échanges – comme l'ont récemment montré les manifestations de Seattle contre l'OMC, de Washington contre le FMI, et celles de New York. Mais c'est quand même le pays qui tire le plus avantage de la mondialisation, de très loin, ce qui nourrit une tentation hégémonique et unilatéraliste longtemps bridée par l'isolationnisme du peuple américain, mais qui a fini par le surmonter. Même si le projet américain fondateur n'était pas de dominer mais de se protéger, l'Histoire en a décidé autrement.

Est-ce que la force de l'Amérique ne réside pas tout autant dans le dynamisme de sa société que dans la puissance de Washington, et, à la limite, l'Amérique n'est-elle pas forte en dépit de *Washington et de la politique américaine ? Le* soft power *de l'Amérique – le pouvoir de convaincre et le pouvoir d'attraction du modèle américain – n'est-il pas, en ce sens, supérieur au pouvoir de contraindre, au* hard power *de Washington ? On le voit dans les moments de crise internationale.*

Mais ces deux pouvoirs s'additionnent ! Je ne dis pas autre chose quand j'énumère le Pentagone, la langue anglaise, Hollywood, CNN, Internet, etc. Cette force tellurique résulte d'une combinaison de vitalité économique et humaine – dix-sept années de croissance ! –, de créativité technologique et culturelle, d'ampleur des ressources et de taille du marché intérieur, de mythes et de réalité. La politique américaine exprime et projette cette force, dopée par la conviction d'accomplir une mission providentielle pour l'humanité. Mais le système politique américain protège de moins en moins les élections et donc la démocratie de la loi de l'argent et des lobbies (la logique ultime de l'économie de marché n'est-elle pas qu'absolument tout s'achète et se vende ?). Écartelé entre isolationnisme et hégémonisme, affaibli par l'abstention, souvent entravé par les tensions entre la Maison Blanche et le Congrès, il constitue pour les États-Unis eux-mêmes un handicap sérieux, et donc un problème pour tout le monde.

À côté de ce pays qui constitue un cas à part, et unique, à quelle catégorie appartiennent des pays comme la France, la Grande-Bretagne, les grandes puissances traditionnelles d'hier, et les autres ? Comment les définir ? Il y aurait un État de première classe, seul dans sa catégorie, puis des États voyageant en deuxième classe, puis d'autres en troisième, voire en quatrième classe ? Sommes-nous devenus des passagers de deuxième classe dans le nouveau train de l'Histoire ?

Je ne vois pas les choses comme cela. Après les États-Unis, il y a encore cent quatre-vingt-huit autres pays. Au premier rang de ceux-ci viennent environ sept « puissances d'influence mondiale » : appellation que je propose pour désigner une catégorie d'apparence hétéroclite regroupant quelques grands pays qui disposent de certains éléments de puissance et de nombreux éléments d'influence globale. Dans cette catégorie, je range la France, la Grande-Bretagne, l'Allemagne, la Russie, la Chine, le Japon, ainsi que l'Inde (d'autant plus qu'elle élargira sa vision, encore régionale). Le cas de l'Europe – puissance ou espace ? – reste en devenir. D'autres pays en sont potentiellement. Les divers critères ? Le PNB ; le niveau technologique ; l'arme nucléaire, même si certains la relativisent ; le niveau quantitatif et qualitatif des armements ; l'appartenance au Conseil de sécurité, au G8, à l'Union européenne ; la diffusion de la langue ; l'influence culturelle ; l'influence héritée du passé ; le potentiel d'avenir. Aucune raison, donc, pour nous, d'être mélancoliques !

On pourrait proposer d'autres qualifications ou classifications...

Oui, des classifications reposant uniquement sur la seule appréciation de la superficie, de la population, du statut de puissance nucléaire, de la qualité de membre permanent du Conseil de sécurité, ou sur le PNB – selon ce critère, nous sommes quatrième, derrière les États-Unis, le Japon, l'Allemagne –, etc. Pour ma part, j'essaie d'englober et de synthétiser tous les aspects, modernes ou anciens, tangibles ou immatériels de la puissance.

Est-ce que les pays dont vous venez de dresser la liste devraient tous devenir, à un moment ou à un autre, membres permanents du Conseil de sécurité des Nations unies ?

L'Allemagne, le Japon et l'Inde auraient leur place, avec d'autres, au sein d'un Conseil de sécurité réformé, afin que celui-ci soit vraiment représentatif du monde actuel, pas uniquement de l'hémisphère Nord, et donc élargi à de nouveaux membres permanents ou non permanents. Y compris donc de l'Amérique latine, de l'Afrique et du monde arabe. Il faudra aussi préserver son efficacité en responsabilisant l'usage du veto, le monde actuel ayant plus que jamais besoin d'un Conseil de sécurité crédible et qui fonctionne.

Comment classer les autres puissances ?

Après les « puissances d'influence mondiale », on trouve encore un certain nombre de « puissances » au sens propre. Il est incontestable que l'Australie, l'Indonésie, le Brésil, le Mexique, l'Afrique du Sud, le Nigeria, l'Égypte, l'Iran, la Turquie, Israël, l'Italie, l'Espagne, la Pologne, pour ne citer que ces pays, en font partie. On peut en recenser peut-être de vingt à trente. Dans cette catégorie figurent aussi, à mon sens, d'autres pays qui tirent leurs moyens d'action de leur appartenance au G8 – le Canada, par exemple – ou à l'Union européenne.

Et après ?

Après ces puissances, on en arrive à un certain nombre de pays qui n'ont en fait ni puissance, ni moyens d'influencer la situation autour d'eux. Des pays normaux, en quelque sorte, mais qui sont souvent dépendants des autres.

On pourrait enfin ajouter une toute dernière catégorie, les *pseudo-États*, issus d'une prolifération dont on parle moins, celle de la souveraineté[1] (huit au congrès de Vienne en 1815, quarante-quatre en 1946, cent quatre-vingt-neuf aujourd'hui). Des États incapables d'exercer effectivement leur souveraineté formelle, qui vivent de l'aide internationale et sont trop souvent la proie

1. Pascal Boniface et l'IRIS ont fait à ce sujet des travaux très intéressants.

de forces transnationales, légales ou illégales, que la mondialisation a fait s'hypertrophier et qui se jouent d'eux. Les *micro-États* – quelques dizaines – sont aussi un problème, quoiqu'il existe des micro-États stables et prospères.

Est-ce que ce système où interagissent quatre catégories d'acteurs étatiques : une hyperpuissance, des puissances d'influence mondiale, des pays qui ont simplement le mérite d'exister et des pseudo-États – pour ne pas parler des acteurs non étatiques – est plus stable ou moins stable que les systèmes que nous avons connus précédemment ?

Le mot « système » donne l'impression que tout cela est pensé. Nous en sommes loin. Ce monde est marqué par une extension incontestable de la démocratie, ce qui est heureux. Mais il est potentiellement instable :

1. – parce qu'il est privé de la discipline de fer qui prévalait lorsqu'il y avait deux camps antagonistes qui se dissuadaient mutuellement ;
2. – en raison de la prolifération des États dont j'ai parlé ;
3. – par suite du développement de certaines forces non étatiques ;
4. – et parce que l'explosion de richesses inégales recrée de très vives tensions globales.

Au-delà de la compétition pour l'excellence, l'une des spécificités du monde actuel n'est-elle pas de constituer l'amorce d'un ensemble transnational, et non plus seulement international ? Il y a non seulement des acteurs étatiques appartenant à des catégories très différentes, mais, au-delà des États, il est d'autres acteurs, comme les entreprises multinationales, les forces transnationales, les organisations internationales, sans parler de l'esquisse d'une société civile sans frontières, qui jouent désormais un rôle majeur dans l'équilibre ou les déséquilibres de ce monde. C'est là une réalité nouvelle.

Vous avez raison : ce sont des réalités nouvelles qui s'imposent partout, qui appellent des interrogations inédites auxquelles pourrait essayer de répondre un Montesquieu contemporain qui aurait tout à repenser à partir de zéro. Mais les interrogations géopolitiques classiques n'ont pas disparu pour autant : Est-ce que la prédominance américaine est destinée à durer ? Est-ce que l'Europe, vouée à s'élargir, réussira à devenir une puissance, et comment ?

Est-ce que l'Inde peut penser et agir un jour à un niveau global ? La Russie va-t-elle devenir un grand pays moderne, et quand ? La Chine peut-elle se métamorphoser sans tragédie ? Est-ce que d'autres parties du monde, comme le Mercosur[1], peuvent devenir des « pôles » ?

Mais, là encore, vous avez raison : on ne peut se borner aujourd'hui à réfléchir à ces questions « classiques », puisque sont apparues dans le monde actuel, du fait du recul des États, des forces qui modifient, pour le meilleur et pour le pire, les relations internationales : c'est cela aussi, la mondialisation.

D'où vient cette mondialisation ?

Elle vient de très loin, elle s'est nourrie de l'esprit de conquête et des percées techniques. Elle a été longtemps progressive avant de devenir, comme aujourd'hui, exponentielle. Si l'on ne remonte pas aux croisades, c'est l'expansion coloniale européenne sur tous les continents à partir du XVIe siècle qui a marqué les débuts de la mondialisation telle que nous la voyons triompher. Plus près de nous, il y a eu les guerres « mondiales » – en fait, l'extension au reste du monde de conflits européens – qui ont conduit les États-Unis à remplir le rôle qui continue d'être le leur aujourd'hui.

À la fin du XIXe siècle, avec la révolution des transports, une première forme de mondialisation, que l'on a tendance à oublier aujourd'hui, avait déjà eu lieu. En 1910, l'économiste Norman Angell[2] était persuadé que l'interdépendance des économies rendrait la guerre impossible. Nous étions à moins de quatre ans de l'attentat de Sarajevo…

Bien sûr. Les progrès techniques survenus dans les transports – de la boussole à la fusée – et dans la communication – du télégraphe optique à Internet –, progrès qui aujourd'hui sont en fusion, n'ont cessé aussi d'être des moteurs de la mondialisation, peut-être ses vrais moteurs. Le monde a été décompartimenté à partir du moment où il y a eu l'avion et où toutes les informations ont été connues au même moment sur l'ensemble de la planète par des moyens quasiment incontrôlables. Les distances sont abolies. La

1. Marché commun du Brésil, de l'Argentine, de l'Uruguay, du Paraguay, auxquels sont associés le Chili, la Colombie, le Pérou, l'Équateur.
2. *The Great Illusion*, 1910.

mondialisation d'aujourd'hui est fille du progrès technique et des tragédies en chaîne du XXe siècle.

Pour vous, la mondialisation se traduit-elle avant tout par l'interdépendance ou par la diminution relative du rôle des États ?

Par les deux. Les sociétés actuelles sont interdépendantes, certaines plus dépendantes que d'autres. Elles sont dirigées par des gouvernements eux-mêmes interdépendants, au rôle réduit, ou en tout cas recentré, contraints d'agir ensemble pour ne pas rester sur la défensive. D'indépendants, les États sont devenus interdépendants ; ils doivent gérer leurs affaires de façon coordonnée. Cela devient tellement contraignant qu'il m'est arrivé de comparer cette souveraineté exercée en commun avec une fastidieuse et interminable assemblée de copropriétaires ! Mais c'est aussi une école de démocratie mondiale. Un autre phénomène s'ajoute à cette interdépendance : c'est l'interaction pouvoir/opinion, de plus en plus serrée dans tous les domaines. L'information en temps réel provoque de très fortes réactions, notamment dans nos sociétés ultramédiatisées et atomisées où un individu consommateur de plus en plus seul (on n'a jamais aussi peu parlé que dans les sociétés de communication) est bombardé en permanence d'images et de sons, avec les effets émotionnels que l'on sait. Cela influe sur le travail gouvernemental.

Est-ce qu'il y a réellement en gestation une « société civile internationale » liée à l'existence de la globalisation ?

C'est sympathique mais c'est un peu une auberge espagnole ou un mirage, cette « société civile internationale »… Il n'y a pas que l'humanitaire. On y rencontre tout, le meilleur et le reste : la générosité, le dévouement, les réseaux, le militantisme, les intérêts, les lobbies, les croyances et bien des pouvoirs réels déguisés. Ceux qui voient dans ce phénomène une panacée oublient qu'il n'abolit en rien les hiérarchies de puissance, mais qu'il les exprime sous une forme nouvelle. Les « sociétés civiles » influentes sont nécessairement celles des pays les plus puissants. Ce sont donc les sociétés civiles et les ONG – organisations non gouvernementales – issues des pays riches, ultramédiatisées, disposant de moyens pour communiquer, et donc du pouvoir d'imposer leur lecture d'un événement, qui exerceront le maximum d'influence dans le monde : l'américaine, pas celle du Niger, de la Bolivie ou du Bangladesh ! Ce ne sont pas les ONG du Nigeria qui interviendront en Irlande du Nord ou manifesteront à Seattle ! L'émergence d'une « société civile internationale » modifie l'exercice du pouvoir et de la responsabilité politique, par exemple en forçant à une prise de conscience – sur les droits de l'homme, les mines antipersonnel, l'environnement, etc. –, mais ne modifie pas vraiment les rapports de forces mondiaux, bien au contraire, puisque ce nouveau champ est pour le moment moins codifié, moins régulé, moins transparent que celui des pouvoirs traditionnels et des États.

Par contre, cela renforce le caractère positif de la démocratie comme système d'expression et de contrôle. La mondialisation ne constitue-t-elle pas (au moins potentiellement) un plus pour la démocratie ?

Sans doute. Il faut en tout cas agir dans ce but ! Mais elle ne l'est pas au départ, puisqu'elle n'a pas été décidée démocratiquement. Aucun peuple ne l'a demandée, même si elle s'impose à tous. Ce qui est visible, c'est que la mondialisation s'accompagne d'une extension en surface de la démocratie politique. Mais peut-on assimiler pour autant essor d'une société civile internationale et progrès de la démocratie ? À mon avis non, si on laisse les choses aller sans progrès de la régulation. La société civile n'est pas composée de représentants élus, mais de minorités agissantes, de forces autodésignées, ce qui ne répond pas à nos critères démocratiques. Cela ne signifie pas que certains groupes n'accomplissent pas un travail utile, parfois admirable, mais cela n'a pas de rapport en soi avec la démocratie. Regardez les exigences précises, voire tatillonnes, que nous formulons à l'égard des pays où l'on veut aider la démocratie à s'implanter : on vérifie les listes électorales, les conditions de dépôt des candidatures, le respect du temps de parole, les financements, le rôle des médias, etc. Et tout cela, il faudrait n'en tenir aucun compte dès lors qu'il s'agit de la « société civile » dans laquelle quiconque ayant ouvert un site Internet ou créé une association a du jour au lendemain pignon sur rue ou plutôt sur la Toile ? Que sait-on des quelque vingt-six mille ONG existantes ? de leurs effectifs, de leurs dirigeants, de leurs ressources, de leur recrutement, de leur mode de fonctionnement ? Un peu plus de transparence serait la bienvenue ! Tenons compte de ces forces et de ce qu'elles expriment – nous le faisons constamment Charles Josselin et moi, dans nos fonctions respectives –, mais évitons la confusion des genres et des responsabilités !

Mais, si l'on résume, c'est quand même un progrès, ou bien un risque ? Jean-Marie Guéhenno[1] *parle de la « fin de la démocratie », ou de l'« illusion démocratique » !*

Beaucoup de gens raisonnent en termes de vases communicants : développement de la société civile = recul des États = progrès. Une partie agissante de l'opinion mondiale, surtout occidentale, croit dur comme fer que le recul des États, censés être oppresseurs par nature, est un bien en soi, et que, sur le terrain ainsi libéré, s'installera automatiquement, en majesté, la démocratie sortant avec tous ses attributs de la cuisse de Jupiter… Ce n'est pas exactement ce qui s'est passé ces dernières années ; à certains égards, c'est plutôt la jungle qui a gagné du terrain. Voyez la coïncidence entre la fin de l'URSS, la mondialisation financière et l'explosion du crime organisé ! Cette réalité nouvelle doit être analysée sans nostalgie, mais sans naïveté.

Contrairement au café soluble, la démocratie n'est pas *instantanée* ; elle ne résulte pas d'une conversion, mais d'un processus. Le développement de cette société civile est un fait. Il faut en favoriser les interventions les plus utiles et la responsabiliser, sans que les États abdiquent.

Vous soulignez que l'Occident est leader dans la mondialisation. Et alors ? N'est-ce pas un bien ?

Sans doute, à condition de se rappeler que les peuples non occidentaux – très majoritaires : cinq milliards sur six ! – acceptent de plus en plus les valeurs universelles d'origine occidentale, mais contestent la façon dont nous prétendons les leur imposer – et les leur imposer en bloc – ainsi que les avantages que nous essayons de tirer en termes de puissance de leur disponibilité nouvelle.

Appliquez-vous ce raisonnement à la justice internationale ?

Pour les mêmes raisons, je souhaite qu'elle soit vraiment internationale, ce qui sera le cas quand soixante pays – aujourd'hui sept, dont la France – auront ratifié le statut de la Cour pénale internationale. Ce progrès de la lutte contre l'impunité, c'est fondamental

1. *La Fin de la démocratie*, Flammarion, 1993 ; *L'Avenir de la liberté. La démocratie dans la mondialisation*, Flammarion, 1999.

du point de vue des victimes. Mais attention, là aussi : les dirigeants politiques ne doivent pas se défausser. Punir les coupables et résoudre les conflits, ce n'est pas forcément la même chose.

Dans ce monde, quels sont les principaux facteurs de risques et d'incertitudes ? les grandes menaces ?

Les incertitudes sont nombreuses, nous les avons énumérées : monde unipolaire ou multipolaire, progressivement mieux régulé ou de plus en plus anarchique, etc. Parlons plutôt des risques : leur faiblesse ou leur désagrégation risque de rendre de plus en plus d'États incapables, même en coopérant étroitement ensemble, de régler les problèmes et de faire face au développement de forces mondiales transnationales incontrôlées, ce qui est la rançon de l'ultralibéralisme de la décennie écoulée ; les tensions sociales et politiques exacerbées par l'écart croissant et connu entre l'enrichissement des uns et la stagnation des autres ; l'uniformisation culturelle, le nivellement des identités et des modes de vie ; la fin des diversités et l'ingouvernabilité ; l'absence de règles pour encadrer la mondialisation.

Mais, au-delà des risques, il y a des menaces : la prolifération des armes de destruction massive d'abord. La crainte n'est pas tant celle de la prolifération des armes nucléaires détenues par des États – sur les quelque trente-trois mille existantes, moins de trois cents seraient entre les mains des trois puissances nucléaires *de facto* (Israël, Inde, Pakistan) – que celle de voir se répandre des armes utilisables par un terrorisme nucléaire, ou des produits permettant de réaliser des armes biologiques ou chimiques. Autre menace : la criminalité planétaire organisée, fondée sur la drogue : le chiffre d'affaires de la criminalité mondiale est estimé de 750 à 1 000 milliards de dollars par an, soit plus que le PNB de la Chine, presque autant que celui de l'Italie (1 157 milliards de dollars) ; le chiffre d'affaires du seul trafic de drogue est évalué entre 400 et 500 milliards de dollars, soit davantage que l'industrie des hydrocarbures, deux fois plus que l'industrie automobile, plus que le PNB de toute l'Afrique ! Enfin, les terrorismes qui se nourrissent des désordres et des injustices, et qui deviennent tôt ou tard des entreprises criminelles. Toutes ces menaces font l'objet de coopérations internationales très sérieuses et très actives. Je mets à part la question controversée de ce que les Américains appellent les *Rogue States*, les « États voyous », c'est-à-dire des États qui résistent à l'ordre mondial (ou américain), qui sont soupçonnés de fabriquer des armes de destruction massive et de nourrir des intentions hostiles envers l'Occident.

Quels sont aujourd'hui, pour vous, ces « États voyous » ?

Je ne reprends pas à mon compte cette terminologie américaine d'ostracisme, appliquée d'ailleurs de façon fluctuante. Pour les États-Unis, au moment où nous parlons, il s'agit de l'Irak, de Cuba, du Soudan, de l'Iran, de la Corée du Nord, encore que le ton ait baissé d'un cran vis-à-vis de ces deux derniers pays. Jusqu'à il y a peu, de la Libye… Le projet américain de déploiement des anti-missiles est justifié par la menace de missiles nord-coréens. Mais peut-on sérieusement penser que, si les dirigeants de ces pays cherchent à s'armer, c'est pour menacer les pays occidentaux qui disposent, eux, de l'arsenal le plus formidable jamais fabriqué et de capacités de représailles foudroyantes ? À cela on nous rétorque que ces pays n'obéissent pas à « notre rationalité »… Quoi qu'il en soit, même un risque marginal ou hypothétique doit être pris au sérieux par les gouvernements : principe de précaution ! Ainsi, l'exportation de technologies à double usage, dites « duales », qui pourraient servir à fabriquer des armes de destruction massive, est pour cette raison strictement contrôlée. Nous pensons qu'il faut être très vigilants, mais que cela ne justifie pas pour autant de bouleverser tout le système stratégique actuel de façon disproportionnée.

Enfin, en matière écologique, il y a, si les scientifiques ont raison, une vraie menace globale : le réchauffement de la planète, et beaucoup de risques spécifiques : le manque d'eau potable, par exemple. Mais pour y parer, il faudrait rien de moins qu'une révolution économique et de nos modes de vie…

Il y a un acteur global, les États-Unis, qui ne joue pas, sur ce point, son rôle face à une menace globale !

C'est le moins qu'on puisse dire. Lobbies pétroliers, rôle de l'automobile, résistance de l'opinion publique, habitudes de consommation font que les États-Unis refusent de souscrire aux engagements indispensables. L'Europe est plus courageuse puisque, à Kyoto, en 1997, elle s'est engagée à réduire de 8 %, d'ici à 2010, ses émissions de gaz à effet de serre. Étant donné qu'une part très majoritaire de l'électricité est produite en France par la filière nucléaire, la France rejette beaucoup moins de gaz à effet de serre, et il lui a donc simplement été demandé de stabiliser ses émissions. En revanche, il a été demandé à des pays en voie de développement de les réduire de 5,7 %, aux États-Unis de 7 %, et au Japon de 8 %. Malheureusement, depuis Kyoto, la France est le seul pays qui ait à peu près tenu ses engagements.

Donc, pour vous, la mondialisation comporte des opportunités, mais aussi des incertitudes, des risques et des menaces.

Oui, et c'est pour cela que le gouvernement insiste autant sur ce que les États doivent faire collectivement pour tirer le meilleur parti de la globalisation.

UN CHOIX STRATÉGIQUE POUR L'OCCIDENT : DE L'*IRREALPOLITIK* À LA *SMART REALPOLITIK*[1]

Au lendemain de son triomphe dans la guerre froide, l'Occident a cru un moment être le seul maître et le grand ordonnateur du monde global, l'arbitre du Bien et du Mal. Près de vingt ans après, il doit prendre conscience de ce qu'il n'a plus, dans le monde global, ni le monopole de l'Histoire ni celui de la puissance. Bien qu'il ait conçu et propagé les valeurs universelles et les règles de l'économie de marché, d'autres puissances, qu'il ne contrôle plus et qui n'ont pas oublié, elles, la domination occidentale des cinq derniers siècles, sont à l'œuvre. À la faveur de la globalisation que l'Occident a voulue, elles émergent ou réémergent, et ont entrepris de redessiner le monde à leur façon. La démocratie et l'économie de marché continueront de s'étendre, mais cela ne se fera plus nécessairement sous la pression des Occidentaux ni à leur imitation, et cela ne garantira plus leur suprématie. Ni la compétition, ni la politique, ni l'Histoire ne sont finies. Au contraire, les plaques tectoniques de la géopolitique, de la géo-économie et de la géo-écologie se sont remises en mouvement, et ces réajustements gigantesques ne se feront pas sans mal. Nous entrons dans une ère durable de grandes tensions. Les Occidentaux vont perdre, ont déjà perdu leur monopole. Mais pas leur puissance ni leur influence, qui peuvent ou non rester immenses selon l'usage qu'ils en feront.

Si les Américains ne maîtrisent pas cette *hubris* qui les a si mal inspirés ces dernières années, si, à l'occasion de l'élection

---

1. Dans Hubert Védrine, *Continuer l'Histoire*, avec la collaboration d'Adrien Abécassis et Mohamed Bouabdallah, © Librairie Arthème Fayard, 2007, Conclusion, p. 177-200.

présidentielle de 2008, ils n'analysent pas sérieusement les causes de l'échec de l'administration Bush au Proche et Moyen-Orient, les raisons conceptuelles profondes de ce fiasco préprogrammé, si, en résumé, la nouvelle administration ne s'affranchit pas complètement de la vision du monde de l'administration sortante, ils iront de déconvenue en déconvenue, de catastrophe en catastrophe, et l'Occident tout entier avec eux. En 2006, la commission Baker-Hamilton avait offert à l'administration sortante une occasion – malheureusement manquée – d'en revenir à une appréhension plus réaliste du monde, et de restaurer la politique étrangère américaine. L'ancien président Bill Clinton aussi, qui avait déclaré en septembre 2006 à New York, lors de la Clinton Global Initiative : « Dans un monde interdépendant, il est impossible de détruire tous ses ennemis ou d'occuper leurs territoires. Il faut donc s'efforcer d'avoir plus d'amis et moins d'ennemis. Nous avons besoin d'alliés et de partenaires. Si puissants que nous soyons, il nous est impossible de résoudre seuls tous les problèmes de la planète. » Souhaitons qu'un minimum de temps s'écoule avant que les États-Unis suivent d'aussi sages conseils ! S'ils le font, sans baisser la garde pour autant, leur influence redeviendra énorme.

De leur côté, si les Européens ne sortent pas de leur ingénuité, ils subiront, de plus en plus impuissants et de plus en plus spectateurs, la suite des événements dans un monde multipolaire instable, en formation sans eux. S'ils le font, en revanche, ils pourront devenir, en rassemblant leurs forces, un acteur de premier plan de ce monde et un vrai partenaire des États-Unis. Une Europe lucide et déterminée contribuerait à corriger l'effarante vacuité de la prétendue « communauté internationale ». Cela signifie, pour elle, reprendre conscience des rapports de force, géopolitiques et autres, et adopter une stratégie en conséquence, ce qui n'empêche pas d'innover, au contraire. Elle le pourrait en accélérant la prise de conscience mondiale du compte à rebours écologique dans lequel nous sommes entrés, dont elle est jusqu'à maintenant plus consciente que l'Amérique. Par exemple, en impulsant la conversion de l'actuelle économie prédatrice en économie écologique, en faisant passer le « développement durable » de l'état de slogan à celui de politique réelle, ce qui permettrait de refonder le concept de solidarité internationale entre les six milliards et demi d'êtres humains sur une base tangible. En effet, si tant de choses les séparent, les mêmes menaces pèsent sur tous. Ces notions devraient être au cœur de la « régulation » de la mondialisation sauvage comme de la « gouvernance » si souvent vantée dans les discours. L'Europe est bien placée pour en être la promotrice, tout comme de la réhabilitation du rôle des États et des gouvernements.

Choix stratégique : dans le monde postaméricain, ou a-polaire, les Occidentaux doivent-ils accepter de partager le pouvoir avec les puissances émergentes ? L'avenir à long terme des intérêts vitaux et des valeurs occidentales (les deux vont de pair : comment défendrons-nous nos valeurs si nous n'arrivons même pas à défendre nos intérêts ?) – en fait, des pays occidentaux en tant que tels – va dépendre de la façon dont ils vont relever ce défi dans les années qui viennent. Les Occidentaux peuvent refuser viscéralement cette remise en cause de leur pouvoir, la combattre à chaque instant, contester la légitimité de tous ceux qui défient ou contestent l'« Occident » en les ostracisant, prétendre choisir souverainement leurs interlocuteurs, décider selon leur tradition manichéenne de qui est bon ou méchant, voyou ou fréquentable, essayer d'imposer partout, sous le pseudonyme de « communauté internationale » et par la force des sanctions, des boycotts ou des bombardements, la « démocratisation ».

Oui, ils le peuvent. L'administration de George W. Bush l'a fait. Elle prétendait même remodeler le « grand Moyen-Orient ». Problème : cela a échoué et a accéléré la perte de légitimité de l'Occident auprès des quelque cinq milliards d'êtres humains non occidentaux, même s'il impressionne et attire encore par sa puissance et sa richesse. Pour atteindre ses objectifs, l'administration sortante a entretenu en permanence l'obsession de la menace, le sentiment de vulnérabilité, et a instrumentalisé les peurs. Elle a commis l'erreur de donner aux terroristes la satisfaction d'être proclamés « menace numéro un ». Par martèlement et répétition elle a imposé une vision schématique et manichéenne du monde. Elle a recherché constamment le maintien d'une supériorité totale dans les seuls domaines militaires préventifs (intelligence), défensifs, offensifs et dissuasifs, au détriment des stratégies et des solutions politiques. Cela n'a que trop bien marché – un temps – sur l'opinion américaine, médiocrement sur les opinions européennes, pas du tout dans le reste du monde. Cela a privé l'Occident d'une occasion extraordinaire de rayonnement et d'influence.

Or, il est d'autres politiques possibles pour les Occidentaux vis-à-vis du reste du monde. C'est spécialement vrai à l'égard du monde arabo-musulman, mais aussi des puissances émergentes, et, ces dernières années, de nombreux responsables américains en ont proposé.

En ce qui concerne le *monde arabo-musulman*, les politiques occidentales doivent se libérer des *a priori* idéologiques et des mensonges de ceux qui nient depuis des années, pour des raisons intéressées, que la question israélo-palestinienne soit essentielle. Elle l'est. Les tentatives brouillonnes et illusoires des derniers mois du mandat de George W. Bush pour traiter quand même, trop tard, ce sujet, ou pour faire semblant, n'y changent rien. Non seulement les Occidentaux se sont comportés durant cette période comme si le « choc des civilisations » était inéluctable, mais ils l'ont aggravé par leurs initiatives, tout en dénonçant cette « théorie ». Pas étonnant que tant d'incohérences échouent ! Que changer ? Par rapport à Israël, il faut cesser d'accepter comme évidente la grille de lecture du Likoud et de ses alliés qui vise à faire croire qu'il n'y a pas de partenaires pour la paix. Cette thèse a été inventée par ceux *qui ne voulaient pas* avoir à faire de concessions territoriales. Ils ont tout fait, logiquement, pour que les Palestiniens soient plongés dans le chaos et se divisent, afin de pouvoir prétexter qu'il n'y avait pas chez eux d'« autorité » responsable avec qui traiter, et ils ont réussi. C'était bien commode ! Cela permettait d'éviter d'avoir à interrompre la colonisation, à négocier, à faire des compromis, à évacuer des territoires. On en voit le résultat : l'aggravation sans fin de la situation. Palestiniens et Arabes ont accumulé de leur côté les erreurs de jugement, de tactique et de communication, mais elles sont secondes.

Les Occidentaux devraient soutenir, encourager et sécuriser l'immense camp de la paix israélien, cette large majorité – autour de 60 % – qui accepte le principe d'un État palestinien mais qui n'a pas retrouvé, depuis l'assassinat de Rabin, de leader porté par une vision historique capable de mener à bien ce difficile processus. Le paradoxe est que la solution est connue de tous : elle tourne autour des conversations de Taba, avec deux États, Israël et Palestine, vivant en sécurité côte à côte. Il faut aider un nouveau Rabin à surgir, ou encore l'équivalent du Sharon des derniers mois : sa métamorphose politique l'aurait conduit très loin s'il n'avait été frappé par une attaque. Si ces deux hommes n'avaient pas été éliminés, le problème serait sans doute aujourd'hui réglé. C'est là une immense tragédie. Les leurres – Quartet, processus de paix, conférences-spectacles, médiateurs, envoyés – ne visent qu'à entretenir l'illusion d'un mouvement. Il est inutile d'invoquer rituellement les négociations israélo-palestiniennes, forcément stériles. Elles ne serviront à rien tant que les Israéliens eux-mêmes ne seront pas résolus à avancer. Ce ne sont pas les Palestiniens qui peuvent évacuer à leur place les territoires occupés ! Ni donner des garanties. Dans l'état auquel on les a réduits, ils ne peuvent prendre aucun engagement de sécurité à l'avance, ni pour les Israéliens ni même pour eux. Leur demander de le faire au préalable, comme s'ils disposaient déjà d'un État en état de marche, alors qu'ils ne le pourront qu'au bout de deux ou trois ans, si tous les aident, est une attitude cynique. Le gouvernement israélien qui voudra enfin régler le problème devra donc être suffisamment fort pour résister aux attaques violentes de tous ceux qui ne veulent ni compromis, ni paix, ni retraits, et pour avancer malgré les menaces, malgré même d'éventuels nouveaux attentats. Il devra se rappeler et rappeler la phrase géniale et si courageuse de Rabin, déjà citée : « Combattre les terroristes comme s'il n'y avait pas de processus de paix, mais *poursuivre le processus de paix comme s'il n'y avait pas de terroristes*. » Bref, en ne laissant pas des minorités extrémistes, d'un côté comme de l'autre, décider à la place des responsables. Ni compromettre une solution qui profitera aux Israéliens, aux Palestiniens, et, au-delà, au monde entier.

En résumé, c'est bien l'intérêt de l'Occident tout entier de parrainer et d'accompagner un processus qui ne pourra partir que de la courageuse décision initiale d'un Premier ministre israélien ; qui se poursuivra avec l'achèvement de la négociation (abandon *in fine* du droit de retour) et par l'élaboration d'un ensemble de garanties internationales américaines et autres, crédibles et durables, de sécurité pour Israël comme pour l'État palestinien ; et enfin par l'acceptation courageuse du (petit) État palestinien par un nouveau leader palestinien nationaliste, né du processus. La mise en œuvre de l'accord final devra être consolidée pendant des années par une supervision et un engagement internationaux.

Mais le Hamas est invoqué comme un obstacle à un tel plan.

Que faire avec le Hamas ? Remarquons d'abord que sa force actuelle est le résultat de l'inconséquence des politiques israéliennes et occidentales. En laissant pourrir depuis si longtemps le problème palestinien (les territoires sont occupés depuis plus de quarante ans), elles ont désespéré les populations, affaibli les nationalistes, favorisé les extrémistes et les islamistes. Certains services israéliens ont « joué » le Hamas contre l'OLP. Les Occidentaux ont été incohérents en imposant aux Palestiniens des élections libres et en les boycottant ensuite parce qu'ils en refusaient le résultat, pourtant prévisible (conditions de vie intolérables, corruption, etc.).

Et maintenant ? Le déni de ce fait, le Hamas, handicape les politiques occidentales. En fait le Hamas serait entraîné, divisé, dépassé par un vrai processus de solution, par une stratégie de mouvement, à condition d'y être habilement intégré. Mais comment le faire sans affaiblir l'Autorité palestinienne dont on redécouvre brusquement l'utilité ? En améliorant parallèlement, comme celle-ci le demande sans cesse, les épouvantables conditions de vie des Palestiniens (contrôles, etc.). Cette politique suppose courage et persévérance, car beaucoup de forces se mettront en travers. Mais elle n'est pas utopique. En tout cas, rien n'est plus dangereux que le *statu quo* actuel qui creuse le fossé islam/Occident en révoltant, à chaque journal télévisé, l'opinion arabo-musulmane, et qui sape à chaque instant la « guerre contre le terrorisme » en la privant de nombreux soutiens arabes.

La création d'un État palestinien viable n'est pas un geste généreux à ne consentir que si les Palestiniens se conduisent bien et remplissent d'impossibles conditions préalables ! C'est un droit pour les Palestiniens et un acte stratégique de sécurité de la part des Israéliens et des Occidentaux.

Une solution à ce problème lancinant ne réglerait pas tout, mais *rien*, dans la relation islam/Occident, ne pourra être vraiment amélioré sans elle. Elle permettrait de mettre en œuvre enfin utilement les nombreux plans du type de ceux de Shimon Peres ou du roi de Jordanie pour le développement pacifique du Proche-Orient. L'engrenage de la paix et de la modernisation s'étendrait à la Syrie, et donc au Liban, et les transformerait. L'image des États-Unis et de l'Occident serait profondément et rapidement recréditée dans une grande partie du monde. Israël serait débarrassé d'un problème qui le mine et pèse d'une façon obsédante sur sa politique internationale. Il y gagnerait un rayonnement considérablement accru, y compris auprès de gouvernements arabes désireux de resserrer leur liens avec l'Occident, dont le futur gouvernement palestinien, mais qui ne peuvent le faire ostensiblement tant que perdure au Proche-Orient cet insupportable *statu quo*. Les ennemis extérieurs d'Israël (Iran, Hezbollah, nébuleuse terroriste) verraient se réduire l'impact de leur rhétorique dans le monde arabo-musulman. Les recruteurs du terrorisme recevraient un très rude coup. Le choc islam/Occident connaîtrait son vrai premier coup d'arrêt, ce qui permettrait d'autres contre-offensives.

Un tel renversement stratégique ne dépend pas que des États-Unis. D'autres pays, des groupes peuvent y réfléchir, le préparer, et pourront le soutenir, mais il est impensable sans eux et c'est à eux qu'Israël – et peut-être aussi l'État palestinien – demandera soutien et garanties de sécurité. Sans oublier les progrès possibles, grâce à la Turquie entre autres, de l'ensemble Israël-Syrie-Liban. De nombreux responsables américains savent parfaitement que c'est ce qu'il faudrait faire, et que c'est même une des meilleures cartes dont disposent, en réserve, les États-Unis. Vu d'Europe, il est difficile de comprendre pourquoi Washington ne la joue pas et s'est laissé enferrer à ce point.

Une approche différente est également nécessaire vis-à-vis de l'*Iran*. Elle a d'ailleurs été proposée à de nombreuses reprises, ces dernières années, et pas seulement par Jim Baker et Lee Hamilton. Il ne s'agit pas de passer naïvement des pressions à la fraternisation, mais d'abandonner une posture pour une politique susceptible de faire bouger les lignes en face. Paradoxalement, étant donné que la politique d'ostracisation menée ces dernières années a affaibli et exaspéré l'Iran sans le faire renoncer à ses objectifs nationaux, en changer serait une option novatrice que le nouveau président américain pourrait tenter. Il s'agirait de proposer à l'Iran des conversations *sans conditions préalables* sur tous les sujets (nucléaire, sécurité, sanctions, Irak, Afghanistan, etc.). L'histoire récente a montré que l'exigence de conditions préalables se retourne contre ceux qui la décrètent et s'y enferment, sauf, bien sûr, en cas de guerre totale. La diplomatie a été inventée non pour se congratuler, mais pour parler, si l'intérêt le commande, à des adversaires déterminés dont on rejette les valeurs ou les ambitions, mais qu'on ne peut faire disparaître. Parler n'est pas un cadeau ni un *satisfecit*, c'est un levier. Devant l'échec de leur intransigeance de principe, les États-Unis ont fini par agir ainsi avec tous leurs adversaires, sauf pendant la Seconde Guerre mondiale – une vraie guerre. Mais il semble qu'il faille, après ces années où l'Occident s'est montré si sottement triomphaliste, réinventer et rejustifier la diplomatie. Pourquoi cette régression mentale et diplomatique, cette autoparalysie, dès que cela concerne le monde arabo-musulman ? Par peur et idéologie mêlées. Pourquoi se priver des avantages d'une stratégie de mouvement ? Une telle initiative américaine et occidentale envers l'Iran placerait les dirigeants iraniens sur la défensive (alors que la politique sortante a plutôt servi le président Ahmadinejad) et ferait resurgir les divisions entre eux (faut-il parler ? Qui doit parler ? De quoi ?). Les nationalistes iraniens classiques retrouveraient de l'influence et les Occidentaux, un levier. Bien sûr, ces conversations devraient être menées avec vigilance, avec « carotte et bâton ». Sur le nucléaire, convaincre la République islamique de s'en tenir à une situation « à la japonaise » serait un objectif. Les alliés des États-Unis seraient associés à ce mouvement. L'administration Bush finissante et dégrisée a fait d'ailleurs quelques gestes en ce sens. Mais c'est un changement conceptuel et stratégique d'ensemble qui est nécessaire.

En *Afghanistan* non plus, la politique occidentale ne pourra pas être poursuivie indéfiniment à l'identique. Elle doit être redéfinie dans chacun de ses volets. Maintenir la pression militaire sur les terroristes pour empêcher leur réorganisation a un sens. En revanche, aucun des autres objectifs, politique, économique ou humanitaire, ne pourra être vraiment atteint, sauf à s'y prendre autrement. Là aussi, il sera difficile d'ignorer éternellement la réalité afghane. Elle comporte d'autres forces que le gouvernement de Kaboul – lui-même soutenu à bout de bras de l'extérieur –, forces avec lesquelles il est possible et nécessaire de parler. Les Britanniques ont ainsi compris qu'il faudrait réintégrer dans le jeu les Pachtounes, donc une partie des anciens talibans, et avoir un jeu plus fin au Pakistan.

À propos de l'*Irak*, ce serait mentir que de prétendre que qui que ce soit détient la solution miracle, ou même rapide. Un brusque retrait américain ferait flamber la guerre civile et les divisions, et conduirait peut-être à l'éclatement du pays. Partir, pour les États-Unis, ne serait possible qu'en réussissant ce qui a été ignoré *avant* la guerre et complètement raté *après* : un pacte politique assorti de garanties institutionnelles, pétrolières et financières entre les diverses communautés, ce qui ne peut se faire sans l'implication responsable des puissances voisines à qui il faut donc parler. C'est alors, mais alors seulement que des garanties sécuritaires et pétrolières pourraient être obtenues et un retrait américain très important mis en œuvre.

D'une façon générale, les États-Unis devraient tirer les leçons de l'échec de l'imposition de la démocratie par la force, de l'extérieur, dans des pays où la démocratie ne dispose encore d'aucune racine, et où donc la relation à l'Occident reste marquée par le contentieux colonial. C'était peut-être une belle idée que de vouloir remodeler le Moyen-Orient (en fait, seul le traité de Versailles l'a fait) pour y propager la démocratie. Elle a séduit bien des démocrates, de même que certains rêvent aujourd'hui à une « Ligue des démocraties » affranchies des Nations unies. Mais contre qui et pour faire quoi ? Je crains que les Occidentaux ne doivent admettre qu'ils ne sont plus en mesure d'imposer les régimes de leur choix, pas plus que de construire une nation artificiellement de l'extérieur. Est-ce à dire qu'il faut se résigner au maintien de tant de régimes autocratiques, et faire le deuil de nos espérances démocratiques ? Non. Mais il faut réinsérer celles-ci dans une stratégie de plus longue haleine. Au lieu de politiques brutales et schématiques, imbues d'elles-mêmes, appuyées sur la force, ignorant délibérément les réalités locales, il faut une politique plus intelligente qui renforce et utilise le « potentiel de démocratisation » que comporte toute société, y compris apparemment archaïque ou bloquée. Cela pourrait prendre avec le monde arabe la forme d'un partenariat pour la modernisation politique et économique, avec des forces prêtes à aller dans ce sens, plus nombreuses qu'on ne le croit, surtout s'il y a un accord politique au Proche-Orient. C'est tout simplement permettre à la politique de se substituer à l'idéologie. Des pays comme la France, la Grande-Bretagne, d'autres pays européens ont à cet égard une expérience et des idées qui pourraient être utiles.

Cesser de nourrir gratuitement le *clash* des civilisations entre l'islam et l'Occident, et de faire ainsi le jeu des extrémistes, devrait constituer une priorité absolue pour retrouver de la profondeur stratégique et réfléchir aux vrais enjeux. Les États-Unis et l'Europe doivent *repenser l'ensemble de leurs relations et de leurs stratégies avec chaque futur pôle du monde de demain comme avec tous les pays émergents, grands et moyens*. Face à la Chine, à la Russie, à l'Inde, au Brésil et aux autres, les Américains, comme les Européens, ont en effet du mal à hiérarchiser leurs objectifs et leurs priorités : ces pays sont à la fois, ou tour à tour, ou simultanément, des marchés, des partenaires, des concurrents, des adversaires, des menaces, et, pour une partie de l'Occident et certains d'entre eux, une terre de mission démocratique. D'où l'impression de confusion et de contradictions fréquentes dans les politiques suivies. Pendant ce temps, chaque pays émergent, géant, moyen ou petit, poursuit son chemin et suit sa propre stratégie et sa politique de puissance, en général assez claires, en particulier celles de la Russie (énergétique, militaire et de voisinage) et de la Chine (économique et financière). Les alliances et liens entre émergents se développent à toute vitesse sans passer par les Occidentaux. Des confrontations avec l'Occident – partage de zones d'influence, accès aux matières premières, contrôle des détroits stratégiques – ne sont pas exclues.

L'intérêt des Occidentaux est donc de se mettre d'accord sur une politique réaliste, claire, durable, adaptée à chaque pays émergent : Chine, Russie, etc. Cette politique doit reconnaître la puissance qu'ont déjà ces pays ; leur évidente légitimité à se développer ; leur potentiel d'avenir ; mais inclure le droit non moins légitime des Occidentaux à défendre leurs intérêts vitaux de toute nature, ainsi que leurs valeurs et leurs convictions, même après qu'ils auront enfin compris qu'ils ne peuvent plus les imposer telles quelles à tous les autres ; cette politique doit comporter l'acceptation de nouveaux cadres de concertation et de négociation, la réforme des organisations internationales et la proposition de nouvelles règles internationales. Elle doit être poursuivie dans la durée en essayant d'éviter les à-coups, mais encore faut-il être capable de la définir.

En 1945, les Américains ont remarquablement inspiré et mis en place une organisation du monde à laquelle ils avaient réfléchi dès le début de la guerre en tirant les leçons de l'échec de la SDN. Ce qui est devant nous est plus compliqué, car cela ne se négociera pas seulement entre deux ou trois vainqueurs, mais entre un grand nombre de pays – puissances installées, puissances émergentes ou réémergentes, groupes régionaux, simples États membres des Nations unies – eux-mêmes soumis à l'intervention et aux pressions incessantes des très nombreux « nouveaux acteurs » des relations internationales. Il n'y aura pas *une* conférence de San Francisco, *une* conférence de Bretton Woods, *une* conférence de La Havane, *une seule* session spéciale des Nations unies, mais de multiples négociations et escarmouches étalées dans le temps, spécialisées ou générales, avec des hauts et des bas, des percées et des reculs, influencées par le contexte économique, énergétique, etc., marquées par des conclusions ou des ruptures d'alliances, et comportant un nombre infini d'occasions de discorde et d'oppositions entre Occidentaux comme entre les émergents. Cela se jouera à l'ONU, au FMI, à l'OMC, au G8 et ailleurs, un peu partout, et aussi sur le terrain sans merci de la compétition économique et énergétique, sur les marchés, et dans chaque pays, sous l'épée de Damoclès de l'écologie.

Les Occidentaux doivent s'accorder sur une vision réaliste et stratégique de cette mutation des prochaines décennies. Sinon, des désaccords surgiront entre les États-Unis et l'Europe et les affaibliront gravement. Les États-Unis n'ont rien à gagner à ce que, faute d'accord d'ensemble, les Européens se déchirent entre eux à propos de la politique américaine, ce qui pourrait entraîner une vraie distanciation entre les États-Unis et certains Européens, ou à propos de tel ou tel grand pays émergent. Les Européens ont tout à perdre à ne pas avoir ensemble une stratégie claire. Après huit années désolantes, l'arrivée d'une nouvelle administration américaine est un moment propice pour repenser et renouer la relation transatlantique.

Les Européens sont séduits par le sénateur Obama dont l'accession à la Maison Blanche aurait un retentissement planétaire et dont ils attendraient beaucoup. En même temps, ils respectent John McCain. Que ce soit avec l'un ou l'autre, ils auront à rebâtir une nouvelle alliance stratégique autour de ce que l'on pourrait appeler une *smart realpolitik*.

Il est urgent qu'ils s'y préparent et que les Américains, de leur côté, s'intéressent à ce qu'ils peuvent apporter. Il ne faut pas rater le rendez-vous de 2009.

DIPLOMATIE FRANÇAISE ET DROITS HUMAINS[1]

Dans cet entretien avec Amnesty International en 2005, Hubert Védrine rappelle les diverses formes de l'intervention diplomatique dans différents conflits du globe. Il souligne le rôle stimulant des ONG pour la perception des injustices et l'amélioration des conditions de vie dans bien des pays. Les ONG peuvent et doivent accompagner les actions diplomatiques internationales, mais, selon Hubert Védrine, elles doivent respecter les cultures locales, les modes de vie et le rythme interne de l'évolution de chaque société vers plus de démocratie. Un rythme lent, comme le fut le nôtre, celui des pays européens. Et sans illusion ni arrogance sur l'ingérence…

Amnesty vient de sortir un rapport accablant sur les violences dont sont victimes les femmes en République démocratique du Congo (RDC). Face à une situation aussi terrifiante que peut faire la communauté internationale ?

Ne vous illusionnez pas trop sur les moyens d'action pratique de la « communauté internationale ». Cette aspiration sympathique n'est pas encore une réalité. C'est un beau terme comme celui de « Nations unies », en fait peu unies, ou comme « Société des Nations », alors que les nations étaient loin de former une société…

Il y a bien des responsables multilatéraux qui s'emploient avec mérite à faire vivre cette notion. Mais mon expérience me conduit à n'employer ce terme qu'avec prudence. Qui sont les Nations unies ? Cent quatre-vingt-onze pays dont les trois quarts sont à peu

1. Entretien paru dans le magazine d'Amnesty International, *La Chronique*, nº 18, janvier 2005.

près dépourvus de moyens et d'influence. Un secrétaire général remarquable, mais qui n'a pas de moyens propres. Et un Conseil de sécurité, central, mais souvent divisé comme on l'a vu dans l'affaire irakienne et donc impuissant. Malheureusement, la minorité de l'humanité – nous, les Occidentaux, en gros un milliard d'habitants sur six –, qui monopolise richesses, liberté, sécurité et qui voudrait aussi s'occuper du reste du monde pour son bien, ne dispose pas des moyens proportionnés à son émotion, à sa générosité, à son désir d'ingérence.

Concrètement, lorsque vous avez été ministre, quelle a été votre politique vis-à-vis de la RDC ?

J'ai été plusieurs fois sur place et j'ai travaillé avec les autres pays européens qui s'y intéressaient, la Belgique et la Grande-Bretagne, ainsi qu'avec Chris Patten (commissaire européen aux Relations extérieures) et Javier Solana (haut représentant pour la PESC). J'ai été aussi bien sûr dans tous les pays voisins, Congo Brazzaville, Ouganda, Rwanda, Burundi, Tanzanie. Car cette affaire des Grands Lacs n'est soluble que si l'on dépasse les antagonismes régionaux autoentretenus entre les Africains anglophones et francophones, que d'ailleurs les Européens n'attisent plus. Mes successeurs ont continué dans le même sens.

Le manque d'États structurés capables d'assurer un minimum de sécurité et de solidarité en Afrique est un handicap plus grand encore que l'absence de société civile au sens occidental du terme. Concernant l'est de la RDC, pour améliorer la situation il fallait obtenir l'arrêt des ingérences et des pillages des Rwandais et des Ougandais, et aider un pouvoir capable de se réinstaller à Kinshasa. Je ne connais pas de raccourci pour cela. Il fallait désarmer les enfants-soldats, moitié drogués, leur procurer une activité « normale », trouver des forces d'interposition responsables, rebâtir des structures, relancer l'économie, construire des États, etc.

Quelle était la position américaine ?

Pour une fois, les démocrates « activistes », comme Madeleine Albright, ne préconisaient pas aveuglément des élections libres immédiates, conscients qu'exporter la technique démocratique – les élections –, c'est facile et parfois dangereux, mais qu'exporter la culture démocratique, c'est-à-dire le respect des minorités et des individus, c'est long et ingrat.

Les Américains avaient tendance à soutenir par réflexe l'Ouganda et le Rwanda anglophones. D'une part le président ougandais Museveni était le « bon élève du FMI », et d'autre part ils fermaient les yeux au début devant le pillage des richesses de la RDC parce qu'ils avaient besoin de Museveni pour entretenir des guérillas au Soudan contre Khartoum. Mais pour autant les Américains n'ont pas créé les problèmes de la région !

Comment sortir de l'imbroglio ?

Par des pressions ordonnées et convergentes sur les protagonistes internes de la RDC et des pays voisins pour qu'ils agissent dans le même sens, afin de restaurer l'intégrité territoriale de la RDC et l'autorité du pouvoir central, imparfaite au temps de Mobutu, mais qui, là, a complètement disparu. Pour qu'ils se mettent d'accord aussi sur les solutions durables à apporter au Rwanda et au Burundi. Que, le moment venu, une conférence sur les Grands Lacs consolide tout cela. Et il faut être réaliste. Par exemple, au Rwanda, concernant le pays gouverné par la petite partie de la minorité tutsi, revenue de l'Ouganda. Si on y appliquait les règles arithmétiques de la démocratie, cette petite minorité ne pourrait pas gouverner seule le pays. Mais, compte tenu de leur histoire et du génocide, demander aux Tutsi de se fier démocratiquement à la mansuétude de la majorité hutu est tout simplement impensable. Et de fait, on ne le leur demande pas. Il faut être patient. En revanche, leur exploitation des richesses de la RDC n'était pas acceptable.

Au sujet du Rwanda, dans un article de l'hebdomadaire Le Point *en 1996, vous avez défendu une position radicale « à chacun son pays », un État pour les Hutu, un autre pour les Tutsi.*

Je reconnais que c'était une position politiquement incorrecte ! Compte tenu de ce que je viens de rappeler – 85 % de Hutu, 15 % de Tutsi – et du poids du passé, je m'étais demandé : pourquoi pas une séparation ? J'avais reçu deux ou trois lettres indignées d'ethnologues spécialisés affirmant que les Rwandais hutu et tutsi sont identiques, me trouvant ethniciste. Le credo occidental actuel veut en effet que l'on ne sépare pas les gens, et qu'au contraire ils se mélangent et se métissent. Mais au Proche-Orient, on préconise le contraire et personne ne dit aux Israéliens : « Il faut vous mélanger avec les Palestiniens, ce sera formidable… » Tout le monde, sauf les extrémistes, considère que toute solution durable au Proche-Orient passe par un État d'Israël et un État palestinien séparés. Je ne suis évidemment pas un théoricien de la séparation, mais c'est parfois une étape nécessaire. Après la Seconde Guerre mondiale, on a d'ailleurs fait déménager des millions de gens, notamment des Allemands, faute de meilleure solution.

Au Rwanda, comment envisager une telle séparation alors que les deux ethnies sont mêlées sur un même territoire ?

C'est sans doute impraticable. Cette proposition ancienne était une façon de faire réfléchir aux impasses de la démocratie formelle et des fausses réconciliations dans des pays aussi meurtris par l'Histoire. Une approche régionale est indispensable. Le but est qu'aucune minorité ne se sente en danger dans son propre pays.

Toujours au sujet des populations minoritaires, quelle serait la solution dans les Balkans ?

Bien sûr l'« européanisation des Balkans », déjà entamée depuis quelques années. Dans les Balkans, les Occidentaux ont fait l'apologie du mélange dans certains cas, dans d'autres celle de la séparation. On a estimé ainsi qu'il était normal que les Albanais du Kosovo veuillent se séparer des Serbes à cause de Milošević, mais qu'en Macédoine c'était inacceptable et dangereux. Et qu'en Bosnie les trois communautés devaient rester comme chiens et chats dans le même sac. Heureusement, il y a une très importante aide internationale. Il y a quelques années, un milliard de dollars par an pour la seule Bosnie, ce qui permet à beaucoup d'ONG d'être présentes. Cela aide à maintenir l'ensemble. Sans cette aide et une perspective européenne – même lointaine –, ça éclaterait. Je ne dis pas qu'ils se feraient à nouveau la guerre, elle a été si cruelle que la population résisterait certainement, mais ils se sépareraient peu à peu en deux ou trois entités. L'aimantation européenne peut aider à surmonter les problèmes encore en suspens dans cette région : Monténégro, Kosovo, Macédoine, etc. Mais l'Europe ne peut pas le faire dans l'ensemble du monde, au Proche et au Moyen-Orient, dans la moitié de l'Afrique, en Afghanistan, au Cachemire, etc.

Quelle est votre perception du rôle des ONG de défense des droits humains dans le monde tel que vous le décrivez ?

Un rôle d'aiguillon, d'accélérateurs, de protecteurs. Elles doivent aussi encourager et accompagner. Malheureusement trop d'organisations, ou de politiciens, pour qui ce thème n'est que l'occasion d'une posture à visées internes ou médiatiques, se soucient peu des résultats pratiques de leurs campagnes, et de la situation réelle dans ces pays. Il en est de même de ceux qui, ayant intériorisé l'impuissance des Européens à changer le monde, se satisfont de condamnations morales, de déclarations de principe, de sermons. Pour les autres, qui veulent agir vraiment sur la réalité, la tâche est ardue. L'Histoire nous apprend que, sauf cas de capitulation (Allemagne et Japon en 1945), sauf cas de rétablissement de démocraties plus faciles à instaurer, c'est rarement la contrainte extérieure qui a réussi à imposer la démocratie, mais le plus souvent l'irrésistible mûrissement interne économique, social puis politique.

L'objectif d'Amnesty International est louable. Vous êtes aussi animés par une certaine impatience. Vous êtes sans doute choqués quand on rappelle que l'on a mis plusieurs siècles en Europe à obtenir le respect réel des droits de l'homme et la démocratie. Car vous n'accepteriez pas que les Chinois, les Arabes et les autres aient à attendre la démocratie pendant des siècles. Mais quand je tempérais Madeleine Albright en lui disant que « la démocratie n'est pas du café instantané », j'ajoutais aussitôt que chaque société a un potentiel de démocratisation que l'on peut encourager intelligemment bien que ces processus soient fondamentalement endogènes. Nous ne le ferons pas à leur place, personne ne l'a fait pour nous. Je pense que des organisations comme les vôtres peuvent stimuler ce potentiel en faisant du sur-mesure, pays par pays, en distinguant, je le répète, les cas où l'on rétablit la démocratie et ceux où on l'instaure (démocraties émergentes). En gardant à l'esprit ces réalités, les ONG peuvent faire un travail extraordinaire.

Comment la France, qui a des liens privilégiés avec la Tunisie, peut-elle accompagner le processus de démocratisation ?

C'est toujours plus facile de critiquer la Tunisie, petit pays proche, francophone, homogène, où la menace islamiste a réellement été écartée, que la Chine ! Cela dit, il existe en Tunisie une classe moyenne importante, un développement économique considérable, depuis dix ans un accord d'association avec l'Europe et, grâce à ses succès mêmes, le président Ben Ali pourrait, à mon avis, accepter le jeu du multipartisme sans prendre de risque. La Tunisie est prête.

En Chine, après la politique de dénonciation au lendemain de Tian'anmem, la France a rapidement adopté le « dialogue constructif », quel bilan en tirez-vous ?

Ni l'une ni l'autre de ces politiques européennes n'a beaucoup d'influence sur ce mastodonte vital pour l'économie mondiale actuelle qu'est la Chine. C'est son développement économique et social qui obligera la Chine à changer politiquement. Peut-être plus vite qu'on ne le croit.

En ce qui concerne la justice pénale internationale, toujours balbutiante, quel rôle lui voyez-vous jouer ?

Si on attend de la justice internationale qu'elle joue son rôle, c'est-à-dire qu'elle évite l'impunité dans les cas où une justice nationale n'est pas capable de juger (sinon ça déresponsabiliserait les États), c'est très bien et de réels progrès seront accomplis. En revanche, je me suis souvent inquiété des attentes démesurées dans une partie de l'opinion publique européenne qui reporte sur la justice la confiance qu'elle plaçait autrefois dans la politique, et veut tout judiciariser.

Si on croit que l'existence d'une justice internationale (sans, rappelons-le, les États-Unis, la Russie, la Chine, Israël, plusieurs pays arabes et quelques autres) évitera les conflits, on sera cruellement déçu une fois de plus, car elle ne dissuadera pas plus le crime que la justice nationale ne le fait. Elle ne peut pas non plus se substituer au règlement politique des crises, même si elle peut les accompagner. Par exemple, en Serbie, il est évident que le procès de Milošević ne va pas régler à lui seul les questions de cohabitation et de coexistence des Serbes avec leurs voisins. Les Serbes les plus démocrates redoutent que ce procès n'entretienne l'opinion publique dans sa paranoïa. Il faudra donc aussi une approche politique. Pour éviter de futurs désenchantements, n'attendons pas de la justice internationale des performances impossibles.

LA REDISTRIBUTION DE LA PUISSANCE[1]

La répartition de la puissance a été bouleversée par la mutation du monde émergent. Une compétition plus ou moins brutale a commencé. Cela pourrait éveiller l'Europe et la déterminer à se mettre, collectivement, à la hauteur des nouveaux défis.

Il existe un large consensus pour voir la crise dont nous sommes en train de vivre les suites non seulement comme une crise économique, mais également comme une crise géostratégique. Elle entraîne une redistribution des cartes de la puissance à l'échelle du globe. Comment appréciez-vous la nature du phénomène et l'ampleur de cette redistribution ?

Cette première « mégacrise » globale de l'économie de marché libéralisée et dérégulée est vraiment pour moi une crise accoucheuse de l'Histoire. Elle amplifie et accélère des processus déjà en marche. C'est plus une mutation qu'une crise. Les Occidentaux se sont collectivement illusionnés dans l'appréciation de la situation non pas d'après la « chute » du Mur en novembre 1989 – l'événement dont la médiatisation excessive embrume l'analyse –, mais d'après la fin de l'URSS en décembre 1991. Vous vous souvenez du climat de l'époque : nous sommes à la fin de l'Histoire, les Occidentaux ont gagné, leurs conceptions vont s'imposer partout, etc. Illusion d'optique : cette euphorie a pris une forme aimable et bonhomme, sous les administrations Bush père et Clinton, et une forme brutale et militarisée, frappée d'*hubris*, sous l'administration Bush fils, tout en gardant d'un bout à l'autre une

1. Entretien paru dans *Le Débat*, n° 160, Gallimard, mai-août 2010, p. 23-36.

forme ingénue et niaise en Europe. Brutales ou niaises, les deux approches ont échoué. Elles se sont cassé les dents sur le phénomène historique que j'estime majeur de la période : la montée des émergents. Celle-ci marque la fin du monopole que l'Occident, sous son visage européen ou sous son visage américain, a exercé depuis cinq siècles au nom de son universalisme, et donc la relativisation de son *leadership*.

Cette montée était évidente depuis au moins une dizaine d'années. Les économistes de banque s'excitaient sur les marchés émergents, les pays à fort pouvoir d'achat, les pays à croissance rapide, entre 5 % et 10 %. Leurs analyses, avant 2008, présentaient la montée du pouvoir d'achat des classes moyennes de ces pays émergents comme une aubaine. Elle n'était vue que sous l'angle économique, celui des opportunités offertes aux entreprises occidentales d'exporter, ou d'investir, tout en continuant à acheter à bas prix. Les Occidentaux restaient convaincus de dominer le jeu, de détenir les clefs de la guerre et de la paix, de la sécurité, de la puissance comme de la compassion, de la hiérarchie des normes et des valeurs. Cette assurance a survécu jusqu'à la crise. Elle avait été pourtant contestée une première fois, il y a déjà longtemps, par les thèses de Huntington, au grand scandale des esprits universalistes, lorsqu'il avait répondu à Fukuyama que des *clashs* entre civilisations lui paraissaient plus probables que la fin de l'Histoire. Il avait bien fallu se rendre compte, après 2001, que Huntington n'avait peut-être pas entièrement tort, s'agissant en tout cas des rapports entre islam et Occident. Cette remise en question, pour ainsi dire philosophique, de la consensuelle « communauté internationale » avait été redoublée ensuite par l'ascension de la Chine. Elle nous saute aux yeux avec la crise. Les marchés émergents, ce sont des puissances émergentes.

C'est une remise en question classique des rapports de force, une redistribution de la puissance, mais massive. La perception inquiète que nous en avons se focalise sur la Chine et sur le phénomène sino-asiatique, à cause de la masse multipliée par la croissance et l'énergie, mais le phénomène est encore plus étendu. Quand on prend la liste des pays émergents, cela va de quatre, si on les limite à l'acronyme BRIC (Brésil, Russie, Inde, Chine, la Russie n'ayant à mon avis rien à faire dans ce groupe, mais c'est un autre problème), à une quarantaine sur tous les continents, si l'on se fie à l'atlas annuel des pays émergents du ministère des Affaires étrangères. Dans le système international, dont je rappelle qu'il comporte 192 pays, les pays développés sont une trentaine, mais ceux qui comptaient vraiment se ramenaient à cinq pays du G7. Ce qui traduit le plus le changement de rapport de force, c'est la création du G20. Les membres du G7 qui s'étaient opposés avant, au « Conseil de sécurité économique » de Jacques Delors, à la tentative d'élargissement de Mitterrand, en 1989 (mais qui avaient accepté le G8, en 1991), et à celle de Chirac, en 2003, ont fini par se résigner à un élargissement à vingt, issu d'un compromis Sarkozy-Bush. Ils ont reconnu par là qu'ils ne gouvernent plus le monde seuls. Ils restent les plus riches et les plus forts, mais ils ne sont plus les maîtres exclusifs. À mes yeux, cet élément, par ses conséquences, l'emporte sur tous les autres, si l'on veut imaginer ce que sera notre monde demain. Je ne prétends pas que cela fasse disparaître les problèmes toujours non résolus, notamment ceux de l'arc de crise allant du Proche-Orient à l'Asie centrale ou en Afrique, mais cette redistribution est plus bouleversante que tout le reste. Elle va avoir des conséquences tectoniques dans les années et les décennies qui viennent. Nous n'en sommes qu'au début.

On voit bien, dans la phase de la crise où nous sommes, que les pays européens ont du mal à s'en sortir, que les États-Unis se redressent de façon souffreteuse, alors que la Chine est déjà repartie pour des taux de croissance à 8-10 % et l'Inde à peine moins, pour ne prendre que ces exemples. Cette évolution était déjà en cours, mais c'est maintenant que le changement va apparaître dans toute sa brutalité aux yeux du public.

Dans ce contexte, on s'interroge tout naturellement sur l'acteur clef qui a conduit activement la politique de globalisation, à savoir les États-Unis. Plus que tout autre, vous avez souligné la dissymétrie de puissance entre les États-Unis et les autres acteurs du monde postsoviétique. Quid *de l'« hyperpuissance » aujourd'hui ? La notion vous paraît-elle toujours adéquate ?*

Dans la définition stricte que j'en donnais, oui. Je voulais dire que c'était la plus grande puissance qui ait jamais existé. Aujourd'hui, par exemple, la Chine est très, très loin de disposer du *soft power* des États-Unis – si elle l'acquiert jamais. Mais dans le sens que le terme « hyperpuissance » a pris dans le grand public, non. Si l'on entend par là une puissance maîtresse du monde, qui domine tout, omnipotente, invulnérable, la notion n'est pas valable. Dans le meilleur des cas – et je le souhaite – Obama réussira à restaurer un *leadership* relatif des États-Unis. Mais, encore une fois, je ne voulais pas dire « toute-puissance ». Je voulais un mot nouveau pour une puissance qui ne se compare à rien (et donc pas superpuissance), qui n'a pas eu d'équivalent dans l'Histoire. Même les empires les plus grands qui se sont disputé l'Eurasie pendant deux mille ans (cf. l'atlas récent de Gérard Chaliand) n'ont pas dominé, ou influencé l'ensemble du monde.

Je crois important de rappeler que dans la mondialisation il y a eu les mondialisateurs et les mondialisés. Les États-Unis ont été des mondialisateurs actifs, comme le Portugal et l'Espagne l'ont été en leur temps, comme la Grande-Bretagne l'a été de 1850 à 1914. Les États-Unis ont pris le relais à partir de 1945, sauf que l'entreprise a buté sur la muraille communiste. Celle-ci a cédé en deux fois. Une première fois lorsque Deng Xiaoping a pris en 1979 le tournant que l'on sait, décidant de libérer l'énergie de la société chinoise sur le mode du capitalisme sauvage tout en maintenant le contrôle politique du parti communiste sur le pays. Une seconde fois avec l'effondrement de l'Union soviétique. Plus le moindre rempart, pour le coup. Le monde n'est peut-être pas globalisé au sens d'aplati, d'harmonisé (Thomas Friedman se trompe), mais il est en tout cas décompartimenté : plus rien ne s'oppose à l'influence dominante.

C'est dans les années 1990 que se situe le moment que l'on peut qualifier de moment de l'« hyperpuissance », ou de moment « unipolaire ». Il a été incarné avec retenue par George Bush père, puis par Clinton, avant que cela dégénère en vision agressive et simpliste chez Bush fils (caricaturale mais pas aberrante). L'élection d'Obama a corrigé cette trajectoire…

Elle vous paraît marquer une inflexion importante ?

Oui. Ce qui m'a le plus surpris dans l'élection d'Obama, ce n'est pas que les États-Unis aient voté pour un Noir, comme on l'a beaucoup dit, même si c'est important parce que cela paraissait impossible, mais qu'ils aient élu un intellectuel d'un tel niveau et d'un tel talent. C'est un mystère, compte tenu des habitudes électorales et politiques de ce pays, qui n'empêchera pas éventuellement à l'avenir l'élection d'un autre George Bush fils. Je n'analyse pas ce phénomène en groupie d'Obama – même si je le trouve séduisant, immense orateur et tout ce qu'on veut –, mais en Européen qui souhaite ardemment qu'il réussisse, car son succès me semble dans l'intérêt général de l'Occident. Comme je suis convaincu que nous sommes à la veille d'un long moment de bagarre multipolaire, disons, au minimum, d'une compétition multipolaire, qui peut dégénérer en bagarre multipolaire si l'on s'y prend mal, et comme ce n'est pas sûr que les Européens aient collectivement l'énergie mentale, la lucidité, la persévérance nécessaires pour faire de l'Europe un pôle dans ce système, je crois vital qu'Obama nous sorte de la régression conceptuelle où les néoconservateurs et Bush nous ont enfermés. Cela notamment dans l'affaire islam/Occident. Ce n'est pas la seule, mais elle est tout de même très centrale. Bien sûr, il y a de plus en plus la question de la Chine, il y a toujours la question de la Russie, qui est moins aiguë, mais qui se pose quand même, il y a la négociation difficile entre Occidentaux pour rétablir une régulation financière. C'est très important aussi qu'il ait pris le contre-pied du manichéisme et du simplisme – je n'insiste pas sur l'unilatéralisme, facile à stigmatiser, mais qui est en fait consubstantiel à toute puissance, ni sur le « multilatéralisme », concept mal défini. Les Européens feraient bien d'ailleurs d'arrêter de se vanter de leur multilatéralisme, qu'ils n'affectionnent que depuis qu'ils n'ont plus d'autre choix : Obama a des intentions justes.

J'ai été frappé par son discours du Caire au monde musulman. Aucune nécessité diplomatique, aucune urgence ne l'y obligeait. S'il a parlé si tôt, de cette façon et au monde « musulman », c'est qu'il a pensé quelque part que Huntington n'avait hélas pas tort, et qu'il devait employer sans tarder son énergie à dénouer le nœud de contentieux accumulés entre l'islam et l'Occident. C'est un message *urbi et orbi*, qu'il a adressé en quelque sorte par-dessus la tête des protagonistes des différents conflits au Proche-Orient, en Irak, en Afghanistan et ailleurs, et qui vise à entamer un processus grâce auquel l'Occident, et l'Amérique en premier lieu, cessera d'être haï et rejeté (tout en étant envié) par les musulmans. Un président des États-Unis qui commence son mandat comme cela est quelqu'un qui est animé par une vraie vision stratégique, très intellectuelle – trop, peut-être, d'ailleurs. Je trouve cela passionnant, même si l'on sait d'avance que, dans le meilleur des cas, il fera deux mandats, alors qu'il faudrait au moins trois ou quatre mandats successifs sur cette ligne pour venir à bout de l'ensemble des problèmes qu'on a laissés pourrir depuis si longtemps. Mais c'est tout de même extraordinairement prometteur.

Souhaitant que cette attitude américaine nouvelle produise tous ses effets politiques, je ne comprends pas que les Européens ne se soient pas collectivement organisés dès l'arrivée d'Obama pour saisir ensemble cette magnifique opportunité, en lui disant : nous sommes là, nous avons nos intérêts et notre propre vision, nous sommes déterminés à agir avec vous dans le cadre d'un partenariat pour que vous réussissiez, et voilà nos propositions. Au lieu de cela, on entend les Européens, amorphes, divisés ou jaloux, gémir parce que Obama ne s'intéresse pas à eux – mais il n'a aucune raison spéciale de s'intéresser à eux, il n'y a aucun problème urgent en Europe qui le justifierait ! Et leur manie des commémorations n'est pas la sienne. Comme je l'ai dit lors de son élection : l'Europe n'est pour lui ni un problème ni une solution. Les réactions européennes face à Obama sont infantiles et inopérantes. Ce qui manque à l'appel, aux yeux des Américains, ce sont des Européens qui se poseraient en partenaires sur les grands enjeux.

Que vous inspirent les critiques dont Obama commence à faire l'objet ?

Elles sont prématurées. Il est beaucoup trop tôt, après un peu plus d'une année, pour porter un jugement. Kennedy, au bout d'un an, c'est le désastre de la baie des Cochons. Clinton, au bout d'un an, c'est quoi ? Roosevelt, au bout d'un an, personne ne s'en souvient. Les choses sont encore ouvertes. Il va peut-être perdre les *mid-terms* : compte tenu de la crise sans laquelle il n'aurait pas été élu, les gens ne sont pas contents, ils vont voter contre. Cela ne préjugera en rien de l'élection présidentielle suivante. Si j'avais une attente à formuler, ce serait qu'il manque une transcription opérationnelle du grand dessein d'Obama dans la politique étrangère américaine. Elle n'est pas encore au niveau de son ambition, celle d'armer intelligemment l'Occident, dans la bagarre multipolaire qui s'annonce, autrement que de la façon paranoïaque et autiste de l'administration Bush – nous contre *the rest*. Hillary Clinton est bonne dans son rôle, mais elle n'est pas inventive ni stratège. Elle ne relaie pas conceptuellement Obama. Il manque à ce dernier un Kissinger pour mettre sa politique en musique. Je pense qu'Obama va aboutir avec la Russie en un an ou deux. Il parviendra à bâtir une relation, pas formidablement chaleureuse, mais un partenariat nécessaire et vigilant, permettant de négocier beaucoup de choses, comme à la grande époque de la négociation Est/Ouest, et d'abord la réduction des armements nucléaires stratégiques. Sur le paquet Proche-Orient, Irak, Iran, Afghanistan, Pakistan, Inde, Cachemire, je suis moins sûr. Sur la Chine, ce n'est pas du tout évident. Il y faudrait au moins un accord euro-américain, plus le Japon et l'Australie. Quant aux autres sujets (régulation), c'est encore autre chose, ils mettent les Occidentaux aux prises entre eux.

À ce stade Obama peut déjouer les prévisions des Cassandres, surtout après la réussite, à l'arraché, sur l'assurance maladie, qui va lui permettre de se réengager sur d'autres dossiers. Les Européens devraient maintenant rentrer dans le jeu, avec leurs propres idées, qui amèneraient l'administration Obama à déplacer son axe sur certains points. Cela constituerait au total un partenariat puissant, par exemple sur la régulation financière. Nous n'en sommes pas là.

Comme vous le disiez d'un mot, la relation avec la Chine se présente comme très incertaine. Mais, surtout, on a l'impression d'un changement d'attitude de la Chine, comme si elle avait l'intention de convertir sa nouvelle force économique en un poids politique. Cette impression vous paraît-elle juste ?

Oui, plutôt. La querelle qui dure depuis des années entre sinologues et géopoliticiens me paraît tranchée en faveur des géopoliticiens. Les sinologues nous rappelaient que, contrairement aux Occidentaux ou aux musulmans, la Chine n'a jamais été animée du désir de convertir le monde à ses conceptions. Elle n'est pas prosélyte – elle est trop méprisante vis-à-vis du reste du monde, peut-être, pour être prosélyte. Donc, nous disent les sinologues, pas de souci. Évidemment, à l'échelle régionale, de temps en temps elle donne un coup de patte sur les pays voisins pour se faire respecter, mais c'est tout. Les géopoliticiens, depuis que Deng Xiaoping a libéré l'énergie de la Chine, disent, eux, que c'est peut-être vrai, mais que, dès lors qu'elle doit garantir l'approvisionnement à long terme en pétrole et en matières premières de cette énorme masse en croissance rapide – puisque, en gros, elle n'a que du charbon –, elle va changer nécessairement de vision. La sécurité des approvisionnements demande des pays amis, des contrats à long terme, des régimes sur lesquels on peut compter, des bases sur le parcours. Il y a une logique qui a été celle de la route des Indes pour la Grande-Bretagne. Petit à petit, cela va créer les moyens de la puissance, puis l'esprit de puissance. C'est incontestablement la tendance des dernières années. Il y a, certes, une exagération aux États-Unis sur la montée en puissance du budget militaire chinois – comme il part de très bas, même avec une augmentation de 200 % par an, il n'arrive, au bout de dix ans, qu'à 9 % ou 10 % du budget américain –, mais la tendance est bien là. Pour la première fois depuis le xve siècle, la Chine est en train de se doter d'une marine de haute mer. Elle négocie des facilités portuaires dans l'océan Indien, en Afrique. Cela fait des années que, chaque fois que l'Occident, qui se croyait encore le seul juge du bien et du mal, ostracise un pays en le décrétant « voyou », les Chinois se précipitent pour établir des accords privilégiés : avec la Birmanie, avec le Soudan, que sais-je encore.

Le mouvement évident va donc dans le sens d'une affirmation de puissance par la Chine. Un autre signe en est l'attitude de la Chine au Conseil de sécurité ou au G20. Elle ne faisait pas parler d'elle, elle agissait en amont pour éviter ce qui aurait pu la gêner. Maintenant elle est plus visible. Dans le premier G20, elle n'a en gros rien dit, dans le deuxième, un peu plus, dans le troisième, nettement plus. Elle change vite. Nous assistons à sa métamorphose. Il y a eu le temps de Mao, l'empereur réunificateur, celui de Deng, l'empereur libérateur des énergies. Nous sommes dans un troisième temps, moins personnalisé, où la direction est davantage collective, celui de l'affirmation de la Chine comme acteur mondial. C'est sans précédent. Cela n'est jamais arrivé depuis que la Chine existe.

Qu'est-ce que cela va donner ? Conjoncturellement, on voit qu'elle ne veut pas être associée à des sanctions contre l'Iran. Cela ne veut pas forcément dire qu'elle a de la sympathie ou de la complaisance vis-à-vis du régime iranien, mais qu'elle refuse les politiques de sanctions, pour des raisons de principe, pour des raisons de souveraineté et parce qu'elle en a été elle-même victime. Cela s'appliquera à d'autres sujets. On s'est aperçu à Copenhague qu'une alliance conjoncturelle s'était constituée entre Obama, qui voudrait bien aller plus loin, mais qui ne peut pas – parce qu'il n'a pas le Sénat avec lui, Sénat dont il a besoin sur d'autres sujets –, et ce rassemblement de circonstance qu'il est convenu d'appeler le BASIC : Brésil, Afrique du Sud, Inde, Chine. Ce n'est pas que la Chine ne veuille rien faire sur les questions écologiques, même si elle trouve la focalisation sur le climat exagérée, mais elle veut le faire à sa façon, à son rythme, et surtout sans contrôle extérieur. Tout cela va dans le sens d'une puissance chinoise qui devrait s'affirmer en quelques années.

Quelle ligne va adopter à l'avenir la direction chinoise de l'État-parti ? Je ne connais pas de spécialiste qui soit affirmatif à ce sujet. Il y a ce courant que Jiang Zemin avait déjà popularisé au travers de l'expression d'« émergence pacifique » : « Rassurez-vous, il n'y a pas de problème, nous n'avons que de bonnes intentions. » Peut-être, mais, même si c'est vrai, la question du poids relatif demeure. Une partie des dirigeants de Pékin est préoccupée par la perspective d'une coalition des inquiétudes mondiales face à la Chine. Une autre partie s'en fiche et entend se concentrer sur l'objectif du développement le plus vigoureux et le plus rapide possible, y compris sur le plan militaire et technologique, de façon à créer un rapport de force différent, à partir duquel il serait possible pour la Chine de négocier dans de meilleures conditions. Il n'est pas exclu que sur cette base apparaisse une aile décidée à gérer plus fermement les relations avec le Japon, la Russie, l'Inde, les États-Unis. Comment ces options, que je schématise, vont-elles se combiner avec le souci prioritaire de ce parti – qui n'est plus communiste, qui est le parti du pouvoir, tout simplement – de se perpétuer ? Nous n'en savons rien. Parmi les différents choix qui se présentent à lui, où cette sorte d'empire chinois moderne, avec son système autoritaire et mandarinal reconstitué et son souci viscéral d'unité, va-t-il trouver son intérêt ? C'est la grande inconnue. Je ne serais pas complet si je n'ajoutais que l'issue sera le résultat d'une interaction. Elle sera aussi commandée par ce que le monde extérieur dira et fera. S'il s'en tient à un discours cacophonique, alors advienne que pourra, ce sont les Chinois qui trancheront. Si le monde extérieur, en commençant par le monde occidental, avec des relais possibles – le Japon, l'Inde, par exemple –, définit des critères communs permettant de dire aux Chinois : ça c'est très bien, on vous félicite, ça, ça pose un problème, on peut discuter, ça on ne peut pas accepter, la Chine négociera et s'adaptera. Ce cadre, cette pensée n'existent pas encore. Aux yeux d'un dirigeant politique chinois, le monde extérieur est confus, désordonné, il ne sait pas ce qu'il veut, il est donc facile d'en jouer, il est possible d'opposer les uns aux autres. Il n'y a pas d'accord du reste du monde sur la façon de gérer cette émergence volcanique. Pour l'instant, cette situation laisse les mains très libres aux Chinois.

Vous contestiez tout à l'heure l'inclusion de la Russie dans le prétendu BRIC, aux côtés des principaux pays émergents. Comment voyez-vous la place de la Russie d'aujourd'hui ? Entre les vétérans de la guerre froide qui continuent le combat comme si de rien n'était et certains analystes pour lesquels la Russie ne compte plus, on a de la peine à s'y retrouver. Il y a une énigme de la Russie actuelle…

Il y a une énigme, en effet, et elle mérite une analyse particulière. Quand des économistes l'avaient rangée dans la catégorie BRIC, cela me semblait inexact, parce qu'elle n'a pas le même potentiel économique que les autres. Ce n'est pas à proprement parler un pays « émergent », c'est peut-être un pays « ré-émergent », ou, plutôt, qui tente de surnager. Ce n'est pas un ancien pays du Sud, classiquement « sous-développé » ou « en voie de développement ». C'est une des deux superpuissances de la guerre froide qui a connu une implosion majeure en 1991 – « la plus grande catastrophe géopolitique du XXe siècle », selon Poutine. Lequel Poutine, soit dit au passage, n'a jamais eu moins de 70 % de popularité, tellement les Russes ont gardé un souvenir détestable de l'époque eltsinienne, tellement ils ont la nostalgie de l'époque où leur pays était respecté. La Russie d'aujourd'hui tente de se réaffirmer, mais elle a peu de moyens pour y parvenir. La seule force économique des Russes, c'est leur sous-sol – le pétrole, le gaz, les matières premières. Ils peuvent faire un peu de chantage aux approvisionnements, mais pas trop, parce qu'ils ont absolument besoin de vendre. C'est un cas de dépendance croisée, en réalité. Ils vont essayer de vendre aux Asiatiques autant qu'aux Européens, mais cela ne leur donne que des marges de manœuvre limitées.

Bref, la Russie n'est pas sûre d'être un pôle central du monde de demain. Elle n'arrive pas à créer une économie moderne, faute d'un véritable tissu d'entreprises. Ses grandes entreprises sont un héritage du système soviétique et elles n'innovent pas. Il n'y a pas de marques russes connues dans le monde. De plus, c'est un pays qui est handicapé par un déclin démographique prononcé, pour des raisons d'alcoolisme et de mauvaise santé publique. Au total, au stade actuel, c'est un pays qui ne conserve qu'une capacité de puissance résiduelle périphérique. Pas tellement plus. Il garde une importance issue du passé dans les questions stratégiques nucléaires. C'est avec lui que les États-Unis essaient de relancer la réduction des armements nucléaires stratégiques, pas avec la Chine, ce qui relativise le fameux G2, éphémère concept à la mode. La Russie est au Conseil de sécurité, elle a le droit de veto. Elle fait partie du G8 depuis que Mitterrand avait obtenu en 1991 l'élargissement du G7 pour aider Gorbatchev, et maintenant du G20. Mais pour faire quoi ? Capacité d'alliance faible, puissance de rayonnement et *soft power* nuls. C'est un pays qui doit se poser des questions sérieuses. Cela se voit bien dans le livre de l'ancien Premier ministre Primakov[1] et dans certains discours de Medvedev. La Russie n'a pas encore envie de faire partie de l'usine à gaz européenne, contrairement à ce que feignent de croire certains. Quel que soit le gouvernement russe, il n'aura aucune envie de faire de la Russie un État membre, parmi d'autres, de l'Union européenne. On peut à la rigueur imaginer un partenariat stratégique avec les États-Unis, mais la Russie en a autrement besoin que les États-Unis. La relation avec la Russie est beaucoup moins vitale pour les États-Unis que la relation avec la Chine. Avec l'Europe, *idem*. En tout cas, les Européens auraient intérêt à élaborer une politique à long terme à l'égard de la Russie en surmontant leurs divergences, pour pouvoir avancer sur les dossiers de l'énergie, de l'écologie, de la sécurité européenne, etc. Ceux qui raisonnent encore en termes de guerre froide se trompent. Mais on ne peut pas non plus faire comme si la Russie n'était qu'un brave partenaire commercial et énergétique, ne posant pas de problèmes. La réalité se situe entre les deux, et c'est cette synthèse que les Européens doivent trouver.

Bref, la Russie est menacée de devenir un pôle de second rang, sauf si elle se lançait dans un grand programme de modernisation que l'on ne voit pas venir. C'est maintenant qu'elle aurait besoin d'une *perestroïka* ! Je ne vois aucun autre pôle significatif dans le monde (hors ceux qui ont un problème précis de voisinage avec la Russie) pour en faire son partenaire numéro un. Elle risque donc d'être un partenaire de second rang dans le système multipolaire instable. Les scénarios d'un retour à une volonté russe de nuisance ou, au contraire, d'une modernisation interne rapide sont improbables.

1. Voir dans le présent volume la préface d'Hubert Védrine au livre d'Evgueni Primakov, *Le Monde sans la Russie ?*, ci-dessous, p. 750.

Le plus probable est une stagnation, celle d'un pays qui cherche à ré-émerger sans y arriver vraiment et que cela rend inconstant et nerveux.

Parmi les autres pays émergents, quels sont ceux qui vous paraissent le mieux à même de s'affirmer comme de vrais pôles du système multipolaire en train de se dessiner ?

Je pense comme tout le monde au Brésil et à l'Inde. Mais je ne vois pas le système multipolaire comme un monde ordonné. Je continue à penser que les États-Unis resteront les premiers, même avec la crise, les interrogations actuelles et les performances statistiques chinoises. Aucun des autres pôles dont nous parlons ne possède le même spectre de moyens de puissance et d'influence, même si par-derrière a commencé un immense bras de fer planétaire, qui durera, de toute façon, longtemps. L'Inde et le Brésil ne relèvent pas encore de la première catégorie. Ils en arrivent seulement maintenant à se demander s'ils veulent, et s'ils peuvent, exercer une influence autre que régionale. Ils resteront entre les deux pendant longtemps, des puissances régionales importantes, pas tout à fait encore des puissances mondiales. Certes, le Brésil est en train d'échapper au mot de Clemenceau repris par de Gaulle : « un grand pays d'avenir et qui le restera ». Mais il a été un peu surcoté, à cause de Lula. Cela ne sera plus tout à fait pareil avec le départ de Lula ; il n'a pas encore une politique mondiale, mais il sera un élément important des combinaisons dans le G20. Le Brésil se cherche. Il a une politique chinoise – le Brésil et la Chine ont d'ailleurs décidé que leurs échanges se feraient dans leurs monnaies à eux, et pas en dollars. Il a une politique iranienne – le Brésil, en tant que membre non permanent du Conseil de sécurité, ne veut pas, actuellement, de sanctions contre l'Iran. Il demande qu'on procède politiquement. Lula n'a rien d'un anti-occidental, mais il trouve qu'il faut calmer un peu les Occidentaux. Le Brésil va peut-être essayer de devenir un médiateur (comme la France gaullienne jadis). On est typiquement sur ce sujet dans un cas de *leadership* relatif des Occidentaux qui les oblige à discuter, à parlementer, à négocier sur des sujets où ils pensaient que leurs conceptions s'imposeraient.

Je mettrais l'Inde dans la même catégorie, avec quelques précautions. Petit à petit, elle est amenée à jouer ses différentes cartes dans le jeu global. Sa carte principale est l'inquiétude que la Chine suscite. Elle va développer l'alliance américaine, tout en cherchant à garder ses relations anciennes avec la Russie.

Après ? Je suis plus incertain. La catégorie des pays en voie d'émergence est large, comme je le disais tout à l'heure, entre trente et quarante. Il y a quinze entreprises globales en Malaisie, il y en a en Égypte, par exemple, mais cela n'en fait pas des pôles. L'Afrique du Sud, je ne crois pas vraiment, en dépit de ses ressources et même si l'effet Mandela a fasciné. Toutes ces données soulignent qu'il faut envisager le système multipolaire comme un système instable, ce sera un monde de surprises, de compétition et d'alliances changeantes.

Et l'Europe, au milieu de cette compétition ? Elle restera un acteur global ? Peut-on parler de l'Union européenne comme d'un acteur, pour commencer ?

Je tends à penser – et je le regrette – que les Européens ont collectivement renoncé à se penser comme des acteurs du jeu mondial après 1945. Ils ont abdiqué, en répudiant l'idée de puissance qui les avait conduits à deux suicides collectifs. Les Européens se sont reconstitués sous la houlette américaine. Les vrais pères fondateurs de la construction européenne, on l'oublie généralement, sont Staline et Truman. S'il n'y avait pas eu la menace stalinienne sur l'Europe de l'Ouest et la politique étrangère géniale de Truman et de Marshall, le destin de l'Europe n'aurait pas pris le cours que l'on sait.

Les Européens de l'Ouest, depuis lors, veulent croire qu'ils vivent dans un monde post-tragique. Comme ils ne veulent plus de la puissance, ils voudraient que la puissance n'existe plus. Ils voudraient vivre dans une « communauté internationale » régie par le droit international. Ils voudraient que la société civile supplante les méchants gouvernements, et ainsi de suite. Ils vivent sous le parapluie américain, mais ils font comme si cela ne comptait pas. Il y a eu quelques aventures en Europe qui ont fait oublier cet état de fait, comme l'épopée gaulliste en France, mais cela n'infirme pas ma remarque générale. Les Européens rêvent d'une grande Suisse, ce qui supposerait que le monde soit peuplé de six milliards et demi d'Européens pacifiques. Les opinions s'accrochent à cela. Tout ce que se racontent les Européens sur le fait qu'ils n'ont pas besoin de *hard power*, à la fois répugnant et dangereux, et que le *soft power* suffit va dans le même sens – comme s'il ne fallait pas un peu de l'un pour avoir l'autre ! Les Européens ne se résignent pas à ce que l'histoire du monde redevienne l'histoire d'une compétition de puissances. Ils n'ont plus les outils mentaux pour penser cette situation. C'est dans ce vide de la pensée stratégique que le moralisme, le droits-de-l'hommisme et l'européisme, tous trois partant de bonnes intentions, se sont engouffrés et ont montré leurs limites. Les traités récents ne changent rien à cela, car 0 + 0 = 0. On attend des miracles du traité de Lisbonne. C'est absurde. Un traité et même une Constitution n'ont jamais créé à eux seuls le contenu et l'élan d'une politique.

Les Européens tournent en rond. Il y avait un moteur, qui était la menace soviétique. Il a disparu. L'administration Bush a essayé d'imposer au monde entier le terrorisme comme menace numéro un, et problème exclusif. C'était un cadeau indu aux terroristes, et cela n'a convaincu personne – aucun peuple au monde ne place le terrorisme en tête de ses préoccupations, en dehors de courtes périodes à la suite d'un attentat. De toute façon, la prétendue « guerre contre le terrorisme » ne pouvait pas être fédératrice pour l'Europe, parce qu'elle ne répondait pas à une menace spécifiquement dirigée contre l'Europe. Du coup, il n'y a plus de ressort. C'est une situation qui remonte à l'après-guerre, à mon sens. Elle est dangereuse et démobilisante. Les Européens ne peuvent pas défendre leurs valeurs fondamentales de cette façon. C'est impossible. L'espérance chimérique des opinions se retourne contre elles. La fuite en avant des élites qui ont voulu imposer une Europe fédérale contre les nations a fait long feu – jamais les peuples n'ont été prêts à les suivre jusque-là. Cela s'est vérifié quand il a fallu affronter la vérité démocratique brutale des référendums. Les nations ne veulent pas que l'on fasse une Europe forte contre elles, ou à leur place. Elles restent disponibles pour une convergence puissante des nations européennes maintenues.

Je crois que nous sommes au bout de cette vision d'une Europe qui est non pas un acteur mondial, mais un prédicateur mondial. La superpuissance morale, ça ne marche pas. J'ai trouvé que Mme Ashton avait eu du courage en déclarant qu'elle n'était pas allée en Haïti parce qu'elle n'était ni pompier ni médecin ! En disant cela, elle prenait le contre-pied d'une évolution lamentable de trente ans, consistant à faire croire que l'humanitarisme médiatisé peut tenir lieu de politique étrangère. On aurait dû l'applaudir !

Je ne désespère pas que les Européens changent de pied à force de constater tous les jours qu'ils pèsent de moins en moins dans les négociations internationales. Une inquiétude se répand, elle pourrait finir par être salutaire. Les gens sortent petit à petit de l'idéalisation de la « communauté internationale » dont ils se rendent compte que c'est un bel objectif, mais pas une réalité. Ils commencent à être demandeurs d'autre chose. Je suis convaincu que les opinions publiques européennes d'aujourd'hui sont prêtes à entendre un langage politique plus réaliste que celui que leur tiennent depuis longtemps les élites et les médias. D'ailleurs les leaders ne parlent plus « européiste ». C'est évident depuis que Gerhard Schröder a déclaré devant le Bundestag en 1998 qu'il défendrait les intérêts nationaux allemands – alors que l'Allemagne disait depuis quarante ans qu'elle n'avait plus d'intérêt national. Dans la novlangue antérieure, il n'était plus question que d'« égoïsmes nationaux ». Alors qu'il est tout à fait normal qu'il y ait au départ des intérêts nationaux polonais, portugais, grecs, etc. Ce qui serait absurde et archaïque, ce serait de considérer qu'ils ne sont pas compatibles, alors que le système européen est une remarquable machine à compromis.

Face à tous les bouleversements du monde, je suis persuadé que les opinions européennes sont prêtes à entendre un langage de remobilisation qui se concentrerait sur de vraies questions de contenu, et non de contenant. Par exemple, la politique envers la Russie. Il y a en Europe des pays qui continuent d'être inquiets – Pologne, pays Baltes, etc. – et des pays qui voient plutôt dans la Russie un partenaire énergétique – Allemagne, France, Italie, Grande-Bretagne. On doit pouvoir faire la synthèse si les gouvernements le veulent. Les Polonais savent bien que les Européens ont besoin de l'énergie russe, et les autres savent bien que la Russie peut poser des problèmes quand même – voir la Géorgie et autres. Au lieu de se lamenter parce que l'Europe « se divise » – comme si elle était unifiée avant ! –, ne pourrait-on pas dire : les Européens ne sont pas encore d'accord, mais ils ont pour objectif prioritaire de le devenir en se dotant d'une politique russe, je suis sûr que les opinions entendraient. Et si l'on abandonnait en même temps le discours pseudo-fédéraliste consistant à ridiculiser l'attachement normal des peuples à leur identité et à leur façon d'être comme si cela était dépassé, ridicule et archaïque, pour se concentrer sur la réponse stratégique collective à donner aux grands défis du monde, les opinions suivraient. Les peuples réécouteraient ce que les dirigeants européens disent en leur nom – et peu importe, alors, qu'il y ait un président de l'Europe ou non, ou plusieurs ! Il faut alarmer les opinions européennes sans les paniquer. Il faut leur expliquer que, si l'on ne s'y prend pas autrement, ce sera Copenhague tous les matins. Mais il y a une solution, et un chemin.

Où voyez-vous les forces susceptibles de porter un pareil projet ?

En tout cas, je vois de moins en moins de forces qui s'y opposent. L'approche consistant à délégitimer les nations participantes, comme si l'Europe ne pouvait être forte que si ses nations sont affaiblies, a montré son inanité, et perdu sa force d'entraînement. L'autre approche consistant à vouloir des nations fortes dans et pour une Europe forte regagne du terrain. Ce n'est pas un mouvement organisé, mais ce sont des choses qu'on devine en filigrane dans le discours et dans l'attitude de plusieurs grands dirigeants européens et à travers les sondages. Qu'est-ce qui s'opposerait à ce que les Européens arrêtent une position commune sur les deux ou trois sujets clefs qui se poseront lors des prochains G20 ? Il ne faut pas une Europe protectionniste, mais protectrice.

Venons-en à ce qui constitue l'épine dans la chair du système international, à savoir le conflit israélo-palestinien, avec, derrière, la question de l'islam, concentrée aujourd'hui autour de l'Iran, mais aussi de l'Afghanistan et du Pakistan. Est-il possible d'imaginer que l'avènement d'un monde multipolaire aide à trouver une issue à ces problèmes emboîtés ?

Cette situation dans l'« arc de crise » est détestable, mais elle ne change pas le reste de l'histoire. Cela ne joue pas directement sur le fait que la Russie ne sait pas trop ce qu'elle va devenir, que la Chine va monter, etc. Cela n'a pas non plus de conséquences directes sur le fait que les Européens seront capables ou non d'un sursaut mental, comme on dit chez les sportifs. On ne peut pas dire que le sort du monde se joue là. Il se joue plutôt dans les questions dont nous avons parlé auparavant. Mais c'est une situation tragique.

Du point de vue des Arabes, c'est insupportable que leurs pays n'arrivent pas à trouver le chemin de la modernité. Il y avait chez eux plus de forces modernistes au XIXe siècle qu'aujourd'hui, même chose dans des pays musulmans non arabes comme l'Afghanistan ou l'Iran, sans même parler de la Turquie ! C'est un problème pour nous, mais d'abord pour eux. Il y a un énorme bras de fer au sein de l'islam entre les deux ailes, la plus moderniste et la plus fondamentaliste, pour le contrôle de la masse centrale. Nous avons un intérêt vital à ce que ce soit l'aile moderniste qui l'emporte, mais nous n'avons pas tellement de moyens d'intervenir directement. Nous sommes mal placés. Ce que l'on peut souhaiter, c'est que la tension islam/Occident et l'engrenage du *clash* soient désamorcés. Cela nous conduit à quelque chose comme l'ouverture d'Obama, mais, après, il faut que ce soit suivi par des actes et ne soit pas contredit. Il faut une politique intelligente sur chacun des sujets, habilement menée, dans la durée, en déjouant les provocations, par exemple du régime iranien, qui n'a pas du tout d'intérêt à cet apaisement. Les dirigeants iraniens étaient très à l'aise dans le monde binaire de Bush, qui leur permettait de présenter l'Occident à l'image de Bush. Il est en revanche très mal à l'aise avec la main tendue d'Obama. Il faudrait une politique très ferme, très habile, carotte et bâton, sur chaque sujet. Sur l'Irak, Obama fait ce qu'il avait dit, mais personne n'est sûr de comment les choses vont se passer après la fin du retrait américain. Sur le Proche-Orient, Obama a fait un faux départ malheureux. Il a eu totalement raison, sur le fond, de dénoncer l'engrenage de la colonisation israélienne. Mais quand on est président des États-Unis, on n'exige pas publiquement de l'arrêter si l'on n'est pas capable de l'imposer. Le risque qui existe, au moment où nous parlons, ce serait qu'Obama n'ait plus de politique vraie au Proche-Orient, juste des envoyés spéciaux, en tout cas jusqu'aux élections du *mid-term*. Ce serait grave.

Vis-à-vis de l'Iran, je trouve la politique d'Obama intelligente. Quelles sont les autres options ? La politique de sanctions, on la connaît : elle est menée depuis 1979. Je ne vois pas de raison d'attendre des miracles de nouvelles sanctions « ciblées », surtout si elles sont prises sans la Chine. Quant aux menaces militaires, j'admets qu'elles fassent partie d'une tactique de la carotte et du bâton, mais on sait très bien que si elles se concrétisent, elles auront pour effet de rassembler les Iraniens du monde entier autour du régime, d'autant que l'idée de frappes limitées n'a militairement pas de sens. Il faut contenir les Israéliens, déjouer les provocations. Il faudrait qu'Obama se montre plus rusé que le régime iranien, constant et patient. Cela suppose du temps. C'est là où il faudrait, en outre, une harmonisation complète de tous les Occidentaux. Ce n'est pas vraiment le cas aujourd'hui. La France a donné sur ce point l'impression d'être restée sur la ligne Bush (pourquoi ?). Y a-t-il ou non un rapprochement France/États-Unis ? Les Russes se font prier. Alors qu'il faudrait que tous tirent dans le même sens pour asphyxier progressivement le régime et aider les opposants, sans les exposer. Cela demande une politique subtile inscrite dans la durée. Ce n'est pas impossible. La politique américaine face à l'URSS – la politique d'« endiguement » définie par Kennan et poursuivie sur une quarantaine d'années – a été au total très intelligente. L'adversaire russe était moins retors, peut-être.

Le paquet Afghanistan-Pakistan (AFPAK, dans le jargon) est là aussi un héritage pourri de Bush dont le malheureux Obama est obligé de chercher à se dépêtrer. On pouvait le suivre quand il a dit crânement, pour montrer qu'il n'était pas un pacifiste bêlant : « Je me retire d'Irak, je ne suis pas contre les guerres, je suis contre les guerres idiotes, et je vais m'engager davantage en Afghanistan. » Le renforcement militaire est un élément de la solution, mais pas le seul. Il me semble que son équipe a sous-estimé l'imbroglio Afghanistan/Pakistan/Inde/Cachemire. Il faudrait à la fois une présence militaire en Afghanistan, maintenue longtemps, pour empêcher non pas les talibans, mais plus exactement la reconstitution de toute la base arrière d'al-Qaida ; obtenir du Pakistan qu'il coopère plus, donc qu'il soit moins obsédé par la menace indienne, ce qui suppose que l'Inde fasse des gestes. Sur ce point, on peut regretter que l'administration Bush, qui a passé un accord nucléaire intelligent avec l'Inde, ne lui ait rien demandé sur ce chapitre. L'Inde s'est livrée à des essais nucléaires, mais elle a été néanmoins récompensée, elle, par un accord stratégique avec les États-Unis, parce que, derrière, évidemment, il y a la Chine. Les Américains, avant de signer, auraient pu demander aux Indiens un geste pour apaiser la paranoïa de l'armée pakistanaise (même les paranoïaques ont des ennemis, comme chacun sait). Il manque un élément du puzzle. Finalement, je crois qu'il faudrait nous concentrer sur la sécurité en Afghanistan, renoncer à l'objectif mobilisateur, mais malheureusement inatteignable, de moderniser et de démocratiser l'Afghanistan, apaiser les rapports Inde/Pakistan, et impliquer les autres pays, parce que la reconstitution d'al-Qaida, c'est une menace pour les Arabes encore plus que pour nous – ils sont la première cible. C'est aussi une menace pour les Russes et pour les Chinois. Donc il n'y a pas de raison que les Occidentaux se retrouvent, seuls, bêtement, à gérer le problème ; c'est cela qui donne l'impression d'une expédition coloniale vouée à l'échec. Et, sur le terrain, il faudrait un grand quartier général allié pour coordonner l'ensemble, ce qui n'existe pas, et laisser un peu de marge à Hamid Karzaï et d'autres pour voir qui peut être récupéré parmi les talibans, ne serait-ce que pour les diviser. Ce n'est pas nous qui sommes capables d'opérer ce tri. Cette approche ne réglerait pas tout le problème, mais rendrait cette politique moins lourde à porter. Je ne crois pas, en revanche, qu'il faille dire : à telle date, on s'en ira. Il se peut que nous soyons obligés de maintenir une présence militaire de surveillance pendant longtemps comme pour des feux de forêt – et il serait prudent d'ajouter : aussi longtemps qu'il le faudra.

Je reviens au Proche-Orient. Ce qui est désolant dans cette impasse, c'est la « perte de chance » stratégique : l'atout extraordinaire qu'une paix à peu près acceptable représenterait pour l'Occident. Mettons à part les facteurs humains, sans les ignorer – il est insupportable pour les Israéliens de vivre dans l'insécurité, et les conditions de vie des Palestiniens sont abjectes –, si les Occidentaux parvenaient à parrainer un accord sérieux, ce serait pour eux un avantage stratégique formidable. Ce serait un coup terrible porté à la nébuleuse terroriste mondiale. Bien sûr, il y aurait encore des conflits entre Palestiniens pendant un certain temps, mais cela pourrait être contrebalancé par un plan Marshall qui prendrait alors tout son sens dans un contexte de paix. Sur cette base, les Occidentaux pourraient reprendre l'initiative. Fondamentalement, il n'y a aucune raison pour que le monde arabo-musulman soit anti-occidental. Les populations sont fascinées par le mode de vie américano-occidental et tournées vers l'Europe. Ce serait un véritable retournement stratégique. Pour un président américain, ce serait une opération magistrale.

Croyez-vous vraiment qu'Obama soit l'homme de cette situation ? Vous avez souligné vous-même sa bévue sur le terrain proche-oriental. Ailleurs, c'est le flou ou le non-engagement. L'ensemble fait naître une incertitude inquiétante. D'autant qu'il a donné une telle priorité aux problèmes intérieurs sur la politique étrangère que l'on peut se demander si elle représente un enjeu majeur à ses yeux.

Il est légitime de se poser la question, cependant je vous trouve trop sévère. Obama n'a pas été élu pour faire la paix au

Proche-Orient, mais pour sortir l'Amérique de la crise. Donc, il s'occupe de la Chine en priorité, parce que les économies sont interdépendantes. Il ne s'occupe pas de l'Europe, parce que l'Europe ne pose pas de problème particulier. Il est dans la position du pompier. Sa conduite est logique. Ce qui était étonnant, et qui allait dans le sens d'une attente peut-être excessive, c'est qu'il prenne le dossier du Proche-Orient à bras-le-corps, qu'il fasse le discours du Caire, alors que personne, encore une fois, ne le lui demandait. C'est la preuve qu'il a une conviction. Se saisir du problème de la colonisation au début de son premier mandat, au lieu d'attendre la fin du second, pour faire semblant de s'en occuper, montre qu'il a compris qu'il y avait là un enjeu stratégique. Et puis, il s'arrête en route. D'où votre question. Mais la partie n'est pas jouée. Il va certainement reprendre l'initiative.

Vous avez souligné le caractère compétitif du monde multipolaire en train de se mettre en place. En même temps, la globalisation fait émerger des problèmes globaux, qui demandent une action concertée. Il y en a au moins deux : le premier est d'une actualité immédiate, c'est celui de la régulation qui permettrait de sortir de la crise économique ; le second est moins pressant, mais il est encore plus crucial, c'est celui de la menace écologique. Qu'est-ce qui peut l'emporter, de la compétition qui pousse au conflit, ou de la coopération ?

Les deux problèmes sont liés, à mon sens. La bataille de la régulation, vous l'observerez, se déroule entre Occidentaux. Les pays émergents n'ont pas encore assez émergé pour être tout à fait partie prenante dans l'affaire. Cette bataille se joue entre la City et Wall Street, les opinions écœurées par ce qu'est devenue l'activité financière, les gouvernements étant entre les deux, la bataille est rude ! Si les Occidentaux, dont c'est la responsabilité historique, arrivent à accoucher d'une économie intelligemment re-régulée, ils retrouveront une autorité, une forme de *leadership*, qui correspondra mieux, en outre, à l'état de leurs sociétés mûres, disons, alors que les Chinois, au stade où ils en sont de leur équipement, peuvent être tout à fait à l'aise dans une économie de Far West.

Mais il ne faudrait pas que cette re-régulation comme la reprise de la croissance se fassent sans prendre en compte aussi la question écologique, qui ne se réduit pas à la question climatique. Ce serait une terrible occasion perdue et un danger. Il y a eu une focalisation abusive, presque hystérique, sur cette dernière, même si elle est importante, alors que la question est aussi celle des pénuries probables, des effets des produits chimiques sur la santé publique, des conditions de vie effarantes des trois quarts de l'humanité qui vont vivre dans des agglomérations que l'on ne peut même pas appeler des villes, de l'effondrement de la biodiversité. Il faut gérer ces crises et ces mutations simultanément. Si nous donnons une priorité absolue au redémarrage à l'identique de l'économie sans nous préoccuper du reste, c'est fichu. L'écologisation de nos économies et de nos sociétés qui allait se faire sur trente ans doit être faite sur quinze ans, sinon la fameuse croissance verte chère à Obama et vitale pour nous tous arrivera trop tard. Il faut associer les trois : sortir de la crise avec des règles « postbulles » et accélérer la mutation écologique. Si les Occidentaux réussissent cette opération, ils ont toutes les armes pour retrouver de la compétitivité, au meilleur sens du mot, et le *leadership* dans un monde multipolaire instable aux alliances changeantes. Mais il y a aussi la pénurie croissante d'énergies non renouvelables. C'est par là que peuvent se réintroduire des tensions dangereuses. Raison de plus pour rendre nos économies et nos modes de vie moins énergétivores, moins polluants, moins prédateurs. Un monde multipolaire, donc compétitif, ne signifie pas nécessairement un monde conflictuel. Tout dépend de la manière dont ses tensions sont gérées.

Il faut que les Occidentaux réalisent que ce qu'ils croyaient réglé une fois pour toutes par les grandes conférences de la fin de la Seconde Guerre mondiale – San Francisco, Bretton Woods, La Havane –, puis par la croissance sans fin va devoir être renégocié et repensé. Ce rendez-vous n'est pas derrière nous, il est devant nous.

VINGT ANS APRÈS LA CHUTE DU MUR[1]

Pour le vingtième anniversaire, en 2009, de la chute du mur de Berlin, Hubert Védrine et Zbigniew Brzezinski analysent la portée de l'événement et les conséquences géopolitiques mondiales de la fin de l'URSS, survenue deux ans après.

Pourquoi Obama ne vient-il pas (ou a-t-il tant hésité à venir) à Berlin pour les cérémonies du vingtième anniversaire de la chute du Mur ?

ZBIGNIEW BRZEZINSKI : C'est sa décision. Il aurait été bien qu'il y aille, évidemment. La chute du Mur fut un grand moment de joie et de libertés, le plus grand depuis le printemps des peuples, en 1848. Et ce fut aussi, bien sûr, un succès commun de l'Amérique et de l'Europe. Que croyez-vous donc que l'Amérique a fait en Europe pendant quarante ans ? Mais je ne veux pas en faire une « cause célèbre », je ne veux ni défendre, ni critiquer la décision d'Obama. Je ne sais pas quelles sont les raisons, peut-être en a-t-il de bonnes.

HUBERT VÉDRINE : La réunion qui aurait eu le plus de sens aurait été celle de Mikhaïl Gorbatchev, George Bush père, Helmut Kohl, Margaret Thatcher et… François Mitterrand. Pour d'évidentes raisons, elle ne peut se tenir. Qu'est-ce que les dirigeants actuels veulent célébrer avec ce sommet ? Le triomphe romain de l'Occident ? Mais Vladimir Poutine affirme que la fin de l'URSS a été la pire tragédie du XXe siècle ! Or, la chute du Mur en a été

1. Entretien avec Véronique Soulé et Marc Semo, paru dans *Libération* du 2 décembre 2009.

un des signes annonciateurs. Quant à Obama, voyez les urgences qu'il a à traiter, cela passe avant des commémorations ! Pour lui, en 2009, l'Europe n'est ni un problème, ni une solution, sauf pour l'Afghanistan où il demande à ses alliés de l'Otan des renforts, sans concertation préalable avec eux pour redéfinir la stratégie. Il a été élu pour sortir les États-Unis de la crise. Il est confronté à des casse-tête gigantesques hérités de l'administration Bush – la dérégulation financière, les blocages au Moyen-Orient, l'impuissance occidentale face à l'Iran, le bourbier afghan. Se dire déçu de lui, après neuf mois, serait pour le moins prématuré.

La chute du Mur marque-t-elle la fin du communisme ?

HUBERT VÉDRINE : En 1989, la RDA était exsangue, à bout de souffle, déstabilisée, comme les autres démocraties « populaires », par la décision historique de Gorbatchev de ne pas recourir à la force dans les pays satellites qui s'écarteraient du socialisme. Son incapacité à maintenir ses frontières fermées a été un temps fort dans un processus entamé bien avant, en Pologne ou en Afghanistan, et conclu en décembre 1991. Dès 1985-1986, Gorbatchev avait passé par pertes et profits le contrôle soviétique sur l'Europe de l'Est. En 1989, Erich Honecker (le dirigeant de la RDA jusqu'en octobre) n'était même plus capable d'empêcher ses ressortissants de fuir par milliers vers la Hongrie, laquelle les laissait ensuite passer à l'ouest. Le Mur était déjà lézardé ! On aurait pu s'attendre à ce que son ouverture soit postérieure à la désagrégation de la RDA. *In fine*, le peuple de RDA, redevenu sujet de sa propre histoire, a précipité les événements !

Il y avait en 1989 un décalage entre la majorité des dirigeants occidentaux qui mesuraient à quel point l'URSS et les régimes d'Europe de l'Est étaient minés, et les opinions publiques, qui croyaient encore à une terrible menace communiste. Pour ces dernières, la chute du Mur a été un événement géant et inattendu, vécu comme un triomphe, une « chute » du genre de celle des murailles de Jéricho. Ce fut le début de cette *ubris* – l'ivresse – des Occidentaux qui les a longtemps empêchés d'anticiper sur le monde multipolaire. En outre, il faut distinguer la chute du Mur de celle de l'URSS. La première aurait pu ne pas entraîner l'autre. Ce qui intéressait Gorbatchev, c'était de moderniser l'URSS. Il n'a pas pu concrétiser cette utopie par manque de soutien des Occidentaux, mais surtout parce que le régime communiste n'était pas réformable.

Zbigniew Brzezinski : Je ne crois pas qu'on puisse séparer la chute du Mur de la fin de la division du monde en deux blocs. L'histoire est un processus complexe, fait d'interdépendances. Ce qui s'est passé à Berlin en novembre 1989 avait commencé à Gdansk, en Pologne, plus d'un an plus tôt. Ensuite, la fin du régime est-allemand a signifié la fin du contrôle soviétique en Europe de l'Est. Cela a stimulé à son tour les troubles massifs en URSS, dans les pays Baltes, en Ukraine, en Azerbaïdjan… Lesquels ont précipité la désintégration de l'URSS. Mais les deux blocs, est-ce vraiment fini ? Ou bien cela recommence-t-il aujourd'hui avec la Russie de Poutine et Medvedev ? La Russie reste une puissance eurasienne. Quand on parle de la fin du contrôle soviétique en Europe, il reste bien sûr des questions géopolitiques qui ne sont pas complètement résolues. On voit beaucoup de pressions russes en Géorgie ou en Ukraine. Mais l'Histoire n'oscille pas entre paradis et apocalypse, c'est toujours un mélange des deux. La Russie d'aujourd'hui n'est certainement pas la puissance idéologique, politique et militaire qu'était l'URSS. La Russie défend un système autocratique, oligarchique et corrompu. Ce n'est pas un modèle idéologique qui peut s'exporter. Quant à son potentiel militaire, il menace surtout des petits pays comme la Géorgie, maintenant.

La chute du Mur, avec la réunification de l'Europe, a-t-elle été une chance pour la construction européenne ?

Hubert Védrine : L'élargissement n'a pas mis fin à une vraie avance de l'intégration qui aurait été sur le point d'être réalisée par les Quinze. C'est une légende. Et il n'y a pas eu de « réunification », sauf si on considère que l'Europe avait été « unifiée » sous Charlemagne, Napoléon, Hitler ou alors par la chrétienté. Mais on ne parle pas de la même chose, même s'il y a unité de culture et de civilisation. De toute façon, le processus d'adhésion était ouvert par le traité de Rome aux démocraties d'Europe. En 1989, François Mitterrand avait proposé de créer tout de suite une confédération pour les pays de l'Est en attente d'intégration, soulignant que leur adhésion prendrait quinze ans. Il fut très critiqué, alors qu'il a fallu attendre… quinze ans pour que ces pays entrent dans l'Union ! Il n'y avait aucune raison pour que l'Europe s'arrête à dix, ou à quinze… Maintenant, avec le traité de Lisbonne, la question institutionnelle est stabilisée. Mais la question géographique ne l'est pas encore, les États n'ont toujours pas une idée claire de ce que l'Europe doit être dans le monde : une entité molle et bien intentionnée ou un des pôles du monde multipolaire ?

ZBIGNIEW BRZEZINSKI : Il suffit de comparer les cartes aujourd'hui et il y a un quart de siècle pour voir des différences essentielles et positives. L'Europe n'est plus artificiellement divisée. Elle est intégrée dans l'Union européenne et dans L'OTAN. Elle est donc devenue plus sûre. Le droit à l'autodétermination et la démocratie l'ont emporté. Ne pas y voir une chance, c'est oublier que, du temps du Mur, une partie de l'Europe vivait sous la protection militaire et économique des États-Unis. Tandis que l'autre partie vivait sous des régimes répressifs, imposés de l'extérieur. L'Europe joue aussi un rôle plus important aujourd'hui dans le monde qu'il y a vingt ans. Une large partie du continent était alors, *de facto*, sous protectorat américain. L'Europe est aujourd'hui une superpuissance économique, pratiquement égale aux États-Unis. En revanche, il est vrai que sa puissance militaire est quasi inexistante. En tant qu'entité politique, l'Europe en est toujours au stade infantile. Il n'y a toujours pas une voix unique européenne et je doute que le nouveau président de l'UE (créé par le traité de Lisbonne) y change quelque chose. Mais ce n'est certainement pas à cause de l'élargissement que l'Europe manque de dimension politique : avant l'élargissement, cela n'avançait pas beaucoup non plus.

Les États-Unis ont-ils su profiter de leur victoire ?

HUBERT VÉDRINE : Saisis par l'*ubris*, ils ont cru être les maîtres du monde. Or, c'est dès le début des années 1990 qu'il aurait fallu repenser l'organisation des Nations unies, du Conseil de sécurité, du G8, etc. Au lieu de cela, les États-Unis et les Occidentaux ont plastronné, répandu partout l'économie de marché financiarisée, cru pouvoir imposer la démocratie et les droits de l'homme de l'extérieur. Nicolas Sarkozy a été l'accoucheur du G20, ce qui a été une bonne initiative. Nous aurions dû le faire dès les années 1990. Ces deux décennies furent un moment chimérique, et du temps perdu. Le monde actuel est le contraire de ce que les Occidentaux avaient rêvé : ils ont perdu le monopole de la direction des affaires du monde ! Pour la première fois, tous les peuples sont devenus actifs sur la scène mondiale et pas seulement quatre ou cinq grands pôles. L'Occident restera encore longtemps l'ensemble le plus puissant, le plus riche et le plus rayonnant, mais uniquement s'il mène une politique intelligente qui désamorce les risques d'affrontements entre les civilisations, et change son mode de croissance. Obama a conscience de ces enjeux et il tente de nous dégager de cette impasse. Mais la plupart des dirigeants européens tournent en rond. Ils devraient aider Obama à réussir, même s'il ne le leur a pas demandé et s'il les traite avec désinvolture, au lieu de déplorer sa « naïveté ».

ZBIGNIEW BRZEZINSKI : En un sens oui, ce fut une victoire pour l'Amérique, puisque la guerre froide opposait l'Union soviétique et les États-Unis. Les États-Unis en ont-ils suffisamment tiré parti ? C'est très difficile à dire. Je ne crois pas que le rôle de l'Amérique dans le monde a fondamentalement changé. Même au temps de la guerre froide, l'Amérique était la puissance démocratique prédominante. Après l'effondrement de l'URSS, cette prédominance est devenue plus évidente. Mais elle a été ensuite diminuée par la déplorable décision d'entamer une guerre unilatérale en Irak, qui a suscité beaucoup de ressentiments. Malgré cela, c'est un fait qu'il y a une disproportion énorme entre les pouvoirs économiques, financiers, militaires ou technologiques des États-Unis et ceux des autres grandes puissances mondiales. Disproportion qui va probablement perdurer pendant au moins deux décennies. L'Amérique profite de ce statut particulier. Mais c'est aussi une responsabilité : sa politique étrangère ne doit pas être définie en fonction des seuls intérêts nationaux américains mais aussi, dans la mesure du possible, en gardant en vue les intérêts globaux de la planète.

Le monde est-il devenu plus imprévisible, plus dangereux, sans le mur de Berlin ?

ZBIGNIEW BRZEZINSKI : Voilà une question qui reflète un manque de perspective historique. Ce qui semble imprévisible en 2009 ne le sera plus dans trois ou quatre ans. Chaque génération de dirigeants est convaincue d'affronter des problèmes sans précédent et, dans un sens, ils ont raison, on ne peut jamais être sûr de l'avenir, ni des facteurs accidentels. Mais de façon générale, l'état actuel du monde ne pose certainement pas de menace aussi grave que celle d'un holocauste nucléaire à laquelle nous étions confrontés pendant des décennies. Nous n'avons plus le défi d'une idéologie totalitaire qui séduisait jusqu'au sein de l'*intelligentsia* occidentale. Lorsque j'étais à la Maison Blanche (comme conseiller à la sécurité nationale de Jimmy Carter, de 1977 à 1981), l'une de mes responsabilités était de coordonner la réponse nucléaire. Nous savions que nous pourrions n'avoir que quelques minutes pour prendre des décisions impliquant la mort ou la survie de plusieurs millions de personnes. Aujourd'hui, nous sommes davantage conscients, peut-être, d'autres menaces globales, le climat, l'environnement, l'injustice sociale, le terrorisme… Ce sont des problèmes sérieux, mais qui ne sont pas de nature aussi apocalyptique que ceux qui étaient les nôtres il y a vingt ans encore.

HUBERT VÉDRINE : Il est surtout plus incertain que le monde stable et cruel de la guerre froide. Il est aussi beaucoup moins réjouissant que celui imaginé dans l'ivresse de la victoire de 1989. Est-il plus dangereux ? Oui, pour des raisons démographiques, écologiques, économiques. Non, stratégiquement, car je ne crois pas que l'ensemble des conflits non réglés débouche sur un scénario d'affrontement à grande échelle. La dissuasion nucléaire demeure. Le budget militaire américain représente toujours, à lui seul, 50 % des dépenses militaires mondiales. Ce monde rappelle à certains égards celui de l'Europe au XIXe siècle. Il y avait alors un système, imparfait, de « concert des puissances » avec des concertations régulières, qui a maintenu peu ou prou la stabilité. Nous avons aujourd'hui dans l'UE des pratiques bien plus avancées. À l'échelle mondiale, où tout reste à faire, un tel système de concertations permettrait de dépasser la bagarre multipolaire. Le G20 n'est pas et ne peut être un gouvernement mondial, mais il pourrait devenir l'enceinte où la compétition s'organise, où les Occidentaux s'habitueraient à ce que leur *leadership* ne soit plus que relatif, et où les émergents prennent leurs responsabilités.

Je suis davantage préoccupé par la difficulté à enrayer le compte à rebours écologique. Il y a une crise globale. La réponse ne peut être que collective et non pas globale, ce qui ne veut rien dire. Cela signifie que chacun d'entre nous est responsable à son niveau, depuis le citoyen qui éteint la lumière en sortant de la pièce, jusqu'à n'importe quel gouvernement, petit ou grand. *Yes we should…*

LA COMMUNAUTÉ INTERNATIONALE PEUT-ELLE NAÎTRE D'UNE GRANDE RUPTURE[1] ?

Malgré ces innombrables différences, éclatantes et tenaces, ne pourrait-on pas imaginer, dans les années à venir, de franches ruptures dans la marche du monde, une redistribution des cartes, le surgissement de chocs créateurs qui rapprocheraient les mentalités opposées et favoriseraient la naissance d'une vraie « communauté internationale », pas uniquement économique, mais vivante dans les esprits ?

Examinons cette hypothèse.

En premier lieu, celle d'un vrai « gouvernement mondial » qu'évoquent quelques utopistes. C'est confondre l'œuf et la poule : qui créerait ce gouvernement mondial ? Pour avoir un gouvernement mondial, il faudrait un accord mondial ! Et le « monde », c'est qui ?

Il y a quelques années, je m'étais amusé à calculer qu'en cas d'élections mondiales, compte tenu de la loi des grands nombres, ce serait sans doute une Chinoise de Californie qui arriverait en tête. Ou alors un musulman sunnite. Ou encore, aujourd'hui, le pape François ! Plus sérieusement, peut-on imaginer un accord entre les États-Unis, l'Europe, la Russie, la Chine et les autres pays émergents pour former un « gouvernement mondial » ? C'est déjà ce que l'on attendait du G20, en 2008, quand, de simple réunion ministérielle, il fut transformé en « sommet ». Ce gouvernement mondial serait alors une sorte de G20 renforcé dont les membres auraient à se mettre d'accord sur plusieurs questions essentielles,

1. Dans Hubert Védrine, *Le Monde au défi*, © Librairie Arthème Fayard, 2016, chap. 3.

et qui prendrait les décisions nécessaires. Par exemple, élargir le Conseil de sécurité pour lui conférer une nouvelle légitimité. Le droit de veto y serait maintenu pour les membres permanents, car personne ne pourrait l'abolir, et aucun ne l'abandonnerait, mais il serait encadré par une stricte autodiscipline. Ce G20 renforcé pourrait suivre aussi la mise en œuvre des engagements pris à la COP21, en décembre 2015, à Paris, inciterait à la réduction drastique de la consommation d'énergie fossile, à l'efficacité d'une sobriété énergétique, à la rentabilisation des énergies renouvelables, etc. On peut aussi penser au contrôle de la sécurité nucléaire, tant qu'il sera nécessaire de maintenir cette énergie et cette stratégie ; à un coup d'arrêt à l'effondrement de la biodiversité par des politiques beaucoup plus énergiques ; à des politiques sectorielles d'écologisation. On peut imaginer également un encadrement mondial des mouvements migratoires, canalisés et organisés sur la base de principes universels, négociés au sein de vastes ensembles démographiquement interdépendants. Mais aussi la mise en place d'un droit d'asile mondial, et par région, dans l'urgence ou la durée. Etc.

Mais n'est-ce pas déjà ce qu'on avait, en 1945, attendu des Nations unies, de toutes leurs institutions spécialisées, et donc du « système multilatéral » qui a beaucoup déçu, car chargé de trop d'espérances ? Depuis 2008, on a vu également que le G20 n'avait pas évolué dans ce sens, au contraire. Il s'est étiolé. Qui trop embrasse mal étreint ! Donc retour au point de départ : pas de gouvernement mondial sans communauté internationale.

*

De toute façon, revenons-en à la réalité : sans même parler de la Chine, de l'Inde, de la Russie ou d'autres, les Américains n'accepteraient jamais un gouvernement mondial qui ne serait pas américain ou contrôlé par eux ; ils ne peuvent imaginer que ce ne soient pas les États-Unis qui redessinent et conduisent le monde, comme c'est le cas depuis soixante-dix ans, grâce aujourd'hui à la prodigieuse créativité des industries numériques (GAFA), au dynamisme économique américain, à leur confiance en eux, à leur défense, à leur (scandaleux) unilatéralisme judiciaire et pénal mondial, instrument de chantage légal et, conjoncturellement, en profitant du tassement des émergents. Quelques Américains plus inventifs imaginent que les États-Unis pourraient bâtir une coalition avec certains émergents, qui permettrait de contenir les ambitions de la Chine. C'est une partie de l'intelligente stratégie asiatique de Barack Obama, qui vient d'obtenir un remarquable résultat avec la signature, le 4 février 2016, de l'accord TPP entre douze pays du Pacifique et que Donald Trump rejette de façon absurde. Mais cela n'a rien à voir avec une « communauté internationale » à l'européenne ! Les États-Unis continuent à se penser exceptionnels. Obama lui-même fut sans nuances devant le Congrès, le 12 janvier 2016, lors de son dernier message sur l'état de l'Union : « Les États-Unis sont la nation la plus puissante du monde. Point final. »

*

Certains Européens, en général des Français, ont aussi rêvé, dès l'après-guerre ou dans la foulée de la relance des années 1980-1990, que l'« Europe », enfin sortie de la léthargie stratégique qui lui sert de cocon depuis 1945, se métamorphose en une vraie puissance, devienne le pôle le plus influent et le plus efficacement régulateur du monde multipolaire pour le social, l'écologie et les libertés, voire construise une « Europe de la Défense », inversant ainsi une tendance vieille de soixante-dix ans. Sans même évoquer l'explosion des divergences entre Européens sous l'effet des chocs de 2015 et 2016, cela supposerait que ceux-ci prennent de nouveau en charge au sein de l'Alliance atlantique une part importante de la défense de leur continent et augmentent en conséquence les budgets militaires, ce à quoi aucun d'entre eux n'est disposé.

Il faudrait également qu'un partage efficace, stable et démocratiquement acceptable entre les souverainetés nationales et l'exécutif européen soit trouvé, dans l'esprit de la politique de subsidiarité de Jean-Claude Juncker, au sein de la confédération à vingt-huit et de la fédération d'États nations à dix-neuf (zone euro), pour y exercer en commun la « souveraineté ». Effectuée plus tôt, cette clarification aurait peut-être rendu superflu le référendum britannique. Ce scénario supposerait une pause dans l'intégration, sauf exception justifiée (exemple : refaire un Schengen crédible). Une fois l'élargissement à quelques pays des Balkans occidentaux réalisé, le poste de « commissaire à l'élargissement » serait supprimé.

Les europhobes demeureraient hostiles, mais deviendraient minoritaires et seraient affaiblis, car les eurosceptiques et euro-allergiques pourraient eux-mêmes accepter ce compromis et redevenir disponibles. Jean-Claude Juncker l'a compris, qui, passant outre les critiques de certains européistes dogmatiques qui lui reprochent ce « manque d'ambition », a abandonné quelques directives inutiles outrancières ou exaspérantes. Il a, ce faisant, démontré qu'il avait saisi l'origine de la désaffection des Européens pour une construction européenne inutilement intrusive, et mesuré le risque mortel du fossé élites/populations.

Ce scénario (pause, mise à plat, renforcement limité) permettrait à l'Europe, à Schengen et à la zone euro de sortir de la nasse où ils se débattent, mais ne créerait pas pour autant un sentiment d'appartenance mondiale, ni de communauté. De surcroît, ces clarifications européennes drastiques restent malheureusement improbables, car on ne voit pas qui en prendrait l'initiative.

*

Venons-en à la Russie et à un scénario qui la conduirait à être partie prenante d'un consensus mondial. Soyons conscient que, d'ici là, en fait, elle peut encore s'en éloigner. La stagnation économique, l'incapacité persistante à créer une économie moderne à partir des seuls hydrocarbures, dont le prix s'est effondré, la baisse du rouble, les sanctions occidentales (du fait de la Crimée et de l'Ukraine), si elles étaient durablement reconduites, pourraient entraîner une crise que ni le nationalisme slave, ni l'Église orthodoxe, ni Vladimir Poutine ne pourraient plus escamoter ou contenir. La Russie entrerait dans une longue période de troubles. Ses partenaires finiraient d'abandonner une Union eurasiatique moribonde. Les minorités russes ou russophones des pays limitrophes perdraient l'appui de Moscou et donc leur pouvoir de gel des conflits locaux. L'OTAN en profiterait peut-être (à tort !) pour s'étendre de nouveau, mais les Occidentaux se diviseraient sans doute sur la marche à suivre entre Américains et Européens, puis entre Européens. La Chine consoliderait ses positions en Sibérie. Les vingt millions de musulmans russes sunnites risqueraient de s'autonomiser. La Russie s'enfermerait dans un nationalisme slave, écorché vif et sans issue. Un ultranationaliste finirait par écarter Poutine et menacer les voisins, contribuant à l'isoler plus encore.

Cette spirale catastrophique – qu'on appelle aujourd'hui en économie un « cygne noir » – et qui nous éloignerait encore plus d'une

« communauté internationale » incluant la Russie est néanmoins improbable dans cette forme extrême.

La Russie peut en effet, à l'inverse, se redresser petit à petit. Fort de son large soutien populaire, nationaliste slave et orthodoxe, de son alliance avec les BRICS, après avoir jugulé les extrémistes en Ukraine et en Russie, entamé la remise à niveau de l'armée russe et ramené son pays dans le jeu international, en Europe et au Moyen-Orient, *via* son réengagement en Syrie, Vladimir Poutine pourrait vouloir être un élément constructif des équilibres mondiaux de demain. D'ailleurs, après avoir crié au loup, les Occidentaux ont dû s'y faire et négocier avec lui, habitude quasi abandonnée depuis la fin de la guerre froide. Cependant, ce retour obligé au réalisme est loin de suffire à créer une communauté de vision, car le passé reste obsédant, les objectifs discordants et le chemin très long…

*

Envisageons maintenant le cas de la Chine. Il est bien sûr possible, comme certains en sont persuadés depuis vingt ans, qu'elle s'impose inexorablement comme une nouvelle puissance hégémonique en Asie et dans le monde, sans avoir à combattre, car trop de pays dépendent de son marché, de ses investissements, de sa bienveillance. Ses nouvelles routes de la soie, terrestres, ferroviaires et maritimes, vont structurer l'Eurasie. Sa force croissante intimide et elle pousse ses pions, comme au jeu de go. Dans cette hypothèse, la maîtrise mondiale de la haute mer par la puissance maritime américaine, établie après la victoire de 1945, garante de la liberté des mers, se heurtera progressivement au contrôle dissuasif, par la marine et l'aviation chinoises, des mers de Chine, puis d'Asie. Hormis les États-Unis, pour lesquels ce serait intolérable, les autres puissances, Japon, Inde et Russie en tête, pourraient se résigner à ce nouvel état de fait. La Chine s'affirmerait de plus en plus comme le leader des BRICS élargis à l'Indonésie, à l'Iran, à d'autres encore. La Chine, qui impressionnait, faisait peur, finirait par séduire. La relation entre la Chine et les États-Unis, mélange de partenariat, de rivalités stratégiques (océans, accords commerciaux), resterait essentielle, sans contrecarrer cette progressive ascension chinoise, sauf affrontement direct qu'on ne peut jamais exclure, malgré un dialogue stratégique bilatéral croissant. Le pouvoir chinois lâcherait un peu de lest sur les droits des individus et les élections locales, tout en maintenant un strict contrôle politique sur la société. La contestation croissante du pouvoir sur Internet, judiciairement ou par des manifestations, et le mécontentement seraient étroitement contenus… pour un certain temps. C'est un scénario possible. Les Européens, engagés depuis longtemps dans une course à l'échalote pour le marché chinois, ne pourraient bien sûr que s'adapter à cette nouvelle donne. Cette évolution ne nous rapprocherait évidemment pas d'une « communauté internationale » telle que nous l'entendons…

Il se peut aussi que la Chine, dans l'obligation d'assurer l'atterrissage de son économie, le passage de l'émergence à la maturité, tout en se dotant d'une force armée moderne, elle qui a été dirigée de façon exceptionnellement rationnelle depuis Deng, devienne plus coopérative, accepte une sorte de système de sécurité collective en Asie (Chine, États-Unis, Japon, Russie) tout en s'engageant, à la suite de la COP21, pour des raisons plus internes que multilatérales, dans une vraie révolution écologique. Plus proche d'un réalisme diplomatique rationnel et classique, cette évolution ne conduirait pas encore la Chine vers une « communauté de valeurs » avec le reste du monde.

*

Mais venons-en au principal défi actuel en Eurasie et en Afrique : l'affrontement mondial au sein de l'islam entre le 1 % terroriste, au maximum (impossible à calculer, mais c'est pour souligner que c'est un pourcentage infime), et les autres. Plusieurs scénarios sont possibles. À cheval sur la Syrie et l'Irak, l'État islamique peut s'enkyster, malgré la coalition occidentalo-sunnite et la coalition russo-iranienne, toutes deux plus ou moins convergentes et qui lui ont fait perdre du terrain depuis 2015. L'organisation terroriste peut toujours essayer de déstabiliser une partie du Liban, de la Jordanie, et le nord-ouest de la péninsule Arabique. Des entités associées se sont implantées et tentent de s'enraciner au Yémen – d'où la guerre qui fait rage –, au Sinaï, en Libye, au Sahel, autour du lac Tchad. Comme elles l'auraient fait au Mali, jusqu'à Bamako, si la France ne s'était pas mise en travers, à la demande et au soulagement des Africains et avec l'accord du Conseil de sécurité. Dans l'hypothèse, la pire, celle où Daesh durerait et s'enracinerait, on ne peut exclure que des États sunnites, faibles ou inquiets, voire d'autres États, finissent par se résigner à traiter avec lui, d'autant que la Turquie restera toujours moins mobilisée contre lui que contre les Kurdes, à l'instar de l'Arabie contre l'Iran, etc. Même renforcé internationalement par l'accord de juillet 2015, l'Iran ne peut empêcher à lui seul cet enracinement de Daesh en Irak (sauf à Bagdad et dans le Sud irakien chiite qu'il protège). Il continue probablement à défendre et à utiliser à ses propres fins les chiites (Alaouites) de Syrie, du Liban (Hezbollah), du Yémen (houthistes) et de Bahreïn. L'influence du « califat », s'il dure, se fait sentir aussi en Turquie et chez les vingt millions de musulmans d'Europe. Le *statu quo* qui s'enkyste pose alors aux voisins de Daesh, mais aussi à l'Occident, à la Russie, à la Chine, etc., un épouvantable dilemme, comparable à ceux qui le paralysèrent durant les premières années du régime bolchevique et du communisme chinois : que faire avec cette entité, si elle n'a pas été éradiquée ? Faut-il traiter avec elle ?

Ce cauchemar est très peu probable, mais il n'est pas totalement impensable.

À l'inverse, il est possible que Daesh soit non seulement stoppé et affaibli, mais éradiqué, région après région – Syrie, Irak, nord-est du Nigeria, Sinaï, Libye, etc. –, et définitivement vaincu. Cela supposerait que les djihadistes aient été contenus, assiégés, neutralisés, asphyxiés, puis détruits par des coalitions arabo-occidentalo-irano-russo-africaines à géométrie variable, mais déterminées et coordonnées, avec des objectifs politiques clairs et conçus au cas par cas (Syrie, Irak, Yémen, Libye, etc.). Ce scénario est apparu envisageable à la fin de 2015, quand a été évoquée une possible « grande coalition ». Elle ne s'est pas concrétisée depuis, et l'affrontement Arabie/Iran a repris des formes aiguës. Néanmoins, chacun conserve ses propres raisons de réduire à néant Daesh. Cela ne sera possible que si, dans chaque cas, des solutions politiques de remplacement sont trouvées. Et au-delà du Moyen-Orient, où une place devra être redonnée aux sunnites là où ils ont été marginalisés, cela suppose qu'une vaste, courageuse et efficace contre-offensive théologique et politique sunnite ait réussi à supplanter, partout dans le monde musulman, dans les mosquées, les écoles et sur Internet, dans le monde arabe, mais aussi en Asie, en Afrique, en Europe, l'endoctrinement wahhabite et salafiste qui circule sans entraves depuis des décennies et qui a alimenté et légitimé sans contre-feux un islamisme primaire, inculte et, à l'occasion, meurtrier. Dans ce schéma, l'Arabie-Frankenstein serait contrainte, pour détruire le monstre Daesh, de clarifier son attitude envers l'islamisme, à l'instar de la Turquie, ce qui redonnerait à l'Égypte du maréchal Sissi un rôle de premier plan.

Il y a eu au XIXe et au XXe siècle, dans l'islam, de puissants mouvements modernistes presque entièrement effacés par la régression contemporaine. Le scénario optimiste est-il viable malgré ce phénomène ? Et la violence de l'affrontement entre sunnites et chiites résorbable ?

*

Il y a près de quarante ans, en 1979, Zbigniew Brzezinski avait inventé l'expression « arc de crise » pour qualifier l'ensemble des pays musulmans de langue turque et iranienne qui s'étend du Bosphore à l'Indus. Vision prémonitoire… mais incomplète, car il faut étendre ce concept, pour une durée imprévisible, au monde arabe sunnite, notamment au Moyen-Orient et à une partie de l'islam africain.

Combien de temps faudra-t-il encore pour qu'un islam sunnite moderne, c'est-à-dire compatible avec le monde moderne, triomphe de l'obscurantisme, résorbe ses fous de Dieu et que le terrorisme qui est son bras armé s'éteigne ? Certains réformateurs de l'islam, souvent maghrébins, évoquent deux générations, dont l'actuelle, intoxiquée par des décennies de wahhabisme et de salafisme insidieux, serait perdue… À cet égard, la campagne lancée par le régime iranien, relayée par les Français bien-pensants, contre l'« islamophobie » peut avoir des effets négatifs, car ce concept ambivalent peut aussi être utilisé contre les réformateurs musulmans qui osent s'en prendre à l'islamisme, tel l'écrivain Kamel Daoud. Il faudrait distinguer, comme le fait Boualem Sansal, la stigmatisation des musulmans en général, qu'il faut bien sûr combattre, et la critique de l'islam – aussi légitime que celle des autres religions –, admettre le nécessaire combat contre l'islamisme, et donc ne pas combattre l'« islamismophobie »…

Mais ce n'est pas tout. Encore faudrait-il qu'une sorte de traité de Westphalie[1], entre chiites et sunnites, actant le renoncement

1. Conçus par Richelieu puis par Mazarin, et conclus en 1648, les traités de Westphalie mirent fin à la guerre de Trente Ans en Europe entre catholiques et protestants.

aux déstabilisations symétriques et la neutralisation des extrémistes djihadistes de chaque bord, soit conclue à la longue entre l'Iran (et l'Irak, la Syrie ?) et l'Arabie, les Émirats, la Turquie et l'Égypte, qui cesseraient de s'affronter par Yéménites, Syriens, Libanais ou autre interposés. Cela remplacerait les centenaires accords Sykes-Picot et les dispositions de la conférence de San Remo. Tout cela n'est pas impensable… mais à long terme, après bien des drames, et par épuisement, car, pour le moment, aucune puissance ne peut l'imposer.

*

Longtemps angle mort dans la réflexion des puissances contemporaines, l'Afrique se trouve aujourd'hui au cœur des interrogations sur l'avenir. Va-t-elle contribuer à l'émergence d'une « communauté internationale », elle qui l'appelait plutôt à son secours ? On tend maintenant à nuancer et à différencier les interrogations sur l'Afrique : cela n'a aucun sens, on l'a vu, de parler d'Afrique en général. Pour le moment, au-delà des pays riches de leur sous-sol, avec ce que cette dépendance a de dangereux (Angola, Gabon), seuls quelques grands pays africains, Afrique du Sud, Nigeria, la bande côtière du golfe de Guinée ou l'Afrique de l'Est, entraînent le développement de leur région. Scénario positif : les classes moyennes augmentent. La grande corruption a tendance à reculer. Les États se consolident cahin-caha. Élection après élection, la gouvernance s'améliore. La preuve : cela devient impossible pour un président élu de rester au pouvoir au-delà de son mandat sans être obligé de changer au préalable la Constitution. C'est un progrès ! On peut espérer aussi que les guerres résiduelles (Sahel, Grands Lacs, Soudan) se raréfient et que la dictature érythréenne finisse par disparaître. Ce scénario afro-optimiste est possible, mais il ne pourra sans doute pas éviter de fortes disparités, de nombreuses étapes et sans doute d'autres drames. Il faudra être patient.

*

Alors ? Certains des éléments de tous ces scénarios, distingués pour la nécessité de l'analyse, sont d'ores et déjà à l'œuvre, enchevêtrés, masqués par la confusion du quotidien et des événements imprévisibles. On peut en imaginer bien d'autres. Aucune des hypothèses extrêmes envisagées ici n'est entièrement plausible. Un scénario simple dans lequel une puissance (États-Unis) ou un groupe de puissances (les Occidentaux, les émergents) reprendrait ou prendrait le contrôle de l'ensemble du système géopolitique mondial est exclu. De même qu'un accord soudain Russie-Occident, ou Chine-Occident, ou émergents-Occident. Conclusion : nous allons devoir vivre durablement dans un système mondial chaotique, en permanence instable, alternant, selon les régions, des moments provisoires de stabilité avec de brusques modifications des rapports de forces (en Asie, au Moyen-Orient, en Afrique). La « communauté internationale » restant un horizon lointain…

Barack Obama a eu raison d'en appeler à la « patience stratégique ».

*

Certains analystes comparent notre époque aux périodes intermédiaires de l'histoire égyptienne ou aux royaumes combattants de Chine ! Si c'était vrai, ce serait inquiétant, car ce fut long… de quelques décennies à des siècles entiers ! Mais comparaison n'est pas raison. Quoi qu'il en soit, cela nous interdit toute approche naïve ou angélique et rend difficile toute prévision. Les décideurs politiques et économiques continueront d'évoquer de grands principes et de vastes perspectives, de communiquer, de tweeter, tout en naviguant à vue, l'œil sur le sondage, la primaire, le Congrès, l'élection, les cours de la Bourse, le résultat trimestriel, les médias. Inexorablement, le contrôle de l'Occident sur l'évolution, les conceptions, les initiatives, les positions du reste du monde aura tendance à décliner, même si, en apparence, le monde vivra de plus en plus « à l'occidentale ».

L'influence de l'Occident dans la synthèse syncrétiste, qui fondera demain la future communauté internationale et donnera peut-être naissance à une nouvelle charte, dépendra de sa lucidité et de son intelligence stratégique, c'est-à-dire de la maîtrise de sa force et de l'intelligence des relations stratégiques qu'il nouera – ou non – avec le reste du monde.

LA PANDÉMIE ENTRAÎNE UN CHOC PLUS VIOLENT ET PLUS GLOBAL QUE LE 11 SEPTEMBRE 2001[1]

Dans cet entretien donné au *Figaro*, Hubert Védrine explique comment, à ses yeux, le traumatisme mondial de la pandémie a révélé par un effet de loupe les tensions dans le monde, qu'elle a intensifiées, la crise des démocraties occidentales et la nécessité vitale de l'écologisation. L'Europe et la France doivent s'adapter à ce nouvel état du monde pour défendre leurs intérêts et leurs valeurs.

L'année 2020 restera-t-elle comme une année de ruptures ?

Oui ! Je pense qu'avec le recul elle apparaîtra, en tout cas en Occident, comme la fin d'une très longue période de paix, d'enrichissement et d'insouciance, mais aussi d'arrogance et d'irréalisme. La pandémie entraîne un choc plus violent et plus global que le 11 septembre 2001, qui n'avait épouvanté qu'une partie du monde, et que la crise financière de 2008. C'est la première fois que l'humanité a peur de la même chose en même temps ! Il me semble qu'il y a eu un carambolage gigantesque et un trauma dont les effets à terme peuvent être énormes.

Depuis des décennies, les scientifiques alertent sur les menaces sur la vie sur la planète. Et les virologues qui, eux, ne se sont jamais contredits, considèrent que l'apparition de cette pandémie est liée à la surpopulation, à l'urbanisation, à la déforestation et finalement à un mode de développement – peu importe qu'il soit capitaliste ou communiste – qui « déconfine les virus ». Ils avertissent que d'autres virus surgiront après le Covid-19 et se propageront pour les mêmes raisons de mouvement brownien. Il

1. Grand entretien paru dans *Le Figaro* du 5 janvier 2021. Propos recueillis par Isabelle Lasserre.

faut tirer les leçons de cette pandémie et s'y préparer. Cela va faire sauter les derniers dénis sur les dangers écologiques et la résistance à l'écologisation.

Jusque-là, les intellectuels, les élites, les décideurs dans tous les pays du monde, répugnaient à admettre qu'ils sont des êtres organiques ! Et la religion de la croissance (prédatrice, ce qui n'est pas fatal) submergeait tout. Mais le monde de la production a compris. La pandémie va obliger à réunir les deux branches du savoir – les lettres et la science – séparées en Occident depuis le XVIIIe siècle. L'opposition stérile entre « nature » et « culture » va devoir être surmontée. C'est considérable. Je ne suis pas capable de dire ce qui en sortira pour l'Occident, après une période confuse et post-traumatique : peut-être une renaissance intellectuelle, une explosion scientifique, un réalisme qui permettra de coexister avec le monde émergent ?

Justement, que signifient ces changements pour l'influence occidentale ?

La pandémie a révélé cruellement, tel un *crash test*, un scanner, l'ampleur des mutations en cours, inquiétantes pour l'Occident, et, peut-être, les accélère. Mais déjà le monde de 2019 ressemblait plus à une foire d'empoigne qu'à une « communauté internationale ». Les Occidentaux avait déjà perdu le monopole de la puissance. Le bras de fer sino-américain avait commencé avant, avec l'arrivée de Xi Jinping au pouvoir et la réaction de Trump. Le fait que la Russie soit restée russe, à la grande frustration des Occidentaux, était évident. Des convulsions géantes, dont les Européens, et notamment la France, sont des victimes collatérales, agitaient déjà l'islam sunnite dans le monde entier. Les hésitations des Européens à prendre la mesure de l'état du monde et à se résigner à bâtir une sorte de puissance européenne duraient depuis longtemps. Il n'empêche que, s'il se confirme que l'Europe est la zone du monde où l'on a le plus de mal à concilier l'individualisme et les disciplines collectives vitales, et si les États-Unis mettent du temps à sortir de la phase ubuesque qu'ils ont connue avec Donald Trump, même s'il a un vrai bilan, et à se réunifier, oui, la pandémie aura renforcé l'Asie, notamment la Chine.

La pandémie a-t-elle affaibli les démocraties ?

C'est l'impression qu'on a fin 2020, mais ce n'est pas joué. Certes, elle est survenue à un moment où les démocraties n'étaient déjà pas très à l'aise dans leurs baskets. Dans le monde occidental, on met en avant les attaques externes, on montre du doigt les pays théocratiques ou despotiques qui osent contester l'Occident et ses valeurs, et prétendre que leur système est meilleur ! On condamne aussi les démocraties dites « illibérales », certaines occidentales. On redécouvre avec horreur que le *processus* électoral démocratique peut amener au pouvoir des régimes qui ne sont pas philosophiquement démocratiques. On le sait depuis longtemps : Hitler avait été élu. Cette redécouverte est d'autant plus pénible que, depuis la fin de l'URSS, l'Occident se pensait sans rival. Alors qu'il y avait déjà des émergents ! Du coup, on hurle au « populisme ». Le populisme, c'est quand le peuple ne vote plus comme les élites voudraient qu'il vote ! On préfère attribuer ça – c'était un peu risible de la part des démocrates américains à propos de Trump – à des manœuvres condamnables d'adversaires déterminés, les Russes, plutôt qu'aux problèmes internes. Ceux-ci sont à la fois plus graves, et plus compliqués à traiter.

À partir du moment où les classes populaires, puis les classes moyennes occidentales ont décroché par rapport à la mondialisation ou à l'intégration européenne, impulsées par le haut depuis trente ou quarante ans, la crise démocratique a été d'abord interne. Ce que l'on dénonce aujourd'hui dans des termes un peu fourre-tout, le populisme, le complotisme, l'obscurantisme (en sous-estimant le danger de la fanatisation des gauchismes en Occident), ce sont pour moi des sous-produits de ce décrochage. Les « éruptions populistes » c'est quand le magma se fraie un chemin dans les failles politiques... Quand tant d'Occidentaux, y compris en Europe, ne croient plus vraiment aux schémas d'ensemble, à la démocratie, à la croissance, au progrès, à la coopération internationale, etc., c'est très dangereux.

2020, c'est donc l'année de la crise de la démocratie ?

L'année où elle ne peut plus être masquée. Pour répondre à cette remise en cause de la démocratie *représentative*, les gouvernements recourent à des référendums, des consultations, des conventions citoyennes, etc. Mais les mouvements comme les Gilets jaunes qui ne se reconnaissent aucun représentant exigent une démocratie directe, instantanée. Et celle-ci est insatiable (comme la transparence). Qu'on la juge sympathique ou ridicule, l'utopie rousseauiste, ou suisse, celle des habitants qui s'assemblent sur la place du village pour voter à main levée, est devenue technologiquement possible. Tous les Français pourraient être sondés sur leur portable pour rétablir ou non la peine de mort… Cette crise, révélée avec un gros effet de loupe par la pandémie, affecte tout l'Occident à des degrés divers. J'ajoute que, si la démocratie représentative et le « néolibéralisme » mondialisé (tous ces mots sont piégés) se confondent avec l'aggravation insoutenable, vraie ou ressentie, des inégalités, elle est en danger. C'est aussi cela 2020…

La France est-elle plus ou moins affectée que les autres pays européens ?

Les deux à la fois. La France garde des atouts, car son système institutionnel est conçu pour résister à la tempête. Mais elle n'est épargnée ni par le complotisme, ni par la remontée de l'obscurantisme (2 + 2 = 5), ni par l'exigence de démocratie « directe », ni par le « populisme », tout cela hystérisé, tout le monde le sait, par les technologies modernes de communication. Et, par rapport aux autres pays européens, elle a en plus des pathologies spécifiques. La tendance nombriliste à expliquer tout ce qui arrive par notre culpabilité, la fameuse repentance. L'islamisme, par exemple, serait une conséquence de l'échec de notre politique des banlieues ! Cela explique Boko Haram et les talibans ? Un courant radical issu, selon les moments, de l'extrême droite ou de l'extrême gauche, qui a une forme de complaisance pour la violence. Un décrochage économique. Autre challenge : la France a plus de peine, dans ce monde-là, à faire aboutir sa politique étrangère ambitieuse. Nous n'avons plus les mêmes leviers. Que deviendrait la France intellectuellement, mentalement, si elle devait se résoudre à accepter qu'elle est, certes, encore une puissance (il y en a peu, une quinzaine), mais « moyenne » ? Pourrait-elle plutôt s'employer à s'apaiser, se réconcilier, réinvestir dans le pacte social, se remettre au travail, investir, créer et redevenir compétitive ? Vous voyez le challenge !

Dans ce sombre tableau, l'élection de Joe Biden n'est-elle pas une bonne nouvelle ?

C'est une bonne nouvelle que les Américains ont été, en majorité, capables de tourner la page Trump dans un pays partagé pour moitié. Mais il ne faut pas se faire d'illusions : Donald Trump était choquant, répugnant, mais ce n'est pas lui qui a empêché les Européens de s'affirmer plus. On peut être soulagés par son éviction, mais il ne faut pas s'illusionner sur le sympathique monde transatlantique que nous allons retrouver. Les États-Unis vont revenir dans le multilatéralisme pour y exercer leur *leadership*. Tant mieux pour l'OMC, l'OMS, l'OACI, l'UNESCO, etc., mais après le soulagement initial, la réalité s'imposera : les Américains et les Européens deviennent doucement des cousins issus de germains, avec une origine commune, mais en s'éloignant progressivement les uns des autres. Et nous, les Européens, nous sommes seuls. Le président Macron a raison de répéter aux Européens qu'ils doivent se décider à devenir une puissance, donner un vrai contenu à la notion de souveraineté européenne qui complète les souverainetés nationales, avec tout ce que cela comporte. Si l'on ne veut plus être des Sisyphe, c'est le chemin de la souveraineté technologique, numérique et autre, qu'il faut emprunter. Cette terrible année 2020 nous renvoie à notre responsabilité : comment nous réunir, nous les Français, comment convaincre les Européens, comment coexister avec le reste du monde, comment refonder un optimisme rationnel ?

LES FRONTIÈRES DANS LE NOUVEL ORDRE MONDIAL[1]

Dans cette analyse de la reconfiguration du monde, Hubert Védrine invite à reconnaître que les « frontières » ne sont pas forcément des « murs », et estime qu'il faut réfléchir sans idéologie à une gestion raisonnable des frontières et des circulations dans le monde actuel.

D'abord y a-t-il, va-t-il y avoir un « nouvel ordre mondial » ? Ce n'est pas certain. Imposé par qui ? Il y a un monde bien sûr, il est en mutation depuis la fin, en 1991, du monde bipolaire de la guerre froide. Il ne forme pas (encore ?) une « communauté internationale », cette espérance des Européens et des pays de l'ancien « Sud ». Celle-ci est un objectif, pas encore une réalité. Notre monde est plutôt un « chaos » comme le dit M. Gutteres, une foire d'empoigne où se défient puissances installées, sur la défensive, puissances montantes ambitieuses, forces illégales. De ce chaos sortira peut-être un « ordre », mais on n'en est pas là. Et ce ne sera certainement pas un ordre « sans frontières » au sens de ce que certains Européens avaient espéré. Ce sujet des « frontières » est révélateur comme un lapsus, car, à travers l'idéologie, ou l'espérance, comme on voudra, d'un monde « sans frontières », une partie de l'Occident a formulé l'utopie profonde des élites européennes urbaines. On allait abattre les frontières, effacer tout ce qui sépare les hommes, lancer des ponts, on affirmait que les murs (confondus avec les frontières, alors que c'est différent) n'ont jamais rien empêché, etc. Chacun devait pouvoir circuler,

1. Article paru dans la revue *Après-demain*, n° 51, 10 juillet 2019, p. 7-8.

et aller où il veut ! Le monde dit « westphalien » (celui des États-nations) était dépassé. La « chute » du Mur (en fait, l'ouverture) en novembre 1989 avait été surinterprétée.

Selon ce courant de pensée très fort dans les médias d'Europe de l'Ouest, les frontières étaient devenues synonymes de fermeture, comme de « repli sur soi », et donc moralement condamnables. On connaît cette antienne. Pourtant, aucun des tenants de ce mouvement n'habite une maison sans porte ni fenêtre ! C'est dans ce climat qu'avaient été lancés, en 1985, les accords de Schengen, au départ par une poignée de pays. Puis ils ont été étendus et les frontières internes aux États parties aux accords (à peu près tous les États membres de l'UE) ont été supprimées, à la grande satisfaction de leurs habitants. En revanche, les frontières externes, celles qui ont fait tant défaut dans les années 2015 face aux vagues de demandeurs d'asile ou de migrants, n'avaient pas été vraiment organisées. La majorité de ceux qui influencent l'opinion (si ce n'est les votes) en Europe de l'Ouest présentait, par générosité abstraite ou calcul électoral, tous les mouvements migratoires comme relevant de l'« asile » et les demandeurs illégaux d'immigration comme des « réfugiés ». Les « valeurs européennes universelles » allaient gagner le monde.

Mais rien n'a tourné comme prévu.

L'absence de vraie gestion de la frontière extérieure (absence de volonté, de moyens, de textes) a suscité de nombreuses réactions. À l'intérieur de l'espace Schengen, quelles que soient les controverses sur les chiffres réels de ces mouvements, elle a fortement contribué à la montée des résistances à l'immigration de masse, surtout dans les pays placés en première ligne ou sur les trajets principaux (Hongrie, Grèce, Italie, Suisse). Aucune condamnation moralisatrice, aucun argument démographique ou économique visant à démontrer la nécessité de l'immigration, aucune utilisation à tort et à travers du terme « populiste » n'a fait reculer cette réticence, au contraire. Une partie non négligeable des Européens pense que l'Europe est une passoire.

Deux cas font réfléchir en particulier. Les États-Unis de Trump d'abord, en décidant de terminer le mur érigé entre le Mexique et les États-Unis, qui n'a été construit qu'au tiers, pour contrôler et freiner l'immigration. On a vu la tempête de protestations morales, humanitaires, électoralistes (dans les deux sens) qui s'est élevée et s'élève toujours contre ce projet. Mais le Mexique et son président,

AMLO, au départ très ouvert et accueillant, ont dû se résigner, sous la pression brutale de Trump, à contrôler plus strictement les passages venant du Guatemala et allant vers les États-Unis, et à lancer un plan de développement et de reforestation en Amérique centrale.

Et il y a bien sûr le cas du mur édifié en Israël et en Cisjordanie pour empêcher la pénétration de terroristes en Israël. Ce mur a été (faiblement) condamné en Europe, plus nettement par la Cour internationale de justice sur le principe et sur son tracé, qui ne respecte pas la ligne de 1967. Mais du point de vue des Israéliens, y compris chez les partisans de la solution à deux États, il faut reconnaître qu'il a été efficace. Et comme l'islamisme fait peur et qu'il s'agit d'Israël, presque plus personne n'en parle. Personne ne propose de construire à la place du mur des « ponts Israël/Palestine », selon le cliché optimiste consacré ! La mauvaise conscience européenne est là, paralysante.

Pour apaiser des appréhensions en partie fondées, en partie attisées, il faudrait donc à mon avis nous libérer de l'utopie anxiogène du sans-frontiérisme, accepter la distinction entre le dedans et le dehors, pas forcément antagoniste. Redécouvrir avec Régis Debray et Michel Foucher la distinction murs/frontières et la nécessité anthropologique, normale, de celles-ci. C'est plus utile de réfléchir sans utopie à une gestion raisonnable des frontières et des circulations dans le monde réel de 2019. D'abord en remettant Schengen « à plat », comme le président Macron l'a demandé, et donc la convention de Dublin. Cela se fera en respectant deux principes simples : 1) préserver et respecter le droit d'asile tout en empêchant qu'il soit détourné comme il l'est et après l'avoir redéfini de façon claire ; 2) fixer des quotas (modifiables) par métiers. Cogérer les mouvements migratoires légaux avec les pays de départ et de transit. Améliorer la gestion numérique des flux et des passages de frontière. Encourager tout ce qui permet les circulations légales. C'est tout cela qui permettra de tarir l'immigration illégale.

Il n'y aura jamais un peuple global indifférencié et des gens circulant comme ils veulent n'importe où. Il y aura toujours des peuples, il y a des différences, il y aura toujours des frontières, en vrai ou dans les têtes. Mais on peut les gérer de façon beaucoup plus moderne, rapide, numérisée, intelligente et donc plus humaine. Les frontières ne disparaîtront pas en particulier dans les têtes, ou alors dans des siècles. Mais cela changera totalement leur signification.

Post-scriptum : La négation horrifiée de cette nécessité et de cette évidence – les frontières – peut prendre des formes arrogantes et méprisantes chez des sociologues ou universitaires qui affirment que les frontières sont de pures « constructions » sociales (pour eux tout est construction... sauf la sociologie). On en trouve un bon exemple dans *Les Marches* (Gallimard, 2019) de Rory Steward – ministre britannique et marcheur. On lit ainsi un dialogue cocasse où l'auteur, lui-même anglo-écossais, en voyage en Californie, se voit expliquer par un couple d'universitaires américains « experts des frontières » que ce qu'il connaît par cœur n'existe pas :

> J'avais essayé de leur expliquer la frontière anglo-écossaise. Qu'elle avait existé uniquement dans les Debatable Lands pendant cinquante ans, avant que l'Angleterre et l'Écosse ne soient réunies sous un seul roi, et que, à partir de là, pendant quatre cents ans, il n'y avait pas eu un seul poste-frontière. Qu'il n'y avait aucune différence entre les tertres d'herbe humide de part et d'autre de la Digue écossaise. Mais que, pourtant, l'impact de la frontière avait été permanent et spectaculaire. En définitive, à cause d'une division née avec les forts frontaliers romains, leur avais-je expliqué, cent mètres après la frontière moderne, le dialecte change – un « lord » devient un « laird », un « beck » (ru) devient un « burn », et l'accent change complètement : d'un côté les gens parlent avec un accent cambrien, de l'autre, écossais.
>
> — C'est faux, m'avait interrompu la conductrice. […]
>
> — Mais si, c'est vrai, avais-je insisté. Je vis sur la frontière. La différence est frappante.
>
> — C'est ce que vous croyez. Mais il y a eu beaucoup d'excellents travaux là-dessus dernièrement. En réalité il n'y a aucune différence. […] je ne doute pas que vous soyez persuadé qu'il existe une différence. Mais les recherches récentes démontrent qu'il n'y a aucune « différence objective ».
>
> — Je vis là-bas, avais-je rétorqué. Quand y êtes-vous allée pour la dernière fois ?
>
> — Là n'est pas la question. […] Je vous parle de recherche universitaire. […] C'est très intéressant pour moi en tant qu'universitaire de rencontrer un homme politique, avait-elle répliqué froidement[1].

1. Rory Steward, *Les Marches*, Gallimard, 2019.

MONDIALISATION/DÉMONDIALISATION[1]

Encore un mot-valise ! Le mot « mondialisation » a été employé pour la première fois, de façon optimiste, par Pierre de Coubertin en 1904. Il s'est répandu après la Seconde Guerre mondiale et, plus encore, depuis l'américano-*globalisation* (terme anglais, querelle vaine entre les partisans de l'un ou l'autre terme) des quarante dernières années. Objet de controverses acharnées. D'un côté ses partisans à tous crins pour qui la mondialisation est comme une évidence positive et l'assurance d'un progrès pour toute l'humanité, pour qui l'on ne peut ou ne doit ni la critiquer, ni la corriger, ni la ralentir, ni même la questionner, et à peine la réguler ; de l'autre ses contempteurs, pour qui elle est la source de tous les maux, surtout quand elle est – horreur ! – capitaliste ! Tous mélangeant allègrement causes et conséquences, sur fond de confusions historiques et d'inculture économique (plus encore en France qu'ailleurs).

Essayons d'y voir clair. La mondialisation ne date pas d'aujourd'hui ! « Sortie d'Afrique », de certains *Homo erectus*, il y a environ 1,8 million d'années (ils ne savaient pas qu'ils sortaient d'Afrique, ils suivaient des animaux), qui auront des descendants, en Asie et en Europe. Sortie de certains *Homo sapiens* il y a deux cent mille à cent cinquante mille ans, qui croisent certains des descendants d'*Erectus* (Neandertal et autres) et se mêlent un peu à eux. Les scientifiques disent pudiquement : « Ils échangent leurs gènes. » Colonisation complète du monde par ces *Sapiens*

1. Dans Hubert Védrine, *Dictionnaire amoureux de la géopolitique*, © Éditions Plon, un département de Place des Éditeurs, et librairie Arthème Fayard, 2021.

en quelques dizaines de milliers d'années. En zoologie, on dirait que le genre « *Homo sapiens* » est une espèce invasive, même à pied ! Les controverses entre paléoanthropologues sont très riches et très excitantes.

Bien bien longtemps après, après des millénaires de stabilisation/sédentarisation (le néolithique : immense progrès ou – Yuval Noah Harari, *Sapiens : une brève histoire de l'humanité* [2011] – fin d'un monde idyllique ?), il y a eu des mondialisations partielles, si l'on peut dire. En Eurasie : celle du christianisme, celle de l'islam, celle des Vikings, celle des marchands arabes en Afrique (pour le commerce et l'esclavage), vers l'océan Indien et en Asie du Sud-Est. Celle, plus spécifiquement asiatique, de la Chine. Et, déjà mondiales, celles des colonisateurs européens, d'abord portugais, puis espagnols, anglais, français, néerlandais, danois, allemands, italiens, russes. Suivies des empires : ottoman, russe, britannique, français ; la mondialisation britannique (la plus étendue) de 1850 à 1914 ; les Japonais entre les deux guerres. Puis l'actuelle, depuis 1945, l'américano-globalisation. D'abord, après la guerre, l'ONU, le plan Marshall, Bretton Woods, le GATT, l'OTAN, les bases américaines, puis, après la fin de l'URSS, en 1995, l'OMC.

Finalement, l'extension au monde entier de l'économie de marché, mais pas n'importe laquelle (il y avait des foires en Champagne au XIIIe siècle), chaque mot compte. C'était dans les gènes des États-Unis dès leur fondation. Et pour les décennies 1990-2020, une économie de marché dérégulée, financiarisée, dollarisée, numérisée.

En fait, la « mondialisation » est un terme ambigu, faussement neutre. Il y a eu bien sûr des inventions clés (portables, porte-conteneurs), mais plus encore des *mondialisateurs* (des gouvernements, des théoriciens, des médias, des *think tanks*, la Silicon Valley, les GAFAM, et donc le monde digital, des entreprises, des financiers) et des *mondialisés*, des gens, des peuples, considérés uniquement comme des consommateurs à satisfaire, et qui n'avaient rien demandé. L'idéologie qui l'a accompagnée, américaine mais pas seulement, était anti-étatique, anti-verticale, horizontale, transversale, ultra-individualiste (que l'on songe au projet d'activistes geeks californiens libertariens d'aller vivre dans des îles flottantes en haute mer pour échapper à toute souveraineté classique). C'est d'ailleurs cela qui est en train de l'emporter, en Occident.

Mais, fait nouveau dans les pays occidentaux depuis le début du XXIe siècle, les classes populaires, d'abord, une partie des classes moyennes, ensuite, ne considèrent plus que la mondialisation soit automatiquement bonne pour eux, contrairement à ce qu'on leur a affirmé, et s'indignent que ce soit la Chine qui en ait profité le plus. D'où des méfiances tous azimuts et de vraies « insurrections électorales », moins graves cependant que l'abstention grandissante qui s'installe dans la durée. L'élection de Trump en 2017, entre autres, a été une manifestation de cette défiance maintenant enracinée.

Les « mondialisateurs », parfois sincères et convaincus, parfois utopistes, parfois mus par la seule avidité, n'ont considéré les êtres humains que comme des consommateurs indifférenciés, et, par ailleurs, les migrations de masse comme ne posant aucun problème et étant même une bonne chose (main-d'œuvre, baisse des coûts salariaux). C'est typique de la « pensée OMC », même si, dans ce cadre, Pascal Lamy le rappelle, certains ont essayé d'encadrer, de « réguler », notamment lui, comme directeur général de 2005 à 2013. Mais Jean Tirole lui-même, le Prix Nobel, a estimé le 7 octobre 2018, dans *Le Monde* – donc bien avant le coronavirus –, que cet « *Homo economicus* » avait « vécu ». La mondialisation à marche forcée telle qu'elle a été menée a été trop brutale, trop dérangeante, trop perturbatrice, trop insécurisante culturellement pour la plupart des peuples. Elle a provoqué en retour de puissants réflexes identitaires défensifs. Les traiter de « nationalistes », de populistes ou condamner le « repli sur soi » ne les fera pas disparaître. Sans parler de ses ravages écologiques. Mouvement brownien, permanent, et flux tendus. À un moment, cela casse. La pandémie a eu l'effet d'un *crash test*.

Il n'y aura pas de « démondialisation » globale, même après la Covid-19. La « mondialisation » se poursuivra, sous une forme un peu ralentie, répartie autrement, compte tenu du nouveau rapport de force Chine/Occident (y compris pour la définition des normes et des règles) en son sein, par la compétition entre les puissances montantes et les puissances installées. Il y aura dans certains domaines une réindustrialisation. L'obligation vitale de tout écologiser donnera à la mondialisation un visage progressivement différent, plus régional, du fait d'une comptabilité qui intégrera les coûts écologiques jusqu'ici externalisés. Et de la volonté de réduire les dépendances et les vulnérabilités apparues en 2020. Après la grande peur du coronavirus, les peuples le demanderont.

Tout le système productif va muter en quelques années. Ce ne sera plus tout à fait la « mondialisation » des quarante dernières années, couplée à une économie-casino, et qui a mis le monde sens dessus dessous, mais autre chose.

OCCIDENT[1]

Qu'est-ce que l'Occident ? Tout dépend du point de vue… Là où le soleil se couche. Donc à l'opposé de l'Orient ! Mais encore ? Historiquement, l'Occident, c'est la chrétienté, devenue Occident, et qui a sécularisé au moment des Lumières, au XVIIIe siècle, les valeurs chrétiennes de compassion, d'amour et de miséricorde en « droits de l'homme ». *Catholicos* = universel. On garde le fil. Remarque qui énerve certains progressistes qui ne veulent pas admettre l'évidence des *racines chrétiennes* occidentales. Ah, le passé ! Au moment de la colonisation du monde entier (ou presque) par quelques pays européens en compétition entre eux, on ne parle pas tellement d'« Occident » mais de « nations civilisées ». C'est le langage de l'époque. En fait, le concept d'Occident est entré dans la géopolitique pendant la guerre froide sous l'effet fusionnant de la menace soviétique. Il s'est confondu avec l'atlantisme inscrit dans le traité de l'*Atlantique* Nord, prolongé en une flopée de cénacles, de clubs, d'organisations et de fondations comme Bilderberg, la Trilatérale, Aspen, Young Leaders, des ONG, des médias, etc. Qui ont donné naissance à deux ou trois générations d'« atlantistes », sans oublier l'influence colossale d'Hollywood sur un public plus large encore, facilité en France par les fameux accords Blum-Byrnes de 1946 dans la lignée d'un mouvement d'américanisation du monde engagé par les États-Unis dès le XVIIIe siècle.

Construction issue d'une conjoncture historique, sans doute, mais qui aura marqué en profondeur la seconde moitié du XXe siècle. Elle est contestée dans son principe même tout autant, par exemple, par Régis Debray. Mais que reste-t-il aujourd'hui de l'Occident

1. Dans Hubert Védrine, *Dictionnaire amoureux de la géopolitique*, © Éditions Plon, un département de Place des Éditeurs, et librairie Arthème Fayard, 2021.

dans le monde de Trump et consorts ? Et demain avec Biden ? L'idée que cela puisse avoir une fin panique les dirigeants des pays européens protégés, et issus de ce moule, ainsi que tous les milieux de la défense et de la stratégie. C'est comme l'air qu'ils respirent. Ils n'aspirent pas, pour l'instant, à autre chose. Et notamment pas à une Europe puissance « amie des États-Unis », alliée, mais pas alignée, selon le triptyque français, pourtant si nécessaire. Impensable et pas crédible pour les autres !

Même désarroi dans les pays d'Asie du Nord-Est protégés (et contrôlés) par les États-Unis depuis 1945. Il ne serait pas étonnant que les rapports États-Unis/Europe redeviennent à la longue ce qu'ils étaient avant 1917 : des origines communes, un cousinage proche ou distant selon les moments. Sauf improbable alliance pour endiguer la Chine mais qui ne serait, alors, pas uniquement occidentale (États-Unis, Europe, Australie, et aussi Inde, Corée, Japon, Vietnam).

On ne voit pas quelle menace puissante, uniquement focalisée sur les deux rives de l'Atlantique – c'est le point clé –, reforgerait géopolitiquement « l'Occident ». Là aussi, la décantation des mots va s'imposer !

Les États-Unis

Ce sont les États-Unis d'après la disparition de l'URSS, ceux de Clinton, que j'avais qualifiés d'« hyperpuissance », la plus grande puissance de tous les temps, beaucoup plus qu'une simple superpuissance. Madeleine Albright, alors secrétaire d'État, s'en était indignée, avant d'en comprendre le sens évident, descriptif, de cette formule (elle est francophone) et de se surnommer « hyper-Madeleine ».

Les États-Unis sont passés, pendant cette quarantaine d'années, de la gestion très professionnelle de la fin de la guerre froide par le président George H. Bush (en partenariat étroit avec François Mitterrand et Helmut Kohl) au triomphalisme prosélyte clintonien, qui a dégénéré en erreur manifeste en Irak en 2003 sous George W. Bush. Cette position a été suivie sous le président Obama par une vision très cérébrale, voire distanciée et légèrement rétractée de la relation entre les États-Unis et le reste du monde. Puis par l'ubuesque épisode trumpien, même si le président Trump a également proféré, dans le vacarme, quelques vérités bien senties auxquelles adhèrent encore beaucoup d'Américains. Et par un retour à un professionnalisme décent, méthodique et efficace avec le président Biden (cependant pas dans l'épisode australien !), qui ne dissuade pas pour autant les adversaires de l'Amérique de calculs intéressés, et entretiennent de sourdes inquiétudes chez ses Alliés ou protégés sur ce que vont devenir les États-Unis à plus long terme.

En fait, c'est insupportable, vexant et inquiétant pour les États-Unis de ne plus être les seuls maîtres du jeu, après avoir cru, dans les années 1990, leur position inexpugnable et leur supériorité éthique inattaquable, et de se trouver confrontés à l'arrogance et aux défis de la Chine de Xi !

LE COMPORTEMENT AMÉRICAIN, DANS L'AFFAIRE DES SOUS-MARINS, DOIT AVOIR UN PRIX POLITIQUE[1]

L'annulation par l'Australie de la commande de sous-marins français au profit d'un accord de sécurité avec les États-Unis et la Grande-Bretagne a déclenché une crise diplomatique. L'ancien ministre français des Affaires étrangères Hubert Védrine analyse la situation pour *L'Opinion*.

Le niveau de réponse français à la rupture du « contrat du siècle » est-il approprié ?

J'approuve le rappel des ambassadeurs français aux États-Unis et en Australie – même si Canberra n'est qu'un pion dans cette affaire – et l'annulation d'une célébration de l'anniversaire d'une bataille navale décisive durant la guerre d'Indépendance. Ce n'est pas le moment de parler de La Fayette ! C'est enfin intelligent de laisser la porte ouverte avec le Royaume-Uni. On comprend que Joe Biden, dans la continuité du pivot asiatique de Barack Obama et de Donald Trump, même si la méthode diffère, veuille durcir sa stratégie envers la Chine. Mais cela ne justifie en rien la méthode utilisée. Ce contrat a été rompu d'une manière brutale, grossière, sournoise. Si le mot « allié » a un sens, le président américain aurait dû appeler son homologue français pour le prévenir et l'associer à sa redéfinition. Les États-Unis n'ont pas d'amis mais peuvent avoir des alliés. Le général de Gaulle avait bien défini le socle d'une relation exigeante, une approche poursuivie par François Mitterrand, que l'on peut résumer ainsi : « Amis, alliés, mais pas alignés. » De Gaulle s'opposait notamment à la stratégie nucléaire de riposte « graduée » de l'Alliance transatlantique. Dans ses *Mémoires*, Kissinger parle d'ailleurs de « malentendus transatlantiques » permanents.

La relation n'a-t-elle pas toujours été difficile ?

Certes, la relation a été marquée par les aléas et la conjoncture, mais il y a une manière de traiter un allié qui n'est pas acceptable, et même une désinvolture qui laisse à penser que ce ne serait qu'une

1. Interview d'Hubert Védrine par Pascal Airault parue dans *L'Opinion* du 20 septembre 2021.

crise anodine. Ce n'est pas le cas. Le ministre de l'Europe et des Affaires étrangères, Jean-Yves Le Drian, l'a dit : « Il y a une rupture de confiance. » Tous les pays alliés des États-Unis ou protégés par eux doivent se demander s'ils peuvent encore leur faire confiance. Ce comportement de l'administration Biden est ensuite absurde, car l'armée américaine respecte l'armée française et les États-Unis apprécient le rôle de la France dans le monde, y compris dans l'Indo-pacifique. Les États-Unis ne sont plus tout à fait l'hyperpuissance qu'ils ont été, ils sont défiés et concurrencés sur plusieurs plans. Ils n'ont pas intérêt à ne tenir aucun compte de leurs alliés.

Quelles leçons doit en tirer la France ?

Voir les choses en face. La diabolisation de Trump a entraîné en Europe une idéalisation de l'administration Biden, mais il ne faut pas se faire d'illusions. Les États-Unis ne vont pas, avec la nouvelle équipe, pratiquer un multilatéralisme idéal, celui auquel nous rêvons en Europe et qui n'a jamais été mis en œuvre. Le « complexe militaro-industriel » américain, auquel il faut ajouter la technologie, selon la formule d'Eisenhower, ne s'est jamais gêné pour écarter ses concurrents, y compris les pays alliés avec l'aide de l'administration et du Congrès, qui n'hésitent pas à utiliser l'arme des sanctions extraterritoriales et à prendre en otage les pays dans un monde globalisé. Il ne s'agit pas toutefois de remettre en cause l'alliance elle-même avec les États-Unis, mais de redéfinir ce qu'est un *allié*. Il ne faut pas non plus replier toute présence dans l'Indopacifique, alors que nous pouvons y être utilement complémentaires. Avant de renvoyer nos ambassadeurs dans leurs représentations, nous devrons avoir évalué et réévalué les relations avec ces pays. Ce sera l'occasion de redéfinir clairement les menaces auxquelles nous faisons face, de les hiérarchiser, de vérifier si nous en avons la même lecture que les États-Unis. Une clarification au niveau français puis européen. Ce sera l'occasion aussi de distinguer nos intérêts des croisades impossibles. La France doit également vérifier avec des pays comme le Japon, l'Australie, Taïwan, le Vietnam et l'Inde ce qu'ils attendent de nous. Évidemment, la France doit être moins chimérique, plus réaliste. Mais réajuster ses ambitions ne veut pas dire se replier. Il faut faire comprendre à la Maison Blanche qu'elle échouera dans sa stratégie chinoise si elle traite les alliés comme des « paillassons ». Ce comportement américain doit avoir un prix politique qui doit amener l'administration Biden à traiter autrement ses alliés.

L'Europe doit-elle renforcer son autonomie stratégique ?

Les Européens, hormis la France et la Grande-Bretagne, s'en sont remis, après la Seconde Guerre mondiale, aux États-Unis pour leur défense. Le moment serait venu qu'ils s'occupent de leur « autonomie stratégique », même si ce concept n'est pas le plus heureux, car il est perçu, du côté allemand, comme une rupture du lien transatlantique. Les Allemands, en campagne électorale, sont jusqu'ici restés muets sur la rupture du contrat de Naval Group. Il vaudrait peut-être mieux parler d'autonomie technologique, d'industrie européenne, d'affirmation européenne… Emmanuel Macron a fait d'importantes propositions en ce sens. Nos partenaires européens vont-ils bouger ? C'est maintenant la question principale.

La Chine et la Russie ne se frottent-elles pas les mains de cette nouvelle brouille entre alliés ?

Cela fait un certain temps que ces puissances « révisionnistes » de l'ordre américano-global se réjouissent des démonstrations des limites de l'influence occidentale. Et, effectivement, les États-Unis ne font pas exactement ce qu'ils veulent, comme on l'a vu en Corée du Nord, en Iran, en Ukraine ou ailleurs. Raison de plus pour traiter leurs alliés intelligemment, afin de chercher ensemble une définition convaincante des menaces et des réponses. Les Européens seraient, par exemple, certainement d'accord pour mieux endiguer la Chine, mais pas pour rechercher une confrontation.

La vente de sous-marins à propulsion nucléaire à un pays étranger, une première, va-t-elle relancer une course régionale à l'armement ?

La course aux armements est déjà bien engagée. Je pense que l'alliance Aukus (NDLR : alliance militaire tripartite formée par l'Australie, les États-Unis et le Royaume-Uni) va renforcer l'intégration des marines britannique et australienne à celle des États-Unis. Dans sa vision du bras de fer avec la Chine, Joe Biden aura-t-il la même approche avec le Japon et avec l'Inde ? On verra. Raison de plus, pour l'Europe, de mettre en œuvre sa propre stratégie indopacifique. Globalement, les Occidentaux devraient être plus habiles et plus rusés vis-à-vis des puissances émergentes, afin qu'elles ne se coalisent pas contre eux.

QUE FAIRE AVEC L'HYPERPUISSANCE ? (PARTIE 1)[1]

À la suite de l'invasion de l'Irak, menée par les États-Unis en mars 2003, Hubert Védrine analyse la transformation de la position américaine dans l'équilibre mondial, à travers les courants d'influence qui y sont à l'œuvre.

En tant que ministre des Affaires étrangères du gouvernement de Lionel Jospin de 1997 à 2002, vous aviez eu l'occasion de prendre des positions très remarquées sur l'« hyperpuissance » américaine et sur la situation de la France en Europe. Les tensions avec les États-Unis, dont le débat à l'ONU sur la politique à l'égard de l'Irak a été l'occasion, ont redonné toute leur actualité à vos analyses. Compte tenu de ces éléments antérieurs, avez-vous été surpris par les développements de la situation qui a mené finalement à l'intervention américaine en Irak ? Avant d'envisager les conséquences qui vont découler de la guerre, comment comprenez-vous la genèse de cette crise ?

Nous ne devrions pas être surpris. Revenons en effet sur la genèse des événements, c'est-à-dire sur la genèse de cette nouvelle Amérique. C'est elle qui impose sa politique. Il faut donc comprendre d'où elle vient – et elle vient de loin – et si elle va durer. Je crois pour ma part qu'il y avait dans le monde d'après la guerre froide, depuis la fin de l'Union soviétique, un tel déséquilibre entre cette immense puissance américaine, que j'ai qualifiée, à partir de 1998, d'« hyperpuissance », et l'ensemble

1. Entretien paru dans *Le Débat*, n° 125, Gallimard, mai-août 2003, p. 4-16. La seconde partie de cet entretien, qui concerne l'Europe, est à lire ci-dessus, p. 543.

des autres, entre cette haute et ces basses pressions, qu'un orage devait éclater.

Il faut non seulement concentrer notre réflexion sur cette Amérique, mais nous demander pourquoi tant de gens ont mis tant de temps à comprendre sa nouveauté.

Ce mouvement remonte à bien avant l'élection de Bush, mais il s'accomplit avec son élection, le 11-Septembre ayant fait ensuite office de détonateur. Plusieurs courants importants qui préexistaient ont fusionné. C'est leur conjonction qui définit la nouvelle politique américaine. J'en vois trois principaux.

D'abord un courant non pas « néoconservateur », terme impropre, parce qu'il ne s'agit pas de gens qui veulent conserver, mais *réactionnaire*, religieux, déjà choqué il y a quarante ans par l'élection de Kennedy – un catholique ! –, un mouvement intégriste, anti-moderne, anti-avortement aujourd'hui comme il était contre les droits civiques en leur temps, constamment exaspéré par Clinton, par ce qu'a représenté pour lui le couple Clinton. Je veux parler de la coalition chrétienne, des *Christian-born again*, des télévangélistes, Bill Graham hier, Pat Robertson aujourd'hui. Tous ces puritains modernes se rejoignant dans l'idée que les États-Unis sont un peuple élu par la Providence, avec une « destinée manifeste » et une vocation missionnaire. Cependant, beaucoup d'autres Américains partagent cette dernière conviction, même s'ils sont gênés par l'esprit de croisade.

Le deuxième courant est celui de la puissance unilatérale. Une puissance de plus en plus impériale, confortée par sa victoire sur l'Union soviétique, dans cette Troisième Guerre mondiale qu'a été la guerre froide. Une puissance de plus en plus nationaliste, unilatéraliste, sans gêne ni faux-semblants, l'ONU étant récusée, les alliés eux-mêmes devenant superflus. À ce stade de puissance et de responsabilité, selon les tenants de cette politique, il n'est plus possible de soumettre les décisions qu'on dit prendre pour sa sécurité aux réactions aléatoires de l'ensemble des autres États, dictateurs lilliputiens ou pays qui n'en sont pas. Ce qui évoque d'ailleurs certaines formules de De Gaulle quand il parlait de l'ONU[1]. Ce courant de la puissance a connu une mutation quand

1. « Il va de soi qu'à aucun prix la France n'accepterait qu'une conjonction d'États plus ou moins totalitaires et professionnels de la dictature, d'États tous nouveaux venus, plus ou moins responsables, plus ou moins consistants, lui dictent sa loi. L'ONU est une tribune dérisoire pour des discours à sensation,

il a récusé, après la fin de la guerre froide, la stratégie de l'endiguement, du *containment*, et donc de la dissuasion, qui avait été celle des États-Unis pendant des décennies, et préconisé le passage à une ligne très différente, offensive, de neutralisation des menaces à la source. Ce qui traduit une pensée militarisée et conduit à la guerre préventive.

Le troisième courant est directement lié, lui, à la question du Proche-Orient. C'est un courant non seulement pro-israélien, mais presque, en réalité, anti-palestinien, anti-arabe, voire anti-musulman, qui a conclu une alliance avec le Likoud. Il est animé par des personnalités juives démocrates et même, souvent, à l'origine démocrates de gauche, mais qui avaient soutenu Reagan et suivi un parcours qui les a amenées aujourd'hui à la droite du Parti républicain. Il remonte peut-être à la peur éprouvée pour Israël en 1973, quand les armées égyptiennes avaient eu l'initiative pendant un jour ou deux. Il y a là, en tout cas, un groupe qui a œuvré depuis des années à réorienter la politique étrangère américaine au Proche-Orient dans le sens d'un « remodelage » de ce dernier. Il a été extrêmement hostile à la politique de Rabin, puis aux tentatives de Barak et de Clinton. On se rappelle les condamnations des « criminels d'Oslo » ! Sa force présente découle de son alliance paradoxale avec les fondamentalistes protestants républicains.

Il s'est opéré une fusion de ces courants dans l'administration Bush. Comme celui de la mission civilisatrice des États-Unis, ce courant de la puissance unilatérale ne se limite pas aux républicains – il englobe également beaucoup de démocrates. Tout cela était déjà perceptible dans l'Amérique d'avant Bush, notamment au sein du Sénat à l'époque de Clinton. Ce qui est étonnant, c'est que tous ces phénomènes n'aient pas été détectés plus tôt.

À quoi attribuez-vous cette cécité ?

À certaines caractéristiques de l'esprit européen ou français, à nos convictions politiques, à notre vision du monde, à nos tabous. De ce fait, cette Amérique-là s'est développée dans un angle mort de notre compréhension.

---

des surenchères et les pires menaces » (cité par Jean-Claude Casanova dans *Le Monde*).

D'abord, tout ce qui est fondamentalisme religieux nous est devenu inintelligible. La France profondément athée d'aujourd'hui ne parvient pas à prendre au sérieux la religiosité d'État américaine, le *God bless America*, les télévangélistes et autres manifestations du même genre. Elle n'en mesure pas spontanément la dimension politique réelle. D'autant moins qu'au sein des catholiques français il y a très peu de véritables intégristes au sens américain du mot. Le mouvement anti-avortement existe, mais il est très faible. La vigueur de tout cela outre-Atlantique n'a pas été mesurée.

Ensuite, il existe une tradition européenne, spécialement française, de sous-estimation intellectuelle des présidents américains, à l'exception de Kennedy et de Clinton. On ne les prend pas au sérieux. On plaisante sur Reagan, on recommence avec George W. Bush. Cela conduit à sous-évaluer ce qu'ils peuvent faire. D'autant qu'en France nous manquons de véritables spécialistes des États-Unis, de gens qui y vont régulièrement, qui étudient méthodiquement ce qui s'y passe, ce qui s'y dit ou s'y écrit. La mutation en parti populiste du Parti républicain, qui n'est plus du tout le même avec Bush II qu'avec Bush I, a largement échappé à l'attention. C'est un contresens de l'assimiler à un parti conservateur européen.

En outre, depuis une vingtaine d'années, il y a dans les élites de nos pays une gêne pour analyser de façon critique les États-Unis – les anti-américains *n'analysent pas*. D'où l'écho qu'ont les dénonciations rituelles et périodiques du prétendu anti-américanisme français, qui ne me semble pas correspondre à une réalité profonde, la réaction anti-guerre en Irak étant due à une conjonction de causes. Cette gêne est due au passé, un passé tellement chargé en matière d'anti-américanisme primaire, à l'époque marxiste et soviétique, qu'il inhibe aujourd'hui les élites. Elles ont tellement peur de dériver dans cette direction que, du coup, elles se gardent de toute critique sérieuse à l'égard des États-Unis. Cette inhibition les amène à s'interdire toute analyse. Ce qui fait que jusqu'à ces dernières semaines la politique américaine n'était débattue que par les Américains eux-mêmes, dans le silence prudent des élites européennes. On verra si la guerre américaine en Irak aura changé quelque chose à cet embarras.

Il y a évidemment une gêne encore plus grande pour analyser l'influence israélienne sur la politique américaine, alors qu'il s'agit de quelque chose qui est reconnu aux États-Unis et en Israël et que, de plus, ce phénomène n'est pas unique : très peu de pays n'ont pas leur lobby aux États-Unis – le terme y est d'usage courant –, mis à part la France qui n'en a pas pour des raisons historiques, et on en voit les conséquences. N'importe quel pays, même un pays aussi petit que l'Albanie, a son lobby là-bas ! C'est une donnée devant laquelle les Européens et particulièrement les Français sont mal à l'aise. À la limite on mentionnera les rôles du lobby polonais, des lobbies chinois ou coréen. Mais tout ce qui est vote juif, « lobby juif », influence israélienne, n'est pas volontiers pris en considération, même lorsqu'il s'agit de l'action d'organisations qui ont pignon sur rue et qui sont explicitement consacrées à cet objet. Bref, on n'a pas vu venir l'alliance Parti républicain-Likoud.

À cette série de blocages s'ajoute la croyance, indéracinable dans l'Europe d'aujourd'hui, en la « communauté internationale » et en ses progrès inéluctables, la prévention des conflits, la caducité de l'unilatéralisme, croyance qui rend choquante, mais surtout presque incompréhensible une démarche de force que tous les esprits éclairés d'Europe estimaient appartenir au passé.

En Europe, le nationalisme a été éradiqué depuis 1945, et même, en partie, le patriotisme. L'Europe voudrait vivre dans un monde post-tragique. D'où la difficulté des Européens à comprendre l'opinion américaine nationaliste, patriote, cocardière souvent au premier degré, éventuellement belliqueuse.

Il faut aussi compter avec les sympathisants de cette Amérique-là...

En effet, à ceux qui ne se sont pas alarmés à temps de cette Amérique différente, alors que, de leur point de vue, ils auraient dû le faire, il faut ajouter ceux à qui cette évolution ne déplaît pas. Ils ne sont pas très nombreux, mais ils existent. Il y a quelques intellectuels, ou quelques politiques, qui estimaient que le monde avait besoin d'une reprise en main et que personne d'autre que cette Amérique « néoconservatrice » n'était capable de le faire. C'est une petite minorité, mais elle n'allait pas tirer la sonnette d'alarme face à une évolution qu'elle appelait de ses vœux.

Au total, donc, une Amérique radicalement différente qui s'est développée à notre barbe sans que nous y prêtions attention suffisamment tôt...

Vous pensez qu'une vigilance plus précoce aurait permis d'agir ?

Oui. Je pense que si le problème avait pu se traiter plus tôt, nous ne serions peut-être pas dans la situation actuelle. Cette question américaine m'a préoccupé dès ma nomination comme ministre – *a fortiori* après 2000, puisque c'est cette Amérique-là qui l'a emporté avec Bush aux élections. Rappelez-vous qu'au même moment se répandait ce fleuve de commentaires ineptes, littéralement insensés, sur le « troisième millénaire » ! Un phénomène politique considérable se passait sous nos yeux, avec les conséquences que l'on commence à mesurer aujourd'hui, et tant de gens perdaient leur temps à débattre d'un non-événement !

Vous croyez qu'elle fut d'emblée ce que nous l'avons vue devenir ?

Oui, elle portait en germe la suite. Il ne faut pas sous-estimer la volonté de réaction avec laquelle cette administration est arrivée au pouvoir, de revanche sur les « errements » démocrates, de Roosevelt à Clinton. C'est cette Amérique qui s'est sentie légitimée et justifiée par le détonateur tragique du 11 septembre 2001.

La constellation que vous avez décrite s'enracine en même temps dans la tradition américaine. Ne serait-ce pas une raison de plus de l'incompréhension européenne dans la mesure où l'intelligence européenne a beaucoup vécu sur une opposition entre isolationnisme et interventionnisme, qui est en bonne partie factice, comme précisément la politique Bush tend à le montrer ?

Bien sûr, c'est une opposition qu'on exagère, ce qui égare bien des analyses. Ce sont les deux faces d'une même médaille. Depuis l'origine – il suffit de relire les textes des Pères fondateurs –, les Américains se regardent comme un peuple élu, chargé d'une mission civilisatrice. C'est un pays-projet, pas un pays de hasard ou d'ancêtres. Il estime avoir, comme on le dira plus tard au XIXe siècle, une « destinée manifeste ». Pendant longtemps, du point de vue européen, cela apparaît comme une bizarrerie américaine, une revendication prétentieuse et pittoresque à la fois, un peu étrange, mais qui ne tire pas à conséquence. Les États-Unis se sont tenus à l'écart des turpitudes du monde tant qu'ils n'ont pas occupé tout leur espace nord-américain. Mais, dès que cette tâche a été achevée, ils ont fait des exceptions à leur prétendu « isolationnisme » et ont commencé, à la fin du XIXe siècle, à

« s'occuper » de Cuba, des Philippines, de l'Amérique centrale. Ensuite, ils ont été obligés de « s'occuper » de l'Europe et de ses guerres. Au XXe siècle, on a pu observer le balancement entre ces deux attitudes. Mais, désormais, c'est un pays qui ne peut plus se contenter d'être un exemple de vertu rayonnante chez lui, il ne peut se désintéresser du reste du monde. Il sera amené à alterner, voire à combiner isolationnisme et interventionnisme – isolationnisme au sens de : « Nous ne voulons plus être entraînés dans les turpitudes du Vieux Monde auquel nous avons tourné le dos », et interventionnisme au sens de : « Nous nous occuperons du monde quand notre sécurité sera en jeu. » Ce ne sont pas des courants si opposés que cela. Ils sont tous les deux présents dans l'hyperpuissance. Bush reprend en partie l'approche de Wilson. Sauf que pour Bush cela passe par la force des armes américaines, tandis que Wilson était animé par une vision inspirée du multilatéralisme et du légalisme. Mais, dans les deux cas, il s'agit de façonner le monde à l'image des États-Unis, de le démocratiser, de le transformer. Ce qui me frappe dans la période où nous vivons, c'est que cette rhétorique américaine, cette idée que les Américains se font d'eux-mêmes depuis leurs débuts dans l'Histoire, a rejoint pour la première fois la réalité géopolitique avec la fin de la guerre froide. Ils sont les maîtres du jeu. Cela ne pouvait pas rester sans conséquences. Les mythes fondateurs de la nation américaine sont devenus des politiques américaines opérationnelles et, donc, de ce fait, sont une partie de la réalité du monde. Ce n'est pas George Bush qui a inventé le combat du Bien contre le Mal. C'est aussi vieux que l'Amérique.

Nous avons vécu entre 1991 et 2001 dans l'attente d'une sorte d'après-guerre différé. L'après-guerre a commencé en principe en 1991, à la chute de l'URSS. George Bush parle alors de « nouvel ordre international », mais cela n'a pas encore de réalité. Avec le recul, on voit mieux que George Bush I et Clinton se sont retenus à la tête de l'hyperpuissance : ils n'en ont pas fait trop. George Bush I était sincèrement multilatéraliste et légaliste, ce que l'équipe actuelle n'est pas. Dans l'affaire de la première guerre du Golfe, il s'en est tenu à l'application stricte du mandat reçu du Conseil de sécurité. Clinton, compte tenu de ses convictions, de son ouverture sur le reste du monde, de son intérêt pour l'Europe, a bridé la puissance américaine. Puis, en 2000, arrive la nouvelle équipe qui fait sauter ces freins, prétextant que le reste du monde est incapable de faire face aux problèmes de notre temps et que les États-Unis doivent assumer toutes leurs responsabilités, et d'abord pour se protéger. L'après-guerre froide, c'est maintenant.

Comment, à vos yeux, s'est opéré le passage de la riposte immédiate au 11-Septembre – l'Afghanistan – à cette offensive de beaucoup plus vaste ampleur, en Irak, qui engage toute une vision stratégique explicite ou sous-jacente du Moyen-Orient ?

Cette vision était présente dès l'élection de George Bush. Dans les nombreuses explications de la guerre américaine en Irak, on ne peut pas trier ni hiérarchiser. Mais elles vont toutes dans le même sens et, à un moment donné, elles se sont nouées. L'élément pétrolier ? Il est exagéré, mais il n'est pas non plus absent. « Finir le *job* », comme le voulait la partie radicale de l'ancienne administration Bush, furieuse de la retenue légaliste de Bush I ? De façon encore plus personnalisée, une sorte de vengeance, parce que Bush père avait été victime d'une tentative d'attentat ? La volonté des groupes pro-israéliens de stopper la puissance montante de tout pays arabo-musulman susceptible de devenir dangereux pour Israël ? Le rêve du remodelage consistant, à partir de l'Irak transformé, à imposer ensuite la volonté américaine à l'Iran, à la Syrie et à l'Arabie saoudite ? La croyance sincère dans la mission américaine de propagation de la démocratie ? Ces différents éléments se sont mêlés, en réalité, à partir du moment où Bush a arbitré – ils allaient de toute façon dans le même sens. Mais ce n'est pas parce que la guerre a eu lieu que Bush a repris à son compte tous ces objectifs – je pense ici surtout au remodelage de la région. En tout cas, depuis des années déjà, et davantage encore après les élections de 2000, il était devenu de plus en plus intolérable pour les Américains que l'Amérique puisse être potentiellement menacée, voire simplement contrée, défiée. Après le 11-Septembre, l'impensable et l'inacceptable appelaient réparation. Le 11-Septembre fut à la fois une tragédie humaine, une souffrance extrême et une humiliation monumentale. Le fait d'avoir nettoyé le nid de frelons des talibans et installé M. Karzaï à Kaboul ne suffisait pas à laver cette humiliation. Il fallait une démonstration de force imparable, incontestable, intimidante. C'est alors que la guerre contre l'Irak, envisagée depuis le début 2001, étudiée en détail par certains, s'est imposée.

Vous pensez que Blair a joué un rôle moteur dans cette décision, comme on le voit affirmer ici et là ?

Je ne le crois pas. Blair ne veut pas apparaître comme simplement suiviste. C'est pourquoi il rappelle qu'il était déjà personnellement engagé dans le combat contre les armes de destruction massive. Mais il n'est pas à l'origine du choix américain. C'est encore plus important pour lui d'influencer les États-Unis dans l'après-guerre.

Le projet de refonte d'ensemble du Proche-Orient attribué à l'administration Bush vous paraît-il un réel projet ?

C'est un projet réel pour certains. L'idée de refondre le Proche-Orient vient de gens qui sont obsédés par les menaces arabes contre Israël, mais comme ils ne veulent pas, en réalité, d'État palestinien, sauf en Jordanie, cela les conduit à agir pour qu'Israël soit environné jusqu'à plusieurs milliers de kilomètres à la ronde par des régimes amis ou, en tout cas, neutralisés et pas menaçants. Après quoi, on habille parfois cette démarche en faisant miroiter de futurs « régimes démocratiques ». Mais comme, dans la plupart de ces pays, des élections voudraient dire sans doute régime islamiste, on mettra prudemment en sourdine l'objectif démocratique. Toute l'administration américaine actuelle n'adhère pas à ce projet, qui est surtout celui de l'aile Perle, Wolfowitz, Rumsfeld jusqu'à un certain point, peut-être Elliott Abrams. Mais ce groupe peut trouver des alliés en cours de route avec la victoire en Irak. Ils sont très forts. Le paradoxe est que plus ils sont extrémistes, plus ils sont intéressants, plus ils ont une vision, même si leur projet paraît délirant à la plupart des Européens ! Il y a tellement de gens au Proche-Orient qui n'en peuvent plus du *statu quo* – minorités opprimées, élites modernistes en déshérence… – que tout scénario de bouleversement peut y susciter paradoxalement des espoirs ou des calculs. Beaucoup de gens au Proche-Orient ne sont pas totalement à l'aise avec la position européenne qui revient en définitive à un consentement au *statu quo*.

L'opinion européenne le sent elle-même. D'où le malaise profond au milieu de cette opposition unanime à la guerre…

Les opinions européennes ont été vent debout contre Bush. C'est d'ailleurs paradoxal, car les Européens sont d'accord avec les Américains pour penser que la démocratie occidentale est le meilleur des systèmes et qu'il faut le répandre dans le monde entier ! Les Occidentaux sont en désaccord sur les moyens, les Européens ont la phobie de la force, mais ils sont aussi missionnaires et prosélytes que les Américains. Voyez, depuis plus de vingt ans, les appels à l'ingérence. La différence est que l'Europe voudrait croire que la « démocratie » peut se répandre dans le monde toute seule, pacifiquement, par la seule magie de son rayonnement, avec des encouragements, de l'aide, voire, s'il le faut, avec quelques sanctions. Mais le logiciel occidental reste : « Allez évangéliser toutes les nations. »

Qu'est-ce qui fait la difficulté spécifique de la cause démocratique dans le monde arabe ? L'exemple latino-américain montre après tout que l'autoritarisme n'est pas une fatalité politique.

Il faut distinguer les difficultés du monde arabe à se démocratiser – et c'est la question très controversée de l'islam, mais aussi des structures politiques autoritaires – et la difficulté à démocratiser un pays *de l'extérieur* – surtout par le fait d'un ancien colonisateur. Cela dit, on ne peut guère comparer Amérique latine et monde arabe. Il y a d'abord, au Proche et au Moyen-Orient, une rancœur anti-occidentale profonde, fondée sur un mélange inextricable de bonnes et de mauvaises raisons, alors que le monde latino-américain est un rameau hybride du monde occidental. Il y a ensuite la dimension israélo-palestinienne, et puis encore la dimension islamiste. Je ne sais pas si les islamistes auraient la majorité partout, mais ils feraient des scores très élevés dans la plupart de ces pays. Après la guerre en Irak, si Wolfowitz et compagnie arrivaient à convaincre Bush de s'en prendre à l'Arabie saoudite, il y aurait gros à parier que cela se terminerait comme avec Jimmy Carter en Iran : on veut favoriser l'arrivée de la démocratie, on récolte la révolution islamique.

La question israélo-palestinienne est au cœur de toutes les autres. Si l'administration Bush rompait avec la politique de la droite israélienne, qui est d'éliminer à tout jamais la perspective d'un État palestinien par le fait accompli de la colonisation et en décourageant les Palestiniens, si elle garantissait la sécurité d'Israël tout en imposant la création d'un État palestinien viable, elle changerait la donne. Elle retournerait une grande partie de l'opinion dans le monde arabe et en Europe même.

À certains mots de Bush pour présenter l'offensive en Irak, on a pu avoir l'impression que telle était son intention.

J'aimerais y croire, mais quand on regarde la position de l'administration Bush dès le début, on s'aperçoit qu'elle parle du Proche-Orient avec le langage et les concepts de la droite israélienne. C'est sa grille de lecture. L'administration Bush me semble être convaincue que la droite israélienne a raison. Comme on ne veut pas d'État palestinien, on ne veut pas de négociations. Pour qu'il n'y ait pas de négociations, on dit qu'on ne négociera pas tant qu'il y aura du terrorisme. On reverrouille ce que Rabin avait eu le courage de déverrouiller. Le président Bush est sur cette ligne, et cela se voit aussi bien dans le choix des gens qui occupent les postes clés sur ce sujet auprès de lui qu'à chaque réaction aux événements sur place, ou aux modestes propositions des Européens. On est avec eux dans le « deux poids, deux mesures » à un point jamais atteint, et dans le cynisme occidental le plus absolu. À deux ou trois occasions, Colin Powell ou tel ou tel intervenant extérieur, en tête desquels il faut certainement mettre Tony Blair, ont réussi à persuader Bush d'envoyer malgré tout un petit signal. Deux ou trois fois, Bush a accepté de prononcer un mot clé. Il a parlé ainsi, à l'ONU, d'un « État de Palestine ». La diplomatie américaine a vécu plusieurs mois sur l'exploitation de cette avancée sémantique. Avant le lancement des opérations en Irak, il y a eu deux ou trois éléments supplémentaires. Bush a mentionné la « feuille de route du Quartet[1] ». Cette feuille de route n'est pas grand-chose en soi : un modeste plan par étapes élaboré à la suggestion des Européens pour qu'il n'y ait pas que le vide en perspective, et qui, jusque-là, allait encore trop loin pour les Américains. Mais les propos de Bush n'ont été concrétisés par rien. Le gouvernement Sharon, qui se méfie toujours de toute pression pour la relance de négociations, a l'air très confiant. À l'heure actuelle, il ne semble pas craindre une tentative américaine sérieuse. Son seul motif d'inquiétude, c'est Tony Blair.

Le silence américain sur la nomination d'Abou Mazen est édifiant.

N'est-ce pas ? Ceux qui, en Israël et aux États-Unis, ne veulent pas d'État palestinien trouveront donc toujours que le négociateur palestinien, quel qu'il soit, sauf s'il capitule bien sûr, doit être

1. Le Quartet : États-Unis, Europe, Russie, ONU.

récusé. Pensant que c'était la preuve impossible, ils ont exigé pendant des mois et des mois qu'Arafat abandonne une partie de ses pouvoirs. Le jour où ils l'ont obtenu, cela devient un événement insignifiant, voire presque gênant !

Certes, un jour une administration américaine finira par être obligée d'imposer la paix au Proche-Orient. C'est-à-dire un État palestinien viable, l'évacuation de l'essentiel des colonies et, j'ajoute, des garanties militaires américaines au sol pour la sécurité d'Israël. On peut l'espérer. Mais, compte tenu du degré d'imbrication entre le Parti républicain et le Likoud, je n'arrive pas à croire que cette équipe le fasse, en tout cas pas avant les élections de 2004. Je serais très heureux de me tromper. Ce serait un progrès sur le plan de l'équité et pour la sécurité du monde entier ; cela réduirait les risques de *clash* islam/Occident ; mais les données dont nous disposons ne permettent pas d'y compter à court terme.

Quelles seraient les conditions d'un grand rebondissement dans ce domaine ?

Il faudrait que les Américains, ayant rencontré des difficultés politiques sérieuses en Irak, aient de nouveau besoin du système multilatéral et de quelques-uns de leurs alliés qui pourraient alors relancer la solution du problème du Proche-Orient, comme Tony Blair essaie de le faire, j'espère bientôt soutenu sur ce point par les autres Européens. Au-delà, ce serait la chance historique d'un nouveau dialogue euro-américain. Pour un partenariat euro-américain, il a toujours manqué d'abord que les Américains acceptent d'avoir un partenaire, ensuite que les Européens soient capables de l'être. Difficultés américaines, rebond européen : à ce moment-là, en 2005, après l'élection américaine, on pourrait assister à un début de reconstruction d'un système multilatéral à partir d'un partenariat euro-américain. C'est une hypothèse optimiste !

Compte tenu des différents scénarios possibles, en l'état actuel des événements, au moment où nous parlons – après la chute de Bagdad –, quelles peuvent être les conséquences principales de la guerre ?

Les suites dépendent d'abord des décisions de l'administration Bush. C'est elle seule qui aura géré cet après-guerre. C'est pénible à admettre, mais c'est comme ça. Et là, sa position est claire, on pouvait s'y attendre : gestion directe par la coalition jusqu'à ce qu'elle ait mis sur pied un gouvernement irakien « ami », l'ONU étant utilisée comme agence humanitaire.

Mais, au-delà, quelle sera l'attitude de l'administration Bush par rapport à l'ONU en général, indépendamment de la levée des sanctions par le Conseil ? On parle depuis des années et des années de réformer le Conseil de sécurité et de l'élargir. Y a-t-il un cas de figure où cela peut intéresser les Américains ? Même question pour la réforme de la Charte des Nations unies, de manière à élargir le chapitre VII pour y faire entrer l'ingérence tout en la codifiant…

La seule chose qui me paraît impensable, c'est que cette administration américaine – et d'ailleurs toute autre pendant encore longtemps – accepte de se comporter en membre normal des Nations unies. La disproportion des puissances rend la chose invraisemblable. Mais cela ne veut pas dire que les États-Unis sortiront pour autant des Nations unies. Ils peuvent même avoir intérêt, à un moment donné, à revenir au Conseil de sécurité pour « habiller » par exemple la gestion de l'après-guerre. Avant même, ils y auront été obligés parce que, pour changer les résolutions qui régissent aujourd'hui l'Irak, il leur faudra l'accord des autres membres permanents. Sinon le pétrole irakien restera géré par la résolution « pétrole contre nourriture ». En tout cas, tel est l'état du droit international, et s'ils voulaient s'en affranchir complètement, il y aurait une rupture violente.

Il y a aussi l'hypothèse selon laquelle ils instrumentaliseraient l'ONU comme une sorte de système multilatéral complémentaire de leur système de sécurité – celui-ci, dans leur esprit, est formé par les coalitions *ad hoc*, « C'est la mission qui détermine la coalition », pour reprendre les termes de M. Rumsfeld –, l'ONU restant utile pour gérer des crises moins importantes et fournir un cadre général de concertation pour les problèmes globaux.

La seule hypothèse que j'écarte, donc, ce sont les États-Unis membres normaux de l'ONU. Pour le reste, c'est une question d'opportunité pour l'administration Bush. Mais réformer vraiment le Conseil de sécurité ? Elle n'y a pas intérêt. Ce serait redonner du lustre au Conseil. Elle n'a pas intérêt non plus à relégitimer le chapitre VII de la Charte en multipliant les cas dans lesquels on pourrait l'invoquer, parce que cela voudrait dire que toute intervention devrait se situer dans ce cadre. Ce serait une limite à l'unilatéralisme. La tendance américaine (et pas seulement de Bush) me paraît être de s'affranchir le plus possible de ce cadre, tout en le préservant à toutes fins utiles.

On avait pu croire que le 11-Septembre allait normaliser l'Amérique en la rendant plus ouverte au monde extérieur, plus attentive, plus compréhensive, moins enfermée dans son exceptionnalisme. Or c'est plutôt l'inverse. Le choc l'a renvoyée à son unicité, à son nationalisme intrinsèque, à son exceptionnalisme complet. Une guerre comme celle-ci risque de ne pas être une simple aventure extérieure, mais une profonde expérience nationale. Il est difficile de savoir dans quel sens cette expérience va l'infléchir. Ne risque-t-elle pas d'avoir un impact de même ampleur que celle du Vietnam ? Peut-on l'imaginer dès aujourd'hui ?

En ce qui me concerne, je n'ai jamais cru que le 11-Septembre allait ouvrir l'Amérique sur l'extérieur, sur le multilatéralisme, etc. Au contraire. Je l'ai d'ailleurs dit tout de suite – j'étais ministre des Affaires étrangères à l'époque. J'ai annoncé à cette occasion que les États-Unis ne feraient même pas appel à l'OTAN pour l'Afghanistan ; que même l'OTAN, pourtant composée d'alliés sûrs, leur paraîtrait une contrainte multilatérale encore trop forte.

En ce qui concerne un choc du type Vietnam, cela supposerait que la société américaine tout entière arrive à la conviction que la prise en charge de l'Irak est illégitime, inutile, qu'elle conduit à une impasse, à un piège, et qu'il faut en sortir. Si une telle évolution devait survenir, cela n'aurait lieu qu'après la défaite de Bush en 2004, dans l'hypothèse où, après une victoire à la Pyrrhus, les choses n'auraient cessé d'aller de mal en pis en Irak. Il s'agirait alors de savoir ce qu'a de spécifiquement « bushien » la politique actuelle : sans doute une sorte d'aventurisme un peu illuminé. Mais il y a d'autres éléments qui caractérisent l'Amérique d'aujourd'hui et qui ne disparaîtraient pas avec Bush, l'unilatéralisme notamment. Les chances de Bush d'être réélu aujourd'hui ? Personne n'en sait rien. Il n'y a pour le moment aucun candidat démocrate de poids à l'horizon ; il y a l'inconnue des suites de la guerre, l'inconnue de l'économie. Cela fait trop d'inconnues !

[…].

SUR L'OUVRAGE DE FAREED ZAKARIA, *THE POST-AMERICAN WORLD*[1]

Des conseils pour les Américains – « être le pivot du système international » – qui pourraient inspirer les Européens : c'est ce que lit Hubert Védrine dans le livre de Fareed Zakaria paru en 2008.

Alors que tant d'analyses internationales sont convenues, biaisées et répétitives, que les Occidentaux peinent à sortir de leur nombrilisme, de leur myopie, de leurs phobies, celle de Fareed Zakaria, le brillant éditeur de *Newsweek International*, traite du cœur du sujet : la montée des émergents, ses conséquences pour l'Occident, les réponses possibles. Certes nous ne sommes pas encore dans *The Post-American World*, titre de son essai, mais déjà les Occidentaux ont perdu le monopole de l'Histoire, si ce n'est la puissance ou l'influence qu'ils ont détenues, Européens puis Américains, depuis le XVIe siècle. Il est urgent qu'ils réfléchissent aux politiques à adopter face à ce bouleversement tectonique, faute de quoi ils s'enferreront, sous l'effet de la panique, comme l'a fait l'administration Bush, dans des politiques de force simplistes et vouées à l'échec.

On a vu ces dernières années les plus grands penseurs américains conservateurs (Kissinger) ou néoconservateurs (Fukuyama, Kagan) se saisir de ce nouvel état du monde. Kissinger a rappelé, et Fukuyama redécouvert, que les États étaient irremplaçables et que l'économique n'avait pas supplanté le stratégique. Kagan a abandonné les rêveries néoconservatrices pour une lecture dure, mais classique, de l'Histoire qui nous attend à nouveau. Zakaria,

1. Article paru dans *Le Monde diplomatique* d'août 2008.

qui pourtant avait approuvé la guerre en Irak, approfondit l'examen des réactions possibles à ce *rise of the rest* (« émergence du reste [du monde] »), « conséquence ironique, selon lui, de soixante ans d'action américaine » pour ouvrir et américaniser le monde. Il ramène maintenant à de plus justes proportions aussi bien la menace islamique que celle des *rogue states* (les « États voyous »). Il les traite avec sérieux mais pondération et sang-froid. Son analyse sur les forces économiques, financières et technologiques en mouvement – libre circulation exponentielle des capitaux, innovations technologiques, effondrement du coût des transports – est fondamentalement optimiste et libérale. Bien sûr, il s'inquiète aussi des gaspillages et de la dévastation des ressources, de la vigueur des nationalismes dans le monde et de leur résurgence qui déconcertent les Américains qui croient toujours agir – eux – pour le bien de l'humanité.

Il note la puissance des forces politiques protestataires mondiales, comme la montée des BRICM (les désormais célèbres BRIC plus « M » pour Mexique). Il prend ainsi au sérieux, avec un peu de provocation ou, en tout cas, d'anticipation, l'hypothèse d'un monde qui, pour la première fois depuis un demi-millénaire – cinq siècles après que l'empereur de Chine a mis un terme aux expéditions maritimes lointaines de l'amiral Zheng He –, serait « non occidental ». En tout cas ne serait plus exclusivement occidental. Mais cette analyse du monde ne l'amène pas à penser que le monde va être anti-américain. Il le voit plutôt « postaméricain ». À la question « peut-on être moderne sans être occidental ? », Zakaria répond de façon nuancée. Il pense que le modernisme occidental a tant transformé le monde que la fin du monopole occidental de la puissance ne signifie pas la fin du modernisme à l'occidentale. Si les États-Unis sont un jour dépassés, ce sera par leur succès.

Conscient néanmoins que l'Histoire – et la compétition – se poursuit entre les grands pays et les grandes nations, Fareed Zakaria concentre ensuite longuement son analyse dans deux chapitres passionnants et très argumentés sur les forces et les faiblesses de deux cas exemplaires : le « challenger » (la Chine) et l'« allié » (l'Inde), et des relations du dragon et de la vache (d'autres, comme Martine Bulard, symbolisent l'Inde par l'éléphant) avec l'aigle (les États-Unis). Sans surprise, Fareed Zakaria, qui est d'origine indienne, inclut dans son tableau des atouts de l'Inde – en qui il voit le pays le plus pro-américain du monde – le potentiel d'entente et même d'alliance de ce pays avec les États-Unis. Ce qui ne l'empêche pas de reconnaître que l'Inde ne sera pas avant longtemps une puissance globale, ni d'écrire que, s'il y avait compétition entre l'Inde et la Chine, cette dernière l'aurait pour le moment et pour longtemps clairement emporté. Il voit, à juste titre à mon avis, la politique de la Chine envers le reste du monde comme assez ouverte, possiblement interactive, dépendante des actions chinoises, mais aussi des réactions des autres et de leur combinaison systémique.

Ces analyses limpides et lucides forment un réjouissant contraste avec la lourdeur manichéenne et la balourdise idéologique de l'administration américaine sortante, comme avec l'habituel jargon globaliste.

Mais l'originalité et la force principales de Fareed Zakaria résident surtout dans ses deux derniers chapitres : « *American power* » et « *American purpose* », où il traite des réponses. Face à cette remise en cause et à ces défis, il y propose pour l'Amérique une politique radicalement différente de celle qu'avait menée la Grande-Bretagne, à la fin du XIXe siècle. Après la guerre des Boers, elle avait tout fait pour préserver sa prédominance politique mondiale, servie en cela par la patience et l'isolationnisme américain. Cela avait réussi, longtemps, mais elle n'avait pas su enrayer son inexorable déclin économique. L'étonnant pour Zakaria n'est pas que l'Empire britannique ait décliné après avoir dominé économiquement le monde, en fait peu de temps, deux décennies, mais qu'il ait duré encore si longtemps après et que Churchill ait pu être présent à Yalta, sommet américano-soviétique en fait. Mais cette survivance était trompeuse. Rien de tel avec les États-Unis d'aujourd'hui dont l'économie, à la différence de la Grande-Bretagne du début du XXe siècle, malgré ses propres faiblesses (endettement, etc.) et malgré l'Irak, reste prodigieusement puissante et créatrice notamment dans les industries et technologies du futur : nanotechnologies, biotechnologies, etc. États-Unis qui disposent en outre d'une arme secrète, en tout cas par rapport à l'Europe : grâce à l'immigration, leur démographie. La guerre d'Irak ne sera pas la guerre des Boers de l'Amérique. Mais ce qui ne va pas aux États-Unis, selon l'auteur, c'est la politique. Outre que les États-Unis doivent impérativement améliorer l'accès à leurs écoles et leurs infrastructures, les Américains doivent s'intéresser au monde extérieur, aux langues et aux cultures des autres. « Les Américains n'ont jamais développé, déplore-il de façon euphémistique, la capacité à se mouvoir à l'intérieur des mondes des autres peuples. » Il n'est que temps de le faire.

Face à ce monde nouveau où tous les pays – les grands émergents et même les autres – entrent ou ré-entrent dans le jeu mondial, la politique américaine, pour la quatrième fois depuis 1945 selon lui (fin des années 1950, début des années 1970, milieu des années 1980), a perdu son fil conducteur et « dysfonctionne ». C'est ce qu'il appelle la *do-nothing politics* (« la politique du ne-rien-faire »). Sa formule pour expliquer la politique étrangère de Bush est aussi simple que cette politique elle-même : « *Unipolarity + 9/11 + Afghanistan = Unilateralism + Iraq* ». Les Américains doivent impérativement sortir de leur cocon et adopter une nouvelle politique. Laquelle ? Le contraire de celle de la Grande-Bretagne autrefois, insiste-t-il, le contraire de celle de Bush qui a coalisé les oppositions au lieu de les dissocier, plutôt celle de… Bismarck, qui avait su, à la fin du XIXe siècle, faire de l'Allemagne récemment unifiée l'honnête courtier de l'Europe, le « hub » du système européen. Le but de l'Amérique devrait être le même, à l'échelle du monde : avoir de meilleures relations avec tous les autres pays que chacun d'entre eux n'en a avec les autres, être « le pivot du système international ». « *Be Bismarck, not Britain* », résume-t-il. Ce rôle, James Baker, le secrétaire d'État du premier président Bush, l'avait d'ailleurs défini dès 1991 : il avait parlé d'un « *hub-and-spoke system* » dans lequel chaque pays devrait passer par les États-Unis pour atteindre sa destination. J'avais évoqué pour ma part une roue de bicyclette dans laquelle les États-Unis étaient le moyeu et tous les autres pays les rayons. Selon Zakaria, les États-Unis disposent encore d'un immense atout pour se faire accepter dans ce rôle : presque partout dans le monde les pays préfèrent le *leadership* global des États-Unis à l'hégémonie plus proche d'un géant régional. Les pays d'Asie ne veulent pas d'une hégémonie chinoise, etc. Évidemment cela suppose que les États-Unis adoptent un comportement différent de celui d'une superpuissance dominatrice, qu'ils consultent les autres, qu'ils coopèrent et renforcent leur capacité à former des coalitions. On aura compris que ce livre conteste radicalement la vision du monde, les objectifs et les méthodes de l'administration Bush sortante. Mais sans s'y attarder tant la cause est entendue et l'avenir proche et exigeant. À cela Fareed Zakaria ajoute quelques conseils pour agir dans le monde qui vient. Ils sont adressés à la prochaine administration américaine mais méritent d'être méditées par les Européens :

1) Choisir : avoir une politique claire envers la Chine, la Russie, etc., ce qui n'est pas le cas aujourd'hui vis-à-vis de l'Iran, par exemple, choisir entre changement de régime et changement politique.

2) Construire, à la Roosevelt, des institutions et des mécanismes larges, des règles, sans se laisser enfermer dans une vision étroite des intérêts.

3) Pratiquer et favoriser un ordre mondial *ad hoc*, un multilatéralisme à la carte. Mais il prévient que, même ainsi, l'Amérique aura à négocier avec les autres, et à faire des compromis.

4) Penser l'asymétrie qu'exploitent de plus en plus les nouvelles forces politiques de contestation, difficiles à vaincre de façon classique, et en déduire des politiques plus intelligentes. Aux États-Unis, réconforter et utiliser les musulmans américains au lieu de les soupçonner et de les décourager.

5) La légitimité : se rappeler que c'est elle qui donne le pouvoir, et non l'inverse, et qu'elle dépend étroitement de la façon dont chaque peuple voit sa propre histoire.

6) Enfin et surtout se libérer de la peur. « L'Amérique, ironise-t-il, est devenue une nation rongée par l'anxiété, la peur des terroristes et des États voyous, des musulmans, des Mexicains, des entreprises étrangères, du libre-échange, des immigrants, des organisations internationales. » Paradoxe : « La plus puissante nation de l'histoire du monde se sent assiégée par des forces qui échappent à son contrôle. » Il souligne d'ailleurs que cette rhétorique de la peur n'est pas pratiquée par le seul président Bush. Roosevelt encore (1933) : « La seule chose dont nous devrions avoir peur, c'est de notre propre peur. »

C'est très intéressant que ce soit un Américain qui réfléchisse ainsi, mais ce n'est sans doute pas un hasard s'il s'agit d'un musulman indien devenu américain resté très conscient de l'existence et des différences du reste du monde, comme le serait sans doute un Obama. Zakaria est encore reconnaissant de l'accueil extraordinaire qu'il a reçu de la part de la société américaine en arrivant aux États-Unis en 1982 et il rappelle que cette capacité d'accueil est un antidote puissant à la mauvaise politique américaine qui prend parfois le dessus.

Bien sûr, il s'agit toujours de préserver les intérêts vitaux des États-Unis, leur *leadership*, mais intelligemment, de façon bismarcko-rooseveltienne si l'on peut dire. En maniant le *smart power* du professeur Joe Nye. Mais qui s'en étonnera ? Bien sûr des Européens pourraient regretter que « l'Europe » soit en tant que telle absente de cette réflexion d'ensemble, mais ils ne peuvent s'en prendre pour cela qu'à eux-mêmes. Si l'Amérique va dans ce sens nouveau après les prochaines élections, si elle redevient réaliste et ambitieuse pour le monde, les huit années écoulées auront été le spasme final d'une hyperpuissance qui a voulu dominer sans s'intégrer ni comprendre, et qui est dépassée. Les Européens dont la pensée sur le monde reste désespérément fumeuse et stérile, et plus encore ceux qui s'étaient laissé séduire jusqu'en France par le manichéisme bushien et le néoconservatisme, feraient bien de s'inspirer de réflexions aussi aiguisées pour ne pas rater le rendez-vous de 2009.

L'AVENIR DES RELATIONS ENTRE LES ÉTATS-UNIS ET L'EUROPE VU EN 2020[1]

Cette conférence inaugurale a été prononcée en janvier 2020, juste avant le début de la pandémie. L'analyse sur le long terme, présentée ici, n'est pas contredite par les événements ultérieurs. Le Covid-19 a confirmé l'état déjà assez chaotique du monde et a révélé l'aggravation des relations internationales, le durcissement et l'assurance de la Chine, et certains dysfonctionnements des démocraties. Ces événements peuvent accélérer des prises de conscience utiles, des réformes et des plans de redressement.

Il n'est plus possible en janvier 2020, après trois ans de présidence Trump, de considérer la question transatlantique d'une façon conventionnelle, trop classique, pro ou anti-atlantiste. Car les bases anciennes de cette relation ont commencé à bouger.

Au préalable, un retour en arrière est nécessaire pour dissiper plusieurs idées simplistes ou fausses sur l'histoire de cette relation, idées qui conduisent souvent à des conclusions et des prévisions erronées.

Rappel historique sur les États-Unis

Les Pères fondateurs des États-Unis, en 1783, avaient une vision messianique – l'exceptionnalisme – et conquérante, mais pas encore « impérialiste », de leur pays. Et cela reste vrai jusqu'au début du XXe siècle, en 1917. Sauf bien sûr vis-à-vis du Texas et

1. Conférence tenue à la chaire « Enjeux stratégiques » (Louis Gautier) à la Sorbonne le 20 janvier 2020.

des territoires au-delà de la « frontière », et encore au-delà, des colonies espagnoles en Amérique centrale, à Cuba et même aux Philippines.

En fait, ils n'ont été *isolationnistes* (en suivant en cela les conseils de la *Farewell Address*, le testament politique de George Washington) *que par rapport aux Européens*, et ce jusqu'en 1917.

Madeleine Albright, énervée par les critiques de l'impérialisme américain, m'a souvent dit : « Les États-Unis sont devenus la puissance numéro un par obligation, face à Hitler, puis Staline, sans l'avoir voulu. » Ce n'est pas faux.

Rappelons-nous que, de 1914 à 1917, le président Wilson a hésité face à Guillaume II, l'opinion américaine étant partagée moitié-moitié. L'engagement au côté des Alliés n'est venu qu'après les attaques par les sous-marins allemands des vaisseaux américains qui ravitaillaient la Grande-Bretagne.

Les vingt-deux années d'entre-deux-guerres ont été ensuite incertaines ou ambiguës en ce qui concerne ces relations. En particulier la France, restée « clemenciste », se sentait un peu « lâchée ».

Mais il y a eu le 7 décembre 1941. L'attaque japonaise de Pearl Harbor a permis à Roosevelt d'entrer enfin en guerre face aux Japonais et à Hitler. C'est une date clé dans l'histoire des États-Unis.

Après la guerre il y a eu, à la demande pressante des Européens qui redoutaient une invasion par Staline, le traité historique créant en 1949 l'alliance de l'Atlantique Nord. Mais Truman – grand président – avait dû l'imposer au Sénat réticent.

Rappel historique sur les Européens face aux États-Unis

Si la France de Louis XVI avait aidé la guerre des *insurgents* américains (La Fayette, 1775/1783), ce qui a ruiné Versailles, c'était surtout pour affaiblir la Grande-Bretagne. Ensuite, la relation Grande-Bretagne/États-Unis a durablement été aigre, comme la relation États-Unis/Espagne et la relation États-Unis/France peu consistantes. Au XIXe siècle, l'attitude des Européens envers les États-Unis a divergé, sur fond de relative indifférence. C'est un monde encore européen avec ses empires coloniaux, et les États-Unis sont périphériques.

Le grand changement est venu après.

Le tournant de Pearl Harbor et du traité de l'Atlantique Nord

Avec Pearl Harbor, il y a soixante-dix-neuf ans, et le traité de l'Atlantique Nord, il y a soixante et onze ans, on est entré dans une ère différente, qui dure encore tout en s'affaiblissant.

Après la victoire américaine en 1945, l'américanisation de l'Europe occidentale a été lente mais acceptée par les Européens de l'Ouest (ce ne sont pas encore des sociétés connectées, vivant dans l'instant), excepté par les communistes : le chewing-gum, les jeans, le cinéma (accord Blum-Byrnes), Hollywood, l'« usine à rêves » de Malraux, les crooners, le rock, Woodstock, les hippies, etc. Plus tard, les fast-foods et mille autres américanismes.

Cela a été plus fort encore avec la phase de globalisation de la décennie 1990 (en fait sino-américaine), impulsée par la Silicon Valley, et la prolifération du langage « globish ». Les effets sont maintenant éclatants dans l'enseignement supérieur, la recherche et les business schools[1].

Pendant ces décennies, un maillage complet de liens transatlantiques efficaces et d'organisations a été mis en place : bourses, *think tanks*, fondations, radios, Young Leaders, réseaux d'anciens, Bilderberg, médias, syndicats, etc. Seuls les communistes restaient anti-américains (*US go home !*). Mais la capacité d'intimidation des marxistes ou des communistes sur la sphère politique s'est érodée avec le temps, même si elle est restée forte dans l'université, jusqu'à ce que le gauchisme culturel prenne le relais, mais c'est un autre sujet.

Ce phénomène d'imprégnation, que Régis Debray a placé en 2019 sous son projecteur, existe donc en Europe depuis des décennies ! Toute l'histoire de l'Europe depuis l'après-guerre s'est inscrite dans ce cadre d'une américanisation du monde. C'est plus fort encore dans les autres pays européens, et surtout en Europe centrale et orientale, qu'en France où l'attitude gaullienne, ou gaullo-mitterrandienne n'a pas totalement disparu.

Le traité de 1949 qui a créé l'Alliance atlantique, son organisation (le *O* de l'OTAN), et la garantie de l'article 5[2] sont la clé de voûte de cette relation.

---

1. Au moment de cette conférence, les ravages de la *cancel culture* ne sont pas encore perceptibles en France.
2. Article 5 du traité de l'Atlantique Nord, portant sur la défense mutuelle.

Depuis que l'Alliance existe, il y a eu des désaccords permanents (des « malentendus » transatlantiques selon Henry Kissinger dans ses *Mémoires*) sur le financement, le *burden sharing* (le « partage du fardeau »), sur la décision, sur le « hors zone », sur la réalité de la garantie, sur la dissuasion. Ils n'ont jamais totalement cessé, y compris la méfiance du système otanien envers la France, et même après la réintégration décidée par le président Sarkozy (qui, sur ce plan, n'a servi à rien).

Quelle garantie américaine après la riposte graduée (la *flexible response*, imposée à l'OTAN par MacNamara après la sortie de De Gaulle en 1966 – de Gaulle s'y opposait) ? Cette bataille trop oubliée reste essentielle à la compréhension de l'évolution ultérieure des opinions européennes, car elle a créé une aversion pour le nucléaire en Allemagne. À la fin des années 1950, l'URSS acquiert la capacité de fabriquer et de lancer des missiles à longue portée, qui peuvent atteindre l'Amérique du Nord. Insupportable pour les États-Unis ! Ils commencent à réfléchir à une stratégie qui les expose moins en première ligne en ne brandissant pas d'emblée la menace des armes nucléaires stratégiques. Au prix d'une bataille en Europe sur le territoire allemand ! Selon cette stratégie, l'OTAN opposerait aux menaces ou actions soviétiques la menace de l'emploi de missiles *à moyenne portée* déployés en Allemagne de l'Ouest. De Gaulle s'y était opposé absolument, comme bien plus tard François Mitterrand. Ce débat avait resurgi en 1987 de façon fascinante au G7 de Venise, sous la cohabitation Mitterrand/Chirac, avec Reagan, Thatcher et Kohl.

Il ne faut pas oublier un autre irritant : la *défense européenne* périodiquement réclamée ou proclamée par la France. Cet énervement des États-Unis et des milieux atlantistes était très exagéré, car ce projet français – j'ajouterai hélas ! – n'a jamais été vraiment soutenu par aucun Européen et n'a donc jamais été susceptible de se concrétiser. Disproportionnée, l'hostilité de l'*establishment* américain (sauf d'Obama I) à tout pilier européen a quand même été constante, même sous Bill Clinton, avec Madeleine Albright.

Après 1991, fallait-il garder l'OTAN ? L'honnêteté oblige à dire qu'il y a une demande générale des Européens dans ce sens. Abandonner l'OTAN ? Impensable. Tous, et pas seulement l'Europe de l'Est. Et bien sûr, il y a eu une volonté américaine de maintenir en place cet irremplaçable instrument d'influence. Seuls

François Mitterrand et Roland Dumas avaient osé s'interroger sur la raison d'être de l'OTAN après la disparition du pacte de Varsovie. Interrogation aussitôt rejetée avec indignation par tous les autres… Après la disparition de l'URSS fin 1991, il y a eu un flottement sensible dans les années 2000, et après, sur la dissuasion. La miniaturisation et les têtes multiples créaient chez certains stratèges la tentation de l'emploi.

Il y a donc eu une originalité française, *pendant quarante et un ans*

Originalité gaullienne, à l'origine, depuis 1958 (le mémorandum) et surtout après 1966. Préservée par Pompidou, Giscard, Mitterrand et Chirac. Jusqu'à ce que Sarkozy décide la réintégration en 2007, pour rompre avec le prétendu anti-américanisme de la Ve République, mais surtout croyant en cela faire disparaître les oppositions à la création d'une défense européenne ! Erreur de diagnostic. On a vu que cette réintégration n'a rien déclenché.

Le discours d'Emmanuel Macron du 5 février 2020 sur la dissuasion a été sage. Il a préservé, contre les attentes à la mode, les fondamentaux de la dissuasion, mais a invité les autres Européens de l'Union à une réflexion stratégique commune. Certains en ont été gênés mais d'autres devraient – peut-être – y répondre.

L'alliance aujourd'hui : *statu quo*, interrogations vagues et confusion

Le traité atlantique a régulièrement été reconduit. Depuis la disparition de l'URSS, *aucun* pays membre n'a demandé qu'il ne le soit pas. D'autres pays voudraient même y entrer, plus ou moins encouragés par les États-Unis : l'Ukraine, la Géorgie. La revendication otanienne de l'entrée de l'Ukraine, donc de la Crimée et de la base de Sébastopol, dans l'OTAN a contribué, avec le refus antérieur russe d'accepter l'indépendance de l'Ukraine, à déclencher le processus que l'on sait.

Il y a consensus au sein de l'OTAN pour dire qu'il n'y a *pas de problème*. Quand, le 7 novembre 2019, furieux du jeu turc en Syrie et des incohérences de l'OTAN sur la Turquie, le président Macron a mis les pieds dans le plat à propos de l'OTAN (« mort cérébrale »), cela a énervé et n'a produit que la promesse d'un comité des sages, chargé de « réfléchir » à l'avenir de l'organisation[1].

Il y a quand même en Europe une inquiétude sourde sur la réalité de l'engagement américain. Elle existe depuis longtemps, mais elle était refoulée. Elle est apparue avec Obama et est impossible à masquer avec Trump. Les Alliés vivent dans le déni, tant ils appréhendent les conséquences qu'il faudrait en tirer.

La déclaration de Mme Merkel en 2017 après qu'elle a rencontré Donald Trump (« il faut nous organiser mieux par nous-mêmes ») n'a pas produit d'effets tangibles. Est-ce que la montée en puissance menaçante de la Chine ne va pas finir par changer la donne ? Les Européens sont très divisés aussi là-dessus, et très hésitants.

Les propositions très ambitieuses initiales d'Emmanuel Macron (à la Sorbonne en 2017) n'ont produit pour le moment que le Fonds européen de défense (de Thierry Breton), l'Initiative européenne de défense (à confirmer) et le projet franco-allemand de système aérien (avion et drone), remarquable s'il se concrétise, mais très loin des espérances.

Après le Brexit, il faut absolument conserver le traité de Lancaster House entre la France et la Grande-Bretagne, le faire vivre et même essayer de l'élargir à l'Allemagne.

J'en viens au plus important pour nous maintenant, les scénarios d'avenir.

Scénarios

Quelle peut-être l'évolution à terme des États-Unis ?

Il est évident, Trump ou pas, qu'ils voudront rester n° 1 face à la Chine, économiquement et militairement, mais pas *se réengager* partout, ni redevenir *missionnaires* ou *prosélytes* et en défendant leurs intérêts brutalement, sans les envelopper de tirades sur « les valeurs ».

Après Trump, en 2020 ou 2024, un trumpisme *civilisé*, à « visage humain », pourrait-on dire, est possible, mais il n'y aura pas de

1. Ce groupe a été créé par la suite. Il comprend dix personnalités. Le secrétaire général Stoltenberg y a désigné Hubert Védrine sur les propositions du président Macron. Ce groupe a déposé son rapport en décembre 2020. Le sommet de l'OTAN de juin 2021 a repris sa suggestion d'un « nouveau concept ».

retour à un passé idéalisé, ce que j'appelle « l'Amérique en technicolor ».

Il faut tenir compte pour une majorité d'Américains du souvenir de plus en plus éloigné de la Seconde Guerre mondiale, et de la transformation démographique du peuple américain, les protestants fondateurs étant appelés à être de plus en plus minoritaires. Quels peuvent en être les effets ?

– L'intérêt culturel pour l'Europe se maintiendra au moins sur la côte est, et à Chicago. Mais il deviendra minoritaire et résiduel.

– Un antagonisme *résiduel* également avec la Russie sera entretenu méthodiquement par l'État profond et le complexe militaro-industrialo-technologique, jusqu'à ce que l'obsession du défi chinois prenne, peut-être, le dessus, même si Trump n'est pas réélu.

– Un soutien bipartisan au nationalisme israélien (juifs américains, et évangélistes), par identification à Israël et électoralisme, restera intangible.

– Un intérêt intermittent, ethnique ou sécuritaire, se manifestera pour *certains* pays africains.

– La vigilance restera constante envers l'Amérique centrale (du fait de la pression migratoire).

– Un grand intérêt pour l'Inde (*via* la Silicon Valley) sera renforcé par le désir de contrebalancer la Chine par l'« Indopacifique ».

– Un lien utilitaire, et sécuritaire, mais moins exclusif, avec l'Arabie.

– Une haine inextinguible envers le régime iranien jusqu'à sa chute.

Quelle évolution peut-on attendre des Européens ?

La fascination pour l'Amérique et sa culture de masse, et ses séries, va durer. À quoi s'ajoute l'imbrication profonde incomparable des intérêts économiques au sens large. L'Europe de l'Est reste très pro-américaine et pro-otanienne, à cause de ou malgré Trump. Ce qui entrave d'ailleurs toute évolution dans le sens des idées françaises.

Les organismes et réseaux multiples d'influence américaine sont toujours à l'œuvre, tellement enracinés et omniprésents depuis trois générations qu'ils font partie du paysage et ne sont plus perçus comme de l'ingérence ou de l'impérialisme. Phénomène gallo-romain.

Les Européens de l'Ouest sont épidermiquement anti-Trump, moins qu'en 2017. Ils se sont lassés, habitués ou résignés (!), mais cela ne les a pas rendus anti-américains.

Le « globish », ce sous-américain d'aéroport, devenu *lingua franca*, s'étend au détriment du français (et du véritable anglais !), mais pas de l'espagnol. Par ailleurs, les Européens n'arrivent pas à maîtriser les flux migratoires, ni à empêcher le dévoiement du droit d'asile.

Les Européens sont durablement paralysés par leurs divisions et inhibitions sur la question islam/islamisme, ce qui les empêche de bloquer efficacement l'offensive islamiste.

La Chine impressionne mais ne séduit pas. Il n'empêche que l'avenir du monde, y compris négativement sur le plan écologique, va être dominé durablement par la corrélation diabolique Chine/États-Unis. Les Européens sont inhibés et divisés à ce sujet.

Au fond, la réticence des peuples européens, depuis 1945, à se penser en puissance, et donc envers une « Europe puissance », est toujours aussi handicapante, sauf en Grande-Bretagne, sortie, ou en France, mais qui n'arrive pas à entraîner les autres.

Quelle éventuelle nouvelle menace commune et spécifique pourrait refédérer les Occidentaux nord-américains et européens ? La menace chinoise ? Mais l'économie mondiale dépend beaucoup de l'économie chinoise, et celle-ci et l'économie américaine sont imbriquées.

Quelles conséquences en tirer sur la relation États-Unis/Europe ?

• Premier scénario

Face au chaos global et au désordre géopolitique persistant, la relation avec les États-Unis rassure l'Europe et reste tout de même très forte et étroite. Les États-Unis demeurent engagés. L'Alliance « atlantique » perdure donc et s'élargit même au-delà de l'Atlantique Nord à proprement parler, contre la Russie, la Chine, le terrorisme, le cyber, etc., y compris dans l'Arctique. Un pôle européen plus ou moins autonome s'affirmera peut-être en son sein.

Le fait que les États-Unis de Trump se comportent comme une sorte de « voyou écologique » gêne un peu. La poursuite de l'Alliance serait plus facile s'ils changent sur ce point. Mais la volonté de préserver l'Alliance face aux diverses menaces reste la plus forte.

Cette Alliance perpétuée trouve, ou non, un mode de voisinage plus réaliste et plus sûr avec la Russie. Mais les deux – l'OTAN et la Russie de Poutine (depuis son troisième mandat) – le veulent-elles ?

La coopération industrielle États-Unis/Europe perdure, même si la concurrence reste féroce, même si les États-Unis veulent que les Européens achètent plus de matériel américain, et malgré les sanctions extraterritoriales unilatérales (ex. : Airbus).

• Deuxième scénario

Il y a un autre scénario, très différent, que beaucoup, aux États-Unis, et plus encore en Europe, ne veulent pas envisager.

Les incompréhensions entre l'Europe et les États-Unis sont grandissantes. Les désaccords sur la Chine, le Proche-Orient, l'écologie, etc., deviennent permanents. Les Européens ne voient plus les États-Unis comme le seul point de repère et un protecteur assuré et fiable. Les Américains sont focalisés en priorité sur la Chine, l'Asie, le Pacifique. *La relation se distend inexorablement*. L'indifférence mutuelle s'étend avec le passage des générations. Les Européens de l'Est s'accrochent aux États-Unis par peur de la Russie, mais Américains et Européens deviennent peu à peu des « cousins issus de germains ».

Le traité de 1949 n'est *pas formellement dénoncé* par les États-Unis, mais il devient progressivement une coquille vide. La mise en œuvre de l'article 5 devient une possibilité parmi d'autres. Les Européens n'y croient plus, s'alertent, se découragent.

Chacun, Amérique et Europe, est livré à lui-même, joue sa carte à sa façon dans le chaos mondialisé et le flottement multipolaire (pas de monde multipolaire stable), contracte des alliances nouvelles, opportunistes, conjoncturelles, et même *éventuellement rivales* : les États-Unis dans une relation contrainte, et insupportable, avec la Chine dont ils cherchent (Trump) à se dégager ; les Européens déboussolés, mais toujours tétanisés à l'idée de devoir devenir une puissance.

*

Qu'un scénario l'emporte clairement dépend beaucoup non pas de « l'Europe » (qui est-ce ?), mais des *Européens*. L'idéal serait une alliance raisonnable, refondée sur deux piliers équilibrés. Mais la contestation paralysante des démocraties *représentatives* au nom d'une impossible ou terrifiante démocratie directe, et les errements américains, compliquent en plus l'analyse, les formulations, et surtout les réponses géopolitiques.

SUR LES MÉMOIRES DE BARACK OBAMA[1]

Dans ses Mémoires dont la parution a connu un retentissement mondial, l'ancien président des États-Unis Barack Obama confirme son intelligence du monde, fût-ce à travers une grille de lecture très intellectuelle, voire cérébrale. Les maux des démocraties occidentales, y compris des États-Unis, les dilemmes et les contradictions des dirigeants occidentaux y apparaissent, et l'écartèlement des décideurs, entre idéalisme et réalisme, aussi. Bien qu'estimée, l'Europe reste au second plan des priorités américaines. Elle n'est pour Washington ni un problème ni une solution.

Pour quiconque s'intéresse à la marche du monde, et donc, bien sûr, à la façon dont se prennent – ou ne se prennent pas – les décisions à la Maison Blanche (mis à part l'épisode ubuesque de Trump), les 842 pages du premier tome des Mémoires de Barack Obama[2] sont captivantes. Certes, on a déjà pu lire des Mémoires d'autres présidents, en particulier ceux de George H. Bush, en collaboration avec le général Scowcroft, ou d'anciens secrétaires d'État, comme Hillary Clinton ou Madeleine Albright. Mais les Mémoires de l'ancien président Obama nous permettent de pénétrer encore plus à l'intérieur de l'enfer washingtonien. Peut-être est-ce grâce à son intelligence, à sa clarté, à son talent pédagogique (il reconnaît lui-même qu'il a souvent un ton professoral) ? Toujours est-il qu'on y mesure encore mieux à quel point « l'homme le plus puissant de la planète » est confronté à des blocages permanents, du Congrès – par exemple de Mitch McConnell avec

1. Tribune parue dans *L'Obs* du 22 novembre 2020.
2. Traduction française *Une terre promise*, Fayard, 2020.

qui Joe Biden va devoir cohabiter – et des bureaucraties, à des intimidations et des actions de toutes sortes de lobbies très puissants, à la puissance harcelante des médias qui le condamnent à de harassantes négociations. Il s'y ajoute, dans son cas, la guérilla abjecte menée contre lui par certains républicains, et très tôt par Donald Trump, qui a aggravé les obsessions du Tea Party. Déjà, le Parti républicain de Nixon, Kissinger, Reagan, George Bush père n'était plus qu'un souvenir, et ne se survivait qu'à travers John McCain.

Barack Obama explique longuement, bien, chaleureusement, à l'américaine, les raisons pour lesquelles il a choisi tel ou tel, leurs rapports dans le travail, et le processus par lequel, à la fin des fins, le Président donne son accord à tel ou tel projet, ou engage tel ou tel autre processus. Il est clair pour lui que le « noble combat » – construire aux États-Unis un système de santé décent, l'Obamacare – contre toutes les obstructions l'emporte sur toute autre considération. Pour donner un coup d'arrêt à la fuite en avant dans les opérations extérieures, les croisades modernes, il avait d'ailleurs déclaré : « Le *nation-building* commence chez nous. » La quasi-impossibilité de parvenir à des accords bipartisans est pour lui un crève-cœur.

« Étais-je prêt à devenir un grand dirigeant international ? » se demande-t-il. Son approche du monde commence par la gestion des conséquences de la gigantesque crise financière déclenchée par l'irresponsabilité du système américain dans les *subprimes*. S'agissant des crises géopolitiques au sens classique, il a un point de vue souvent compréhensif en ce qui concerne les motivations et le ressenti de ses adversaires. Il expose ainsi longuement les griefs de Poutine, alors Premier ministre, selon lequel l'Occident a menti aux Russes et les a trompés, alors qu'il ne cache pas son aversion pour le personnage. On comprend l'échec programmé du *reset*.

Il était très attendu sur le Proche-Orient. Il s'en explique. Il manifeste à l'égard du monde juif et d'Israël des affinités et une compréhension aux antipodes de ce qu'ont décrit ses adversaires. Il peut avoir la dent dure sur l'AIPAC (American Israel Public Affairs Comity), « un puissant lobby transpartisan qui veillait à ce que les États-Unis continuent de soutenir inconditionnellement Israël » et qui « pouvait exercer son influence sur presque tous les districts du pays, et pratiquement tous les politiciens de Washington » (y compris lui, souligne-t-il). Il peut reconnaître que « les parlementaires qui critiquaient Israël un peu trop fort risquaient de se voir qualifier d'anti-Israël, et éventuellement d'antisémites, et de découvrir en face d'eux, à l'élection suivante, un adversaire pourvu d'un budget confortable ». Et, en même temps, écrire « qu'il existait un lien fondamental entre le vécu des Noirs et celui des Juifs », « qu'Arafat avait souvent déployé des tactiques abjectes […] et que les dirigeants palestiniens avaient laissé passer trop d'occasions de faire la paix », et décrire Netanyahou comme « intelligent, habile, coriace ». D'où ce constat sans fard : « Une divergence normale avec un Premier ministre israélien, même à la tête d'un fragile gouvernement de coalition, avait un coût politique sans équivalent dans les relations avec les États-Unis, l'Allemagne, la France, le Japon, le Canada, ou n'importe quel autre allié proche. » George H. Bush et James Baker l'avaient déjà éprouvé. On comprend mieux en lisant ces lignes honnêtes que finalement le fameux discours du Caire, en 2009, n'a pas eu de suites concrètes, et pourquoi, quand John Kerry, choisi par le Président comme secrétaire d'État après Hillary Clinton, lui demandera ses instructions avant de partir au Proche-Orient, il se bornera à lui répondre : « *God bless you !* »

Sur l'Iran, il apparaît plus déterminé, moins écartelé, plus réaliste, et donc plus efficace, pour obtenir le fameux accord sur le nucléaire iranien que Trump s'est employé par la suite à démanteler d'une façon qu'il espère définitive, et que Biden va – peut-être – relancer.

Une remarque tirée du récit du processus d'élimination d'Oussama Ben Laden : c'est le nom de code donné à ce dernier pour les besoins de l'opération : « Geronimo ». Cette assimilation entre le chef des tribus apaches qui avait finalement, avant de mourir en 1909, reconnu la défaite de son peuple à condition que le président Cleveland protège celui-ci – il n'en sera rien –, et l'ennemi mortel des États-Unis, concepteur du pire attentat commis contre eux, le 11 septembre 2001, en dit long sur la psyché profonde des Américains à l'égard de ceux qui les défient sans avoir le pouvoir, comme l'URSS pendant longtemps, ou la Chine aujourd'hui, de les intimider.

Ce qui frappe dans cet ouvrage, c'est que tous les maux qui rongent les démocraties contemporaines sont déjà là, parfaitement décrits. J'ai déjà mentionné les lobbies et leur pouvoir énorme, ainsi que le coût et le financement des campagnes. Leur jeu est encore plus visible qu'ailleurs. Il est partie intégrante du système américain. Ce qu'on désigne par le terme fourre-tout de « populisme » depuis que les classes populaires, suivies des classes moyennes, ont commencé à décrocher de la mondialisation, et dont la radicalisation du Parti républicain, jusqu'à sa mutation trumpiste, est une expression, y est déjà très visible. Les dilemmes criants des dirigeants progressistes. Sur les « printemps arabes », par exemple. Sur l'immigration, où les embarras du président Obama sont très comparables (moins l'islamisme) à ceux qu'éprouvent les dirigeants européens membres de Schengen.

Obama ne cache pas la contradiction souvent insurmontable entre idéalisme et réalisme. C'est parfois poignant dans ses échanges avec Samantha Power, qu'il a appelée auprès de lui pour lui rappeler la voix de l'idéalisme de ses débuts, celle, en fait, du prosélytisme missionnaire et de la propagation de « nos valeurs universelles ». Comme un remords ?

Concernant l'écologie – il vaudrait mieux dire la nécessité de l'*écologisation* de toutes les activités humaines –, on découvre un Barack Obama beaucoup plus convaincu qu'on aurait pu le penser en se souvenant de l'échec de la conférence de Copenhague en 2009. Il est déjà convaincu à l'époque que la question du climat est cruciale, ainsi que celle de la biodiversité, et pas uniquement parce que sa fille Malia lui a demandé ce qu'il allait faire pour sauver les tigres. Il décrit les méandres de la préparation de la conférence de Copenhague, les chausse-trappes, les manœuvres auxquelles il est contraint, le double jeu des Chinois. Belle démonstration de l'impuissance du multilatéralisme, méthode qui peut se révéler paralysante, quand elle n'est pas mise au service d'une volonté très claire et très déterminée, comme ce fut le cas à Paris en 2016.

Et nous dans tout ça ? Notre prétention naturelle dût-elle en souffrir, on doit bien constater que nous comptons très peu. Ses inspirateurs sont Gandhi, Mandela ou Havel. La politique étrangère française n'est quasiment pas évoquée. On a glosé sur les remarques acerbes d'Obama sur Nicolas Sarkozy, mais David Cameron est à peine mieux traité. D'ailleurs, manifestement, les initiatives des dirigeants français et britanniques dans la crise en Libye ont énervé le président américain qui a cherché à reprendre la main sans trop s'engager. Quand il évoque sa venue en Normandie où il est invité par le président Sarkozy aux cérémonies du Débarquement, il expédie ce passage en une page où il évoque un cimetière militaire américain, après avoir relaté en plusieurs pages la visite faite auparavant en Allemagne et au camp de Buchenwald. Il saute aux yeux qu'en Europe il n'a confiance qu'en Angela Merkel, mais ça ne l'a pas amené à faire quoi que ce soit d'important avec elle. En réalité, dans le monde extérieur, *the rest*, c'est nous, les Alliés, qui comptons le moins. Évidemment, il y a des dizaines de pays, comme le dit plaisamment Obama, que les Américains sont bien incapables de situer sur une carte. Ce qui importe vraiment, c'est Israël, les partenaires irremplaçables mais compromettants comme l'Arabie, les pays sources de problèmes comme l'Iran, les pays menaçants avec des dirigeants antipathiques comme la Russie, des pays importants mais avec lesquels on ne sait pas trop quoi faire comme l'Inde, des alliés asiatiques à ne pas négliger comme le Japon ou la Corée du Sud (et Taïwan ?), et bien sûr la Chine à propos de laquelle Obama paraît pré-trumpien puisqu'il avait mis sur pied un grand accord commercial Asie-Pacifique sans la Chine, que Trump a ensuite balayé de façon stupide et que finalement la Chine et le Japon ont récupéré !

Donc en réalité Washington attend de ses alliés atlantiques qu'ils s'alignent gentiment. Et cela a l'air de leur convenir. C'est d'ailleurs sous Obama que le secrétaire à la Défense Robert Gates a formulé explicitement l'exigence que les alliés au sein de l'OTAN augmentent leur effort de dépense jusqu'à 2 % de leur budget. Il faut en être conscient en formulant nos initiatives pour l'Europe, car cela exprime la réalité profonde de l'Amérique du XXIe siècle, défiée par la Chine, même quand elle ne prend pas la forme d'un unilatéralisme destructeur à la Trump. Les Américains et nous devenons des « cousins issus de germains ».

Ce livre passionnant, qui comporte bien d'autres développements, laisse une impression étrange. On est transporté comme dans un exercice de réalité augmentée, au cœur du Bureau ovale. Et on y touche du doigt les limites de la puissance occidentale : les limites internes aux démocraties modernes rongées par toutes sortes de maux (mais, répétons-le, le populisme est un effet, un sous-produit, pas une cause) et les limites externes dans un monde que le secrétaire général des Nations unies décrit comme chaotique, qui est plus une foire d'empoigne qu'une « communauté internationale ». On voit très bien les pouvoirs d'empêchement, mais finalement qui décide quoi ? On repense avec nostalgie au président Truman, à qui l'on demandait quel serait son programme et qui répondit : « Je serai celui qui décide. »

Certains trouveront Obama trop professoral, trop paternaliste, légèrement snob intellectuellement parlant. Il n'empêche. Un jour où je disais à Henry Kissinger : « Quand même, Obama a compris le monde », il me répondit : « Oui, mais il n'a pas compris l'Amérique. » Pour une fois, j'exprimerai un léger désaccord avec le célèbre Henry. Obama est, heureusement, un des visages de l'Amérique. Son regard sur le monde, y compris sur nous, ses réussites comme ses échecs, sont typiquement américains. Ce qui fait que, en dépit de son charisme incomparable, des illusions qu'avait fait naître le fait que les Américains avaient « élu un Noir », ou celles qu'avait suscitées en 2009 sur les jurés du prix Nobel son discours sur un monde débarrassé des armes nucléaires, il n'a aucune réponse à nos problèmes, même quand il est magnifique, ou follement séduisant. Et l'intérêt que l'on peut éprouver pour lui ne nous dispense en rien des décisions difficiles que nous devons prendre, nous, Européens, si nous ne voulons pas sortir de l'Histoire.

J'aimerais terminer par un éloge non conventionnel d'Obama. D'abord son humour, qui a indigné certains de ses compatriotes, par exemple quand il a dit que les Américains se pensaient exceptionnels, mais les autres peuples aussi ! Et ensuite la lucidité et le courage dont il a fait preuve sur certains sujets ultrasensibles. Son discours à Philadelphie avant son élection sur une Amérique postraciale (et donc non re-racialisée !). Son discours à Accra en 2009 où il avait dit aux Africains qu'ils ne pouvaient plus expliquer leurs problèmes et leurs échecs uniquement par l'esclavage et la colonisation. Et plus encore, sa mise en garde récente contre la *cancel culture*, cette forme d'excommunication ou de totalitarisme qui renaît sur les campus et dans certains médias américains. Je ne sais pas quel peuple est exceptionnel, mais je sais que lui l'est, certainement.

LES CENT PREMIERS JOURS DE JOE BIDEN

En mai 2021, cent jours après l'entrée en fonction de la nouvelle administration Biden aux États-Unis, l'heure est-elle à l'optimisme sur les relations entre les Européens, et la France en particulier, avec les États-Unis ? Dans cet échange avec Marc Semo, Hubert Védrine relève les raisons d'un optimisme prudent, et ses limites.

« America is back »*, avait déclaré Joe Biden dès le 4 février 2021 dans son premier discours de politique étrangère, et insisté sur l'importance des alliances. C'est ce qu'espéraient les Européens, et notamment la France ?*

Oui, sur le premier point. C'est ce qu'espéraient et attendaient les Européens d'une défaite de Donald Trump : un retour rassurant au cadre et à la méthode « multilatéraliste » ; notamment dans les accords de Paris (les réunions des COP sur le climat ou la biodiversité vont devenir aussi importantes que les G20) ; le déblocage de l'Organe de règlement des différends de l'OMC ; la revigoration de l'OMS, importante pour prémunir l'humanité face à de futures pandémies ; la tentative de résurrection de l'accord sur le nucléaire iranien (même si le régime iranien a déjà commencé à faire monter les enchères, et si Israël et l'Arabie s'emploient à essayer de la torpiller) ; un accord possible sur la taxation du numérique, etc. C'est très positif, mais cela ne veut pas dire que les Européens pourront être automatiquement d'accord sur tous les sujets avec l'Amérique de Biden. Les démocrates, eux, pensent tous que les États-Unis doivent réinvestir, pour restaurer le *leadership* américain, les forums multilatéraux propices au rayonnement américain, que Trump avait désertés de façon absurde, les voyant contrôlés par des lilliputiens voulant ligoter l'Amérique. La question des alliances est plus complexe, on le verra bientôt.

Précisément, est-ce que cette relation transatlantique va pouvoir reprendre comme avant, ou quelque chose s'est-il cassé avec les quatre ans de Trump ?

Les dégâts causés par Trump ne sont pas irrémédiables. Et on observe même un moment d'optimisme chez certains Européens. C'est tout l'enjeu des contacts et des sommets au cours des mois cruciaux à venir : OTAN, Union européenne, G7, G20, etc. Cela dit, on ne reviendra pas à l'Amérique d'avant, en technicolor. La relation n'a d'ailleurs jamais été facile à gérer. Pas commode d'être allié à un mastodonte, même bienveillant ! À long terme, les relations entre les Européens et les Américains sont vouées à se distendre, faute de menaces vitales spécifiquement concentrées sur eux. À mon avis, mobiliser les « démocraties » en général ne marchera pas. De plus, on observe dans les opinions européennes les prémices préoccupantes d'un pacifisme, voire d'un neutralisme, plus que l'émergence d'un désir de puissance à la française…

Vous pensez donc, après les cent premiers jours de cette nouvelle administration, que la relation transatlantique peut être réimaginée, comme l'ont dit dans des termes très proches Joe Biden et Emmanuel Macron ?

Oui, mais regardons les termes exacts. Joe Biden déclare que les États-Unis devraient regagner leur « position de *leadership* fiable », et il soutient l'objectif d'une Europe « entière, libre et en paix », mais il ne dit pas « souveraine ». Bien conscient de cela, Emmanuel Macron (et Mme Merkel, un ton en dessous), dès le G7 du 19 février, ont mis en garde contre l'illusion d'un retour à l'ordre américain libéral antérieur (qui était lui-même en partie une illusion). Ce que nous devons bâtir avec les Américains, puisqu'un partenariat redevient possible, doit être nouveau. « Régénéré », dit le Président. Ce qui suppose l'acceptation par les États-Unis et par l'OTAN – une OTAN « reconstruite », dit Blinken – de l'affirmation de l'Europe, pas seulement comme tolérée par l'Alliance, mais comme une condition de sa durée. Si, en juin 2021, le sommet de l'OTAN lance l'élaboration d'un « nouveau concept stratégique », en reprenant les propositions du rapport du Groupe des Dix sur l'avenir de l'OTAN – au sein duquel j'ai représenté la France pendant six mois – qui laisse la porte ouverte à cette évolution, ce sera possible, mais seulement s'il y a un vrai accord entre la France et l'Allemagne et, encore mieux, avec l'Italie, voire la Pologne. Même remarque sur la nécessité de maintenir un dialogue – difficile mais indispensable – avec la Russie, parallèlement à la dissuasion et à la vigilance. Mme Merkel dit qu'il faut parvenir à un agenda commun, ce qui veut bien dire qu'il n'existe pas encore. Et il ne faut pas oublier que l'Allemagne est déjà entrée dans une année de transition, qui s'accélère.

L'annonce de la participation de Joe Biden en juin à un sommet de l'OTAN et à un sommet Union européenne-États-Unis est une bonne chose.

Évidemment, le défi pour les Européens sera celui de la cohésion.

Dans ces annonces sur sa politique étrangère, Joe Biden ne s'inscrit-il pas plus dans la continuité de Bill Clinton que dans celle de Barack Obama ?

En effet, ses invocations fréquentes d'une « diplomatie des valeurs » très offensive rappelle plus l'engagement américain de l'époque Clinton-Albright que la lucidité un peu distanciée, voire même désabusée, d'Obama. Il s'inscrit dans l'héritage missionnaire wilsonien, ce qui peut conduire à entrer en croisade, avec le risque d'aller trop loin.

Joe Biden a dénoncé durement la répression menée contre les Ouïghours, est-ce un retour des droits de l'homme dans la politique extérieure américaine ?

Aucune politique étrangère ne peut être fondée que sur les droits de l'homme, mais aucune politique étrangère occidentale ne peut s'en abstraire complètement. C'est une question de dosage, de manière et de moment. Le bilan des interventions occidentales depuis une trentaine d'années devrait nous rendre plus prudents. Mais il est clair que, dans leur volonté d'endiguer la Chine par une stratégie indopacifique, si l'Inde s'y prête, les États-Unis vont utiliser les droits de l'homme (les Ouïghours, Hong Kong). Cela fait partie aujourd'hui de la panoplie de toute-puissance démocratique, et l'équipe Biden-Blinken ne va pas s'en priver ! On l'a vu à Anchorage. Mais il y aura des forces économiques aux États-Unis – et peut-être en Chine aussi – qui essayeront d'empêcher que la dégradation des relations bilatérales aille trop loin. Sauf si la Chine était trop provocante. L'épreuve de vérité, ce serait Taïwan.

Joe Biden et son secrétaire d'État sont fermes sur Navalny, et dénoncent nommément Poutine. Quelle sera leur politique russe ?

On le voit déjà : frontale et dure. Biden, qui a l'œil sur les *mid-terms* de 2022, y voit peut-être un moyen d'unir les Américains derrière lui. On comprend aussi qu'il veuille marquer le coup après les réels agissements russes, notamment la façon dont est traité Navalny, qui est courageux. De plus, les démocrates se sont condamnés à la surenchère en accréditant l'idée, absurde, que l'élection de Trump n'était due qu'à – d'indéniables – manœuvres numériques russes. Mais au-delà, ont-ils un plan, une stratégie ? Que veulent-ils exactement ? Pensent-ils vraiment pouvoir museler Poutine et endiguer la Chine ? Je note que Washington et Moscou se sont quand même mis d'accord pour proroger l'accord New Start. Et on ne peut exclure qu'au bout d'un moment Washington va redécouvrir que ce serait incohérent de pousser encore plus la Russie vers la Chine, et qu'ils discuteront d'autres sujets. Les Européens feraient bien d'y songer, s'ils ne veulent pas être pris par surprise.

La nouvelle administration évoque l'idée d'un « Sommet des démocraties ». Est-ce une bonne chose, ou un défi pour les Européens, et notamment la France ?

C'est selon… Si c'est l'occasion de jeter les bases d'un partenariat renouvelé, dans le cadre d'un multilatéralisme retrouvé, et que les Américains ne poussent pas le bouchon trop loin, cela peut être une bonne chose, même si on aura toujours du mal à se mettre d'accord sur la liste des démocraties. S'il se confirme qu'en plus du durcissement antirusse ils veulent enrôler les Européens dans une politique binaire d'endiguement de la Chine, voire contre d'autres menaces (*the West* contre *the rest*), les démocraties contre les autres, vieille obsession américaine pour contourner le Conseil de sécurité), cela sera source de grandes difficultés. Même si les États-Unis acceptaient la volonté nouvelle des Européens d'affirmer leur souveraineté, ce qui devrait d'ailleurs, en bonne logique, conduire un jour ou l'autre à rejeter les très choquantes sanctions américaines unilatérales qui deviennent récurrentes. Pierre Vimont a raison de proposer que l'Union européenne se dote d'instruments de représailles. Dans l'affaire du gazoduc Nord Stream 2, par exemple, les sanctions s'expliquent évidemment par la volonté américaine d'écouler en Europe leur gaz de schiste liquéfié. La réaction américaine aux projets numériques de Thierry Breton sera également un test.

Il est crucial pour la France d'aborder cette année sur la base d'un accord avec l'Allemagne et l'Italie. Ce n'est pas acquis d'avance, car ces pays pourraient se satisfaire de l'illusion d'un retour à une espèce de cocon transatlantique. Reconnaissons-le : depuis la fin du monde bipolaire, aucune évolution dans le monde ne nous a été mécaniquement favorable. La France y a suppléé par une activité et une inventivité impressionnantes, en particulier de ses présidents, surtout en ce moment, appuyées sur des ministres très actifs et un vrai professionnalisme diplomatique. Mais on voit bien, comme le relève Thomas Gomart dans son dernier ouvrage[1], que le rendement de tout cela est décroissant. Il faudra, un jour, faire passer la politique étrangère française par ce que les marins appellent un grand carénage, ce qui ne veut pas dire réduire ses moyens. Il n'en reste pas moins que, pour le moment, la France est le seul grand pays allié des États-Unis qui dispose réellement d'atouts pour, dans cette période qui prélude à sa présidence de l'Union européenne au premier semestre 2022, année électorale, entraîner ses partenaires européens dans une affirmation européenne, absolument nécessaire, tout en étant compris de Washington.

Cet entretien, réalisé pour le journal *Le Monde*, n'a finalement pas été publié.

---

1. Thomas Gomart, historien, directeur de l'Institut français des relations internationales (IFRI) ; son dernier ouvrage est *Guerres invisibles. Nos prochains défis géopolitiques*, Tallandier, 2021.

La Chine et l'Asie

Le décollage de la fusée Chine est le grand événement de la période, illustration la plus spectaculaire de la désoccidentalisation relative du monde. Mao Tsé-toung avait, cruellement, refait la Chine. En s'inspirant du Singapourien Lee Kuan Yew, Deng Xiaoping a changé le monde. C'est lui qui, avec les GAFA, a créé celui dans lequel nous vivons désormais. Après avoir neutralisé les derniers maoïstes en 1979, il a libéré la phénoménale énergie de la Chine et a mis en place un capitalisme sous le contrôle du parti communiste – resserré plus tard par Xi Jinping –, ce que l'Occident croyait incompatible. Deng recommandait la discrétion à son pays, ligne que ses deux successeurs ont respectée. Mais à partir de l'arrivée au pouvoir de Xi Jinping, en 2013, la Chine s'est assumée et revendiquée comme une puissance, que personne ne pourrait entraver ni humilier de nouveau, et a même sidéré les Occidentaux par son arrogance, en affirmant que son système et ses valeurs étaient supérieurs à ceux de l'Occident et des démocraties ! Les Occidentaux n'en sont pas revenus et hésitent encore sur la meilleure façon de relever ce défi, notamment les Européens, que l'administration Biden-Blinken veut enrôler pour endiguer la Chine, mais qui voudraient conserver un peu d'autonomie. La suite de cette histoire va s'écrire sous nos yeux.

D'autre part, ce serait une erreur de ramener toute l'Asie à la Chine, et de faire l'impasse sur le Japon, l'Indonésie, les pays d'Asie du Sud-Est – lieu exacerbé des luttes d'influence – l'Australie. Chacun a sa politique. Et, bien sûr, il y a l'Inde.

QUE VEUT LA CHINE[1] ?

En 2012, le ministère des Affaires étrangères japonais relance sa revue d'analyse et de prévision, *Gaiko*, et demande à Hubert Védrine, par l'intermédiaire de l'ambassadeur de France Christian Masset, d'y contribuer.

L'émergence spectaculaire de la Chine au cours des trente dernières années amène de plus en plus d'Européens à se poser des questions sur les conséquences d'une ascension sans précédent par son ampleur et sa rapidité, sur la géopolitique sensible de l'Asie du Nord-Est, sur l'ensemble de l'Asie-Pacifique, et même sur les équilibres et l'économie du monde.

La première concerne la Chine elle-même. Cette émergence va-t-elle se poursuivre au même rythme ? Va-t-elle se ralentir ? Va-t-elle changer de contenu, compte tenu des difficultés nouvelles qu'elle va rencontrer : problèmes économiques (baisse tendancielle de la croissance en dessous de 8 %, hausse rapide des salaires dans les régions côtières, inflation), sociaux (accroissement vertigineux des inégalités sociales et régionales), écologiques (désastres divers), politiques (développement d'une opinion publique plus exigeante sur les droits de l'homme, sur la justice, sur l'environnement, débuts de revendications démocratiques sur Internet), extérieurs (inquiétudes de plusieurs partenaires ; préoccupation américaine et japonaise, sincère ou simulée, sur l'augmentation du budget militaire ; rétorsions possibles ou protections économiques diverses, américaines et européennes) ?

Autant de dilemmes pour le prochain comité permanent du bureau politique du Comité central qui va prendre en 2013 le relais de Hu Jintao et de Wen Jiabao : M. Xi et M. Li, et sept autres nouveaux membres. Ces questions ont leurs limites, car, quelles que soient les réponses, personne au monde n'imagine que la Chine puisse être moins puissante dans dix ans qu'aujourd'hui. À plus long terme, la réponse est moins évidente pour des raisons politiques.

1. Article paru dans la revue *Gaiko* (« Diplomatie ») de mars 2012.

La question qui vient immédiatement à l'esprit est alors : Que veut la Chine ? Que voudra-t-elle faire de cette puissance considérable ? Les spécialistes européens de l'histoire de la Chine l'affirment : celle-ci n'a jamais été prosélyte (ce qui est vrai), ni impérialiste (ce qui se discute concernant les pays immédiatement limitrophes du peuplement han). M. Dai Bingguo, le conseiller d'État, concepteur d'ensemble et théoricien de la politique étrangère chinoise, a explicité la notion de développement pacifique de la Chine : développement pacifique, autonome, scientifique, par la coopération, et partagé. Il me l'a réaffirmé directement à Pékin en mars 2012 : « La Chine ne se comportera jamais comme les puissances impérialistes, elle n'a ni culture ni tradition expansionniste ou hégémonique. » En revanche, pour les géopoliticiens, les économistes, les spécialistes de l'énergie, ce serait étonnant qu'une telle puissance économique, un pays si peuplé, qui a tant besoin d'acheter à l'extérieur du pétrole, du gaz, des matières premières, ou des terres cultivables, de vendre ses produits manufacturés et dont la diaspora s'étend, n'adopte pas, *de facto*, une politique de puissance, même si elle n'est ni agressive, ni intentionnelle.

La réponse à cette question n'est pas écrite d'avance. Elle dépendra des nouveaux dirigeants chinois et aussi de la politique qu'auront adoptée envers la Chine les autres pôles du monde multipolaire… Ce qui encouragera telle tendance plutôt que telle autre.

Pour le Japon, dont l'économie reste extraordinairement puissante, mais qui est confronté par ailleurs à de nombreux problèmes internes, il serait sans doute risqué de tenir pour sûre l'hypothèse du développement pacifique de la Chine, tout en espérant que ce soit la bonne. Et même dans ce cas, la question de l'impact de la puissance économique sur les États-Unis, avec l'influence handicapante que cela pourrait avoir sur la politique japonaise de Washington, se pose dans des termes préoccupants pour le Japon. Cela peut réduire la marge de manœuvre de Tokyo. Déjà, l'édition 2011 du Livre blanc japonais sur la défense a montré que le Japon était conscient des risques de tensions avec la Chine dans les mers de Chine méridionale et orientale, qu'il s'inquiétait de l'accroissement des dépenses militaires chinoises supérieures aux chiffres publiés, selon lui, et qu'il continuait à revendiquer sa souveraineté sur des territoires occupés par la Russie et la Corée du Sud. Sur le sujet principal, la Chine en stratégie classique, le Japon aura à choisir entre : 1) continuer de s'en remettre presque entièrement à l'alliance et à la protection américaines ; 2) renforcer substantiellement sa propre défense, en s'affranchissant un jour des limites imposées depuis 1945 ; 3) faire alliance avec la Chine. Les options 1) et 3) sont des paris. La 2) est très problématique. L'économie pourrait imposer la 3), mais il faudrait alors la construire politiquement. Pour certains, il y aurait à terme une option 4) : une organisation régionale de sécurité collective avec les pays de la zone plus les États-Unis, ce qu'Henry Kissinger appelle dans *On China*[1] la « communauté du Pacifique ». Peut-on combiner ces options ?

Notons que les pays de l'ASEAN sont confrontés de façon moins aiguë, mais avec moins d'atouts que le Japon, à un dilemme semblable pour leur sécurité entre : jouer plutôt la carte chinoise, ou la carte japonaise, ou la carte américaine, ou encore en tentant de les combiner dans un équilibre subtil, à la singapourienne, tout en se développant.

À la satisfaction des États-Unis, qui souhaitent s'appuyer sur eux et ont décidé de créer une base de marines à Darwin, l'Australie essaie de maintenir son autonomie stratégique vis-à-vis de la Chine, en dépit de l'attraction que l'économie de cette dernière et ses achats miniers exercent sur elle. Même la Nouvelle-Zélande est confrontée à ce dilemme, pour ses laiteries.

La politique américaine envers la Chine a à peu près suivi depuis 1971 la ligne conçue avec audace par Henry Kissinger et initiée par Richard Nixon : celle d'un engagement constructif et d'un partenariat, ambitieux et vigilant en même temps, même si les campagnes électorales présidentielles aux États-Unis sont l'occasion d'un durcissement. L'interdépendance économique est telle qu'elle finit par poser un problème – surtout industriel et social – aux États-Unis. Barack Obama avait demandé vainement à Steve Jobs pourquoi on ne pouvait plus fabriquer des objets tels que l'iPhone aux États-Unis. Mais en matière stratégique, les États-Unis sont clairs : ils sont dans le Pacifique pour y rester et ont un « intérêt national » dans la liberté de navigation, l'accès aux zones maritimes comme l'Asie et le respect du droit international

1. *On China*, New York, Penguin Press, 2011.

en mer de Chine méridionale. À la satisfaction du Japon, Obama l'a réaffirmé récemment. Il a également lancé un très vaste projet d'accord de libre-échange, le Trans Pacific Partnerships, le TPP, *sans* la Chine.

En ce qui concerne la Russie, ses rapports avec la Chine sont définis par la crainte à long terme (la Sibérie), malgré l'appartenance commune aux BRICS, groupe un peu artificiel. Avec le Japon, la Russie a le contentieux des îles Kouriles. Pour les deux, la Russie est d'abord un fournisseur d'énergie.

Deux autres caractéristiques de cette zone renforcent sa sensibilité stratégique : elle doit importer l'essentiel de son énergie du Moyen-Orient ou de Russie (tant que la Chine n'a pas développé son gaz de schiste) ; et cette énergie transite presque entièrement par des détroits indonésiens.

Par ailleurs les rapports du « sous-continent » – Inde, Pakistan, Bangladesh – avec le reste de l'Asie relèvent d'une autre problématique.

Tous les éléments de conflit possibles sont donc réunis dans cette zone : litiges territoriaux avivés par des découvertes d'énergie *offshore* ; montée en puissance des forces militaires, notamment navales ; compétition économique ; dépendance énergétique ; passé mal surmonté ; opinions publiques restées assez nationalistes et facilement inflammables ; présence de deux énormes puissances, la Chine et le Japon ; survivance d'un régime potentiellement dangereux en Corée du Nord.

Mais on peut opposer à cette grille de lecture inquiète d'autres arguments tout aussi forts. Le développement des échanges économiques entraîne une formidable interdépendance dont découle une sorte d'intégration qui empêche *de facto* tout affrontement. Alors que 60 % des échanges commerciaux entre la Chine et le Japon sont encore libellés en dollars, les deux pays veulent développer conjointement l'usage du yuan et du yen. Les peuples actuels d'Asie sont d'autant plus engagés dans l'aventure de la consommation effrénée qu'ils sont instruits par les horreurs du XXe siècle et appréhendent tout conflit. Aucun gouvernement de la région ne peut souhaiter un affrontement sérieux, mis à part celui de la

Corée du Nord, et encore, sa politique relève de la catégorie des menaces monnayables, elle peut évoluer. La présence américaine, même si elle est contestée, reste à l'évidence un facteur de stabilité dans la zone. Peu de gouvernements – peut être la Chine à terme, relativement éloigné – souhaitent vraiment son retrait. Et aura-t-il jamais lieu ?

Pour la France, pour les Européens, qui observent ces évolutions asiatiques et tentent de les comprendre et de les anticiper, mais n'ont presque pas de prise sur elles, mis à part le dialogue diplomatique normal, les échanges au sein du G20, quelques décisions économiques, ou commerciales, des contentieux au sein de l'OMC, ou l'adoption de normes commerciales, sanitaires ou environnementales au niveau de l'Europe, il reste à :

1) entretenir les relations les plus dynamiques possible avec chaque élément de ce puzzle, sans en négliger aucun.

2) Prendre au sérieux les divers forums de coopération économique ou politique qui se sont créés[1]. Et espérer que la dynamique de l'interdépendance économique générera une sécurité régionale mutuelle obligée, même s'il n'y a pas encore d'institution pour cela. Dans tous les cas cela plaide pour un dialogue stratégique plus intense entre la France et le Japon et entre l'Europe et le Japon.

1. APEC, ASEAN, EAS, TPP, etc.

DENG XIAOPING[1]

Éclipsé par Mao, et maintenant par Xi, c'est pourtant lui, ce « petit timonier » né en 1904, qui a changé notre monde en libérant la colossale énergie individuelle et économique de la Chine quand il a fini par en devenir le maître à partir de 1978, sorte d'empereur imposant son pragmatisme : « Peu importe que le chat soit noir ou blanc s'il attrape les souris. » Fini, le débat communisme/capitalisme ! Place au capitalisme Far West… sous contrôle du Parti. Sans lui, la Chine de Xi Jinping n'aurait pas été possible. Pas de nouvelles routes de la soie ! Ni de BRICS !

Il avait été l'un des fondateurs du Parti communiste chinois (PCC) et réussi pendant trente ans à suivre Mao, à coexister et collaborer avec lui, parfois à le freiner, avec Zhou Enlai ou seul, à survivre aux purges et à la Révolution culturelle, à surnager, à remonter et, finalement, à prendre le pouvoir après l'arrestation, en 1976, de la « bande des Quatre », les derniers maoïstes, grâce à la fraction raisonnable de l'armée. Puis il gouverna de « derrière le rideau » en jouant au bridge au « China Club » sans autre titre que « président de la commission militaire du Parti ». S'inspirant de Lee Kuan Yew à Singapour, il libéra l'économie et les énergies de la Chine mais garda le contrôle politique. Au moment de Tian'anmen, horrifié par le risque du retour au chaos, il donna son feu vert à la répression des manifestants.

Il avait étudié en France entre 1922 et 1924 en tant qu'ouvrier/étudiant/boursier, comme Zhou Enlai. Il a sa statue devant la gare

1. Dans Hubert Védrine, *Dictionnaire amoureux de la géopolitique*, © Éditions Plon, un département de Place des Éditeurs, et librairie Arthème Fayard, 2021.

de Montargis. Et certains historiens ont évoqué un « serment de Montargis » qui devait conduire à la création du Parti communiste chinois dans la concession française de Shanghai.

Un souvenir personnel : en 1983, j'ai été, jeune conseiller diplomatique, preneur de notes de l'entretien entre lui, petit homme malicieux enfoncé dans un fauteuil profond d'où il crachait avec dextérité, à l'ancienne, vers un récipient en cuivre, et François Mitterrand. Celui-ci lui avait dit courtoisement : « Un jour, le monde aura beaucoup à apprendre de la Chine ! » Deng avait souri et répondu : « Nous avons beaucoup de travail à accomplir avant cela ! » C'était il y a près de quarante ans ! Nous y sommes.

Nous sommes confrontés à une Chine qui réactualise le titre du livre d'Alain Peyrefitte publié en 1973, *Quand la Chine s'éveillera... le monde tremblera*. La Chine n'est plus celle de Mao ni celle de Deng mais celle de Xi… et l'on découvre qu'elle est restée communiste, « rouge[1] », tout en étant sauvagement capitaliste. L'Occident ne pensait pas cela compatible.

1. Voir Alice Ekman, *Rouge vif, l'idéal communiste chinois*, Éditions de l'Observatoire, 2020.

KISHORE MAHBUBANI
LE JOUR OÙ LA CHINE VA GAGNER[1]

Kishore Mahbubani nous a habitués à penser, et à nous parler, *cash*. Et sans aucun doute, comme il le recommande lui-même, sans malice, le présent ouvrage sera « lu attentivement par les penseurs européens ». Ça fait longtemps que l'universitaire, ancien diplomate et géopoliticien singapourien, nous alerte – nous les Occidentaux, les Européens – sur les conséquences, sur les effets sur le monde de la prodigieuse ascension chinoise depuis Deng Xiaoping, dont nul n'ignore plus qu'il s'était largement inspiré de la politique de Lee Kuan Yew pour lancer ses zones économiques spéciales autour de la rivière des Perles.

Et donc, Kishore Mahbubani, qui a placé depuis toujours la Chine au cœur de sa réflexion, nous annonce depuis longtemps que la *parenthèse* occidentale (la « parenthèse », pas la fin du monopole !) va s'achever après plusieurs siècles de domination, et que nous devons, en tout cas nous, les Européens, si longtemps fukuyamiesques, l'admettre et surtout nous y préparer. Il serait par exemple absurde à ses yeux que la Grande-Bretagne et la France soient encore membres permanents du Conseil de sécurité dans une dizaine d'années si, par exemple, l'Inde n'y était pas !

Il y a trois ans, après un long séjour en Europe, il était venu me voir. Je lui ai demandé s'il faisait toujours les mêmes prévisions : « Oui, me répondit-il, mais ça va trop vite et j'en suis venu à penser qu'il faudrait une Europe forte pour équilibrer l'actuel

1. Préface d'Hubert Védrine à la traduction française du livre de Kishore Mahbubani, *Has China Won ?*, 2020 ; trad. Olivier Salvatori, © Éditions Saint-Simon, 2021. Reproduit avec l'aimable autorisation de l'éditeur.

système USA/Chine qui évolue vers une tension croissante. C'est dangereux pour les autres de ne dépendre que d'eux.

— C'est très nouveau de votre part, lui dis-je.

— En effet, je le souhaite maintenant, mais je ne suis pas sûr que l'Europe y parvienne, car il faudrait qu'elle décide 1) d'un moratoire sur l'immigration et 2) qu'elle devienne machiavélienne. »

Je ne commenterai pas ici sa première recommandation. Mais dans sa bouche, la seconde signifie simplement que l'Europe devrait être capable de penser et de défendre ses intérêts à long terme, qui ne peuvent plus se confondre totalement avec ceux des États-Unis.

Cela étant rappelé, que nous dit de plus et d'important aujourd'hui Kishore Mahbubani ? Deux choses. Que l'endiguement de la Chine qui va être tenté (le concept de l'Indopacifique), Biden poursuivant sur ce point, plus calmement, la politique de Trump, est « irréaliste et qu'il ne fonctionnera pas ». C'est ce que pense aussi Martin Wolf, le grand éditorialiste du *Financial Times*. La Chine serait trop forte pour être endiguée, en quelque sorte. Mais il défend aussi l'idée originale qu'un vrai choc des civilisations n'est pas fatal entre la Chine et les États-Unis, et qu'une convergence dans la durée est possible (rappelons ici que cela avait été la thèse de Raymond Aron sur les convergences des sociétés industrielles occidentales et soviétiques…). Sauf, reconnaît-il, sur le plan des valeurs où la contradiction est centrale : droits sociaux ou droits des individus ? Pour lui, c'est gérable si l'Occident renonce à imposer ses « valeurs » aux autres. Ce serait réinventer la coexistence pacifique… En tout cas, cela l'amène à penser, et cela nous concerne au premier chef, que l'Europe détient peut-être la réponse pour prévenir cet affrontement, et que le président Macron a raison de se positionner en champion mondial du multilatéralisme, en précisant, comme il l'a fait le 4 février 2021, que ce multilatéralisme doit être fondé sur des résultats. La bonne volonté ne suffit pas.

Personne n'imagine une Europe qui ne reste pas l'alliée des États-Unis, même si la forme de ce partenariat doit évoluer et si apparaissent de plus en plus, dans d'étonnants sondages d'opinion en Europe, des tendances pacifistes, voire neutralistes. Mais une Europe alliée, mais pas alignée, vieille position française, suffisamment sagace pour revigorer le lien transatlantique en tirant parti pour cela de certaines des dispositions de la nouvelle administration américaine, tout en s'affirmant, et en maintenant avec la Chine des coopérations diverses et variées, permettrait d'éviter un choix radical, binaire, exclusif et désastreux.

Dans quels domaines ? Jusqu'où ? C'est le bon moment pour se poser ces questions, car c'est précisément durant cette année, 2021, que les Occidentaux ainsi que le Japon, la Corée, l'Australie ou l'Inde vont débattre, sous l'impulsion américaine, de l'opportunité, de la faisabilité de la politique indopacifique d'endiguement. Ou des alternatives.

Kishore Mahbubani nous perturbe, mais il nous stimule également, il faut qu'il en soit remercié.

Quand l'URSS s'est effondrée, à la fin de 1991, les États-Unis ont considéré que la Russie ne comptait pas, qu'on pouvait faire l'impasse sur elle. Ce n'était pas du tout ce que pensaient François Mitterrand ni Jacques Chirac, ni aujourd'hui Emmanuel Macron. La Russie compte ! Ils n'ont pas été suivis.

La politique des Américains envers la Russie, suivie de façon panurgique par les Européens, a été dominatrice et directive sous Eltsine, inintelligente pendant les deux premiers mandats de Poutine, comme avec Medvedev, jusqu'à ce qu'un engrenage absurde, qui aurait pu être évité, conduise à l'annexion de la Crimée par la Russie et aux affrontements dans l'est de l'Ukraine au Donbass, avec des conséquences qu'il est très difficile d'effacer maintenant. Le président Biden a pourtant montré, en juin 2021, à Genève, qu'on pouvait être dur et exigeant avec la Russie, vigilant, sans concession, et *en même temps* parler avec Poutine de la sécurité en Europe, ainsi que, en décembre, de l'Ukraine pour essayer de retenir la Russie d'aller plus loin dans son rapprochement avec la Chine.

C'est évidemment la politique qu'il faut mener, qu'Emmanuel Macron avait tenté de lancer en 2017, mais il n'avait pas été soutenu par les Européens. Pis encore, après la rencontre de Genève, une majorité d'Européens a commencé par s'opposer à la proposition France-Allemagne de relancer un dialogue avec la Russie, considérant que cette responsabilité stratégique devait rester entièrement déléguée aux États-Unis ! Illustration de ce que les Européens pensent d'eux-mêmes et des conditions de leur sécurité, et qui n'a pas vraiment changé depuis l'après-guerre !

C'est l'éclairage le plus cru qui ait été jeté depuis des décennies sur le refus profond des Européens de bâtir une Europe qui devienne une puissance géopolitique. Pourtant, la Russie et la question russe sont toujours là.

Aussitôt après Genève, la Russie et la Chine ont d'ailleurs reconduit leur pacte d'amitié...

EVGUENI PRIMAKOV
LE MONDE SANS LA RUSSIE[1] ?

Après la disparition de l'Union soviétique, en décembre 1991, les Occidentaux, tout à leur triomphe (la fameuse « fin de l'Histoire », faute de combattants), ont cru pouvoir gérer, seuls, « sans la Russie », le monde globalisé et occidentalisé. C'est cette « myopie politique » que dénonce vigoureusement Evgueni Primakov, ancien Premier ministre russe, ancien ministre des Affaires étrangères, ancien chef des services secrets, personnalité de premier plan, resté très influent. Nous nous sommes connus quand nous étions ensemble ministres des Affaires étrangères, confrontés à la pénible affaire du Kosovo. Nous en avons conçu, je crois, des sentiments de respect mutuel. Dans cet ouvrage pugnace, il déplore, à juste titre, le manque d'intérêt des Occidentaux pour la Russie depuis 1992, et même leur désinvolture à son égard. Mais il pense aussi qu'ils sont les premières victimes de leur aveuglement. En fait, plus qu'à celle des « Occidentaux » en général, c'est à la politique des États-Unis, et en particulier à celle qu'a menée huit années durant l'administration Bush, qu'il s'en prend.

Quatre chapitres ne lui sont pas de trop pour démontrer l'ineptie de la volonté américaine d'hégémonie globale (ce que j'avais appelé l'esprit d'« hyperpuissance »), l'illusion de leur croyance dans l'exportation de la démocratie (les Européens y croient aussi), la focalisation antimusulmane, l'exploitation de la théorie du *clash* des civilisations, les impasses de l'emploi unilatéral de la force, les errements de la guerre en Irak, la sous-estimation de la complexité de la question afghane (l'ancienne URSS en sait quelque chose !).

---

1. Préface d'Hubert Védrine à Evgueni Primakov, *Le Monde sans la Russie ? À quoi conduit la myopie politique*, trad. française par Anne Vorobiov, © Economica, 2009. Reproduit avec l'aimable autorisation de l'éditeur.

En bref, une critique radicale et systématique de la politique des néoconservateurs de l'administration Bush II, pas très éloignée, sur plusieurs points, de ce que pensent les principaux responsables de l'administration Obama, à commencer par le Président lui-même, une majorité d'Américains maintenant, et les trois quarts du monde. Evgueni Primakov s'insurge également contre la pression mise sur la Russie pendant ces années par l'élargissement de l'OTAN, les projets d'anti-missiles, les révolutions de couleur, la sécession imposée du Kosovo.

Evgueni Primakov est constamment animé, dans sa démonstration patriotique, par la volonté de mieux faire comprendre la Russie pour qu'elle retrouve toute sa place dans le système mondial. Il regrette donc la persistance de schémas et d'*a priori* issus de la guerre froide, mais reconnaît qu'ils demeurent forts en Russie et pas uniquement aux États-Unis. Il relève que la « crise d'Ossétie du Sud », en août 2008, a renforcé en Occident les sentiments antirusses, mais cela ne le consterne pas entièrement, car cette crise a aussi mis un terme à la période de seize ans où les États-Unis, selon les mots d'un expert américain, « traitaient la Russie comme la Jamaïque ». Fallait-il, regrette-t-il pourtant dans une phrase qui donne bien le ton de son livre, « pour que les yeux s'ouvrent, que la Russie soit obligée et – ce qui n'est pas moins important – qu'elle soit prête à employer la force pour défendre ses intérêts » ?

Mais Evgueni Primakov est aussi un réaliste. Il ne croit pas une seconde que la Russie, malgré les richesses de son sous-sol (50 % des ressources naturelles encore à extraire de la planète), son potentiel intellectuel et scientifique, sa parité nucléaire avec les États-Unis et ses acquis économiques des dernières années (près de 6 % de croissance pendant huit ans), puisse retrouver la puissance de l'URSS, ne serait-ce qu'en raison de la formation d'autres centres mondiaux de pouvoir, et notamment de la « percée dynamique » de la Chine. Et il ne cache pas que, pour redevenir en 2020 « l'un des principaux centres d'un monde multipolaire », la Russie aura bien des difficultés intérieures à surmonter : les ressources énormes, qu'elle tire à certaines périodes de l'exportation du pétrole, du gaz et du pétrole, ne la dispensent pas de diversifier son économie, même après la crise, de soutenir ses PME, de la rendre plus sociale et de dynamiser son inquiétante démographie déclinante : vingt millions d'habitants seulement en Sibérie (dont douze dans un rayon de 300 km autour de Novossibirsk) où sont concentrés 80 % des ressources naturelles ! Il dit croire en tout cas à la poursuite du mouvement vers un marché « structuré » (nous dirions « régulé »), ce qui signifie selon lui qu'il faut poursuivre la lutte pour contrôler le capitalisme oligarchique et mettre en œuvre une vraie politique industrielle, du moins jusqu'à ce qu'existe un « marché développé ».

À l'époque de la crise russe de 1998, j'avais plaidé, sans succès, auprès de mes collègues européens de l'époque, pour que nous n'obligions pas la Russie à basculer dans l'ultralibéralisme et pour que nous marquions notre compréhension pour une politique économique mixte de transition, comprenant un rôle important de l'État, pas très différente d'ailleurs de ce que les Européens et le Japon avaient pratiqué dans les années 1950 et 1960. Evgueni Primakov se réfère lui-même à ces exemples et à cette période. Mais les partisans du marché dérégulé, ou prétendument autorégulé, à l'anglo-saxonne, étaient alors en Occident au paroxysme de leur influence. On en a vu les effets.

Enfin, Evgueni Primakov n'hésite pas à aborder clairement la question « démocratie ou dictature ? ». Sa vision est poutinienne modérée : la Russie a besoin d'un État fort pour éviter tout retour en arrière. Il dit d'ailleurs croire à la pérennité du système Poutine-Medvedev, sans plus de précision. Mais il appelle aussi à plus de lutte contre la corruption et à plus de fédéralisme. Au total, un vrai programme politique modernisateur qui devrait susciter notre intérêt.

Et l'Union européenne précisément ? C'est à propos de l'énergie qu'Evgueni Primakov y fait sa seule référence importante. Non, assure-t-il, la Russie ne mise pas sur l'emploi de sa supériorité énergétique comme d'une arme politique, ce dont on aimerait être tout à fait sûr… Au contraire, contre-attaque-t-il, c'est la politique de l'administration Bush qui a tout fait pour empêcher la création d'une union énergétique avec l'Union européenne, ce qui serait pourtant préférable pour elle à une OPEP du gaz dont l'idée circule. Vastes négociations en perspective !

On peut contester tel ou tel point de cette plaidoirie. Être plus exigeants ou plus circonspects en tant qu'Européens, plus critiques ou moins patients sur la démocratisation, les droits de l'homme, la Tchétchénie, seuls sujets, avec les oligarques et la critique de Poutine, auxquels l'opinion européenne s'est intéressée par à-coups depuis des années. Mais on ne peut pas ignorer une pensée aussi forte et aussi construite. D'autant que, vue de Moscou, l'Union européenne, harcelante et velléitaire, sans vision stratégique homogène, et surtout divisée, ne pèse pas. Ce qui peut-être ne déplaît pas tant que ça à Moscou, les Russes ayant renoncé à l'espoir qu'elle contrebalance un jour les États-Unis. En tout cas, si l'Europe veut compter, au moment où Obama a entrepris de redéfinir l'ensemble de la relation américano-russe, ce qui sera probablement fait en deux à trois ans, elle doit se réintéresser à la Russie réelle, ne pas se contenter d'attitudes stéréotypées, ni de condamnations réflexes ou péremptoires de notre point de vue sur fond d'ignorance. Elle doit connaître et comprendre la – ou les – vision russe actuelle, et notamment celle, très argumentée, d'Evgueni Primakov. Pas pour les accepter en bloc ! Il y a des demandes russes fondées, d'autres qui ne peuvent être acceptées, la plupart, enfin, sont à discuter. Et les Européens ont leurs propres intérêts, économiques et énergétiques, leurs exigences légitimes de sécurité, leurs valeurs démocratiques auxquelles ils ne renonceront jamais. Tout cela se négocie. Toujours est-il que, si l'Europe veut être demain un pôle du monde multipolaire, elle ne peut pas se contenter de ses vagues positions actuelles, ni s'accommoder plus longtemps de ses divisions sur un sujet aussi important que la Russie. Tout cela doit être repensé à partir de notre intérêt bien compris qui est d'avoir pour voisin une Russie assez sûre d'elle-même pour se moderniser et être pour l'Europe un voisin rassurant et un partenaire coopératif. Le livre solide, argumenté et constructif d'Evgueni Primakov est une invitation à cela.

IL EST TEMPS DE REVENIR À UNE POLITIQUE PLUS RÉALISTE AVEC LA RUSSIE[1]

Sortir de l'ornière diplomatique avec la Russie, rétablir avec elle des relations nécessaires, « réarrimer la Russie à l'Europe » pour éviter qu'elle se rapproche trop de la Chine : Hubert Védrine salue l'initiative prise par Emmanuel Macron en août 2019.

Le 19 août, Emmanuel Macron recevra Vladimir Poutine à Brégançon avant le G7 de Biarritz. Comment analysez-vous ce geste de rapprochement ?

C'est une tentative très utile pour sortir la France et l'Europe d'une impasse, d'une guerre de positions stérile engagée depuis des années, avec des torts partagés des deux côtés. Cette ornière diplomatique a abouti à une absurdité stratégique : nous avons des rapports plus mauvais avec la Russie d'aujourd'hui qu'avec l'URSS pendant les trois dernières décennies de son existence. Ce n'est pas dans notre intérêt. Entamer un processus différent m'apparaît justifié, même s'il ne faut pas attendre de cette rencontre des changements bouleversants. Le geste d'Emmanuel Macron est audacieux : il reçoit Vladimir Poutine juste avant le G7 de Biarritz, G7 devenu G8 et qui rassemblait les grandes puissances économiques, mais dont la Russie a été exclue en 2017 à la suite de l'annexion de la Crimée.

Certains évoquent une « complaisance » du président français à l'égard d'un autocrate. Pensez-vous que Macron coure le risque

1. Entretien paru dans *Le Figaro* du 16 août 2019 ; propos recueillis par Eugénie Bastié et Guillaume Perrault.

de renforcer la toute-puissance du dirigeant russe en l'invitant ainsi ?

L'Occident s'est pris d'une telle arrogance depuis trente ans, d'une telle *hubris* dans l'imposition de ses valeurs au reste du monde, qu'il faut réexpliquer le B.A.BA des relations internationales : rencontrer, ce n'est pas approuver, discuter ce n'est pas légitimer, entretenir des relations avec un pays, ce n'est pas être « amis ». Il faut évidemment que la France entretienne des relations avec les dirigeants de toutes les grandes puissances, surtout quand est en jeu la question cruciale de la sécurité en Europe, alors que les grands accords de réduction des armements conclus à la fin de la guerre froide ont été abandonnés les uns après les autres. Cette rencontre ne fait paniquer que de petits groupes spécialisés dans une attitude de croisés, qui ne cherchent pas de solutions concrètes aux problèmes géopolitiques, mais campent dans des postures morales inefficaces.

« L'idée libérale est devenue obsolète », a déclaré Poutine lors d'un entretien au Financial Times. *Comment comprendre ce type de déclaration ? Faut-il s'en effrayer ?*

Vladimir Poutine aime les provocations depuis le début de son troisième mandat (durant ses deux premiers mandats, il a tendu la main aux Occidentaux, qui ont eu le tort de ne pas répondre). Il est loin d'être le seul à penser la contestation de l'hégémonie libérale, et d'autres l'ont théorisée avant lui, notamment les grands penseurs asiatiques de la géopolitique. Eux considèrent même, à l'instar du Singapourien Kishore Mahbubani, que nous vivons la fin de la parenthèse occidentale. Je préfère quant à moi parler de fin du monopole occidental sur les valeurs. Par ailleurs, on ne réagirait pas aussi fort aux déclarations de Poutine si la démocratie occidentale n'était pas contestée de l'intérieur par les populismes.

Plusieurs centaines d'opposants ont été arrêtés samedi lors de manifestations réclamant la tenue d'élections libres. Est-ce le signe d'un durcissement du régime ? L'avenir démocratique de la Russie n'est-il plus qu'une illusion ?

Les Occidentaux se sont fait des illusions complètes sur l'avenir de la Russie, illusions comparables à celle qu'ont eue les Américains sur l'entrée de la Chine à l'OMS en 2000, qui allait selon eux nécessairement apporter la démocratie. Ils pensaient que leur régime était contagieux, mais c'est l'inverse qui s'est produit : loin de se transformer en démocrates scandinaves, les Russes sont restés russes. Ce n'est ni un régime démocratique, ni une complète dictature. Une partie de l'opinion occidentale enrage, mais c'est ainsi : nous ne changerons pas la Russie, elle évoluera d'elle-même, à son propre rythme et selon sa manière. Nous nous sommes beaucoup trompés : il est temps de revenir sur un terrain plus réaliste.

Justement, dans quel sens devraient évoluer les relations diplomatiques entre l'Europe et la Russie ? La France a-t-elle un rôle particulier à jouer ?

L'objectif, d'ailleurs formulé à plusieurs reprises par Emmanuel Macron, est de « réarrimer la Russie à l'Europe », afin de corriger la politique des dernières années qui a poussé la Russie vers la Chine. Notre relation doit être vigilante sans être prosélyte. Il faut établir de bons rapports de force, rester pragmatiques, car nous avons des relations de voisinage qui, elles, ne changeront pas. L'urgence est celle de la sécurité : il faut repartir de zéro sur les accords de contrôle des armements. Je pense que nous avons d'autres terrains de coopération : la lutte contre le terrorisme islamiste, mais aussi l'écologisation de nos économies, enjeu majeur du XXIe siècle. Macron essaye, et c'est une bonne chose. S'il arrive à déclencher un processus, d'autres Européens suivront, il pourrait y avoir un effet d'entraînement. Il faut réinventer nos rapports avec la Russie sans attendre Trump, qui, s'il est réélu, réenclenchera une dynamique avec la Russie.

LA RUSSIE DE VLADIMIR POUTINE[1]

Définir quelles relations nous voulons établir avec la Russie, ce grand pays voisin incontournable sur la scène internationale, sans moralisme arrogant, sans chercher à avoir besoin d'aimer son régime et sans laisser les États-Unis redéfinir seuls cette relation. Hubert Védrine invite à un réalisme stratégique.

Arbatov, l'un des principaux conseillers de Gorbatchev, avait prévenu les Américains : « Nous allons vous porter un coup terrible, nous allons vous priver d'ennemi ! » Eh bien, l'Occident ne s'est pas laissé faire : il a imperturbablement entretenu la Russie comme ennemi principal. Jusqu'à ce que Trump dise « l'adversaire principal, c'est la Chine », et révulse l'*establishment*, le fameux complexe, et l'État profond américains. Et Poutine a été érigé en épouvantail bien utile. Il faut dire que la Russie ne se prive pas, depuis 2014 – voire dès 2008 avec l'Ossétie –, d'alimenter la méfiance : le soutien à peine camouflé aux séparatistes du Donbass ; l'annexion de la Crimée ; les assassinats en Grande-Bretagne d'anciens espions transfuges ; les provocations, aériennes ou sous-marines, contre les pays voisins membres de l'OTAN ; les ingérences digitales dans les élections ; la répression des oppositions ; le sauvetage du régime de Damas, et donc de la base de Tartous. Ajoutons que Poutine a l'air glacial et méchant.

Cette vague antirusse est manichéenne, sans complexe. Peu lui importe que la fin de l'URSS n'ait pas été obtenue uniquement par l'Occident, mais doive beaucoup, aussi, à Gorbatchev, certes

1. Article paru dans *L'Obs* du 20 décembre 2019.

dépassé par les forces qu'il avait déchaînées, mais aspirant, en idéaliste inattendu, à une autre relation d'avenir entre la Russie et l'Occident. Peu importe que Poutine ait été pendant ses deux premiers mandats, et Medvedev pendant le sien, ouverts à l'Occident, et même solidaires lors du 11-Septembre. C'est oublié ! De même que les Américains ne s'interrogent jamais sur les conséquences de la thérapie économique de choc imposée à la Russie des années Eltsine, *via* les conseillers américains dans le gouvernement Gaïdar (les Russes ont vu leur niveau de vie s'effondrer : on a eu de la chance de ne pas se retrouver avec plus dur que Poutine). Ni sur les conséquences sur la Russie de l'élargissement de l'OTAN aux anciennes « démocraties populaires » et aux pays Baltes, demandé par les intéressés et inévitable, mais qui n'a été accompagné par rien vis-à-vis des Russes. Ni sur l'effet prévisible sur la Russie de l'intention proclamée d'élargir l'OTAN à l'Ukraine, donc à la Crimée et *à la base de Sébastopol*. Ni sur la perception par la Russie de la relance du programme de sites anti-missiles et de son implantation le long des frontières russes. De même que les Européens ne s'interrogent pas sur l'opportunité d'avoir voulu, avec l'accord d'association Union européenne-Ukraine, couper de l'économie russe celle de l'est de l'Ukraine. Au moins jusqu'en 2014, les Occidentaux, par triomphalisme, par *hubris*, par désintérêt pour la future relation Occident-Russie et Europe-Russie, n'ont pas été très intelligents. Seule exception : les efforts, notamment sous Jacques Chirac, pour créer un cadre nouveau, français et européen, pour la relation Europe-Russie. Mais cela n'a pas suffi !

Je ne minimise pas le comportement russe, ni les précautions à prendre. Je déplore, comme Henry Kissinger, que l'on n'ait fait aucun effort pour associer la Russie à un nouvel ensemble européen de sécurité, en tout cas au début, après la fin de l'URSS. Je pense, comme Brzezinski à la fin, qu'il aurait mieux valu imaginer pour l'Ukraine un statut de neutralité. Et j'estime, comme l'ancien chancelier Schröder, que le projet d'accord d'association avec l'Union européenne élaboré sous influence polono-lituanienne a été mal conçu. Après 2014, et l'enchaînement : accord avec l'UE, rejet par le gouvernement de Kiev, insurrection de la place Maïdan, séparatistes, Crimée, c'est devenu plus difficile.

Mais, à supposer que les raisons de poursuivre les sanctions et les dénonciations contre la Russie l'emportent au nom des

« valeurs », cela nous conduit à quoi ? Quel intérêt avons-nous à avoir avec la Russie des relations plus mauvaises et plus inquiètes qu'avec l'URSS des vingt dernières années de la guerre froide, alors que cette dernière était beaucoup plus interventionniste et plus dangereuse que la Russie actuelle ? L'Occident s'est-il affaibli en négociant avec l'URSS, depuis le traité ABM jusqu'à l'accord FNI, en passant par les accords SALT et START ? En rien, au contraire ! Pourquoi un tel manque de confiance en nous-mêmes, alors même que la Russie n'est pas si forte que cela, et que nous sommes censés « avoir gagné » ?

Et si, derrière cet entêtement *a-stratégique*, il y avait une explication, à la fois simpliste et arrogante : on a gagné, ils ont perdu. Ils auraient donc dû se normaliser, devenir des sortes de sociaux-démocrates scandinaves, et ne plus nous embêter. En quelque sorte, on leur en veut d'être restés russes ! À la fois européens, à leur façon, et autre chose. Et ce Poutine, ce n'est pas tant qu'il soit si dangereux, ni la Russie si puissante, mais il est trop insolent ! Il ose prétendre que nos valeurs sont périmées, que nos démocraties fonctionnent mal ! D'où l'idée activement répandue qu'on ne peut rien faire avec Poutine, ni avec ce régime, ni même avec les Russes !

Alors quoi ? Moralisme militant, esprit de croisade, guerre de positions à perpétuité, indifférence quant au rapprochement Russie-Chine – ce qui devrait nous préoccuper ? Entendons-nous bien : il ne s'agit pas d'aimer le régime russe, ni Poutine, ni de cesser d'appeler les Russes à devenir plus « démocratiques », mais de savoir quel genre de relations on veut avoir avec ce grand pays voisin, et si c'est aux États-Unis seuls de redéfinir cette relation.

On lit depuis cet été beaucoup d'âneries sur la politique russe du président Macron. Il ne prend pas un virage « pro-russe ». Il essaye juste de sortir la France, et si possible l'Europe, voire l'Occident tout entier, d'une impasse stérile. On l'a un peu oublié, mais c'est cela une politique étrangère. Il aurait tort de ne pas le faire, puisqu'il est à peu près le seul en ce moment en Occident à pouvoir le tenter. Bien sûr, la suite dépend en partie de Poutine. Que veut-il et que peut-il sur l'Ukraine, sur la maîtrise des armements et la sécurité en Europe ? Il y a eu quelques premiers signes positifs à Paris le 9 décembre [2019], sur l'Ukraine. Mais, ce que veut Poutine, ce qu'il fera, dépend *aussi* de ce qui lui sera proposé par nous, par les Occidentaux, par les Européens.

C'est ce que dit Natalia Soljenitsyne : « Poutine est avant tout un pragmatique : si l'Occident mène une ouverture, il saisira cette chance. » C'est dialectique. Il s'agit de relancer un *processus*, de recréer un *cadre* où tous pourraient défendre leurs intérêts. Cela peut tout à fait et doit se faire avec vigilance, sans baisser notre garde. Les attitudes manichéennes, notre tentation permanente, ne débouchent sur rien. C'est vrai pour la politique étrangère en général : il serait temps de faire le bilan, dans notre intérêt, de l'esprit de croisade qui a resubmergé l'Occident après la chute de l'URSS. Et c'est particulièrement vrai de notre relation avec la Russie.

Le monde musulman

Durant cette période, la question des relations avec le monde arabe a été presque entièrement phagocytée par la question de l'islam, donc de l'islamisme, voire du terrorisme, même si les terroristes islamistes sont très peu nombreux et s'en prennent d'abord aux musulmans qui ne suivent pas leur vision radicale et fondamentaliste, et auxquels ils cherchent à infliger des souffrances terribles.

La question du monde arabe dans cette période reste marquée par les espérances déçues des « printemps arabes » des années 2010, par une queue de controverses sur la « politique arabe de la France », celle d'avant-hier, que contestaient, dans les années 1970, les Israéliens et les Américains ! Aucun rapport avec les trente à quarante années dont il est question ici. Et de toute façon, vu les divergences, voire les conflits, entre plusieurs États arabes, en dépit de l'unité linguistique et culturelle, il a toujours été impossible, même pour ceux qui étaient le plus attachés à des relations étroites et fructueuses avec les pays arabes, de mener « une » politique arabe globale. Celle-ci se conçoit pays par pays. Et cela a été vrai aussi vis-à-vis des révolutions démocratiques. Bien sûr, la question du Proche-Orient, c'est-à-dire la question israélo-palestinienne, a longtemps focalisé les attentions : la France a continué à se référer, quoique de façon de plus en plus molle et abstraite, à la solution dite des deux États, qui avait été audacieusement envisagée par François Mitterrand dans son discours à la Knesset en mars 1982, et reprise ensuite avec plus ou moins de conviction par les autres Européens. Cette politique a été mise à mal par la longue et efficace domination de Netanyahou à la tête d'un Israël de plus en plus nationaliste, et qui a su efficacement utiliser la menace iranienne qui a rapproché d'Israël les pays arabes de la région par le soutien américain ; par les divisions et les affrontements intra-arabes et leurs renoncements ; et par l'incapacité des Palestiniens. Jusqu'à faire surgir, sous l'égide de Donald Trump, une « alliance d'Abraham » anti-iranienne qui existait déjà, mais discrètement, au niveau des services de sécurité et qui se poursuit après Trump et Netanyahou.

Les affrontements de mai 2021, provoqués et par des colons israéliens et par le Hamas depuis la bande de Gaza, ont rappelé que la question palestinienne, que l'on avait crue tombée dans les oubliettes de l'Histoire, était toujours là, non résolue, et que le plan Bantoustan du gendre de Trump, Jared Kushner, ne serait jamais appliqué.

En réalité, au Moyen-Orient, aucune puissance régionale – ni l'Arabie, ni l'Iran, ni la Turquie, ni Israël, ni l'Égypte – ne peut complètement dominer. Et aucune puissance extérieure, seule ou en accord problématique avec les autres – États-Unis, Russie, Chine, Europe (?) –, ne peut non plus imposer des solutions durables et globales. Il est donc probable que l'instabilité régionale va se poursuivre.

Quant à l'islam en général, il est marqué, pendant cette période, par un puissant mouvement de réislamisation, notamment du fait de l'activisme saoudien, que le choc de la Révolution islamique en Iran en 1979 avait traumatisé et a amené à essayer de reprendre le contrôle de l'ensemble de l'islam sunnite en y propageant par tous les moyens son wahhabisme – ou le salafisme – en concurrence et en lutte avec les Frères musulmans, tous deux issus de la plus radicale des quatre écoles théologiques de l'islam.

C'est un immense affrontement, observable dans le monde entier, partout où il y a des musulmans sunnites. Les Européens y sont confrontés, et notamment la France qui, pendant longtemps, a été aveugle ou a pratiqué le déni, ou l'a ensuite abordé sur une base nombriliste expiatoire et masochiste, ou encore a été terrorisée par l'intimidante accusation d'islamophobie, concept artificiel forgé pour étouffer dans l'œuf toute critique de l'islam.

En réalité, nos pays constituent un champ de bataille collatéral. Et la seule réponse serait une alliance durable sans concession, contre l'islamisme, des démocrates et des musulmans qui en viendront, un jour, à bout.

COMMENT NIER LE CHOC ISLAM/OCCIDENT[1] ?

Au-delà de l'Histoire qui divise l'islam et l'Occident, de leurs valeurs propres qui se revendiquent universelles, au-delà de tous les affrontements qui font le jeu de la mauvaise foi et de l'extrémisme, Hubert Védrine en appelle à bâtir, dans une concertation volontaire et engagée, un projet d'avenir partagé des relations entre l'islam et l'Occident.

Le choc des civilisations ? Plutôt que de nous offusquer de cette théorie, trouvons les moyens d'en sortir, car il a commencé il y a longtemps, il se poursuit sous nos yeux, il peut s'aggraver. Comment nier le choc islam/Occident alors même qu'il se manifeste de mille façons, que ses racines plongent profondément dans l'Histoire, que des extrémistes spéculent sur lui, et qu'une guerre en Irak, la privation de toute espérance pour les Palestiniens, le terrorisme islamique et l'*ubris* américaine peuvent le faire dégénérer ?

On a caricaturé Samuel P. Huntington, comme s'il avait préconisé cet affrontement, alors qu'il prévenait d'un risque. Sa formule de « *clash* des civilisations » heurte ou fait peur. Elle heurte en Occident les hommes de bonne volonté engagés dans cet exorcisme rituel qu'est le dialogue des cultures ainsi que tous ceux qui croient en l'existence d'une seule civilisation : la démocratie. Elle effraie les Européens, qui aspiraient à vivre dans un monde post-tragique. Elle fait peur aux nominalistes, qui craignent qu'admettre le risque revienne à favoriser le fait. Elle accable les musulmans modernes, qui luttent vaillamment dans leur monde contre la régression et

1. Article publié dans *Le Monde* du 27 février 2003.

voient dans cette expression fatidique l'annonce de ce qui les broiera. Et pourtant… toutes ces dénégations bien intentionnées ne conjurent rien. Les éléments du *clash* sont à l'œuvre de part et d'autre.

D'abord dans le monde musulman, du fait d'un long passé qui ne passe pas : après les foudroyantes conquêtes arabes du début, des siècles de croisades, d'affrontements, de colonisation chrétienne suivis d'un XXᵉ siècle humiliant, formellement de décolonisation, mais qui, en fait, aura conduit le Moyen-Orient de l'Empire ottoman à la domination américaine. Plus la plaie vive israélo-palestinienne.

Aujourd'hui, le cocktail des rancœurs, des ignorances croisées et des peurs symétriques reste explosif. Alors que se précise le retour à l'ingérence avec ses conséquences imprévisibles, nous n'aimons pas, nous, Occidentaux, nous rappeler ces siècles où l'ingérence occidentale a été la règle, la non-ingérence l'exception. Chez nous, le remords colonial et tiers-mondiste est bien loin, recouvert par l'amnésie et la bonne conscience. Les musulmans, eux, n'ont pas oublié.

On peut essayer de se rassurer en notant que ceux qui, en islam comme en Occident, cherchent à en découdre sont ultraminoritaires et que le recours à la violence est condamné partout. Mais ils trouvent dans leur monde un écho. Ainsi, la quasi-totalité des musulmans récuse le terrorisme et le nihilisme islamistes, et la grande majorité résiste aux intégristes ; mais dans le même temps, une immense majorité honnit l'Occident, son mépris, son hégémonie, ses diktats, son cynisme au Proche-Orient, tout ce qu'exploitent sans relâche les islamistes qui inondent leurs fidèles de prêches haineux, et les terroristes, qui se nourrissent de ces rancœurs. On peut rétorquer en soulignant les responsabilités musulmanes, le fiasco politique et social des régimes arabes. Cela ne change rien au problème.

En Occident, les fondamentalistes américains qui influencent tant aujourd'hui le Parti républicain au pouvoir à Washington et sont alliés avec une partie de la droite et de l'extrême droite israéliennes, les Folamour et les apprentis sorciers qui veulent « remodeler » à leur façon le Moyen-Orient sont très minoritaires. Il n'empêche que, dans leur ensemble, les Occidentaux d'aujourd'hui – sur ce point, les Européens ne diffèrent pas des Américains – sont sincèrement convaincus de la valeur universelle, c'est-à-dire de l'absolue supériorité, de la démocratie occidentale sur tous les autres systèmes de valeurs et de l'urgence de sa propagation, notamment dans le monde arabo-musulman. C'est un fait. D'ailleurs, l'administration Bush a joué dans l'affaire irakienne de cette conviction pour essayer d'ébranler le pacifisme ou le multilatéralisme des opinions qui sont contre la guerre, mais ne peuvent pas être contre la démocratie en Irak. Le traumatisme du 11 septembre 2001 ayant libéré à l'encontre de l'islam bien des inhibitions, une partie de l'Occident est ainsi disponible, voire candidate, à exercer de nouveau sa séculaire « mission civilisatrice », même s'il y a controverse sur les moyens : le recours aux armes effraie, mais pas, sous des noms à peine modernisés, la recolonisation, les protectorats, les mandats. Une nouvelle islamophobie intellectuelle se développe même, sans provoquer grande réaction.

Les résistances à cette tentation au sein du monde occidental ? Un relativisme culturel embarrassé et déclinant, une complaisance complexée envers l'islam, un formalisme multilatéral, l'appel à la coopération, le pacifisme des opinions européennes. Mais pas de vraie contestation de principe.

C'est dire que les facteurs de confrontation sont bien réels, et que les événements qui s'annoncent peuvent les aggraver. Ni l'islam ni l'Occident ne pourront sans doute aller très loin dans le sens des pulsions antagonistes de leurs éléments les plus extrêmes. Ils n'auront d'autre choix que de continuer à coexister. L'Occident est beaucoup plus fort. Aucun terrorisme ne l'affaiblira, au contraire. Et s'il peut assujettir des gouvernements arabes ou mener aisément des opérations militaires, il ne pourra ni convertir, ni soumettre les musulmans.

Mais, en attendant, le fossé s'élargit sous nos yeux, le ressentiment croît et la disproportion croissante entre l'hyperpuissance américaine et la faiblesse de tous les autres fait que tout peut arriver. Ces remarques seraient valables même sans l'imminence d'une guerre en Irak ; elles le sont *a fortiori* avec.

Nous ne pouvons accepter la fatalité de cette confrontation. Que faire, en ce qui nous concerne, pour l'arrêter ? D'abord cesser de faire l'autruche :

– ne pas nier le risque, mais au contraire en prendre la mesure ;

– ensuite parler entre politiques, religieux, intellectuels des « deux rives » de ce qui l'alimente, pour trouver ensemble des réponses ;

– combattre en nous-mêmes la résurgence d'une arrogance et d'un délire de puissance occidentalistes ;
– nous méfier des nombreuses fausses bonnes raisons de recoloniser l'ancien tiers-monde ;
– contrer les arguments ou les slogans de nos propres extrémistes anti-musulmans comme Oriana Fallaci ;
– imposer – c'est crucial – la création d'un État palestinien viable ;
– faire, s'il y a lieu, de l'après-Saddam Hussein une démonstration de modernisation démocratique et de multilatéralisme réussi ;
– soutenir plus courageusement partout les musulmans modernes ;
– encourager aux réformes les pays arabo-musulmans, sans diktat ni maladresse dominatrice ;
– intégrer mieux les musulmans d'Europe, sans transiger quant aux principes fondamentaux de nos sociétés.

Tout cela est connu et déjà proclamé ? Mais on le fait sans le faire, dans un tissu de contradictions.

De la part des responsables arabes et musulmans, il serait courageux de reconnaître que, s'il y a risque de *clash*, ce n'est pas seulement du fait d'une pression néocolonialiste occidentale ou de l'aventurisme de l'administration Bush, mais aussi en raison des rancœurs et des tensions accumulées au sein du monde arabo-islamique, et de tous ceux qui y font de la haine de l'Occident un exutoire. Les intellectuels et les religieux devraient oser aborder sans détour ces problèmes. Quant aux dirigeants de ces pays, s'ils continuent à s'arc-bouter sur un *statu quo* « prédémocratique » sous prétexte de ne pas faire le jeu des islamistes, ils finiront broyés entre ces derniers, leur population et les Occidentaux. Ils doivent faire sans tarder de vraies réformes politiques et sociales, celles qui ne sont acceptées que si elles viennent de l'intérieur. Il faut que des visionnaires, des hommes d'État occidentaux et musulmans, et de grandes figures religieuses concluent un pacte, une alliance pour la réforme, la démocratisation et la coopération dont les objectifs seraient affichés et les risques assumés solidairement.

Rien ne prédispose les États-Unis d'aujourd'hui à concevoir cette stratégie ni à mener cette politique. Les musulmans modernes ne leur feraient d'ailleurs pas confiance, même après une impressionnante démonstration de force militaire en Irak. Sauf si l'administration Bush changeait radicalement de politique dans l'affaire israélo-palestinienne et devenait porteuse d'espérance pour tous les peuples de la région. Mais tout annonce le contraire.

C'est donc l'Europe qui pourrait en être le concepteur et l'initiateur. L'Europe, aux divergences démasquées par l'épreuve irakienne ? Oui, l'Europe quand même, car elle dispose pour ce faire de tous les atouts, à commencer par l'intelligence historique de la situation. Elle pourrait trouver là, si elle en a la volonté, de quoi refaire son unité et jouer un rôle à sa mesure dans un monde désemparé aux fractures rouvertes.

On mesure dans quelle poudrière l'administration Bush veut à tout prix mettre en œuvre ses projets. Mais, même si la guerre en Irak devait au bout du compte ne pas avoir lieu, nous serons quand même, nous Occidentaux, placés devant ce défi : il n'y aura pas de « communauté internationale » tant que nous n'aurons pas écarté le spectre d'un affrontement islam/Occident, tant que nous n'aurons pas su lui ôter toute justification, et lui substituer une autre vision, partagée, de l'avenir de l'humanité, en nous libérant des siècles qui nous prédéterminent.

RETOUR AU RÉEL[1]

La conjonction des problèmes externes et des problèmes internes à l'Europe rend la recherche de solutions concertées plus difficile que jamais. Face à la défiance du monde arabe et à la menace islamiste, et dans le contexte du monde global, Hubert Védrine trace, dans ce texte de 2016, une ligne réaliste et rationnelle sur différents fronts : alliance avec les musulmans laïcs ou modernisateurs et réformateurs, politique de cogestion des flux migratoires avec les pays de départ et de transit. Pour que l'Europe sorte enfin de ses postures chimériques, Hubert Védrine rappelle que, si elle renonce à devenir une puissance, elle s'expose à dépendre des autres.

L'Europe est rattrapée aujourd'hui par la menace d'un environnement auquel elle avait désappris à s'intéresser. À l'est, les desseins de la Russie de Poutine inquiètent ; au sud, la déstabilisation du Moyen-Orient nous atteint désormais directement, via *le terrorisme et les migrations. L'Afrique est gagnée à son tour par le djihadisme et laisse entrevoir de graves problèmes pour l'avenir. Comment appréciez-vous cette situation ?*

En effet, le tableau est vraiment préoccupant ! La France et l'Europe tout entière sont confrontées à des risques, des menaces, des problèmes simultanés déjà considérables en eux-mêmes, et qui s'attaquent, ce qui aggrave les choses, à des organismes déjà minés de l'intérieur ! Si nous pouvions compter sur une France confiante en elle-même et sur une Europe qui fonctionnerait de

1. Entretien publié dans la revue *Le Débat*, n° 190, Gallimard, mai-août 2016, p. 4-17.

façon satisfaisante, gérer les problèmes spécifiques de l'éventuel Brexit ou de la Grèce, toujours pendant en fait, ou encore l'afflux des migrants et des réfugiés, serait moins déstabilisant. Mais l'Europe est profondément fragilisée par un désaccord abyssal entre, d'un côté, une infime minorité d'européistes qui continuent à dire, quel que soit le sujet, qu'il faut « plus d'Europe », et tous les autres. Les autres ? Mis à part 15 % en moyenne de pro-européens classiques, raisonnables, mais pas maximalistes, 15 % à 25 % d'anti-européens, carrément hostiles à l'Europe, et environ 60 % de sceptiques, au sens propre du terme, désabusés, devenus euro-allergiques à cause de l'excès d'intrusion, de réglementation, de prétention téléologique et du fiasco historique de l'idée que l'Europe allait se bâtir par l'éradication des nations et des identités. Il ne faut pas confondre Mme Le Pen ou l'UKIP, qui sont anti-européens, avec de simples eurosceptiques. Ce décrochage massif s'est vérifié à toutes les élections européennes et à tous les référendums, sauf celui de Maastricht, passé de justesse. Cette fragilité s'est accrue, surtout après que le traité constitutionnel, rejeté en France et aux Pays-Bas en 2005, comme il l'aurait été aussi en Allemagne, d'après ce que m'a dit un jour Gerhard Schröder, est revenu sous forme de traité de Lisbonne par le canal des parlements nationaux. L'épisode a instillé un doute profond dans la confiance démocratique des Européens dans l'Europe elle-même, ce que les élites, bien sûr, nient. Voilà pour l'interne.

Par ailleurs, l'Europe a cultivé, depuis longtemps, et plus encore depuis la disparition de l'URSS, la vision éthérée d'un monde post-tragique et posthistorique, autour des idées de « communauté internationale », de prévention des conflits, des Nations unies, du *soft power* et de Cour pénale internationale destinée à punir les méchants. Bref, une construction sympathique, mais terriblement abstraite, parfaite s'il y avait sept milliards de bonnes âmes dans le monde, mais qui devait un jour ou l'autre se fracasser sur la réalité. Nous y sommes et l'atterrissage est brutal. La réalité se réimpose à nous sous différentes formes agressives et nous en souffrons d'autant plus que le décalage est immense par rapport à nos attentes naïves et à nos prétentions universalistes. Pas celles de tous les Européens, mais certainement celles des Français. Nous vivions sur une tradition intellectuelle qui a sa grandeur, certes, mais qui faisait de nous les responsables de toutes choses, les ordonnateurs du système international, les concepteurs du droit international, les missionnaires de nos fameuses « valeurs ». Pour ce courant de pensée, tout ce qui se passait dans le monde nous concernait soit au titre d'un remords, maladie expiatoire issue d'une histoire mal digérée[1], soit du fait de l'universalité de nos idées ou de notre responsabilité autodécrétée ! Or, tout cela est cruellement contredit par la réalité d'un monde qui va son chemin. La France est en train de se « corneriser » dans une Europe en voie de marginalisation. Ce n'est pas seulement traumatisant, c'est humiliant et inquiétant ! Même s'il n'y avait pas l'affreuse tragédie syrienne, la situation serait déjà inquiétante.

L'Europe prend en pleine figure une série de problèmes qui ne sont pas du même ordre. Ce ne sont pas seulement des menaces qui nous assaillent de l'extérieur, mais, redisons-le, la conjonction interne/externe. Ainsi n'avons-nous pas été en mesure de régler durablement la question grecque, parce qu'on a évité la question de fond : comment amener les Grecs à bâtir un État et une administration normaux, une économie productive, un pays ne vivant pas seulement à crédit ? Je ne suis pas sûr que l'élan qui les a conduits, paradoxalement, à vouloir rester dans l'euro à n'importe quel prix ait été le meilleur pour eux. Pour ma part, j'étais d'un avis différent, très minoritaire, qui était celui de Schäuble, à savoir qu'il aurait été moins dur pour eux et pour nous qu'ils sortent de l'euro pour quelques années, tout en restant bien sûr dans l'Union, jusqu'à ce qu'ils soient en mesure d'y rentrer (dévaluation et plan de remise à niveau avec notre aide). Mais c'est tranché, cela a été refusé par tout le monde et par les Grecs eux-mêmes. On verra ! Espérons pour eux qu'ils n'ont pas eu tort.

Il y a aussi la question du Brexit. Je pense qu'au bout du compte les Britanniques resteront, mais je n'en suis pas sûr ! Je suis de ceux qui pensent que l'accord passé par les Vingt-Sept avec Londres est plutôt bénéfique pour la respiration démocratique dans l'Europe vis-à-vis de peuples rendus défiants et allergiques. L'association renforcée des parlements nationaux obtenue par Cameron est bonne. Je ne pense pas du tout que cet accord entraîne un « détricotage » ; et je ne me rattache pas au courant qui proclame : « Bon débarras s'ils s'en vont, nous allons enfin pouvoir bâtir les États-Unis d'Europe. » Les Britanniques n'ont jamais empêché les autres Européens d'avancer, quand ceux-ci le voulaient vraiment.

1. Henri Rousso, « L'Europe paie sans doute les excès de la mémoire négative » (dans *Libération* du 8 avril 2016, consultable en ligne).

Ce qui bloque ces avances, c'est tout simplement que les peuples ne suivent plus les élites européistes !

En revanche, je juge grave la révélation récente, sous les coups de boutoir de l'arrivée torrentielle de migrants et de réfugiés, d'un désaccord profond, jusque-là masqué, entre les sociétés de l'Europe de l'Ouest et de l'Europe de l'Est, entre les pays qui s'accommodent de la société « multiculturelle », c'est-à-dire, pour parler clair, de la présence de beaucoup de musulmans qui conservent leur mode de vie, ou même la vantent, et les autres, qui la refusent et en ont peur. C'est choquant et perturbant, tout ce qu'on veut, mais c'est un fait : il n'y a pas de majorité dans l'Europe à vingt-huit pour condamner ne serait-ce qu'Orbán, sans parler du gouvernement polonais et tous ceux qui, les uns après les autres, ont rétabli leurs contrôles aux frontières pour refermer la « route des Balkans » ou qui contestent que « la Commission ait le droit de changer leur composition ethnique ».

L'Europe est donc confrontée aujourd'hui à une conjonction de défis, qui seraient certainement gérables par un organisme robuste, s'ils se présentaient les uns après les autres, ce qui n'est pas le cas. C'est spécialement vrai de la pression migratoire, qui nous prend d'autant plus de court que depuis trente ans on a élargi les accords de Schengen, sans trop se poser la question de leur viabilité géographique et surtout de la « contrôlabilité » des nouvelles frontières extérieures, au nom d'une idéologie sans-frontiériste qui prétendait déclencher un mouvement destiné à l'étendre au monde entier ! Ce n'était pas trop grave par un temps relativement calme, avec peu de demandes d'asile et des mouvements migratoires limités. Quand le phénomène prend un caractère de masse, vous voyez le résultat.

Les Français adorent se battre sur ces sujets à coups de valeurs et de théories. Comme disait Tocqueville, nous préférons toujours les idées aux faits. Mais les faits sont têtus. Lorsque énormément de gens arrivent en très peu de temps, sans qu'on se soit rendus capables à l'avance de distinguer entre les demandeurs d'asile réels et les mouvements migratoires globaux, et qu'en plus ce sont des gens qui, pour des raisons culturelles ou religieuses, ont des modes de vie très différents, le Schengen d'origine ne tient plus. Les pays membres s'en affranchissent les uns après les autres, en rétablissant – pour le moment, momentanément – les frontières sur les chemins migratoires. Phénomène attisé par la générosité à la fois honorable et dangereuse de Mme Merkel, ce qui ne justifie pas pour autant l'égoïsme ratatiné des autres. Car l'Europe ne peut pas, sans renoncer à son âme, refuser l'asile à des gens en danger, dans des conditions gérables, bien sûr. Il n'est, en tout cas, pas étonnant que les frontières aient été refermées, que la Grèce soit devenue une souricière géante et que, pris à la gorge, nous nous retrouvions obligés d'en passer par les conditions de la Turquie qui profite évidemment de la situation. Il y aurait beaucoup à dire sur l'attitude ambiguë de la Turquie dans l'affaire syrienne, mais elle héberge quand même près de deux millions de réfugiés syriens sur son sol et cela ne justifie pas l'imprévoyance des Européens. La position de force d'Erdoğan souligne l'écart entre l'Europe bisounours et le monde réel, qui nous rattrape.

Quant à la France, pour compléter ce tableau peu réjouissant, elle offre le spectacle d'un pays écartelé par ses interrogations identitaires et la guerre des mémoires. L'invocation de la « République », chaque matin, tourne à vide. Cette France mal en point se distingue en outre de l'ensemble de pays développés par son incapacité à opérer les réformes indispensables pour sauver les systèmes sociaux, reprendre le contrôle de ses dépenses publiques, et se relancer. Je ne suis pas d'un naturel pessimiste, mais je trouve que notre situation devient réellement préoccupante.

Après ce tour d'horizon, reprenons les problèmes un à un, en partant de ce qui apparaît comme la menace la plus immédiate, c'est-à-dire le terrorisme à l'enseigne islamique, et de ce qu'il représente en tant que pointe émergée du chaos moyen-oriental.

Jusqu'aux tragédies récentes, l'Europe notamment, la France et la Belgique, peut-être les gauches française et belge en particulier, ont sous-estimé, voire nié le risque islamiste. Pour de mauvaises raisons, que tout le monde connaît maintenant. Les grands intellectuels musulmans, égyptiens, maghrébins, africains (et n'oublions pas Salman Rushdie ou Taslima Nasreen !), qui alertaient déjà il y a dix ans, vingt ans, trente ans n'ont pas été entendus. *A fortiori*, ceux qui estimaient qu'il y avait un vrai problème, pas seulement avec l'islamisme mais avec l'islam, un islam trop influencé par le wahhabisme et incapable de se réformer. Ils gênaient. On peut ergoter sur l'origine de cet aveuglement : le remords de la colonisation, l'idée que les musulmans sont les nouveaux parias de la terre et que donc il est interdit d'en dire du mal, la peur d'être taxés d'« islamophobes », mot inventé par les ayatollahs, qui mélange des choses totalement différentes, car il veut dire non seulement qu'on n'a pas le droit de s'en prendre à des musulmans qui n'y sont pour rien, mais aussi qu'on n'a pas le droit de critiquer l'islam. C'est la même confusion volontaire qu'entre antisémitisme, antisionisme, critique de la colonisation et critique d'Israël. Ces amalgames ont été inventés pour paralyser toute critique. Tout cela a entraîné une politique de l'autruche durable. Les attentats récents de Paris et Bruxelles (après beaucoup d'autres ailleurs) ont commencé à ouvrir beaucoup d'yeux, même si toutes les autorités n'osent pas encore appeler les choses par leur nom.

Comme nous sommes, nous, Français, un peu plus nombrilistes que d'autres peuples, nous avons pensé que, si tout cela arrivait chez nous, c'était forcément notre faute. Et que ce n'était pas l'islam qui était en cause, mais notre défaillance sociale – une explication égocentrique et masochiste, qui peut comporter une part de vrai, mais l'état des banlieues françaises ou belges ne peut expliquer le 11-Septembre, Boko Haram ou les talibans afghans ! Il a fallu un certain temps pour que les Européens réalisent la violence de l'affrontement géant au sein de l'islam – un milliard six cents millions de personnes dans des dizaines de pays –, ce qui fait que, même si les extrémistes ne représentent que un pour cent, cela fait encore beaucoup ! Or, en Europe, il y a vingt millions de musulmans. L'immense majorité des musulmans est, comme tout le monde, horrifiée par la violence et les attentats, mais n'a pas encore trouvé les moyens politiques et religieux de s'exprimer de façon audible. En outre, une partie de l'opinion les a entretenus dans cette impasse, au nom de l'idée qu'il ne fallait surtout pas les « stigmatiser » : si on leur demandait de s'exprimer sur le terrorisme, c'est qu'on les soupçonnait. Sophisme absurde ! Ce seraient donc les seuls qui n'auraient rien à dire sur le sujet ? N'importe qui aurait le droit de dénoncer les attentats, les catholiques, les protestants, les juifs, les athées, tout le monde sauf les musulmans ? Situation aberrante dont tous ceux qui n'ont que le mot « stigmatisation » à la bouche sont un peu responsables. C'est le silence qui entretient l'amalgame. À quand une énorme manif des musulmans d'Europe contre l'islamisme, le salafisme et le crime ? Ils ont là une occasion historique de faire naître – en Europe – un islam moderne qui renouerait avec le meilleur du passé de l'islam et mettrait un terme à des décennies de régression. Je laisse de côté dans ce tableau la résurgence de l'affrontement entre les sunnites et les chiites, qui nous affecte moins directement.

En pratique, nous devrions, aussi longtemps que nécessaire, nous protéger mieux. Il est évident que les divers services de police de tous les pays concernés doivent coopérer plus entre eux. Ils veulent garder leurs informations sensibles, car, dès qu'ils les partagent, ils craignent qu'elles ne vaillent plus rien. C'est la difficulté de leur tâche, mais il faut avancer. Sans doute tout le monde a-t-il compris maintenant, même à Bruxelles, que l'État était devenu trop faible et que la coopération est devenue systématique et donne des résultats. Ensuite, il ne faut pas opposer cette nécessité policière et la dimension militaire. Il était indispensable, aussi, d'aller neutraliser certaines bases arrière des terroristes, c'est en cours. Mais cela ne sera durable qu'à condition de mettre en place, après la phase militaire, une solution politique. Ajoutons, enfin, que, sans une contre-offensive théologique contre l'extrémisme portée par les musulmans eux-mêmes, dans tout l'islam, notamment les autorités des grandes universités musulmanes sunnites, égyptiennes ou autres, la bataille sera beaucoup plus longue. Redisons-le : le terrorisme islamique est un phénomène global – seul le continent américain est à peine touché, il touche l'Europe, l'Afrique, l'Asie – et qui ne disparaîtra pas brusquement, même si Daesh est écrasé. Il faut donc nous organiser mentalement et pratiquement pour vivre avec, en le jugulant petit à petit. Les terroristes ne peuvent pas gagner. J'ai plutôt l'intuition qu'au bout du compte, dans un temps braudélien, l'islam modéré finira par l'emporter et qu'il n'y aura pas de califat islamiste. Mais il s'écoulera combien d'années avant cette issue ?

Faut-il aborder maintenant le volet politico-diplomatique ?

À juste titre, la France n'a pas participé à la guerre en Irak en 2003. Mais elle a eu lieu quand même et a marqué le début de la désintégration du Moyen-Orient. Maintenant, il nous faut éviter d'être dans un camp sunnite ou chiite contre l'autre. Il ne faut pas non plus laisser tomber la question du Proche-Orient, en dépit de la fatigue générale face au conflit israélo-palestinien et à la désolante victoire, *de facto* pour le moment, du sionisme extrémiste, nationaliste et religieux. Même si ce n'est pas le seul abcès dans la relation entre l'islam et l'Occident, cela reste un facteur d'aggravation et un élément quotidien de la propagande des recruteurs islamistes, du Maroc à l'Indonésie et de n'importe quelle banlieue européenne jusqu'au Sahel. Il faut donc construire avec les musulmans laïcs ou modernisateurs et réformateurs une alliance de longue durée politique, culturelle, idéologique. Il n'existe pas de solution simple ni immédiate à ce problème.

La sortie de la crise syrienne est un élément très important du scénario que vous dessinez. Au bout de cinq ans de guerre civile, peut être va-t-on doucement vers une issue diplomatique ? Mais la reconstruction de la Syrie va être un enjeu considérable, y compris pour l'exemplarité de l'entreprise auprès du reste du monde arabe. Comment l'aborder dans les moins mauvaises conditions ?

Il y aura des tentatives de reconstruction d'un Moyen-Orient viable et stable. Quelles sont les erreurs à éviter et que peut-on faire ? Avant d'en parler, il faut prendre la mesure de ce qui se passe, c'est-à-dire de la désagrégation, sous nos yeux, de l'organisation étatique mise en place après la Première Guerre mondiale, après que les « puissances chrétiennes », puisqu'elles se concevaient comme telles à l'époque, eurent réussi à démanteler l'Empire ottoman. À la suite des accords Sykes-Picot, on a créé de toutes pièces après guerre une entité syrienne et une entité irakienne (plus le Liban et la Palestine). Cette organisation a tenu à peu près un siècle. Elle se décompose sous nos yeux, sous le coup de l'intervention américaine, des « printemps arabes », de la guerre civile, etc. À supposer que nous y puissions quelque chose, ce qui n'est pas non plus évident, étant donné que nous n'avons plus sur la marche du monde l'influence que nous pensions avoir (ce qui est démoralisant tant pour les interventionnistes de droite que pour les droits-de-l'hommistes de gauche), il faut tirer les conséquences de cette désagrégation. Nous ne pouvons pas nous en désintéresser, la situation est trop dangereuse, il faut donc malgré tout essayer de faire quelque chose. Mais quoi ? Dans l'idéal : un Moyen-Orient confédéral, fédéral et laïc. On en est loin ! En attendant, peut-on reconstruire l'Irak, et la Syrie, à supposer qu'on puisse définir ce « on » ? Reconstruire l'Irak peut vouloir dire rétablir l'Irak dans ses frontières d'avant Daesh, ou alors admettre que l'Irak éclate, à l'avenir, entre une entité kurde, une entité chiite à Bagdad, qui serait une sorte de protectorat iranien, et une entité sunnite, reliée ou non à la zone autonome sunnite syrienne. Pas simple ! S'il y avait des congrès diplomatiques à l'ancienne qui imposaient leurs décisions, comme celui de Berlin en 1885, ou même des conférences comme celles de Téhéran-Yalta-Potsdam, on trancherait ces nœuds gordiens, mais aujourd'hui c'est impensable. Toujours est-il qu'il faut essayer de voir si les sunnites, les chiites et les Kurdes pourraient vivre ensemble dans le cadre d'un État irakien fédéral, avant de se résigner à organiser leur séparation complète. Quant à la Syrie, qui pourrait faire cohabiter de nouveau les diverses composantes du peuple syrien, malgré les souffrances atroces qu'elles se sont infligées ? Sous quel régime ? Un régime centralisé paraît exclu et on pense là aussi à un schéma fédéral ou confédéral. Ou comme au Liban d'origine, quand cela fonctionnait avec un système de répartition des postes par quotas ethniques. Pour le moment, aucune puissance régionale ne peut imposer sa solution – ni l'Iran, ni la Turquie, ni l'Égypte ne le peuvent, Israël ne s'en mêle pas – et aucune puissance extérieure ne peut jouer aujourd'hui le rôle de Sykes et Picot – et même si Obama et Poutine travaillaient ensemble, ils n'arriveraient sans doute pas à imposer leur schéma. Reste, malheureusement, l'hypothèse d'un conflit qui dure, et qui pourrit. Il faudra peut-être attendre – combien de temps ? – que les chiites et les sunnites se lassent de se battre par Syriens ou Yéménites interposés, comme les Européens à la fin de la guerre de Trente Ans. Mais il n'y a pas de traité de Westphalie, sans Richelieu ni Mazarin.

On ne voit pas, aujourd'hui, qui a la force d'imposer une paix. Sauf, un jour, un accord entre un Iran moderne, où les pasdarans auraient été marginalisés, qui n'aurait plus besoin d'utiliser les minorités chiites pour déstabiliser la région, et des dirigeants arabes aspirant à une coexistence pacifique, ce qui n'est pas encore le cas. Un tel scénario peut advenir, mais si cela se produit, il n'est pas sûr que nous, les Occidentaux, en soyons les parrains ; nous n'avons pas beaucoup de cartes en main. La diplomatie française, inspirée par une indignation honorable mais impuissante, s'est d'elle-même mise hors jeu. À part les États-Unis, les autres Occidentaux ont encore moins de cartes. Finalement, n'excluons pas un scénario de sortie à l'initiative de la Russie, bien sûr à ses conditions.

Décidément, l'écart entre ce que l'on peut effectivement faire et ce que l'opinion attend des dirigeants en Occident est abyssal. Longtemps, le système médiatique, très « ingérence », n'a rien voulu comprendre de tout cela. Et comme il exerce une grande influence sur le monde politique, qui n'a plus le temps d'avoir une pensée propre et fonctionne comme une grosse éponge gorgée d'informations continues, le décalage avec la réalité est terrible. N'avons-nous pas entendu, pendant des décennies, des militants du dépassement des États présentant cela comme l'avenir ? Eh bien, on voit là que la disparition des États au Moyen-Orient, en Afrique…, en Europe même, est une dangereuse régression.

Et en dehors de la Syrie et de l'Irak ?

On ne peut en effet pas s'en tenir à la Syrie et à l'Irak, car il y a déjà des métastases ailleurs : au Yémen ; en Libye où, même si Kadhafi n'avait pas été renversé par l'opération franco-britannique, il y aurait eu une guerre civile ; au Sahel, où le Mali aurait pu tomber au pouvoir des djihadistes si la France ne s'était pas, à la demande générale et avec courage, mise en travers et où les risques persistent ; au Sinaï, qui n'est pas entièrement sous le contrôle de l'armée égyptienne, laquelle subit là-bas de lourdes pertes. Pouvons-nous même être sûrs de l'avenir de l'Arabie ? de la Jordanie ? du Liban ? Ne serait-ce que parce que ces deux derniers pays accueillent, en proportion, bien plus de réfugiés que ce que les Européens, même les plus généreux, acceptent.

En Libye, le risque existe que, si les autorités de Tripoli et de Benghazi n'acceptent pas l'autorité du Premier ministre désigné, Fayez el-Sarraj, Daesh s'enracine à Syrte et autour (quelques milliers d'hommes), et attire de plus en plus des djihadistes du Sahel venus du Mali, du Niger, du Tchad, etc. C'est une menace pour la Tunisie, directement exposée, c'est contrôlable en théorie par l'Algérie, si le système algérien tient bon, c'est grave pour toute l'Europe du Sud. Tout devrait donc conduire à une intervention. Militairement, ce n'est pas très compliqué, à condition que la sixième flotte américaine et d'autres fassent le blocus des ports et que l'armée française au sud contrôle les passes (dispositif Barkhane), qu'un accord soit trouvé avec l'Égypte, l'Algérie, l'Italie, etc.

Mais, politiquement, cela reste très compliqué : les autorités françaises redoutent le précédent Sarkozy. À ce propos, il est honnête de rappeler que Sarkozy n'a pas agi que sous le coup d'une impulsion – il est sur ce point victime de sa réputation –, mais qu'il y a eu un appel au secours de la Ligue arabe et une décision du Conseil de sécurité pour intervenir en Libye. Qui d'autre que la France et la Grande-Bretagne auraient pu y répondre, avec le soutien de l'OTAN ? Il n'empêche : il y a un vrai risque en Libye, auquel il faut souhaiter qu'une solution soit apportée. Mais c'est impossible de la déclencher sans une demande préalable d'une autorité libyenne, et un accord du Conseil de sécurité.

Que penser des réticences d'Obama en Syrie, Libye et ailleurs ?

Obama a été élu pour extirper les États-Unis des pièges où les avait conduits l'excès d'engagement inconséquent de George W. Bush. Il pense stratégiquement à long terme, avec une intelligence froide, peut-être un peu trop détachée de la conjoncture, que le grand défi de demain se situe en Asie-Pacifique. Il a certainement raison. Mais il a sans doute sous-estimé les conséquences de son lâchage de Moubarak, de son absence de réaction en Syrie, après avoir fixé une « ligne rouge » en cas d'usage de l'arme chimique, de son inaction quand Netanyahou lui a dit qu'il n'arrêterait pas la colonisation, etc. Il est parti trop tôt d'Irak, en tout cas sans garantie suffisante que le régime de Bagdad – chiite – accepterait de réintégrer les sunnites dans le jeu politique. Il a commis des erreurs qui ont installé dans cette partie du monde l'idée d'un retrait de l'Amérique qui attise les appétits. Or il n'y a pas de système de remplacement. La France, ces dernières années, en a beaucoup voulu à Obama. Mais ce dernier assume totalement et crânement sa ligne. Ce qu'il dit dans *Atlantic Monthly*[1] est exceptionnellement intéressant. Je ne vois pas l'équivalent de la part d'un autre chef d'État. Sur la Syrie, il est fier d'avoir résisté à tout le système washingtonien qui impose perpétuellement au Président de démontrer la crédibilité des États-Unis par les armes. Il parle de ce système comme Eisenhower dénonçait le complexe militaro-industriel. Il y a eu des réalistes avant lui, mais il va plus loin et théorise, en quelque sorte, la fin d'un siècle de wilsonisme. On peut être pour ou contre, mais c'est de première importance. Ce n'est pas de l'isolationnisme, mais de l'« égoïsme sacré ». Signe de ratatinement supplémentaire de notre pays : cela a été très peu commenté et discuté en France.

Et l'Algérie ?

La question algérienne est très préoccupante. On ne peut que souhaiter aux Algériens que leur système se démocratise et se modernise sans drame. Mais comment en être sûr ? Interrogation lourde pour l'Algérie elle-même, pour la France, la Tunisie, le Maroc, l'Italie, pour tout le bassin de la Méditerranée occidentale.

1. Barack Obama, « The Obama Doctrine », *The Atlantic Magazine*, avril 2016.

Or, qu'y pouvons-nous ? Nous n'avons pas d'influence sur ce qui se passe dans le système algérien, qui est une vraie boîte noire. On ne peut d'ailleurs pas exclure que le système algérien trouve, parmi les anciens Premiers ministres par exemple, un successeur à Bouteflika acceptable pour l'armée, même si elle est moins puissante depuis le démantèlement de l'État dans l'État qu'était le renseignement militaire. En revanche, ce qu'on voit moins bien, c'est comment l'Algérie pourra compenser l'effondrement des revenus pétroliers, qui est tragique pour un pays très peuplé, avec une population exigeante et jeune, où tout est très subventionné et où l'on a laissé péricliter à peu près toute activité économique en dehors de l'énergie. Les dirigeants algériens se préoccupent maintenant en urgence de bâtir des programmes de diversification, mais ce n'est pas en deux ou en cinq ans qu'on refait une agriculture ou qu'on bâtit une industrie moderne. Il y a donc là un vrai risque, même s'ils ont deux ou trois ans de réserve financière. Pour relever leur défi économique, ils devraient desserrer l'emprise de leur bureaucratie qui combine des traits de bureaucratie à l'ottomane, à la soviétique et à la française, ce qui asphyxie tout, alors que ce pays a un immense potentiel humain. Il faudrait une sorte de révolution libérale ! Tous les pays pétroliers qui ont une population importante sont concernés par cette baisse de revenus, aussi bien l'Arabie saoudite, le Venezuela, l'Iran, l'Irak, la Russie que le Gabon – mais pas le Qatar et les pays semblables.

Il est au moins une zone où nous pouvons quelque chose, puisque nous y sommes présents militairement, c'est le Sahel, qui est une véritable bombe à retardement. […] Serge Michailof, [dans] son livre Africanistan, *donne une image inquiétante de la situation des pays sahéliens.*

Avant d'en revenir au Sahel, à propos duquel Michailof a malheureusement raison, réalisons que nous sommes passés de la « communauté internationale » des Bisounours à un monde brutal. Cela veut dire qu'on ne peut se référer mécaniquement à aucune réponse établie. On ne peut même pas dire que, puisque l'ingérence occidentale s'est révélée souvent calamiteuse depuis vingt-cinq ans, à partir de maintenant on n'interviendra plus jamais. Ce serait intenable. En sens inverse, on ne peut plus faire de l'ingérence un principe général. On ne va pas refaire la colonisation et, d'ailleurs, les opinions occidentales ne suivent plus ! Sur l'Afrique, on voit resurgir des problèmes qu'on pensait avoir traités depuis les indépendances dans les années 1960, c'est-à-dire depuis un demi-siècle ! On parle d'un plan Marshall pour l'Afrique, mais en réalité on en a déjà fait deux ou trois. Le montant des aides accordées à l'Afrique est gigantesque. Pourquoi cela n'a-t-il pas marché ? Pourquoi ces aides n'ont-elles pas été utilisées et pouvaient-elles l'être ?

Cela ne sert à rien d'aborder cette question africaine sur le mode des remords occidentaux. Comme Obama avait eu le courage de le dire en substance au Ghana, un pays qui s'en sort bien, dans un discours remarquable qui n'a été repris par aucun dirigeant européen : « Vous ne pouvez plus dire, vous, Africains, cinquante ans après l'indépendance, que tous vos malheurs sont dus à l'esclavage et à la colonisation. Ce n'est plus crédible. » Il n'y avait qu'Obama pour pouvoir le dire. De toute façon, le discours expiatoire, à supposer qu'il soit fondé, ne résout rien. Il ne fait qu'entretenir certaines « élites africaines », corrompues et prédatrices, ou simplement incapables, à persévérer dans l'être. Heureusement d'autres apparaissent.

Compte tenu des gigantesques perspectives migratoires qui concernent aussi l'Afrique elle-même, comme on le voit en Côte d'Ivoire, au Nigeria et en Afrique du Sud, Européens et Africains devront aller vers une cogestion de ces flux entre pays de départ, de transit et d'arrivée (je ne parle pas de l'*asile* à donner aux réfugiés). Il faudrait, à intervalles réguliers, tenir un sommet des pays de l'Afrique de l'Ouest, du Maghreb et des pays membres de l'espace Schengen, entre autres, pour fixer le niveau de l'immigration économique par métiers, et donc des quotas, en fonction des besoins économiques.

Le choix est non pas entre une Europe ouverte ou fermée – deux extrêmes absurdes –, mais entre des mouvements migratoires gérés ou non gérés. Il faut proposer à nos interlocuteurs africains de cogérer ces flux comme des partenaires. Pour réduire ces mouvements, il faudra peut-être conditionner davantage toutes les aides, à la construction d'États normaux, d'économies normales et d'agricultures qui fixent les populations, comme le demande Serge Michailof. Mais cela suppose que les banques internationales de développement et que les bailleurs de fonds changent de politique ! Sinon, on sera obligés de multiplier les murs, y compris en Afrique !

En ce qui concerne l'asile, sujet distinct, on aurait dû prévoir qu'un jour ou l'autre nous serions confrontés à des problèmes massifs, et qu'il fallait donc nous préparer et préparer les esprits à sélectionner ceux qui relèvent du droit d'asile, et organiser la répartition des réfugiés entre les différents pays. On ne peut plus faire assumer tout le fardeau par les pays où les réfugiés arrivent en premier, etc. La convention de Dublin est injuste, les Grecs et les Italiens ont raison de la rejeter. Il fallait un Schengen réaliste. C'est peut-être une erreur d'avoir inclus la Grèce. Mais la faire sortir maintenant est impensable, ce serait ajouter une humiliation à toutes ses autres difficultés ; il n'empêche qu'avec ses milliers d'îles la gestion géographique de Schengen y est problématique. Tout cela est inextricable à chaud, sauf si l'accord passé en panique avec la Turquie fonctionne. La logique de Schengen était idéaliste, pas géographique. Elle procédait d'un sans-frontiérisme confiant, supposé exemplaire. Schengen est suspendu. Il s'agit maintenant de reconstituer un Schengen viable, avec une frontière extérieure gérée à la fois de façon fédérale (Frontex et Interpol) et nationale, avec une connexion instantanée entre toutes les polices et les douanes nationales, des systèmes qui permettent de détecter tout de suite les gens en droit de demander l'asile, avec des procédures raccourcies, tout le problème étant de distinguer au plus tôt les demandeurs d'asile dans les mouvements migratoires et, par ailleurs, d'identifier les risques terroristes. C'est ce qu'il fallait faire depuis vingt-cinq ans, mais mieux vaut tard que jamais.

Sur ces sujets migratoires, il faut lutter contre des argumentations opposées mais également pernicieuses. Contre celui des extrêmes droites, qui mélangent tout exprès parce que crier à l'envahissement c'est leur fonds de commerce et, d'autre part, contre la repentance caritative et l'idée ou le slogan que l'immigration est « une chance pour nous ». On ne peut pas dire ça ! L'immigration peut être une chance pour eux, et pour nous, mais à certaines conditions. Et d'abord, si elle est bien gérée. Que les migrants économiques soient des sortes d'autoentrepreneurs, énergiques et courageux, ne signifie pas que l'immigration soit automatiquement bonne pour nous. Il y a pire : l'argument de l'immigration-panacée pour résorber le déficit démographique européen ! On voudrait nourrir les hantises du « remplacement » qu'on ne s'y prendrait pas autrement. Ces deux langages irresponsables et opposés s'alimentent l'un l'autre et créent en Europe l'état d'esprit que l'on constate.

Jusqu'à maintenant, nous avons parlé de menaces assez concrètes : la déstabilisation par la Syrie, les flux de réfugiés et de migrants. Mais dans la perception générale des menaces, il y en a d'autres qu'on ne sait pas objectivement mesurer, parce qu'elles sont d'ordre culturel et identitaire, et dans lesquelles le ressenti pèse lourd. Elles sont déniées par les uns et hystérisées par les autres. S'y mêle le sentiment d'un déclassement de l'Europe : de la perte de sa capacité technologique, de ses moyens économiques, de sa capacité stratégique, de son autonomie. Nos entreprises craignent une Chine qui, dans dix ans, n'aura besoin de personne, ni même d'espionnage, pour maîtriser les technologies les plus avancées. Mais il n'y a pas consensus sur ce diagnostic même de déclassement et sur l'idée d'une menace identitaire.

La résurgence de la réalité, c'est aussi la réapparition de la menace russe qu'on croyait enterrée à tout jamais et qui fait maintenant l'objet de fantasmes alimentés par les souvenirs du passé. Sa mesure exacte est un élément clef du diagnostic de la situation européenne.

Les Occidentaux, les Américains plus encore que les Européens, pensaient qu'une fois l'URSS effondrée – la vraie date, ici, n'est pas celle de la chute du Mur en 1989, mais celle de la désintégration de l'URSS en 1991 – il n'y aurait plus besoin de se préoccuper de la Russie, que ce serait désormais une quantité négligeable. Dans les années qui ont suivi, la Russie a souvent été traitée par les Occidentaux avec maladresse, condescendance et désinvolture – je l'ai vécu dans l'affaire du Kosovo. Cela ne justifie évidemment pas tout ce que fait la Russie, mais même quelqu'un comme Kissinger a reconnu qu'on n'avait fait aucun effort sérieux pour intégrer la Russie à l'ensemble de sécurité occidental d'après la guerre froide. Cette attitude occidentale globale a été confortée par le fait que Poutine n'a pas posé de problèmes particuliers pendant ses deux premiers mandats et que Medvedev nous a donné l'illusion qu'on avait trouvé en lui un interlocuteur russe légaliste et moderne. Obama avait tout misé sur lui. À partir du retour de Poutine en 2012, rien ne va plus. D'une certaine façon, l'Occident en veut terriblement aux Russes d'être restés russes.

Quant à Poutine, que j'ai pratiqué en tant que ministre, je pense que c'est d'abord un patriote viscéral. Son obsession est non de reconstituer l'Empire russe ou soviétique, mais de laver l'humiliation de 1991, c'est-à-dire pour lui l'effondrement de l'URSS, « la plus grande catastrophe géopolitique du XXe siècle », selon ses termes, y compris l'indépendance de l'Ukraine dont, au fond de lui-même, il doit continuer à penser qu'elle est aberrante (l'Ukraine faisait partie de la Russie depuis plus longtemps que la Bretagne n'est française). Pour autant, ce n'est pas, me semble-t-il, un aventurier qui prend des risques insensés (« Celui qui ne regrette pas l'URSS n'a pas de cœur ; celui qui veut la reconstituer n'a pas de tête »). Je le vois plutôt comme quelqu'un qui saisit vivement l'occasion quand il y a une grosse bêtise en face. Par exemple, le président de Géorgie qui, se croyant soutenu par George W. Bush, était passé à l'attaque contre la présence illégale de la Russie dans deux enclaves peuplées de minorités détestant par ailleurs les Géorgiens, ce qui avait rendu la tâche de Poutine facile. Mais il n'a pas de plan général d'invasion.

À propos de la crise ukrainienne et de la Crimée, Schröder aurait dit récemment : si j'avais été là, cela ne se serait jamais produit. Pourquoi ? Tout simplement parce qu'il aurait empêché que le Conseil européen donne à la Commission européenne, sous l'impulsion de la Pologne, un mandat sur l'accord d'association avec l'Ukraine, clairement conçu pour couper les liens entre l'Ukraine et la Russie. Il n'y aurait alors pas eu les événements de Maïdan, il n'y aurait pas eu l'annonce provocante de l'interdiction de l'usage de la langue russe et les séparatistes n'auraient pas été encouragés, etc. Mais un prétexte en or a été donné à Poutine et il s'est emparé de la Crimée avec le soutien de presque tous les Russes, y compris de ses opposants. Cet engrenage illustre la gestion inintelligente de la question russe par l'Occident depuis vingt-cinq ans.

On peut y ajouter les projets erratiques de systèmes anti-missiles par les Américains, une vieille affaire qui remonte à Reagan. Les Américains répétaient depuis toujours que c'est dirigé non pas contre la Russie (sous Reagan cela l'était), mais contre les missiles iraniens. Mais, sous Obama, les républicains ont exigé qu'on rétablisse d'urgence le système antimissiles antirusse ; donc beaucoup de messages contradictoires. Il y a aussi l'affaire de l'OTAN : il est vrai que Bush père et Baker avaient pris des engagements de non-extension à l'égard de Gorbatchev, mais non écrits et qui n'ont pas été tenus ; Gorbatchev s'en est plaint à plusieurs reprises, sans pouvoir en fournir la preuve. Même Kissinger considère qu'il ne fallait pas essayer d'élargir l'OTAN à l'Ukraine. Or, sous G.W. Bush, les Américains ont prétendu vouloir le faire, poussés par les Polonais, les Baltes, etc. Merkel et Sarkozy s'y sont opposés. Même Brzezinski dit maintenant que l'on ne doit pas étendre l'OTAN à l'Ukraine et qu'il faut lui trouver un statut semblable à celui de la Finlande pendant la guerre froide ou à celui de l'Autriche à la même époque, un statut neutre. Affirmer que l'on n'a pas agi intelligemment avec la Russie, ce n'est donc pas être poutinophile, ce n'est pas être trop indulgent, c'est juste du réalisme. Reste que la question de l'attitude occidentale face à la Russie n'a rien à voir avec celle de l'islam : il n'y a là ni déni, ni colonialisme, ni repentance. C'est de la maladresse, du mépris, de l'arrogance. C'est un problème moins compliqué que l'islamisme, c'est un problème géopolitique classique, qu'on pourrait résoudre avec un peu de *realpolitik* bien conçue.

Impossible sans une harmonisation des positions européennes et américaine. À cet égard, François Hollande et Angela Merkel font le mieux possible avec le processus de Minsk. C'est laborieux, c'est très lent, mais c'est ce qu'on peut faire de mieux. Obama a là-dessus une position intransigeante, un peu stérile. Certains pensent aux États-Unis que, par son intransigeance dans cette affaire, il a voulu montrer, sans que cela lui coûte, qu'il était un dur à cuire, afin de contrer les accusations (injustes) de mollesse dans le dossier iranien. En tout cas, il faudrait définir une position occidentale, commune, à la fois ferme et ouverte vis-à-vis de Poutine, reconnaissant les intérêts légitimes de la Russie tout en refusant clairement de la laisser faire n'importe quoi. Par exemple : vous avez des intérêts évidents en Syrie, des intérêts militaires, des intérêts humains parce qu'il existe des milliers de familles mixtes, des intérêts de sécurité parce qu'il existe une filière djihadiste russophone à Raqqa ; nous le reconnaissons, mais ce n'est pas une raison pour que vous préserviez Assad jusqu'à la fin des temps. Nous vous donnerons des garanties qui feront qu'un jour ou l'autre vous n'aurez plus besoin de lui. Cela aurait été une position possible au début, mais maintenant c'est Poutine qui a la main. Quant à l'Ukraine, Hollande et Merkel ont raison : les Occidentaux n'ont aucun intérêt à une Ukraine déstabilisée, la Russie n'a aucune raison de s'infliger ce fardeau de l'Ukraine de l'Est, tout le monde a intérêt que Kiev retrouve le contrôle de ses frontières avec une autonomie importante pour les régions de l'Est. Bref, il faudrait traiter Poutine d'égal à égal, lui tendre la main sur beaucoup de sujets – en matière énergétique, en matière spatiale – et, en même temps, se montrer ferme et dissuasif. Par exemple, que des pays tels les pays Baltes, limitrophes de la Russie, demandent le déploiement chez eux des forces de l'OTAN – dont ils font partie – n'est pas choquant. Cela fait partie de la reconstitution d'un rapport de forces normal, nullement provocant, quoi que racontent certains Russes, et utilement dissuasif. Et comme la plupart des bons analystes de la Russie considèrent que Poutine n'est pas extrémiste – même si du point de vue des médias occidentaux cela paraît extravagant et qu'il a quatre-vingts pour cent de popularité à cause de ses positions ! –, que l'Occident soit ferme n'est pas mauvais pour lui. Cela peut l'aider à s'extirper de l'impasse dans laquelle il s'est mis. Mais encore une fois, c'est un problème géopolitique classique, à la différence du problème islamiste avec toutes ses dimensions.

Compte tenu des futures élections américaines, pouvez-vous dire un mot des États-Unis dans leurs rapports à l'Europe ?

Les péripéties des primaires sont pittoresques, mais la seule question importante pour nous est de savoir comment le prochain président se comportera à l'extérieur. Voudra-t-il rétablir ce que j'ai appelé, il y a quinze ans, l'« hyperpuissance » ? Leur unilatéralisme judiciaire tous azimuts, cette espèce de menace qu'ils exercent sur toutes les transactions commerciales et monétaires libellées en dollars au mépris du droit international, ne changera pas, quel que soit le président, ni leur budget de la défense, ni la force mondiale des GAFA (Google, Apple, Facebook et Amazon). Mais est-ce qu'ils n'interviendront pas ou peu, comme Obama, ou beaucoup ? Il y a sur ce point un affrontement dans chaque camp entre les interventionnistes et les « isolationnistes ». Les démocrates sont plutôt interventionnistes, par droits-de-l'hommisme. Chez les républicains, le courant réaliste classique – Nixon, Kissinger, Bush père, le général Scowcroft – a disparu. Il a été submergé par le Tea Party, puis par les « néocons » [néoconservateurs] qui sont prêts à intervenir par la force au nom de la mission civilisatrice des États-Unis et de la démocratie à imposer, s'il le faut, à coups de bombes. Quant à Trump, nonobstant sa vulgarité, on ne sait pas très bien à ce stade quelle est sa position. Il n'apparaît pas comme un « néocon » habituel, mais il ne semble pas être dévoré par la fièvre interventionniste. Il incarne plutôt une sorte de réalisme cynique, brutal, prêt à commercer avec n'importe qui. Quand il dit que les États-Unis n'ont plus de raison d'être des missionnaires, ni de protéger à leurs frais des alliés (Europe, Japon, etc.) qui n'en font pas assez et que ceux-là vont devoir se débrouiller, il est une sorte de caricature vulgaire de ce que pense… Obama de façon sophistiquée, et de ce que l'Amérique sera un jour ou l'autre. Prêtons attention à ce signal.

Quelles sont les chances de voir la France et l'Europe adopter la ligne réaliste et rationnelle que vous avez essayé de dessiner sur différents fronts ? Le changement d'attitude que la situation appelle relève-t-il de l'impossible ou peut-il se produire dans un délai raisonnable ?

Je crains que l'Europe moderne ne soit consubstantiellement chimérique. Si cela reste le cas, la réalité va s'imposer, sans l'Europe. Tous ceux qui exigeaient le départ de Bachar doivent se rendre à l'évidence : il est toujours là. La Russie l'a sauvé et est à l'offensive. Donc, il a fallu reprendre les négociations avec la Russie, dont on disait que c'était exclu, et admettre qu'elle est redevenue centrale. Les États-Unis l'ont fait. Nous devons assumer cette réalité et, pour l'assumer, il faut l'admettre, la reconnaître, la nommer. La bouderie diplomatique française n'a plus lieu d'être.

Le paramètre supplémentaire qu'il faut introduire réside dans un sentiment de marginalisation, de déclassement qui fait que le moral n'y est plus.

Le moral n'y est plus, d'autant que nous avons été assez prétentieux. La plupart des pays dans le monde n'ont jamais prétendu avoir une vocation universelle, ils sont donc moins vexés. C'est plus cuisant pour nous, nous les Français, en particulier. Dans ce sentiment de déclassement que vous évoquez, il y a une réalité économique et un élément de vexation. Après tout, on pourrait se dire qu'on se fiche de ne pas être numéro un, ou deux. C'est la conclusion récente de Marcel Gauchet. Possible. À condition d'ajouter quand même qu'il s'agit de sauvegarder l'essentiel de l'Europe : les meilleures sociétés qu'on ait jamais vues dans l'histoire de l'humanité, même si tout le monde y est mécontent tout le temps. Comment se défendre, si nous sommes devenus semblables à la Suisse (et encore, ils ont été combatifs !) ? L'Europe devrait se métamorphoser en puissance, en une Europe non pas *pacifiste* mais *pacifique*, qui intervient pour maintenir ses fondamentaux : son mode de vie, ses libertés, sa protection sociale réformée, etc. Si l'on ne constitue pas des moyens de puissance parce que l'opinion européenne a tourné la page de la puissance, c'est le déclin assuré. Il y aura toujours des gens pour soutenir que ce n'est pas grave, mais ils ne se rendent pas compte qu'il y a un engrenage entre la perte de puissance, la perte de richesse créatrice, la perte d'inventivité et, finalement, la perte du *soft power* et de la liberté. Nous courons un vrai risque de nous retrouver dans cette situation-là : faute d'Europe puissante, une Europe impuissante et finalement dépendante des puissances du monde de demain et des décisions prises ailleurs. Notre tâche est de nous y opposer absolument et de formuler cette exigence dans des termes qui puissent faire l'unanimité en Europe.

LES MUSULMANS DE FRANCE PEUVENT JOUER UN RÔLE HISTORIQUE[1]

Après le drame des attentats islamistes de janvier 2015, Hubert Védrine salue le refus de se laisser terroriser et appelle de ses vœux la réactivation d'une intégration respectueuse et dénuée de préjugés dans la société française. Il voit, d'autre part, dans cette tragédie, une occasion pour les autorités musulmanes modérées de s'engager plus clairement et de bâtir contre l'islamisme un « islam républicain de France ».

Les Français ont réagi de façon magnifique aux tueries liberticides et antisémites de *Charlie Hebdo* et de Vincennes. Ils ont montré qu'ils comprenaient que la liberté satirique était au cœur de la liberté d'expression, et même des libertés tout court. Si prompt d'habitude à se diviser et à s'autodéprécier, ce peuple tout entier, du président de la République et du ministre de l'Intérieur aux centaines de milliers de manifestants, de simples citoyens en passant par la classe politique, et les admirables forces de l'ordre, c'est-à-dire tout le monde, a trouvé le ton, les mots, l'attitude pour proclamer qu'il ne se soumettrait pas, qu'il ne se laisserait pas « terroriser » et qu'il ferait barrage au fanatisme. Fierté française !

La solidarité internationale a été considérable, émouvante, spectaculaire, dimanche, et l'admiration justifiée.

Cet élan collectif a néanmoins fait resurgir un clivage politique qui aurait pu être évité entre les partisans d'une vraie « union nationale », c'est-à-dire sans aucune exclusive, et d'un « front républicain », sans ou contre le Front national. Une partie de la classe politique ne se résigne pas, en effet, à se priver de ce

1. Article paru dans *Le Monde* du 13 janvier 2015.

discriminant identitaire, véritable panacée éthique. C'est pourquoi le Président et le Premier ministre ont eu raison de dire que les participants viendraient dimanche en tant que citoyens et pas à l'appel d'organisations. Mais n'est-il pas manifeste que la vieille stratégie de stigmatisation du Front national, même si elle est moralement compréhensible, a échoué ? Sans parler des sondages, chaque élection le démontre. Ne pourrait-on pas enfin admettre que le Front national se nourrit précisément de son ostracisation par ces élites que son électorat, en particulier, rejette ? qu'il prospère dans l'exclusion, réelle ou prétendue ? Et que, sans doute, il aurait plus à redouter d'une normalisation (déjà en partie actée par les électeurs) et d'une banalisation qui lui feraient perdre sa sulfureuse attractivité transgressive ? Mais laissons là ce débat.

Le piège principal, sémantique et réel, dont il nous faut sortir, nous, y compris les musulmans de France, soumis au chantage de mouvances extrémistes, est celui de l'imbroglio : islam/islamisme/islamophobie. Ce n'est plus possible de continuer à faire comme si les nouveaux nihilistes/djihadistes ne se réclamaient pas d'une interprétation de l'islam, et non du terrorisme en général ou d'une autre religion révélée (ce qui a pu exister à d'autres époques), interprétation certes délirante et dévoyée, mais qu'aucune autorité religieuse sunnite n'arrive à endiguer et à éradiquer. Le nier par naïveté, ignorance, précaution, peur de l'islam radical ou de l'« islamophobie », par incompréhension radicale (les Européens ne comprennent plus vraiment la foi, la croyance ni des notions comme le blasphème ou le tabou, nos tabous actuels n'étant pas religieux), revient à abandonner en pleine bataille l'immense majorité des musulmans et, *a fortiori*, les modernisateurs musulmans, si courageux.

Car il n'y a pas de pape sunnite pour excommunier Daesh, al-Qaida ou tout autre mouvement d'assassins pseudo-justiciers ! Ni même de concile musulman, ou de consistoire musulman avec certains pouvoirs théologiques. Et pourtant, il est vital que les modernes, les pacifiques et les éclairés finissent par l'emporter dans cet immense affrontement mondial au sein de l'islam (rappelons ici que les trois quarts des victimes du terrorisme se réclamant de l'islam sont des musulmans), où la France et l'Europe sont un champ de bataille important, endeuillé, mais périphérique.

La réponse doit être multiple : résister, se protéger mieux, réformer, intégrer. Il faut tout faire pour favoriser les partisans d'un islam ouvert, voire des Lumières, soutenir leur contre-propagande anti-haine à l'école, sur les réseaux sociaux, en prison, améliorer la désintoxication des endoctrinés, la formation d'imams modérés, la transmission des valeurs de tolérance. Et nous abstenir aussi, sur tous les plans, de tout ce qui peut les affaiblir, ce qui, dans certains cas, nous placera devant nos contradictions nationales ou internationales.

Ensuite, cette affreuse tragédie peut donner aux musulmans de France un rôle historique, une occasion exceptionnelle de s'affirmer, de s'affranchir des peurs ou des colères (fussent-elles justifiées), d'éradiquer les dérives mortifères : et si c'était ainsi, par une sorte de catharsis, et maintenant, que naissait du drame sublimé de janvier 2015 l'islam républicain de France, pas seulement celui des « institutions » ou des notables, mais celui du peuple des musulmans de France, bien que beaucoup d'entre eux ressentent un malaise évident, grâce au cadre structurant, protecteur, et propice de la République ? C'est comme cela, et non par des interdits sémantiques, que les amalgames islam/islamisme deviendront impossibles. Quel renfort pour l'islam éclairé, quel exemple (en attendant une vraie réforme de l'islam), et quel rayonnement pour la France !

Cela impose alors aux responsables politiques et économiques français comme de la société tout entière – sans doute dorénavant capable de cette générosité, d'intégrer vraiment, en un petit nombre d'années, la partie de la jeunesse musulmane française qui est à l'abandon, voire à la dérive, qui se sent à tort ou à raison discriminée, qui demande du respect autant que des emplois – de priver ainsi de proies vulnérables les recruteurs de la haine et de la mort, et d'assécher le vivier du djihadisme nihiliste.

Offensive qui sera de longue durée, économique, sociale, éducative, culturelle et théologique. Un consensus national devrait pouvoir être forgé pour mener cette politique.

ARABE (MONDE)[1]

Linguistiquement – si ce n'est ethniquement – parlant, il y a un monde arabe peuplé de près de 400 millions d'habitants et essentiellement musulman, avec ses branches et ses minorités. N'oublions pas qu'au total les musulmans sont 1,8 milliard. Mais politiquement ? Cela a été l'ambition et l'affirmation de leaders arabes nationalistes anticolonialistes, « socialistes » dans les années 1940 à 1970. La figure de proue en fut le colonel Gamal Abdel Nasser, président de l'Égypte de 1954 à 1970. C'est une époque où l'islamisme est encore dormant, ou contenu, et moqué par Nasser, Sadate, le roi d'Afghanistan, Hassan II, même si la création des Frères musulmans remonte aux années 1930. Les débuts d'Israël sous la conduite déterminée et opiniâtre de Ben Gourion galvanisent l'hostilité des masses arabes, où les États-Unis et l'URSS manœuvrent en rivaux au Proche-Orient, et où le *nassérisme*, le *baathisme* (syrien et irakien), souvent inspiré par des Arabes chrétiens, le nationalisme algérien, Kadhafi, ont en commun un nationalisme arabe et local très affirmé. Au bout du compte, cela n'a pas marché du fait des rivalités nationales, de la « mauvaise gouvernance », de la dépendance envers l'extérieur, de la politique de l'Arabie, de la remontée de l'islamisme, des manœuvres des puissances extérieures (mais qui n'expliquent pas tout), etc.

En fait, il n'y a pas d'unité politique du monde arabe contemporain et de ses 380 millions d'habitants, même pas au Maghreb (l'Algérie et le Maroc en chiens de faïence) où l'Union du Maghreb

1. Dans Hubert Védrine, *Dictionnaire amoureux de la géopolitique*, © Éditions Plon, un département de Place des Éditeurs, et librairie Arthème Fayard, 2021.

arabe (UMA) n'existe que sur le papier. Le monde arabe est en plus confronté de façon de moins en moins unie à son impuissance face au Likoud, de plus en plus nationaliste et triomphant en Israël ; à la résurgence de l'antagonisme chiite/sunnite partout où il y a des Arabes chiites (ils sont même majoritaires en Irak) ; à la remontée du fondamentalisme ; à la dérive terroriste d'une minorité chez les extrémistes sunnites (salafistes, djihadistes, etc.) ; et souvent, mais pas partout, à la corruption et à la mauvaise gouvernance. La réussite spectaculaire et postmoderne des divers émirats est trop particulière et dépendante du gaz et du pétrole – jusqu'à quand ? – pour être transposée.

Les « printemps arabes » n'ont pas recréé à partir de 2011 une unité – un temps espérée ou rêvée – autour de la démocratisation. Au contraire, on a vu des guerres civiles, la victoire électorale de l'islamisme, et le retour à des régimes autoritaires. La France s'y perdait avec sa « politique arabe », et le projet du président Sarkozy d'« Union pour la Méditerranée » avait tout de suite buté sur ces divergences et ces oppositions insurmontables.

Il existe néanmoins dans les opinions arabes, outre la langue, des ressemblances certaines, et cela s'est de nouveau vu en 2019 : mécontentement contre les régimes en place, sentiment antiaméricain et anti-israélien exacerbé, frustration, désir de changement ou d'émigration. C'est une identité en « creux », négative, qui forme une base fragile, mais réelle. Plus le retour, très instrumentalisé, de l'identité profonde, de l'islam, sous la forme islamiste.

Des pays arabes s'en sortiront très bien. Mais le « monde arabe » reste très prisonnier de ses contradictions et dépendant des décisions prises par les autres ou de l'enchaînement aléatoire des stratégies des acteurs régionaux, ou extérieurs. Pour le moment, au Moyen-Orient, le ciment le plus fort chez les Arabes sunnites est la peur, et la détestation du régime iranien. D'où la percée obtenue par Netanyahou grâce à Trump en août 2020 avec l'établissement de relations diplomatiques entre Israël et Abu Dhabi. MBZ (Mohammed ben Zayed ben Sultan) pourrait entraîner Bahreïn, le Soudan, peut-être Oman. L'Arabie n'a pas condamné. Mais ils devront bien, un jour ou l'autre, se résigner à coexister avec l'Iran, et les sunnites avec les chiites. Beaucoup de Français confondent la résonance affective ou humaine qu'ont chez nous les événements dans les pays arabes et nos moyens d'influence politique ou diplomatique. Ils sont infimes et délicats à employer. On le voit à propos du Liban où la disparition du Liban à la française est éclatante et où les limites de nos capacités d'aide, sauf à l'appuyer sur la diaspora libanaise, sont un crève-cœur. On pourra se référer au bilan sans fard – *Un siècle pour rien* – par Jean Lacouture, Ghassan Tuéni et Gérard Khoury, qui n'a malheureusement pas été démenti depuis sa parution en 2002.

Quant au Maghreb, c'est aussi le monde arabe, mais différent. Chaque pays a sa personnalité propre. La Tunisie est la seule qui se soit sortie à peu près bien des révolutions du printemps arabe. Le Maroc mène une politique africaine efficace et a obtenu en décembre 2020 de l'administration Trump une reconnaissance de la marocanité du Sahara en échange du rétablissement des relations avec Israël (elles avaient existé mais avaient été suspendues), tout en rappelant son soutien à la création d'un État palestinien. Bien joué ! Cette double approche peut entraîner d'autres pays arabes. Mais l'avenir du monde arabe restera explosif tant que les gouvernements resteront (plus ou moins, c'est variable !) rejetés par les peuples.

L'Afrique

Ainsi que je l'expose dans les textes ci-après, c'est une erreur de penser à l'Afrique au singulier, de façon simplificatrice, comme si elle constituait une seule entité, alors que cinquante-quatre pays la composent et qu'il y a *des* Afriques. C'est évident sur le plan climatique et géographique, donc agricole, ainsi qu'en ce qui concerne l'origine des populations et des cultures, et c'est vrai aussi sur le plan géopolitique. Les longues histoires précoloniales des peuples africains ne sont pas les mêmes, les rapports de forces en Afrique étaient divers, tout comme les circuits millénaires de l'esclavage ainsi que, plus tard, les colonisations, les décolonisations, les histoires depuis les indépendances, qui remontent dans la plupart des cas à une soixantaine d'années, les politiques africaines de diverses puissances, africaines et autres.

Ne sous-estimons pas les progrès considérables accomplis ces dernières années au sein de l'Union africaine en termes d'harmonisation, de coordination et de traitement de certaines crises. Il se passera évidemment des choses très importantes en Afrique dans les décennies à venir, mais on ne peut pas dire qu'à l'avenir tout se passera *en Afrique*, ni d'ailleurs *en Asie*.

Dans un monde très numérisé, très interdépendant et très mobile, il n'y aura pas un centre, mais des réseaux. Autant de raisons de s'intéresser avec finesse à chaque pays d'Afrique.

COMPRENDRE LE CONTEXTE STRATÉGIQUE SANS ANACHRONISME[1]

Face aux accusations portées contre la France à propos du génocide rwandais de 1994, Hubert Védrine, secrétaire général de l'Élysée à l'époque des faits, rappelle en 2011 dans ce texte la chronologie des événements et la vérité sur la politique française au Rwanda de 1990 à 1993 (accords d'Arusha) et en 1994.

Je suis un peu étonné du contenu et du ton des quelques paragraphes que consacrent Stéphane Audoin-Rouzeau, Jean-Pierre Chrétien et Hélène Dumas à mon article sur le livre de Pierre Péan, *Carnages*, paru dans *Le Débat*. Mais cela me donne l'occasion de quelques précisions. Après tout, si j'ai incité à la lecture de ce livre, ce n'était pas pour revenir une fois de plus sur les violentes controverses qui continuent d'entourer l'évocation du génocide rwandais de 1994 et de la politique française dans ce pays, et encore moins pour me mêler à un débat entre africanistes, n'ayant pas de compétences particulières pour cela, mais pour dire mon intérêt pour l'approche plus large de ces questions, géographiquement et historiquement, qui est celle de Pierre Péan dans cet ouvrage.

Sur le génocide de 1994, les positions des uns et des autres sont connues. Sur ce point, l'article des trois auteurs précités n'apporte rien de nouveau. En ce qui me concerne, ayant été secrétaire général de l'Élysée avant et pendant le génocide de 1990 à 1994, au début donc du second septennat de François Mitterrand et pendant la cohabitation Mitterrand-Balladur à partir de 1993, évidemment informé de ce que nous faisions, sans avoir eu pour autant à prendre personnellement de décision à ce sujet mais en approuvant nos efforts, je suis bien placé pour juger odieuses, fausses, et plus encore absurdes les accusations lancées par certains groupes depuis plus de quinze ans contre la politique de la France. C'est trop facile de rendre rétrospectivement la France responsable d'une tragédie affreuse qu'elle a au contraire cherché à prévenir, et de la traiter en bouc émissaire pour masquer le rôle des autres

1. Article paru dans la revue *Le Débat*, nº 167, Gallimard, novembre-décembre 2011, p. 76-78.

protagonistes, FPR et FAR ! Rappelons que le président Mitterrand avait jugé, dès le début, en 1990, que les attaques lancées par le FPR et Paul Kagame depuis l'Ouganda, avec son soutien militaire, pour reconquérir le pouvoir au Rwanda, allaient fatalement entraîner une guerre civile, car les Hutu, très majoritaires au Rwanda (85 %), ne se laisseraient pas déposséder sans violents combats. Il avait décidé que la France devait tout faire pour empêcher ce scénario terrible de se réaliser, en menant deux actions complémentaires : 1) aider militairement le Rwanda à tenir sa frontière avec l'Ouganda et 2) simultanément, obliger, par de fortes pressions politiques et diplomatiques, Hutu et Tutsi à partager le pouvoir. Ce qu'il n'aurait pas fait s'il avait « soutenu » le régime hutu. Il aura fallu trois ans pour que cette insistance aboutisse aux accords d'Arusha, Alain Juppé étant alors ministre. Mais ce compromis fut obtenu contre le gré des Tutsi de l'extérieur (FPR) qui voulaient bien plus, et des Hutu extrémistes qui ne voulaient rien lâcher. Cette signature, ce « succès », permit à la France, puisque nous pensions avoir trouvé une bonne solution et conjuré le pire, et à la Belgique, de retirer l'essentiel de leurs troupes. Malheureusement, l'attentat contre l'avion des présidents du Rwanda et du Burundi en mai 1994 eut raison de cette espérance. On connaît la suite dramatique qui en découla. Politique française de prévention, honorable donc à mon sens, mais un peu irréaliste, et qui a échoué tragiquement. Elle aurait peut-être pu réussir si la France n'avait pas présumé de ses forces et si elle avait obtenu l'accord des États-Unis, dès 1990, pour convaincre le président Museveni de ne pas soutenir, ni armer, Kagame, et imposer en même temps à froid un accord du type des accords d'Arusha aux Hutu et aux Tutsi. On ne le saura jamais. Aujourd'hui, à la lumière de ce qu'ont dit les juges espagnols sur la déstabilisation délibérée du Rwanda à partir de 1990 par le FPR de Kagame pour se créer des prétextes à intervenir, et de ce qui est écrit dans le rapport de l'ONU sur la responsabilité directe ou indirecte du Rwanda, entre autres, dans les quelque quatre millions de morts au Kivu après 1994 (venant à la suite du rapport très sérieux de la mission Quilès et de plusieurs autres), il devrait être enfin possible de rendre justice à la France, à tout le moins de décrire honnêtement sa politique, et en tout cas de cesser de l'attaquer et de la juger *a priori*, ce que même Paul Kagame ne demande plus, comme on l'a vu lors de sa visite officielle à Paris en septembre 2011. C'est mon souhait. Mais je confirme surtout ici que ce qui m'apparaît le plus intéressant dans l'ouvrage de Pierre Péan, c'est l'éclairage apporté sur la politique des *autres* puissances dans cette partie de l'Afrique : américaine, britannique, israélienne et belge en particulier. En effet, la plupart des ouvrages qui paraissent en France sont obnubilés par la seule dimension franco-africaine, en général pour la stigmatiser, d'où une étroitesse de vue et des erreurs flagrantes d'interprétation. Péan montre à quel point le Soudan est perçu comme un problème, voire une menace pour plusieurs de ces protagonistes. À vrai dire, si les États-Unis et Israël n'avaient pas voulu disposer, pour diverses raisons, d'une base arrière commode contre le Soudan, on ne comprendrait pas bien leur intérêt pour l'Ouganda, leur soutien au président Museveni, leur indulgence envers lui (il fut baptisé « bon élève du FMI »), et encore moins leur caution à l'aide qu'apportait celui-ci à Kagame dans sa reconquête du Rwanda, quelles que dussent en être les conséquences, alors que le Rwanda est sans importance stratégique réelle.

Mais nous sommes en 2011. Le paysage a beaucoup changé. Gênés par l'évolution – prévisible – du régime de Kagame et par le rapport de l'ONU sur le Kivu, les Anglo-Saxons sont aujourd'hui en train de prendre leurs distances avec Kigali. Kagame, affaibli, change de ton envers Paris et souhaite une coopération, prenant ses soutiens français et belges à contre-pied. Paris y voit la possibilité de promouvoir son projet de conférence sur l'Afrique des Grands Lacs. Le Sud-Soudan est devenu indépendant, à la grande satisfaction des Occidentaux, et Khartoum est sur la défensive. Il est donc intéressant de se replonger dans le contexte des années 1990, pour mieux comprendre et analyser les évolutions actuelles dans cette région.

PROJET POUR UN PARTENARIAT DURABLE AVEC L'AFRIQUE[1]

À la fin de l'année 2012, Pierre Moscovici, le ministre de l'Économie et des Finances, qui réfléchit à l'avenir de la zone franc et au-delà à la relation France-Afrique, me demande d'animer le travail d'une commission chargée de rédiger un rapport sur la redynamisation de la relation économique de la France avec l'Afrique de demain. Les autres membres de ce groupe ont déjà une expérience remarquable de ce sujet : Lionel Zinsou, Tidjane Thiam, Jean-Michel Severino, Hakim El Karoui. La démarche me paraît très opportune : il y a trop longtemps que la France se comptait dans des controverses franco-françaises sur la *Françafrique*, sur ce que la France a fait ou pas, sur ce qu'elle aurait dû faire ou pas, etc., jusqu'à lasser ses partenaires africains, anciens ou nouveaux, par ses interminables querelles intestines et narcissiques. Jusqu'à finir aussi par penser que ce serait critiquable *en soi* d'avoir une politique africaine ! Alors que, dans le même temps, *toutes les puissances au monde*, anciennes ou émergentes, qui ne se posent pas artificiellement de problèmes insolubles, sont de plus en plus présentes en Afrique, et répondent activement aux sollicitations des nouveaux leaders africains, politiques ou économiques, et des nouvelles générations.

Nous nous mettons alors au travail. En quelques mois très stimulants de *brainstorming*, d'échanges, de travail, de contacts, de voyages, activement soutenus par le directeur de cabinet du ministre, Rémy Rioux, par le cabinet, et notamment Julien

1. Dans Collectif, *Un partenariat pour l'avenir*, © Fayard-Pluriel, 2014, Préface (p. 15-17) et Synthèse (p. 19-30), par Hubert Védrine.

Denormandie, par Emmanuel Saliot de l'Inspection générale des finances et d'autres, nous rassemblons les éléments d'un diagnostic sévère (les parts de marché de la France se sont effondrées en zone francophone et n'ont guère progressé ailleurs, alors que les perspectives africaines sont immenses), mais surtout d'un « partenariat pour l'avenir », construit autour de quinze propositions concrètes et novatrices. Certaines concernent les pouvoirs publics français, qui doivent améliorer leur connaissance ou leur approche de l'Afrique nouvelle, leurs méthodes, leurs financements. D'autres s'appliquent plus aux entreprises françaises qui doivent abandonner les conforts de la rente et (re)devenir conquérantes, et donc compétitives. D'autres sont des suggestions, aux responsables africains, d'actions qu'ils pourraient entreprendre soit seuls, pays par pays, ou ensemble, par régions d'Afrique, ou avec la France ou l'Europe.

Dans tous les cas nous nous attachons à rationaliser, et donc à circonscrire, l'analyse des risques en Afrique, souvent exagérés ou mal définis et qui inquiètent de façon vague et trop extensive les partenaires potentiels. Nous proposons que l'on améliore les investissements à long terme, notamment en matière d'infrastructures, massivement indispensables.

Notre rapport est remis au ministre, puis au Président, au sommet Afrique-France des 6 et 7 décembre 2013. Il est communiqué aux chefs d'État africains venus à Paris pour ce sommet et à leurs ministres. Dès le 4 décembre, nous avons le plaisir de constater, lors de la journée économique à Bercy à laquelle participent de nombreux entrepreneurs africains dynamiques, qu'il est très bien reçu des milieux politiques, mais aussi économiques non seulement par ses propositions concrètes, mais aussi par son esprit général et sa vision de l'avenir.

Il reste maintenant à ce qu'il inspire durablement les actions et les décisions des multiples décideurs, africains et français, économiques et politiques, dans l'esprit d'un partenariat véritable et durable qui est très attendu. Ce sera en particulier l'objet de la fondation que Lionel Zinsou a été chargé de préfigurer et qui devrait être opérationnelle à l'été 2014 que d'être l'âme de ce partenariat d'avenir.

Le rapport « Un partenariat pour l'avenir » invite la France à prendre la mesure de l'émergence économique et sociale de l'Afrique qui en fera l'un des pôles majeurs de la mondialisation du XXIe siècle.

Rédigé à la demande de Pierre Moscovici, ministre de l'Économie et des Finances, par cinq personnalités françaises et franco-africaines du monde politique et économique. Hubert Védrine, Lionel Zinsou, Tidjane Thiam, Jean-Michel Severino et Hakim El Karoui, ce rapport propose de bâtir un nouveau partenariat économique basé sur une relation d'affaires avec le continent africain, en particulier avec les pays au sud du Sahara.

Le rapport émet quinze propositions pour créer une nouvelle dynamique économique entre l'Afrique et la France, qui s'ancre dans un changement de perception et d'attitude de la France à l'égard de l'Afrique, des Africains et des Franco-Africains, et s'appuie sur la promotion d'intérêts économiques réciproques.

Sortir des idées reçues sur l'Afrique

Pour la plupart des Français, l'Afrique est le continent des laissés-pour-compte, de la misère et de la pauvreté, le continent que des jeunes désespérés fuient en masse au péril de leur vie, le continent des zones grises occupées par des bandes armées en quête d'enlèvements, le continent aux rives hostiles parcourues par des pirates extrêmement déterminés, le continent nouveau foyer du terrorisme, le continent frappé de catastrophes et de guerres, le continent de l'assistance internationale et de l'aide humanitaire.

Cette Afrique existe. Mais elle masque une autre Afrique, plus nombreuse, plus puissante, l'Afrique qui construit l'avenir et qui est déjà une réalité pour des centaines de millions d'Africains et de Français qui y vivent et y travaillent.

L'Afrique est un continent en pleine croissance économique…

• La croissance économique est depuis plus d'une décennie de 5 % par an en moyenne, juste derrière l'Asie et loin devant l'Europe : la croissance du PIB africain devrait atteindre 5,6 % en 2013 et s'élever à 6,1 % en 2014.

• Même si elle ne représente encore que 2 % du commerce mondial, l'Afrique a connu la plus forte croissance dans les échanges internationaux entre 2000 et 2011, avec une croissance des importations au sud du Sahara de 16 % par an en moyenne.

• L'Afrique est le continent qui épargne le plus après l'Asie ; les réserves de change y sont estimées à 500 Md USD.

• La capitalisation boursière a été multipliée par neuf depuis les années 1990, et plus de 2 000 entreprises sont désormais cotées.

• La part de l'Afrique dans les investissements directs étrangers (IDE) mondiaux est passée de 1,2 % en 2007 à 3,1 % en 2012 ; l'Afrique est l'une des rares régions à avoir enregistré une hausse des entrées d'IDE en 2011 et 2012 alors que les flux mondiaux baissaient sur la même période.

… et sociale

• L'indice du développement humain s'est amélioré de 15,6 % entre 2000 et 2010 pour la seule Afrique au sud du Sahara.

• La part de l'Afrique subsaharienne dans les conflits violents dans le monde est passée de 55 % à 24 % entre 2002 et 2011.

• Les classes moyennes africaines représentent entre 300 et 500 millions d'individus.

• Les 40 Africains les plus riches totalisent 73 Md USD en 2012.

• Plus de 80 % de la population est connectée à un réseau de téléphonie mobile.

• Un milliardaire africain, Aliko Dangote, vient d'investir 3 Md USD pour la construction en Afrique d'une raffinerie, d'une usine d'engrais et d'installations pétrochimiques.

• Les flux financiers issus des migrants sont estimés à plus de 30 Md USD en 2012, soit quatre fois plus qu'en 1990, un montant encore légèrement inférieur à celui de l'aide publique au développement versée par les pays de l'OCDE (47 Md USD en 2011).

L'Afrique est un continent aux potentialités impressionnantes…

• La population africaine doublera d'ici 2050 pour atteindre quasiment 2 milliards d'individus, ce qui en fera l'un des plus grands marchés du monde.

• Les dépenses des ménages africains devraient passer de 840 Md USD en 2008 à 1 400 Md USD en 2020.

• 72 Md USD d'investissements annuels dans les infrastructures sont attendus.

... mais aussi de défis à relever

• La population urbaine du continent s'accroîtra de 414 millions à plus de 1,2 milliard d'ici 2050.

• 47,3 % des 15-24 ans étaient au chômage en Afrique subsaharienne en 2011.

• La pauvreté recule globalement, mais le nombre de pauvres augmente : en 2012, 386 millions d'Africains vivent avec moins de 1,25 dollar par jour.

• La croissance provoque le creusement d'inégalités territoriales entre pays et au sein des pays africains, ce qui est une source de tensions et de crises pas toujours prévisibles.

L'Afrique est le continent d'une compétition mondiale croissante où la France perd des parts de marché

• La part de marché de la Chine sur le continent africain est passée de moins de 2 % en 1990 à plus de 16 % en 2011.

• Au-delà des pays européens, de très nombreux pays ont intensifié leurs liens avec l'Afrique comme l'Inde ou les États-Unis, Israël ou l'Iran, et de nouveaux acteurs sont apparus comme le Brésil, les pays du Golfe, la Turquie, la Malaisie.

• L'Afrique du Nord est devenue un partenaire important de l'Afrique subsaharienne et des acteurs africains de taille continentale sont apparus.

• Entre 2000 et 2011, la part de marché de la France au sud du Sahara a décliné de 10,1 % à 4,7 %, même si la valeur des exportations françaises y doublait sur la même période.

La France demeure néanmoins un acteur économique important en Afrique

• Dans les 14 pays utilisant le franc CFA, les entreprises françaises font quasiment jeu égal avec la Chine avec une part de marché de 17,2 % contre 17,7 % en 2011.

• Plus de 10 millions de foyers africains reçoivent TV5Monde dans 48 pays.

• Le stock d'investissements directs français en Afrique subsaharienne a été multiplié par 4, passant de 6,4 Md€ en 2005 à 23,4 Md€ en 2011 : la France y est le troisième investisseur.

• Total est l'un des leaders de l'exploration/exploitation sur le continent africain ; en Afrique du Sud, Alstom a installé 80 % du parc des turbines des centrales de l'électricien national Eskom ; Schneider Electric compte 2 500 collaborateurs répartis dans une quinzaine de pays africains ; Sanofi y réalise 1 Md€ de chiffre d'affaires ; Orange est présente dans de nombreux pays africains sur le marché de la téléphonie mobile et d'Internet…

• En 2010, 45 % de l'aide bilatérale nette française a été allouée à l'Afrique subsaharienne, soit 2,6 Md€, et la France y est le second donateur bilatéral.

Les liens entre l'Afrique et la France restent forts

La France a tissé des liens culturels, humains, économiques et militaires conséquents en Afrique :

• Les francophones sont près de 100 millions en Afrique sur les 220 millions de francophones recensés dans le monde aujourd'hui ;

• Près de 2,3 millions d'immigrés en France avaient pour origine un pays d'Afrique en 2008 ;

• Plus de 235 000 Français vivent en Afrique ;

• La France reste le premier pays d'accueil au monde d'étudiants africains avec 111 200 étudiants en 2010 ;

• Plus de 400 partenariats unissent les collectivités locales françaises et africaines.

La France peut gagner au moins 200 000 emplois dans les cinq prochaines années

Elle y parviendra en doublant le montant de ses exportations vers l'Afrique. Cet objectif suppose que la France et l'Afrique développent un dialogue équilibré qui permette de faire fructifier les intérêts économiques de chacun.

La mission propose que la France et l'Afrique partagent un agenda de croissance commun, qui réponde à la fois aux défis auxquels fait face l'Afrique et aux intérêts de la France.

Propositions pour un agenda économique partagé au service d'une croissance africaine et française

Miser sur le capital humain

• Poursuivre en priorité la rénovation des procédures de visas économiques et de leur mise en œuvre, qui constituent un frein important à une croissance partagée.

• Promouvoir la formation en Afrique à travers des partenariats dans la formation professionnelle, y compris dans le supérieur, et développer l'enseignement en ligne à destination notamment de l'Afrique.

• Identifier et valoriser des jeunes talents économiques africains.

• Promouvoir la mixité dans l'économie, en appuyant les réseaux de femmes d'affaires et en créant une structure « miroir » pour le secteur public.

Rechercher des solutions de financements diversifiés

• Soutenir le financement des infrastructures, essentielles aux populations, et des entreprises, en appuyant les fonds multilatéraux et en créant un outil complémentaire en France.

• Sécuriser les investissements en Afrique grâce à une meilleure évaluation de la réalité du risque africain et à un meilleur partage de ce risque à travers le développement de systèmes de garanties.

• Multiplier les acteurs de financements de long terme (notamment l'assurance-vie) et développer les marchés et les métiers financiers pour accroître les ressources longues au service de la croissance.

• Renforcer les instruments financiers européens en faveur de l'Afrique et les échanges entre banques de développement, de manière à mobiliser davantage les outils multilatéraux.

Mettre en place des partenariats industriels dans les secteurs clefs de l'agenda de croissance africain

• Faire connaître aux entreprises françaises, en particulier les petites et moyennes entreprises et les entreprises de taille intermédiaire, les opportunités en Afrique.

• Engager des partenariats industriels et favoriser des initiatives pilotes d'entreprises privées dans les secteurs clefs pour les économies française et africaine : agriculture, énergie, transport, développement urbain, biens de grande consommation, numérique, industries culturelles, santé, tourisme et sécurité : associer les collectivités locales françaises et africaines aussi souvent que possible.

• Amplifier la politique française en matière de responsabilité sociale et environnementale des entreprises (RSE) et l'engagement sociétal des entreprises grâce à de nouveaux outils de financement de l'économie sociale et solidaire, qui favorisent des projets économiquement rentables et inclusifs.

Continuer à accompagner l'intégration régionale de l'Afrique

• Poursuivre l'appui apporté par la France à l'organisation du droit des affaires OHADA.

• Élargir la « zone CFA » aux pays limitrophes pour en faire un bloc régional et une instance de dialogue économique renforcés.

• Continuer d'accompagner les pays africains dans leur négociation avec l'Union européenne sur les accords de partenariat économique.

Propositions pour remobiliser la France aux côtés d'une Afrique en marche

L'État français semble s'être mis en retrait du continent africain au cours de la dernière décennie : les services de l'administration se sont en partie redéployés sur d'autres continents et l'opinion publique est restée largement cantonnée dans un « afro-pessimisme » daté et qui l'empêche de voir l'Afrique émergente portée par une nouvelle génération.

Une prise de conscience se fait jour. Pour poursuivre la remobilisation de la France sur le continent africain, le rapport recommande de :

Réinvestir les leviers de l'influence française

• Relancer les relations administratives et politiques de haut niveau de l'État français vers le continent africain.

• Définir une politique de détachement dans les enceintes publiques de décisions économiques régionales et multilatérales et mieux mobiliser les Français employés dans des entreprises étrangères présentes en Afrique.

Relancer la présence économique française sur le continent

• Mieux associer la diaspora africaine et les collectivités locales à la politique économique africaine de la France.

• Renforcer la connaissance de l'Afrique par les jeunes générations en favorisant davantage de volontaires internationaux en entreprises en Afrique.

• Renforcer le réseau économique français et relancer une coopération technique forte sur le continent africain.

Intensifier le dialogue économique entre l'Afrique et la France

• Organiser un dialogue entre les acteurs économiques publics et privés afin de bâtir une stratégie d'ensemble sur le continent.

• Investir et soutenir les forums d'affaires, les structures de réflexion et de veille sur l'économie africaine, afin de structurer et d'actualiser cette relation économique.

• Organiser en France un grand forum d'affaires annuel franco-africain pour fortifier cette relation économique.

Faciliter l'investissement des entreprises en Afrique

• Mobiliser les instruments publics de soutien aux exportations (assurance-crédit du risque politique et soutien financier) et renforcer le dialogue entre l'Agence française de développement et les opérateurs économiques français.

• Encourager les approches par filières, les logiques de clusters et le rôle d'assembleur d'offres commerciales françaises.

Renforcer l'attractivité africaine de la France

• Faire de la France un espace d'accueil favorable aux investissements africains, en attirant les capitaux africains et en drainant l'épargne des diasporas vers l'investissement en Afrique.
• S'associer à des pays tiers désireux de coïnvestir sur le continent.

La création d'une fondation franco-africaine publique privée pour incarner et porter le renouveau de la relation économique

La fondation sera le catalyseur du renouveau de la relation économique entre la France et l'Afrique.

Elle aura pour mission de structurer le dialogue entre les secteurs public et privé, français et africains, sur les questions économiques ; de développer le capital humain et de promouvoir les relations économiques entre la France et l'Afrique ; d'assurer la production et la diffusion d'informations économiques.

Ainsi, la fondation assurera une nouvelle mobilisation de la société civile française et franco-africaine en direction de l'Afrique.

AFRIQUE(S)[1]

C'est courant mais trop simpliste de parler d'« Afrique » au singulier. Ce n'est pas parce que sur le globe le continent africain est clairement dessiné, qu'il y a une Union africaine de plus en plus active, une rhétorique unitaire et un projet de Marché commun africain, et que l'on s'enivre d'agrégats statistiques (sur la croissance ou la démographie) qu'il y a pour autant *une* Afrique. Pas plus qu'il n'y a *une* Asie ou *une* Amérique. Déjà, il existe une coupure évidente entre l'Afrique du Nord et l'Afrique subsaharienne (et entre les deux, une bataille pour le contrôle du Sahel) – Afrique de l'Ouest, Afrique centrale, Afrique de l'Est, Afrique des Grands Lacs, Afrique australe, Madagascar.

Ensuite, l'histoire des peuplements, des migrations, l'histoire politique, les ethnies, les religions, les langues, les divers trafics d'esclaves, africains, arabes ou européens, les diverses colonisations, les résistances variables et les accommodements à la colonisation, les diverses décolonisations, la situation géographique, et donc agricole et climatique : tout cela forme une grande diversité, ce que traduit l'existence d'une dizaine d'organisations régionales[2].

1. Dans Hubert Védrine, *Dictionnaire amoureux de la géopolitique*, © Éditions Plon, un département de Place des Éditeurs, et librairie Arthème Fayard, 2021.

2. UMA (Union du Maghreb arabe), CEN-SAD (Communauté des États sahélo-sahariens), CEEAC (Communauté économique des États de l'Afrique centrale), SADC (Communauté de développement de l'Afrique australe), IGAD (Autorité Intergouvernementale pour le développement), CEMAC (Communauté économique et monétaire de l'Afrique centrale), COMESA (Marché commun de l'Afrique orientale et australe), UEMOA (Union économique et monétaire ouest-africaine), CEDEAO (Communauté économique des États de l'Afrique de l'Ouest), EAC (Communauté d'Afrique de l'Est).

Les liens avec l'extérieur, les anciennes puissances coloniales ou les nouveaux partenaires, Chine en tête, mais aussi l'Inde, Israël, les Émirats, la Turquie, le Japon, le Brésil, etc., sont très divers. On parle de « Chinafrique », alors que la France n'ose plus parler de Françafrique, à peine d'Afrique-France. On ne sait pas ce que deviendra « l'Afrique », mais ce qui est sûr, c'est qu'il se passera *en Afrique*, ou entre pays africains, ou avec tel ou tel pays africain, des choses très importantes pour l'Afrique et pour le monde. Par exemple sur l'avenir des flux migratoires internes ou externes, gérés et maîtrisés ou non, ou de la sauvegarde ou non de la biodiversité. Sans oublier que des pays africains comme l'Afrique du Sud ou le Nigeria, ou d'autres (Algérie, Maroc, Égypte, Éthiopie), développent déjà *en Afrique* des politiques d'influence et de puissance. Donc, quand on parle de l'Afrique, de la France en Afrique, ou autres, soyons précis, concrets, pragmatiques et voyons large.

RWANDA[1]

La controverse la plus virulente sur la politique étrangère française contemporaine. Cas unique : deux thèses absolument opposées à propos du processus qui a conduit au génocide des Tutsi rwandais en 1994, et de la politique menée par la France auparavant, de 1990 à 1994. La première : selon Alain Juppé et moi, la France est le seul pays qui, ayant pris conscience des risques de massacres inhérents à la guerre civile déclenchée en 1990, a agi pour enrayer cet engrenage et pensait y être parvenu en obtenant le 4 août 1993 la signature des accords d'Arusha par les forces en présence. Et l'autre thèse (celle de Kigali et de ses relais), « la France a coopéré avec un régime qui préparait un génocide. Elle est au minimum coresponsable ».

Reprenons les faits.

Le 1er octobre 1990, soit quelques mois après le discours de François Mitterrand à La Baule sur la souhaitable démocratisation en Afrique, le FPR de Paul Kagame, le chef des Tutsi

1. Dans Hubert Védrine, *Dictionnaire amoureux de la géopolitique*, © Éditions Plon, un département de Place des Éditeurs, et librairie Arthème Fayard, 2021.

rwandais en exil en Ouganda (donc une minorité dans la minorité de 14 à 15 %), qui donc ne pouvait pas remporter d'élection, pénètre au Rwanda grâce au soutien de l'armée du président ougandais Museveni. Son but : renverser le régime hutu de Kigali et reprendre le pouvoir qu'exerçaient les Tutsi jusqu'au départ des Belges en 1962 et les massacres anti-tutsi qui avaient eu lieu alors.

Le président rwandais (hutu) Habyarimana demande l'aide militaire de la France. Le président Mitterrand l'accorde pour stopper l'engrenage de la guerre civile et des massacres prévisibles (opération Noroît). Mais il réclame que, en contrepartie de cette aide, le régime rwandais règle la question des « réfugiés ». Il s'agit des Tutsi rwandais partis se réfugier en Ouganda en 1962 pour échapper aux massacres commis contre eux dans le chaos de l'accession à l'indépendance, dont la famille de Paul Kagame. Entre 1990 et 1993, le FPR de Kagame poursuit ses attaques et, selon certaines enquêtes de l'ONU et certains ouvrages, massacre, en avançant, des cadres hutu. Certains responsables hutu se radicalisent encore plus. Les pressions de la France en 1990-1991 entraînent la chute du gouvernement hutu et la mise en place d'un gouvernement intérimaire – toujours hutu, contesté par les Hutu extrémistes. Puis la signature, notamment grâce à l'engagement d'Alain Juppé, depuis cinq mois ministre des Affaires étrangères dans la cohabitation Mitterrand/Balladur, des accords d'Arusha, à l'été 1993. Ceux-ci organisent un généreux partage du pouvoir entre le pouvoir hutu et le FPR de Paul Kagame (40 % de l'armée aux Tutsi). Trop confiante, la France estime avoir atteint son but – enrayer la guerre civile et prévenir les massacres – et retire ses troupes. Mais, le 6 avril 1994, l'avion qui ramène d'Arusha les présidents du Rwanda et du Burundi, où était discutée la mise en œuvre laborieuse de l'accord, est abattu par un missile à l'atterrissage à Kigali.

Très vite, en réaction, des massacres de Tutsi et de Hutu modérés ont lieu et tournent au génocide (environ 800 000 morts, dira l'ONU). Le FPR, toujours soutenu par l'armée ougandaise, pénètre dans le pays et en prend le contrôle. La France se dit prête à revenir pour mener une action humanitaire mais veut pour cela un mandat du Conseil de sécurité, qu'elle n'obtient que le 22 juin 1994, les États-Unis attendant pour cela que Kagame ait pris le contrôle de l'essentiel du pays. Elle envoie alors, avec quelques contingents africains, une force dite « Turquoise » qui permet, depuis le Congo limitrophe, à des dizaines de milliers de Rwandais d'échapper aux massacres.

Paul Kagame conquiert tout le pouvoir et dirige le Rwanda d'une main de fer avec sa garde rapprochée. Les armées rwandaise et ougandaise poursuivent les Hutu en République démocratique du Congo, au Kivu (3 à 4 millions de victimes selon le rapport Mapping pour l'ONU), et exploitent ensemble, avant de s'opposer et de se déchirer, les richesses du Kivu. La tentative de Kagame pour prendre le pouvoir à Kinshasa échoue. J'aurai l'occasion de le rencontrer deux fois en tant que ministre en 2001 et 2002, avant que les accusations contre la France ne deviennent vraiment violentes, à partir de 2006. En effet, en 2006, le juge français Jean-Louis Bruguière, qui enquête sur l'attentat contre l'avion à la demande des familles du personnel navigant français, laisse entendre que celui-ci aurait été commis par le FPR (donc par Kagame) et lance des mandats d'arrêt. Le gouvernement rwandais fait alors rédiger, pour se disculper préventivement, en contre-attaquant, un « rapport Mucyo » qui accuse une trentaine de responsables politiques et militaires français de 1994 d'avoir armé les génocidaires, et donc de « complicité de génocide » Ceux-ci répondent, comme je l'ai indiqué, que, au contraire, la France est le *seul* pays au monde à avoir agi, *dès 1990*, pour arrêter l'engrenage prévisible des massacres et avoir essayé, à Arusha, à l'été 1993, d'imposer un compromis dont ne voulaient en réalité ni les extrémistes hutu ni le FPR. La France n'est coupable que d'avoir échoué.

Ces accusations terribles sont relancées depuis contre la France chaque année, à l'instigation de Kigali, ou spontanément, par vingt ou trente chercheurs ou journalistes, sans tenir compte des nombreux démentis précis et argumentés. Même s'ils ont été condamnés plusieurs fois pour diffamation, la plupart des médias français les relaient sans recul. D'anciens proches de Kagame, dont plusieurs ont été assassinés pour cela, ont indiqué aux juges français qu'il était bien le commanditaire de l'attentat pour se libérer de la politique française d'Arusha, qui l'aurait empêché de prendre tout le pouvoir. Ce que dément Kigali. Le livre de la journaliste Judi River *Éloge du sang* a enfin été publié en français en 2020 par l'éditeur Max Milo, en dépit d'attaques violentes pour « négationnisme ». Ce qui est archifaux. Elle ne nie pas le génocide, mais explique autrement ce qui y a conduit, et elle a aussi enquêté sur la politique de conquête menée après par le FPR en RDC.

Les livres, articles et déclarations d'auteurs belges, canadiens, camerounais, français ou congolais qui démontrent l'inanité des accusations contre la France ou les jugements plus récents de médias anglo-saxons ne sont à peu près jamais repris par les médias français. La France devient, sur cette question, un cas particulier.

Par la suite, Paul Kagame, réélu en 2017 après avoir modifié la Constitution en 2015 pour supprimer toute limitation du nombre de mandats présidentiels, a été en 2018-2019 président de l'Union africaine et a lancé l'idée d'un Marché commun de toute l'Afrique. Il est très populaire en Afrique pour avoir bien géré et développé son pays – mais peut-être aussi pour avoir fait porter à un grand pays comme la France le chapeau des conséquences de son attaque en 1990 ?

RETOUR SUR LE PIÈGE RWANDAIS[1]

En septembre 2021, après une recrudescence d'accusations au printemps 2021 contre la France dans sa politique rwandaise de 1990 à 1994, qu'il juge totalement infondées et mensongères, comme les autres responsables de l'époque et une vingtaine d'auteurs français et étrangers, Hubert Védrine confie ses réflexions au site Telos. Pour lui, cela a été un « piège », car la France, qui n'a pas mal agi, n'a pas assez, à l'époque, expliqué sa politique.

Cet article a été repris dans le numéro d'hiver 2021 de la revue *Commentaire*.

Ce qui a été le plus frappant dans la controverse rwandaise, c'est l'impossibilité presque totale, *en France*, depuis vingt-cinq ans, et encore ce printemps, de débattre et d'évaluer méthodiquement et objectivement la politique française au Rwanda. Peut-être cela va-t-il changer ? Ce n'est pas l'abominable génocide des Tutsi en 1994 lui-même dont il est question : personne ne le nie et aucun article ou livre publié dans le monde à ce sujet ne le conteste. Il ne s'agit pas non plus de la demande des Congolais de la République démocratique du Congo de savoir comment qualifier les quelque quatre millions de morts (cf. les estimations du rapport Mapping de l'ONU et de démographes canadiens) dans l'est de la RDC, au Kivu, entre 1994 et 2003. Non, c'est la politique française elle-même, de 1990 à 1994, et elle seule, qui a fait l'objet d'une dénaturation constante, d'attaques systématiques, et de façon parfois si outrancière (la France complice d'un régime qui préparait un génocide !) qu'il faut essayer de comprendre pourquoi

1. Tribune publiée sur le site telos-eu.com le 16 septembre 2021.

ces accusations ont été lancées et pourquoi certains les ont crues, et relayées.

Rappelons qu'en octobre 1990 la France, sur décision du président Mitterrand, s'est engagée au Rwanda pour empêcher le FPR[1] de renverser le gouvernement hutu de Kigali et de prendre le pouvoir par la force, ce qui aurait inévitablement déclenché des massacres, en faisant *en même temps* pression sur ce pouvoir hutu majoritaire pour qu'il accepte un compromis politique. Par ce double engagement militaire et politique, de 1990 à 1993 (y compris sous la cohabitation à partir de mars 1993), la France (Mitterrand, Balladur, Juppé) a rendu possible, comme différents acteurs africains et occidentaux, l'accord d'Arusha conclu à l'été 1993. Accord plutôt favorable aux Tutsi : 40 % de l'armée serait revenue au FPR tutsi et il était prévu un gouvernement de transition à base élargie dirigé par l'opposition et réservant cinq ministères au FPR, dont l'Intérieur et le vice-Premier ministre, le président de la République se voyant réduit à un rôle de représentation. Après quoi, ayant atteint son objectif, et à la demande du FPR, la France s'est retirée en 1993. Tant qu'elle a été là, il n'y pas eu de génocide. L'action de la France a donc conduit au compromis politique d'août 1993. Quand le génocide a eu lieu en 1994, elle n'était plus là. Pourquoi cette vérité élémentaire, et cette chronologie vérifiable, ont-elles été masquées ou niées avec tant de véhémence par tant de médias ou de chercheurs français ?

Le FPR de Kagame avait commencé, au début, à accuser la France, mais, ayant gagné en 1994, il n'avait plus besoin de ce levier. C'est ainsi qu'en 2001 et en 2002 j'avais pu rencontrer le président rwandais, en tant que ministre des Affaires étrangères, pour parler du Congo. Que s'est-il passé après ?

Aux accusations lancées par le juge Bruguière en 2006 contre le pouvoir de Kigali sur l'attentat qui, le 6 avril 1994, a abattu l'avion qui transportait les deux présidents burundais et rwandais, le Rwanda avait répliqué en 2008, pour se protéger, par le rapport Mucyo qui accusait la France de « complicité ». C'était de bonne guerre de sa part, si l'on peut dire. Mais pourquoi ces accusations de diversion ont-elles été reprises en France depuis lors, le plus souvent sans aucune retenue, ni contre-expertise, par tant de médias

1. Organisation d'opposition de Tutsi d'origine rwandaise, réfugiés en Ouganda après les massacres des Tutsi, à l'indépendance du pays en 1962 lors du départ des Belges, et créée en 1987 en Ouganda pour obtenir leur retour au Rwanda.

(le plus souvent « de gauche »), de chercheurs, souvent étrangers à l'Afrique, de personnalités ? Alors que ce récit est si peu cru au Congo, en Ouganda ou en Afrique du Sud ? Les procureurs auto-désignés n'ont-ils pas compris le jeu de Kigali ? Est-ce du masochisme ? Certains commentateurs peu informés semblent avoir été atteints d'un « biais cognitif » qui voudrait que la France soit coupable *a priori* dans sa relation avec l'Afrique, une culpabilité qui rendrait superflue une démonstration rigoureuse. Mais, et c'est plus grave sur le plan de l'éthique et de la liberté d'expression, pourquoi tant de médias français, y compris du service public, ont-ils presque systématiquement refusé de donner la parole aux nombreux auteurs de livres et d'articles (Judi Rever, André Guichaoua, Filip Reyntjens, Michela Wrong, Charles Onana, René Lemarchand, Gérard Prunier, entre autres, sans oublier les responsables militaires français) qui, tout en critiquant la France, ne l'accusent jamais de complicité et ne racontent pas le génocide de la même façon que Kigali ? On a accusé ces ouvrages d'être négationnistes. Qui l'a vraiment cru ? Il suffit de les lire pour voir qu'il n'en est rien.

En revanche, ils sont « révisionnistes », au bon sens du terme, car les auteurs font un véritable travail d'historien en revoyant l'histoire selon Kigali. Une histoire pour le moins tronquée : le FPR de Kagame n'aurait pas été un parti ethnique tutsi formé en Ouganda, mais un parti démocratique qui serait intervenu pour mettre fin à un génocide ? La légende colportée par Kigali confond ici délibérément 1994 et 1990, une date à laquelle le génocide ne menaçait pas. Les clivages ethniques auraient été inventés par les Belges et les Français ? On croit rêver ! Ce serait bien que l'on écoute des spécialistes de l'Afrique centrale. C'est facile, ils sont peu nombreux. Dans *L'Opinion*, le 6 août 2021, Stephen Smith, ancien journaliste au *Monde* et à *Libé*, a sauvé l'honneur, et mis en avant une enquête de la Britannique Michela Wrong sur les origines africaines du génocide, louée par les plus grands journaux américains (*The New York Times*, *The New York Review of Books*, *The Washington Post*, etc.). Mais Stephen Smith est professeur aux États-Unis. En fait, sauf en France, tant que durera cette exception masochiste et cette auto-intimidation, il est facile de démontrer que la France n'a pas mal agi et qu'elle a fait ce qu'elle a pu (trop seule !), de 1990 à 1993, même si les accords d'Arusha n'ont malheureusement pas été mis en œuvre, ce qui n'est pas de son fait.

Il est clair aussi que la France paye, vingt-cinq ans après, l'absence totale d'explication de sa politique en 1990 (l'engagement militaire et politique), en 1993 (le retrait après les accords d'Arusha) et en 1994 (le retour fin juin, avec Turquoise) et a ainsi prêté le flanc aux interprétations les plus extravagantes et les plus haineuses. Il n'y a pas eu une seule émission ou un seul article sur les accords d'Arusha ! Or ils contredisent toutes les accusations lancées contre l'action de la France de 1990 à 1993. D'où le piège rétrospectif vingt-cinq ans après : une politique honorable, inexpliquée, et inexplicable, vilipendée.

Une analyse objective est-elle possible ? Le remarquable rapport de la commission Quilès-Cazeneuve de 1998, voulue par Lionel Jospin, n'était pas complaisant. Comment qualifier le rapport Duclert de 2021 ? On a constaté que Vincent Duclert – qui s'était dit *a priori* convaincu de l'implication de la France dans le génocide –, ne pouvant démontrer une *complicité* (et pour cause) alors que c'est ce qui a été claironné depuis au moins 2008, a affirmé que la France portait une « responsabilité lourde et accablante » – ce que son rapport ne démontre pas, mais que sa conclusion proclame. Quant au discours du président Macron à Kigali, sur la base d'un *deal* avec Kagame, il s'est situé sur une ligne de crête très politique : les intentions de la France étaient honorables, Arusha est important, et ce sont des Rwandais qui ont tué des Rwandais – cela a frustré les extrémistes –, mais la France serait lourdement responsable. De quoi ? La vérité historique reste à établir. On peut l'espérer d'enquêteurs belges, anglais, congolais, camerounais, sud-africains et d'experts et de journalistes américains ou anglais. On peut l'espérer aussi de l'ouverture des archives des autres pays, Rwanda compris, si elle a lieu, ce que le président de la République a eu raison de demander.

Il reste que, une fois écartées les accusations fabriquées de complicité et de responsabilité, des questions peuvent légitimement être posées.

Fallait-il intervenir en 1990 ? Si la France avait laissé se dérouler la guerre civile et les massacres prévisibles, comment aurait-elle expliqué sa non-intervention ?

N'était-ce pas présomptueux de la part de la France non pas de croire qu'elle pouvait empêcher le changement de pouvoir par la force, ce qu'elle pouvait, tant qu'elle était là, en appui, mais de faire réellement appliquer un accord de compromis entre deux groupes irrémédiablement hostiles ?

Aurait-il été possible pour la France de rester en 1993, après Arusha, en dépit des exigences de Kagame ? Il aurait fallu un accord des Anglo-Saxons pour faire pression sur le FPR. Mais à l'époque, ils le soutenaient sans réserve.

Et aurait-il été possible en 1994 d'obtenir plus vite un accord du Conseil de sécurité pour revenir et mener une opération humanitaire ? Il aurait fallu pour cela tordre le bras des Américains qui, après le désastre en Somalie, ne voulaient pas remettre un doigt dans l'engrenage des crises en Afrique.

Toutes ces questions méritent d'être traitées. Ce qui est sûr, c'est que la France aurait dû expliquer, de 1990 à 1994, sa politique.

Tout cela milite pour une définition plus rigoureuse, à l'avenir, des raisons, modalités, et objectifs de toute intervention extérieure, en Afrique ou ailleurs (*a fortiori* après Kaboul), et d'une explication claire et continue, à chaque étape. Pas besoin pour cela de faire porter à la France une responsabilité fabriquée de toutes pièces.

L'AFRIQUE – CONCLUSION

Pour les pays d'Afrique, les enjeux sont énormes et bien connus. Comment peuvent-ils réussir leur développement, alors que l'équivalent de plusieurs plans Marshall, sous forme d'aides, n'ont pas permis qu'ils y parviennent, ou pas durablement ? Comment, enfin, réussir à bâtir, ou à rebâtir, des structures étatiques viables ? Comment relever les défis démographiques et écologiques ? Comment utiliser au mieux, dans l'intérêt de l'Afrique, les propositions, actions, aides, de la quinzaine de puissances extérieures qui s'intéresse plus ou moins au continent africain, sans trop dépendre de la Chine ? Comment valoriser au mieux les énormes potentiels africains ? Comment concilier, sur le continent africain, les politiques africaines des cinq ou six pays qui ont une politique africaine globale, etc. ?

Tous les pays qui agissent en Afrique et veulent établir des partenariats devraient partir de ce que les Africains eux-mêmes – il ne s'agit pas des diasporas en Europe, qui sont un sujet différent – demandent.

REMERCIEMENTS

Je remercie Étienne de Gail pour sa précieuse contribution à la préparation et l'élaboration de cet ouvrage.

Je remercie Anne-Rita Crestani, éditrice chez Bouquins, pour le suivi éditorial de cet ouvrage.

TABLE DES MATIÈRES

II. ÉCOLOGISATION

III. LA FRANCE

IV. L'EUROPE

V. LE MONDE

Composition et mise en pages
Nord Compo à Villeneuve-d'Ascq

MIXTE
Papier issu de
sources responsables
FSC® C003309

L'éditeur de cet ouvrage s'engage dans une démarche
de certification FSC® qui contribue à la préservation
des forêts pour les générations futures.

Pour en savoir plus :
www.editis.com/engagement-rse/

Cet ouvrage a été achevé d'imprimer en mars 2022
par Normandie Roto Impression s.a.s. à Lonrai
N° d’impression : 2201436

Imprimé en France